Beden Kayıt Tutar İçin Övgüler

"Bu kitap, bir güç gösterisidir. Derin bir şekilde empatik, anlayışlı ve merhametli bakış açısıyla travma kurbanlarının tedavisini daha da insancıllaştırmayı vadeden, öz düzenleyici iyileştirme uygulamaları repertuarını ve terapötik seçenekleri genişleten ve aynı zamanda travma ve etkili tedavisi konusunda daha yaratıcı düşünceyi, araştırmayı teşvik eden bir kitaptır. Beden kayıt tutuyor ve Van der Kolk'un diğerlerinin yaptığı çalışmaları etkili bir şekilde tanıtması, alanın gelişmesiyle birlikte öncü rolü ve insanlarla birlikte çalışırken yoga, hareket ve tiyatro gibi bedensel farkındalığı (düşünce ve duygular için de) keşfeden çalışmalar yapma konusundaki becerisi harika ve terapi dünyasına taze bir hava ve olasılık sunmaktadır."

— Jon Kabat-Zinn, Emekli tıp profesörü, UMass Tıp Okulu; *Full Catastrophe Living* adlı kitabın yazarı

"Bu sıra dışı kitap, modern psikiyatri düşüncesinin klasiği olacaktır. Ezici deneyimler ancak nörobilim, gelişimsel psikopatoloji ve kişiler arası nörobiyoloji gibi farklı alanlara ait bileşenler bir araya geldiğinde gerçek anlamda anlaşılabilir, tıpkı bu çalışmada olduğu gibi. Travmatik stres alanında böyle bir zengin geçmiş ve klinik bakış açısıyla ele alınan ve yenilikçi tedavi yaklaşımlarını bir araya getiren başka bir çalışma yoktur. Bu eşsiz ancak erişilebilir kitabın bilgeliği ve vizyonunun genişliği dikkate değerdir. Bu kitap, travmatik stresi ve toplum üzerindeki etkilerini anlama ve tedavi etme ile ilgilenen herkesin okuması gereken temel bir eserdir."

— Alexander McFarlane AO, MB BS (Hons) MD FRANZCP, Güney Avustralya'da bulunan Adelaide Üniversitesi Travmatik Stres Çalışmaları Merkezi Yöneticisi

"Ruh sağlığı dünyasında çağdaş bir devrimin oluşmasına katkıda bulunarak pek çok ruh sağlığı probleminin travma kaynaklı olduğunun kabul edilmesini sağlayan bir nöroloğun inanılmaz başarısıdır. İyi bir romancının güçlü yazılarıyla Van der Kolk, psikiyatri alanında meydan okuyan bilgeliğin yolunu açan keşif yolculuğuna yeniden çıkıyor. Travma nörobiyolojisi, travma tedavisinde geleneksel yaklaşımların etkisiz olduğunu gösteren açıklamalar; hastaların geçmişte ve donmuş bir hâlde kalan parçalarını iyileştirmek için bilişsel zihinlerinden yararlanan yaklaşımlara ait net ve anlaşılır açıklamalar anlatım içine serpiştirilmiştir. Tüm bunlar ikna edici araştırmalarla desteklenen dramatik olgu örnekleriyle canlı bir şekilde ele alınmıştır. Bu kitap, psikiyatrideki ölçekleri ve travmatik olayları ve üzerimizdeki etkilerini inkâr etmeye yönelik çabaların yerleştiği kültürü yıkan dönüm noktası oluşturan bir kitaptır."

— Richard Schwartz, İçsel Aile Sistemleri Terapisi kurucusu

"*Beden Kayıt Tutar* açık, büyüleyici, küçümsenmeyecek, güçlü olgu örnekleriyle dolu bir kitaptır. Van der Kolk, travma tedavisinin ünlü emprezaryosudur, kendi alanında yaptığı, son otuz yılda ruh sağlığı alanında çok tartışılan önemli katkıları tanımlarken, farklı travma alanında çalışan bilim adamlarını klinik uzmanları ve görüşlerini bir araya getirmiştir. Psikolojik travmanın zihni parçalara ayırdığını biliyoruz. Burada, artık psikolojik travmanın yalnızca beyindeki iletişim alanlarında kopukluklara neden olmadığını aynı zamanda zihin ve beden arasındaki ilişkiyi de kopardığını biliyoruz ve insanların, travma nedeniyle birbirinden ayrılan bu parçaları bir araya getirmelerini sağlayan yeni yaklaşımlar öğreniyoruz."

—Norman Doidge, *The Brain That Changes Itself* yazarı

"*Beden Kayıt Tutar* adlı kitapta yazarın travma kurbanlarının disosiyatif dünyalarına paralel cesur yolculuğunu ve rahatlamayı sağlayan tıbbi ve psikoloji disiplinlerini paylaşıyoruz. Bu etkili kitapta, zihinlerimizin umutsuzca travmayı geride bırakmaya çalışırken, bedenlerimizin kelimelere dökülmeyen duygular ve hislerle bizi geçmişe hapsettiğini öğreniyoruz. Bu içsel kopukluklar, sosyal ilişkilerde kopuklukları arttırarak evlilikler, aileler ve dostluklar üzerinde yıkıcı etkilere neden olmaktadır. Van der Kolk, hastaların düşünceleriyle bedenleri arasındaki ilişkiyi yeniden kurmalarını sağlayan tedavileri ve yöntemleri tanımlayarak bir umut vermektedir. Bu paylaşılmış yolculuktan ancak yaşamın zenginlikleriyle yaşayan bir tür olarak öz farkındalığı ve içsel güvenlik duygusunu arttırarak ayrılıyoruz."

— Stephen W. Porges, PhD, Psikyatri profesörü, Chapel Hill'de bulunan North Carolina Üniversitesi, Chapel Hill; *The Polyvagal Theory: Neurophysiological Foundations of Emotions, Attachment, Communication, and Self-Regulation* yazarı

"Bessel Van der Kolk geçtiğimiz on yıllar içinde psikolojik travma alanında göze çarpan gelişmeleri birleştirme konusundaki yeteneğiyle eşsizdir. Psikolojik travma – kronik çocuk istismarı ve ihmal, savaş travması ve doğal afetler– alanında yaptığı çalışmalar, kişisel, sosyal ve kültürel çöküşlerin temel nedeni olarak kabul edilmektedir. Anlaşılır ve zoru başaran bu çalışmasında Van der Kolk, bizleri –hem uzmanlar hem de halkı– kişisel yolculuğuna götürerek araştırmalardan, meslektaşlarından, öğrencilerinden ve en önemlisi de hastalarından neler öğrendiğini gösteriyor. *Beden Kayıt Tutar*, muhteşem bir şekilde ortaya konmuş bir eser."

—Onno van der Hart, PhD, Utrecht Üniversitesi, Hollanda; *The Haunted Self: Structural Dissociation and the Treatment of Chronic Traumatization* adlı kitabın yazarlarından

"*Beden Kayıt Tutar*, toksik stresin beyin gelişimi ve bağlanma sistemleri üzerindeki etkilerini anlama üzerine yeni ve daha iyi terapi yöntemlerini sunmaktadır. Bu kitap, travmanın bireyler ve toplumlar üzerindeki etkisi hakkında bilinenleri özetliyor ve travma yaşamış çocukların ve yetişkinlerin yaşama tam anlamıyla katılabilmeleri için kullanılan hem eski hem de yeni yaklaşımları sunmaktadır."

— Jessica Stern, terörizm politika danışmanı; *Denial:A Memoir of Terror* adlı kitabın yazarı

"Travmanın etkisini anlamak üzerinde alanın gerçek öncülerinden biri tarafından yazılmış bir eser. Çağdaş nörobilimi bilgelikle bütünleştirerek travma yaşayan kişiler için travmanın anlamını ve deneyimlerini anlamaya yönelik nadir bir kitaptır. Tıpkı yazarı gibi bu kitap da bilge, tutkulu ve zaman zaman kışkırtıcı ama her zaman ilginç bir eserdir"

—Glenn N. Saxe, MD, Arnold Simon Profesör and chairman, Çocuk ve Ergen psikiyatrisi Bölümü başkanı; NYU Çocuk Çalışma Merkezi yöneticisi, New York Üniversitesi Tıp Fakültesi

"Geniş kapsamlı terapötik tedavilerin büyüleyici keşfi, okura, iyileşme sürecinde alacağı sorumlulukları, güvenlik duygusu oluşturmayı ve acı çekerken kendi yolunu bulma konusunda neler yapabileceğini göstermektedir."

—Francine Shapiro, PhD, EMDR terapisi kurucusu; Emeritus Ruh Sağlığı Araştırma Enstitüsü araştırmacı bilim adamı; *Getting Past Your Past* adlı kitabın yazarı

"Bağlanma araştırmacısı olarak bebeklerin fizyobiyolojik varlıklar olduğunu biliyorum. Hem beden hem de beyin olarak varlıklarını sürdürürler. Dil ya da semboller olmadan da bebekler, etraflarındaki dünya ve kişiler arasında kendi anlamlarını oluşturmak için biyolojik sistemlerini kullanırlar. Van der Kolk, bu çok benzer sistemin her yaşta sürdüğünü ve erken gelişim döneminde yaşanan kronik toksik deneyimler olarak adlandırabileceğimiz travmatik deneyimlerin ruhsal çöküşlere neden olabileceğini göstermektedir. Bu anlayışla, travma yaşayanlar, araştırmacılar ve klinik uzmanlar için bir kılavuz ve anlayış sunmaktadır. Bessel van der Kolk beden ve travma üzerine odaklanmış olabilir ancak esas olan onu böyle bir eser yaratmaya iten sebeplerdir."

—Ed Tronick, ordinaryüs profesör, Massachusetts Üniversitesi, Boston *Neurobehavior and Social Emotional Development of Infants and Young Children* adlı kitabın yazarı.

"*Beden Kayıt Tutar*, ezici deneyimlerin birbiriyle iç içe geçmiş beyin, zihin ve beden farkındalığını nasıl etkileyebileceğini dile getirmektedir. Sonuçta ortaya çıkan sevgi ve iş kapasitesi üzerinde engin etkilerdir. Zengin klinik olgu örnekleri ile çığır açan araştırmaların bir araya gelmesi yeni bir travma anlayışı geliştirmemizi sağlamakta ve kaçınılmaz olarak bizi "beyni yeniden yapılandıran" özgün terapötik yaklaşımları araştırmaya ve travma yaşayan kişilerin anı yaşamasına yardım etmeye yönlendirmektedir. Bu kitap, travma yaşayan kişilerin iyileşmesine bir kılavuz olarak psikolog ve psikiyatristlerin travma ve iyileşme konusundaki düşüncelerinin kalıcı değişmesini sağlamaları için bir kılavuzdur."

—Ruth A. Lanius, MD, PhD, Psişe ve Soma'da Harris-Woodman üyesi, psikiyatri profesörü, Western Ontario Üniversitesi TSSB araştırmaları yöneticisi; *The Impact of Early Life Trauma on Health and Disease* adlı kitabın yazarı.

"Konu, travmayı anlamaya ve yıkıcı yaşam deneyimlerine rağmen gelişimi sürdürebilmeye geldiğinde, Bessel van der Kolk, bize iyileştirme konusunda yardımcı olacak kapsamlı bilgisini, klinik cesaretini ve yaratıcı yöntemleri sunmaktadır. *Beden Kayıt Tutar*, genel okuyucunun travmanın karmaşık etkilerini anlamasını sağlayan ve yalnızca acı çekmeyi azaltmak değil aynı zamanda hayatta kalmanın ötesine geçmeyi sağlayan bilimsel olarak kabul görmüş yaklaşımlarla da bir kılavuz niteliğindedir."

—Daniel J. Siegel, MD, klinik profesör, UCLA Tıp Okulu, *Brainstorm: The Power and Purpose of the Teenage Brain; Mindsight: The New Science of Personal Transformation;* and *The Developing Mind: How Relationships and the Brain Interact to Shape Who We Are* adlı kitabın yazarı.

"Bu büyüleyici kitapta Bessel Van der Kolk, yetenekli bir öykü anlatıcısı olarak hastaların merak uyandırıcı öykülerini ve hayatta kalma mücadelelerini, tarih, araştırma ve nörobilim ışığında okura sunmaktadır. Son kırk yıldır travmayı anlama ve tedavi etme konusunda yazarın kendi cesur çabalarına ve yeni bir temel oluşturan ve psikiyatri ve psikoterapinin mevcut durumuna karşı mücadele veren sonuçlara tanıklık ediyoruz. *Beden Kayıt Tutar*, travmanın sarsıcı etkilerini anlamamızı, hissetmemizi sağlayan ve tedavi yolunda yeni yaklaşımların etkisi konusunda umutlanmamızı sağlayan bir eserdir. Bu seçkin eseri yalnızca terapistler değil, aynı zamanda travmanın neden olduğu uçsuz bucaksız ıstırabı anlamayı, önlemeyi ya da tedavi etmeyi isteyen herkes okumalıdır."

—Pat Ogden PhD, Duyumotor Psikoterapi Enstitüsü kurucusu/eğitim yöneticisi; *Sensorimotor Psychotherapy: Interventions for Trauma and Attachment* adlı kitabın yazarı.

"Bu, güçlü bir anlayış ve cesaret sunan bir ustalık eseridir, travma konusunda yazılmış en zekice ve en faydalı kitaplardan biridir. Dr. Van der Kolk, klinik olgu örnekleri, nörobilim ve güçlü araçlarla bir araya getirerek, birçok insanın yaşadığı travmadan iyileşme alanında yeni bir seviye sunmaktadır."

— Jack Kornfield, *A Path with Heart* adlı kitabın yazarı.

Beden Kayıt Tutar

BEDEN KAYIT TUTAR

TRAVMANIN İYİLEŞMESİNDE BEYİN, ZİHİN VE BEDEN

THE **BODY** KEEPS THE **SCORE**

BRAIN, MIND, AND BODY IN THE HEALING OF TRAUMA

Bessel A. van der Kolk, M.D.

Çeviri: Nurdan Cihanşümül Maral

Çeviri Editörleri: Önder Kavakçı - Hayal Demirci

Beden Kayıt Tutar
The Body Keeps The Score

Bessel A. van der Kolk, M.D.
Çeviri: Nurdan Cihanşümül Maral
Çeviri Editörleri: Önder Kavakçı - Hayal Demirci

Genel Yayın Yönetmeni: Nevzat Argun
Genel Yayın Koordinatörü: Gülfem Dursun
Sayfa Tasarım: Emel Yıldız
Yayına Hazırlayan: Nilay Balin
Kapak Tasarım: Viking

Yayın No.: 57
ISBN: 978-605-9746-56-4
38.Basım, Şubat 2026
Ebat: 13,5x21,5 cm.
Sayfa Sayısı: XVIII + 446

Nobel Yaşam

Mithatpaşa Cad. No.: 74/4 Kızılay / ANKARA
Tel: 0312 418 20 10
www.nobelyasam.com

Genel Dağıtım

ATLAS AKADEMİK BASIM YAYIN DAĞITIM TİC. LTD. ŞTİ.
Sipariş: -siparis@nobelyayin.com-
Telefon: +90 312 278 50 77 - Faks: 0 312 278 21 65
E-Satış: www.nobelkitap.com - esatis@nobelkitap.com
Bilgi: www.atlaskitap.com - info@atlaskitap.com

Dağıtım ve Satış Noktaları:
Alfa, Kırmızı Kedi, Arkadaş, D&R, Dost, Kika, Kitapsan, Nezih, Odak, Pandora, Prefix, Remzi Kitabevleri, Yeryüzü Dağıtım

Baskı ve Cilt:
İlksan Matbaası Ltd. Şti. İvedik Org. San. Bölgesi Ağaç İşleri 1377. Sk. No: 35 İvedik/Ankara

Bedenlerinde tuttukları kayıtlarla bana ders kitabı olan hastalarıma...

İÇİNDEKİLER

EDİTÖRLERDEN...

Ne yazık ki şimdiki psikiyatri anlayışı, yakınmalarınızı anlatmanız ve hekimin de bu yakınmaları düzeltecek bir ilaç önermesi üzerine kurulu. Ancak "Hiçbir ilaç, kötü geçmiş bir çocukluğu düzeltmiyor." Anne, babanızın veya eşinizin size nasıl davrandığı, nasıl bir ailede büyüdüğünüz, anne babanızın birbirlerine sevgi dolu ya da düşmanca davranışları, bireysel, ailesel, hatta toplumsal travmaların üzerinizdeki izleri ne yazık ki hiç konuşulmuyor.

Artık biliyoruz ki beynimiz ve bedenimiz karşılıklı etkileşimler üzerinde şekilleniyor. Bu etkileşimlerin değerlendirilmediği bir tanı ve tedavi anlayışı her zaman eksik kalacaktır. Sıklıkla, "Öyle düşünmemelisin... Düşünce şeklin yanlış!" diyen terapistlerle karşılaşıyorum. "Oltaya yakalanmış bir balığın davranışlarını gören arkadaşları, onun çıldırdığını düşünebilir." Ama balığın yaptığı sadece hayatını kurtarmaya çalışmaktır. İnsanları yaşadıkları ya da yetiştikleri ortamlardan ayrı değerlendiremeyiz, oltayı göremezseniz bu davranışları anlamak ve anlamlandırmakta mümkün olmayacaktır.

Tıp, çaresizliğe tahammül etmenizi gerektirir. İnsanlar hastalanır, yaşlanır ve ölürler. Henüz çözümünü bilmiyoruz. Yapabildiğimiz çoğu zaman acıları azaltmak, acı çeken insanların yanında olmak, ölümü geciktirmeye çalışmak, çoğu zaman da çaresizce beklemek... Acı kaçınılmazdır. Yaşam hepimiz için neşe sağlık ve mutluluk kadar, az ya da çok ıstırap ve kayıpla dolu. Kimimiz bunlarla çok erken, savunmasızken ve üst üste karşılaşırız, kimimiz daha geç. Bunca yıl sonra psikiyatrinin en önemli görevlerinden birinin bu acı ve kayıplarla baş etmede insanlara yardımcı olmak, yeniden toparlanıp, geçmişlerinin etkisinden kurtulup mümkünse daha güçlü bir şekilde yaşamlarına devam etmelerini sağlamak olduğunu düşünüyoruz.

"Beden Kayıt Tutar" var olan psikiyatri anlayışının tıkanmışlığına bir umut ışığı yakıyor, nörobilimdeki gelişmeler sayesinde ruhsal ve hatta bedensel hastalıklarımızın kökeninin daha farklı anlaşılmasını, taşların yerine oturmasını açık, kanıta dayalı ve anlaşılır bir şekilde sunuyor. Yirmi birinci yüzyılın getirdiği yeni terapi yöntemlerini tanıtarak etkili başa çıkmanın nasıl olabileceğinin yollarını gösteriyor. Bunu yaparken, gerçek öykülerle insanın zekâsına, dayanıklılığına, başetme ve iyileşme gücüne bir kez daha hayran bırakıyor. Büyük yıkımlardan büyük zaferlerin çıkması gibi, travmadan sonra muhteşem bir iyileşmenin de mümkün olduğunu gösteriyor. Pek çok kez yaşadıkları travmaları, hayatlarının kaynağı yapan hatta bunun ötesine geçip başkaları aynı acıyı yaşamasın diye mücadele eden insanlar tanıdık. Bu kitapta da okuyacağınız yaşamlar gibi...

Bu kitabın zorlayıcı yaşam olaylarında duygudaşlık yaptığımız danışanlara, anılarıyla yaptıkları savaşlarda ateşkes sağlama çabalarımızda, zihinlerindeki olumsuz inançlarıyla, bedenlerindeki rahatsızlık veren duyumlarıyla kavgalarında uzlaştırıcılık yaparken, travmaya tanıklık yapmanın etkileriyle boğuşurken travma çalışanları için bir pusula olduğunu düşünüyoruz. Tekrar tekrar okunmayı hak eden bir başeser.

En az bizim kadar "Beden Kayıt Tutar"dan faydalanmanızı dileriz.

Doç. Dr. Önder Kavakcı
Psikolojik Danışman
Hayal Demirci

Beden Kayıt Tutar

GİRİŞ

TRAVMAYLA YÜZLEŞME

Kişinin travmayla karşılaşması için savaşçı bir asker olması ya da Suriye'de, Kongo'da bir savaş kampını ziyaret etmesi gerekli değildir. Travma, bizim, arkadaşlarımızın, ailelerimizin ve komşularımızın başına geliyor. Hastalık Kontrol ve Önleme Merkezleri tarafından yapılan araştırmalar, beş Amerikalıdan birinin çocukken cinsel tacize uğradığını; dört kişiden birinin ebeveynleri tarafından bedeninde iz kalacak şekilde dövüldüğünü, üç çiftten birinin fiziksel şiddete maruz kaldığını göstermektedir. Dörtte birimiz alkolik akrabalarla büyüyoruz ve sekiz kişiden biri annesinin fiziksel şiddete maruz kaldığına ya da dövüldüğüne tanıklık ediyor[1].

İnsanoğlu olarak son derece dirençli bir türüz. Çok eski zamanlardan bu yana acımasız savaşlar, sayısız felaketler (hem doğal hem de insanların neden olduğu) ve kendi yaşamlarımızdaki şiddet ve ihanetten çıkıp toparlanıyoruz. Ancak travmatik deneyimler, büyük ölçekli (tarihimizde ve kültürümüzde) ya da belli belirsiz bir şekilde, nesiller boyu süren gizli sularla evimizde ve ailemizde izler bırakmaktadır. Aynı zamanda zihnimizde ve duygularımızda, eğlence ve dostluk kapasitemizde ve hatta biyolojimizde ve bağışıklık sistemimizde de izler bırakmaktadır.

Travma, yalnızca doğrudan buna maruz kalan kişileri değil aynı zamanda bu kişilerin etrafındakileri de etkilemektedir. Savaştan dönen askerler, öfkeleri ve duygusal yetersizlikleri ile ailelerini korkutabilmektedir. TSSB yaşayan erkeklerin eşleri de depresyona girmekte ve depresyondaki annelerin çocukları da güvensiz ve kaygılı olarak yetişmektedir. Çocukken aile içi şiddete maruz kalmak, yetişkinlik döneminde kararlı, güvenilir ilişkiler kurmayı sıklıkla güçleştirmektedir[2].

GİRİŞ

TRAVMAYLA YÜZLEŞME

Kişinin travmayla karşılaşması için savaşçı bir asker olması ya da Suriye'de, Kongo'da bir savaş kampını ziyaret etmesi gerekli değildir. Travma, bizim, arkadaşlarımızın, ailelerimizin ve komşularımızın başına geliyor. Hastalık Kontrol ve Önleme Merkezleri tarafından yapılan araştırmalar, beş Amerikalıdan birinin çocukken cinsel tacize uğradığını; dört kişiden birinin ebeveynleri tarafından bedeninde iz kalacak şekilde dövüldüğünü, üç çiftten birinin fiziksel şiddete maruz kaldığını göstermektedir. Dörtte birimiz alkolik akrabalarla büyüyoruz ve sekiz kişiden biri annesinin fiziksel şiddete maruz kaldığına ya da dövüldüğüne tanıklık ediyor[1].

İnsanoğlu olarak son derece dirençli bir türüz. Çok eski zamanlardan bu yana acımasız savaşlar, sayısız felaketler (hem doğal hem de insanların neden olduğu) ve kendi yaşamlarımızdaki şiddet ve ihanetten çıkıp toparlanıyoruz. Ancak travmatik deneyimler, büyük ölçekli (tarihimizde ve kültürümüzde) ya da belli belirsiz bir şekilde, nesiller boyu süren gizli sırlarla evimizde ve ailemizde izler bırakmaktadır. Aynı zamanda zihnimizde ve duygularımızda, eğlence ve dostluk kapasitemizde ve hatta biyolojimizde ve bağışıklık sistemimizde de izler bırakmaktadır.

Travma, yalnızca doğrudan buna maruz kalan kişileri değil aynı zamanda bu kişilerin etrafındakileri de etkilemektedir. Savaştan dönen askerler, öfkeleri ve duygusal yetersizlikleri ile ailelerini korkutabilmektedir. TSSB yaşayan erkeklerin eşleri de depresyona girmekte ve depresyondaki annelerin çocukları da güvensiz ve kaygılı olarak yetişmektedir. Çocukken aile içi şiddete maruz kalmak, yetişkinlik döneminde kararlı, güvenilir ilişkiler kurmayı sıklıkla güçleştirmektedir.

Travma, tanım olarak katlanılamaz ve dayanılmazdır. Çoğu tecavüz kurbanı, savaşmış askerler ve cinsel tacize uğrayan çocuklar bir yandan yaşadıkları şeyi zihinlerinden atmaya çalışır, hiçbir şey olmamış gibi davranıp normal hayatlarını sürdürmeye çalışırken bir yandan da yaşadıkları deneyimi düşündüklerinde çok üzgün hissederler. Yaşadıkları dehşetin anılarını ve açığa çıkan zayıflıklarının ve savunmasızlıklarının utancını taşırken, işlevselliklerini sürdürmeleri çok büyük enerji gerektirmektedir.

Travmayı geride bırakmak isteriz ancak beynimizin yaşamımızı sürdürmemizi sağlayan temel kısımları (akılcı beynin çok derinlerindedir) yadsıma konusunda çok iyi değildir. Travmatik deneyimden çok uzun bir süre sonra, en küçük bir tehlike belirtisi karşısında, bozulmuş beyin devrelerini harekete geçirebilir ve yoğun miktarda stres hormonu salınmasına neden olabilir. Bu da hoş olmayan duygulara, yoğun fiziksel duyumlara dürtüsel ve saldırgan davranışlara zemin hazırlar. Bu travma sonrası tepkiler, anlaşılmaz ve dayanılmaz olarak hissedilebilir. Travma yaşayanlar kontrolden çıktıklarını hisseder ve kurtarılamayacak şekilde derinden hasar gördüklerini düşünmeye başlarlar.

İlk kez tıp okumaya karar verdiğim zaman, henüz on dört yaşındaydım ve bir yaz kampındaydım. Kuzenim Michael, bütün gece böbreklerin nasıl çalıştığı, vücudun ihtiyacı olmayan şeyleri nasıl salgıladığı ve sistemi dengede tutan kimyasalları nasıl içine çektiğini anlatmıştı. Onun vücut fonksiyonlarının büyüleyici yolları hakkındaki açıklamalarıyla tıp okuma kararım perçinlendi. Sonraları tıp eğitimimin her aşamasında cerrahi, kardiyoloji ya da pediyatri gibi herhangi bir alanda insan organizmasının nasıl çalıştığını anlamanın iyileşmenin anahtarı olduğunu düşündüm. Psikiyatri rotasyonum başladığında ise zihnin inanılmaz karmaşıklığı arasındaki zıtlıklar, biz insanların birbirlerimizle ilişki ve bağlanma biçimleri ve psikiyatristlerin tedavi ettikleri problemlerin kaynağı hakkında ne kadar az şey bildiklerini gördükçe vurulmuştum. Bir gün organizmayı oluşturan sistemler hakkında bildiklerimiz gibi beynimiz, zihnimiz ve sevgi hakkında bir şeyler bilmek de mümkün olacak mıydı?

Hâlâ gözle görülür bir şekilde böyle detaylı bir anlayışın çok uzağındayız ancak üç yeni bilim dalının doğuşu psikolojik travma, istismar ve ihmal konusundaki bilgilerde bir patlamaya yol açtı. Bu yeni disiplinler; beynin zihinsel süreçleri nasıl etkilediğini inceleyen nörobilim, zihnin ve beynin gelişiminde olumsuz deneyimlerin etkisini inceleyen gelişim psikopatolojisi ve davranışlarımızın duygularımızı, biyolojimizi ve etrafımızdakileri nasıl etkilediğini inceleyen kişiler arası nörobiyolojidir.

Bu yeni disiplinlerde yapılan araştırmalar, travmanın, beynin alarm sisteminin yeniden ayarlanması, stres hormonu aktivitesinde artış ve ilgili bilgileri, ilgisiz olandan ayırt eden sistemdeki değişimler gibi gerçek fizyolojik değişimlere neden olduğunu göstermiştir. Artık travmanın hayatta olma hissinin somutlaştığı fiziksel olarak iletişen beyin alanlarını kötüleştirdiğini biliyoruz. Bu değişimler, travma geçiren bireylerin, günlük yaşamlarını olağan biçimde sürdürmelerinden ödün verme pahasına tehdit karşısında neden bu kadar aşırı tetikte olduklarını açıklamaktadır. Ayrıca, travma yaşayan kişilerin neden aynı sorunları tekrar tekrar yaşadığını ve deneyimlerinden bir şeyler öğrenme konusunda sorunları olduğunu anlamamıza yardımcı olmaktadır. Artık davranışlarının ahlaki eksikliklerden, iradesizlikten ya da kötü karakterleri yüzünden olmadığını biliyoruz; bunların nedeni beyindeki gerçek değişimlerdir.

Travmanın altında yatan temel süreçlerle ilgili bilgilerimizdeki engin artış, travmanın yarattığı zararı hafifletmek ve hatta geriye döndürmeyi sağlayacak olasılıklara da kapılar açmıştır. Travma deneyimini yaşamış kişilerin şimdiki anlarını tam bir şekilde yaşamalarına ve hayatlarını devam ettirmelerine yardım eden beynin doğal nöroplastisitesinden yararlanan yöntemler ve deneyimler geliştirebiliriz. Esas olarak üç hedef vardır: 1) travmanın anılarını işlerken konuşarak, başkalarıyla (yeniden) iletişim kurarak ve kendimize neler olduğunu anlamaya ve bilmeye izin vererek yukarıdan aşağı işlemleme; 2) uygunsuz alarm tepkilerini durduran ilaçlar alarak ya da beynimizin bilgiyi işleme yolunu değiştiren başka teknolojiler kullanma ve 3) travmadan kaynaklanan çaresizlik, öfke ya da çöküşe karşı bedenin derin ve iç organlara ait deneyimleri yaşamasına izin veren aşağıdan yukarı yöntem. Bunlardan hangisinin, hangi hasta için uygun olduğu ise deneyimseldir. Çalıştığım kişilerin çoğunda bunların birleşimlerine gerek duydum.

Bu benim hayatımın çalışması olmuştur. Çabalarım, bundan otuz yıl önce kurduğum Travma Merkezindeki iş arkadaşlarım ve öğrencilerim tarafından da desteklenmiştir. Birlikte binlerce travma yaşayan çocuğu ve yetişkini tedavi ettik: Çocuk istismarı, doğal afetler, savaşlar, kazalar ve insan kaçakçılığı kurbanları; yakın kişilerin ya da yabancıların saldırılarına maruz kalan insanlar. Çok uzun süreden beri, haftalık tedavi ekibimizin toplantılarında hastalarımızın durumunu derinlemesine tartışıyoruz ve dikkatli bir şekilde bireylerde en iyi sonucu verecek farklı tedavi yöntemlerini izliyoruz.

Temel görevimiz, tedavi için bize gelen çocuklar ve yetişkinlerle her zaman ilgilenmektir ancak en baştan bu yana kendimizi travmatik stresin farklı gruplardaki etkilerini araştırmaya ve kimler için hangi tedavi yöntemlerinin işe yaradığını belirlemeye adadık. National Institute of Mental Health, The National Center for Complementary and Alternative Medicine, The Centers for Disease Control ve sayısız özel kurumdan; ilaçlardan konuşma tedavilerine, yogadan, EMDR'ye, tiyatrodan, neurofeedback'e kadar birçok farklı tedavi biçimlerinin etkinliğini değerlendiren çalışmalarımız için bağış desteği aldık.

Karşımızda duran zorluk, insanların nasıl geçmişteki travmalarının kalıntılarının üstesinden gelip yeniden kendi gemilerinin kaptanı olacaklarıdır. İlaclar, aşırı aktif alarm sistemini köreltirken, konuşma, anlayış ve insan ilişkileri de travmanın üstesinden gelmeye yardımcı olur. Ancak geçmişin izlerinin, travmanın parçası olarak ortaya çıkan çaresizlik, öfke ve çöküşü doğrudan tersine çeviren fiziksel etkinliklerle değiştirilebileceğini de göreceğiz. Tercih ettiğim bir tedavi yöntemi yok, herkese uyan tek bir yaklaşım da yok ancak bu kitapta anlattığım tedavi yöntemlerinin tümünü kullanmaktayım. Her biri, problemin doğasına ve kişinin yapısına bağlı olarak köklü değişimler yaratabilir.

Bu kitabı hem bir kılavuz hem de bir davetiye olarak kendimizi travma gerçeğiyle yüzleşmeye, en iyi nasıl tedavi edeceğimizi araştırmaya adamak ve toplum olarak kendimizi travmayı önlemeye çalışmak için bir davet olması için yazdım.

KISIM BİR

TRAVMAYI YENİDEN KEŞFETME

BÖLÜM 1

VİETNAM GAZİLERİNDEN DERSLER

Bugünkü hâlime on iki yaşında geldim, 1975 kışının buz gibi kasvetli bir gününde... Çok uzun zaman önceydi ama geçmişle ilgili söyledikleri şeyler yalan... Şimdi geçmişe baktığımda, son yirmi altı yıldır o ıssız patikaya baktığımı anladım.

— Khaled Hosseini, *Uçurtma Avcısı*

Bazı insanların yaşamları, öykü gibi akıp gidiyor; benimkinde ise bir sürü duraklamalar ve başlangıçlar var. Travma bunu yapıyor. Bu akışı bölüyor... Sadece olup bitiyor ve ardından yaşam devam ediyor. Kimse sizi buna hazırlamıyor.

— Jessica Stern, *Denial: A Memoir of Terror*

1978 yılının dört Temmuz hafta sonundan sonraki Salı günü, Boston Veterans Administration Clinic'te kadrolu psikiyatrist olarak ilk günümdü. Yeni ofisimin duvarına en sevdiğim Breughel tablosu "The Blind Leading the Blind" (Editörün notu: Körün köre yol kılavuzluğu, körlerin yürüyüşü olarak bilinen ünlü tablo) röprodüksiyonunu asıyordum ki resepsiyon alanında bir kargaşa duydum. Kısa bir süre sonra, lekeli üç parça takım giyen darmadağınık bir adam, kolunun altında *Soldier of Fortune* dergisiyle odama girdi. Çok heyecanlıydı ve akşamdan kaldığı apaçık ortadaydı, o anda bu iri yarı adamla ne yapacağım diye düşündüm. Kendisinden oturmasını ve kendisi için ne yapabileceğimi söylemesini istedim.

Adı Tom'du. On yıl önce deniz kuvvetlerinde, Vietnam'da görev almıştı. Tatilini evde ailesiyle geçirmek yerine, şehir merkezindeki

BÖLÜM 1

VİETNAM GAZİLERİNDEN DERSLER

Bugünkü hâlime on iki yaşında geldim, 1975 kışının buz gibi kasvetli bir gününde.... Çok uzun zaman önceydi ama geçmişle ilgili söyledikleri şeyler yalan.... Şimdi geçmişe baktığımda, son yirmi altı yıldır o ıssız patikaya baktığımı anladım.

— Khaled Hosseini, *Uçurtma Avcısı*

Bazı insanların yaşamları, öykü gibi akıp gidiyor; benimkinde ise bir sürü duraklamalar ve başlangıçlar var. İşte travmanın yaptığı şey bu. Akışı bölüyor... Sadece olup bitiyor ve ardından yaşam devam ediyor. Kimse sizi buna hazırlamıyor.

—Jessica Stern, *Denial: A Memoir of Terror*

1978 yılının dört Temmuz hafta sonundan sonraki Salı günü, Boston Vetereans Administration Clinic'te kadrolu psikiyatrist olarak ilk günümdü. Yeni ofisimin duvarına en sevdiğim Breughel tablosu "The Blind Leading the Blind" (Editörün notu: Körün köre yol kılavuzluğu, körlerin yürüyüşü olarak bilinen ünlü tablo) röprodüksiyonunu asıyordum ki resepsiyon alanında bir kargaşa duydum. Kısa bir süre sonra, lekeli üç parça takım giyen darmadağınık bir adam, kolunun altında *Soldier of Fortune* dergisiyle odama girdi. Çok heyecanlıydı ve akşamdan kaldığı apaçık ortadaydı, o anda bu iri yarı adamla ne yapacağım diye düşündüm. Kendisinden oturmasını ve kendisi için ne yapabileceğimi söylemesini istedim.

Adı Tom'du. On yıl önce deniz kuvvetlerinde, Vietnam'da görev almıştı. Tatilini evde ailesiyle geçirmek yerine, şehir merkezindeki

Boston hukuk bürosuna kapanıp içki içip eski fotoğraflara bakarak geçirmişti. Önceki yıllardaki deneyimlerine göre, gürültü, havai fişek sesi, sıcaklık, yaz başı yeşillikler arasında kız kardeşinin arka bahçesinde piknik yapmak gibi Vietnam'ı hatırlatan her şey onu çılgına çeviriyordu. Üzgün olduğunda ailesinin yanında olmaktan korkuyordu çünkü böyle olduğu zamanlarda karısına ve iki küçük oğluna karşı bir canavar gibi davranıyordu. Çocuklarının gürültüsünden son derece tahrik oluyor ve çocuklarına zarar vermemek için evden çıkıp gidiyordu. Yalnızca unutmak için tek başına içki içmek ya da son hızla tehlikeli biçimde Harley-Davidson motoruna binmek onu sakinleştiriyordu.

Geceleri de rahat değildi; uykusu sürekli Vietnam'daki çeltik tarlasında kurulan bir pusuda müfrezesindeki neredeyse tüm askerlerin öldüğü ya da yaralandığını gördüğü kabuslarla bölünüyordu. Ayrıca, Vietnamlı ölü çocukların görüntüsüyle korkunç geriye dönüşler yaşıyordu. Kabusları öylesine korkunçtu ki uyumaktan çekiniyordu ve genellikle de geceyi içki içerek, uyanık geçiriyordu. Sabahları karısı ve çocukları, kendisini oturma odasındaki koltuğun üzerinde sızmış hâlde buluyordu ve eşi, çocuklarını okula göndermek için kahvaltı hazırlarken herkes parmak uçlarında yürüyordu.

Bana geçmişiyle ilgili bilgiler verirken Tom, 1965 yılında sınıf birincisi olarak liseden mezun olduğunu söyledi. Mezun olur olmaz, ailenin askeri geleneğine uygun bir şekilde hemen Deniz Kuvvetlerine kaydolmuştu. Babası da II. Dünya Savaşı'nda General Patton'un ordusunda görev yapmış ve Tom hiçbir zaman babasının beklentilerini sorgulamamıştı. Atletik, zeki ve belirgin bir lider olan Tom, her duruma karşı hazırlığın yapıldığı temel eğitimi bitirdikten sonra kendini güçlü ve etkili hissediyordu. Vietnam'da kısa süre içinde, sekiz denizciden sorumlu müfreze lideri olmuştu. Çamurun içinde makineli silahların saldırısı altında hayatta kalabilmek, insanı kendisi ve arkadaşlarıyla ilgili iyi hissettirebilir.

Görevinin sonunda Tom gururlu bir şekilde terhis edilmişti ve tüm istediği ise Vietnam'ı geride bırakmaktı. Görünüşte yaptığı tam da buydu. Devletin savaştan dönenlere sağladığı olanakla üniversiteye kaydoldu, hukuk okudu, lise aşkıyla evlendi ve iki oğlu oldu. Tom için karısına karşı gerçek bir sevgi hissedememek çok zordu, oysa ormanda kendisini hayata bağlayan eşinin yazdığı mektuplardı. Tom, normal bir hayat sürdürmeye çalışıyordu, yokmuş gibi davranarak eski hâline dönebilmeyi umuyordu. Güçlü bir avukattı ve mükemmel bir aile tablosu çiziyordu ancak kendisi normal olmadığını hissediyordu; içten içe ölü gibiydi.

Tom, profesyonel anlamda görüştüğüm ilk gazi asker olsa da öyküsü birçok yönüyle benim için tanıdıktı. Savaş sonrası Hollanda'da bombalanmış binaların içinde oyunlar oynayarak yetişmiştim ve açık sözlü bir Nazi karşıtı olduğu için toplama kampına gönderilen bir adamın oğluydum. Babam, hiçbir zaman savaş deneyimleri hakkında konuşmadı fakat küçük bir çocukken beni şaşkınlıktan donduran öfke patlamaları yaşardı. Her sabah, ev halkı uyurken dua etmek ve İncil okumak için sessizce merdivenlerden inen bir adam nasıl böyle ürkütücü şekilde öfkelenebiliyordu? Yaşamını sosyal adalete adamış bir insan nasıl oluyordu da bu kadar öfke doluyordu? Aynı şaşırtıcı davranışları, Hollanda Doğu Hint Adaları'nda (şimdi Endonezya) bir Japon tarafından esir alınan ve Kwai nehrinde yapılan ünlü köprünün inşaatında çalıştırılan amcamda da görmüştüm. O da nadiren savaştan söz ediyordu ve sık sık kontrol edilemeyen öfke nöbetleri yaşıyordu.

Tom'u dinlerken, babamın ve amcamın da böyle kabuslar görüp görmediği ve geri dönüşler yaşayıp yaşamadıklarını merak ettim; eğer öyleyse onlar da sevdiklerinden uzaklaşmış hissetmiş ve yaşamlarından gerçekten keyif alamamışlardı. Zihnimde bir yerlerde, kendi çocukluk travması da bazı zamanlarda ortaya çıkan korkmuş genellikle de korkutucu annemle ilgili anılarım vardı ve şimdi onun da sık sık çocukluk travmalarını tekrar yaşadığına inanıyorum. Anneme küçük bir kızken yaşamının nasıl olduğunu sorduğumda sinir bozucu bir şekilde bayılırdı ve sonrasında onu üzdüğüm için beni suçlardı.

Büyük bir ilgiyle onu dinlediğimi gören Tom, oturdu ve nasıl korktuğunu ve kafasının ne kadar karışık olduğunu anlattı. Her zaman öfkeli olan ve nadiren çocuklarıyla konuşan –Bulge savaşı sırasında 1944 Noel'inde yaşamını kaybeden dostlarıyla karşılaşmak dışında– babası gibi olmaktan korkuyordu.

Seansın bitmesine yakın, doktorların genelde yaptığını yaptım: Tom'un öyküsünün anladığımı düşündüğüm bir kısmına odaklandım: kabusları. Öğrenciyken uyku laboratuvarında çalışmıştım, insanların uyku/rüya döngülerini gözlemlemiştim ve kabuslarla ilgili makaleler yazılmasında asistanlık yapmıştım. Ayrıca, 1970'lerde kullanımına başlanan psikoaktif ilaçların faydaları üzerinde yapılan ilk araştırmalarda yer almıştım. Böylece, Tom'un problemlerini, doğru kapsamda ele almazken kabuslar, ilişki kurabileceğim bir noktaydı ve yaşamın kimyayla daha iyi olacağına tutkulu biçimde inanan biri olarak hemen kabusların sıklığını ve şiddetini azalttığı konusunda etkili bulduğumuz bir ilacı reçeteye yazdım. Tom'la iki hafta sonrasına yeni bir görüşme ayarladık.

Görüşmeye geldiğinde büyük bir istekle Tom'a ilaçların ne kadar işe yaradığını sordum. Tom, ilaçları almadığını söyledi. Kızgınlığımı gizlemeye çalışarak nedenini sordum. "İlaçları içersem kabuslarımın yok olacağını fark ettim." diye yanıtladı. "Dostlarımı terk etmiş olacağım ve ölümleri boşuna olacaktı. Vietnam'da ölen arkadaşlarımın canlı anıtı olmalıyım."

Şaşkınlıktan serseme dönmüştüm. Tom'un ölenlere olan bağlılığı kendi yaşamını sürdürmesini engelliyordu, tıpkı babasının kendini arkadaşlarına adayıp yaşamını sürdürememesi gibi. Savaş alanında baba ve oğulun deneyimleri, onları yaşamlarının geri kalanı ile alakasız bir hâle getirmişti. Bu nasıl olmuştu ve bununla ilgili ne yapabilirdik? O sabah, profesyonel hayatımın geri kalanını travmanın gizemini ortaya çıkarmaya adayabileceğimi fark ettim. Korkunç olaylar, nasıl insanların umutsuz bir şekilde geçmişe takılıp kalmasına neden oluyordu? Çaresizce bir yerden kaçmak istedikleri hâlde, insanların orada donup kalmasına neden olan zihinlerinde ve beyinlerinde neler olup bitiyordu? Bu adamın savaşı neden, 1969 yılının Şubat ayında uzun süren Da Nang dönüş uçuşunun ardından Boston Uluslararası Havaalanında ailesi tarafından kucaklandığında bitmemişti?

Tom'un dostlarının canlı bir anıtı olarak yaşamını sürdürme isteği, bana yalnızca kötü anılar ya da zarar görmüş beyin kimyasının - ya da beyindeki değişen korku devrelerinin- dışında daha karmaşık bir durumdan kaynaklandığını öğretmişti. Çeltik tarlasındaki pusudan önce Tom, yaşamdan keyif alan, birçok ilgi alanı ve keyifleri olan fedakâr ve güvenilir bir arkadaştı. Tek bir korkutucu anda, travma her şeyi değiştirmişti.

VA'da* (Gaziler Kliniği) geçirdiğim süre boyunca benzer tepkiler gösteren kişilerle tanıştım. Küçücük düş kırıklıkları anlarında bile gaziler, genelde son derece yoğun öfke tepkisi vermekteydiler. Kliniğin ortak kullanım alanlarında duvarlar yumruk izleriyle doluydu ve güvenlik sık sık öfkeli askerler nedeniyle çağırılıyordu. Elbette davranışları bizi korkutuyordu ama aynı zamanda benim merakımı uyandırıyordu.

Evde eşimle çocuklarımıza ıspanak yemelerini ya da çorap giymelerini söylediğimizde de onların benzer öfke ve tutturmaları ile mücadele ediyorduk. Çocuklarımın bu toy davranışları ile tamamen ilgisizken neden derinlerde bir yerlerde eski askerlere olanlar konusunda üzülüyordum (evde emekleyen çocuklarımdan daha fazla zarar verme potansiyelleri olan boyutları dışında elbette). Bunun nedeni, düzenli bakım ile çocuklarımın aşamalı olarak öfke ve hayal kırıklığı ile mücadele etmeyi öğreneceklerinden emin olmamdı ancak gazilerin savaşta kaybettikleri kendi kendilerini kontrol etme ve yatıştırma becerilerine yardım edebileceğim konusunda şüpheliydim.

Ne yazık ki psikiyatri eğitimim, beni Tom ve arkadaşları gibi gazilerin yaşadığı sorunlara hazırlamamıştı. Savaş nevrozu, savaş bunalımı, savaş tükenmişliği ya da hastalarıma ışık tutacağını düşündüğüm herhangi bir başka terim ya da tanıyı araştırmak üzere tıp kütüphanesine gittim. VA'da bulunan kütüphanede bu durumlarla ilgili tek bir kitap bile olmaması beni şaşırttı. Son Amerikan askeri Vietnam'dan ayrıldıktan beş yıl sonra, savaş travması hâlâ kimsenin gündeminde değildi. Sonunda, Harvard Tıp Okulu, Countway Kütüphanesinde, Abram Kardiner adlı bir psikyatristin yazdığı 1941 yılı basımı *The Traumatic Neuroses of War* adlı kitabı buldum. Kitapta, Kardiner'in I. Dünya Savaşı'na katılan askerlerle ilgili gözlemleri yer alıyordu ve savaş bunalımındaki askerlerin II. Dünya Savaşı'nda ölecekleri beklentisiyle yazılmıştı [1].

Kardiner de benim gördüğüm fenomenleri bildirmişti: Savaşın ardından hastaları anlamsızlık duygusu yaşıyordu; eskiden öyle olmasa da içe kapanıyor ve etraftan kopmuş, bağlantısız gibi davranıyorlardı. Kardiner'in "travmatik nevrozlar" olarak adlandırdığı şeyi bugün travma sonrası stres bozukluğu –TSSB– olarak adlandırıyoruz. Kardiner, travmatik nevrozlar yaşayan bireylerin tehditlere karşı kronik bir aşırı uyarılmışlık geliştirdiklerini söylüyordu. Özellikle özeti çarpıcıydı: "Nevrozun özü fizyonevrozdur."[2] Başka bir deyişle, travma sonrası stres, başkalarının düşündüğü gibi kişinin yalnızca kafasının içinde değildir ve fizyolojik bir temeli vardır. Kardiner daha o dönemlerde, belirtilerin orijinal travmaya bütün bedenin verdiği bir tepkiden kaynaklandığını anlamıştı.

Kardiner'in tanımı, benim gözlemlerimi destekliyordu, bana güven verirken savaş sonrası askerlere nasıl yardım edebileceğim konusunda fazla yol göstermiyordu. Konuyla ilgili literatürdeki eksiklik büyük bir engeldi ancak değerli hocam Elvin Semrad, ders kitaplarına şüpheci yaklaşmamızı öğretmişti. "Tek bir gerçek ders kitabımız vardır: Hastalarımız." derdi. Yalnızca onlardan öğrendiklerimize ve kendi deneyimlerimizden öğrendiklerimize güvenmeliyiz. Bu çok basit gibi görünüyor ancak Semrad kişisel bilgilere güvenmemizi söylese de insanoğlu, hayal kurma ve gerçeği gizleme konusunda uzman olduğu için bizi bu sürecin ne kadar zorlu olduğu konusunda da uyarmıştı. "Çektiğimiz ıstırabın en önemli kaynağı kendimize söylediğimiz yalanlardır." dediğini anımsıyorum. VA'da çalışırken gerçekle yüzleşmenin ne kadar eziyetli olduğunu keşfettim. Bu, hem kendim hem de hastalarım için bir gerçekti.

Askerlerin çatışmalarda neler yaşadığını gerçekten bilmek istemiyoruz. Toplumda kaç çocuğun saldırıya uğradığını ya da cinsel tacize maruz kaldığını ya da kaç çiftin – toplamda neredeyse üçte biridir– ilişkileri sırasında şiddete maruz kaldığını gerçekten bilmek istemiyoruz. Aileleri, kalpsiz bir dünyada güvenli sığınaklar olarak görmeyi; ülkemizin aydın, uygarlaşmış insanlardan oluştuğunu düşünmek istiyoruz. Zulmün yalnızca Darfur ya da Kongo gibi uzak yerlerde olduğunu düşünmek istiyoruz. Acıya tanıklık etmek dayanılmazdır. Öyleyse, travma yaşayan bireylerin bunu hatırlamaya katlanamamalarına ve sıklıkla uyuşturucu ya da alkol kullanmaya başlamalarına ya da katlanılamayacak düzeydeki bilgileri akıllarından çıkarmak için kendilerini yaralamalarına şaşırmalı mıyız?

Tom ve diğer gaziler, dayanılmaz deneyimlerle yaşamlarının nasıl parçalandığını anlayışım ve onları nasıl yeniden yaşama döndüreceğim konusundaki arayışımda ilk öğretmenlerim oldular.

TRAVMA VE BENLİK KAYBI

VA'da yaptığım ilk çalışma sistematik olarak askerlere Vietnam'da başlarına neler geldiğini sormak oldu. Onları eşikten dışarı iten neydi ve neden bazıları yaşamını sürdürebilirken bazıları yaşadıkları deneyimin sonunda yıkılıyordu bilmek istiyordum[3]. Görüştüğüm kişilerin çoğu, savaşa iyi hazırlandıklarını, sert temel eğitimi tam olarak aldıklarını ve tehlike ile baş edebileceklerini düşünerek gitmişti. Ailelerinin ve sevgililerinin fotoğraflarını paylaşmış, birbirlerinin kusurlarına katlanmışlardı. Ve arkadaşları için yaşamlarını tehlikeye atmaya hazırlardı. Çoğu karanlık sırlarını birbirlerine söylemişti ve bazıları gömleklerini, çoraplarını paylaşıyordu.

Çoğunun Tom ve Alex gibi dostlukları vardı. Tom, ülkedeki ilk gününde Alex'le tanışmıştı, Massachusetts'in Malden bölgesinde yaşayan bir İtalyandı ve hemen yakın arkadaş olmuşlardı. Ciplerini birlikte sürüyor, aynı müziği dinliyor ve ailelerinden gelen mektupları birlikte okuyorlardı. Birlikte sarhoş oluyor, Vietnam barlarında aynı kızı tavlamaya çalışıyorlardı.

Ülkede geçen üç ayın ardından, Tom bölüğünü, gün batımından hemen önce, çeltik tarlasından yaya devriyeye götürmüştü. Aniden ormanı çevreleyen yeşilliklerin arasından ateş yağmuru başlamıştı, etrafındaki herkes tek tek vuruluyordu. Tom, saniyeler içinde birliğindeki tüm askerlerin öldürüldüğü ya da yaralandığı anda nasıl çaresizlik içinde kaldığını anlattı. Ayakları havada, yüzü çeltik tarlasına gömülmüş bir hâlde uzanan Alex'in başının arkası aklından hiç çıkmıyordu. Tom: "O benim tek gerçek arkadaşımdı." diye bağırırken ağlıyordu. Sonrasında, geceleri Tom, sürekli askerlerinin çığlıklarını duyuyor ve bedenlerinin suya düşüşünü görüyordu. Pusuyu anımsatan herhangi bir ses, koku ya da imge (4 Temmuz'da maytapların yakılması gibi) kendini felç olmuş, dehşete kapılmış ve öfkeli hissettiriyordu, tıpkı kendisini çeltik tarlasından alan helikopterde olduğu gibi.

Belki de Tom için pusuya ait, tekrar eden o anları yeniden yaşama hislerinden daha kötüsü, sonradan olanların anılarıydı. Tom'un arkadaşının ölümüyle ilgili olan öfkesinin sonrasında nasıl felaketlere yol açtığını kolayca görebiliyordum. Benimle paylaşmadan önce, bu felç edici utançla aylarca mücadele etmişti. Homeros'un İlyada'sındaki Achilles gibi unutulmaz savaşçılar, dostlarının ölümüne anlatılamayan intikam eylemleri ile yanıt verirler. Pusunun ertesi günü Tom, çılgına dönmüş bir hâlde bir köye gidip oradaki çocukları öldürmüş, masum bir çiftçiyi vurmuş ve Vietnamlı bir kadına tecavüz etmişti. Tüm bunların ardından eve sağlıklı bir şekilde dönmek onun için imkânsızdı. Sevdiğiniz kadının yanına gidip, kendisine benzeyen bir kadına vahşice tecavüz ettiğinizi nasıl söyleyebilirsiniz ya da katlettiğiniz çocukları hatırlarken oğlunuzun attığı ilk adımları nasıl izlersiniz? Tom, Alex'in ölümüyle birlikte bir parçasının da sonsuza dek yok olduğunu hissetmişti: onun iyi, onurlu ve güvenilir olan parçası. İster size yapılan bir şeyin, isterse sizin yaptığınız bir şeyin sonucu olsun, travma, samimi ilişkiler kurmanızı güçleştirir. Konuşulması imkânsız bir şeyi yaşadıktan sonra kendinize ya da bir başkasına tekrar nasıl güvenebilirsiniz ya da tam tersi, vahşi bir şekilde şiddete maruz kaldıktan sonra nasıl yakın bir ilişki yaşayabilirsiniz?

Tom, beni bir cankurtaran –hiç sahip olamadığı babası, pusuda hayatta kalan Alex gibi– olarak gördüğünden randevularına sadık kalıyordu. Hatırlamaya izin vermek büyük bir cesaret ve güven ister. İster tarafsız bir durum olsun (tıpkı mezalim komisyonlarında olduğu gibi) isterse olmasın (kendisini istismar eden kişiyi sakinleştiren çocuk gibi) travma yaşayan kişiler için en zoru, travmatik olay sırasında sergiledikleri davranışlar nedeniyle yaşadıkları utançla yüzleşmektir. Bu olguyla ilgili ilk yazanlardan biri VA kliniğinde yan ofisimde çalışan Sarah Haley idi. TSSB tanısının nihai olarak oluşturulmasında büyük bir güç hâline gelen "When the Patient Reports Atrocities"[4] adlı makalesinde, askerlerin savaş deneyimleri sırasındaki korkunç davranışları hakkında konuşmalarının (ve onları dinlemenin) neredeyse dayanılmaz zorlukta olduğunu ele almıştır. Başkaları tarafından verilen cezayla yüzleşmek oldukça güçtür ancak travma yaşayan kişilerin, koşullar karşısında yaptıkları ya da yapmadıkları şeylerden duydukları utanç daha fazladır. Korktukları, bağımlı, kışkırmış bir şekilde davrandıkları ya da öfkelendikleri için kendilerini sürekli küçümserler.

Sonraki on yıl içinde çocuk istismarı kurbanlarında da aynı olguyla karşılaştım: Birçoğu hayatta kalmak için ya da kendilerini istismar eden kişiyle iletişimleri sürdürmek için yaptıkları konusunda kahreden bir utanç yaşıyordu. Bu durum özellikle istismar eden kişi çocuğa yakın olan ya da çocuğun bağımlı olduğu biriyse özellikle doğrudur, ki çoğu zaman da durum böyledir. Bu sonuç, kişinin kurban mı yoksa gönüllü bir katılımcı mı olduğu karmaşasını yaratabilir, sevgi ve dehşet; acı ve keyif arasındaki fark şaşkınlığa dönüşür. Bu ikilemi kitabın ilerleyen bölümlerinde ele alacağız.

HİSSİZLEŞME

Tom'un belirtileri arasında en kötü olan belki de duygusal olarak hissizleşmesiydi. Çaresizce ailesini sevmeye çalışıyordu ama onlara karşı derin duygular hissedemiyordu. Duygusal olarak herkese karşı uzaktı, sanki kalbi donmuştu ve camdan bir duvarın ardında yaşıyordu. Bu hissizlik kendine kadar uzanıyordu. Anlık öfke ve utanç anları dışında bir şey hissetmiyordu. Tıraş olmak için aynaya baktığında kendini tanımakta ne kadar zorlandığını anlatıyordu. Mahkemede bir davayı tartışırken, kendini uzaktan izliyor ve böyle görünen ve konuşan bir adamın nasıl güçlü tartışmalar yapabildiğini merak ediyordu. Bir davayı kazandığında memnun olmuş gibi davranıyordu ve kaybettiğinde ise sanki alacağı sonucu önceden görmüş gibi yenilgiyi kabul ediyordu. Etkili bir avukat olmasına rağmen, sanki hiçbir amacı ya da yönü yokmuş gibi bir boşlukta yüzdüğünü hissediyordu.

Ara sıra amaçsızlık duygusunu belirli bir davaya katılmak rahatlatıyordu. Tedavisi sırasında Tom, bir cinayet davasında bir gangsteri savunmak zorunda kalmıştı. Bu süre boyunca davaya odaklanarak kazanma stratejileri üzerine yoğunlaştı ve kendisini heyecanlandıran bir şey karşısında dalıp giderek bütün gece çalıştığı pek çok örnek vardı. Bir savaşçı olmak gibi diye anlatıyordu; son derece hayat dolu hissediyor ve hiçbir şeyi sorun etmiyordu. Tom, davayı kazandığı anda ise enerjisini ve amacını yitiriyordu. Kabusları gibi öfke nöbetleri de geri dönüyordu- öyle ki eşine ve çocuklarına zarar vermemek için bir otele taşınmıştı. Ancak yalnız olmak da korkunçtu çünkü savaş şeytanları tüm gücüyle geri dönüyordu. Tom çalışarak, içki içerek ve ilaç kullanarak kendini meşgul etmeye uğraşıyordu ama bu şeytanlara karşı çıkmak için hiçbir şey yapmıyordu.

Soldier of Fortune dergisinin sayfaları arasında gezinmeyi sürdürdü, öfkelenmek yerine Afrika'da yerel savaşlardan birinde ücretli asker olarak kaydolmayı hayal ediyordu. O bahar, Harley motorunu aldı ve New Hampshire'daki Kancamagus otobanında şaha kalktı. Titreşimler, hız ve tehlikeli sürüş onu kendine getirdi, otel odasından ayrılıp ailesinin yanına dönebilecek noktadaydı.

ALGILARIN YENİDEN YAPILANMASI

VA'da yürüttüğüm çalışmalardan biri de kabuslarla ilgili bir araştırma olarak başladı ve travmanın kişilerin algılarını ve hayal gücünü ne kadar etkilediğini keşfetmem ile sonuçlandı. Bundan on yıl önce Vietnam'da ağır eylemler içinde yer alan eski bir doktor olan Bill, kabus çalışmamda yer alan ilk kişiydi. Görevden ayrıldıktan sonra bir teoloji okuluna kaydolmuş ve Boston banliyösündeki Cemaat kilisesindeki ilk papazlık görevine başlamıştı. Eşiyle ilk çocuklarına sahip olana dek her şey yolunda gidiyordu. Doğumun ardından bir hemşire olan eşi işine dönmüş ve o da haftalık vaazlarını hazırlamak ve diğer papazlık görevlerini yerine getirmek ve bebekle ilgilenmek için evde kalmıştı. Bebekle yalnız kaldığı ilk gün, bebek ağlamaya başlamıştı ve o anda aniden Vietnam'da ölen çocukların dayanılmaz görüntüleri gözünün önüne gelmişti.

Bill, hemen çocukla ilgilenmesi için eşini aramak zorunda kalmıştı ve ardından hemen VA'ya gelmişti. Bebek ağlamaları duyduğunu ve çocukların yanmış kanlı yüzlerini gördüğünü anlatmıştı. İş arkadaşlarım onun psikozlu olduğunu düşündü çünkü dönemin kaynakları, işitsel ve görsel halüsinasyonların paranoid şizofreni belirtileri olduğunu söylüyordu. Aynı metinler, bu tanının bir nedeni olduğunu da söylüyordu: Bill'in psikozu, büyük ihtimalle eşinin yeni doğan bebeğe olan sevgisiyle tetiklenmişti.

O gün girişteki ofise geldiğimde, Bill'in etrafı, güçlü bir antipsikotik bir ilaç enjekte edip, kapalı duvarlar ardına kapatmaya hazırlanan doktorlarla çevriliydi. Belirtilerini anlatıp benim görüşümü sordular. Şizofreni tedavisinde uzmanlaşan bir serviste görev yaptığımdan meraklanmıştım. Tanıda bir şeyler doğru görünmüyordu. Bill'e kendisiyle konuşup konuşamayacağımızı sordum ve öyküsünü duyduktan sonra, farkında olmadan Freud'un 1895 yılında travma ile ilgili söylediklerini yorumladım: "Sanırım bu adam anıları yüzünden acı çekiyor." Bill'e kendisine yardım edeceğimi söyledim ve panik hâlini kontrol edebilmesi için ilaç yazdıktan sonra kabuslarla ilgili çalışmama katılmak isteyip istemediğini sordum[5]. O da kabul etti.

Çalışmanın bir parçası olarak katılımcılara Rorchach testi uyguladık[6]. Açık sorulara yanıtlar isteyen testlerin aksine Rorschach'da verilen yanıtların sahte olması neredeyse imkânsızdır. Rorschach, bireylerin, temel olarak anlamsız bir uyaran olarak görünen resimlerden (mürekkep lekesi) nasıl zihinsel imgeler yarattıklarını gözlemlememizi sağlayan benzersiz bir yol sunar. İnsanlar anlamlar üreten türler olduğu için bu mürekkep lekelerinden imgeler ya da öyküler yaratma eğilimindeyiz, tıpkı güzel bir yaz günü çimenlere uzanıp gökyüzündeki bulutlardan benzeşimler çıkarmak gibi. Bireylerin bu mürekkep lekelerinden çıkardıkları bize zihinlerinin nasıl çalıştığı ile ilgili pek çok şey anlatabilir.

İkinci Rorschach test kartını gören Bill, korku içinde bağırdı, "Vietnam'da cesedini şişmiş hâlde gördüğüm çocuk bu. Ortada kömürleşmiş et, yaralar ve her yerinden kanlar çıkıyor". Nefes nefese bir hâlde ve alnından akan terle, başlangıçta VA kliniğine gelmesine neden olan paniğe benzer bir hâldeydi. Savaştan dönen askerlerin, geçmişe dönüşlerini anlattıklarını duysam da ilk kez buna tanıklık ediyordum. O anda ofisimde Bill, olayın olduğu andaki aynı imgeleri görüyor, aynı kokuyu duyuyor ve aynı fiziksel hisleri yaşıyordu. Çaresiz bir hâlde kollarında ölmekte olan bir çocuğu taşımasının üzerinden geçen on yılın ardından Bill, bir mürekkep lekesine yanıt vererek travmasını yeniden yaşıyordu.

Bill'in ofisimde yaşadığı geçmişe dönüş anı, tedavi etmeye çalıştığım, savaştan dönen askerlerin çektiği acıyı anlamamı sağladı ve buna çözüm bulmanın ne kadar önemli olduğunu anlamama yardım etti. Travmatik olayın kendisinin, korkunç olmasına rağmen bir başlangıcı, ortası ve sonu vardır ancak geçmişe dönüşlerin olayın kendisinden daha kötü olabileceğini görüyordum. Size tekrar ne zaman saldıracağını hiçbir zaman bilemiyorsunuz ve bitmesini sağlamanızın hiçbir yolu yok. Bu geçmişe dönüşleri etkili bir şekilde tedavi etmeyi öğrenmem yıllarımı aldı ve bu süreçte Bill, en önemli yol göstericilerimden biri oldu.

Rorschach testini, savaştan dönen yirmi bir askere daha uyguladığımızda tepkiler tutarlıydı: on altısı, ikinci kartı gördüğünde savaş dönemi travmasını yaşıyormuş gibi tepki verdi. İkinci Rorschach kartı, renk içeren ilk karttır ve renk şoku olarak adlandırılan bir tepkiyi ortaya çıkarır. Gaziler, bu kartı şunlara benzer tanımlarla yorumladılar "bunlar, havan topu patladıktan sonra arkadaşım Jim'in bağırsakları." ve "öğle yemeği yerken top ateşiyle boynu kopan arkadaşım Danny'nin boynu." Hiçbiri, pek çok insanın gördüğü, dans eden keşişler, pır pır eden kelebekler, motosikletli adamlar ya da herhangi bir sıradan ya da tuhaf imgeler görmedi.

Gazilerin çoğu, gördükleri şey karşısında çok üzülürken, geriye kalan beş kişinin tepkisi daha ürkütücüydü: Sadece ifadesizleştiler. "Hiçbir şey değil." dedi biri "sadece bir parça mürekkep." Elbette haklıydılar ancak belirsiz bir uyarana karşı normal bir insanın vereceği tepki, hayal gücünü kullanarak bunlardan bir şeyler okumaya çalışmaktır.

Rorschach testlerinden travma yaşayan bireylerin, travmalarını etraflarındaki her şeyin üzerine yerleştirme eğilimleri olduğunu ve etraflarında olup biteni çözmede sıkıntılar yaşadığını öğrendik. İkisinin aralığında gibi görünüyorlardı. Ayrıca travmanın hayal gücünü de etkilediğini öğrendik. Lekelerde hiçbir şey görmeyen beş kişi, zihinlerinin oyun oynama kapasitesini yitirmişti. Ancak, bu lekelerde geçmişten sahneler gören diğer on altı kişi de ruhsal bir esneklik sergilemiyordu. Yalnızca eskiden bildiklerini tekrarlıyorlardı.

Hayal gücü, yaşam kalitemiz için kesinlikle çok önemlidir. Hayal gücümüz, seyahat, yemek, seks, aşık olmak ya da son sözü söylemek gibi yaşamlarımızı ilginç kılacak tüm şeylerle ilgili hayal kurarak, günlük rutin işlerden sıyrılmamızı sağlar. Hayal gücü, yeni olasılıkları gözümüzde canlandırma fırsatı verir; umutlarımızın gerçeğe dönüşmesini sağlayan temel noktadır. Yaratıcılığımızı ateşler, sıkıntımızı alır, acımızı yatıştırır, keyfimizi arttırır ve en yakın ilişkilerimizi zenginleştirir. Bireyler, takıntılı bir şekilde ve sürekli yoğun bir şekilde katılım gösterdikleri ve derin duygular yaşadıkları geçmiş olaya çekildiğinde, hayal güçleri başarısızlığa uğrar ve ruhsal esnekliklerini kaybederler. Hayal gücünün olmadığı yerde, ne umut, ne daha iyi bir gelecek düşünme şansı ne de gidecek bir yer ya da ulaşılacak bir hedef vardır.

Rorschach testleri, travma yaşayan bireylerin, diğer insanlara göre dünyaya temel olarak daha farklı gözlerle baktığını öğretti. Çoğumuz için sokağın başında gördüğümüz biri, yalnızca yürüyen bir insandır. Ancak bir tecavüz kurbanı bu kişiyi taciz edecek biri gibi görüp paniğe kapılabilir. Sert bir öğretmen, ortalama bir çocuk için göz korkutucu olabilir ancak üvey babasından sürekli dayak yiyen bir çocuk için bir işkenceciyi temsil edebilir ve bir öfke ile saldırmayı ya da bir köşeye sinmeyi tetikleyebilir.

TRAVMAYA SAPLANMAK

Kliniğimiz, psikiyatrik yardım arayan gazilerle dolup taşıyordu. Ancak, nitelikli doktorların azlığı nedeniyle, yapabileceğimiz tek şey, kendilerine ve ailelerine merhametsizce davranmaya devam etmelerine rağmen, pek çoğunu bekleme listesine almaktı. Şiddet içerikli olaylar ya da sarhoş hâlde arbedeler –bunun yanı sıra intihar edenler– nedeniyle tutuklanan gazilerin sayısında bir artış olduğunu görmeye başladık. Genç Vietnam gazileriyle , "gerçek" terapi başlayana dek bir tür bekleme tankı görevi görecek bir grup çalışması başlatmak için izin aldım.

Eski denizcilerden oluşan bir grupla olan açılış seansında, ilk konuşan kişi açıkça "Savaş hakkında konuşmak istemiyorum." demişti. Ben de grup üyelerinin istedikleri konuda konuşabileceklerini söyledim. Yarım saat süren dayanılmaz sessizliğin ardından, sonunda gazilerden biri, yaşadığı helikopter kazasını anlatmaya başladı. Şaşırtıcı bir şekilde, geri kalanlar da hemen canlanarak, büyük bir yoğunlukla yaşadıkları travmatik deneyimleri anlattı. Hepsi sonraki haftalarda da gelmeye devam ettiler. Önceleri yalnızca dehşet ve boşluk duyguları olan şeyde bir anlam ve yankı bulmuşlardı. Savaş deneyimlerinde oldukça önemli olan dostluk duygusunun yenilendiği hissini yaşıyorlardı. Benim de yeni kurdukları birimin bir parçası olmam konusunda ısrar ettiler ve doğum günümde bana bir denizci üniforması hediye ettiler. Geçmişi düşününce bu davranış problemin bir kısmını ortaya çıkarmıştı: Ya içindesiniz ya da dışında - ya bir birime aitsiniz ya da hiç kimse değilsiniz. Travmanın ardından, dünya bunu bilenler ve bilmeyenler olarak keskin bir şekilde ikiye ayrılır. Travma yaşamayan insanlara güvenilmez çünkü bunu anlayamazlar. Üzücü bir şekilde bu ayrım, eşleri, çocukları ve iş arkadaşlarını da kapsar.

Daha sonraları, bu kez Patton'ın ordusundaki gazilerden oluşan, şimdilerde yetmişli yaşlarında, neredeyse babam yaşında adamların bulunduğu bir başka gruba liderlik ettim. Pazartesi günleri saat sekizde buluşuyorduk. Boston'da kışları kar fırtınası genelde toplu ulaşımı felç eder ancak şaşırtıcı bir şekilde hepsi tipide bile geldi, hatta bazıları VA Kliniğine ulaşmak için millerce yol kat etmek zorundaydı. Noel'de bana 1940'ların GI* (Savaştan dönenlere verilen) kol saatini hediye ettiler. Denizcilerle olan grupta da olduğu gibi, onlardan biri olmadan doktorları olamazdım.

Bu şekilde devam ederken, bireyleri günlük yaşamlarında karşılaştıkları zorluklar hakkında konuşmaya yönlendirdikçe grup terapisinin sınırları netleşti: Eşleriyle, çocuklarıyla, kız arkadaşlarıyla olan ilişkileri; patronlarıyla yaşadıkları zorluklar ve işten keyif alma; yoğun alkol kullanımı. Onların tipik tepkileri ayak diremek ya da direnç göstermekti, bunların yerine Hürtgen Dağları'nda bir Alman askerinin kalbine nasıl hançer soktuklarını ya da Vietnam ormanlarında helikopterlerinin nasıl vurulduğunu anlatmayı tercih ediyorlardı .

Travma ister on yıl isterse kırk yıl önce gerçekleşmiş olsun, hastalarım geçmiş ve şimdiki yaşamları arasında bir köprü kuramıyordu. Bir şekilde kendilerine çok fazla acı veren olay, aynı zamanda anlam kaynağı olmuştu. Yalnızca travmatik geçmişlerini ziyaret ettiklerinde tam olarak canlı hissediyorlardı.

TRAVMA SONRASI STRES TANISI

VA'da geçen ilk günlerde hastalarımızı çeşitli tanılarla sınıflandırdık –alkolizm, madde bağımlılığı, depresyon, duygudurum bozukluğu, hatta şizofreni– ve kitaplarımızda yazan her tedaviyi uyguladık. Ancak gösterdiğimiz tüm çabaya rağmen çok az yol kat etmiştik. Reçete edilen güçlü ilaçlar, bireyleri öyle donuklaştırdı ki işlevselliklerini neredeyse kaybetmişlerdi. Travmatik olayın ayrıntılarını ifadeye teşvik ederek yaşadığı sorunu çözmesi için anlatmasını isterken tam bir yeniden yaşantılamaya (flasback) istemeyerek neden oluyorduk. Çoğu tedaviyi yarım bıraktı, onlara yardım edememek bir yana bazen daha kötü olmalarına da neden oluyorduk.

Dönüm noktası 1980 yılında gerçekleşti, psikanalistler Chaim Shatan ve Robert J. Lifton, çalıştığı bir grup Vietnam gazisine, Amerikan Psikiyatri Birliği'nde yapılan başarılı görüşmeler sonucunda yeni bir tanı ortaya koydu: Travma sonrası stres bozukluğu (TSSB), neredeyse tüm gazilerimizin belirtilerini tanımlıyordu. Sistematik olarak belirtiler tanımlanır ve bunlar, bir bozukluğa göre gruplandırılır ve son olarak da korku ve çaresizlik içinde acı çeken kişilere bir tanı konulur. TSSB'nin kavramsal çerçevesi sayesinde hastalarımız radikal değişiklikler için hazırdı. Bu sonunda, etkili tedaviler bulma konusunda araştırmalar ve çabalarda bir patlamaya yol açtı.

Bu yeni tanının sunduğu olasılıklardan etkilenerek, VA'da travmatik anıların biyolojisi konusunda bir çalışma önerdim. TSSB yaşayan bireylerin hafızaları, diğerlerinden farklı mıydı? Pek çok insan için hoş olmayan bir olay sonunda silikleşir ya da daha yararlı bir şeye dönüşür. Ancak pek çok hastamız, geçmişlerini çok uzun zaman önce gerçekleşmiş bir hikâyeye dönüştüremiyordu[7].

Çalışma için maddi desteğin reddedildiğini söyleyen ilk cümle şöyleydi: "TSSB'nin Gaziler Birliği'nin görevleriyle ilgili olduğunu gösteren herhangi bir kanıt yoktur." O dönemden sonra, VA'nın çalışmaları, TSSB tanısı ve beyin hasarı etrafında düzenlendi ve hatırı sayılır düzeyde kaynak, travmatize olmuş savaş gazilerinin "kanıta dayalı tedavilerine" adandı. Ancak o zamanlar bazı şeyler farklıydı ve kendi açımdan benimle görüşleri farklı bir organizasyonla çalışmakta isteksizdim ve istifa dilekçemi verdim; 1982 yılında Massachusetts Ruh Sağlığı Merkezinde, Harward Eğitim Hastanesinde, psikiyatri eğitimi aldığım yerde görev aldım. Yeni sorumluluğum, yeni filizlenmeye başlayan bir alanda eğitim vermekti: Psikofarmakoloji, ruhsal hastalıkları hafifletmek için ilaç yönetimi.

Yeni işimde, neredeyse her gün VA'da geride bıraktığımı düşündüğüm sorunlarla karşılaşıyordum. Savaş gazileriyle olan deneyimim, beni travmanın etkisi konusunda duyarlı hâle getirmişti, bu nedenle depresyonlu ya da kaygı bozukluğu olan hastalarım, taciz ya da aile içi şiddet öykülerini anlattığında farklı bir kulakla dinliyordum. Özellikle kadın hastalarımın büyük çoğunluğu, çocukken cinsel tacize uğradığını anlattığında şaşırıp kalmıştım. Bu oldukça kafa karıştırıcıydı çünkü dönemin psikiyatri kitaplarında ABD'de ensest ilişkinin çok nadir olduğu, milyonda bir görüldüğü yazıyordu[8]. ABD'de yüz milyon kadın yaşadığını varsayalım ve bunların yüzde kırk yedisinin, neredeyse yarısının yolunun benim hastane odasındaki ofisime düşmesi oldukça ilginçti.

Üstelik, kitabın dediğine göre "İlerleyen dönemdeki ciddi psikopatoloji kaynağı olarak baba-kız ensest ilişkinin rolü ile ilgili görüş birliği yok denecek kadar azdır." Geçmişinde ensest öyküleri olan hastalarım, "ilerleyen dönemdeki psikopatolojide" hiç de o olaydan bağımsız değillerdi; son derece depresiflerdi, akılları karışıktı ve kendilerini jiletlemek gibi kendilerine zarar verici davranışlarda bulunuyorlardı. Kitap, ensesti şu açıklamalarla uygun bile buluyordu: "Bu tür bir ensest durumu, öznenin psikoz şansını azaltır ve dış dünyaya daha kolay uyum sağlamasını sağlar."[9] Aslında tersi oldu, ensestin, kadınların sağlığı üzerinde yıkıcı etkileri ortaya çıktı.

Bu hastalar pek çok yönüyle, VA'da bıraktığım savaş gazilerinden çok da farklı değildi. Onlar da kabuslar görüyor ve geçmişe dönüşler yaşıyorlardı. Ayrıca ara sıra gerçekleşen öfke patlamaları ve uzun süre duygusal olarak kapanma birbirini izliyordu. Çoğu başka insanlarla anlaşma konusunda zorluklar yaşıyordu ve ilişkilerini anlamlı bir şekilde yürütmek konusunda sıkıntıları vardı.

Bildiğimiz gibi, savaş insanların yaşamını mahveden tek facia değildir. Savaş bölgelerinde hizmet veren askerlerin dörtte biri ciddi travma sonrası problemler yaşarken[10], Amerikalıların büyük çoğunluğu yaşamlarının bir döneminde şiddet içerikli suça maruz kalmaktadır ve daha kesin rakamlar veren bir rapor, Amerika Birleşik Devletleri'nde on iki milyon kadının tecavüz kurbanı olduğunu ortaya çıkarmıştır. Meydana gelen tüm tecavüz olaylarının neredeyse yarısından fazlasında, on beş yaşın altındaki kız çocukları mağdur olmaktadır[11]. Pek çok insan için savaş evde başlamaktadır: Her yıl Amerika Birleşik Devletleri'nde yaklaşık üç milyon çocuk, çocuk istismarı ve ihmal kurbanı olarak bildirilmektedir. Bu olguların bir milyonu, yerel çocuk koruma hizmetlerinin ya da mahkemelerinin harekete geçmesine neden olacak kadar ciddi olgulardır. Başka bir deyişle, dışarıda savaş bölgesinde hizmet eden her askere karşılık kendi evinde tehlikede olan on çocuk bulunuyor. Bu oldukça trajik bir durumdur, büyümekte olan çocuklar için bu korku kaynağı, düşman savaşçılar değil de kendilerine bakan kişiler olduğu için iyileşmeleri oldukça zordur.

YENİ BİR ANLAYIŞ

Tom'u tanıdığım otuz yıl boyunca, yalnızca travmanın etkisi ve klinik tablosu hakkında değil aynı zamanda travma yaşayan insanların kendi hayatlarına dönebilmelerini sağlayan yollar hakkında çok fazla şey öğrendik. 1990'lı yılların başından bu yana beyin görüntüleme araçları, bize travma yaşayan bireylerin beyninde gerçekten neler olduğunu göstermeye başlamıştır. Bunlar, travmadan kaynaklanan hasarı anlamada gerekli kanıtları sağlamış ve tamamen yeni onarma yolları formüle etmeye yönlendirmiştir.

Ayrıca, bu dayanılmaz deneyimlerin en içteki duyumlarımızı ve kimliğimizin özü olan fiziksel gerçeklikle ilişkimizi nasıl etkilediğini de anladık. Travmanın yalnızca geçmiş bir zamanda gerçekleşen bir olay olmadığını öğrendik; o aynı zamanda zihinde, beyinde ve bedende iz bırakmaktadır. Bu etkinin devam eden sonuçları insan organizmasının şu anda nasıl yaşayacağını da belirler.

Travma, zihin ve beyin üzerinde kökten bir değişim yaratır ve algılarımızın yönetilmesini yeniden düzenler. Yalnızca nasıl düşündüğümüzü ve ne düşündüğümüzü değil aynı zamanda düşünme kapasitemizi de etkiler. Travma kurbanlarına yardım etmede, başlarına gelenleri tanımlayacak kelimeleri bulmalarının çok anlamlı olduğunu keşfettik ancak bu genelde yeterli değildir. Yaşadıklarını öyküleştirerek anlatma davranışı, her an tacize ya da saldırıya uğramaya hazır bir şekilde tetikte bekleyen bedenlerin hormonal ve fiziksel tepkisini mutlaka değiştirmez. Gerçek değişimin meydana gelmesi için bedenin tehlikenin geçtiğini öğrenmesi ve şimdiki anın gerçekliğinde yaşaması gereklidir. Travmayı anlama arayışımız bizi, yalnızca zihnin yapısını anlama konusunda değil aynı zamanda kendini iyileştirme süreçleri hakkında da farklı düşünmeye yöneltti.

BÖLÜM 2

ZİHİN VE BEYİN ANLAYIŞINDA DEVRİMLER

Şüphe ne kadar büyükse uyanış o kadar büyüktür; şüphe ne kadar azsa uyanış da o kadar küçüktür. Şüphe yoksa uyanış da yoktur.

— C.-C. Chang, *The Practice of Zen*

Kendinize ait küçücük bir zaman diliminde yaşıyorsunuz ancak o zaman dilimi, yalnızca kendi yaşamınız değil, sizinkiyle eş zamanlı olarak devam eden tüm yaşamların özetidir... Ne olduğunuz ise tarihin bir ifadesidir.

— Robert Penn Warren, *World Enough and Time*

1960'ların sonunda, tıptaki birinci ve ikinci yılım arasındaki boşlukta, şans eseri, ruhsal hastalıklara tıbbi yaklaşımda derin geçişe tanıklık ettim. Hastaların dinlenme etkinliklerini düzenleme görevini yürüttüğüm Massachusetts Ruh Sağlığı Merkezinde (MRSM) araştırma koğuşunda görev aldım. MRSM uzun zamandan bu yana ülkenin en iyi psikiyatri hastanelerinden biri olarak görülüyordu, Harvard Tıp eğitimi imparatorluğunun tacında bir mücevherdi. Benim bulunduğum koğuştaki araştırmanın amacı, şizofreni tanısıyla ilk ruhsal çöküşlerini yaşayan genç hastalarda psikoterapi ya da ilaç tedavisinin en iyi çözüm olup olmadığına karar vermekti.

Freudcu psikoanalizin yan ürünü olan konuşma tedavisi, hâlâ MRSM'de ruh sağlığı tedavisinde ana uygulamaydı. Ancak, 1950'li yılların başında bir grup Fransız bilim adamı, hastaları "sakinleştiren" ve daha az endişeli ve sanrılı olmalarını sağlayan klorpromazin (Thorazine adı altında satıldı, Türkiye'de Largactil ismiyle piyasadadır) isimli yeni bir bileşim keşfetti. Bu da depresyon, panik, kaygı ve mani gibi ciddi ruhsal sorunlar yanı sıra şizofreninin en rahatsız edici belirtilerini yönetme konusunda ilaçların geliştirilebileceği umudunu geliştirdi.

Görevli olarak koğuşun araştırma yönüyle ilgili yapacak bir görevim yoktu ve bana hastaların hangi tedaviyi aldıkları söylenmiyordu. Hepsi bana yakın yaşlarda, Harvard, MIT ve Boston Üniversitelerinden öğrencilerdi. Bazıları kendini öldürmeye çalışmıştı; bazıları bıçakla ya da jiletle kendilerini kesmişti; birkaçı oda arkadaşına saldırmıştı ve bazıları da önceden kestirilemeyen akıl dışı davranışlarıyla ebeveynlerini ve arkadaşlarını korkutmuştu.

Benim işim, yerel bir pizza salonunda yemek, yakındaki ormanlık alanda kamp, Red Sox oyunlarına gitme ve Charles Nehri'nde yelkenle açılmak gibi bir üniversite öğrencisinin yapabileceği etkinliklerde onlara eşlik etmekti.

Alanda tamamen yeni birisi olarak, koğuş toplantılarında pür dikkat kesilir, hastaların karmaşık konuşmalarını ve mantığını çözmeye çalışırdım. Ayrıca mantıksız taşkınlıkları ve korkutucu geri çekilmeleriyle de başetmeyi öğrenmek zorundaydım. Bir hastayı odasında, bir kolu havada heykel gibi dururken buldum, yüzü korkudan donmuştu. Orada hareketsiz bir şekilde tam on iki saat durdu. Doktorlar, durumu ile ilgili katatoni açıklamasını yapmıştı ancak ders kitapları bile böyle bir durumda ne yapılabileceğini söylemiyordu. Yalnızca akışına bırakıyorduk.

ŞAFAKTAN ÖNCE TRAVMA

Birimde birçok gece ve hafta sonunu geçirdim, bu sürelerde doktorların kısa vizitlerinde hiç karşılaşmadıkları durumları gördüm. Hastalar uyuyamadıklarında, genelde, karanlık bakım istasyonunda sabahlıklarına sıkıca sarılmış bir hâlde konuşmak için dolanırlardı. Gecenin sessizliği, açılmalarına yardım ediyor gibi görünürdü ve bana genellikle de kendi öz ebeveynleri, bazen bir akrabaları, sınıf arkadaşları ya da komşuları tarafından nasıl dövüldüklerini, tacize uğradıklarını anlatırlardı. Çaresizce ve korku içinde yataklarında uzanırken, annelerinin babaları ya da sevgilileri tarafından dövülmesini ya da korkunç tehditler savurarak birbirlerine bağırmalarını, eşyalar fırlatmalarını duydukları anılarını paylaşıyorlardı. Diğerleri ise babalarının eve sarhoş gelişini, ayak seslerini duymalarını ve odalarına gelmesini nasıl beklediklerini, bazı hayali suçları için kendilerini nasıl cezalandırdıklarını anlatıyordu. Kadınlardan bazıları ise uyanık, hareketsiz bir hâlde kaçınılmaz sonu –erkek kardeşinin ya da babasının tecavüz edişini– beklediklerini anlatıyordu.

Sabah vizitlerinde, genç doktorlar, olgularını danışmanlarına sunarlardı, koğuş görevlilerinin de sessizce izlemelerine izin verilirdi. Çok nadir benim duyduklarıma benzer öykülerden bahsedilirdi. Bununla birlikte, sonraları gerçekleştirilen pek çok çalışma, psikiyatrik hastalıklarla gece yarısı itiraflarının ilgisinin olduğu bilgisini destekledi: Artık psikiyatrik yardım arayan kişilerin yarısından fazlasının çocukken tacize uğradığını, ihmal edildiğini hatta tecavüze uğradığını ya da aile içi şiddete tanıklık ettiğini biliyoruz[1]. Ancak bu tür deneyimler, vizitler sırasında konu edilmiyor gibi görünüyordu. Genellikle hastaların belirtilerinin bu kadar duygusuzca ele alınmasına ve umutsuzluk ve çaresizliklerinin nedenini anlamaya çalışmak yerine onların intihar düşüncelerini ve kendilerine zarar verici davranışlarını düzeltmeye çalışmalarına şaşırıyordum. Ayrıca başarıları ve arzularına; ilgilendikleri, sevdikleri ya da nefret ettikleri şeylere; motive oldukları, ilgilendikleri, çıkmazda hissettiren ya da huzur veren şeylere – yaşamlarının ekolojisine– ne kadar az ilgi gösterdiklerini gördükçe şaşırıyordum.

Birkaç yıl sonra, genç bir doktor olarak, uygulanmakta olan sert bir tıbbi modelle karşı karşıya kaldım. O sırada, bir Katolik Hastanesinde ek işte çalışıyordum, depresyon için elektroşok tedavisi almayı kabul eden kadınların fiziksel muayenelerini üstlenmiştim. Meraklı kişiliğim nedeniyle, dosyalarına bakıp yaşamlarıyla ilgili sorular soruyordum. Pek çoğu acı dolu evlilikleri, zorlu çocukları ve kürtaj nedeniyle yaşadıkları suçluluk duygularıyla ilgili öyküler anlatıyordu. Konuştuklarında, görünür bir şekilde canlanıyorlar ve kendilerini dinlediğim için coşkuyla teşekkür ediyorlardı. Bazıları, içini döktükten sonra hâlâ elektroşoka ihtiyaçları olup olmadığını soruyordu. Bu tür toplantıların sonunda, ertesi sabah uygulanacak olan tedavinin konuşmamızla ilgili tüm anıları sileceğini bildiğimden hep üzgün hissederdim. Bu işi çok uzun sürdürmedim.

MRSM'deki boş günlerimde genellikle yardım etmem gereken hastalarla ilgili daha fazla bilgi edinmek için Countway Tıp Kütüphanesi'ne giderdim. Bir cumartesi günü, günümüzde hâlâ saygınlığını koruyan bilimsel bir esere rastladım: Eugen Bleuler'in 1911 yılına ait *Dementia Praecox* adlı eseri. Blueler'in gözlemleri muhteşemdi:

> Şizofrenik bedensel halüsinasyonlar arasında, en yaygın ve sık görülen cinsel olanlardır. Kendinden geçme ve normal ve anormal cinsel tatmin, bu hastalar tarafından yaşanır ve fakat daha sıklıkla, en ölçüsüz fantezilerin ortaya çıkabildiği müstehcen ve tiksindirici şekildedir. Erkek hastalar spermlerini çıkarır; acı verici ereksiyonlarını uyarırlar. Kadın hastalar en

kötü şekilde tecavüze uğrayıp, yaralanır... Bu tür halüsinasyonların sembolik anlamları olmasına rağmen, büyük bir çoğunluğu gerçek algılara benzemektedir [2].

Bu bende merak uyandırdı. Hastalarımız da halüsinasyonlar görüyordu. Doktorlar rutin olarak bunlarla ilgili sorular soruyorlar ve hastaların ne kadar rahatsız olduklarını not alıyorlardı. Ancak gecenin ilerleyen saatlerinde dinlediğim öyküler doğruysa, bu "halüsinasyonların" gerçek deneyimlerin parça parça anıları olması ihtimali var mıydı? Halüsinasyonlar, hasta beyinlerin uydurması mıydı? İnsanlar, hiç yaşamadıkları deneyimleri fiziksel olarak algılayabilir miydi? Yaratıcılık ve patolojik hayal gücü arasında net bir çizgi var mıydı? Ya da bellek ile imgelem arasında? Bu sorular günümüze dek yanıtsız kaldı ancak araştırmalar, çocukken istismara uğrayan kişilerin, fiziksel hiçbir nedeni olmayan algıları hissettiklerini (abdominal ağrı gibi); tehlike uyarısı yapan ya da çirkin suçlar için suçlayan sesler duyduklarını göstermiştir.

Koğuştaki hastaların çoğunun, özellikle öfkelendiklerinde, engellendiklerinde ya da yanlış anlaşıldıklarında şiddet içeren, tuhaf ve kendilerine zarar veren davranışlarda bulunduklarına şüphe yoktu. Öfke nöbeti geçirirler, tabakları fırlatırlar, camları yumruklar ve cam parçalarıyla kendilerini keserlerdi. O dönemde, neden bir kişinin basit bir isteğe ("Saçındaki şu yapışkan şeyi alayım.") bu kadar büyük bir öfkeyle tepki verdiği konusunda hiçbir fikrim yoktu. Genelde, bana ne zaman geri durmam ya da işe yaramadığında hastayı ne zaman kısıtlamam gerektiğini söyleyen deneyimli hemşireleri dinlerdim. Bazı zamanlarda, hastayla yerde boğuşup hemşire iğne yaptığında hissettiğim rahatlama karşısında şaşırırdım ve zamanla profesyonel eğitimimizin, korkutucu ve kafa karıştırıcı gerçekler karşısında kontrollü olmamıza ne kadar yardımcı olduğunu fark ettim.

Genelde koğuşun bir köşesinde tek başına oturan ve ölecekmiş korkusuyla bakan ve adeta dilsiz gibi duran Sylvia, Boston Üniversitesinde okuyan on dokuz yaşında bir kızdı. Ancak asıl, ünlü bir Boston mafyasının kız arkadaşı olması ona gizem katan şeydi. Bir haftadan daha uzun bir süre yemek yemeyi reddedip hızla kilo vermeye başladığında, doktorlar zorla beslenmesine karar verdi. Kızın boğazından beslenme tüpünü geçirebilmek ve hemşirelerin midesine sıvı besleme maddesi gönderebilmesi için üç kişi tutmak zorunda kalmıştı. Daha sonra, bir gece yarısı itirafında Sylvia, çekinerek ve tereddütle erkek kardeşi ve amcası tarafından cinsel tacize uğraması hakkında konuştu. Ardından, "besleme" gösterimizin ona toplu tecavüz gibi hissettirdiğini fark ettim. Bu deneyim ve buna benzer başka deneyimler, öğrencilerim için şu kuralı oluşturmama yardım etti: Bir hastaya arkadaşlarınıza ya da çocuklarınıza yapmayacağınız bir şey yaparsanız, istemeden hastanın geçmişinden bir travmayı yeniden canlandırıp canlandırmadığınızı da hesaba katmalısınız.

Dinlenme etkinlikleri lideri olarak başka şeyler de dikkatimi çekti: Hastalar grup hâlindeyken çarpıcı bir şekilde sakardı ve fiziksel olarak eşgüdümlü davranamıyorlardı. Kampa gittiğimizde, ben çadırları kurarken çaresiz bir şekilde beklerlerdi. Bir keresinde, Charles Nehri'nde hepsinin sürü gibi sıkı sıkıya teknenin rüzgâr almayan kısmına toplanmaları ve tekneyi dengede tutmak için pozisyon değiştirmeleri gerektiğini anlayamamaları nedeniyle neredeyse alabora oluyorduk. Voleybol oyunlarında, çalışanlar genelde hastalardan daha iyi organize oluyordu. Ortak özelliklerinden biri de en rahat konuşmalarında bile yapmacık görünüyorlardı, doğal jest ve mimikleri yoktu. Tüm bu gözlemlerle ilişkili bilgilerim, beden terapisti Peter Levine ve Pat Ogden ile tanıştıktan sonra daha net bir hâle geldi; sonraki bölümlerde travmanın bedende nasıl yer ettiği ile ilgili anlatacağım çok şey olacak.

ISTIRABI ANLAMLANDIRMA

Araştırma koğuşunda geçen bir yılın ardından tıp fakültesi eğitimimi sürdürdüm ve tıp doktoru olduktan sonra, MRSM'ye psikiyatri eğitimi almak için döndüm, kabul edildiğimi öğrendiğimde çok sevinmiştim. Fizyoloji ve tıp alanında Nobel Ödülü alan Eric Kandel gibi birçok ünlü psikiyatrist bu okulda yetişmişti. Buradaki eğitimim sırasında, hastanenin zemin katındaki bir laboratuvarda Allan Hobson, beyin hücrelerinin rüyaların oluşumundan sorumlu olduğunu keşfetti ve depresyonun kimyasal temelleri ile ilgili ilk çalışmalar da MRSM'de gerçekleştirildi. Ancak birçok asistan için en büyük cazibe hastalardı. Her gün hastalarla altı saat geçiriyorduk ve ardından gözlemlerimizi paylaşmak, sorularımızı sormak ve en zekice yorumu yapabilmek için kıdemli psikiyatristlerden oluşan bir grupla toplanıyorduk.

Büyük öğretmenimiz Elvin Semrad, ilk yılımızda psikiyatri ders kitaplarını okumaktan vazgeçirdi (Bu entellektüel diyet daha sonra pek çoğumuzun doymak bilmeyen okurlar olmamızın ve bereketli yazılar yazmamızın nedeniydi belki de). Semrad, gerçeklik algılarımızın, psikiyatrik tanıların aldatıcı belirsizlikleriyle gölgelenmesini istemiyordu. Bir kez ona şöyle sorduğumu hatırlıyorum "Bu hastayı nasıl adlandırırsınız- şizofren ya da şizoafektif?" Bir süre durdu ve görünür bir şekilde derin düşüncelere dalarak eli çenesinde "sanırım ona Michael McIntyre derdim." diye yanıt verdi.

Semrad, bireyin en büyük ıstırabının sevgi ya da kayıpla ilgili olduğunu ve terapistlerin görevinin bireylere yaşamın gerçeklerini – iyisiyle kötüsüyle "kabul etmesi, deneyimlemesi ve katlanması" için yardım etmek olduğunu öğretti. "Çektiğimiz acının en büyük kaynağı, kendimize söylediğimiz yalanlardır." derdi, yaşadığımız deneyimlerin her yönü hakkında dürüst olmaya iterdi bizi. Sık sık insanların gerçekten ne hissettiklerini bilmeden ve farketmeden daha iyi olamayacaklarını söylerdi.

Bu seçkin yaşlı Harvard profesörünün uyurken eşinin poposuna yaslandığında ne kadar rahat ettiğini itiraf ettiğini duyduğumda nasıl da şaşırdığımı hatırlıyorum. Kendi içindeki en temel insani ihtiyaçlarını açığa vurarak, bunların hayatımızda ne kadar temel olduğunu hatırlattı bize. Bunları yerine getirmede başarısızlık; düşüncelerimiz ve başarılarımız ne kadar yüce olursa olsun varlığımızın gelişmesini etkiler: Bedeninizin tüm gerçekliğini, tüm ilkel yönleriyle kabul ederseniz yaşamınızı dolu dolu sürdürebilirsiniz.

Ancak, mesleğimiz başka bir yöne gidiyordu. 1968 yılında *American Journal of Psychiatry*'de görevli olarak çalıştığım koğuşta gerçekleştirilen bir çalışma yayınlandı.

Buna göre yalnızca ilaç alan şizofreni hastalarının haftada üç kez Boston'un en iyi terapistlerden konuşma tedavisi alan hastalara göre daha iyi sonuçlar elde ettikleri görülmüştü[3]. Bu çalışma, tıp ve psikyatrinin, psikolojik problemlere yaklaşımının aşamalı olarak değişmesinde kilometre taşlarından biri olmuştu: Dayanılmaz duygular ve ilişkilerin son derece değişken ifadeleri şeklindeki açıklama yerine, farklı "bozuklukların" beyin hastalığı olduğu modeline geçiliyordu.

Tıbbın, insanın çektiği acıya olan yaklaşımı her dönemde teknoloji ile belirlenmektedir. Aydınlanma çağı öncesinde davranış sapkınlıkları, tanrı, günah, büyü ve şeytani ruhlara yoruluyordu. Fransız ve Alman bilim adamlarının davranışı, dünyanın karmaşıklıklarına uyum olarak araştırmaya başlaması ise on dokuzuncu yüzyılda gerçekleşmiştir. Artık yeni bir paradigma ortaya çıkıyordu: Biz insanların her zaman yönetmek için uğraştığımız diğer problemlerin yanı sıra; öfke, şehvet, gurur, aç gözlülük ve tembellik de uygun kimyasalların uygulanmasıyla düzeltilebilecek "bozukluklar" olarak yeniden biçimlendirildi[4]. Pek çok psikiyatrist de laboratuvarları, hayvan deneyleri, pahalı ekipmanları ve karmaşık tanı testleri olan tıp okulundaki diğer sınıf arkadaşları gibi "gerçek bilim adamı" oldukları için mutluydular ve Freud, Jung gibi filozofların karmaşık teorilerini bir kenara koydular. Psikiyatri alanındaki önemli kitaplardan biri şunları söyleyecek kadar ileri gitti: "Artık ruhsal hastalıkların nedeni beyinde bir bozukluk, kimyasal bir dengesizlik olarak görülmektedir."[5]

Meslektaşlarım gibi ben de hevesle farmolojik devrime sarıldım. 1973 yılında MRSM'de farmakolojide ilk yönetici asistan oldum. Ayrıca, Boston'da manik depresif bir hastaya lityum uygulayan ilk psikiyatrist de olabilirim. (John Cade'in Avusralya'da lityumla yaptığı çalışmayı okumuştum ve hastane komitesinden uygulama için izin aldım). Son otuz beş yıldır her mayıs ayında manik ve her kasım ayında da intihara teşebbüs edecek derecede depresif olan bir kadının döngüleri lityum uyguladığımda durdu ve kontrolümde olduğu üç yıl boyunca bu iyilik hâli sürdü. Ayrıca, eski tımarhanelerin arka koğuşlarında yatırılan kronik hastalarda antipsikotik Clozaril (Türkiye'de Leponex ve Clonex isimleri ile satılıyor) değerlendirmesini yapan ABD'nin ilk araştırma ekibinde de yer alıyordum[6]. Bazı yanıtlar büyüleyiciydi: Ayrı, korkutucu gerçekleri olan, yaşamlarının büyük bir çoğunluğunu kendi odalarında kilitli geçiren bireyler, artık ailelerine ve topluma dönebiliyordu; karanlık ve umutsuzluğa gömülmüş olan hastalar, insan iletişimine; çalışma ve oyunun keyfine tepki vermeye başladılar. Bu şaşırtıcı sonuçlar, insanların acılarını yenebileceğimiz konusunda iyimser olmamızı sağladı.

Antipiskotik ilaçlar, ABD'de 1955 yılında 500.000 olan akıl hastanelerinde yatan hasta sayısının 1996'da 100.000'e düşmesinde büyük etken olmuştur[7]. Bu tedavilerin gelişimi öncesindeki dünyayı bilmeyen biri için değişim neredeyse hayal edilemezdir. Tıp öğrenciliğimin ilk yılında, Illinois'de bulunan Kankakee State Hastanesini ziyaret ettim. İri yarı bir koğuş görevlisinin, elinde hortumla, pis, çıplak ve anlamsız davranan hastaları içinde hiçbir mobilyanın olmadığı ve yalnızca kenarlarında suyun akması için oluklar bulunan bir odada yıkadığını gördüm. Bu anı, kendi gözlerimle tanıklık ettiğim bir olaydan çok, bir kabus gibi geliyor şimdilerde. Asistanlığımın ardından 1974 yılındaki ilk işim, önceleri binlerce hastaya ev sahipliği yapan, içinde seraların, bahçelerin ve çalışma alanlarının da yer aldığı –çoğu harabe olmuştu– yüzlerce dönümlük bir arazide bulunan, saygıdeğer Boston State Hastanesinde yöneticiden sonraki kişi olarak çalışma göreviydi. Benim dönemimde hastalarım aşamalı olarak topluma dağıldı. Toplum, isimsiz bakım evlerinden sığınma merkezlerine kadar farklı pek çok yeri kapsayan bir terimdi. İronik bir şekilde hastaneler de sığınma merkezi olarak çalışmaya başlamıştı ve "sığınma" kelimesi aşamalı olarak uğursuz bir yan anlam kazanmıştı. Aslında gerçekten de herkesin hastaların adını ve kendine has özelliklerini bildiği bir korunma merkezi olarak hizmet veriyordu). 1979 yılında, VA'da çalışmaya başlamadan kısa bir süre önce, Boston State Hastanesinin kapıları kalıcı olarak kapandı ve hayalet bir kasaba hâline geldi.

Boston State Hastanesi dönemim süresince, MRSM'de artık araştırma için farklı bir yöne bakan psikofarmakoloji laboratuvarında da çalışıyordum. 1960'lı yıllarda National Institutes of Health (Ulusal Sağlık Enstitüsü), kandaki ve beyindeki hormonları ve sinir ileticileri izole etme ve ölçme teknikleri geliştirme üzerinde çalışıyordu. Sinir ileticiler (Nörotransmitterler), nöronlar arasında bilgi taşıyarak, dünyada etkili bir şekilde yer almamızı sağlayan kimyasallardır.

Artık, bilim adamları anormal düzeydeki norepinefrinin depresyon ve dopaminin şizofreni ile ilişkisini gösteren kanıtları buluyordu, belirli beyin anormallikleri ile ilgili ilaçlar geliştirebileceğimiz yönünde bir umut vardı. O umut hiçbir zaman tam olarak gerçekleşmedi ancak ilaçların ruhsal belirtileri nasıl etkilediği konusundaki çabalarımız, alanda büyük bir değişikliğe neden oldu. Araştırmacıların bulgularını kesin ve sistematik bir yolla sunma ihtiyacı, Araştırma Tanı Kriteri'nin*(Editörün Notu: Research Diagnostic Criteria; 1970'lerin sonunda yayınlanmış ve psikiyatrik tanı sistemlerini önemli ölçüde etkilemiştir. Daha önce Avrupa ve ABD'de psikiyatrik tanılar arasında önemli farklılıklar bulunuyordu) gelişmesine yol açtı, benim de bunda araştırma asistanı olarak mütevazı bir katkım oldu. Bunlar sonunda, yaygın olarak Amerikan Psikiyatri Birliğinin "Psikiyatrinin Kutsal Kitabı" olarak bilinen *Diagnostic and Statistical Manual of Mental Disorders* (DSM)'de psikiyatrik problemlerin tanısındaki ilk sistematik sistemin temelini oluşturdu. 1980 yılı DSM-III'te bu dönüm noktasıyla ilgili önsöz, gereğine uygun bir şekilde alçakgönüllüydü ve bu tanı sisteminin kesin olmadığını kabul ediyordu. Öyle ki adli ya da sigorta amacıyla kesinlikle kullanılmaması gerektiğini söylüyordu[8]. Göreceğimiz gibi bu alçakgönüllülük trajik bir şekilde kısa süreli oldu.

KAÇILAMAZ ŞOK

Travmatik stresle ilgili pek çok soruyla kafam dolu hâlde, nörobilimin yeni oluşmaya başlayan alanının yanıtlar verebileceği fikrine kapıldım ve American College of Neuropsychopharmacology (ACNP) toplantılarına katılmaya başladım. 1984 yılında ACNP, ilaç geliştirmekle ilgili büyüleyici dersler vermeye başladı ancak Boston uçuşumdan birkaç saat önce, Pensilvenya Üniversitesinden Martin Seligman ile birlikte çalışan, Colorado Üniversitesinden Steven Maier'in sunumu olduğu öğrendim. Konu hayvanlarda öğrenilmiş çaresizlikti. Maier ve Seligman, kafeslerde kilitli tutulan köpeklere sürekli elektrik şoku uygulamıştı. Bu durumu "kaçılamaz şok" olarak adlandırmışlardı[9]. Bir köpek sever olarak ben böyle bir araştırma yapamazdım ancak bu kötü durumun hayvanları nasıl etkilediğini de merak etmiştim.

Bir süre devam eden elektrik şoku uygulamasının ardından, araştırmacılar, kafeslerin kapısını açmış ve yeniden elektrik şoku uygulamışlardı. Daha önceden elektrik şoku uygulanmayan kontrol grubundaki köpekler kapı açılır açılmaz kaçmışlardı ancak önceden elektrik şoku uygulanan köpekler, kapılar sonuna kadar açık olsa da kaçma teşebbüsünde bulunmamışlar; yalnızca içeride ağlayarak ve dışkılayarak uzanmışlardı. Kaçma şansına rağmen, travma yaşayan hayvanlar ya da insanlar özgürlük yolunda bir adım atmıyordu. Maier ve Seligman'ın köpeklerinde olduğu gibi pek çok insan sadece vazgeçer. Yeni seçenekleri denemek yerine, bildikleri korkunun içine hapsolurlar.

Maier'in yaptıklarına tutulmuştum. O zavallı köpeklere yaptıkları şey tam olarak travma yaşayan hastalarımda olan şeydi. Onlar da kendilerine son derece zarar veren bir kişiye (ya da bir şeye) maruz kalıyorlardı, bu öyle bir zarardı ki kaçma şansları olmuyordu; hızlı bir şekilde, tedavi ettiğim hastalarımı gözden geçirdim. Neredeyse hepsi, kapana kısılmış ya da hareketsiz kalmıştı, kaçınılmaz olandan kurtulmak için adım atamıyordu. Savaş ya da kaç tepkileri engellenmişti ve sonuçta yaşadıkları, ya aşırı uyarılmışlık hâli ya da çöküştü.

Maier ve Seligman, aynı zamanda, travma yaşayan köpeklerin normalden çok daha fazla oranlarda stres hormonu salgıladığını bulmuşlardı. Bu da travmatik stresin biyolojik temelleriyle ilgili öğrenmeye başladıklarımızı destekliyordu. Aralarında Yale'den Steve Southwick ve John Krystal, Kudüs'teki Hadassah Tıp Okulundan Arieh Shalev, National Institute of Mental Health'den (NIMH) Frank Putnam ve daha sonra Harvard'da çalışan Roger Pitman'ın da olduğu bir grup genç araştırmacı, gerçek tehlike geçtikten uzun süre sonra travma yaşayan insanların, büyük oranda stres hormonu salgılamaya devam ettiğini bulmuştu, bunun tersine NewYork'daki Mount Sinai'den Rachel Yehuda TSSB'de stres hormonu kortizol düzeyinin normalden düşük olduğu paradoksal bulgusunu bildirdi. Yehuda'nın keşifleri, kortizolun her şey güvende sinyali göndererek strese son verdiği anlaşıldığında anlam ifade etmeye başladı, TSSB'de bedenin stres hormonu, tehlike geçse de normal düzeye dönmüyordu.

İdeal olarak stres hormonu sistemimiz, tehlikeye karşı şimşek hızıyla tepki vermeli ve ardından bizi yeniden dengeye döndürmelidir. TSSB hastalarında, stres hormonu sistemi, bu dengeyi sağlamada başarısız olur. Savaş/Kaç/Donma sinyalleri, tehlike geçtikten sonra da devam eder ve tıpkı köpeklerde olduğu gibi normale dönmez. Bunun yerine, stres hormonlarının sürekli salgılanması ciddi sarsıntı ve panik olarak ifade edilir ve uzun dönemde, sağlık üzerinde çeşitli zararlara yol açar.

O gün uçağımı kaçırdım çünkü Steve Maier ile konuşmam gerekiyordu. Çalışması yalnızca hastalarımın altta yatan problemleri hakkında değil aynı zamanda olası çözülme potansiyelleri hakkında da ipuçları veriyordu. Örneğin o ve Seligman, elektrik şoku alan travma yaşayan köpeklere kapı açık olduğunda kurtulmalarını sağlamak için kafeslerinden defalarca sürüklenerek çıkarılmaları gerektiğini bulmuşlardı, böylece fiziksel olarak nasıl kaçacaklarını deneyimliyorlardı. Hastalarımın kendilerini korumak için bir şey yapamayacakları temel inanışları konusunda yapabileceğim bir şeyler olup olmadığını merak etmeye başladım. Hastalarımın da bedensel kontrol duygularını yeniden kazanabilmeleri için *fiziksel* deneyimlere mi ihtiyaçları vardı? Kendilerine, kıskaca alan ve hareketsizleşmelerine neden olan travmaya benzer tehdit edici durumlardan, fiziksel olarak kaçmaları öğretilirse ne olurdu? Tedavide elde ettiğim sonuçlardan biri olarak bu sorunun cevabını kısım 5'te bulacaksınız.

Fareler, kediler, maymunlar ve fillerle yapılan hayvan çalışmalarında daha ilgi çekici veriler elde edildi [10]. Örneğin, araştırmacılar, sıcak, yeterince yiyecek olan bir ortamda büyüyen fareler, gürültülü, düzensiz sesler çaldığında hemen yuvalarına kaçıyorlardı. Ancak gürültülü, yeterince yiyeceğin olmadığı bir ortamda büyüyen fareler de aynı uyaran karşısında güzel bir ortamda vakit geçirseler bile yuvalarına kaçıyordu [11].

Korkan hayvanlar, güvenli olsun ya da olmasın yuvalarına geri dönüyordu. İstismarcı aileleri olan ve sonunda yine incinecekleri yuvalarına dönmeye devam eden hastalarımı düşündüm. Travma yaşayan insanlar, kendilerine tanıdık gelen ortama gitmeye mahkum muydular? Eğer öyleyse bunun nedeni neydi, güvenli ve keyifli ortamlara ve etkinliklere bağlanmalarına yardım edilemez miydi [12]?

TRAVMA BAĞIMLILIĞI: KEYFİN ACISI VE ACININ KEYFİ

Vietnam gazileri terapi gruplarıyla çalışırken benim ve iş arkadaşım Mark Greenberg'in dikkatini çeken şeylerden biri de korku ve yas duygularına rağmen çoğunun helikopter kazaları ya da ölen askerlerle ilgili konuşurken oldukça canlı olmalarıydı. (Eski *NewYork Times* temsilcisi Chris Hedges, *War Is a Force That Gives Us Meaning (Savaş Bize Anlam Veren Bir Güç müdür?)* adlı kitabında acımasız çatışmaları ele alır[13]). Pek çok travma yaşayan insan, çoğumuzu tiksindirecek deneyimler arıyor gibi görünür[14] ve hastalar genellikle öfkeli olmadıklarında, zorlanmadıklarında ya da tehlikeli bir etkinlik içinde yer almadıklarında boşluk duygusundan ve sıkkınlıktan şikâyet ederler.

Hastam, Julia, on altı yaşındayken bir otel odasında silah zoruyla tecavüze uğramıştı. Bundan kısa bir süre sonra bir kadın tüccarıyla karşılaşmıştı. Adam, onu düzenli olarak dövüyordu. Defalarca fahişelikten hapse girmişti ancak her defasında da kendini satan adama dönmüştü. Sonunda büyükannesi ve büyükbabası duruma müdahale etmiş ve Julia'yı yoğun bir rehabilitasyon programına göndermişti. Başarılı bir şekilde tedavisini tamamladıktan sonra, resepsiyonist olarak çalışmaya başladı ve yerel bir üniversiteden dersler alıyordu. Sosyoloji dersinde, birkaç ünlü fahişenin anılarını okumuş ve ardından fahişeliğin serbest bırakılması ile ilgili bir makale yazmıştı. Aşamalı olarak diğer bütün derslerini bıraktı. Sınıf arkadaşlarından biriyle yaşadığı kısa bir ilişki, kısa sürede acıyla sona ermişti; erkek arkadaşı onun gözyaşlarından sıkılmış ve söylediğine göre, arkadaşının boxer külotuyla dışarı atılmıştı. Ardından eski alışkanlığına dönmüş ve bir metro çıkışında ilk dövüldüğü yere gitmişti ve adam onu izlemeye başlamıştı. Sonunda bir kez daha ciddi bir şekilde dövüldükten sonra yeniden tedaviye başlamaya karar verdi.

Freud, bu tür travmatik yeniden sahnelemeler için "yineleme zorlantısı" deyimini kullanır. Freud ve pek çok takipçisi bu tür yeniden sahnelemelerin acı veren bir durum karşısında kontrol sağlama isteğinden meydana geldiğine inanmaktaydı ve sonunda üstünlük ve çözülme elde ediyorlardı. Bu teori için bir kanıt yoktur; tekrar, yalnızca daha fazla acı ve kendinden nefrete yol açar. Aslında terapide travmayı defalarca yaşatmak kaygı ve saplanmayı pekiştirebilir.

Mark Greenberg ile birlikte bizi çeken, motive eden ve daha canlı hissetmemizi sağlayan cazibeli şeyler hakkında daha fazla şey öğrenmeye karar verdik. Normalde bu cazibeli şeyler bizim kendimizi daha iyi hissetmemizi sağlar. Öyleyse neden pek çok insan tehlikeli ya da acı verici durumların etkisine kapılıyor? Sonunda, korku ya da acıya neden olan aktivitelerin daha sonra nasıl heyecan verici deneyimlere dönüştüğünü gösteren bir çalışmayla karşılaştık[15]. 1970 lerde Pennsylvania Üniversitesinden Richard Solomon, bedenin her türlü uyarana uyum sağlamayı öğrendiğini göstermişti. Kendimizi iyi hissetmemizi sağladığı için eğlence veren ilaçlara bağlanabiliriz ancak, sauna, maraton koşuculuğu ya da paraşütle atlama gibi başlangıçta rahatsızlık ve sıkıntı veren etkinlikler sonrasında çok keyifli bir hâl alabilir. Bu aşamalı uyum, bedende yeni bir kimyasal dengenin kurulduğu sinyalini vermektedir, böyle olunca da maraton koşucuları bedenlerinin sınırlarını zorlayarak iyi ve canlı hissettiklerini söylemektedir.

Bu noktada, tıpkı ilaç bağımlılığı gibi aktivite ve deneyim için can atarız ve yoksun kaldığımız zaman içe kapanırız. Zamanla insanlar etkinliğin kendisinden çok, yoksunluğun acısından kaygı duyarlar. Bu teori, neden bazı insanların, kendilerini dövmesi için birilerini tuttuğunu ya da sigarayla kendini yaktığını ya da kendilerine zarar veren insanlara bağlandıklarını açıklamaktadır. Korku ve tiksinme, aksi bir biçimde keyife dönüşebilmektedir.

Solomon, beynin strese tepki vermek için salgıladığı morfin benzeri kimyasallar olan endorfinlerin bu paradoksal bağımlılıklarda rol oynadığı varsayımında bulunmuştur. Kütüphane alışkanlığım sayesinde, 1946 yılında basılan "Pain in Men Wounded in Battle: (Cephede Yaralanan Erkeklerdeki Ağrı)," adlı bir makaleyle karşılaşınca bu teoriyi yeniden düşündüm. İtalya cephelerinde ciddi şekilde yaralanan askerlerin %75'inin morfine gerek duymadığını gözlemledikten sonra, cerrah Henry K. Beecher, "güçlü duyguların acıyı bloke edebildiği" yorumunu yapmıştır[16].

Beecher'ın gözlemleri TSSB yaşayan kişilerle de ilgili miydi? Mark Greenberg, Roger Pitman, Scott Orr ile birlikte sekiz Vietnam gazisine çeşitli filmlerden sahneler izleyerek yapılacak olan bir acı testine katılmak isteyip istemediklerini sorduk. Gösterdiğimiz ilk film sahnesi Oliver Stone'un açık bir şekilde şiddet içeren *Müfreze* (1986) adlı filmindendi ve sahne gösterilirken gazilerin sağ ellerini bir kova dolusu buzlu suda ne kadar tuttuklarını ölçtük. Ardından daha barışçı (ve çoktan unutulmuş) bir filmden sahneyle aynı süreci tekrarladık. Sekiz gaziden yedisi, *Müfreze*'yi izlerken acı verici derecede soğuk olan suda ellerini %30 oranında daha uzun süre tuttu. Ardından 15 dakikalık savaş filmi izlerken üretilen analjezi oranının sekiz miligram morfin ile eşdeğer olduğunu hesapladık, bu oran acil serviste kaza sonrası göğüs ağrısı çeken birine verilen miktardır.

Beecher'in "güçlü duyguların acıyı bloke edebileceği" yorumunun, beyinde üretilen morfin benzeri maddelerin varlığının bir sonucu olduğuna karar verdik. Bu bulgu, travma yaşayan birçok insanın strese yeniden maruz kalarak kaygıdan benzer bir şekilde kurtulduklarını öne sürmektedir [17]. Bu ilginç bir deneydi ancak yine de Julia'nın kendisini satan adama neden döndüğünü açıklamıyordu.

BEYNİ YATIŞTIRMA

1985 yılı ACNP toplantısı, bir önceki yıla göre daha fazla kışkırtıcı düşüncelerle doluydu. Kings College'da profesör olan Jeffrey Gray, bir sesin, görüntünün ya da bedensel algının tehdit olup olmadığına karar veren beyin hücresi kümesi olan amigdala hakkında bir konuşma yaptı. Gray'in verileri, amigdalanın duyarlılığın en azından bir kısmının beynin bu bölümünde yer alan serotonin nörotransmitterinin miktarına bağlı olduğunu gösteriyordu. Düşük serotonin seviyesi olan hayvanlar, stres yaratan bir uyarana karşı (yüksek ses gibi) hiperaktif olurken, daha yüksek düzeydeki serotonin, korku sistemlerini köreltmekte ve olası tehditlere karşı saldırganlık ya da donma gibi tepkileri azaltmaktadır [18].

Bu da beni önemli bir bulguya götürdü: Hastalarım küçük kışkırtmalar karşısında hemen patlıyor ve en küçük bir reddetme durumunda ise perişan oluyorlardı. TSSB'de serotonin olasılığı beni büyülemişti. Diğer araştırmacılar, dominant erkek maymunların, düşük sıralamadaki hayvanlara göre beyin serotonin düzeylerinin daha fazla olduğunu ancak daha önceden küçük gördükleri maymunlarla göz teması kurmaları engellendiğinde serotonin düzeylerinin düştüğünü göstermiştir. Bunun tersi olarak, serotonin ilavesi yapılan alt sıralardaki maymunlar ise liderlik üstlenmek için ortaya çıkmıştır [19]. Sosyal çevre, beyin kimyasıyla etkileşim hâlindedir. Egemenlik hiyerarşisinde bir maymunu daha düşük bir düzeye getirmek serotonin seviyesinin düşmesine neden olurken, kimyasal olarak serotonini arttırmak önceki astların rütbesini arttırmaktadır.

Travma yaşayan kişiler için çıkarımlar ortadaydı. Gray'in serotonin seviyesi düşük hayvanları gibi onlar da aşırı tepkiseldi ve bu sosyal olarak başa çıkabilme yeteneklerini azaltıyordu. Beyin serotonin seviyesini arttırmanın yollarını bulabilseydik, tüm sorunları belki de eş zamanlı olarak çözebilirdik. 1985 yılındaki aynı toplantıda ilaç şirketlerinin bunu tam olarak gerçekleştirebilecek iki ilaç geliştirdiği öğrenmiştim ancak hâlâ bu ilaçlar ortaya çıkmamıştı. Sağlıklı beslenme desteği olan ve bedende serotonin kimyasal prekürsörü olan L-tryptophan denedim (sonuçlar hayal kırıklığı oldu). Araştırması yapılan ilaçlardan biri pazara hiç sürülmedi. Prozac adıyla piyasaya sürülen diğer ilaç fluoksetin idi ve bugüne dek üretilen en başarılı psikoaktif ilaçlardan biri oldu.

1988 yılı 8 Şubat Pazartesi günü, Prozac, Eli Lilly ilaç firması tarafından piyasaya sürüldü. O gün gördüğüm ilk hasta, çocukluğunda korkunç bir şekilde tacize uğramış olan ve bulimia ile mücadele eden genç bir kadındı. Yaşamının büyük çoğunluğunu aşırı yemek yiyerek ve ardından bunları çıkararak geçirmişti. Hemen hastaya piyasaya yeni çıkan bu ilaçtan yazdım ve Perşembe günü ofisime geldiğinde "Birkaç gündür çok farklıyım; acıktığımda yemek yedim ve geri kalan zamanlarda da okul ödevlerimi yaptım." dedi. Ofisimde duyduğum en heyecanlı ifadelerden biri olmuştu.

Cuma günü, önceki pazartesi günü Prozac reçetesi yazdığım başka bir hastayla görüştüm. Okul çağında iki çocuğu olan kronik olarak depresif bir kadındı, hem anne hem de bir eş olarak başarısızlığa uğramış ve çocukken kendine kötü davranan ebeveynlerinin istekleri arasında boğulmuş bir kadındı. Prozac kullandıktan dört gün sonra, bana sonraki randevumuzu erteleyip erteleyemeyeceğimizi sordu, o gün Başkanlık Günüydü. "Ne de olsa" diye başladı "Çocuklarımı epeydir, kayağa götürmüyorum –her zaman eşim götürür– ve o gün boş günleri. Hep birlikte eğlendiğimizi görmeleri onlar için hoş bir anı olacaktır." dedi.

Bu hastam, bir günü geçirmek için oldukça fazla mücadele ederdi. O günkü randevunun ardından Eli Lilly'den tanıdığım birini aradım "İnsanların geçmişe hapsolmak yerine anı yaşamasına yardım eden bir ilacınız var." dedim. Lilly, daha sonra bana altmış dört TSSB hastası – yirmi iki kadın ve kırk iki erkek– ile yapılan Prozac'ın etkilerini çalışmaya zemin yaratan küçük bir bütçe ayırdı, yeni sınıf ilaçların TSSB üzerindeki etkilerini gösteren ilk çalışma oldu. Travma kliniğimiz, gazi olmayan otuz iki kişiyi çalışmaya aldı, çalışma ortaklarım VA'daki eski iş arkadaşlarımdan oluşuyordu ve onlarda otuz bir savaş gazisini çalışmaya aldı. Sekiz hafta boyunca her grubun yarısı Prozac kullandı, diğer yarısı ise plasebo kullandı. Çalışma çift kör olarak yapıldı * (Editörün Notu: Hastaların ve tedaviyi verenlerin deneyde kullanılan ilacı ya da plasebo ilacı kimin aldığını bilmediği sadece ilacı ulaştıranın bildiği güvenilirliği yüksek bir tür araştırma yöntemi): Ne biz ne de hastalar hangi maddenin kullanıldığını bilmiyorduk, böylece önyargılarımız değerlendirmeyi etkilemeyecekti.

Çalışmadaki herkes –plasebo kullananlar da dâhil– en azından belirli bir derecede iyileşti. TSSB ile ilgili tedavi çalışmalarının çoğu belirgin bir plasebo etkisi bulmaktadır.

Kendilerine para ödenmediği hâlde bir çalışmada yer almak isteyen bu insanların yüzde elli oranında aktif bir ilaç kullanma ihtimalleri vardır, defalarca iğnelerle dürtülmelerine rağmen, yine de bu onları içgüdüsel olarak problemlerini çözmeye motive eder. Belki de ödülleri, onlarla ilgilenmek, duyguları ve düşüncelerini ifade etmelerine imkân sunmaktır. Belki de çalışmada olanlar, çocuğunun yarasını öperek geçiren bir annenin yarattığı plasebo etkisidir.

Travma kliniğinden hastalar için Prozac, belirgin bir şekilde plasebodan daha iyi işe yaramıştı. Daha rahat uyuyorlardı; duyguları üzerinde daha kontrollüydüler ve şeker içeren hapları alanlara göre geçmişlerine daha az takılıyorlardı[20]. Şaşırtıcı bir şekilde Prozac, VA'daki savaş gazilerinde hiçbir etki yaratmamıştı, TSSB belirtileri değişmemişti. Bu sonuçlar, gaziler üzerinde yapılan en son farmakolojik çalışmalar için de geçerliydi. Birkaçı az miktarda gelişim gösterirken çoğunda hiçbir faydası olmamıştı. Bunu hiçbir zaman açıklayamadım ve emeklilik hakkı ya da engelli kabul edildikleri için sahip oldukları haklar bu insanların iyileşmesini engelliyor şeklinde ileri sürülen en yaygın açıklamayı da kabul edemem. Sonuç olarak, amigdala emeklilik hakkında hiçbir şey bilmiyor, yalnızca tehditleri belirliyor.

Bununla birlikte Prozac ve Zoloft, Celexa, Cymbalta ve Paxil gibi ilgili ilaç tedavileri, travmayla ilişkili rahatsızlıkların tedavisinde önemli katkılar sağlamıştır. Kendi Prozac çalışmamızda, travma yaşayan insanların etraflarını nasıl algıladıklarını ölçmek için Rorschach testini kullandık. Bu veriler bize, bu sınıftaki ilaçların (resmî olarak seçici serotonin gerialım inhibitörü ya da SSRI olarak bilinmektedir) nasıl işe yarayabileceği konusunda önemli ipuçları verdi. Prozac almadan önce, bu hastaların duyguları tepkilerini belirliyordu. Örneğin çocukluğunda tecavüze uğrayan Hollandalı bir hastamı (Prozac çalışmasında değildi) düşünüyorum ve Flemenk aksanımı duyunca benim de kendisine tecavüz edeceğimi düşünmüştü. Prozac radikal bir değişiklik yaptı. TSSB hastalarına derinlik duygusu sağladı[21] ve dürtülerini gözle görülür biçimde kontrol elde etmelerine yardımcı oldu. Jeffrey Gray haklı olmalıydı. Serotonin seviyeleri arttığında, pek çok hastam daha az tepkisel oldu.

FARMAKOLOJİNİN ZAFERİ

Farmokolojinin, psikiyatride devrim yaratması uzun sürmedi. İlaçlar, doktorlarda daha fazla yeterlilik duygusu yarattı ve konuşma terapisinin ötesinde bir araç sundu. İlaçlar ayrıca geliri ve kazançları da arttırdı. İlaç endüstrisinin bağışları bize enerji dolu öğrenciler ve ileri teknoloji araçlarıyla dolu laboratuvarlar sağladı. Her zaman hastanelerin zemin katlarında bulunan psikiyatri bölümleri, hem yer hem de prestij olarak yukarılara çıkmaya başladı.

Bunun bir örneği de MRSM'de gerçekleşti, 1990'ların başında hastanenin yüzme havuzu laboratuvar olarak değiştirildi ve kapalı basketbol sahası da yeni tedavi kliniği olarak yeniden düzenlendi. On yıllarca doktorlar ve hastalar, demokratik bir biçimde havuzda yüzmenin ve sahada top sürmenin keyfini paylaşmıştı. Koğuş görevlisiyken spor salonunda hastalarımla uzun vakitler geçirmiştim. Hepimizin kendimizi fiziksel olarak iyi hissettiğimiz bir yerdi, her gün karşılaştığımız sıkıntıların ortasında bir ada gibiydi. Şimdi ise hastaların "düzeltildiği" bir yere dönüştürülmüştü.

İlaç devrimi birçok vaatle yola çıktı, sonunda iyi olduğu kadar verilmiş zararlarla da bitebilir. Beyindeki kimyasal dengesizlikler nedeniyle oluşan ruhsal hastalıkların belirli ilaçlarla iyileştirilmesi teorisi, tıp profesyonellerinin yanı sıra medya ve halk tarafından da kabul görüyordu [22]. Pek çok yerde terapinin yerini ilaçlar almaya başladı ve hastaların problemlerini altta yatan nedenleri ele almadan bastırmasını sağladı. Antidepresanlar, günlük işlevselliğe yardım ederek dünyada değişiklik yaratabilir, her gece uyumak için uyku ilacı almak ya da sarhoş olana dek içki içmek arasında bir seçim yapılması gerekse hangisinin tercih edileceği sorusu söz konusu bile olmaz. Kendi işini kendileri halletmeye çalışan insanlar için yorucu yoga dersleri, egzersiz alışkanlıkları onları daha kuvvetli yapabilir, meditasyon yaşam kurtarıcı bir rahatlama sağlayabilir. SSRI ise travma yaşayan insanları, duygularının kölesi olmaktan bir nebze olsa da kurtarabilir ancak bunlar tüm tedavinin tamamlayıcısı olarak görülmelidir [23].

TSSB tedavisi için pek çok ilaç çalışmasını yönettikten sonra, psikiyatrik ilaç tedavisinin, altta yatan nedenleri ele almaktan uzaklaştırdığı için ciddi bir olumsuz yanı olduğunu fark ettim. Beyin hastalığı modeli, insanların kendi kaderinin kontrolünü ellerinden alıyor ve problemlerini düzeltmesi için doktorları ve sigorta şirketlerini devreye sokuyor.

Otuz yıldan uzunca bir süredir, kültürümüzde psikiyatrik ilaçlar, şüpheli sonuçlarıyla asıl tedavi akımı olmuştur. Antidepresanları düşünün. Eğer gerçekten inanmamızı istedikleri kadar etkili olsalardı, depresyon toplumumuzun en küçük sorunlarından biri olurdu. Aksine, antidepresan kullanımı artmaya devam ederken, hastanelere depresyon nedeniyle yatanların sayısında herhangi bir azalma olmamıştır. Son yirmi yılda depresyon nedeniyle tedavi görenlerin sayısı üçe katlanmıştır ve günümüzde on Amerikalıdan biri antidepresan kullanmaktadır[24].

Abilify, Risperdal, Zyprexa ve Seroquel gibi yeni nesil antipsikotikler, Amerika'da en çok satan ilaçların başında gelmektedir. 2012 yılında, Abilify için halkın yaptığı harcama, diğer tüm ilaç harcamalarının çok üstüne çıkarak 1.526.228.000 $ olmuştur. Üçüncü sırada ise milyar dolarlar satış rakamına ulaşan Cymbalta gelmektedir [25], ki hiçbir zaman Prozac gibi eski ilaçlardan daha üstün olduğu öne sürülmemiştir ve daha ucuz muadilleri de piyasada bulunmaktadır. Yoksullar için bir sağlık programı olan Medicaid, antipisikotiklere diğer sınıf ilaçlardan çok daha fazla para harcamaktadır [26]. Tamamlanmış verilerin elde edilebildiği en yakın tarih olan 2008 yılında antipsikotik tedavilere ayırdığı bütçe, 3.6 milyar dolar olmuştur ki bu rakam 1999 yılında 1.65 milyar dolardı. Medicaid'den faydalanan yirmi yaş altı gençlerin kullandığı antipisikotik ilaç miktarı 1999 ve 2008 yılları arasında üç katına çıkmıştır. Johnson & Johnson adlı ilaç firması 4 Kasım, 2013 tarihinde, yaşlı yetişkinlere, çocuklara ve gelişimsel engelleri olan kişilere Risperdal adlı antipsikotik ilacı, yanlış tanıttığı gerekçesiyle 2.2 milyar dolar ceza ödemeyi kabul etmiştir[27]. Ancak kimse, bu ilacı reçete eden doktorları sorumlu tutmamıştır.

Günümüzde Amerika Birleşik Devletleri'nde yarım milyon çocuk antipisikotik ilaç kullanmaktadır. Düşük gelirli ailelerin çocukları, özel sigortası olan çocuklara oranla dört kat fazla antipsikotik ilaç kullanmaktadır. Bu tedaviler genellikle, istismara uğrayan ya da ihmal edilmiş çocukları daha uslu hâle getirmek için kullanılmaktadır. 2008 yılında, Medicaid aracılığıyla, beş yaş ve altındaki 19.045 çocuğa antipisikotik ilaç reçete edilmiştir[28]. On üç eyaletteki Medicaid verilerini temel alan bir çalışma, genel olarak Medicaid şartlarına sahip %1,4 oranındaki çocukla karşılaştırıldığında koruyucu aile sisteminde olan çocukların %12,4'ünün antipisikotik kullandığını göstermiştir[29]. Bu tedaviler çocukları daha yönetilebilir yapmakta ve saldırganlıklarını azaltmaktadır ancak, toplumun sağlıklı ve destekleyici bir bireyi olmanın ayrılmaz parçası olan motivasyon, oyun ve merakı da engellemektedir. Bu ilaçları kullanan çocuklar, ayrıca hastalıklara yol açacak düzeyde obezite (morbid obezite:çok şişman) ve diyabet riski altındadır. Bu arada, psikiyatri ve ağrı tedavilerininin birleşimini de kapsayan aşırı ilaç kullanımı da artmaktadır[30].

İlaçlar çok kârlı olduğu için büyük tıp dergileri, ruh sağlığı problemlerinin tedavisinde ilaca dayalı olmayan yöntemlere nadiren yer vermektedir[31]. Bu tür tedavileri araştıran uygulayıcılar ise genellikle "alternatif" olarak adlandırılarak yalnız bırakılmışlardır. İlaca dayalı olmayan tedavilere, hastaların ve terapistlerin dar bir şekilde tanımlanmış bölümler hâlindeki uygulama kılavuzu denilen protokolleri içermedikçe nadiren destek verilmektedir, bunlarda da hastanın ihtiyacına göre ince ayarlar yapılması kısıtlanmıştır. Genel kullanımdaki tıp, daha iyi bir yaşamın kimyasallar ile olacağına katı bir şekilde kendini bağlamıştır, aslında kendimiz, fizyolojimizi ve ruhsal dengemizi ilaçlar olmadan da değiştirebiliriz.

UYUM YA DA HASTALIK?

Beyin hastalığı modeli dört temel gerçeği gözden kaçırmaktadır: (1) birbirimizi bozma kapasitemiz birbirimizi iyileştirme kapasitemize denk gelir. İlişkileri ve toplumu iyileştirmek refahımızı iyileştirmenin temelidir; (2) dil, deneyimlerimizi aktararak kendimizi ve başkalarını değiştirme, bildiklerimizi tanımlama ve genel bir anlam bulma gücü vermektedir; (3) nefes alma, hareket etme ve dokunma gibi bedenin ve beynin istem dışı olarak adlandırılan işlevlerini de içerecek şekilde kendi fizyolojimizi düzenleme yeteneğimiz vardır ve (4) çocukların ve yetişkinlerin kendini güvende hissedebileceği ve gelişebileceği ortamlar yaratmak için sosyal koşulları değiştirebiliriz.

İnsanlığın bu en temel yönlerini göz ardı ettiğimizde, insanların travmadan iyileşme yollarını ve özlerinde olan kendilerini düzenleme yollarını engellemiş oluruz. Bireyin iyileşme sürecinin katılımcısı olması yerine kendini hasta olarak adlandırması, acı çeken insanları toplumdan ayırır ve kendi benliklerinden uzaklaştırır. İlaçların sınırlarını gördükten sonra, insanların travma sonrası tepkileriyle başa çıkabilmelerine yardım etmek için daha doğal yollar arayışına girdim.

BÖLÜM 3

BEYNİN İÇİNE BAKMAK: NÖROBİLİM DEVRİMİ

Bilinçli olarak düşünen bir insanın kafatasından beyninin içine bakabilseydik ve en uygun heyecanlanma yeri berrak olsaydı, durmadan şekil ve biçim değiştiren ve karanlıkla çevrelenmiş, az ya da çok derin, hemisferin kalan kısmını sarmalayan büyüleyici bir şekilde dalgalanan sınırları ile parlak bir noktanın beyin yüzeyindeki oyunlarını görürdük.

— **Ivan Pavlov**

İzleyerek pek çok şey gözlemlersiniz.

— **Yogi Berra**

1990'ların başında alışılmışın dışında beyin görüntüleme teknikleri, beynin bilgiyi işleme yollarını anlamakla ilgili ileri düzeyde bilgi elde etmenin hayal bile edilemeyen olasılıklarına yol açtı. Gelişmiş fizik ve bilgisayar teknolojisine dayalı devasa multimilyonluk makineler, nörobilimi hızla en popüler araştırma alanlarından biri hâline getirdi. Pozitron emisyon tomografi (PET) ve daha sonraları fonksiyonel manyetik rezonans görüntüleme (fMRI), bilimadamlarının, insanlar belirli görevleri yerine getirirken ya da geçmişteki olayları anımsadıklarında beynin faklı kısımlarının nasıl harekete geçtiğini görüntüleme olanağı sağladı. İlk kez, anıları, duyuları ve duyguları işlerken beyni izleyebiliyorduk ve zihin ve bilinç devrelerinin haritalamasını yapmaya başladık. Serotonin ya da norepinefrin gibi beyin kimyasallarını ölçmeyi sağlayan daha önceki teknoloji, bilim adamlarının, sinirsel aktiviteleri harekete geçiren şeyi görmelerini sağlıyordu, bu da tıpkı benzini araştırarak arabanın motorunu anlamaya benziyordu. Travma anlayışımız nörogörüntülemenin motorun içini görme olanağanı sağlamasıyla değişti.

Harvard Tıp Okulu, nörobilim devriminin ilk sıralarında yer aldı ve alıyor; 1994 yılında genç bir psikiyatrist Scott Rauch, Massachusetts Genel Hastanesi Nörogörüntüleme Laboratuvarının ilk yöneticisi oldu. Bu yeni teknolojinin yanıtlayabileceği ilgili soruları değerlendirdikten ve yazmış olduğum bazı makaleleri okuduktan sonra Scott, geçmişi yeniden yaşantılayan (flashback) insanların beyninde neler olduğu konusunda birlikte çalışıp çalışamayacağımızı sordu.

Katılımcıların, defalarca geçmişten gelen görüntüler, duygular ve seslerle aniden nasıl ele geçirildiklerini anlattığı ve travmanın nasıl hatırlandığı konusundaki (bunu bölüm 12'de ele alacağım) çalışmamı yeni bitirmiştim. Birkaçı, bu geçmişe dönüşler (flashbackler) sırasında beyinlerinin kendilerine nasıl bir oyun oynadığını görebilmek istediği söylediğinde, sekiz kişiye kliniğe geri dönüp, kendilerini ele geçiren acı verici olaylardan bir sahne yaratılırken bir tarayıcı (scaner) (tamamen yeni olan bu deneyimi ayrıntılı olarak anlattım) içine girme konusunda gönüllü olup olmayacaklarını sordum. Şaşırtıcı bir şekilde, sekiz kişi de kabul etti ve çoğu da çektikleri acıdan elde ettiğimiz bilgilerin başkalarına yardımcı olabilmesini umuyordu.

Harvard Tıp Okuluna girmeden önce bizimle çalışan araştırma asistanım Rita Fisler, her katılımcıyla tek tek oturup travma anılarını anlık olarak yeniden canlandıracak bir metin yazdı. Biz de öykünün tamamı yerine, deneyimlerinin soyutlanmış parçalarını –belirli imgeler, sesler ve duyguları– saptadık. Rita ayrıca, katılımcılardan kendilerini güvende ve kontrolün kendilerinde olduğunu hissettikleri bir sahneyi anlatmalarını da istedi. Bir kişi sabah rutinini anlattı, diğeri ise Vermont'taki çiftlik evindeki verandaya oturup karşı tepeleri izlediğinden söz etti. Bu metni de temel ölçü sağlamak ve karşılaştırmak için ikinci taramada kullanacaktık.

Katılımcılar, akıcılık açısından metinleri kontrol ettiler (okumak; duymak ya da konuşmaktan daha az tehdit edicidir), Rita da tarayıcı içinde bulundukları süre içinde dinlemeleri için bu metinleri seslendirdi.

Tipik bir metin şu şekildeydi:

> Altı yaşındasın ve yatmak için hazırlanıyorsun. Annenle babanın birbirlerine bağırışlarını duyuyorsun. Korkuyorsun ve midende düğümlenme hissi var. Sen, küçük kız kardeşin ve erkek kardeşin merdivenlerin başında biribirinize sokulmuşsunuz. Korkuluktan bakıyorsun ve baban kollarından tutarken

annen kurtulmaya çalışıyor. Annen ağlıyor, tükürüyor ve bir hayvan gibi tıslıyor. Yüzün kızarıyor ve her tarafını ateş basıyor. Annen kendini kurtarınca, yemek odasına doğru koşuyor ve çok pahalı bir porselen vazoyu kırıyor. Sen, annenle babana bağırıyorsun ama sana aldırış etmiyorlar. Annen üst kata koşuyor ve TV'yi kırdığını duyuyorsun. Küçük erkek kardeşin ve kız kardeşin dolabın içine saklanmaya çalışıyorlar. Kalbin küt küt atıyor ve sen titriyorsun.

İlk seansta katılımcıların soluyacağı radyoaktif oksijenin amacını anlattık. Beynin herhangi bir kısmı metabolik olarak daha az ya da daha çok aktif hâle geldiğinde, oksijen oranı hemen değişiyor ve bunu da tarayıcı hemen seçebiliyordu. Biz de süreç boyunca kan basıncını ve kalp atışını izleyecektik, böylece fizyolojik işaretler beyin aktivitesiyle karşılaştırılabilecekti.

Birkaç gün sonra katılımcılar, görüntüleme laboratuvarına geldi. Boston'un banliyölerinden birinde öğretmenlik yapan kırk yaşındaki Marsha, ilk gönüllü kişiydi. Metin, on üç yıl öncesine, beş yaşındaki kızı Melissa'yı kamptan aldığı güne götürdü. Arabayla giderken, Melissa'nın emniyet kemerinin düzgün takılı olmadığını hatırlatan uyarı sesi geliyormuş. Marsha, emniyet kemerini düzeltmek için uzandığında kırmızı ışıkta geçmiş. O sırada başka bir araba sağ taraftan çarpmış ve kızı hemen oracıkta ölmüş. Acil servise giderken hamile olan Marsha, ambulansta yedi aylık bebeğini de kaybetmiş.

Marsha, bir gecede, partilerin neşesi olan eğlenceli bir kadından, kendini suçlayan, çıldırmış, depresif bir kadına dönüşmüştü. Sınıf öğretmenliğinden okul yönetimine geçmişti çünkü artık doğrudan çocuklarla çalışmak dayanılmaz bir hâl almıştı. Çocuklarını kaybeden pek çok anne baba için çocukların kahkahaları, güçlü bir tetikleyici olur. Ofis işlerinin ardına saklanmak bile bir günü atlatmasına yetmiyordu. Duygularını uzaklaştırmaya çalışması nafileydi, gece gündüz bununla mücadele ediyordu.

Marsha, işlemlerine başladığında ben de tarayıcının dış tarafında duruyordum ve fizyolojik tepkilerini monitörden izleyebiliyordum. Ses cihazını açtığımız anda, kalp atışları hızlanmaya başladı ve kan basıncı fırladı. Sadece metni duymak bile, on üç yıl önce kaza sırasında oluşan aynı fizyolojik tepkileri vermesine neden olmuştu. Kaydedilen metin bittiğinde, Marsha'nın kalp atışları ve kan basıncı normale döndü, ardından, yataktan kalkıp dişlerini fırçaladığını anlattığı ikinci metni dinlettik. Bu kez kalp atışı ve kan basıncı değişiklik göstermedi.

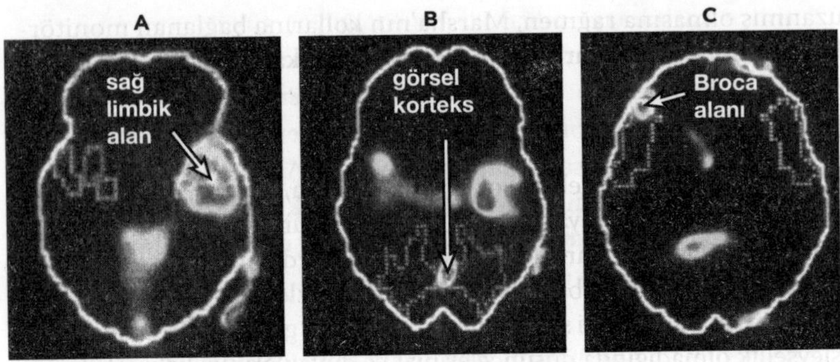

Travma yaşayan beyin görüntüsü. (A) Limbik alandaki ve (B)görsel korteksteki parlak noktalar artan aktivasyonu göstermektedir. (C) çiziminde beynin konuşma merkezinde belirgin bir şekilde azalan aktivasyon görülmektedir.

Tarayıcıdan çıktığında Marsha, hezimete uğramış, bitkin ve donuk görünüyordu. Nefes alıp verişi yüzeyel, gözleri kocaman açılmıştı ve omuzları kamburlaşmıştı. Korunmasız ve savunmasız görünüyordu. Onu rahatlatmaya çalışırken, keşfedeceğimiz şeyin bu strese değip değmediğini düşündüm.

Sekiz katılımcı da süreci tamamladı, Scott Rauch, nötr durumdaki beyinde, geçmişe dönüşle (flashback ile) oluşan uyarılmışlığı karşılaştıran karma görüntüler oluşturmak için matematikçiler ve istatistikcilerle çalıştı. Birkaç hafta içinde yukarıda gördüğünüz sonuçları bana gönderdi. Tarama sonuçlarını mutfağımdaki buzdolabının üstüne yapıştırdım ve sonraki birkaç ay boyunca her akşam bunlara baktım. İlk gökbilimciler teleskopla takım yıldızlarına baktığında nasıl hissetmiştir diye düşünmeye başladım.

Taramalarda, şaşırtıcı noktalar ve renkler vardı, beynin sağ alt merkezinde büyük bir kırmızı nokta vardı, beyindeki en büyük aktivasyonun olduğu alanı gösteriyordu, burası limbik alan ya da duygusal beyindi. Bizim için sürpriz olmadı. Yoğun duyguların limbik sistemi harekete geçirdiği biliniyordu, özellikle de limbik sistem içindeki özel bir alan olan amigdalayı. Yaklaşan tehlikelere karşı bizi uyarması ve bedenin stres tepkisini harekete geçirmesi için amigdalaya güveniriz. Çalışmamız, olaydan on üç yıl sonra Marsha olgusunda olduğu gibi, travma yaşayan insanlara, belirli deneyimleriyle ilgili görüntüler, sesler ya da düşünceler sunulduğunda, amigdalalarının alarm tepkisi verdiğini açıkça gösterdi. Bu korku tepkisinin harekete geçmesi, stres hormonlarının akışının tetiğini çeker ve sinir uyarımları kan basıncı, kalp atışını ve oksijen alımını artırır, bedeni savaş ya da kaç yanıtına hazırlar[1]. Rahat bir şekilde tarayıcıda uzanmış olmasına rağmen, Marsha'nın kollarına bağlanan monitörler, fizyolojik aşırı uyarılmışlığın bulgularını kaydetti.

DİLSİZ KORKU

En şaşırtıcı bulgu, korteksin sol frontal lobunda, Broca alanı olarak adlandırılan bölgedeki beyaz bir nokta oldu. Bu durumdaki renk değişimi, beynin o bölgesinde kan akımında belirgin bir düşüş olduğu anlamına geliyordu. Broca alanı, beynin konuşma merkezlerinden biridir, bu bölgeye kan akışı kesilmesi sıklıkla felçli hastalarda görülür. Broca alanında işlevsellik olmadığında düşüncelerinizi ve duygularınızı kelimelere dökemezsiniz. Taramalarımız, geçmişe dönüş (flashback) tetiklendiğinde Broca alanında işlev olmadığını göstermiştir. Başka bir deyişle artık, travmanın, damar tıkanıklığına bağlı felçte görülene benzer biçimde, bir fiziksel hasarın etkilerinden çok da farklı olmayan, onlarla çakışan etkiler yaptığına işaret eden görsel kanıtlarımız vardı.

Travma tamamen sözcük öncesidir. Shakespeare bu dilsiz dehşeti, *Machbeth*'de kralın ölü bedeni bulunduktan sonra şöyle ifade eder: "Korku! Korku! Korku! Ne dil ne de kalp seni anlamaz, seni adlandıramaz! Karmaşa artık şaheserini ortaya koymuştur!" Sıra dışı koşullar altında insanlar kötü sözler söyleyebilir, annelerine seslenebilir, korkuyla bağırabilir ya da sadece kapanabilirler. Saldırı ve kaza kurbanları, acil servis odalarında sessiz ve donuk bir hâlde bekler; travma yaşayan çocuklar "dillerini yutmuş gibidir" ve konuşmak istemezler. Cephedeki askerlerin fotoğrafları, gözleri çukurlaşmış adamların sessizlik içindeki boş bakışlarını gösterir.

Travma yaşayan insanlar, üzerinden yıllar geçse de başlarına gelenleri diğer insanlara anlatmakta zorluk çekerler. Bedenleri, korkuyu, öfkeyi ve çaresizliği yeniden yaşarken, savaşma ya da kaçma dürtüleri yeniden canlanır ancak bu duygularını dile getirmeleri neredeyse imkânsızdır. Travma doğası gereği bizi kavrayışımızın sınırlarına çeker, ortak deneyimin ya da imgelenebilir bir geçmişin dilinden yoksun bırakır.

Bu insanların başlarına gelen trajedi hakkında konuşamayacakları anlamına gelmez. Er ya da geç, hayatta kalanların çoğu, tıpkı Bölüm1'deki gaziler gibi, başkalarının fark ettiği davranış ve belirtilerine bir açıklama olarak, "kapak konusu" olarak adlandırdıkları hikâyelerini sunarlar. Ancak bu öyküler, nadiren deneyimin içsel gerçekliğini kapsar. Bireyin travmatik deneyimlerini uyumlu bir hikâye şeklinde- başlangıç, gelişme ve sonucu olan bir anlatı olarak ifade etmesi çok zordur. CBS dış haber muhabiri Ed Murrow gibi deneyimli bir muhabir bile Buchenwald Nazi toplama kampından 1945 yılında kurtulduğunda, gördüğü zulümleri anlatırken zorlanmıştı: "Söylediklerime inanmanız için yalvarıyorum. Gördüklerimin ve duyduklarımın ancak bir kısmını anlattım. Pek çok şey için anlatacak söz bulamıyorum."

Kelimeler tükendiğinde, rahatsız edici görüntüler, yaşanmış deneyimi ele geçirir ve kabuslar, geçmişe dönüşler (flashbackler) olarak geri döner. Broca alanının etkisizleşmesinin aksine, başka bir alan, Brodmann'ın 19. alanı, katılımcılarımızda hareketliydi. Burası, beyne ilk girdiği anda görüntülerin kaydedildiği görsel kortekstir. Travma deneyiminden çok uzun zaman geçmesine rağmen bu alandaki beyin aktivasyonunu görünce şaşırmıştık. Normal koşullarda 19. alana kaydedilen ham görüntüler, görülen şeyin anlamının yorumlanması için beynin diğer alanlarına hızla dağılır. Bir kez daha beynin bir alanının, travma gerçekten yaşanıyormuş gibi yeniden harekete geçtiğine tanıklık ediyorduk.

Anıların ele alındığı bölüm 12'de de göreceğimiz gibi ses, koku, bedensel duyumlar gibi travmanın diğer işlenmemiş parçaları, olayın öyküsünden bağımsız bir şekilde depolanmaktadır. Benzer algılar, genelde geçmişe dönüşleri (flashbackleri) tetikleyerek bunları zaman sürecinde değişmemiş, ilk yaşandığı andaki hâliyle bilinç düzeyine getirir.

BEYNİN BİR YANINA GEÇİŞ

Taramalar aynı zamanda, geçmişe dönüşler sırasında, deneklerimizin beyinlerinin yalnızca sağ tarafında hareketlenme olduğunu ortaya çıkarmıştır. Günümüzde sağ ve sol beyin arasındaki farklılıkları anlatan geniş kapsamlı bilimsel ve popüler yayınlar vardır. Doksanların başında bazı insanların dünyayı sol beynini kullananlar (akılcı, mantıklı insanlar) ve sağ beynini kullanan insanlar (sezgisel, sanatsal olanlar) olarak ikiye ayırmaya başladığını duymuştum ama pek de önemsememiştim. Ancak taramalarımız, geçmişteki travmaların beynin sağ tarafını harekete geçirirken, sol tarafını etkisiz hâle getirdiğini net bir şekilde gösteriyordu.

Artık beynin iki yarısının da farklı diller konuştuğunu biliyoruz. Sağ taraf; sezgisel, duygusal, görsel, mekansal ve dokunsal, sol taraf ise sözel, ardışık ve analitiktir. Beynin sol yarısı tüm konuşmayı gerçekleştirirken sağ yarısı da deneyimin müziğini taşır. O, yüz ifadeleri ve beden diliyle iletişim kurar, şarkı söylemek, dans etmek, ağlamak, küfür etmek ya da mimikler gibi sevgi ve üzüntünün seslerini çıkarır. Beynin sağ tarafı anne karnında gelişen ilk kısımdır ve anneler ve bebekleri arasındaki sözel olmayan iletişimi sağlar. Sol hemisferin, çocuklar dili anlamaya ve konuşmayı öğrenmeye başladığında harekete geçtiğini biliyoruz. Bu, etrafındaki şeyleri isimlendirmesini, karşılaştırmasını, aralarındaki bağlantıyı anlamasını sağlar ve kendilerine has, bireysel deneyimlerini başkalarıyla paylaşmaya başlarlar.

Beynin sağ ve sol tarafları aynı zamanda geçmişin izlerini birbirinden çok farklı şekilde işlemektedir[2]. Sol beyin, durumları, istatistikleri ve olayların kelimelerini hatırlar. Deneyimlerimizin açıklamasını yapar ve onları sıraya koyar. Sağ beyin, anıların sesini, dokunma duyumunu, kokusunu ve uyandırdığı duyguları saklar. Seslere, yüz mimiklerine ve jestlere ve geçmişte yaşanan mekanlara otomatik olarak tepki verir. Anımsadığı sezgisel gerçekler, olayların yaşandığı gibidir. Sevdiğimiz birinin meziyetlerini bir arkadaşımıza anlatırken, karşımızdaki kişi, dört yaşındayken çok sevdiğimiz halamızın yüzünü anımsatarak, duygularımızı derin bir şekilde canlandırabilir [3].

Normal koşullarda insanlar beyinlerinin bir tarafının diğerinden üstün olduğunu söyleseler de beynin iki yarısı az çok uyumlu bir biçimde birlikte çalışır. Ancak bir kısmının, geçici olarak ya da bir bölümün tamamen kapanması (erken dönem beyin ameliyatlarında bazen olduğu gibi) yeti yitimine yol açar.

Sol hemisferin etkisiz hâle gelmesi, organize deneyimlerimizi mantıklı bir sıraya dizme ve değişen duygularımızı ve algılarımızı kelimelere dökme kapasitemiz üzerinde doğrudan etkilidir. (Geçmişe dönüşler sırasında kararan Broca alanı da, sol tarafımızdadır). Sıralama olmadan neden ve sonuçları saptayamayız, eylemlerimizin uzun vadeli etkilerini kavrayamayız ya da gelecek için uygun planlar yapamayız. Bazen çok üzülen insanlar "akıllarını kaybettiklerini" söylerler. Teknik anlamda ise yönetici işlevlerinde kayıp yaşamaktadırlar.

Travma yaşayan insanlar, geçmişteki bu olayı hatırladıklarında beyinlerinin sağ tarafı sanki travmatik olay, o anda oluyormuş gibi tepki verir. Beyinlerinin sol tarafı iyi çalışmadığı için geçmişi yeniden yaşadıklarını ya da canlandırdıklarının farkında olmayabilirler. Yalnızca korkmuş, öfkeli, kızgın, utanmış ya da donmuş bir hâldedirler. Duygusal fırtına geçtikten sonra, suçlayacakları birini ya da bir şeyi aramaya başlarlar. Sana öyle davranmalarının nedeni, *senin* on dakika geç kalman ya da *senin* patatesi yakman yüzünden ya da çünkü *sen* "beni hiç dinlemiyorsun." Elbette hepimiz zaman zaman bunu yaparız ancak sakinleştiğimizde hatamızı kabul ederiz. Travma bu tür bir farkındalığı engeller ve zaman içinde araştırmalarımız bunun nedenini gösterdi.

SAVAŞMAK YA DA KAÇMAK ARASINDA SIKIŞMAK

Tarama sırasında Marsha'ya olanlar aşamalı olarak anlam ifade etmeye başladı. Yaşadığı trajediden on üç yıl sonra, hafızasında depolanmış kazaya ait sesler ve görüntüler şeklinde duran duyularını harekete geçirdik. Bu duyular yüzeye çıktığında, alarm sistemini harekete geçirdi ve sanki hastanede kızının yaşamını kaybettiğini söyledikleri yerdeymiş gibi tepki verdi. Aradan geçen on üç yıllık zaman silindi. Keskin bir şekilde artan kalp atışı ve kan basıncı, psikolojik aşırı heyecan durumunu gösteriyordu.

Tehlikeyle karşılaştığımızda, savaşmamıza ya da kaçmamıza yardım eden önemli olan hormonlardan biri de adrenalindir. Adrenalin artışı, katılımcıların kendi öykülerini dinlerken oluşan kalp atışlarının ve kan basınçlarının artmasının sebebidir. Normal koşullarda insanlar bir tehdit karşısındaysa stres hormonları geçici olarak artar. Tehdit ortadan kalkınca hormonlar dağılır ve beden normale döner. Bunun aksine travma yaşayan insanların stres hormonlarının temel düzeye dönmesi daha uzun zaman alır ve hızlı bir şekilde artar ve ılımlı bir stres uyaranına bile orantısız tepkiler verirler. Stres hormonlarının sürekli olarak yükselmesinin sinsi etkileri arasında hafıza ve dikkat problemleri, sinirlilik ve uyku bozuklukları yer almaktadır. Ayrıca, bireyin bedenindeki en zayıf noktaya bağlı olarak uzun vadeli sağlık sorunlarına da neden olurlar.

Artık, tehdide karşı başka bir olası tepki olduğunu da biliyoruz ancak henüz tarama cihazlarımız bunu ölçecek nitelikte değiller. Bazı insanlar sadece reddetmeye yönelirler. Bedenleri tehditi kaydeder ancak bilinçli zihinleri hiçbir şey olmamış gibi davranır. Ancak zihinleri, duygusal beyinden gelen mesajları reddetmeyi öğrense de alarm sinyalleri durmaz. Duygusal beyin çalışmaya devam eder ve stres hormonları, "Eyleme geçmek için gergin ol ya da bir çöküş hâlinde hareketsiz kal." şeklinde kaslara mesajlar göndermeyi sürdürür. Organlardaki fiziksel etkiler, etkisini kaybetmeden ta ki bir hastalık olarak ifade edilene dek sürer. Tedaviler, ilaçlar ve alkol aynı zamanda dayanılmaz duyuları ve duyguları, geçici olarak azaltır ya da yok eder. Ama beden kayıt tutmaya devam eder.

Marsha'nın tarayıcıda yaşadıklarını farklı bakış açılarına göre yorumlayabiliriz ve her biri tedavi için çıkarımlar oluşturur. Çok belirgin olan nörokimyasal ve psikolojik rahatsızlıklar üzerinde odaklanabiliriz ve kızının ölümünü hatırladığında harekete geçen bir biyokimyasal dengesizlik olgusu olarak görebiliriz. Ardından tepkisini azaltan ya da en iyisi kimyasal dengesini sağlayacak ilaç ya da ilaç birleşim arayışına girebiliriz.

Tarama sonuçlarımızı temel alarak, MGH'deki bazı arkadaşlarımız, artan adrenalin etkilerine karşı insanların tepkilerini azaltabilecek ilaçları araştırmaya başladı. Aynı zamanda, onu daha güçlü biri yapabiliriz, Marsha geçmişteki anılarına karşı aşırı duyarlılık gösterdiğine göre en iyi tedavi de bir tür duyarsızlaştırma olacaktır[4]. Bir terapistle travmanın detaylarını defalarca anlatarak tekrarladıktan sonra, biyolojik tepkileri dinebilir, duyarsızlaşabilir ve böylece deneyimi defalarca yeniden yaşamak yerine, "yaşananlar geçmişte bir zamandaydı şimdi başka bir zaman" şeklinde bir farkındalığa erişebilir.

Yüz yıldan daha uzun bir süredir, psikoloji ve psikiyatri kitapları, strese neden olan duyguların çeşitli konuşma yöntemleriyle çözülebileceğini söyler. Ancak, gördüğümüz gibi travmanın kendisi bunu engellemektedir. Ne kadar içgörü ya da anlayış geliştirirsek geliştirelim, rasyonel beyin, temelde kendi gerçekliğinden çıkarak duygusal beyin üzerinde etkisizdir. Deneyimlerinin özünü anlatma konusunda konuşamayan insanlar için bu durumun zorluğundan çok etkileniyorum. Onlar için başlarına geleni anlatmak, kurban olmakla ya da öç almak isteğiyle ilgili öykülerini anlatmak ruhsal deneyimlerini, duygularını kelimelere dökmekten daha kolaydır.

Tarama görüntüleri, travma yaşayanların korkularının ne kadar kalıcı olduğunu ve günlük deneyimin çeşitli yönleriyle nasıl kolayca tetiklendiğini gösterdi. Bu hastalar deneyimlerini günlük yaşamlarının akışına katamıyorlardı. "Orada" olmaya devam ediyorlar ve bir türlü "burada" olamıyorlar, "anı yaşamanın" nasıl olacağını bilmiyorlardı.

Marsha çalışmamıza katıldıktan üç yıl sonra benim hastam oldu. Bölüm 15'te ele alacağımız EMDR ile başarılı şekilde tedavi ettik.

KISIM İKİ

TRAVMADA BEYNİNİZ

BÖLÜM 4

YAŞAMINIZI SÜRDÜRMEK: HAYATTA KALMANIN ANATOMİSİ

Beynin gelişiminden önce evrende ne bir renk, ne de bir koku, ne bir tat ne de bir aroma vardı; belki biraz duyu ve hisler vardı ama duygu yoktu. Beyinlerden önce evrende acı ve kaygı da yoktu.

—Roger Sperry[1]

11 Eylül 2011 tarihinde, beş yaşındaki Noam Saul, Dünya Ticaret Merkezine yapılan uçak saldırısına, yaklaşık 450 metre uzakta, PS 234'te bulunan sınıfının penceresinden şahit olmuştu. Öğretmenleri ve sınıf arkadaşlarıyla birlikte merdivenlerden inerek, giriş katına gitmişler ve az önce kendilerini okula bırakan anne babalarına kavuşmuşlardı. Noam, kendisinden birkaç yaş büyük olan erkek kardeşi ve babası, o sabah Manhattan'da enkaz, duman ve küller arasında yaşamını kurtaran binlerce insanın arasındaydı.

On gün sonra dostumu ve ailesini ziyarete gittim ve o akşam, dostlarımla, ürkütücü karanlıkta, bir zamanlar Kule Bir'in bulunduğu çukurda, projektör ışığı altında çalışan işçilerin arasından geçerek yürüdük. Eve döndüğümüzde Noam hâlâ uyanıktı ve 12 Eylül'de sabah saat 9.00'da çizdiği bir resmi gösterdi. Çizimi, bir gün önce gördüklerini özetliyordu: Kuleye çarpan bir uçak, bir ateş topu, itfaiyeciler ve kulenin camlarından atlayan insanlar. Ancak resmin altına başka bir şey daha çizmişti: Binaların dibinde siyah bir halka vardı.

Bunun ne olduğu konusunda hiçbir fikrim yoktu ve bu nedenle de sordum. "Bir trambolin." diye yanıtladı. Trambolinin orada ne işi vardı? Noam açıkladı: "Böylece bir dahaki sefer, insanlar atlamak zorunda kaldığında zarar görmeyecek." Çok şaşırmıştım. Bu beş yaşındaki çocuk, resmini çizmeden yirmi dört saat önce korkunç bir kargaşa ve felakete tanıklık etmiş; gördüklerini işlemek ve hayatını sürdürebilmek için hayal gücünü kullanmıştı.

Noam şanslıydı. Ailesinden kimse zarar görmemişti ve sevgiyle dolu bir ortamda yetişmişti; tanık oldukları trajedinin sona erdiğini anlayabiliyorlardı. Afetler sırasında küçük çocuklar genellikle işaretleri anne babalarından alırlar. Kendilerine bakan kişiler, sakinliğini koruyup, ihtiyaçlarına karşı sorumlu davrandığı sürece, korkunç olaylardan ciddi psikolojik yaralar almadan kurtulurlar.

Ancak Noam'ın deneyimi, insanın yaşamını sürdürebilmesi için tehdite karşı gösterdiği uyum tepkisinin iki önemli yönünü görmemizi sağlıyor. Noam, felaketin meydana geldiği sırada, bundan kaçabilmek için aktif olarak rol aldı, kendi kurtuluşunda etken oldu. Ve güvenli evine ulaştığında beynindeki ve bedenindeki alarm çanları sakinleşti. Bu da zihninin olanları anlamlandırmasını ve hatta gör-

Beş yaşındaki Noam'ın 9/11'de Dünya Ticaret Merkezine saldırıya tanıklık ettikten sonra yaptığı çizim. O aklından çıkmayan birçok hayatta kalanın görüntüsünü yeniden üretti –insanlar cehennemden kaçmak için atlıyor– fakat yaşam kurtaran bir ek var: çöken binanın altında bir trambolin.

düklerine yaratıcı bir alternatif sunmasını –yaşam kurtaran trambolin– sağladı.

Noam'ın aksine, travma yaşayan insanlar sıkışıp kalırlar, gelişmeleri sekteye uğrar çünkü yaşamlarına yeni deneyimler katamazlar. Patton'un ordusundaki gaziler, Noel'de bana İkinci Dünya Savaşı ordu saati hediye ettiklerinde çok etkilenmiştim ancak bu, yaşamlarının etkili bir şekilde o dönemde durduğunu gösteren üzücü bir andı: 1944. Travmada olmak, sanki travma hâlâ devam ediyormuş gibi –değişmeden, sabit– yaşamı sürdürmek anlamına geliyor, her yeni karşılaşma ya da olay, geçmiş yüzünden bozuluyor.

Travmanın ardından, dünya, farklı bir sinir sistemiyle deneyimleniyor. Hayatta kalanın enerjisi, artık yaşamın akışına katılma pahasına ruhsal kaosu bastırmaya odaklanıyor. Katlanılmaz psikolojik tepkilere karşı kontrol sağlayabilme çabası, fibromiyalji, kronik yorgunluk ve diğer otoimmün hastalıkların da arasında bulunduğu çeşitli fiziksel belirtiler olarak sonuçlanabiliyor. Bu da travma tedavisinde neden tüm organizmayı, bedeni, zihni ve beyni bir bütün olarak ele almamız gerektiğini açıklıyor.

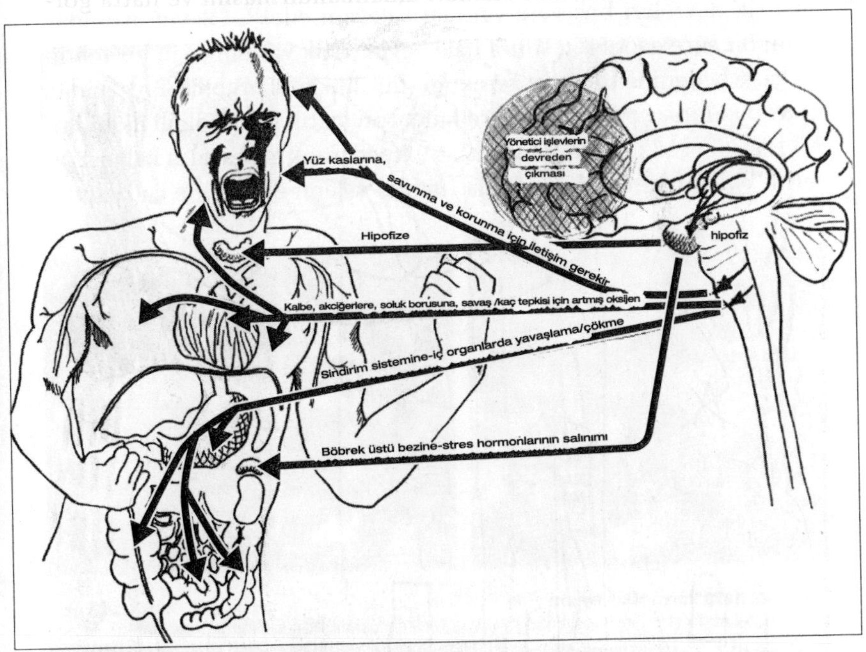

Travma tüm insan organizmasını etkiler; beden, zihin ve beyin. TSSB'de beden geçmişte kalmış bir tehdide karşı savunmayı sürdürür. TSSB'den iyileşmenin anlamı strese karşı bu süreğen hareketin sonlandırılabilmesi ve güvenlik için bütün organizmanın yeniden düzenlenebilmesi anlamına gelir.

HAYATTA KALMAK İÇİN DÜZENLEME

Sayfa 53'te yer alan çizim, tehdide karşı tüm bedenin tepkisini göstermektedir. Beynin alarm sistemleri açıldığında, otomatik olarak beynin en eski kısımlarında yer alan, önceden planlanmış fiziksel kaçış planları tetiklenir. Diğer hayvanlarda da olduğu gibi, temel beyin yapımızı oluşturan sinirler ve kimyasalların bedenimizle doğrudan bağlantısı vardır. Eski beyin, yönetimi ele geçirdiğinde, beynin daha üstteki bölümünü, bilinçli zihnimizi kapatır ve bedenimizi, kaçmaya, saklanmaya, savaşmaya ya da bazen donmaya doğru sürükler. Tam olarak durumumuzun farkına vardığımızda, bedenimiz çoktan harekete geçmiş olabilir. Savaşma/kaçma/donma tepkisi başarılıysa ve tehlikeden kaçabilirsek, ruhsal dengemizi yeniden yakalar ve aşamalı olarak "duyularımızı tekrar geri kazanırız."

Herhangi bir nedenden dolayı, normal tepkimiz engellendiğinde; örneğin insanlar baskı altında olduğunda, tuzağa düşürüldüğünde ya da etkili bir eylemde bulunması engellendiğinde, savaş alanında, araba kazasında, aile içi şiddete maruz kaldığında ya da tecavüze uğradığında- beyin stres kimyasallarını salgılamayı sürdürür ve beynin elektrik devreleri boş yere yanmaya devam eder [2]. Olayın ardından uzun bir süre geçtikten sonra hâlâ beyin, artık var olmayan bir tehdide karşı bedenine kaçması gerektiği sinyalini gönderebilir. En azından 1889'da Fransız psikolog Pierre Janet travmatik stresle ilgili ilk bilimsel eserini yazdığından bu yana [3], travmadan sonra hayatta kalan kişilerin "eylemi sürdürdüğü ya da (nafile) eylemi sürdürme çabasında"

AP PHOTO/PAUL HAWTHORNE

ILLINOISPHOTO.COM

Dona kalmaya karşı etkili eylem. Etkili eylem (savaşma/ kaçma ile sonuçlanır) tehdidi sona erdirir. Hareketsizlik bedeni kaçınılmaz şok ve öğrenilmiş çaresizlik durumunda tutar. Tehlike ile karşı karşıya gelen insanlar otomatik olarak direnme ve kaçmanın yakıtı olan stres hormonlarını salgılarlar. Beden ve beyin eve kaçmak için programlanmıştır, burada güvenlik sağlanabilir ve stres hormonları dinlenme durumuna gelebilir. Burada sargılar içindeki insanlar Katrina Kasırgasından sonra tahliye edilen evlerinden uzaktalar, stres hormonları yüksek kalmayı sürdürüyor ve kendilerine karşı dönüyor, bu da süregiden korku, depresyon, öfke ve fiziksel hastalıkları uyarır.

oldukları kabul edilmektedir. Hareket edebilme ve kendini korumak için bir şey yapabilme, korkunç deneyimin uzun vadeli yaralarının olup olmayacağını belirlemede önemli bir etkendir.

Bu bölümde, beynin travmaya karşı tepkisini daha derinden ele alacağım. Nörobilimin beyin hakkındaki keşifleri arttıkça, hayatta kalmamız ve ilerlememizi sağlamak için düzenlenmiş birbirine bağlı parçaların ne kadar büyük bir ağ olduğunu anlıyoruz. Bu parçaların birlikte nasıl çalıştığını bilmek, travmanın insan organizmasının her parçasını nasıl etkilediğini anlamamız için temel oluşturmakta ve travmatik stresin çözülmesinde vazgeçilmez bir rehber olmaktadır.

AŞAĞIDAN YUKARI BEYİN

Beynin en önemli görevi, en zor koşullarda dahi hayatta kalmamızı sağlamaktır. Diğer her şey ikinci plandadır. Bunu yapabilmek için beynin gereksinimi olan şeyler şunlardır: 1) yemek, dinlenme, koruma, seks, sığınma gibi bedenimizin gereksinimlerini kaydeden ruhsal sinyalleri üretmek 2) bu gereksinimlerimizi karşılamak için gidebileceğimiz yerleri gösteren bir harita oluşturmak; 3) bizi oraya ulaştıracak gerekli enerji ve eylemleri oluşturmak; 4) yol boyunca karşımıza çıkacak tehlikeler ve fırsatlar karşısında bizi uyarmak ve 5) anın gerekliliklerini temel alan eylemleri ayarlamak[4]. Bizler insanoğlu olarak gruplar hâlinde hayatta kalabilen ve gelişebilen memeli yaratıklar olduğumuzdan, tüm bu koşullar, koordinasyon ve iş birliği gerektirmektedir. İçsel sinyallerimiz çalışmadığında, haritalarımız gitmemiz gereken yeri göstermediğinde, hareket etme konusunda felce uğradığımızda, eylemlerimiz gereksinimlerimizi karşılamadığında ya da ilişkilerimiz bozulduğunda psikolojik problemler oluşur. Ele aldığım her beyin yapısının, bu temel işlevlerde bir rolü vardır ve göreceğimiz gibi travma bunların her birine engel olmaktadır.

Akılcı/Mantıklı, bilişsel beyin, beynin en genç kısmıdır ve kafatasımızın yalnızca yüzde otuzunu kapsar. Akılcı beyin, temel olarak etrafımızdaki dünya ile ilgilidir: insanların ve diğer şeylerin nasıl çalıştığını anlama, hedeflere nasıl ulaşacağına karar verme, zamanı yönetme ve eylemlerimizi sıralandırma. Akılcı beynin alt tarafında, gelişimsel olarak daha yaşlı/eski olan iki kısım vardır ve bunlar bir derece ayrı olan ve her şeyle ilgilenen kısımdır. Anı anına kayıt etme, bedenimizin fizyolojisini yönetme ve rahatlık, güven, tehdit, açlık, yorgunluk, arzu, özlem, heyecan, keyif ve acı yönetimi.

Beyin, aşağıdan yukarı doğru oluşmaktadır. Beyin, rahim içinde her çocukta katmanlar hâlinde gelişmektedir, tıpkı evrim teorisinde olduğu gibi. En ilkel kısım, doğduğumuzda aktif olan kısım, eski hayvan beyni, genellikle sürüngen beyin olarak adlandırılır. Beyin sapında yer alır, omuriliğin kafatasına girdiği yerin tam üstündedir. Sürüngen beyin, yeni doğan bebeklerin yapabildiği her şeyden sorumludur: Yemek, uyku, uyanma, ağlama, nefes alma; ısıyı hissetme, açlık, ıslaklık, acı ve bedeni toksinlerden arındırmak için idrar yapmak ve dışkılamak. Beyin sapı ve hipotalamus (doğrudan üstünde yer alır), bedenin enerji seviyelerini kontrol eder. Beynin ve akciğerlerin işlevlerini ve ayrıca endokrin ve bağışıklık sistemlerinin uyumlu çalışmasını sağlar, yaşamsal sistemlerin, homeostaz olarak bilinen ve göreceli olarak kararlı ruhsal denge içinde sürdürülmesini sağlar.

Nefes alma, yemek, uyku, idrar yapma ve dışkılama çok temel olmasına rağmen zihnin ve davranışın karmaşıklıklarını değerlendirirken bunların önemini kolayca göz ardı ederiz. Ancak, uykunuz bölündüğünde ya da bağırsaklarınız çalışmadığında ya da her zaman aç hissediyorsanız ya da size dokunulması çığlık atma isteği doğuruyorsa (travma yaşayan çocuklarda ve yetişkinlerde sık görülen bir durum), tüm organizma dengesizliğe sürüklenir. Pek çok psikolojik zorluğun, uyku, iştah, temas, sindirim ve uyarılma sorunlarını da kapsaması çok şaşırtıcıdır. Etkili bir travma tedavisi bedenin bu temel kendine bakım işlevlerine yönelmelidir.

Sürüngen beynin tam üstünde limbik sistem vardır. Bu aynı zamanda, gruplar hâlinde yaşayan ve sahip oldukları yavrularını besleyen tüm hayvanlarda bulunduğu için memeli beyni olarak da bilinir. Beynin bu kısmının gelişimi tamamen, bebek doğduktan sonra başlamaktadır. Duyguların merkezi, tehlikenin gözetleyicisi, keyif veren ya da korkutucu olanın yargılayıcısı, hayatta kalmak için önemli olan ya da olmayan şeylerin hakemidir. Aynı zamanda, karmaşık sosyal ağlar içinde yaşam mücadelesiyle başa çıkabilmede merkez komuta kademesidir.

Limbik sistem, yeni doğanın genetik yapısı ve doğuştan gelen mizaç ve deneyim etkisiyle şekillenir (birden fazla çocuk sahibi olan tüm anne babalar, bebeklerinin doğum anından itibaren benzer olaylar karşısındaki tepkilerinin doğası ve yoğunluğu arasındaki farkı kolayca görürler). Bebeğin başına gelen her şey, gelişen beynin yarattığı duygusal ve algısal beyin haritasına katkıda bulunmaktadır. Meslektaşım Bruce Perry'nin de açıkladığı gibi, beyin "kullanıma bağımlı tutumla" şekillenmektedir [5]. "Birlikte ateşlenen nöronların birlikte bağlanması" görece yeni bir keşiftir ve bu da nöroplastisiteyi tanımlamanın başka bir yoludur. Devreler durmadan ateşlenirse, bu özellikle dinlenme durumunda olduğunda, bu yanıt muhtemelen oluşabilir. Güvende olduğunuzu ve sevildiğinizi hissediyorsanız, beyniniz keşfetme, oyun ve iş birliği konusunda uzmanlaşır; korkuyorsanız ve istenmiyorsanız, korku ve terk edilme duygularını oluşturmada uzmanlaşırsınız.

Yeni doğanlar ve bebekler olarak dünyayı, hareket ederek, yakalayarak ve emekleyerek; ağladığımızda, güldüğümüzde ya da karşı çıktığımızda neler olduğunu keşfederek öğreniriz. Sürekli çevremizi test ederiz; bedenlerimizin hissettikleri doğrultusunda ilişkilerimiz nasıl değişiyor? İki yaşında bir çocuğun doğum günü partisinde, küçük Kimberly'in, dile ihtiyaç duymadan sizinle nasıl ilişki kurduğuna, oynadığına, flört ettiğine dikkat edin. Bu erken dönemdeki keşifler, duygular, belleğe adanan limbik yapıları şekillendirir ancak bu yapılar daha sonraki deneyimlerle belirgin bir şekilde değişebilir. Yakın bir arkadaşla ya da güzel bir ilk aşkla daha iyi olabilir ya da bir tacizle, bitmek bilmeyen zorbalıkla ya da ihmal edilmişlikle daha kötü olabilir.

Sürüngen beyin ve memeli beynini birlikte ele alarak, kitap boyunca bunu "duygusal beyin" olarak adlandıracağım[6]. Duygusal beyin, merkezi sinir sisteminin kalbindedir ve temel görevi sizin iyiliğinizi gözetmektir. Bir tehlike ya da özel bir fırsat –umut vadeden bir eş– keşfederse, hormon salgılayarak sizi uyarır. Sonuçta oluşan algılar (hafif bir mide bulantısından göğsünüzde oluşan paniğe bağlı bir sıkışmaya dek değişiklik gösterir) zihninizin o anda odaklandığı şeyi engeller ve sizi fiziksel ve ruhsal olarak farklı bir yöne yönlendirir. En hafifinde bile, bu duyular, yaşamımız boyunca verdiğimiz küçük ve büyük kararlarda etkilidir. Yemek için seçtiğimiz şey, uyuduğumuz yer ve kiminle uyuduğumuz, tercih ettiğimiz müzik, bahçe işleri ile uğraşmayı sevip sevmeme, koroda şarkı söyleyip söylememe, kiminle dost kiminle düşman olacağını seçme.

Duygusal beynin hücresel düzenlemesi ve biyokimyası, neokorteksten, akılcı beynimizden, daha basittir ve gelen bilgileri daha genel bir biçimde değerlendirir. Sonuç olarak, karmaşık seçenekler arasından seçimler yapan akılcı beynin aksine kabaca benzerliklere dayalı sonuçlara atlar (Ders kitabı örneği; bir yılan gördüğünüzde korkuyla geri sıçramanız ve bunun yalnızca kıvrılmış bir halat olduğunu farketmeniz gibi). Duygusal beyin, savaş ya da kaç tepkileri gibi önceden planlanmış kaçış planlarını başlatır. Kaslardaki bu fizyolojik tepkiler otomatiktir. Düşünmeden ya da planlamadan hareketi oluşturur, bilincimizden uzaklaşarak çalışır, mantıklı düşünme kapasitemize tehlike geçtikten sonra kavuşuruz.

Son olarak beynin en üst katmanına geçiyoruz; neokorteks. Bu dış katmanı, diğer memelilerle de paylaşıyoruz ancak insanoğlunda bu, biraz daha kalındır. Yaşamın ikinci yılında, neokorteks bir bölümünü oluşturan frontal loblar hızlı bir şekilde gelişmeye başlar. Eski filozoflar ilk yedi yılı "akıl çağı" olarak adlandırmıştır. Bizim için ilk aşama, gelecek şeylerin girişidir, yaşam frontal lob kapasiteleri etrafında düzenlemiştir. Hareket etmeden oturabilme; büzücü kasları kontrol etme, canlandırma yerine kelimeleri kullanabilme; soyut ve sembolik fikirleri anlama; yarını planlama, öğretmenler ve sınıf arkadaşlarıyla uyum içinde olma.

Frontal loblar, hayvan krallığında bizi farklı kılan özelliklerden sorumludur[7]. Dili ve soyut düşünceyi kullanmamızı sağlar. Engin bilgiyi sindirip, bütünleştirerek buna anlam katma yeteneğimizi verir. Şempanzeler ve makakların dilbilimsel özellikleri konusundaki heyecanımıza rağmen, yalnızca insanoğlu, yaşamlarımızı şekillendiren toplumsal, ruhsal ve tarihi bağlamları yaratmak için gerekli kelimelere ve sembollere hükmetmektedir.

Frontal loblar, plan yapmamızı, yansıtmamızı, hayal kurmamızı ve gelecekle ilgili senaryoları canladırmamızı sağlar. Bir eylemi gerçekleştirdiğimizde (yeni bir işe başvurmak) ya da bir şeyi ihmal ettiğimizde (kirayı ödememek) ne olacağını tahmin etmemize yardım eder. Seçimleri olası kılar ve şaşırtıcı yaratıcılığımızın altında yatar. Frontal loblar, yakın iş birliği içinde çalışarak, kano kullanmaktan, at arabalarına ve mektuplardan jet uçaklarına, hibrid araçlara ve email'e dek uzanan kültürleri yarattı. Ayrıca bize Noam'ın yaşam kurtaran trambolinini verdi.

BİRBİRİNİ AYNALAMA: KİŞİLER ARASI NÖROBİYOLOJİ

Travmayı anlamada çok önemli olan frontal loblar, aynı zamanda empatinin –başkası gibi "hissedebilme" becerimizin– merkezidir. Modern nörobilimin gerçek anlamda heyecan uyandıran keşiflerinden biri 1994 yılında gerçekleşti; bir grup İtalyan bilim adamı şans eseri korteksteki özelleşmiş hücreleri tanımladılar; bunlar ayna nöronlar olarak bilinmektedir[8]. Araştırmacılar, maymunun premotor alanlarında özel nöronlara elektrotlar taktılar, ardından maymun, fıstık aldığında ya da bir muz aldığında hangi nöronların harekete geçtiğini izlemek için bir bilgisayar kurdular. Bir noktada, araştırmacı kutuya yiyecek parçaları koyarken bilgisayara baktı. Maymunun beyin hücrelerinin, motor komut nöronlarının yer aldığı alanın ateşlendiğini gördü. Ama o sırada maymun ne yemek yiyor ne de hareket ediyordu. Yalnızca araştırmacıyı izliyordu ve beyni, dolaylı olarak araştırmacının hareketlerini aksettiriyordu.

Dünyanın çeşitli yerlerinde farklı deneyler de yapıldı ve kısa sürede ayna nöronlar, empati, taklit, eş zamanlılık ve hatta dil gelişimi gibi zihnin açıklanamayan yönlerini açıklığa kavuşturdu. Bir yazar, ayna nöronları "WiFi"ye[9] benzetmiştir: diğer insanın yalnızca hareketini değil aynı zamanda duygusal durumunu ve niyetlerini de algılarız. İnsanlar birbiriyle uyumlu olduğunda, benzer şekillerde ayakta durma ya da oturma eğilimindedir ve sesleri de aynı ritmi gösterir. Ancak ayna nöronlarımız, aynı zamanda başkalarının olumsuzluğuna karşı da bizi yatkın kılar, böylece öfkelerine hiddetle karşılık verir ya da depresyonlarıyla yıkılırız. Kitabın ilerleyen bölümlerinde ayna nöronlarla ilgili başka bilgiler de vereceğim çünkü travma neredeyse aynı şekilde görülmemeyi, yansıtılmamayı ve dikkate alınmamayı da kapsamaktadır. Tedavi, güvenli bir şekilde yansıma ve yansıtma kapasitesini yeniden harekete geçirmelidir; aynı zamanda da başkalarının olumsuz duygularıyla ele geçirilmeye de karşı durmalıdır.

Beyin hasarı gören kişilerle çalışanlar ya da bunamış anne babalarına bakan kişiler, zor yoldan öğrenmişlerdir, iyi işleyen frontal loblar, diğer insanlarla uyumlu ilişkiler kurmada önemli bir role sahiptir. Diğer insanların bizden farklı düşünüp hissedebildiklerini anlamak, iki ya da üç yaşındaki bir çocuk için çok büyük bir gelişmedir. Başkalarının güdülerini anlamayı öğrenirler, böylece farklı algıları, beklentileri ve değerleri olan gruplar içinde uyum sağlayabilir ve güvende olabi-

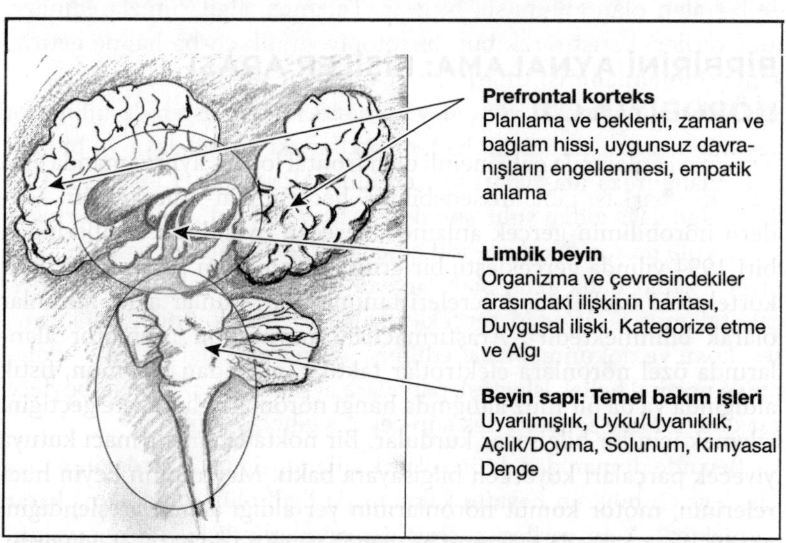

Üçlü Beyin teorisi (Üç bölüm) Beyin. Beyin aşağıdan yukarı doğru gelişir. Sürüngen beyin, rahimde gelişir ve temel yaşam sürdürme işlevlerini düzenler. Yaşamımız boyunca tehditlere karşı son derece tepkiseldir. Limbik sistem, yaşamın ilk altı yılı boyunca düzenlenir ancak kullanıma bağlı tutumla gelişmeye devam eder. Travma, yaşam boyunca işlevini etkileyebilir. Prefrontal korteks en son gelişir ve travmaya maruz kaldığında etkilenir, ilgisiz bilgileri eleme konusunda yetersiz kalır. Yaşam boyunca, tehdide karşı tepkisiz kalmaya yatkındır.

lirler. Esnek ve aktif frontal loblar olmadan, insanlar yalnızca doğanın bir parçası olurlar; ilişkileri yüzeysel ve sıradan olur. Buluşlar ve yenilik, keşif ve merak, hepsi eksik kalır. Frontal loblarımız, aynı zamanda (bazen, her zaman değil), bizi utandıracak ya da başkalarını incitecek şeyler yapmamızı önler. Acıktığımız her an yemek, arzularımızı kabartan herkesi öpmek ya da her öfkelendiğimizde patlamak zorunda değiliz. Bu tam da pek çoğumuzunun sorunlarının başladığı, dürtü ve kabul edilebilir davranış arasında bir yerdedir. Duygusal beyinden ne kadar yoğun iç organlara ait, duyusal veri gelirse, akılcı beynin buna koyacağı engel kapasitesi de o kadar azdır.

TEHLİKEYİ TANIMLAMA: AŞÇI VE DUMAN DEDEKTÖRÜ

Tehlike, yaşamın normal bir parçasıdır ve beynin görevi de bunu fark etmek ve tepkileri düzenlemektir. Dış dünya ile ilgili duyusal bilgiler, gözlerimiz, burnumuz, kulaklarımız ve tenimiz aracılığıyla edinilir. Bu duyular, beyin içinde bir "aşçı" görevi gören, limbik sistemin içinde bir alan olan talamusta birleşir. Talamus, algılarımızla edinilen tüm verileri karıştırarak tam bir otobiyografik çorba hâline getirir, sonuç tamamlanmış, tutarlı bir "bana olan şey bu" deneyimidir [10]. Ardından duyular, iki yöne devam eder: limbik sistemde bilinçdışı beyinde uzanan iki küçük badem şeklindeki amigdalaya ve bilinçli farkındalığımıza ulaştıkları frontal loba. Nörobilimci Joseph LeDoux, amigdalaya giden yolu, son derece hızlı "alt yol", frontal kortekse giden yolu da son derece tehdit edici bir deneyimin ortasında milisaniyeler kadar daha uzun olan "anayol" olarak tanımlamaktadır. Ancak, talamus tarafından gerçekleştirilen işleme bölünebilir. Görme, ses, koku ve dokunma, izole edilmiş, ayrışık parçalar hâlinde kodlanır ve normal bellek işlemesi, parçalara ayrılır. Zaman donar, böylece var olan tehlike sonsuza dek sürecekmiş gibi hissedilir.

Beyinde duman dedektörü olarak adlandırdığım amigdalanın esas işlevi, gelen bilginin hayatta kalmamızla ilgili olup olmadığına karar vermektir[11]. Yeni verileri geçmiş deneyimlerle ilişkilendiren, yakındaki bir yapı olan hipokampusten gelen geribildirimin yardımıyla, bunu hızlı ve otomatik bir şekilde yapar. Amigdala bir tehdit algılarsa – ilerleyen bir araçla olası bir çarpışma, caddede tehdit edici görünen bir kişi– tüm beden tepkisini yönetmek için stres hormon sistemini ve otonom sinir sistemini (OSS) çalıştıran hipotalamusa ve beyin sapına anlık mesaj gönderir. Amigdala bilgiyi işlediği için talamustan

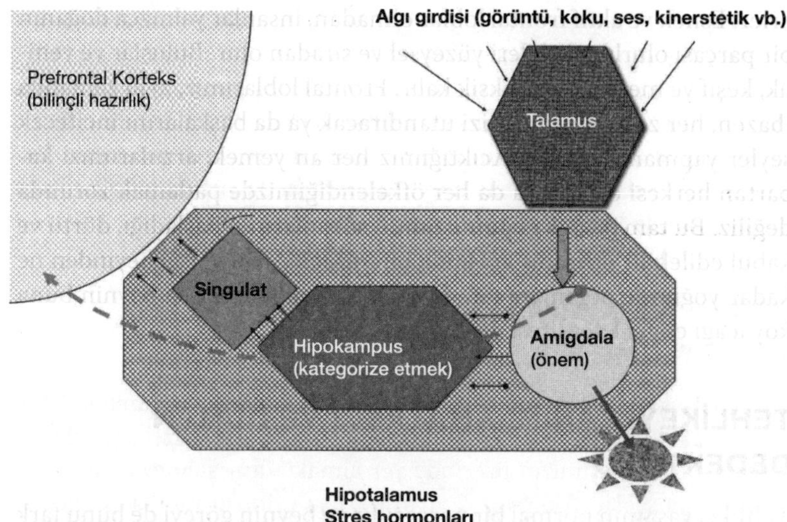

Duygusal beyin gelen bilginin yorumlandığı ilk yerdir. Çevre ve beden durumları hakkında algılanan bilgi gözler, kulaklar, dokunma, kinestetik duyum vs. talamusta birleşir, burada işlenir ve amigdalaya gönderilir, orada bunun duygusal belirginliği yorumlanır. Bu ışık hızında olur. Bir tehdit algılandığında tehdide karşı savunma için amigdala hipotalamusa mesaj gönderir ve stres hormonlarını salgılatır. Nörobilimci Joseph LeDoux bunu alt yol olarak adlandırmaktadır. İkinci nöral yol, anayol talamustan başlar, hipokampus ve anterior singulat aracılığıyla, prefrontal kortekse uzanır, akılcı beyin bilinçli ve daha incelikli yorumlamalar içindir. Bu mikrosaniyeler sürer. Amigdalanın tehditle ilgili yorumu çok yoğunsa ve/veya beynin daha üst alanlarının filtreleme sistemi çok zayıfsa, sıklıkla TSSB'de olduğu gibi, insanlar otomatik acil yanıt sistemi üzerindeki kontrollerini kaybederler, uzamış irkilme ya da öfke patlamaları gibi.

ön loblara göre bilgiyi daha hızlı alır ve biz, bilinçli olarak tehlikenin farkına bile varmadan, gelen bilginin yaşamımızı tehdit edip etmediğine karar verir. Biz olanların farkına vardığımızda, bedenimiz çoktan harekete geçmiş olabilir.

Amigdalanın tehlike sinyalleri, kalp atışını, kan basıncını arttıran, bizi savaşmaya ya da kaçmaya hazırlayan kortizol ve adrenalini de kapsayan güçlü stres hormonlarının salgılanmasını tetikler. Tehlike geçtiğinde, beden oldukça hızlı bir şekilde normal durumuna geri döner. Ancak iyileşme engellendiğinde, beden kendini savunmak için tetiklenir, bu da insanların tedirgin ve uyarılmış hissetmelerine neden olur.

Koku dedektörü, tehlike ipuçlarını toplamada oldukça iyiyken, travma, belirli bir durumun güvenli mi yoksa tehlikeli mi olduğunu yanlış yorumlama riskini arttırır. İnsanlarla, niyetlerinin iyi mi yoksa tehlikeli mi olduğunu doğru bir şekilde ölçebilirseniz iyi anlaşırsınız. En ufak bir yanlış yorumlama bile evde ve işte, acı verici yanlış anlamalara neden olabilir. Karmaşık iş çevresi ya da gürültücü çocuklarla dolu bir ev ortamı, sürekli insanların nasıl hissettiğini değerlendirme ve uygun bir şekilde davranışlarınızı ayarlama becerisi gerektirir. Yanıltıcı alarm sistemleri, masum yorumlara ya da yüz ifadelerine karşı patlama ya da kapanma tepkilerine neden olur.

STRES TEPKİSİNİ KONTROL ETME: GÖZETLEME KULESİ

Amigdala, beynin koku dedektörüyse, frontal loblarını da gözetleme kulesi olarak düşünün ve özellikle de medial prefrontal korteks (MPFC)[12], –doğrudan gözlerimizin üzerinde yer almaktadır– sahneye yukarıdan bakmamızı sağlar. Aldığınız duman kokusu evinizin yandığının ve hemen evden çıkmanız gerektiğinin işareti midir? Yoksa koku, yüksek ateşte pişirdiğiniz etten mi geliyor? Amigdala bu tür değerlendirmeler yapmaz; frontal loblar daha değerlendirme yapamadan, savaşmanız ya da kaçmanız için sizi hazırlar. Çok üzgün olmadığınız sürece, frontal loblar, yanlış alarma tepki verdiğinizi fark etmenize ve stres tepkinizi yarıda kesmenize yardım ederek dengenizi yeniden sağlayabilir.

Genelde, prefrontal korteksin yönetsel kapasitesi, bireylerin etraflarında neler olup bittiğini gözlemlemelerini, belirli bir eylemde bulunduklarında neler olacağını tahmin etmelerini ve bilinçli bir seçim yapmalarını sağlar. Düşüncelerimiz, duygularımız ve hislerimiz üzerinde sakince ve nesnel olarak düşünebilmemizi (kitap boyunca bunu farkındalık olarak adlandıracağım) ve ardından tepki verdiğimizde, yönetsel beynin, duygusal beyindeki önceden programlanmış bütünleşik otomatik tepkileri engellemesine, düzenlemesine ve değiştirmesine izin verir. Bu kapasite, diğer insanlarla ilişkilerimizi koruma açısından oldukça önemlidir. Frontal loblarımız düzgün çalıştığı sürece, siparişimizi geç getiren her garsona ya da bizi beklemeye alan sigorta şirketine karşı öfke nöbeti geçirmeyiz. (Gözetleme kulemiz aynı zamanda bize diğer insanların öfkelerinin ve tehditlerinin de duygusal durumlarının bir işlevi olduğunu söyler). Bu sistem bozulduğunda, koşullanmış hayvanlara benzeriz. Tehlike fark ettiğimiz anda otomatik olarak savaş ya da kaç moduna gireriz.

TSSB'de amigdala (koku dedektörü) ve MPFC (gözetleme kulesi) arasındaki hassas denge, esaslı bir şekilde değişir ve bu da duyguları ve dürtüleri kontrol etmeyi daha güç kılar. Son derece yoğun duygusal durumlarda insan nörogörünteleme çalışmaları, yoğun korku, üzüntü

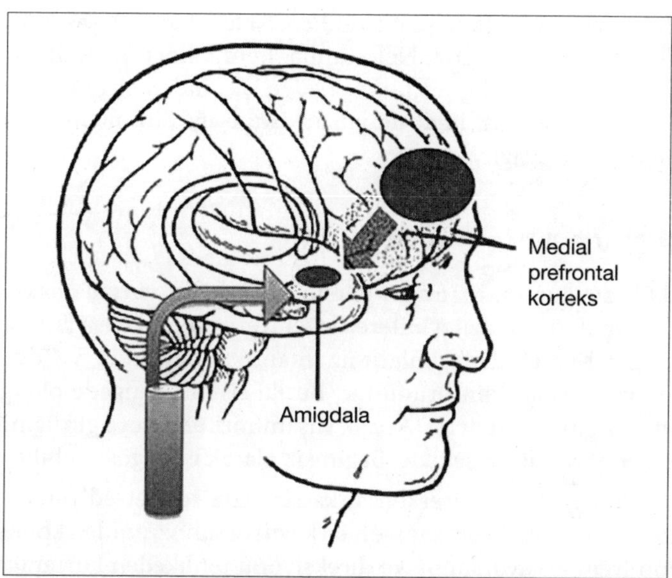

Yukarıdan aşağı ya da aşağıdan yukarı. Duygusal beyindeki yapılar, tehlikeli ya da güvenli olarak algıladığımız şeylere karar verir. Tehdit belirleme sistemini değiştirmenin iki yolu vardır: medial prefrontal korteksten gelen mesajları değiştirerek (yalnızca prefrontal korteks değil) yukarıdan aşağı ya da nefes alma, hareket ya da donma ile sürüngen beyin aracılığıyla aşağıdan yukarı.

ve öfkenin subkortikal (korteksin altındaki) beyin bölgelerinin aktivasyonunu arttırdığını ve belirgin bir şekilde frontal lobda çeşitli alanlarda, özellikle de MPFC'de etkinliği azalttığını ortaya çıkarmıştır. Bu meydana geldiğinde, frontal lobun engelleyici kapasitesi bozulur ve insanlar "duyularından ayrılır". Herhangi bir yüksek sesten irkilebilirler, küçük kızgınlıklar oluşturabilecek durumlarda aşırı sinirlenebilirler ya da biri kendilerine dokunduğunda donup kalabilirler[13].

Stresle etkili bir şekilde başa çıkabilmek, koku dedektörü ve gözetleme kulesi arasındaki dengeyi sağlayabilmeye bağlıdır. Duygularınızı daha iyi kontrol edebilmek istiyorsanız, beyniniz size iki seçenek sunar. Bunları yukarıdan aşağı ya da aşağıdan yukarı doğru düzenlemeyi öğrenebilirsiniz.

Yukarıdan aşağı ve aşağıdan yukarı düzenleme arasındaki farkı bilmek, travmatik stresi anlama ve tedavi etmede esastır. Yukarıdan aşağı düzenleme, gözetleme kulesinin, bedeninizin algılarını gözetleme kapasitesini arttırmayı kapsar. Farkındalık meditasyonu ve yoga, bu konuda yardımcı olabilir. Aşağıdan yukarı düzenleme ise otonom sinir sistemini yeniden ayarlamayı içerir (daha önce de gördüğümüz gibi bu beyin sapında başlamaktadır.) Nefes, hareket ya da dokunma ile OSS'ye ulaşabiliriz. Nefes alma, hem bilinçli hem de otonom kontrol altında gerçekleşen birkaç beden işlevinden biridir. Kısım 5'te hem aşağıdan yukarı, hem de yukarıdan aşağı düzenleme için özel teknikleri ele alacağız.

BİNİCİ VE AT

Şimdilik duygunun, mantığın karşıtı olmadığını vurgulamak istiyorum; duygularımız deneyimlere değer verir ve dolayısıyla mantığın temelidir. Kişisel deneyimlerimiz mantıklı beynimiz ve duygusal beynimizin dengesinin ürünüdür. Bu iki sistem dengede olduğunda "kendimiz gibi" hissederiz. Ancak yaşamımız tehlikeye girdiğinde, bu sistemler göreceli bir şekilde, bağımsız olarak işlev gösterebilirler.

Diyelim ki araba sürerken, arkadaşınızla sohbet ediyorsunuz ve aniden göz ucunuzla bir kamyon fark ediyorsunuz, aniden konuşmayı bırakıp frene basıyorsunuz ve direksiyonu tehlikeden kurtaracak şekilde kırıyorsunuz. İçgüdüsel hareketleriniz sizi çarpışmadan kurtardıysa, kaldığınız yerden devam edebilirsiniz. Bunu yapıp yapamamanız, büyük oranda ilkel tepkilerinizin tehlikeyi ne kadar hızlı azalttığı ile ilgilidir.

Paul MacLean'in beynin üç bölümden oluşan tanımına göre; mantıklı beyin ve duygusal beyin arasındaki ilişkiyi az ya da çok yetenekli bir binici ile ele avuca sığmaz atına benzetmiştir [14]. Hava sakin ve yol engebesiz olduğu sürece, binici kendini mükemmel bir şekilde kontrollü hisseder. Ancak beklenmeyen sesler ya da başka hayvanların oluşturduğu tehditler, can havli ile binicisini zorlayarak atın kaçmasına neden olabilir. Aynı şekilde insanlar da hayatlarının tehlikede olduğunu hissettiğinde ya da öfke, özlem, korku ya da cinsel arzuların etkisinde kaldığında, mantığın sesini dinlemeyi bırakırlar ve onlarla tartışmak fazla anlam ifade etmez. Limbik sistem, bir şeyin ölüm kalım meselesi olduğuna karar verdiğinde, frontal loblar ve limbik sistem arasındaki yollar son derece belirsiz bir hâl alır.

Psikologlar, genellikle insanlara, davranışlarını yönetmeleri için iç görü ve anlayış kazandırmaya çalışırlar. Bununla birlikte, nörobilim araştırmaları, çok az psikolojik problemin, anlayış bozukluğunun bir sonucu olduğunu göstermektedir; pek çoğu, algımızı ve dikkatimizi yönlendiren, beynin daha derin alanlardaki baskıdan kaynaklanmaktadır. Duygusal beyin tehlikede olduğunuza dair alarm sinyallerini çalarken hiçbir içgörü bunu sakinleştirmeyecektir. Yedi kez hüküm giymiş bir mahkumun öfke-yönetim programında öğrendiği tekniklerin değerini anlattığı bir komedi aklıma geldi, şöyle diyordu "Harika ve çok iyi işe yarıyorlar: gerçekten öfkelenmediğiniz sürece."

Duygusal ve mantıklı beynimiz çatışma hâlinde olduğunda (sevdiğimiz birine öfkelendiğimizde, güvendiğimiz birisi bizi korkuttuğunda, yasak birini arzuladığımızda) halat çekme oyununa benzer bir çekişme ortaya çıkar. Bu çekişme, büyük oranda iç organlarınızda sahnelenir – mideniz, kalbiniz, akciğerleriniz– ve hem fiziksel rahatsızlık hem de psikolojik ıstıraba yol açar. Bölüm 6'da travmanın pek çok fiziksel tablosunu anlamanın anahtarı olan, güvenlik ve tehlike anında beyin ve iç organların etkileşimini ele alacağım.

Bu bölümü, travmatik stresin bazı çekirdek özelliklerini anlatan iki beyin görüntüsünü inceleyerek bitirmek istiyorum: Zamansız yeniden yaşama; imgeleri, sesleri ve duyguları yeniden deneyimleme ve disosiyasyon.

STAN VE UTE'NİN TRAVMADAKİ BEYİNLERİ

1999 yılında güzel bir Eylül sabahında, kırklı yaşlarında olan Stan ve Ute Lawrence çifti, Detroit'te bir iş toplantısına katılmak üzere Ontario'dan yola çıkmışlardı. Yolculuklarının yarısında, yoğun bir sis, görüşü bir anda sıfıra indirivermişti. Stan, hemen frene basmış ancak otobandan gelen büyük tırı görememişti. On sekiz tekerlekli koca tır arabanın bagajının üzerinden uçmuş; kamyonetler ve arabalar zincirleme çarpışmıştı. Arabalarından çıkıp hayatlarını kurtarmaya çalışan insanlara arabalar çarpmıştı. Kulakları sağır eden çarpışma sesleri devam ediyor; arkadan gelen her sarsıntıda öleceklerini hissediyorlardı. Stan ve Ute, seksen yedi aracın birbirine girdiği, Kanada tarihindeki en büyük trafik kazasında bir arabaya sıkışıp kalmıştı[15].

Ardından ürkütücü sessizlik başladı. Stan, kapıları ve camları açmaya çalışıyordu ancak arkadan çarpan tır arabayı sıkıştırmıştı. Bir anda birisi arabanın tavanına vurmaya başladı. Bir kız bağırıyordu "Beni buradan çıkarın. Yanıyorum!". Çaresiz bir şekilde, içinde bulunduğu arabanın alev almasıyla yanan kızın ölümünü görmüşlerdi. Hatırladıkları diğer şey ise elinde yangın söndürücü ile arabanın kaportasında duran tır şöforüydü. Onları kurtarmak için ön camı kırmış ve Stan buradan çıkmıştı. Eşine yardım etmek için döndüğünde ise Ute'nin koltuğunda donmuş bir hâlde durduğunu gördü. Stan ve tır şoförü kadını arabadan çıkarıp hastaneye götürdü. Birkaç çizik dışında fiziksel olarak sağlıklıydılar.

O gece, ne Stan ne de Ute uyuyamadı. Eğer vazgeçseydik, ölebilirdik diye düşündüler. İkisi de sinirli, ürkek ve diken üstündeydi. O gece ve sonraki gecelerde korkularını uyuşturmak için çok fazla şarap içmeye başladılar. Görüntüler ve kafalarındaki sorular hiç bitmedi: Daha erken çıksalardı ne olurdu? Benzin almak için durmasalardı ne olurdu? Bundan üç ay sonra, Western Ontario Üniversitesinden psikiyatrist Dr. Ruth Lanius'tan yardım istediler.

Bundan birkaç yıl önce travma merkezinde öğrencim olan Dr. Lanius, tedaviye başlamadan önce fMRI ile Stan ve Ute'nin beyin filmlerini çekmek istediğini söyledi. fMRI, beyindeki kan akışındaki değişiklikleri izleyerek nöral aktiviteyi ölçer, PET'in aksine radyasyona maruz bırakmaz. Dr Lanius, Harvard'da yaptığımız gibi, Stan ve Ute arabaya sıkıştığı zaman olan sesleri, imgeleri, kokuları ve diğer duyuları da anlatan aynı türde metin kullandı.

İlk sırada Stan vardı ve Harvard'daki çalışmamızda Marsha'da olduğu gibi hemen geçmişe dönüşler yaşamaya başladı. İşlem bittiğinde terlemişti, kalbi hızla atıyordu ve kan basıncı fırlamıştı. "Aynı kaza sırasındaki gibi hissettim." diye bildirmişti. "Öleceğimden emindim ve kendimi korumak için yapacak hiçbir şeyim yoktu." Kazayı üç ay önce olan bir olay gibi hatırlamak yerine Stan bunu yeniden yaşadı.

ÇÖZÜLME (DİSOSİYASYON) VE YENİDEN YAŞAMA

Disosiyasyon travmanın özüdür. Ezici deneyim parçalara ayrılmıştır, böylece duygular, sesler, imgeler, düşünceler ve travma ile ilgili fiziksel duyumlar, kendi yaşamlarını sürdürür. Anıya ait duyusal parçalar şimdiki ana istemsizce girer, onlar gerçekten yeniden yaşanır. Travma çözümlenmediği sürece, bedenin kendini korumak için salgıladığı stres hormonları döngüsü devam eder ve savunmaya dönük hareketler ve duygusal tepkiler yenilenir. Stan'ın aksine, pek çok insan "çılgın" duyguları ve tepkileri ile yeniden canlanan travmatik olay arasındaki bağın farkında değildir. En küçük rahatsızlıklara bile neden büyük tepkiler verdiklerini bilemezler.

Geçmişe dönüşler ve yeniden yaşama, bazı yönleriyle travmanın kendinden daha kötüdür. Travmatik olayın bir başlangıcı ve sonu vardır; bir noktada biter. Ancak TSSB yaşayan bireylerde ister uyanık olsun isterse uykuda olsun geçmişe dönüşler herhangi bir anda yaşanabilir. Tekrar ne zaman olacağını ya da ne kadar süreceğini bilmek mümkün değildir. Geçmişe dönüşlerden muzdarip olan insanlar, yaşamlarını, bundan korunacak şekilde düzenler. Takıntılı bir şekilde spor salonunda halter çalışırlar (ama sonunda bunu yapacak kadar güçlü olmadıklarını anlarlar), uyuşturucuyla kendilerini hissizleştirebilirler ya da son derece tehlikeli durumlarda, kontrol sağlayabildikleri etkinliklerde bulunabilirler (motosiklet yarışları, bungee-jumping ya da ambulans şoförlüğü). Sürekli olarak görünmeyen tehlikelerle savaşmak çok yorucudur ve bu, kişileri bitkin, depresif ve yıpranmış bir hâle getirir.

Travmanın ögeleri defalarca tekrarlandığında, buna eşlik eden stres hormonları, bu anıları zihne daha derin bir şekilde yerleştirir. Sıradan, günlük olaylar gittikçe daha az ilgi çeker. Bireyler etraflarında olan bitenin tam olarak içinde yer alamaz, tam olarak yaşam dolu hissetmelerini engeller. Günlük yaşamın eğlenceli yönlerini ve zorlukları hissetmek, işleri tamamlamak gittikçe zorlaşır. Anı tam olarak yaşayamamak, kişileri geçmişe hapseder.

Tetikleyicilere tepkiler, çeşitli biçimlerde ortaya çıkar. Gaziler, en küçük işarette –yolda bir tümseğe çarpmak ya da sokakta oynayan bir çocuk gibi– savaş bölgesindelermiş gibi hissedebilirler. Kolayca irkilebilir, öfkelenebilir ya da hissizleşebilirler. Çocukluğunda cinsel tacize uğrayan bireyler, cinselliklerini uyuşturabilir ve tacizi anımsatan duyular ya da imgelerden, bedenin belirli bölgeleriyle ilgili doğal keyiflerle ilgili duyumlar olsa bile, etkilendiklerinde utanırlar. Travma yaşayanlardan deneyimleri hakkında konuşmaları istendiğinde, kiminin kan basıncı artarken, diğerinin migreni tutabilir. Bazıları duygusal olarak kapanabilir ve herhangi bir gözle görülür değişiklik hissetmeyebilir. Ancak laboratuvarda, artan kalp hızlarını ve bedenlerini karıştıran stres hormonlarını belirlemede bir sorunumuz yoktur.

Bu tepkiler, mantıksızdır ve büyük oranda insanların kontrolünün dışındadır. Yoğun ve kontrol edilmesi güç dürtüler ve duygular, insanlara kendini deli gibi hissettirir ve insan ırkına ait olmadıklarını düşündürür. Çocuklarınızın doğum gününde ya da sevilen birinin ölümünde hissizleşmeniz, insanların sizi bir canavar gibi görmesine neden olabilir. Sonuç olarak, utanç baskın bir duygu hâline gelir ve gerçek sorunu gizler.

Yabancılaşmalarının kaynağına nadiren inilmektedir. Terapi bu noktada devreye girer, travma nedeniyle ortaya çıkan duyguların hissedilmeye başlamasını ve kişinin kendisini gözlemlemesini sağlar. Ancak, altta yatan, beynin tehdit-algılama sistemindeki değişimdir ve insanların fiziksel tepkileri geçmişin izleriyle belirlenir.

Geçmişte olanlarla, şu anda içlerinde bir yerde olan şey arasında bilinçli bir bağ kuramadan, "orada" başlayan travma, şimdi onların kendi bedenlerindeki savaş alanında yaşanmaktadır. Buradaki zorluk, kişinin başına gelen korkunç şeyleri kabullenmeyi öğrenmesi değil, içsel algılarının ve duygularının üstesinden gelebilmesidir. İçsel olarak olanları algılama, isimlendirme, tanımlama, iyileşmenin ilk adımıdır.

DUMAN DEDEKTÖRÜ AŞIRI HIZLA GİDİYOR

Stan'in beyin görüntüleri, geçmişe dönüşün etkisini göstermektedir. Bu da travmayı yeniden yaşama durumunun beyinde gerçekleştiğini gösteriyor: aşağıda sağ köşede parlak bir şekilde aydınlanmış alan, altta solda kararmış alan ve merkezde dört simetrik beyaz delik (Aydınlanan amigdalayı ve kapanan sol beyni, Bölüm 3'te tartıştığımız Harvard çalışmasından hatırlayabilirsiniz). Stan'in amigdalası, geçmiş ve şimdi arasında bir ayrım yapmadı. Güçlü stres hormonları ve

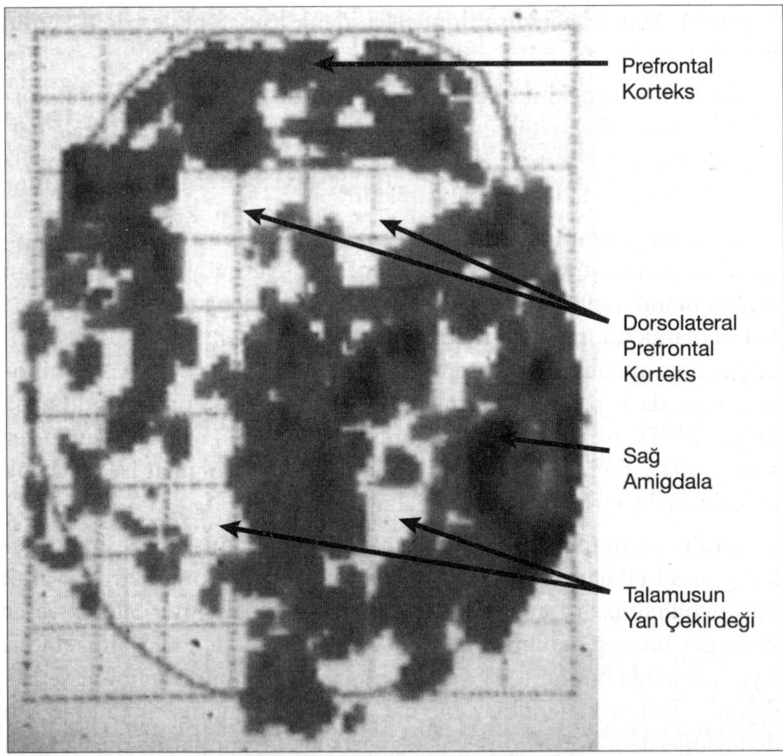

fMRI'da bir yeniden yaşantılamanın görüntülemesi. Sağ tarafta sol tarafa göre daha fazla aktivite görülmektedir.

sinir sistemi tepkileriyle tetiklenerek, araba kazası sanki görüntüleme cihazının içinde gerçekleşiyormuş gibi harekete geçti. Bunlar, terlemesinin ve titremesinin, artan kalp atışlarının ve artan kan basıncının sebebiydi. Bunlar bir kamyon sizin arabanıza çarparsa yaşanabilecek son derece normal ve yaşam kurtaran tepkilerdir.

Etkili bir duman dedektörüne sahip olmak önemlidir. Şiddetli bir yangının ortasında kalmak istemezsiniz. Ancak her duman kokusu aldığınızda çılgına dönerseniz bu son derece yıkıcı olur. Evet, birinin sizi üzüp üzmediğini belirlemeye ihtiyacınız vardır ancak amigdalanız çok hızlı giderse, kronik bir şekilde insanların sizden nefret etmesinden korkabilirsiniz ya da sizden kurtulmaya çalıştıklarını düşünebilirsiniz.

KRONOMETRE ÇÖKER

Stan ve Ute, kazadan sonra aşırı duyarlı ve asabi olmuşlardı, prefrontal korteksleri stresle karşılaştıklarında kontrolü sürdürmeye çalışıyordu. Stan'in geçmişe dönüşleri, daha aşırı tepkileri için zemin hazırladı.

Beynin önündeki iki beyaz alan (resimde en üst), prefrontal korteksin sağ ve sol dorsolateral korteksidir. Bu alanlar, etkisiz hâle geldiğinde, insanlar zaman algılarını kaybeder ve geçmiş, şimdi ya da gelecek algısı olmadan ana sıkışıp kalırlar [16].

İki beyin sistemi, travmanın ruhsal işleme süreciyle ilgilidir: duygusal yoğunluk ve bağlamla ilgili olanlar. Duygusal yoğunluk, duman alarmı olarak tanımlanan amigdaladır ve onu dengeleyen, gözetleme kulesi olarak tanımlanan, medial prefrontal korteksttir. Bir deneyimin bağlamı ve anlamı, dorsolateral prefrontal korteks (DLPFC) ve hipokampusu da kapsayan sistemle belirlenir. DLPFC, ön beyinde yana doğru, MPFC ise merkezde yer almaktadır. Beynin orta çizgisinde yer alan yapılar, içsel deneyimlerinizle ilgilidir, yanda olanlar ise daha çok ilişkilerinizle, etrafınızdakiler ile ilgilidir.

DLPFC, şimdiki zaman deneyimlerimizin geçmişle ilişkisini ve geleceği nasıl etkileyeceğini gösterir. Bunu beynin kronometresi olarak düşünebilirsiniz. Yaşanan her ne ise bir sonu olduğunu bilmek ve er ya da geç biteceğini bilmek pek çok deneyimi katlanabilir kılmaktadır. Aynı zamanda bunun tersi de doğrudur. Bitmek bilmez gibi hissettirdiğinde durum katlanılmaz bir hâl alır. Pek çoğumuz üzüntü veren deneyimlerden, korkunç yasa kadar, acınası durumların sonsuza dek süreceği hissinin eşlik etmesini ve bu kaybı asla atlatamayacağımız hissini biliriz. Travmanın kendisi "bu sonsuza dek sürecek" deneyimidir.

Stan'ın görüntüleri, bireylerin, esas deneyim sırasında darbe aldığında –olayın neden beyinde ilk sıraya kaydedildiğini gösterir– tam olarak bağlantıda olduğunda da travmadan iyileşebileceğini ortaya çıkarmaktadır. Terapi sırasında geçmişi ziyaret etme ancak bireyler biyolojik olarak konuşabilir bir hâldeyse ve şimdiki anı yaşıyor ve kendini sakin, güvende ve dengelenmiş/aklı başında hissediyorsa yapılmalıdır. (Burada aklı başında olmak, sandalyeye iyi bir şekilde oturuyorsanız, pencereden gelen ışığı görüyorsanız, ağaçların yapraklarından gelen rüzgâr sesini duyuyorsanız anlamındadır.) Geçmişi ziyaret sırasında şimdiki zamana demir atmak, korkunç olayların geçmişe ait olduğunu derinden bilme olasılığını sağlar. Bunun olabilmesi için beynin gözetleme kulesi, aşçısı ve kronometresinin bağlantıda olması gereklidir. İnsanlar geçmişe çekildikleri sürece terapi işe yaramayacaktır.

TALAMUS KAPANIR

Stan'in geçmişe dönüş görüntülerine tekrar bakıldığında; beynin alt yarısında iki beyaz delik daha görebilirsiniz. Bunlar sağ ve sol talamustur. Tıpkı travmatik olay gerçekleştiğinde olduğu gibi geçmişe dönüş sırasında kapandılar. Daha önce de söylediğim gibi, talamus bir "aşçı" gibi işlev görür. Kulaklar, gözler ve tenden gelen duyuları toplayan ve bunları bir çorba hâline yani bizim otobiyografik belleğimize dönüştüren aktarma istasyonu görevini yapar. Talamusun bozulması, travmanın neden bir başlangıcı, ortası ve sonu olan bir öykü, anlatı gibi hatırlanmak yerine izole edilmiş duyusal izler – imgeler, sesler ve fiziksel algılar ve bunlara eşlik eden korku ve çaresizlik gibi yoğun duygular– olarak anımsandığını açıklar [17].

Normal koşullarda, talamus aynı zamanda bir filtre ya da bekçi gibi davranır. Bu da onu dikkat, odaklanma ve yeni öğrenmelerin merkezi hâline getirir; tüm bunlar travma ile engellenir. Bunu okurken arka fonda çalan müziği ya da trafik gürültüsünü duyabilirsiniz ya da mideniz, açlıktan kazınmaya başlayarak bir şeyler atıştırmanın zamanı geldiğini söyleyebilir. Bu sayfaya odaklanabiliyorsanız, talamus, sizi ilgili olan ile kolaylıkla göz ardı edebileceğiniz algısal bilgileri ayırt etmenizi sağlıyor demektir. Bölüm 19'da, nörofeedback üzerinde, bu sistemin nasıl çalıştığını ölçmek için kullandığımız testlerin yanı sıra bunu güçlendirmenin yollarını ele alacağız.

TSSB yaşayan kişilerde baraj kapakları sonuna dek açıktır. Filtre eksikliği sonucunda sürekli algılarla aşırı yüklenirler. Başa çıkabilmek için kendilerini kapatmaya, bakış açılarını daraltıp aşırı odaklanmaya çalışırlar. Doğal yollarla kapanmayı başaramazlarsa, dünyadan uzaklaşmak için uyuşturucu ya da alkol kullanmaya başlayabilirler. Buradaki trajedi, bu kapanmanın bedeli olarak keyif ve neşe kaynaklarının da kenara atılmasıdır.

DEPERSONALİZASYON: KENDİLİKTEN AYRILMA

Şimdi de Ute'nin beyin görüntülerine bakalım. Herkes travmaya tam olarak aynı şekilde tepki vermez ancak bu olguda farklılık özellikle çarpıcıydı çünkü Ute, sıkışıp kalan arabanın içinde Stan'in yanında oturuyordu. Travma metnine hissizleşme tepkisi verdi. Zihni boşaldı ve beyninin neredeyse her alanı belirgin bir şekilde aktivitesini azalttı. Kalp atışı ve kan basıncı artmadı. Görüntüleme sırasında ne hissettiği sorulduğunda "Tıpkı kaza anında gibi hissettim. Hiçbir şey hissetmedim." diye yanıtladı.

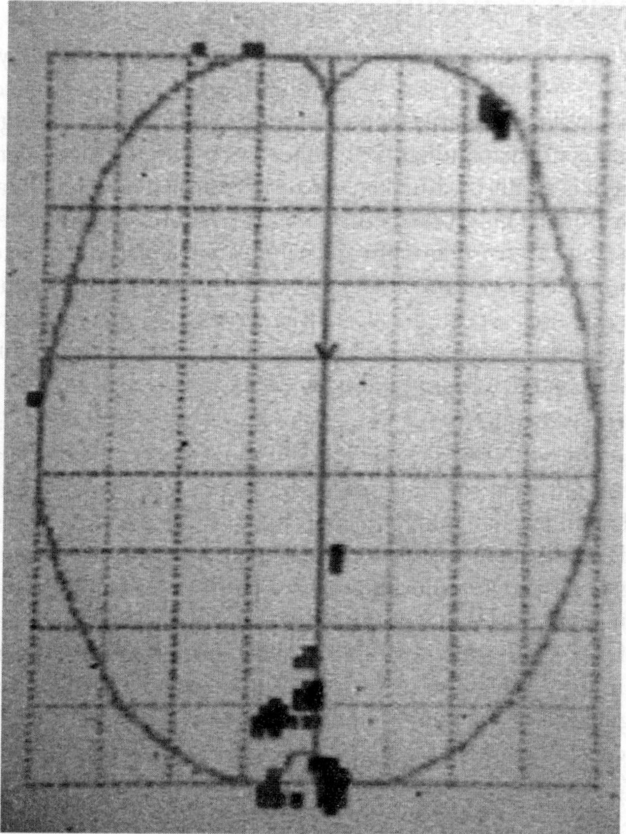

Geçmişteki travmayı hatırladığında tepki olarak boşluk (dissosiasyon).
Bu olguda, düşünme, odaklanma, yönelim gibi beynin neredeyse her alanındaki aktivite azalmıştır.

Ute'nin tepkisinin tıbbi açıklaması *depersonalizasyondur (Editörün Notu: Depersonalizasyon: Kendilikle ilgili farkındalığın yitimi*, bedenin, düşüncelerin, hareketlerin kendisine ait olmadığı hissi, insanın kendisinden ayrılmış ve dışarıdan gözlüyormuş gibi hissetmesi)[18]. Travma yaşayan kadınlar, erkekler ya da çocuklarla çalışan herkes er ya da geç boş bakışlar, dalgın zihinler, biyolojk donma tepkisinin dışa vurumu ile karşılaşır. Depersonalizasyon, travmanın yarattığı büyük dissosiyasyonun bir belirtisidir. Stan'in geçmişe dönüşleri, kazadan kaçma çabalarının engellenmesinden geliyordu. Metinden elde edilen ipuçlarına göre tüm dissosiye olmuş, parçalanmış algılar ve duygular, geçmişten şimdiki ana gelmişti. Ancak kaçmak için mücadele etmek yerine Ute korkusundan dissosiye olmuş (ayrılmış) ve hiçbir şey hissetmemişti.

Hastalarım ofisimde korkunç öykülerini, hiçbir şey hissetmeden anlattıklarında depersonalizasyonu görüyorum. Tüm enerji odadan çıkıp gidiyor ve dikkatimi toparlamak için üstün gayret göstermek zorunda kalıyorum. Bu şekilde cansız bir hasta, terapiyi canlı tutmanız için sizi daha fazla çalışmaya zorlar ve ben de bu tür durumlarda zamanın hızla ilerlemesi için dua ederim.

Ute'nin görüntülerini inceledikten sonra, bu tür hastalara çok farklı bir yaklaşım sergilemeye başladım. Beyinlerinin neredeyse her bölümü kapanmıştı ve derin duygular hissedemiyor, düşünemiyor ve etraflarında olup biteni anlamlandıramıyorlardı. Geleneksel konuşma terapisi, bu tür durumlarda son derece faydasızdır.

Ute'nin, Stan'den farklı davranmasının sebebini tahmin etmek olasıydı. Annesinin kötü tavırlarıyla başa çıkabilmek için çocukken öğrendiği bir hayatta kalma stratejisinden faydalanıyordu. Ute, henüz dokuz yaşındayken babasını kaybetmişti ve sonraları annesinin davranışları çirkinleşmeye ve onu aşağılamaya başlamıştı. Bir süre sonra Ute, annesi kendine bağırdığında zihnini boşaltabildiğini keşfetmişti. Bundan otuz beş yıl sonra, sıkışıp kalmış bir aracın içinde zihni, aynı hayatta kalma moduna geçmişti, kendini ortadan kaldırmıştı.

Ute gibi insanlar için tetikte olmak ve odaklanmak zordur ancak yaşamlarını yeniden ellerine almak istiyorlarsa, bu zor ama kaçınılmaz bir görevdir. (Ute kendi kendine iyileşti. Deneyimleri hakkında bir kitap yazdı ve *Mental Fitness* isimli başarılı bir dergi çıkarmaya başladı.) Bu noktada, aşağıdan yukarı terapi, bir gereklilik hâline geliyor. Gerçekte amaç, hastanın fizyolojisini, bedensel algılarıyla ilişkisini değiştirmektir. Travma Merkezinde kalp atışı, nefes alıp verme özellikleri gibi temel ölçülerle çalışıyoruz. Aküpresür vuruşlarla[19], hastaların duyumlarını anımsamalarına ve bedensel algılarına dikkat etmelerine yardım ediyoruz. Başka insanlarla ritmik etkileşimler de etkilidir. Plaj topunu ileri geri atma, pilates topu üzerinde sıçramak, bateri çalmak ya da müzikle dans etmek.

Hissizleşme TSSB'nin diğer yüzüdür. Stan gibi travması tedavi edilmemiş pek çok hasta patlayıcı bir şekilde geçmişe dönüşler yaşayıp ardından hissizleşmektedir.

Travmayı yeniden yaşamak, etkileyici, korkutucu ve zarar vericiyken şimdiki anda olmamak daha zarar vericidir. Bu, travma yaşayan çocuklarda dikkate değer bir sorundur. Sıkıntılarını uyumsuz davranışlarla dışavuran çocuklar, dikkat çekme eğilimindedir; zihnini boşaltan çocuklar kimseyi rahatsız etmez (Editörün Notu: Bu nedenle de fark edilemez.) ve yavaş yavaş geleceklerini kaybederler.

ŞİMDİKİ ZAMANDA YAŞAMAYI ÖĞRENME

Travma tedavisinin güçlüğü, yalnızca geçmişle uğraşmak değil, aynı zamanda günlük yaşam deneyimlerinin kalitesinin de geliştirilmesinin gerekliliğidir. TSSB'de travmatik anıların baskın olmasının nedenlerinden biri de içinde bulunulan zamanı tam olarak yaşayamamaktır. Tam olarak burada olamadığınızda, orası korku ve sefaletle dolu olsa bile, yaşadığınızı hissettiğiniz yerlere gidersiniz.

Travmatik stresle ilgili pek çok tedavi yaklaşımı, hastaların geçmişlerine karşı olan duyarlılığını azaltmaya odaklanır, burada, travmaya yeniden maruz kalmanın duygusal patlamaları ve geçmişe dönüşleri azaltacağı beklentisi vardır. Bunun travmatik stresle olanların yanlış anlaşılmasına dayandığına inanıyorum. Hastalarımızın, dolu dolu yaşamalarına ve güvenli bir şekilde şimdiki zamanda kalmalarına yardım etmeliyiz. Bunun için de travmaya yenik düştüklerinde, onları soyutlayan beyin yapılarını geri getirmeye yardım etmeliyiz. Duyarsızlaştırma, sizi daha az tepkili yapabilir ancak yürüyüş yapmak, yemek pişirmek ya da çocuklarınızla oynamak gibi günlük işlerden doyum sağlayamazsanız yaşam yanınızdan akıp gider.

BÖLÜM 5

BEDEN BEYİN İLİŞKİSİ

Yaşam bir ritimdir. Titreşerek, kalplerimiz kan pompalar. Bizler birer ritim makinesiyiz, işte biz buyuz.

— Mickey Hart

Kariyerinin sonlarına doğru, 1872 yılında, Charles Darwin, *İnsan ve Hayvanlarda Duyguların İfadesi* adlı eserini yayınladı[1]. Son dönemlere dek Darwin'in teorileri ile ilgili bilimsel tartışmalar, *Türlerin Kökeni Üzerine* (1859) ve İnsanın Türeyişi (1871) üzerinde odaklanmıştı. *The Expression of the Emotions (Duyguların İfadesi),* adlı eserinin, Darwin'in çocuklarını ve evdeki hayvanlarını anlattığı öykülerin yanı sıra yakın gözlemler ve anekdotlarla dolu duygusal yaşamın temellerinin olağanüstü bir incelemesi olduğu ortaya çıktı. Ayrıca bu eser, kitap illüstrasyonunda da bir simgedir. O güne dek fotoğraf içeren ilk kitaptı. (Fotoğraf, nispeten yeni bir teknolojiydi; Darwin, pek çok bilim insanı gibi görüşlerini aktarmak için en son teknolojiyi kullanmak istiyordu.) Kitabı günümüzde de bulmak mümkün, son dönemde yapılan baskılarından birinde duygu çalışmalarının modern öncüsü Paul Ekman'ın büyüleyici bir önsözü ve yorumları yer almaktadır.

Darwin, tartışmasına insanlar da dâhil tüm memelilerde ortak olan fiziksel yapıya –yaşamda kalmayı ve yaşamı sürdümeyi sağlayan akciğerler, böbrekler, beyin, sindirim organları ve cinsel organlar– dikkat çekerek başlıyor. Günümüzde pek çok bilim insanı, insanbiçimcilik nedeniyle onu suçlasa da Darwin, "İnsanlar ve hayvanlar... (aynı zamanda) ortak içgüdülere sahiptir. Hepsi aynı duyulara, sezgilere, algılara, tutkulara, eğilimlere ve duygulara, hatta kıskançlık, şüphe, öykünme, minnettarlık ve bağışlayıcılık gibi daha karmaşık olanlara da sahiptir." diye iddia ettiğinde hayvanseverlerden yanadır [2]. Bizlerin, insanoğlu olarak, hayvan duygularının bazı fiziksel işaretlerini taşıdığımızı gözlemlemiştir. Korktuğunuzda ensenizdeki tüylerin diken diken olmasını hissetme ya da öfkelendiğinizde dişlerinizi sıkmanız, uzun evrimsel sürecin bir işareti olarak anlaşılabilir.

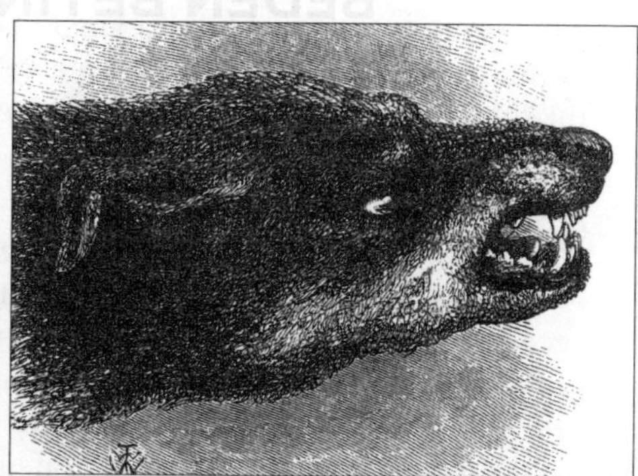

Bir insan başka biriyle alay ettiğinde ya da dişlerini gösterdiğinde, köpek dişi ya da gözü kastettiği kişiye mi dönüktür? —**Charles Darwin, 1872**

Darwin'e göre memelilerin duygularının kökeni esasen biyolojiye dayanmaktadır: Harekete geçmek için motivasyonun zorunlu kaynağıdır. Duygular (Latince *emovere*: dışarı çıkmak), yaptığımız her şeyi şekillendirir ve yönlendirir ve bunun ilk ifadesi yüz kasları ve beden ile verilir. Bu yüz ve beden hareketlerimiz, karşımızdakilere ruhsal durumumuzu ve niyetimizi iletir. Kızgın ifadeler ve tehditkâr duruşlar geri adım atmalarını sağlar. Üzüntü, ilgi ve dikkat çekicidir. Korku, çaresizliği gösterir ya da bizi tehlikeye karşı uyarır.

İçgüdüsel olarak, iki insan arasındaki dinamiği, gerginliklerinden ya da rahatlıklarından, duruşlarından, ses tonlarından, yüz ifadelerinin değişiminden anlarız. Dilini bilmediğiniz bir filmi izleyin; yine de karakterler arasındaki ilişkinin özelliklerini tahmin edebilirsiniz. Genellikle diğer memelileri de (maymunlar, köpekler, atlar) aynı yolla anlarız.

Darwin, duyguların temel amacının, organizmanın güvenlik ve fiziksel dengesini düzenleyecek hareketi başlatmak olduğunu gözlemlemiştir. Aşağıda, günümüzde TSSB olarak adlandıracağımız durumun kökeni ile ilgili yorumu yer almaktadır:

> Kaçınma ya da bir tehlikeden kaçma davranışları, hayatta kalma yarışında her organizma için belirgin biçimde evrimleşmiştir. Ancak uygun olmayan bir şekilde uzun bir kaçış ya da kaçınma davranışı, hayvanı dezavantajlı bir duruma sokar, başarılı türleri

korumak, üremeyi gerektirir, türün sürdürülmesi kaçınma ve kaçışın karşıtı olan beslenme, barınma, eşleşmeye bağlıdır [3].

Başka bir deyişle: Eğer bir organizma hayatta kalma modunda sıkışıp kalırsa, tüm enerjisi görünmez düşmanlarla savaşmaya odaklanır; beslenme, bakım ve sevgi için yer kalmaz. Biz insanoğlu içinse, zihin, görünmeyen saldırılara karşı kendini savunduğu sürece, hayal etme, planlama, oynama, öğrenme ve başka insanların ihtiyaçlarına dikkat etme gibi en yakın bağlarımız tehdit altındadır.

Darwin, aynı zamanda günümüzde hâlâ araştırmalarını sürdürdüğümüz beden-beyin ilişkisi hakkında da yazmıştır. Yoğun duygular yalnızca zihinde değildir aynı zamanda bağırsaklar ve kalbi de kapsar. "Kalp, bağırsaklar ve beyin, 'pnömogastrik' sinir aracılığıyla son derece yakın iletişim hâlindedir, insanlarda ve hayvanlarda duyguların ifadesini ve yönetimini sağlayan önemli bir sinirdir. Zihin güçlü bir şekilde heyecanlandığında, aniden iç organlar da etkilenir; böylece, heyecan durumunda, bedenin en önemli iki organı arasında karşılıklı etkileşim ve tepki olacaktır."[4]

Bu paragrafla ilk kez karşılaştığımda, artan bir heyecanla tekrar okudum. Elbette en yıkıcı duyguları, midemiz burkularak ve kırık bir kalple yaşarız. Duygularımızı, öncelikle zihnimize kaydettiğimiz sürece, oldukça kontrollü kalabiliriz ama göğüs kafesimizi oyacakmış gibi ya da midemize yumruk yemiş gibi hissettiren duygular katlanılmazdır. İç organlarımızdaki bu korkunç hislerden kurtulmak için her şeyi yaparız, umutsuz bir şekilde başka birine tutunmak, uyuşturucu ve alkolle kendimizi duyarsız hâle getirmek ya da katlanılmaz duyguları belirlenebilir olanlarla değiştirmek için bıçağı alıp çizikler atmak. Uyuşturucu bağımlılığından, kendine zarar verici davranışlara dek kimbilir kaç ruhsal sağlık sorunu duygularımızın katlanılmaz fiziksel acısıyla başetme çabası olarak başlamıştır. Eğer Darwin haklıysa, çözüm, insanlara bedenlerinin içsel duyularının görünüşünü değiştirme yolunu bulmalarına yardım etmeyi gerektirir.

Son yıllara dek, beden ve zihin arasındaki iki yönlü iletişim, özellikle Hindistan ve Çin gibi dünyanın pek çok yerinde geleneksel iyileştirme uygulamalarının merkezinde olmasına rağmen, batı bilimi tarafından göz ardı ediliyordu.

SİNİR SİSTEMİNE AÇILAN PENCERE

Konuşma sırasında içgüdüsel olarak kaydettiğimiz bütün o küçük işaretler – karşıdaki kişinin yüzündeki kas hareketleri ve gerginlikler, göz hareketleri, göz bebeğinin büyümesi, ses tonu ve hızı– bunun yanında kendi içsel dünyamızın dalgalanmaları –tükürük salgılama, yutkunma, nefes alma ve kalp atışı – hepsi tek bir düzenleyici sistemle bağlantılıdır[5]. Hepsi otonom sinir sisteminin (OSS) iki bölümü arasındaki eş zamanlılığın ürünüdür. Bedenin hızlandırıcısı olan sempatik ve fren görevi gören parasempatik bölüm[6]. Bunlar Darwin'in sözünü ettiği "karşıtlıktır" ve birlikte çalışarak, bedenin enerji akışını yönetmede önemli bir rol oynarlar, biri tüketimi hazırlarken diğeri bunun korunmasını sağlar.

Sempatik sinir sistemi (SSS) savaş ya da kaç tepkisi (Darwin'in kaçma ya da kaçınma davranışı) de dâhil uyarılmalardan sorumludur. Bundan neredeyse iki bin yıl önce Romalı hekim Galen, bu sisteme, duygularla (*sympathos*) işlev gösterdiği için "sempatik" adını vermiştir. SSS, hızlı hareketler için kanı kaslara taşır, kısmen adrenal bezlerden, kalp atışlarını hızlandıran ve kan basıncını arttıran adrenalin fışkırmasını tetikler.

OSS'nin ikinci dalı parasempatik ("duygulara karşı") sinir sistemidir (PSS), sindirim, yaraların iyileşmesi gibi kendini koruyucu işlevleri destekler. Kalp atışlarını yavaşlatmak, kasları rahatlatmak ve nefes alışverişi normale döndürmek gibi uyarılmaya karşı fren yapmak için asetilkolin salgılanmasını tetikler. Darwin'in de işaret ettiği gibi "beslenme, barınma ve eşleşme eylemleri" PSS'ye bağlıdır.

Bu iki sistemi kendiniz için deneyimlemenizin basit bir yolu vardır. Derin bir nefes aldığınızda SSS'yi harekete geçirirsiniz. Bunun sonucunda ortaya çıkan adrenalin kalbinizi hızlandırır, bu da pek çok atletin yarışa başlamadan birkaç kısa derin enfes almasının nedenini açıklar. Soluk verdiğimizde ise PSS harekete geçer ve kalp yavaşlar. Yoga ya da meditasyon kursları alıyorsanız, eğitmeniniz büyük ihtimalle, derin, uzun nefes verişler sakinleştirdiği için nefes verişlere daha fazla özen göstermenizi isteyecektir. Nefes alıp verirken sürekli kalbi hızlandırıp yavaşlatırız ve biribirini izleyen iki kalp atışı arasındaki süre kesinlikle aynı değildir. Kalp hızı değişkenliği (Heart Rate Variability: KHD) olarak adlandırılan bir ölçüm, bu sistemin esnekliğini ölçmek için kullanılabilir ve iyi bir KHD – daha fazla dalgalanma daha iyidir– sonucu, uyarılma sisteminizdeki fren ve gazın düzgün ve dengeli olduğunun bir işaretidir. KHD'yi ölçecek bir araca sahip olmamız büyük bir yeniliktir ve bölüm 16'da TSSB tedavisinde KHD'yi nasıl kullanabileceğimizi açıklayacağım.

NÖRAL SEVGİ KODU[7]

1994 yılında Maryland Üniversitesinde bir araştırmacı olan ve şimdilerde North Carolina Üniversitesinde çalışan Stephen Porges, KHD araştırmasına başladığımız dönemde, Darwin'in gözlemlerine dayanan ve bu erken dönem içgörülere, 140 yıllık bilimsel keşifleri de ekleyerek Polivagal teoriyi tanıttı (*Polivagal*, vagus sinirinin pek çok dalıyla ilgilidir. Beyin, akciğer, kalp, mide ve bağırsaklar gibi çeşitli organları birbirine bağlayan Darwin'in "pnömogastrik: akciğer mide siniri") Polivagal Teori'si, güvenlik ve tehlike biyolojisini daha iyi anlamamızı sağlamıştır; bedenlerimiz, etrafımızdaki insanların sesleri ve yüzleri arasındaki içgüdüsel deneyimlerin ince, karşılıklı etkileşimlerini temel alır. Kibar bir yüzün ya da rahatlatıcı bir ses tonunun, neden hislerimizi belirgin bir şekilde değiştirdiğini açıklamaktadır. Hayatımızdaki önemli insanlar tarafından görüldüğümüzü ve dinlendiğimizi bilmenin bizi neden rahatlattığını, güvende hissettirdiğini ve ihmal edilmenin ya da reddedilmenin, öfke tepkilerine ya da ruhsal çöküşe neden olabildiğini açıklamaktadır. Başka bir insanla odaklanmış uyumun, bizi düzensizlikten ve korku dolu durumlardan çıkardığını anlamamızı sağladı [8].

Kısacası, Porges'in teorisi, savaş ya da kaç etkilerinin ötesine bakmamızı ve sosyal ilişkileri, travma anlayışımızın merkezine almamızı sağladı. Ayrıca uyarılmayı düzenleme için beden sistemini güçlendirmeye odaklanan yeni yaklaşımlar ortaya çıkmasını sağlamıştır.

İnsanoğlu, şaşılacak derece, etraflarındaki insanların (ve hayvanların) küçük duygusal değişimlerine uyum sağlamaktadır. Kaşlardaki, göz çevresindeki çizgilerde, dudakların kıvrımındaki ve boyundaki ufak değişiklikler, hemen bir kişinin ne kadar rahat, şüpheci ya da korkmuş olduğu ile ilgili bilgi verir [9]. Ayna nöronlarımız, içsel deneyimi kaydeder ve bedenlerimiz dikkatimizi çeken her şey için içsel ayarlamayı yapar. Tam da bu şekilde, kendi yüzümüzdeki kaslar bizim ne kadar sakin ya da heyecanlı olduğumuz, kalp atışlarımızın hızlı mı yoksa yavaş mı olduğu ve sarılmaya ya da kaçmaya hazır olup olmadığımız konusunda karşımızdaki kişiye ipucu verir. Karşımızdaki kişiden aldığımız mesaj "Benimle güvendesin" ise rahatlarız. İlişkilerimizde şanslıysak, karşımızdakinin yüzüne, gözlerine baktığımızda aynı zamanda canlı, desteklenmiş ve yenilenmiş hissederiz.

Kültürümüz bize kişisel biricikliğimizi öğretir ancak daha derin bir düzeyde zar zor bireysel organizmalar olarak var oluruz. Beyinlerimiz, bir kavmin üyesi olarak işlev görmemize yardım etmek için kurulmuştur. Tek başımıza olduğumuz zamanlarda bile, ister müzik dinleyelim (başka insanların yarattığı), ister televizyonda basketbol maçı izleyelim (oyuncular koştukça ve zıpladıkça kaslarımız gerilir) ya da satış toplantısı için hesap tablosu hazırlayalım (patronun tepkilerini öngörmek) bu kavimin bir üyesiyiz. Enerjimizin çoğunu başkalarıyla iletişim kurmaya adarız.

Resmî psikiyatrik tanıların yol açtığı belirli semptomların listesine baktığımızda, neredeyse tüm ruhsal sıkıntıların, uygun ve tatmin edici ilişkiler yaratmak ya da uyarılmayı düzenlemede (Düzenli olarak öfkeli olma, kapanma, aşırı heyecanlanma ya da düzensiz olma olgusunda olduğu gibi) güçlükler içerdiğini görürüz. Genellikle de sorunlar her ikisinin birleşimidir. Belirli bir "bozukluğun" tedavisinde doğru ilacı seçmeye çalışan standart tıbba odaklanmak, problemlerimizi, bizi kavmimizin üyesi olarak işlev görmemizle ilgili nasıl boğuştuğumuzu görmekten uzaklaştırır.

GÜVENLİK VE KARŞILIKLILIK

Birkaç yıl önce, Harvard'dan emekli, seçkin bir çocuk psikolojisi profesörü olan Jerome Kagan'dan Dalai Lama'nın bu dünyadaki tüm kötülüklere karşı yüzlerce nezaket ve iletişim hareketi olduğunu söylediğini duydum. Vardığı sonuç: "Kötü niyetli biri olmak yerine iyiliksever biri olmak türümüzün belki de tek doğru özelliğidir." Başka insanlarla birlikteyken kendimizi güvende hissetmek, ruh sağlığının en önemli yönüdür; güvenli ilişkiler, anlamlı ve doyurucu yaşamlar için esastır. Felaketlere tepkiler konusunda dünyanın çeşitli yerlerinde yapılan çeşitli çalışmalar, stres ve travmanın üstesinden gelmek için sosyal desteğin en güçlü koruma olduğunu göstermiştir.

Sosyal destek, yalnızca başkalarının varlığının olmasıyla aynı değildir. Hassas sorun *karşılıklılıktır*. Etrafımızdaki insanların bizi gerçekten görmesi ve duyması, başkalarının aklında ve kalbinde olduğumuzu hissetmektir. Fizyolojimizin sakinleşmesi, iyileşmesi ve büyümesi için güvenliğin içsel hislerine ihtiyaç duyarız. Hiçbir doktor, dostluk ve sevgi reçetesi yazamaz. Bunlar karmaşık ve zor elde edilmiş kapasitelerdir. Sıkılmak ve hatta yabancılarla dolu bir partide paniklemek için bir travma geçmişinizin olmasına gerek yoktur. Ancak travma tüm dünyayı yabancılar topluluğuna dönüştürebilir.

Travma yaşayan pek çok insan, kronik bir şekilde etraflarındaki insanlarla uyumsuzdur. Bazıları, savaş deneyimlerini, tecavüzü ya da işkenceyi, kendileriyle benzer geçmişleri ya da deneyimleri olan insanlarla paylaştıkları gruplarda rahat eder. Travma ya da mağduriyete ait geçmişi paylaşmak, yalnızlık algısının katılığını yumuşatır ancak bunun bedeli bireysel farklılıkların reddedilmesidir. Üyeler yalnızca uyguladıkları bir şifrede ortaklaşabilirlerse gruba ait olabilirler.

Kendini dar bir şekilde tanımlanmış mağdur gruplarında yalnızlaştırmak, başkalarını, en iyi anlamda ilgisiz, en kötü anlamda ise tehlikeli olarak görmeyi sağlar ve sonunda da yalnızca daha fazla yabancılaşmaya neden olur. Çeteler, aşırı uçtaki politik partiler ve dini tarikatlar teselli edebilir ancak nadiren yaşamın sunduklarına tamamen açık olmak için gerekli ruhsal esnekliği sağlar ve üyelerini travmalarından kurtaramaz. İşlevleri iyi olan insanlar bireysel farklılıkları ve başkalarının insanlığını kabul edebilir.

Son 20 yıldır, yetişkinlerin ya da çocukların başka insanlarla rahat edemediği ya da kapalı olduğu durumlarda, diğer memelilerin bunu başardığı yaygın olarak kabul görmektedir. Köpekler ve atlar ve hatta yunuslar, gerekli güvenlik duygusunu sağlamada fazla karmaşık olmayan yol arkadaşlarıdır. Özellikle köpekler ve atlar, günümüzde bazı travma hastalarının tedavisinde kullanılmaktadır [10].

GÜVENLİĞİN ÜÇ DÜZEYİ

Travmanın ardından, dünya, risk ve güvenlik için değişmiş farklı bir sinir sistemi ile algılanır. Porges, kişinin çevresindeki göreceli tehlike ve güvenliği değerlendirme kapasitesini tanımlamak için "nöro-algı" (neuroception) kelimesini kullanmıştır. Yanlış nöro-algısı olan insanlara yardım etmeye çalıştığımızda, en büyük zorluk fizyolojilerini eski hâline getirerek, yaşamsal mekanizmalarının kendilerine karşı çalışmasını önlemek için yollar bulmaktır. Bu da, tehlike karşısında uygun tepkiler vermelerine yardım etmek ve dahası güvenlik, rahatlama ve gerçek karşılıklı deneyim kapasitelerini iyileştirmek anlamındadır.

Uçak kazalarında hayatta kalmış altı kişi ile kapsamlı olarak görüştüm ve bu kişilerin tedavilerini üstlendim. İki kişi olay sırasında bilinç kaybı yaşadığını söyledi; fiziksel olarak yara almamış olmalarına rağmen ruhsal olarak çökmüşlerdi. İki kişi ise panik yaşamış ve tedaviye başlayana dek aşırı heyecanı sürmüştü. İki kişi ise sakinliğini korumuş ve becerikli davranarak yanan enkazdan yolcuların kurtarılmasına yardım etmişti. Tecavüz, araba kazası ve işkence sonrasında hayatta kalan kişilerde de benzer tepki aralıkları buldum. Bir önceki bölümde Stan ve Ute'nin birlikte yaşadıkları kazaya karşı verdikleri tamamen farklı tepkileri gördük. Bu tepki yelpazesinin açıklaması nedir. Odaklanmış, çökmüş, aşırı heyecanlanmış?

Porges'in teorisi bir açıklama getirmektedir: Otonom sinir sistemi, üç temel fizyolojik durumu düzenlemektedir. Güvenlik düzeyi, herhangi bir zamanda bunlardan hangisinin harekete geçirileceğini belirler. Ne zaman tehdit algılasak içgüdüsel olarak ilk seviyeye döneriz, *sosyal bağlılık.* Etrafımızdaki insanlardan yardım ve destek isteriz ve bizi rahatlatmalarını bekleriz. Ancak yardım çağrımıza kimse yanıt vermezse ya da anlık bir tehlike içindeysek, organizma hayatta kalmak için daha ilkel bir yol seçer: *Savaş ya da kaç.* Saldırganla savaşabiliriz ya da güvenli bir yere kaçabiliriz. Ancak bu da başarısızlığa uğrarsa –kaçamazsak, tuzağa düştüysek ya da zorla tutuluyorsak– organizma kendini kapatarak ve en az enerjiyi harcayarak kendini korumaya çalışır. Ardından *donma* ya da *çöküş* durumuna gireriz.

İnsanların travmayla nasıl başa çıktıklarını anlamada merkezi bir rol oynayan çok dallı vagus sinirinin geldiği yerden ve anatomisinden kısaca bahsetmek istiyorum. Sosyal bağlılık sistemi, beyin sapı düzenleme merkezlerinde yer alan sinirlere bağlıdır, ilk olarak vagus – aynı zamanda onuncu kafa siniri olarak da bilinir– yüz kaslarını, boğazı, orta kulağı ve gırtlağı ya da larinksi hareket ettiren bitişik sinirlerle birlikte "ventral vagal kompleks" (VVC) adını alır, bu çalışmaya başladığında bize gülen insanlara gülümseriz, onayladığımızda başımızı sallarız ve birilerinin başına gelen talihsizlikleri duyduğumuzda kaşlarımızı çatarız. VVC işin içine girdiğinde, kalbimize ve akciğerlerimize de sinyaller gönderir, kalp atışlarımızı yavaşlatır, derin nefes almamızı sağlar. Sonuç olarak kendimizi, sakin, rahatlamış, özgüvenli ya da keyifli hissederiz.

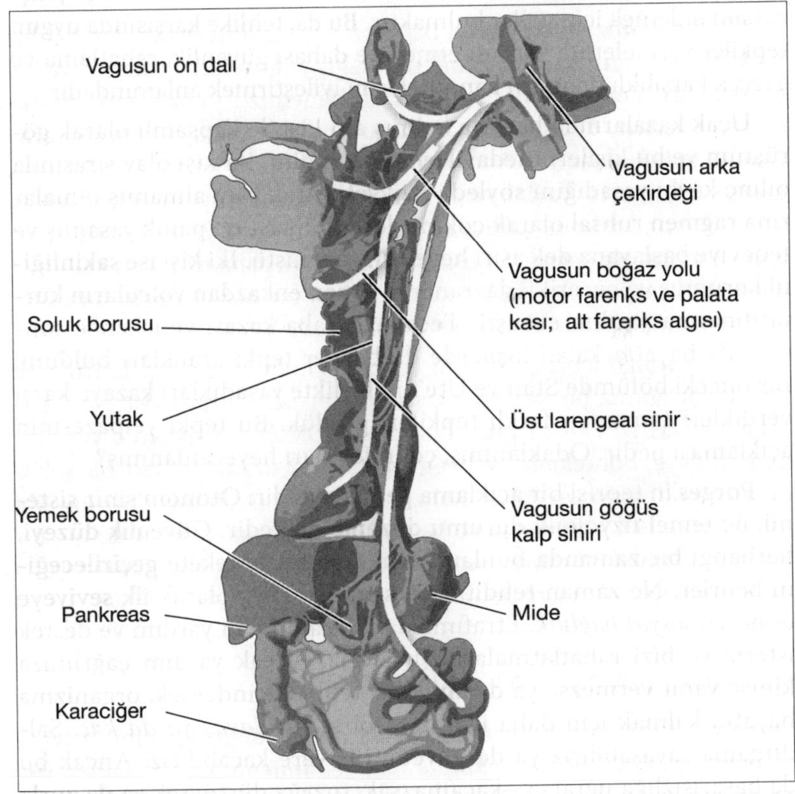

Vagusun pek çok yolu vardır: Vagus siniri (Darwin akciğer mide siniri olarak adlandırmıştır) kalp kırgınlığı ve mide burkan duyguları kaydeder. Bir kişi üzüldüğünde boğazı kurur, sesi gerginleşir, kalp atışları hızlanır, solunumu hızlanır ve hafifleşir.

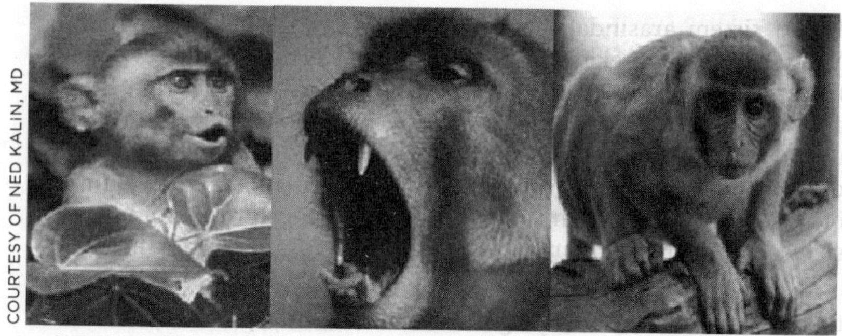

COURTESY OF NED KALIN, MD

Tehdide karşı üç tepki.

1. Sosyal katılım sistemi: alarm hâlindeki maymunlar tehlikeyi algılar ve yardım çağırır. VVC

2. Savaş ya da kaç: Dişler gösterilir, öfke saldırı yüzü ortaya çıkar. SNS

3. Çöküş: Beden yenilgi ve çekilme işareti verir. DVC

Güvenliğimiz ya da sosyal bağlarımızla ilgili herhangi bir tehdit, VVC tarafından uyarılan alanlarda değişikliği tetikler. Sıkıntı veren bir şey olduğunda, otomatik olarak yüz ifademizle ya da ses tonumuzla işaret veririz, değişiklikler başkalarının bize yardım etmesini arayışımız anlamındadır[11]. Ancak, yardım çağrımıza kimse karşılık vermezse, tehdit artar ve daha eski limbik sistem devreye girer. Sempatik sinir sistemi, kasların, kalbin ve akciğerlerin savaş ya da kaç durumu için yönetimi ele geçirir[12]. Sesimiz hızlanır ve daha tiz çıkar, kalbimiz daha çızlı çarpar. Odada bir köpek varsa, ter bezlerimizin harekete geçtiğini anladığı için dönmeye ve hırlamaya başlar.

Son olarak, hiçbir çıkış yolu ya da kaçınılmaz sondan kurtulmak için yapacağımız bir şey yoksa, son düzey acil durum sistemini harekete geçiririz: Dorsal vagal kompleks (DVC). Bu sistem diyaframdan, mideye, böbreklere ve bağırsaklara dek uzanır ve sert bir şekilde metabolizmayı zayıflatır. Kalp atışı zayıflar (kalbimiz durmuş gibi hissederiz), nefes alamayız ve bağırsaklarımız çalışmaz ya da boşalır (Genel anlamıyla "ödümüz kopar"). Koptuğumuz, çöktüğümüz ya da donduğumuz nokta işte budur.

ÇÖKÜŞE KARŞI SAVAŞ YA DA KAÇ

Stan ve Ute'nin beyin görüntülerinde de gördüğümüz gibi, travma yalnızca savaş ya da kaç şeklinde ifade edilmiyor, aynı zamanda kapanma ve şimdiki zamandan kopma biçiminde de yaşanabiliyor. Her tepki için beyin aktivitesinin farklı bir düzeyi yer almaktadır. Memelilere özgü savaş ya da kaç sistemi, ki bu sistem koruyucudur ve kapanmamızı engeller ve sürüngen beyin ise çöküş tepkisini ortaya çıkarır.

Bu iki sistem arasındaki farkı büyük bir pet shop'ta görebilirsiniz. Yavru kediler, köpekler, fareler ve çöl fareleri durmadan oyun oynarlar ve yoruldukларında bir araya gelerek sırt sırta yatarlar. Bunun aksine yılanlar ve kertenkeleler, kafeslerinin bir köşesinde hareketsiz uzanırlar, çevreye karşı tepkisizdirler[13]. Yakın dönemde korkmuş ya da korkutucu travmaları olan kişilerdeki, memelilere özgü panik ve öfkenin aksine, sürüngen beynin neden olduğu bu tür bir hareketsizlik, kronik olarak travma yaşayan pek çok insanı tanımlamaktadır.

Özetle, neredeyse herkes tipik savaş/kaç tepkisinin, nasıl hissettirdiğini bilir, trafikteki öfke gibi. Ani bir tehdit, yoğun bir şekilde harekete geçip saldırma dürtüsünü ortaya çıkarır. Tehlike, sosyal bağlılık sistemlerimizi kapatır, insan sesine olan duyarlılığımızı azaltır ve tehdit edici seslere karşı olan duyarlılığımızı arttırır. Yine de pek çok insan için panik ve öfke tam tersi duruma –kapanma ve dünyaya karşı ölü gibi davranmaya– göre daha tercih edilebilir olandır. Savaş/kaç durumunun harekete geçmesi, insanların en azından kendilerini daha enerjik hissetmelerini sağlar. İşte bu yüzden, pek çok istismar edilmiş ve travma yaşamış kişi, gerçek bir tehlike karşısında daha canlıdır ve daha karmaşık ama nesnel olarak güvenli doğum günü partileri ya da aile yemekleri gibi ortamlarda donuklaşırlar.

Tehlike durumunda savaşamaz ya da kaçamazsak, son çareyi harekete geçiririz: sürüngen beyin, en son düzey acil durum sistemi. Bu sistem, fiziksel olarak hareketsiz olduğumuzda, bir saldırganın bizi sıkıştırması ya da bir çocuğun korkutucu bakıcısından kaçamaması gibi durumlarda harekete geçer. Çökme ve bağlantıyı kesme; ishal ve bulantı gibi sindirim sistemine ait belirtilerle ilişkilendirilen parasempatik sinir sisteminin evrimsel olarak en eski parçası olan DVC tarafından kontrol edilir. Bu aynı zamanda kalbi yavaşlatır ve solunumun yüzeyelleşmesine neden olur. Bu sistem bir kez yönetimi ele geçirdi mi, kendimiz ve diğer insanlar önemini yitirir. Farkındalık kapanır ve artık fiziksel bir acı hissetmeyebiliriz.

NASIL İNSAN OLURUZ

Porges'in muhteşem teorisine göre, VVC, memelilerde artarak karmaşıklaşan sosyal yaşamı destekleme şeklinde gelişmiştir. İnsanoğlu da dâhil tüm memeliler, eşleşmek, yavrularını beslemek, ortak düşmanlara karşı savunmaya geçmek, avlanma ve yiyecek elde etmek için düzenlemeler yapmak konusunda birbirine bağlıdır. Daha etkili VVC, sempatik ve parasempatik sinir sistemlerini eş zamanlı olarak harekete ettirerek, her bireyde daha iyi fizyoloji sağlayarak, kabilenin diğer üyelerine uyumunu sağlayacaktır.

VVC'yi bu şekilde düşünmek, anne babaların doğal olarak, nasıl çocuklarının kendilerini düzenlemelerine yardım ettiğini aydınlığa kavuşturur. Yeni doğan bebekler çok sosyal değildirler; çoğu zaman uyurlar ve acıktıklarında ya da altlarını ıslattıklarında uyanırlar. Beslendikten sonra, etraflarına bakarak, yaygara kopararak zaman geçirirler ama kısa bir süre sonra yaradılışlarına uygun ritimleri izleyerek yeniden uykuya dalarlar. Yaşamlarının ilk zamanları, sempatik ve parasempatik sinir sistemlerinin değişken gelgitlerine bağlıdır ve gösteriyi çoğunlukla sürüngen beyinleri yürütür.

Ancak günden güne, onları öpüp kokladıkça, gülümsedikçe ve onları gıdıkladıkça, gelişmekte olan VVC'nin eş zamanlılığının gelişimini de kamçılarız. Bu etkileşimler, bebeklerimizin duygusal uyarılma sistemlerinin çevreleriyle uyumlu hâle gelmesine yardım eder. VVC, emme, yutkunma, yüz ifadesi ve gırtlaktan gelen sesleri kontrol eder. Bebeklerde bu işlevler uyarıldığında, gelecek yaşamlarındaki sosyal davranışlarının temelini oluşturmaya yardımcı olan keyif ve güvenlik duyguları da buna eşlik eder[14]. Dostum Ed Tronick'in de yıllar önce bana öğrettiği gibi, beyin kültürel bir organdır. Deneyim beyni şekillendirir.

VVC aracılığıyla türümüzün diğer üyeleriyle uyum içinde olmak son derece ödüllendiricidir. Anne ve çocuğun uyumlu oyunları, iyi bir basketbol maçının ritmi, tangonun uyumu, koroda şarkı söylemenin, bir caz ya da oda müziği çalmanın ahengi olarak devam eder: tüm bunlar derin bir keyif ve bağlılık duygusunu besler.

Bu sistem başarısızlığa uğradığında travmadan söz edebiliriz. Yaşamınız için yalvarırsınız ama saldırgan yalvarışınızı görmezden gelir; korku dolu bir hâlde yatağınıza uzanırsınız, annenizin dayak yediği için yükselen çığlıklarını duyarsınız; en yakın arkadaşınızın bir demir parçasının altında kıstırıldığını görürsünüz ama onu kurtaracak kadar güçlü değilsinizdir; sizi taciz eden rahibi uzaklaştırmak istersiniz ama cezalandırılacağınızdan korkarsınız. Hareketsizlik pek çok travmanın kökeninde yer almaktadır. Böyle olduğunda ise DVC yönetimi ele geçirir. Kalbiniz yavaşlar, nefes alışverişiniz yüzeyelleşir, ve bir zombi gibi hissedersiniz, kendinizle ve etrafınızdakilerle olan bağınızı kaybedersiniz. Uzaklaşır, baygın bir hâle gelir ve çökersiniz.

SAVUNMA YA DA GEVŞEME

Steve Porges, memelilerin doğal durumunun bir dereceye kadar tetikte olmak olduğunun farkına varmamı sağladı. Ancak başka bir insana karşı duygusal olarak yakın hissetmek için savunma sistemimiz geçici olarak kapanmalıdır. Oynamak, eşleşmek, yavrularımızı beslemek için beynin doğal tetikte olma durumunu kapatması gerekir.

Travma yaşayan pek çok insan, yaşamın sunduğu sıradan keyifleri tatmak için aşırı tetikteyken bazıları da yeni deneyimler yaşamak ya da gerçek tehlike sinyallerini görmek konusunda aşırı hissizdir. Beynin koku dedektörleri iyi işlev görmediğinde, insanlar artık kendilerini savunmak için ne zaman savaşacaklarına ya da kaçacaklarına karar veremezler. Bölüm 9'da daha ayrıntılı olarak ele alacağım ve bir dönüm noktası sayılan ACE (Adverse Childhood Experience: Olumsuz Çocukluk Çağı Deneyimleri) çalışmasına göre erken dönemde istismar ve ihmal geçmişi olan kadınların, yetişkinlik döneminde tecavüze uğrama olasılıkları yedi kat daha fazladır. Çocukluk döneminde, annelerinin aşağılandığını gören kadınların aile içi şiddet kurbanı olma olasılıkları da çok artmaktadır [15].

Pek çok insan, yüzeysel konuşmalarla sosyal iletişimlerini sınırladığı sürece kendini güvende hissetmektedir ancak gerçek fiziksel bir iletişim, yoğun tepkileri tetikleyebilir. Ancak Porges'in de dikkat çektiği gibi, herhangi bir derin yakınlığı –yakın bir sarılma, eşle uyuma, seks– başarmak için kişinin korkmadan kendisini hareketsizlik deneyimine bırakabilmesi gereklidir[16]. Özellikle travma yaşayan bireylerin, gerçekten güvende olduklarını fark etmeleri ve tehlikede olduklarında savunma sistemlerini harekete geçirmeleri oldukça zorlayıcı bir durumdur. Bunun gerçekleşebilmesi için fiziksel olarak güvenlik hislerini onarabilecekleri deneyimler yaşamaları gereklidir, bu konuya ilerleyen bölümlerde de değineceğim.

TEDAVİDE YENİ YAKLAŞIMLAR

Travma yaşayan çocukların ve yetişkinlerin savaş/kaç ya da kronik kapanma durumları içinde sıkışıp kaldıklarını anladığımızda, hayatta kalmaları garantilendikten sonra bu savunma hareketlerini etkisiz hâle getirmelerine nasıl yardım edebiliriz?

Travma yaşayan bireylerle çalışan bazı yetenekli insanlar bunu sezgisel olarak başarmaktadır. Steve Gross, Travma Merkezinde bir oyun programı sürdürüyordu. Steve genellikle, klinikte elinde parlak renkli bir deniz topuyla gezerdi ve bekleme odasında kızgın ya da donuk çocuklar gördüğünde onlara kocaman gülümserdi. Çocuklar nadiren ona karşılık verirdi. Hemen ardından, çocuğun oturduğu yerin yakınlarında elindeki topu "kazara" düşürürdü. Steve, topu almak için uzanırken hafifçe topu çocuğun ayaklarına doğru iterdi ve çocuk da isteksiz bir şekilde topu geri iterdi. Aşamalı bir şekilde Steve ileri ve geri devam ettirirdi ve kısa bir süre içinde yüzlerde gülümseme görürdünüz.

Basit, ritmik olarak uyumlu hareketlerle Steve, sosyal bağ sisteminin ortaya çıkabileceği küçük güvenli bir alan yaratıyordu. Aynı yolla, ciddi şekilde travma yaşayan insanlar da, toplantıdan önce sandalyeleri düzenleyerek ya da sandalyede oturup müzikal bir ritim tutturarak rahatlayabilir ardından da aynı sandalyelere oturarak yaşamlarındaki başarısızlıkları hakkında konuşabilirler.

Kesin olan bir şey var. Kontrolden çıkmış birine bağırmak, yalnızca daha fazla düzensizliğe yol açacaktır. Tıpkı köpeğinizin, siz bağırdığınızda sinmesi ve tekdüze konuştuğunuzda kuyruğunu sallaması gibi, biz insanlar da sert seslere korku, öfke ya da kapanma ile neşeli tonlara ise kendimizi açma ve gevşeme ile tepki veririz. Kısacası güven ya da tehlike işaretlerine tepki vermekten kaçamayız.

Üzücü bir şekilde eğitim sistemimiz ve travmayı tedavi edeceğini ileri süren pek çok yöntem, bu duygusal bağlanma sistemini atlamakta ve zihnin bilişsel kapasitelerini iyileştirmeye odaklanmaktadır. Öfke, korku ve endişenin akıl yürütme becerisi üzerine etkileri ayrıntılı olarak belirlenmiştir, beyin yeni bir düşünce sistemini denemeden önce güvende kalma ihtiyacı gösterir, buna rağmen pek çok program bu ihtiyacı göz ardı etmektedir. Okullarda programlardan kaldırılması gereken son şey, koro, beden eğitimi, teneffüs ve içinde hareket, oyun ve eğlence olan tüm etkinliklerdir. Çocuklar, karşıt, savunmacı, hissiz ya da öfkeli olduğunda, bu "kötü davranış"ın, son derece üzüntü verici ya da yıldırıcı ciddi tehditler altında, hayatta kalma mücadelesi sırasında öğrenilmiş davranışların benzer örnekleri olabileceğini anlamak oldukça önemlidir.

Porges'in çalışmasının, Travma Merkezinde istismara uğrayan çocuklar ve travma yaşayan yetişkinlerin tedavisini düzenlemede benim ve iş arkadaşlarım üzerinde derin etkisi olmuştur. Aynı noktada, kadınlar için terapötik yoga programı geliştirdik. Yoganın kadınların, uzaklaştıkları bedenleriyle yeniden bağlantı kurmalarına ve sakinleşmelerine yardım etmede başarılı olduğu kanıtlanmıştır. Boston'da şehir merkezindeki okullarda bir tiyatro programı çalışması ve tecavüz kurbanlarına gaspa karşı darbe modeli adında bir karate programı düzenledik, oyun teknikleri ve duyusal uyarılmaya benzer beden yöntemleri gibi şimdilerde dünyanın pek çok yerinde kullanılan yöntemleri uyguladık. (Bunların hepsi ve daha fazlası kısım 5'te ayrıntılı olarak ele alınacaktır.)

Ayrıca polivagal teori, neden tüm bu farklı, alışılmadık tekniklerin böyle işe yaradığını anlamamıza ve açıklamamıza da yardımcı oldu. Yukarıdan aşağı yöntemler (sosyal bağları güçlendirmek) ve aşağıdan yukarı yöntemleri (bedendeki fiziksel gerginlikleri sakinleştirmek) daha bilinçli bir şekilde bir araya getirmemizi sağladı. Artık, batı tıbbının dışında uzun yıllardır uygulanan nefes egzersizlerinden (pranayama), ilahi söylemekten quigong (çigong) gibi uzakdoğu savaş sporlarına, davul gibi vurmalı çalgılardan, toplu hâlde şarkı söylemeye ve dans etmeye kadar tıbbi olmayan yöntemlere daha fazla açıktık. Tüm bunlar, kişiler arası ritme, içsel farkındalığa, ses ve yüz iletişimine bağlıdır, bunlar bireyleri savaş/kaç durumundan çıkararak, tehlikeyi yeniden algılamalarına ve ilişkileri sürdürme kapasitelerini geliştirmeye yardım etmektedir.

Beden kayıt tutuyor[17]: Travma anısı iç organlarda, kalbi kıran, karnı buran duygularda, otoimmün bozukluklarda, iskelet/kas problemlerinde kodlanmışsa ve zihin/beyin/iç organların iletişimi duygu düzenlemede kraliyet yoluysa, terapötik vasayımlarımızda köklü değişiklikler yapmamız gereklidir.

BÖLÜM 6

BEDENİNİZİ KAYBETME, BENLİĞİNİZİ KAYBETME

Kalbinizde çözümlenmemiş olan şeylere karşı sabırlı olun ve sorunları sevmeye çalışın. Şimdi sorunları yaşayın. Belki de aşamalı olarak, farkına bile varmadan yanıtlarla birlikte yaşayacaksınız.

— Rainer Maria Rilke, *Letters to a Young Poet*

Sherry, omuzları düşmüş, başı önde bir hâlde ofisime girdi. Tek bir kelime bile konuşmadan, bedeni, bana onun dünya ile yüzleşmekten korktuğunu söylüyordu. Aynı zamanda kazağının uzun kolları, kabuk bağlamış yaralarını tamamen örtmüyordu. Oturduktan sonra oldukça tiz ve monoton bir sesle, kollarını ve göğsünü kanayana dek yolduğunu anlattı.

Sherry, hatırladığı kadarıyla, annesi bir sığınma evi işletiyordu ve evleri genelde garip, rahatsız edici, korkmuş ve korkutucu on beş çocukla doluyor; ardından bu çocuklar aniden ortadan kayboluyordu. Sherry, bu garip, geçici çocuklara bakarak büyümüştü; evde kendisi ve ihtiyaçları için bir yer olmadığını düşünüyordu. Bana "İstenmediğimi biliyorum." dedi. "Bunu ilk olarak ne zaman fark ettiğimi hatırlamıyorum ama annemin bana söylediklerini düşündüm, işaretler her zaman oradaydı. Bana 'Senin bu aileye ait olduğunu sanmıyorum. Sanırım bize hastanede yanlış bebeği verdiler.' derdi ve bunu yüzünde bir gülümsemeyle söylerdi. Elbette insanlar ciddi şeyler söylediğinde espri yapıyormuş gibi davranırlar."

Yıllar içinde ekibimiz, duygusal istismar ve ihmalin de fiziksel istismar ve cinsel taciz kadar yıkıcı olduğunu ortaya koydu[1]. Sherry de bu bulguların canlı bir örneği oldu. Görülmemek, tanınmamak ve kendini güvende hissetmek için sığınacak bir yerinin olmaması, her yaşta yıkıcıdır ancak bu durum, özellikle, dünya içindeki yerlerini arayan küçük çocuklar için daha da yıkıcıdır.

Sherry üniversiteden mezun olmuştu ama şimdi sıkıcı bir büro işinde çalışıyordu, kedileriyle birlikte yaşıyordu ve hiçbir yakın arkadaşı yoktu. Ona erkekleri sorduğumda ise tek "ilişkisinin" Florida'daki okul gezisi sırasında kendisini kaçıran adamla olduğunu söyledi. Adam, Sherry'i bir odaya kapatmış ve beş gün boyunca tecavüz etmiş. Korkmuş ve donmuş bir hâlde kıvrılmış yatarken kaçabileceğini fark etmiş. Adam banyodayken kapıdan çıkıp gitmiş. Yardım istemek için annesini aradığında ise annesi onunla konuşmak istememiş. Sherry, sonunda yerel bir sığınma evinden yardım alarak evine dönmüş.

Sherry, sürekli kollarını ve göğsünü yolduğunu, bunun yaşadığı hissizleşmeyi az da olsa azalttığını söyledi. Böyle yaparak bedensel duyularını hissedebiliyordu ancak aynı zamanda da utanç yaşıyordu-bu hareketlere bağımlı olduğunu ve bundan kurtulamayacağını biliyordu. Bana gelmeden önce pek çok sağlık uzmanıyla görüşmüş ve defalarca intihar düşüncesi konusunda sorgulanmıştı. Ayrıca, bir daha kendisine zarar vermeyeceğine söz vermezse, kendisini tedavi etmeyeceğini söyleyen bir psikiyatrist tarafından istemsiz olarak hastaneye yatırılmıştı. Ancak deneyimlerime göre, kendilerine, kesme ya da yolma gibi biçimlerle zarar veren Sherry gibi hastalar, nadiren intihara eğilimli olurlar, bu tür kişiler, aslında bildikleri tek yolla daha iyi hissetmeye çalışmaktadır.

Bu, pek çok insanın anlayamayacağı bir kavramdır. Bir önceki bölümde ele aldığım gibi, sıkıntıya karşı en yaygın tepki, yolumuza devam edebilmek için sevdiğimiz ve güvendiğimiz insanların bizi cesaretlendirmesini aramaktır. Ayrıca bisiklete binmek ve spor yapmak gibi fiziksel bir aktivite de bizi rahatlatabilir. Doğduğumuz ilk andan itibaren duygularımızı düzenlemenin yollarını aramaya başlarız, acıktığımızda biri bizi besler, üşüdüğümüzde biri üstümüzü örter, incindiğimizde ya da korktuğumuzda biri bizi sallar.

Ancak kimse size sevgi dolu gözlerle bakmadıysa ya da sizi gördüğünde yüzüne kocaman bir gülümseme yayılmadıysa, kimse size yardım etmek için koşmadıysa (bunun yerine "Ağlamayı bırak." ya da "Ben şimdi sana ağlayacak bir şeyler bulurum." dediyse) siz de kendinizle ilgilenmenin başka yollarını bulursunuz. Bu konuda sizi rahatlatacak her şeyi denersiniz. Uyuşturucu, alkol, tıkınırcasına yeme ya da kendini kesme.

Sherry, düzenli bir şekilde her randevuya geldi ve tüm sorularımı içtenlikle yanıtlıyordu ancak terapinin işe yaraması için gerekli olan bağı kuramadığımızı hissediyordum. Ne kadar donuk ve gergin olduğunu görünce, daha önceden çalıştığım masaj terapisti, Liz'e yönlendirdim. İlk görüşmede, Sherry, masaj masasına uzanmış ve Liz de masanın ucuna giderek nazik bir şekilde Sherry'nin ayaklarını tutmuştu. Gözleri kapalı bir şekilde uzanan Sherry, birden panikle bağırmaya başlamıştı: "Neredesin?" Sherry, bir şekilde Liz'in izini kaybetmişti, aslında Liz oradaydı ve Sherry'nin ayaklarını tutuyordu.

Sherry, travma ve ihmal geçmişi olan pek çok hastanın yaşadığı bedenden uzaklaşma durumu hakkında bana bir şeyler öğreten ilk hastalarımdan biri olmuştu. Anlayış ve iç görü odaklı profesyonel eğitimimin, yaşayan, nefes alan, varlığımızın temeli olan bedeni büyük oranda göz ardı ettiğini fark ettim. Sherry, kendisini bu şekilde yolmanın zarar verici olduğunu ve bunun annesinden kaynaklandığını biliyordu ancak bu dürtünün kaynağını bilmek, davranışlarını kontrol etme konusunda bir işe yaramıyordu.

BEDENİNİZİ KAYBETMEK

Bu konu dikkatimi çekmeye başladıktan sonra, pek çok hastam bedenlerinin tamamını hissedemediğini söylediğinde çok şaşırmıştım. Bazen gözlerini kapatarak ellerini uzatmalarını ve ellerine ne koyduğumu tahmin etmelerini isterdim. Bir araba anahtarı, bozuk para ya da bir konserve açacağı olsun, genellikle ellerinde tuttukları şeyin ne olduğunu bilemiyorlardı. Kısacası duyusal algıları işlemiyordu.

Bunu aynı konu üzerinde çalışan Avusturalyalı dostum Alexander McFarlane ile konuştum. Adelaide'de bulunan laboratuvarında "Elimizde tuttuğumuz şeyin bir araba anahtarı olduğunu bakmadan nasıl anlarız?" sorusu üzerinde çalışmıştı. Avcunuzun içindeki bir nesneyi tanımanız için şekli, ağırlığı, ısısı, dokusu ve durumu hakkında duyulara ihtiyaç vardır. McFarlane, TSSB yaşayan bireylerin, resmi bütün olarak görmekte sorun yaşadığını keşfetmiştir [2].

Duyularımız örtüldüğünde artık tam olarak yaşadığımızı hissedemeyiz. "What is An Emotion? (Duygu Nedir?)" (1884) başlıklı makalede [3], Amerikan psikolojisinin babası William James, değerlendirdiği bir kadındaki "duyusal hissizlik" olgusunu anlatmıştır: "Ben... insani duyuları hissedemiyorum." demişti kadın James'e. "Etrafım yaşamı mutlu ve hoş kılabilecek şeylerle çevrili, bende keyif ve hissetme duyusu eksik. Her duyum, benliğime ait her parça sanki benden uzakta ve bana bir şey hissettirmiyor; bu olanaksızlık, kafamın önünde hissettiğim boşluğa bağlı gibi görünüyor ve buna bağlı olarak bedenimin tümündeki duyusal eksilme, sanki dokunduğum nesnelere gerçekten erişemiyormuşum gibi geliyor. Tüm bunlar küçük bir sorun olabilirdi fakat bunun korkunç sonucu, bu şeylere ihtiyaç ve arzu duymama rağmen herhangi bir duygu ya da hoşnutluk hissinin olanaksızlığı, yaşamımı dayanılmaz bir işkenceye çeviriyor."

Travmaya verilen bu tepki önemli bir soruyu ortaya çıkarıyor: Travma yaşayan insanlar, duyguların doğal akışında, kendilerini güvende hissederek, bedensel bütünlüklerini hissederek, sıradan duyusal deneyimleri kendi yaşamlarında bütünleştirebilmeyi nasıl öğrenebilirler?

YAŞADIĞIMIZI NASIL ANLARIZ?

Travma yaşayan insanlara ait ilk nörogörüntüleme çalışmaları çoğunlukla Bölüm 3'te gördüğümüz gibiydi; genellikle bireylerin, belirli travma anımsatıcılarına karşı verdiği tepkiler ölçülüyordu. 2004 yılında, Stan ve Ute'nin beyin görüntülerini çeken Ruth Lanius, yeni bir soru ortaya attı: Travma yaşayan bireyler, geçmişi düşünmediklerinde beyinlerinde neler olup bitiyor? Sıradan bir anda çalışan beyin, "beynin durağan hâli (DSN: Default State Network)" konusundaki çalışmalar, travmanın öz farkındalık, özellikle de duyusal öz farkındalık konusundaki etkilerini anlamada yeni bir çığır açtı[4].

Dr. Lanius, on altı "normal" Kanadalı bireyden, belirli bir konu hakkında düşünmemelerini isteyerek beyin görüntülerini çekti. Bunu yapmak -özellikle uyanıkken ve beynimiz çalışırken- oldukça zordur ama doktor, bireylerden nefes alış verişlerine odaklanmalarını ve bu süre içinde mümkün olduğu kadar bir şey düşünmemelerini istedi. Aynı işlemi, geçmişinde çocukluk döneminde ciddi istismarı olan on sekiz kişiye de uyguladı.

Aklınızda belirli bir şey yokken beyninizde neler olup bitiyor? Dikkatinizi kendinize vermeye başladığınız ortaya çıktı: Durağan hâl, "kendilik" duyunuzu yaratmak için bir arada çalışan beyin alanlarını harekete geçiriyor.

Ruth, normal bireylerin görüntülerini incelediğinde daha önceki araştırmacıların tanımladığı DSN alanlarının hareketini gördü. Bunu öz farkındalığın Mohawk'ı (Editörün notu: Mohawk: Bir Kızılderili kabilesi, saçlarını başın orta hattında önden arkaya doğru uzatıp geri kalanını tıraşlamaları nedeni ile bu tür saç kesimine verilen isim.) olarak adlandırmak istiyorum, gözlerinizin tam üstünden başlayan ve arkaya doğru giden beynin orta hat yapıları. Tüm bu orta hat yapıları, benlik duyumuzu kapsamaktadır. Beynin arkasındaki en geniş parlak bölge, bize nerede olduğumuzun fiziksel algısını veren posterior (arka) singulattır, bir nevi bizim içsel GPS'imiz. Bu, Bölüm 4'te ele

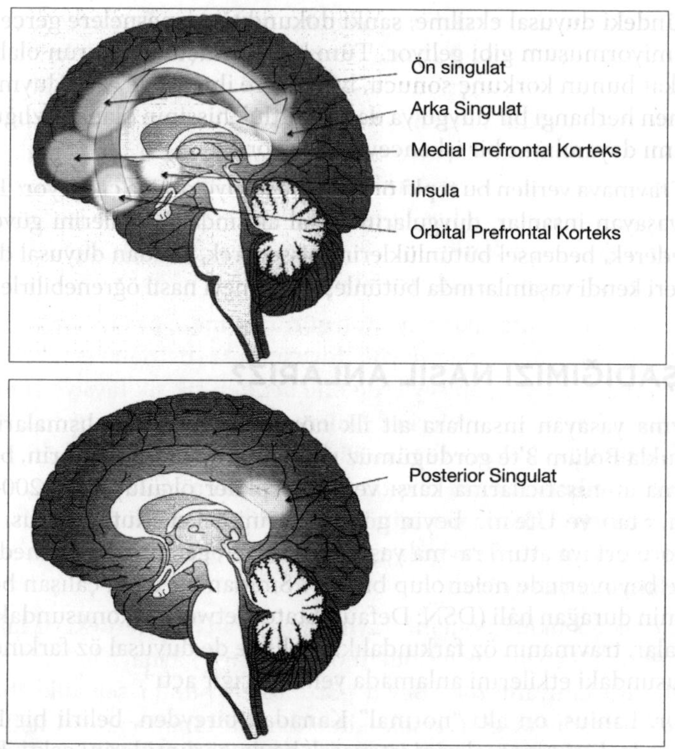

Benliğin yerini saptamak. Öz farkındalığın Mohavk'ı. Beynin ön tarafından başlayarak (sağda), şunlardan oluşur: orbital prefrontal korteks, medial prefrontal korteks, ön singulat, arka singulat ve insula. Kronik travma geçmişi olan bireylerde aynı bölgenin aktivitesinde keskin bir düşüş görülür, iç durumları kaydetme ve bilginin kişisel ilgisini değerlendirmede sorunlar yaşanır.

aldığımız gözetleme kulesi, mediyal prefrontal kortekse güçlü bir şekilde bağlıdır. (Bu bağlantı, görüntülemelerde ortaya çıkmaz çünkü fMRI bunu ölçemez.) Burası aynı zamanda bedenin geri kalanından gelen duyuları kaydeden beyin alanlarına bağlıdır. İç organlardan, duygusal merkezlere mesajları ileten insula; duyusal bilgileri bütünleştiren parietal loblar; duyguları ve düşünceleri düzenleyen anterior singulat. Tüm bu alanlar, bilinçliliğe katkı sağlamaktadır.

Geçmişinde ciddi travmalar yaşamış olan on sekiz kronik TSSB hastasının görüntüleri ise şaşırtıcıydı. Beynin, benlik duyu alanlarında neredeyse hiçbir aktivasyon yoktu. MPFC, anterior singulat, parietal korteks ve insula hiç harekete geçmemişti; mekanda temel oryantasyondan sorumlu olan posterior singulatta ise belli belirsiz bir hareketlenme vardı.

Bu tür sonuçların tek bir açıklaması olabilirdi. Travmanın kendisine verilen tepki ve sonrasında uzun süre devam eden dehşete karşı verilen mücadele sonucunda hastalar, korkuya eşlik eden duyguları ve bedensel duyguları ileten beyin alanlarını kapatmayı öğrenmişlerdir. Günlük hayatımızda, aynı beyin alanları, kendi öz farkındalığımızın, kim olduğumuzun temelini oluşturan farklı duyuları ve duyguları kaydetmekten sorumludur. Burada tanıklık ettiğimiz şey ise trajik bir uyumdur. Kişiler, ürkütücü duyuları kapatma çabasıyla, dolu dolu yaşama kapasitelerini de öldürmüşlerdi.

Medial prefrontal aktivasyonun görünmemesi, pek çok travma yaşayan bireyin neden amaç ve yön duyusunu kaybettiğini açıklayabilir. Hastalarımın en sıradan şeylerde bile benden sık sık tavsiye istemesi ve nadiren benim tavsiyelerimi dinlemesi karşısında şaşırırdım. Artık kendi içsel gerçeklikleriyle olan ilişkilerinin bozulmuş olduğunu anlıyorum. Ne istediklerini bile tanımlayamazken nasıl karar verebilirlerdi ya da gerçekleştirmek için bir plan yapabilirlerdi ya da daha açık olmak gerekirse, tüm duyguların temeli olan bedensel duyuları onlara ne anlatmaya çalışıyordu?

Kronik çocukluk dönemi travması yaşayan bireylerdeki öz farkındalık eksikliği bazen öyle şiddetli olmaktadır ki aynaya baktıklarında kendilerini tanıyamazlar. Beyin görüntüleri bunun salt dikkatsizlik sonucu olmadığını göstermektedir. Kendini tanıma görevi üstlenen yapılar, kendilik deneyimi ile ilgili yapılarla birlikte bozulmuş olabilir.

Ruth Lanius bana kendi çalışmasını gösterdiğinde klasik lise eğitimimden hatırladığım bir ifade geldi aklıma. Matematikçi Arşimed'in kaldıracı öğretirken "Bana bir dayanak noktası verin dünyayı yerinden oynatırım." dediği varsayılır ya da yirminci yüzyılın önemli beden terapistlerinden Moshe Feldenkrais'ın da dediği gibi "Ne yaptığınızı bilene dek istediğiniz şeyi yapamazsınız." Tüm bunların çıkarımı oldukça açık. Anı hissetmeniz için nerede olduğunuzu bilmelisiniz ve size neler olduğunu fark etmelisiniz. Kendiliğinizi hissetme sistemleri yıkıldığında bunu yeniden harekete geçirecek yollar bulmamız gereklidir.

KENDİLİĞİ ALGILAYAN SİSTEM

Sherry'nin masaj terapisinden fayda görmesi oldukça etkileyiciydi. Günlük yaşamında artık daha rahat ve cesurdu, ayrıca benim yanımda da daha rahat ve açık olmaya başlamıştı. Artık tam anlamıyla terapiye katılıyordu, davranışları, düşünceleri ve duyguları konusunda daha meraklıydı. Kendi kendini yolmayı bıraktı ve yaz mevsimi geldiğinde ise akşamları kapısının önüne çıkıp komşularıyla sohbet ediyordu.

Hatta bir kilise korosuna bile katıldı ve bir grupta eş zamanlılığın harika deneyimi yaşadı.

Bu dönemde, Harvard psikoloji bölümü başkanı Dan Schacter'in oluşturduğu beyin takımından Antonio Damasio ile tanıştım. Damasio, yazdığı muhteşem makalelerde ve kitaplarda, beden durumları, duygular ve hayatta kalma arasındaki ilişkiyi açıklıyordu. Çeşitli beyin hasarları yaşamış olan yüzlerce insanı tedavi eden bu nörolog, bilinç karşısında ve hissettiklerimizi bilmek için gerekli olan beyin alanlarını tanımlama karşısında büyülenmişti. Damasio, kariyerini beyinde "kendilik" deneyiminden sorumlu olan alanları ayrıntılarıyla göstermeye adamıştı. Bana göre, *The Feeling of What Happens* en önemli kitabıdır ve bu kitabı okumak benim için bir devrim gibiydi[5]. Damasio, kendilik algımız ve bedenlerimizin duyu dünyası arasındaki derin ayrıma işaret ederek başlıyor. Şiirsel bir dille de açıklıyor: "Bazen gerçekleri ortaya çıkarmamak, sadece saklamak için zihnimizi kullanırız. Bu ekranın en iyi sakladığı şey bedendir, tüm ayrıntılarıyla ve içindeki her şeyle kendi bedenimizdir. Alçak gönüllüğünü güvence altına almak için ten üzerine örtülmüş bir peçe gibi, bu ekran, her gün yaşadığımız yolculuk içinde, yaşamın akışını oluşturmak için bedenin içsel durumlarını kısmen zihinden çıkarır.[6]"

Bu "ekranın", dış dünyada meydana gelen baskılayıcı sorunlarla ilgilenmemizi sağlayarak, nasıl bizim yararımıza çalıştığını açıklamayı sürdürür. Ancak bunun bir bedeli vardır: "Kendilik olarak adlandırdığımız şeyin özünü ve doğasını duyumsamaktan bizi alıkoyar [7]". William James'in asırlık çalışmasını temel alan Damasio, kendiliğimizin farkındalığının temelinin, bedenin içsel durumlarını ileten fiziksel algıya dayandığını tartışmaktadır:

> İlkel duygular, bireyin kendi yaşayan bedeninin doğrudan deneyimidir; sözsüz, sade ve bir şeye bağlı olmayan sadece varoluştan kaynaklanan deneyimler. Bu ilkel duygular, çeşitli açılardan bedenin o anki durumunu yansıtır... Hoşnutluktan acıya değişen bir aralıktadır, beyin korteksinden çok beyin sapı düzeyinde oluşmaktadır. Tüm duyguların tüm bu hisleri, ilkel duygular düzeyinde karmaşık bir müzikal çeşitlemedir [8].

Duyusal dünyamız, biz daha dünyaya gelmeden şekillenir. Rahimdeyken tenimizde amniyotik sıvıyı hissederiz, kan akışının ve sindirim sisteminin zayıf seslerini duyarız, annenin hareketleriyle düşer ve yuvarlanırız. Doğumdan sonra, fiziksel duyular, kendimizle ve çevremizle olan ilişkimizi belirler. Islaklık, açlık, doyma ve uyku durumuna göre hareket ederiz.

Anlaşılmaz sesler ve görüntülerin oluşturduğu kakafoni, taze sinir sistemimize baskı yapar. Bilinçli hâle geldikten ve dili kullanmaya başladıktan sonra bile, bedensel duyu sistemimiz, anlık durumumuza göre önemli geribildirimler sağlar. Açlık ve cinsel uyarılma gibi dürtüler kadar, iç organlarımızdan ve yüz, gövde ve uzuvlarımızdaki kaslardan rahatlık ya da ağrının değişikliklerinin sürekli uğultusu iletilir. Etrafımızda olup bitenler, fiziksel algılarımızı da etkiler. Tanıdığımız birini görmek, bir müzik, siren gibi belirli bir ses duymak ya da ısı değişikliklerini algılamak, farkında olmadan tüm dikkat odağımızı değiştirir, sonraki düşünce ve hareketlerimizi belirler.

Gördüğümüz gibi, beynin işi sürekli olarak içimizde ve etrafımızda olup biteni gözlemlemek ve değerlendirmektir. Bu değerlendirmeler, beden ve beyinde hafif ya da büyük değişikliklere neden olabilen kan dolaşımındaki kimyasal ve sinirlerimizdeki elektriksel mesajlarla iletilir. Bu değişimler, bilinçli bir bilgi ya da farkındalık olmaksızın bütün olarak meydana gelir. Beynin korteks altı alanları, nefes alışverişimizi, kalp atışımızı, sindirimi, hormon salınımını ve bağışıklık sistemini düzenlemede şaşılacak derecede yeterlidir. Ancak bu sistemler, sürmekte olan bir tehdit karşısında, hatta bir tehdidin algısıyla karşılaştığımızda kendini kaybedebilir. Bu da araştırmacıların, travma yaşayan bireylerde belirlediği yaygın fiziksel problemlerin nedenini açıklamaktadır.

Ancak bilinçli kendilik, içsel dengemizi sürdürmede yaşamsal bir rol oynamaktadır. Bedenlerimizi güvende tutmak için fiziksel duyularımızı kaydetmemiz ve harekete geçirmemiz gereklidir. Üşüdüğümüzü fark etmek, bizi üzerimize kalın bir şeyler giymeye iter, açlık ya da şaşkınlık duygusu kan şekerimizin düştüğünü ve bir şeyler atıştırmamızı söyler; idrar torbamızdan gelen baskı bizi doğru tuvalete yönlendirir. Damasio, arka planda yatan duyguları kaydeden beyin alanlarının, nefes alıp verme, tat alma, dışkılama ve işeme, uyuma/uyanma döngüsü gibi temel işlevleri kontrol eden alanlara yakın yerde bulunduğuna işaret etmektedir: "Duygu ve dikkat, tamamen bir organizma içinde yaşamı sürdürme işinin temeliyle ilgilidir. Organizmanın, bedeninin o anki durumu hakkında bilgi sahibi olmadan yaşamı sürdürmesi ve homeostatik dengeyi sağlaması mümkün değildir."[9] Damasio, beynin bu idare alanlarını "proto-kendilik" olarak adlandırmaktadır, bunun nedeni ise bilinçli kendilik duyumuzun altında yatan "sözsüz bilgiyi" sağlamasıdır.

TEHDİT ALTINDAKİ KENDİLİK

2000 yılında Damasio ve arkadaşları, dünyanın en önde gelen bilimsel yayınlarından biri olan *Science*'da bir makale yayınladı, buna göre, olumsuz duygular, kaslardan, mideden ve tenden gelen sinyalleri alan, temel bedensel işlevleri düzenlemede önemli bir role sahip beyin alanlarında belirgin değişimlere neden olmaktadır. Bu ekibin elde ettiği, beyin görüntüleri, geçmişteki duygusal bir olayı anımsamanın, olayın gerçekleştiği sırada iç organlarımızda hissettiğimiz duyguları tekrar yaşattığını göstermiştir. Her duygu, diğerlerinden ayrılan belirgin bir özellik göstermektedir. Örneğin; beyin sapının belirli bir kısmı "üzüntü ve öfkede aktifken, mutluluk ya da korku sırasında aktif değildi." [10] Tüm bu beyin yapıları limbik sistemin de altındadır, geleneksel olarak duygular burada belirlenir ancak her defasında güçlü duyguları bedenle ilişkilendiririz: "Midemi bulandırıyorsun.", "Tüylerim ürperdi.", "Nutkum tutuldu.", "Kalbim kırıldı.", "Tüylerimi diken diken ediyor."

Beyin sapındaki ve limbik sistemdeki temel kendilik sistemi, insanlar yok olma tehlikesiyle karşı karşıya kaldığında yoğun bir şekilde harekete geçer, bu da yoğun bir psikolojik uyarılmanın eşlik ettiği korku ve dehşete kapılmakla sonuçlanır. Bir travmayı yeniden yaşayan kişiler için hiçbir şey anlam ifade etmez; yaşamla ölüm arasına sıkışmışlardır, felç edici bir korku ya da kör edici bir öfke yaşamaktadırlar. Beden ve zihin, sürekli olarak sanki yakın bir tehlike karşısındaymış gibi sürekli uyarılır. Bu durumda bireyler, en ufak bir sesten irkilirler, küçük düş kırıklıkları karşısında aşırı öfkeli olurlar. Sürekli uykuları bölünür ve yemekten tat almamaya başlarlar. Bu durum, donma ve çözülme ile duyguları kapatma gibi umutsuz çabaları tetikler.

İnsanlar, hayvan beyinleri hayatta kalmak için savaşma durumuna saplandığında kontrolü yeniden nasıl kazanır? Hayvan beynimizin derinlerinde olan bitenler nasıl hissedeceğimizi etkiliyorsa ve bedensel algılarımız korteksin altındaki (alt bilinç) beyin yapılarıyla düzenleniyorsa, bunlar karşısında ne kadar kontrol sağlayabiliriz?

EYLEMLİLİK: YAŞAMI SAHİPLENMEK

"Eylemlilik" yaşamınızdan sorumlu olma duygusu için kullanılan teknik bir terimdir: nerede durduğunuzu bilmek, başınıza gelenlerle ilgili söyleyecek sözlerinizin olduğunu bilmek, koşulları şekillendirecek yeteneğinizin olduğunu bilmek. VA'da duvarı yumruklayan savaş gazileri, bir şey yapmak için kendi eylemliliklerini göstermeye çalışıyordu. Ancak sonunda daha fazla kontrolden çıkıyor ve bir zamanlar kendilerine güveni tam olan bu adamlar çılgınca hareketler ve hareketsizlik döngüsü arasında sıkışıp kalıyordu.

Eylemlilik, bilim adamlarının intereoception (içsel algı) olarak adlandırdığı, en küçük duyusal, bedene dayalı duygularımızın farkındalığı ile başlar. Farkındalığımız arttıkça yaşamımızı kontrol etme olasılığımız da artar. Ne hissettiğimizi bilmek neden öyle hissettiğimizi anlamanın, ilk adımıdır. İç ve dış dünyamızdaki sürekli değişimlerin farkında olursak, bunları yönetmek için harekete geçebiliriz. Ancak, gözetleme kulemiz, MPFC, içimizde olan biteni gözlemlemeyi öğrenmedikçe bunu yapamayız. Bu yüzden, MPFC'yi güçlendiren farkındalık uygulaması, travmanın iyileşmesinde bir mihenk taşıdır [12].

March of the Penguins adlı harika filmi izledikten sonra, kendimi bazı hastalarımı düşünürken buldum. Penguenler, sabırlı ve de sevimli hayvanlardır, çok eski zamanlardan bu yana karadan denize yetmiş mil yürüdüklerini, bu yolda soylarını sürdürebilecek çok sayıda yumurtalarını kaybederek, tarifsiz acılara katlanarak, neredeyse açlıktan sürünerek kendilerini okyanusa attıklarını öğrenmek çok etkileyiciydi. Penguenlerde de bizim gibi frontal loblar olsaydı, küçük kollarını iglolar yapmak için kullanırlardı, daha iyi bir iş gücü ayrımı yapar ve yiyecek stoklarını yeniden düzenlerlerdi. Pek çok hastam, büyük cesaret ve ısrarla travmadan sağ çıkıyordu ama yalnızca aynı türde sorunları defalarca yaşamak için. Travma içsel pusulalarını kapatmış ve daha iyi bir şey yaratmak için ihtiyaçları olan hayal gücünden yoksun bırakmıştı.

Kendilik ve eylemlilik ile ilgili nörobilim çalışmaları, dostlarım Peter Levine[13] ve Pat Ogden'in[14] geliştirdiği somatik terapi türlerini doğrulamaktadır. Bu ve diğer sensorimotor yaklaşımları Kısım 5'te ele alacağım ancak özünde bu tür yaklaşımların amacı üç bölümden oluşmaktadır:

- Travma nedeniyle donan ya da engellenen duyusal bilgiyi çıkarmak;
- Hastalara içsel deneyimler sonucu ortaya çıkan enerjilerini (bastırmak yerine) ellerinde tutmalarına yardım etmek;
- Korkuyla köşeye sıkıştıklarında, bastırıldıklarında ya da hareketsiz kaldıklarında engellenen, kendini korumaya yönelik fiziksel eylemlerini tamamlamak.

İçgüdüsel duygularımız, nedenini bilmesek de neyin güvenli, dehşet verici ya da tehdit edici olduğunun işaretini verir. Duyusal özelliklerimiz organizmamızın ihtiyaçlarıyla ilgili ince mesajlar gönderir. İçgüdüsel duygularımız, etrafımızda neler olup bittiğini değerlendirmemize de yardım eder. Bize yaklaşan adamın tüylerimizi ürpertmesi ya da zambaklarla dolu bir odanın huzurlu hissettirmesi gibi uyarılar verirler. İçsel duyularınızla rahat bir iletişiminiz varsa – size doğru bilgi verdiğine güveniyorsanız– bedeniniz, duygularınız ve benliğinizin kontrolünüzde olduğunu hissedersiniz.

Ancak travma yaşayan insanlar, bedenlerinin içinde de güvensiz hissederler. Geçmiş, acı verici içsel bir rahatsızlık biçiminde canlıdır.

Bedenleri sürekli iç organlardan gelen sinyallerin yağmuruna tutulur, bu süreçleri kontrol etme çabası karşısında ise genellikle içsel duyguların göz ardı etme ve içerde olan bitene karşı hissizleşme konusunda uzmanlaşırlar. Kendilerinden saklanmayı öğrenirler.

İnsanların çoğu, içsel uyarı işaretlerini bir yana ittikçe ya da umursamadıkça, bu işaretler kendilerini ele geçirir ve kişiyi şaşkın, kafası karışmış ve utanç içinde bırakır. İçerde olup bitene rahat bir şekilde dikkatini veremeyen kişiler, herhangi bir duyusal değişime ya kendilerini kapatarak ya da panik olarak tepki verirler, korkudan korkmaya başlarlar.

Artık panik semptomlarının büyük ölçüde devam ettiğini biliyoruz çünkü kişiler, panik ataklarla bağlantılı bedensel duyulara karşı bir korku geliştirirler. Bu ataklar kişinin anlamsız olduğunu bildiği bir şeyle tetiklenebilir ancak duyulardan korkma, tüm bedenin acil durumda kalmasını sürdürür. "Ödü patlamak" ve "korkudan donmak" (çökmek ve hissizleşmek), korku ve travmanın tam olarak nasıl olduğunu tanımlamaktadır. Bunlar iç organlardan kaynaklanmaktadır. Korku deneyimi, kaçmanın bir şekilde engellendiği tehditlere karşı verilen ilkel tepkilerden türemektedir. İnsanların yaşamları, içsel deneyimler değişene dek korkuya esir olacaktır.

Bedenin verdiği mesajları göz ardı etmek ya da çarpıtmak, sizin için gerçekten tehlikeli ya da zarar verici olanı ya da güvenli ve besleyici olanı belirleyememektir. Kendini düzenleme, bedeninizle dostane bir ilişkiye sahip olmanıza bağlıdır. Bu olmadan dış düzenlemelere güvenmek zorundasınızdır. İlaç tedavisinden, alkol veya uyuşturuculara, başkalarının zorlantılı (kompülsif) isteklerine itaat ederek sürekli güvence aramak gibi.

Pek çok hastam, strese ya dikkat etmeden ya da bunu adlandırmadan tepki vermekte ve migren ağrıları ya da astım atakları yaşamaktadır[15]. Orta yaşlı bir hemşire olan Sandy, çocukken alkolik olan anne babasından korktuğunu ve yalnız hissettiğini anlattı. Bağlı olduğu herkese (terapisti olarak ben de dâhil) saygılı ve itaatkar davranarak bununla başa çıkmayı öğrenmişti. Eşi ne zaman duyarsız bir şekilde yorum yapsa hemen astım krizine girerdi. Nefes alamadığını hissettiği anlarda astım ilacı işe yaramaz ve acil servise gitmesi gerekirdi.

İçsel yardım çağrılarını bastırmak, stres hormonlarının bedeni harekete geçirmesine engel olmaz. Sandy, ilişki problemlerini göz ardı etmeyi ve bedensel sıkıntı sinyallerini engellemeyi öğrenmiş olsa da ilgisini çekmeyi isteyen semptomlar hemen ortaya çıkıyordu. Terapimiz, fiziksel duyuları ve duyguları arasındaki bağlantıyı tanımlama üzerine odaklandı ve ayrıca Sandy'i bir kickboks programına kaydolması için cesaretlendirdim. Hastam olduğu üç yıl boyunca hiç acil servise gitmedi.

Açık bir fiziksel temeli olmayan somatik semptomlar, travma yaşayan çocuklarda ve yetişkinlerde yaygın olarak görülmektedir. Bunlar arasında kronik sırt ve boyun ağrıları, fibromiyalji, migren, sindirim problemleri, spastik kolon/ irritabl bağırsak sendromu, kronik yorgunluk ve bazı astım türleri sayılabilir [16]. Astım oranı travma yaşayan çocuklarda, travma yaşamayan yaşıtlarına göre elli kat daha fazladır [17]. Çalışmalar, pek çok öldürücü astım atağı yaşayan çocuk ve yetişkinin, atak öncesi nefes alamama sorununun varlığının farkında olmadığını göstermektedir.

ALEKSİTİMİ: DUYGULARI ANLATACAK KELİMELERİN OLMAMASI

Acılarla dolu travma geçmişi olan dul bir halam vardı ve çocuklarımın fahri babaannesi oldu. Sık sık ziyarete gelirdi ve her gelişi az sohbet ve çokça işle –perde dikmek, mutfak raflarını düzenlemek, çocukların kıyafetlerini dikmek– geçerdi. Her zaman memnun etmeye istekliydi ancak onun nelerden keyif aldığını çözmek zordu. Kaldığı birkaç gün boyunca, kısa süren sohbetlerin ardından sohbet kesilirdi ve arada geçen uzun sessizlik anlarını ben doldurmak zorunda kalırdım. Ziyaretlerinin son gününde onu havaalanına götürürdüm ve vedalaşırken gözlerinden akan yaşlarla sıkı sıkı sarılırdı. Ardından hiçbir ironi izi olmaksızın Logan Uluslararası Havaalanı'nda esen soğuk rüzgâr yüzünden gözlerinden yaşlar geldiğinden şikâyet ederdi. Bedeni, zihninin kaydedemediği üzüntüyü hissederdi. Hayatta olan en yakın akrabalarından ayrılıyordu.

Psikiyatristler bu olguyu, Yunancada duyguları anlatacak kelimelerin olmaması anlamına gelen, aleksitimi; duygu sağırlığı olarak adlandırmaktadır. Travma yaşayan pek çok çocuk ve yetişkin, fiziksel duyularının ne anlama geldiğini bilmediği için ne hissettiğini anlatamamaktadır. Öfkeli görünebilirler ancak bunu kabul etmezler; çok korkmuş görünebilirler ama iyi olduklarını söylerler. Bedenlerinin içinde olup biteni fark edememek, ihtiyaçlarından uzaklaşmalarına neden olur ve zamanında yemek, gerektiği kadar uyumak gibi kendilerine bakımla ilgili sorunlar yaşarlar.

Tıpkı halam gibi, duygu sağırlığı olan kişilerde duyguların yerine hareketler geçer. Saatte yüz yirmi kilometre hızla giden bir tırın üzerinize doğru geldiğini görseniz nasıl hissederdiniz?" diye sorulduğunda pek çok insan "Çok korkardım." ya da "Korkudan donardım." der. Duygu sağırı olan biri ise "Nasıl mı hissederdim? Bilmiyorum... Yoldan çekilirdim." der [18]. Duyguları, dikkatlerini yöneltmeleri gereken bir işaret yerine yalnızca fiziksel problemler olarak kaydederler. Öfkeli ya da üzgün hissetmek yerine, kas ağrısı, bağırsak bozuklukları ya da sebebi bulunamayan başka semptomlar yaşarlar. Anoreksiya nervoza hastalarının dörtte üçü, bulimia hastalarının yarısından fazları, duygularının hissettirdikleri karşında şaşkındır ve bunları tanımlamakta zorluk yaşarlar[19]. Araştırmacılar, aleksitimisi olan kişilerin, öfkeli ya da sıkıntılı yüzler gösterildiğinde resimlerdeki kişilerin yaşadığı duyguları anlayamadıklarını görmüştür[20].

Aleksitimiyi bana öğreten ilk kişi, Yahudi soykırımının ardından hayatta kalan, binlerce kişi ile çalışarak büyük psişik travmayı anlamaya çalışan psikiyatrist Henry Krystal oldu[21]. Kendisi de toplama kampında kalmış olan Krystal, hastalarının pek çoğunun profesyonel olarak başarılı olduğunu ancak özel ilişkilerinin mesafeli ve umutsuz olduğunu görmüştü. Duygularını bastırmak, birçok şeyi kaybetme pahasına iş dünyasında başarılı olmalarını sağlamıştı. Bu insanlar, bir zamanlar ezici olan duygularını bastırmayı öğrenmişlerdi ve sonuç olarak da ne hissettiklerini bilmiyorlardı. Çok azı terapiye ilgi göstermişti.

Western Ontario Üniversitesinden Paul Frewen, aleksitimi yaşayan TSSB'si olan hastaların bir dizi beyin görüntüsü çekti. Katılımcılardan biri şöyle anlatmış: "Ne hissettiğimi bilmiyorum. Sanki kafam ve bedenim bağlantılı değilmiş gibi. Bir tünelde yaşıyorum, sis ya da başka ne olursa olsun fark etmiyor, hissizlik. Köpük banyosu yapmak, yanmak ya da tecavüze uğramak, hepsi aynı duygu. Beynim hissetmiyor". Frewen ve iş arkadaşı Ruth Lanius, pek çok insanın duygularından uzak olduğunu ve kendiliğini duyumsama alanlarında daha az hareket olduğunu bulmuştur[22].

Travma yaşayan insanlar, bedenlerinde olup biteni algılamak konusunda sorunlar yaşadığı için hayal kırıklığına dereceli tepkiden yoksundurlar. Strese karşı ya "kendinden geçmiş" gibi ya da aşırı kızgınlıkla tepki verirler. Tepkileri ne olursa olsun kendilerini üzen şeyi anlatamazlar. Bedenleriyle iletişimde olmanın başarısızlığı, kendini koruma eksikliği ve yüksek oranda yeniden mağdur olmalarına[23] ve keyif, duyarlılık, anlam çıkarma duygularında zorluklara neden olmaktadır.

Aleksitimi yaşayan kişiler, yalnızca fiziksel algıları ve duyguları arasındaki ilişkiyi anladıklarında iyileşebilirler, tıpkı renk körü insanları, grinin tonlarını ayırt etmeyi ve değerlendirmeyi öğreterek renklerin dünyasına katmak gibi. Tıpkı halam ve Henry Krystal'ın hastaları gibi, kişiler bunu yapma konusunda genelde gönülsüzdür. Çoğu, geçmişin acı veren yüzüyle karşılaşmak yerine doktorlara giderek iyileşmeyen hastalıkları için tedavi görmek gibi bilinç dışı bir karar verirler.

DEPERSONALİZASYON

Kendinin farkında olmamanın bir basamak altı depersonalizasyondur (kendiniz olduğunuz duygusunun yitimi) Bölüm 4'te Ute'nin beyin görüntüleri, depersonalizasyonun canlı bir göstergesidir.

Depersonalizasyon travmatik deneyimler sırasında yaygındır. Bir keresinde gece geç bir saatte evimin yakınlarındaki parkta saldırıya uğradım ve bu sahnenin sonunda eli bıçaklı üç gencin saldırısı sonucunda başımda küçük yaralarla karda uzanıyordum. Ellerimdeki bıçak yaralarının acısından dissosiye oldum (ayrıldım) ve saldırganlarla içini boşalttıkları cüzdanımı geri vermeleri için pazarlık ederken en küçük bir korku hissetmedim.

TSSB geliştirmedim, kısmen, bunun sebeplerinden birisi başkalarında yakından çalıştığım bir deneyimi (travma deneyimleri) yaşama konusunda meraklı oluşum; kısmen diyorum çünkü, diğeri bana saldıran kişilerin robot resmini çizip polise gösterme sanrımdı. Elbette yakalanmadılar ancak intikam fantazim bana eylemlilik duyusu verdi.

Travma yaşayan insanlar, o kadar şanslı olmuyor ve kendi bedenlerinden ayrılmış gibi hissediyorlar. Depersonalizasyon ile ilgili en iyi açıklamalardan birini Alman psikoanalist Paul Schilder Berlin'de 1928'de[24] şöyle yapmıştır: "Depersonalizasyon yaşayan kişiler için dünya garip, olağan dışı, yabancı, rüya gibi bir yerdir. Nesneler bazı zamanlarda garip bir şekilde küçülmüş, bazı zamanlarda da dümdüz görünür. Sesler uzaklardan geliyor gibidir... Aynı şekilde duygular da dikkat çekici değişimler geçirir. Hastalar ne acı ne de keyif yaşayamadıklarından yakınır... Kendilerine yabancılaşmışlardır."

Cenevre Üniversitesinden bir grup nörobilimcinin[25], beyinde temporal parietal birleşme yerinde belirli bir noktaya hafif elektrik akımı vererek bedenin dışında olmaya benzer deneyimleri tetikledikleri öğrendiğimde büyülendim. Hastalardan biri, sanki tavandan sallanarak kendini izliyormuş duygusuna, diğeri de sanki arkasında biri varmış ürkütücü hissine kapılmış. Bu araştırma, hastalarımızın bize anlattıklarını doğruluyor. Kendilik bedenden ayrılabilir ve kendi başına bir hayalet gibi varlığını sürdürebilir. Benzer olarak Lanius ve Frewen'in yanı sıra Hollanda'daki Groningen Üniversitesinden bir grup araştırmacı[26], korkularından kendilerini ayrıştıran (dissosiye eden) ve yaşadıkları olayı anımsadıklarında korku merkezlerini kapatan kişilerin beyin görüntülerini çekti.

BEDENLE DOST OLMAK

Travma kurbanları, bedenlerindeki duygulara aşina ya da onlarla dost olmadıkça iyileşemezler. Korkuyor olmak, sürekli savunma hâlinde olan bir bedende yaşadığınızı gösterir. Öfkeli insanlar, öfkeli bedenlerde yaşar. Çocukluk istismarı kurbanları, rahatlamanın ve güvende hissetmenin bir yolunu bulana dek gergin ve savunmacıdır. Değişmek için insanların duyularının ve bedenlerinin dünyayla nasıl etkileşim içinde olduğunun farkına varması gereklidir. Bedensel öz farkındalık, geçmişin zulmünü rahatlatmanın ilk adımıdır.

İnsanlar nasıl açılıp, duyularının ve duygularının iç dünyasını keşfedebilirler? Ben kendi uygulamalarımda, hastalarımın önce fark etmelerini ve ardından bedenlerindeki duyguları anlatmalarını sağlayarak bu sürece başlıyorum, kızgınlık, endişe ya da korku gibi duyguları değil, duyguların altında yatan fiziksel duyuları anlatmalarını istiyorum, baskı, sıcaklık, kas gerginliği vb. Aynı zamanda rahatlama ya da hoşnutlukla ilişkili duyuları tanımlama üzerinde de çalışırım. Nefes alıp vermeleri, jest ve hareketlerinin farkına varmalarına yardım ederim. Acı veren olayları anlatırken kendilerini rahatsız etmediğini söyleseler de bedenlerindeki, göğüs kafesindeki gerginlik, karındaki acı gibi ufak değişimlere dikkat etmelerini isterim.

İlk kez duyuları dikkate almak oldukça sıkıntı verici olabilir ve insanların kıvrılmasına ya da savunmacı davranışlar geliştirmesine neden olan geçmişe dönüşlere zemin hazırlayabilir. Bunlar, henüz sindirilmemiş travmanın somatik yeniden sahnelemeleridir ve travma meydana geldiğinde yaşanan duruşları temsil ederler. Hastalar, bu noktada imgelerin ve fiziksel algıların yağmuruna tutulur ve terapist, geçmişe erişen hastanın yeniden travma yaşanmasını önleyecek, duygu ve algı selini kesecek yollara aşina olmalıdır. (Sınıf öğretmenleri, hemşireler, polisler dehşet tepkilerini yatıştırmakta oldukça yeteneklidir çünkü çoğu neredeyse her gün acı verici bir şekilde düzensiz ya da kontrolden çıkmış insanlarla karşı karşıya kalmaktadır.)

Ancak olması gerekenden daha çok, yani bu insanlara sıkıntı veren fiziksel tepkilerle başa çıkabilme becerilerini öğretmek yerine Abilify, Zyprexa ve Seroquel gibi ilaçlar reçete edilmektedir. Elbette ilaç tedavisi, duyuları köreltir ancak bunların çözülmesini sağlayacak ya da bunları zehirli olmaktan çıkarıp dost hâline getirecek hiçbir şey yapmaz.

İnsanoğlunun kendini sakinleştirmesinin en doğal yolu, üzgün olduğunda birine tutunmaktır. Bu da fiziksel ya da cinsel saldırıya uğrayan kişiler için bir ikilem anlamına gelmektedir. Bedensel iletişimden korkarlar ancak umutsuz bir şekilde dokunmaya açtırlar. Zihnin, fiziksel algıları hissetmesi için yeniden eğitilmesi gereklidir ve bedene de dokunulmanın rahatlığına izin vermek ve keyif almak konusunda yardım edilmelidir. Duygusal farkındalık eksikliği olan bireyler, uygulamayla, fiziksel algılarıyla psikolojik olaylar arasında iletişim kurabilmektedir. Ardından yavaş yavaş kendileriyle de yeniden bağ kurabilirler.

KENDİNİZLE BAĞ KURMAK, BAŞKALARIYLA BAĞ KURMAK

Bu bölümü, bedeninizi kaybetmenin bedelini gösteren son bir çalışmayla bitireceğim. Ruth Lanius ve ekibi, durağan beyin görüntülemeleri gerçekleştirdikten sonra, günlük yaşamı şekillendiren başka bir soru üzerine odaklandılar: Kronik olarak travma yaşayan insanlar, yüz yüze iletişim kurduklarında neler oluyor?

Ofisime gelen pek çok hastam, göz teması kuramaz. Bu kişilerin benim bakışlarımı bile karşılamadaki zorluklarını görür görmez hemen ne kadar sıkıntılı olduklarını anlarım. Sonunda da, ne kadar çaresiz olduklarını görmem konusunda kendilerini kötü hissettikleri ortaya çıkar. Bu yoğun utanç duygularının, anormal beyin aktivasyonlarında yansıtılabileceğini hiç düşünmemiştim. Ruth Lanius, bir kez daha zihin ve beynin ayırt edilmesinin olanaksız olduğunu göstermiştir, birinde olan şey diğerinde kaydedilmektedir.

Ruth, görüntüleme cihazının içinde uzanan kişiye bir video karakteri gösteren pahalı bir cihaz aldı. (Bu olguda, karakter, Richard Gere'e benziyordu.) Resim, kişinin başına yaklaşabilir (doğrudan kişiye bakar) ya da kırk beş derecelik açıyla başka yöne bakabilir. Bu da doğrudan bakış ve başka yöne bakışın beyin aktivasyonu üzerindeki etkilerini karşılaştırma olanağı sunuyordu.[28]

Normal kişiler ve kronik travma yaşayan kişiler arasındaki en göze çarpan fark, doğrudan bakışa verdiği yanıtta prefrontal korteksin aktivasyonundaydı. Prefrontal korteks (PFC) normalde bize doğru yaklaşan kişiyi değerlendirmemize ve ayna nöronlarımız da karşıdaki kişinin niyetini anlamamıza yardım eder. Ancak, TSSB yaşayan kişilerin, frontal loblarında hiçbir kısım harekete geçmedi, bu da yabancıyla ilgili hiçbir merak duygusu uyanmadığı anlamına geliyordu. Yalnızca, duygusal beyinlerinin derinliklerinde, irkilme, aşırı uyarılmışlık, sinme ve diğer kendini koruma davranışlarını oluşturan Periakuaduktal Gri olarak bilinen ilkel alanlarda yoğun bir aktivasyon gerçekleşti. Sosyal bağlantı kurmakla ilişkili herhangi bir beyin alanında aktivasyon yoktu. Kendilerine bakılması durumunda hemen yaşamda kalma moduna geçtiler.

Bunun, arkadaş edinme ve başkalarıyla anlaşma becerileri için anlamı nedir? Onların terapisi için anlamı nedir? TSSB yaşayan kişiler, en derin korkuları aktifken bir terapiste güvenebilir mi? Gerçek ilişkiler kurmak için herkesi ayrı kendine özgü güdüleri ve niyetleri olan ayrı kişiler olarak değerlendirebilmelisiniz. Kendinizi ayağa kaldırmaya gereksiniminiz varken, aynı zamanda diğer insanların kendi gündemleri olduğunu unutmamalısınız. Travma her şeyi puslu ve gri hâle getirebilir.

KISIM ÜÇ

ÇOCUKLARIN ZİHNİ

BÖLÜM 7

AYNI FREKANSTA BULUŞMAK: BAĞLANMA VE UYUM

İyileşmenin kökeni... sevgi dolu, uyumlu ve kendine hakim bir kişinin kalbinde, zihninde var olma ve anlaşılma algısında yatmaktadır.

—Diana Fosha

Massachusetts Ruh Sağlığı Merkezi Çocuk Kliniği, pek çok rahatsız ve rahatsızlık veren çocukla doluydu. Buradaki çocuklar, yerinde bir an bile duramayan, başka çocuklara hatta bazen de çalışanlara vuran, onları ısıran vahşi yaratıklardı. Bir gün koşarak yanınıza gelip size sarılır, ertesi gün ise korkarak sizden uzaklaşırlardı. Bazıları zorlantılı (kompulsif) şekilde mastürbasyon yapar, bazıları da nesnelere, hayvanlara ve kendilerine karşı saldırgan davranırdı. Bir an ilgiye açken sonrasında öfkeli ve aksi davranırlardı. Özellikle kızlar acı verici bir şekilde uysaldı. Karşı ya da yapışkan özellikte olsun hiçbiri kendi yaş grubundaki çocuklara özgü biçimlerde oyun oynamaz, keşifler yapmazdı. Bazılarının kendilik duygusu neredeyse hiç gelişmemişti. Aynaya baktıklarında kendilerini tanıyamazlardı.

O dönem, henüz anaokuluna giden çocuklarımın bana öğrettikleri dışında çocuklar hakkında çok az şey biliyordum. Ancak şanslıydım; Cenevre'de Jean Piaget ile çalışan ve kendi beş çocuğunu büyüten Nina Fish-Murray iş arkadaşımdı. Piaget'nin çocuk gelişimi ile ilgili teorilerinin temelini, kendi çocuklarından başlayarak, tüm çocukları doğrudan, titiz bir şekilde gözlemlemesi oluşturmaktadır ve Nina da MMHC'deki başlangıç aşamasındaki Travma Merkezine bu ruhu getirmişti.

BÖLÜM 7

AYNI FREKANSTA BULUŞMAK: BAĞLANMA VE UYUM

İyileşmenin kökeni...sevgi dolu, uyumlu ve kendine hakim bir kişinin kalbinde, zihninde var olma ve anlaşılma algısında yatmaktadır.

—Diana Fosha

Massachusetts Ruh Sağlığı Merkezi Çocuk Kliniği, pek çok rahatsız ve rahatsızlık veren çocukla doluydu. Buradaki çocuklar, yerinde bir an bile duramayan, başka çocuklara hatta bazen de çalışanlara vuran, onları ısıran vahşi yaratıklardı. Bir gün koşarak yanınıza gelip size sarılır, ertesi gün ise korkarak sizden uzaklaşırlardı. Bazıları zorlantılı (kompülsif) şekilde mastürbasyon yapar, bazıları da nesnelere, hayvanlara ve kendilerine karşı saldırgan davranırdı. Bir an ilgiye açken sonrasında öfkeli ve aksi davranırlardı. Özellikle kızlar acı verici bir şekilde uysaldı. Karşı ya da yapışkan özellikte olsun hiçbiri kendi yaş grubundaki çocuklara özgü biçimlerde oyun oynamaz, keşifler yapmazdı. Bazılarının kendilik duygusu neredeyse hiç gelişmemişti. Aynaya baktıklarında kendilerini tanıyamazlardı.

O dönem, henüz anaokuluna giden çocuklarımın bana öğrettikleri dışında çocuklar hakkında çok az şey biliyordum. Ancak şanslıydım, Cenevre'de Jean Piaget ile çalışan ve kendi beş çocuğunu büyüten Nina Fish-Murray iş arkadaşımdı. Piaget'nin çocuk gelişimi ile ilgili teorilerinin temelini, kendi çocuklarından başlayarak, tüm çocukları doğrudan, titiz bir şekilde gözlemlemesi oluşturmaktadır ve Nina da MMHC'deki başlangıç aşamasındaki Travma Merkezine bu ruhu getirmiştir.

Nina, Harvard psikoloji bölümünün eski başkanı ve kişilik teorisinin önde gelenlerinden biri olan Henry Murray ile evliydi ve kendi ilgilerini paylaşan kıdemsiz fakülte üyelerini aktif bir şekilde cesaretlendirirdi. Benim savaş gazileriyle ilgili hikâyelerimden etkilenmişti, nedeni ise bu öykülerin, Boston'daki kamu okullarında çalıştığı sorunlu çocukları anımsatmış olmasıydı. Travma ile çok az ilgisi olan çocuk psikiyatristlerinin yönettiği Çocuk Kliniğine Nina'nın ayrıcalıklı pozisyonu ve kişisel çekiciliği sayesinde ulaşabildik.

Henry Murray, yaptığı pek çok işin yanı sıra, kendi tasarladığı ve yaygın bir şekilde kullanılan Tematik Algı Testi (TAT) ile de tanınıyordu. TAT, bir yansıtma testi olarak da bilinir, kişilerin içsel gerçekliklerinin dünya algılarını nasıl şekillendirdiğini keşfetmek için kullanılan bir dizi karttan oluşan bir testtir. Savaş gazilerinde kullandığımız Rorschach kartlarının aksine, TAT kartları, gerçekçi ancak belirsiz ve bir şekilde rahatsız edici sahneler anlatır; boşluğa bakan bir kadın ve erkek, kırık bir kemana bakan bir çocuk. Kişilerden, fotoğrafta yaşanmakta olan, daha önceden yaşanmış olan olayları ve sonrasında ne yaşanacağını anlatması istenir. Pek çok olguda, kişilerin yorumları hızlı bir şekilde kendilerini endişelendiren konuları meydana çıkarır.

Nina ile birlikte, özellikle çocuklar için kliniğin bekleme odasındaki dergilerden kestiğimiz resimlerden oluşan test kartları hazırlamaya karar verdik. İlk çalışmamızda, klinikte yaşları altı ile on bir arasında değişen on iki çocukla, civardaki okuldan yaş, ırk, zekâ ve aile yapısı olarak benzerlik gösteren bir grup çocuğu karşılaştırdık [1]. Hastalarımızı ayıran şey, aile içinde gördükleri istismardı. Annesinin dövmesi sonucu ciddi yaralar alan bir erkek çocuk, dört yaşındayken babasının cinsel tacizine uğrayan bir kız çocuğu; defalarca sandalyeye bağlanarak kamçılanan iki erkek çocuk; beş yaşında annesinin (bir fahişe) tecavüze uğramasına, yakılıp, parçalara ayrılarak bir aracın bagajına konmasına tanıklık eden bir kız çocuğu vardı.

Kontrol grubumuz ise Boston'un sıkıntılı bir bölgesinde yaşayan ve düzenli olarak şok edici şiddet olaylarına tanıklık eden, fakirlik içinde yaşayan çocuklardan oluşuyordu. Çalışma yürütülürken, okuldan bir çocuk, bir sınıf arkadaşının üzerine benzin dökerek ateşe vermişti. Başka bir çocuk da babası ve arkadaşıyla okula doğru giderken çapraz ateşte kalmış ve kasığından yara almıştı, arkadaşı ise hayatını kaybetmişti. Yüksek oranda şiddete maruz kalan bu çocukların kartlara verdikleri tepki hastanede yatan çocuklardan farklı mı olacaktı?

Kartlarımızdan biri, aile ortamını sergiliyordu; araba tamir ederken babalarını izleyen iki gülümseyen çocuk. Bu karta bakan her çocuk, aracın altında uzanan adam için tehlikeden söz etti. Kontrol

grubundaki çocuklar, sonu iyi biten hikâyeler anlatırken –araba tamir edildi; baba ve çocuklar McDonald's'a gitti– travma yaşayan çocuklar ise ürkütücü öyküler anlattı. Bir kız, resimdeki küçük kızın çekiçle babasının kafasına vurmak üzere olduğunu anlattı. Ciddi bir şekilde fiziksel taciz gören dokuz yaşındaki bir erkek çocuk ise resimdeki erkek çocuğun krikoyu tekmeleyeceğini böylece arabanın da babasının üzerine düşeceğini, garajın her yerine kan sıçrayacağını anlattı.

Hastalarımız, öyküler anlattıkça çok heyecanlandılar ve altüst oldular. Bir sonraki kartı göstermeden önce soğuk suyun başında ve yürüyüşle hatırı sayılır zaman geçirdik. Neredeyse hepsinin Dikkat Eksikliği Hiperaktivite Bozukluğu (DEHB) tanısı olması ve çoğunun Ritalin kullanması şaşırtıcı değildi. Üstelik ilaç kesinlikle bu durumda uyarılmalarını frenlememişti.

Tacize uğrayan çocuklar da, pencerenin kenarında duran masum hamile bir kadın silueti karşısında benzer tepkiler verdiler. Dört yaşındayken cinsel tacize uğramış olan yedi yaşındaki bir kız çocuğu, sürekli olarak penis ve vajinadan söz etti ve Nina'ya durmadan "Kaç kişiyle ilişkin oldu?" diye sordu. Bu çalışmadaki cinsel tacize uğramış olan kız çocuklarının çoğu öyle rahatsız oldu ki durmak zorunda kaldık. Kontrol grubundan yedi yaşındaki bir kız çocuğu, resmin hüzünlü boyutunu ele aldı. Öyküsü özlemle kocasını bekleyen üzgün bir kadını anlatıyordu. Öykünün sonunda kadın, bebeğine iyi bir baba olacak sevgi dolu bir adamla tanışıyordu.

Arka arkaya gösterdiğimiz kartların sonunda, sorunlara karşı uyarılmışlık hâllerine rağmen, tacize uğramayan çocukların, temel olarak iyi bir dünya inancıyla güven duyduklarını gördük; hayal dünyalarında, kötü durumlardan çıkıp kurtulabiliyorlardı. Kendi aileleri içinde güvende ve korunmuş hissettikleri görülüyordu. Ebeveynlerden en az birinin sevgisini hissediyorlar ve bu da okul çalışmalarına ve öğrenmeye karşı istekli olmaları konusunda büyük bir fark yaratıyordu.

Klinikte kalan çocukların tepkileri ise korkutucuydu. En masum görüntüler, yoğun bir şekilde tehlike, saldırganlık, cinsel uyarılmışlık ve dehşet duygularına sebep oluyordu. Bu fotoğrafları, bazı duyarlı insanların içinde yatan duyguyu ortaya çıkarır diye özellikle seçmemiştik; günlük yaşamı gösteren sıradan fotoğraflardı. İstismar edilmiş çocuklar için tüm dünyanın tetikleyicilerle dolu olduğu sonucuna ulaşabildik. Birinin odaya girmesi, herhangi bir yabancı, ekranda ya da reklam panosundaki bir görüntü onların hayal dünyasında bir felaketin habercisi sayılabilirdi. Bu aydınlanma ile klinikteki çocukların garip davranışları anlam kazanmaya başladı.

Şaşırtıcı olan ise birimde yapılan ekip toplantılarında bu çocukların korkunç gerçek yaşam deneyimlerinden ve bu travmaların duyguları, düşünceleri, kendilerini düzenleme becerileri üzerindeki etkilerinden hiç söz edilmiyor olmasıydı. Bunun yerine, tıbbi kayıtlar, tanısal ifadelerle dolduruluyordu. Öfkeli ve isyankâr çocuklar için "davranım bozukluğu" ya da "karşıt olma karşı gelme bozukluğu"; ya da bipolar bozukluk. DEHB'de neredeyse tüm çocuklar için konan ek tanıydı. Peki, altta yatan travma, bu tanı seli altında gizleniyor muydu?

Artık iki büyük zorluğumuz vardı. Bunlardan ilki, normal çocukların dünyaya farklı bakış açıları, onların dayanıklılığını açıklayabilir mi ve daha derin düzeyde her çocuk kendi dünya haritasını nasıl oluşturur sorusuydu. Diğeri ise aynı derecede önemli olan bir soruydu: Kendilerine acımasızca davranılan bu çocukların içsel haritalarını yeniden çizmek ve gelecekte güven ve inanç algılarını geliştirmek için beyin ve zihinlerine destek olunabilir mi?

ANNESİZ ERKEKLER

Bebekler ve anneleri arasındaki son derece önemli ilişki hakkındaki bilimsel çalışmalar, henüz genç bir çocukken ailelelerinden koparılarak aynı cins öğrencilerin okuduğu yatılı okula gönderilen ve burada yetişen üst sınıf İngiliz erkekler tarafından başlatıldı. Londra'daki ünlü Tavistock Kliniğini ziyaret ettiğimde, ana merdivenlerden başlayarak tüm koridorlarda, John Bowlby, Wilfred Bion, Harry Guntrip, Ronald Fairbairn ve Donald Winnicott gibi yirminci yüzyılın ünlü psikiyatristlerinin siyah beyaz fotoğraflarından oluşan koleksiyon dikkatimi çekti. Her biri kendi yöntemiyle, erken dönem deneyimlerinin, sonraki hayatlarımızdaki ilişkiler için nasıl bir prototip hâline geldiğini ve en içten benlik algısının bakıcılarımızla olan anlık alışverişler sırasında nasıl oluştuğunu araştırmıştır.

Bilim adamları, kendilerini en çok şaşırtan şeyleri araştırır, böylece başkalarının kanıksadığı konularda uzman hâline gelirler (ya da bağlanma konusunda araştırma yapan Beatrice Beebe'nin bir zamanlar bana dediği gibi "araştırmaların çoğu kendini araştırmaktır"). Çocukların yaşamında annenin rolünü araştıran bu erkeklerin çoğu, bazen altı ile on yaşları arasında, henüz dünyayı tek başına göğüsleyemeyecek yaşlarda yatılı okullara gönderilmişti. Bowlby'nin kendisi bana, yatılı okul deneyimlerinin George Orwell'i 1984 romanını yazmaya esinlendirdiğini söylemişti, kitapta insanların, otorite olarak sayılan birinin onayını ve sevgisini kazanmak adına kendileri için değerli ve doğru olan şeyleri – benlikleri de dâhil– feda etmeye nasıl inandırıldıkları anlatılmaktadır.

Bowlby, Murray'lerin yakın dostu olduğu için Harvard ziyaretleri sırasında çalışmaları hakkında kendisiyle konuşma fırsatları yakalıyordum. Aristokrat bir ailede doğan Bowlby (babası Kraliyet ailesinin cerrahıydı) en iyi İngiliz kurumlarında psikoloji, tıp ve psikoanaliz eğitimi almıştı. Cambridge Üniversitesini tamamladıktan sonra, Blitz (ç.n.: Birleşik Krallık'ın Nazi Almanyası tarafından 7 Eylül 1940 ile 16 Mayıs 1941 tarihlerinde bombalanması) sırasında büyük ölçüde zarar gören ve suçun yoğun olduğu Londra'nın doğu yakasında suç işleyen çocuklarla çalışmıştı. II. Dünya Savaşı sırasında ve sonrasındaki görevlerinde, savaş dönemi tahliyelerinin ve küçük çocukları ailelerinden ayıran toplu bakım evlerinin etkilerini gözlemlemiştir. Aynı zamanda, hastanede tedavinin etkileri üzerine de çalışmış ve en kısa ayrılıkların bile (anne babaların gece kalmalarına izin verilmediği için hastaneden ayrılmak zorunda kalması), çocukların acılarını şiddetlendirdiğini görmüştür. 1940'ların sonunda Bowlby, çocukların davranış bozukluklarının, infantil cinsel hayaller değil, ihmal, kötü davranma ve ayrılma gibi gerçek yaşam deneyimlerine bir tepki olduğu iddiasının bir sonucu olarak İngiliz psikanalitik topluluğunun *istenmeyen kişisi* hâline gelmişti. Cesaretini yitirmeyen Bowlby, yaşamını günümüzde bağlanma teorisi olarak adlandırılan çalışmalarını geliştirmeye adamıştır[3].

GÜVENLİ BİR TEMEL

Bu dünyaya geldiğimiz anda varlığımızı duyurmak için çığlık atarız. Biri hemen bizimle ilgilenir, bizi yıkar, kundaklar, karnımızı doyurur ve en iyisi de annemiz bizi tatlı bir tensel temas için kucağına ya da göğsüne yatırır. Bizler son derece sosyal canlılarız; yaşamlarımız, insanoğlunun oluşturduğu topluluk içinde kendi yerimizi aramaktan ibarettir. Büyük Fransız psikiyatrist Pierre Janet'in şu ifadesini çok severim: "Her yaşam bir sanattır, anlamlı olan her şeyi bir araya getirin."

Büyüdükçe, aşamalı olarak hem duygusal hem de fiziksel olarak kendimize bakmayı öğreniriz ancak kendimize bakımla ilgili ilk derslerimizi bizimle nasıl ilgilenildiği ile alırız. Kendimizi düzenleme becerilerinde ustalaşmamız, bize bakan kişilerle ilk ilişkilerimizin ne kadar uyumlu olduğu ile ilgilidir. Anne babaları, rahatlık ve güç kaynağı olan çocukların yaşam boyu süren avantajları vardır. Kaderin oynadığı en kötü oyunlara karşı bir tür tampon görevi görür.

John Bowlby, çocukların yüzlerden ve seslerden etkilendiğini, yüz ifadeleri, duruş, ses tonu, fizyolojik değişimler, hareketin temposu ve başlangıç hareketlerine karşı son derece duyarlı olduklarını fark etti. Bowlby, doğuştan gelen bu kapasiteyi, evrimin bir sonucu olarak görmüştür ki bu durum, bu çaresiz canlıların yaşamını sürdürebilmesi için esastır. Çocuklar ayrıca doğal iletişim sistemini geliştirebilecekleri belirli bir (ya da birkaç) yetişkin seçmeye programlanmıştır. Bu da temel bağlanma sistemini oluşturur. Yetişkin, çocuğa ne kadar karşılık verirse çocuk da etrafındaki kişilerle o derecede sağlıklı ilişkiler kuracaktır.

Bowlby, sık sık Londra'daki Regent's Park'a gider ve burada çocuklarla annelerinin arasındaki ilişkiyi gözlemlerdi. Anneleri sessizce bankta oturmuş örgü örerken ya da kitap okurken, çocuklar da etrafta dolaşırlar, arada da omuzlarının üzerinden annelerinin kendilerini izleyip izlemediklerini kontrol ederdi. Ama annesi bir tanıdıkla karşılaştığında ve ayaküstü sohbete daldığında, çocuk koşarak annesinin yanına gider, yakınlaşır ve annesinin hâlâ kendisiyle ilgilendiğinden emin olmak isterdi. Bebekler ve küçük çocuklar, anneleri kendileriyle tam olarak ilgilenmediğinde gergin olurlar. Anneleri görüş açılarından çıktığında ağlayabilirler ve avutulamazlar ama anneleri döner dönmez sakinleşir ve oyunlarına geri dönerler.

Bowlby, bağlanmayı, çocuğun dünyaya adım atmasında güvenli bir temel olarak görmektedir. Sonraki elli yıl boyunca gerçekleştirilen araştırmalar, güvenli bir limana sahip olmanın kendine güveni desteklediğini ve sıkıntı yaşayan kişilere karşı sempati ve yardımseverlik duygularını aşıladığını göstermiştir. Karşılıklı bağlanmanın yakın alışverişini geliştiren çocuklar, başkalarının da kendileriyle aynı ya da farklı düşüncelere ve duygulara sahip olabileceğini öğrenirler. Başka bir deyişle çevreleriyle ve etraflarındaki insanlarla "uyumlu" olurlar ve öz farkındalık, empati, dürtü kontrolü, öz motivasyon gibi daha büyük sosyal kültürün katılımcı bireyleri olmalarını sağlayan özellikleri geliştirirler. Bu özellikler bizim Çocuk Kliniğimizdeki çocuklarda ne yazık ki eksikti.

UYUMUN DANSI

Çocuklar öncelikle bakıcı olarak işlev gören kişi kimse ona bağlanırlar. Ancak bağlanmanın doğası –güvenli ya da güvensiz olsun– çocuğun yaşam rotasında büyük farklılıklar oluşturur. Güvenli bağlanma, bakım, duygusal uyumu da içerdiğinde gelişmektedir. Uyum, bebekler ve bakıcıları arasındaki en ince fiziksel etkileşim düzeyinde başlar ve bu da bebeklere anlaşıldıkları duygusunu verir. Edinburglu bağlanma araştırmacısı Colwyn Trevarthen şunları söylemektedir: "Beyin, ritmik beden hareketlerini düzenler ve diğer insanların beyinleriyle duygudaş davranmaya yönlendirir. Bebekler, müzikaliteyi, henüz dünyaya gelmeden önce annelerinin konuşmalarıyla duyar ve öğrenir."[4]

Bölüm 4'te bize empati kurma kapasitesini veren beyinden beyine bağların ayna nöronlarının keşfini tanımladım. Ayna nöronlar, bebekler doğduğu anda işlev görmeye başlar. Oregon Üniversitesinden Andrew Meltzoff, doğumdan altı saat sonra bebeklere dudaklarını büktüğünde ya da dil çıkardığında bebeklerin de hareketlerini yansıttığını gözlemlemiştir[5]. (Yeni doğanlar, kendilerine yirmi otuz santim yakındaki nesnelere gözlerini odaklayabilir. Bu da, kendilerini tutan kişiyi görmeleri için yeterli bir mesafedir.) Taklit, en temel sosyal becerimizdir. Otomatik olarak ebeveynlerimizin, öğretmenlerimizin ve akranlarımızın davranışlarını alıp yansıtmamızı sağlar.

Pek çok ebeveyn, bebekleriyle kendiliğinden bir ilişki kurmaktadır ve nadiren uyumun nasıl geliştiğinin farkına varırlar. Ancak, bağlanma araştırmacısı dostum Ed Tronick'ten gelen bir davet, bu süreci daha yakından izleme imkânı verdi. Harvard İnsan Gelişimi Laboratuvarındaki tek yönlü bir aynadan, bir annenin bebek koltuğunda oturan iki aylık oğluyla oyun oynamasını izledim.

Birbirlerini öpüp kokluyor ve birlikte harika vakit geçiriyorlardı. Ta ki anne bebeğin burnuna doğru eğilene dek, bebek heyecanla annenin saçını tutup çekti. Anne hazırlıksız yakalanmıştı, acıyla bağırdı ve öfkeyle bebeğin elini itti. Bebek hemen bıraktı ve fiziksel olarak birbirlerinden uzaklaştılar. Neşe kaynağı her ikisi için de stres kaynağına dönüşmüştü. Korktuğu aşikâr olan bebek, öfkeli annesinin görüş açısından çıkmak için elleriyle yüzünü kapattı. Bebeğin üzüldüğünü fark eden anne, ortalığı yumuşatmak için sesler çıkarmaya başladı. Bebeğin gözleri hâlâ kapalıydı ancak iletişim isteği kısa sürede yeniden ortaya çıktı. Annesi ilgili bir şekilde yaklaşırken bebek de limanın yeniden sakin olup olmadığını kontrol ediyordu. Anne, bebeği gıdıklamaya başladığında ellerini indirdi ve uyum yeniden sağlandı. Bebek ve annesi uyumu yeniden yakaladı. Tüm bu eğlence, kırılma, onarma ve yeniden keyif alma on iki saniyeden kısa sürdü.

Tronick ve diğer araştırmacılar, bebekler ve bakıcılarının duygusal düzeyde uyumlu olduğunda fiziksel olarak da uyumu yakaladığını göstermiştir[6]. Kendi duygusal durumlarını düzenleyemeyen bebeklerin, duygularına eşlik eden kalp atışlarını, hormon düzeylerini ve sinir sistemlerini düzenleme şansları azdır. Çocuk, bakıcısıyla uyumlu olduğunda, onun neşe ve bağlantıda olma hissi, sabit kalp atışı, solunum ve düşük düzeydeki hormon seviyesi ile yansıtılır. Bedeni sakindir ve bunun sonucunda duyguları da sakindir. Bu müzik bölündüğünde –normal bir günün akışında olduğu gibi– tüm bu psikolojik etkenler de değişir. Fizyoloji sakinleştiğinde dengenin yeniden sağlandığını söyleyebilirsiniz.

Bebekleri rahatlatırız ancak ebeveynler kısa sürede çocuklarına daha yüksek seviyedeki uyarılmaları tolere etmeyi öğretmeye başlarlar ve bu görev genelde babalarındır. (Bir keresinde psikolog John Gottman'ın "Anneler sıvazlar, babalar ise dürter." dediğini duymuştum.) Uyarılmaları yönetmeyi öğrenme, temel bir yaşam becerisidir ve bebekler, bunu kendi başlarına yapmayı öğrenene dek onlar adına anne babaları yapmalıdır. Karnındaki kemirme algısı, bebeğin ağlamasına neden olursa, meme ya da biberon gelir. Korktuğunda biri ona sarılır ve sakinleşene dek sırtını sıvazlar. Altını kirlettiğinde biri temizler ve kurular. Güvenlik, rahatlık ve yeterlilikle ilgili yoğun duyularla ilişkilendirme, kitap boyunca ele alacağım öz düzenleme, kendini rahatlatma, kendini beslemenin temelini oluşturmaktadır.

Yeterliliğin gelişmesiyle birleşen güvenli bir bağlanma, yaşam boyunca sağlıklı başa çıkabilme becerilerinde temel bir faktör olan içsel *kontrol odağını* belirler [7]. Güvenli bir şekilde bağlanan çocuklar, kendilerini iyi hissettiren şeyleri öğrenirler; kendilerini (ve başkalarını) kötü hissettiren şeyleri keşfederler ve eylemlilik duyusu elde ederler. Eylemlerini duygularına ve karşıdaki kişilerin tepkilerine göre değiştirirler. Güvenli bir şekilde bağlanan çocuklar, kontrol edebilecekleri ve yardıma gereksinim duydukları durumları öğrenirler. Zor durumlarla karşılaştıklarında aktif bir rol oyanayabileceklerini görürler. Bunun aksine, istismar ve ihmal geçmişi olan çocuklar, korkularının, yalvarmalarının ve ağlamanın bakıcıları tarafından anlaşılmayacağını öğrenirler. Yaptıkları ya da söyledikleri hiçbir şey dayak yemelerine engel olmaz ya da dikkat çekmez. Bunun sonunda da ilerideki yaşamlarında zorluklarla kaşılaştıklarında vazgeçerler.

GERÇEK OLMAK

Bowlby'nin çağdaşı, çocuk doktoru ve psikoanalist Donald Winnicott, uyum konusundaki modern çalışmaların babasıdır. Anneler ve çocuklarla ilgili gözlemleri, annelerin bebeği tutma biçimlerini izlemekle başladı. Winnicott, bu fiziksel etileşimlerin, bebeklerin benlik duygusunun ve yaşam boyu süren kimlik algısının temelini oluşturduğunu iddia etmiştir. Bir annenin bebeğini tutma biçimi "bedenin psişenin yaşadığı bir yer olarak hissetme becerisi"nin temelini oluşturmaktadır [8]. Bedenlerimizin nasıl olduğu ile ilgili içgüdüsel ve kinestetik algı, "gerçek" olarak deneyimlediğimiz şeylerin dayanağını oluşturmaktadır [9].

Winnicott, annelerin büyük bir çoğunluğunun, bebeklerine uyum konusunda yeterli olduğunu düşünüyordu. Onun "yeterince iyi bir anne olmak" olarak sözünü ettiği durum için olağanüstü bir yetenek gerekmez [10]. Ancak anneler, bebeğin fiziksel gerçekliğine duyarlı olamadığında bazı şeyler ciddi şekilde kötü sonuçlar doğurabilir. Anne, bebeğin dürtülerini ve ihtiyaçlarını karşılayamıyorsa, "Bebek, annenin kafasındaki bebek algısını yansıtmayı öğrenir". İçsel algılarını önemsememek zorunda kalmak ve bakıcının ihtiyaçlarına uyum sağlamak, çocuğun "yanlış olan şeyi" olduğu gibi algılamasına neden olur. Fiziksel uyum eksikliği yaşayan çocuklar, zevk, amaç ve yön gibi üzerinde oturdukları bedenlerinden doğrudan gelen geri bildirimleri kapatmaya yatkın olurlar.

Bowlby ve Winnicott'un fikirlerinin öne sürüldüğü yıllarda, dünyadaki bağlanma araştırmaları, çocukların büyük çoğunluğunun güvenli bir şekilde bağlandığını gösteriyordu. Bu çocuklar büyüdüklerinde, güvenilir ve duyarlı anne babalarıyla olan geçmişleri, korku ve endişeleri uzak tutacaktır. Yaşamlarını kahreden, öz düzenleme sistemini bozan bir olaya –travma– maruz kalmanın dışında, yaşamlarını temel duygusal güvenlik düzeyinde sürdüreceklerdir. Güvenli bağlanma aynı zamanda, çocukların ilişkileri için de bir şablondur. Başkalarının ne hissettiğini algılar ve erkenden gerçekliklerden bir oyun üretmeyi ve sahte durumlar ya da tehlikeli insanların kokusunu almayı öğrenirler. Güvenli bir şekilde bağlanan çocuklar, genellikle keyifli oyun arkadaşı olur ve akranlarıyla öz olumlama deneyimleri yaşarlar. Diğer insanlarla uyum içinde olmayı öğrendiklerinden, seslerdeki ve yüzlerdeki ufak değişimlere dikkat edip ona göre davranırlar. Paylaşılmış bir dünya anlayışı içinde yaşamayı öğrenirler ve toplumun değerli bir üyesi olurlar.

Ancak bu yükselen spiral, taciz ya da ihmalle tersine dönebilir. İstismara uğrayan çocuklar, seslerdeki ve yüzlerdeki değişimlere karşı çok duyarlıdır ancak uyum içinde kalmak yerine bunlara bir tehdit olarak tepki verirler. Wisconsin Üniversitesinden Dr. Seth Pollak, sekiz yaşındaki bir grup normal çocuğa çeşitli yüz resimleri göstermiş ve verdikleri tepkileri aynı yaştaki istismara uğrayan çocukların tepkileriyle karşılaştırmıştır. Kızgın yüzlerden üzgün yüzlere dek geniş bir spektrumdaki yüzlere bakan istismara uğramış çocuklar, en küçük öfke özelliklerine karşı aşırı uyarılmıştır[11].

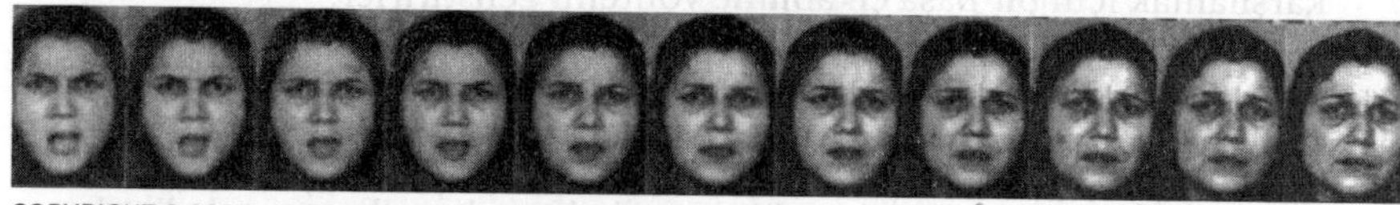

Bunun sebeplerinden biri, istismara uğrayan çocukların kolayca savunma durumuna geçmeleri ya da korkmalarıdır. Okul koridorundaki yüzler denizinde kimin sizi taciz edebileceğini tahmin etmeye çalışarak, yolunuzu bulmaya çalışmanın nasıl olduğunu bir düşünün. Akranlarının saldırganlığına aşırı tepki veren, diğer çocukların ihtiyaçlarını anlamayan, kolayca kapanan ya da dürtülerini kontrol edemeyen çocuklar, genelde dışlanır, pijama partilerine davet edilmez ve oyunlara alınmaz. Sonunda da korkularını, zorlu bir yüz takınarak kapatmayı öğrenebilirler. Ya da televizyon izleyerek, bilgisayar oyunları oynayarak daha fazla yalnız zaman geçirebilirler, kişiler arası iletişim ve duygusal öz düzenleme becerilerinde çok geri kalırlar.

Bağlanma ihtiyacı hiçbir zaman azalmaz. Pek çok insan, uzun süre diğerlerinden uzak kalmayı tolere edemez. İş, dostluk ya da aile aracılığıyla iletişim kuramayan insanlar, hastalık, dava ya da aile içi kavgalarla kendi bağlanma biçimlerini bulurlar. İlgisizlik ve yabancılaşma gibi kasvetli algılar bile tercih edilebilir.

Birkaç yıl önce bir Noel arifesinde, Suffolk County Hapishanesindeki on dört yaşındaki bir erkek çocuğu incelemek üzere çağrıldım. Jack, tatile giden komşularının evine girip hırsızlık yaptığı için hapishanedeydi. Polis, onu oturma odasında yakaladığında hırsız alarmı çalıyormuş.

Jack'e sorduğum ilk soru, Noel'de kendisini kimın ziyaret etmesini beklediği oldu. "Hiç kimse." dedi. "Kimse benimle ilgilenmez." Daha önceden de pek çok kez hırsızlık sabıkası olduğu ortaya çıktı. O polisleri tanıyordu, polisler de onu biliyordu. Büyük bir keyifle polislerin kendisini odanın ortasında görünce "Aman tanrım, yine şu kahrolası küçük Jack." dediğini anlattı. Biri onu tanımıştı ve adını biliyordu. Kısa bir süre sonra Jack "Biliyor musun bunun için sıkıntıya girmeye değer." diyerek itiraf etti. Çocuklar görüldüklerini hissetmek ve bağlı olmak için her şeyi yapar.

SAHİP OLDUĞUNUZ ANNE BABALARLA YAŞAMA

Çocukların biyolojik olarak bağlanma içgüdüsü vardır, başka bir seçenekleri yoktur. Anne babaları ya da bakıcıları, sevgi dolu ve ilgili olsun ya da duyarsız, istismarcı olsun çocuklar, en azından bazı ihtiyaçlarını karşılamak için bir başa çıkabilme yöntemi geliştirirler.

Artık, bu başa çıkabilme biçimlerini değerlendirecek ve açıklayacak daha güvenilir yollar var, yıllar boyunca anne-bebek ilişkilerini gözlemleyerek araştırmalar yapan Mary Ainsworth, Mary Main ve iş arkadaşlarına minnettarız. Ainsworth, bu çalışmaları temel alarak, bebeğin annesinden geçici bir süre ayrı kaldığında nasıl tepki verdiğini ölçen Yabancı Durum adlı bir araştırma aracını yaratmıştır. Tıpkı Bowlby gibi, anneleri gittiğinde bebeklerin üzüldüğünü ancak anneleri döndüğünde mutlu olduklarını, kısa bir güven kontrolünden sonra sakinleşip oyunlarına devam ettiklerini görmüştür.

Ancak güvensiz bağlanma sorunu olan bebeklerde durum daha karmaşıktır. Birincil bakım vereni tepkisiz ya da reddedici olan bebekler iki belirgin yolla kaygılarıyla başa çıkmayı öğrenmektedir. Araştırmacılar, bazılarının kronik olarak üzgün olduğunu ve annelerini daha fazla istediğini, bazılarının da daha pasif ve içe kapalı olduklarını görmüştü. Her iki grupta da, anneyle iletişim bebekleri rahatlatma konusunda başarısız olmuştu. Güvenli bağlanmada olduğu gibi mutlu bir şekilde oyunlarına geri dönmediler.

"Kaçıngan bağlanma" örneğinde, bebekler, hiçbir şey canlarını sıkmıyormuş gibi görünürler, anneleri gittiğinde ağlamazlar ve geri geldiğinde de annelerini görmezden gelirler. Ancak bu bebeklerin etkilenmediği anlamına gelmez. Aslında, kronik olarak artan kalp atışları, sürekli bir aşırı uyarılmışlık durumunda olduklarını göstermektedir. İş arkadaşlarımla bunu "başa çıkıyor ama hissetmiyor" olarak adlandırmaktayız[12]. Kaçıngan bağlanan bebeklerin anneleri, çocuklarına dokunmaktan hoşlanmıyor gibi görünürler. Bebeklerine sokulmakta ve onları kucaklamada sorunlar yaşarlar, bebekleriyle ileri geri keyifli ritimler oluşturmaz, yüz ifadelerini ve seslerini kullanmazlar.

"Kaygılı" ya da "kararsız" bağlanma olarak adlandırılan örnekte bebekler, ağlayarak, bağırarak, çekiştirerek ya da çığlık atarak sürekli ilgiyi kendilerine çekerler. Bu bebekler "hisseder ama baş edemezler."[13] Bir gösteri sergilemedikçe kimsenin kendileriyle ilgilenmeyeceğini düşünüyor gibidirler. Annelerinin nerede olduğunu bilmedikleri anda son derece üzülür ancak annenin dönüşüyle biraz rahatlarlar. Ve hatta, annenin refakatinden çok memnun gibi görünmeseler de diğer çocuklar, oyun oynamak isterken onlar pasif ya da öfkeli bir şekilde anneye odaklanmaktadırlar [14].

Bağlanma araştırmacıları, bu üç "düzenli" bağlanma stratejisinin (güvenli, kaçıngan ve kaygılı) işe yaradığını düşünmektedirler çünkü bebekler, bu şekilde belirli bir bakıcının verebileceği en iyi bakımı sağlamaktadır. İstikrarlı bir ilgiyle karşı karşıya kalan bebekler – duygusal uzaklık ya da duyarsızlıkla belirlenmiş olsa bile– bu ilişkiyi sürdürmek için uyum sağlayabilirler. Bu, ortada sorun olmadığı anlamına gelmez: Bağlanma modeli yetişkinlikte de devam eder. Kaygılı bebekler, kaygılı yetişkinler olarak yetişir, kaçıngan bebekler de ne kendi duyguları ne de başkalarının duygularıyla ilgilenmez (Tıpkı "İyi bir pataklamada yanlış olan bir şey yoktur. Beni de dövdüler ve bugünkü başarımın sebebi bu." örneğinde olduğu gibi). Okulda kaçıngan çocuklar, diğer çocuklara zorbalık yaparken, kaygılı çocuklar da bu çocukların kurbanı olur [15]. Ancak gelişme doğrusal değildir ve pek çok yaşam deneyimi, bu sonuçları değiştirmek için araya girebilir.

Ancak daha az istikrarlı uyum gösteren başka bir grup daha var, bu tedavi ettiğimiz çocukların çoğu ve psikiyatri kliniğinde görülen yetişkinlerin önemli bir bölümünü kapsayan bir grup. Yaklaşık yirmi yıl önce, Mary Main ve Berkeley'deki iş arkadaşları, bakıcılarıyla nasıl yakın ilişki kuracağını çözemeyen bir grup çocuğu (çalıştıkları çocukların yaklaşık yüzde 15'i) tanılamaya başladı. Kritik bir sonuç elde edildi, çocuklarda sıkıntı ya da dehşet kaynağının bakıcıların kendisi olduğu ortaya çıktı[16].

Bu durumdaki çocukların yardım isteyecekleri kimse yoktur ve çözümü zor bir ikilemle karşı karşıyadırlar; anneleri aynı anda hem hayatta kalmaları için gereklidir hem de korkularının kaynağıdır[17]. Ne yaklaşabilirler (güvenli ve ikircikli 'stratejiler'), ne odaklarını değiştirebilirler (kaçınma "stratejisi") ne de kaçabilirler[18]. Çocuk yuvasındaki ya da bağlanma laboratuvarındaki çocukları gözlemlerseniz, odaya girdiklerinde doğrudan anne babalarına baktıklarını ve hemen arkalarını döndüklerini görürsünüz. Yakınlığı arama ve anne babadan kaçınma arasında seçim yapamayan çocuklar, ellerini dizlerine vurabilirler, transa geçebilirler, kolları havada donabilirler ya da anne babalarını selamlayıp yere düşebilirler. Kimin güvenli olduğunu ya da kime ait olduğunu bilmemekten kaynaklı olarak yabancılara karşı yoğun bir şekilde sevgi dolu olabilirler ya da kimseye güvenmeyebilirler. Main, bu tür durumları "düzensiz bağlanma" olarak adlandırmıştır. Düzensiz bağlanma "çözüm olmaksızın korkmadır."[19]

DÜZENSİZLİĞİN İÇİNDE OLMAK

Vicdanlı anne babalar, bağlanma araştırmasını keşfettiklerinde genelde paniğe kapılırlar, ara sıra olan sabırsızlıklarını ya da uyumla ilgili sıradan kusurlarının, çocuklarına kalıcı zararlar verebileceği endişesi taşırlar. Gerçek hayatta, yanlış anlaşılma, beceriksiz tepkiler ve iletişim bozukluklarına mahkum olmak da vardır. Çünkü anne ve babalar, ipuçlarını kaçırmakta ya da diğer sorunlarla daha fazla uğraşmaktadır, bebekler de kendilerini yatıştıracak yolları kendi başlarına keşfetmek durumunda bırakılırlar. Belli sınırlar içinde bu bir sorun değildir. Çocuklar, hüsran ve hayal kırıklıklarıyla başetmeyi de öğrenmelidir. "Yeterince iyi bakıcılarla" çocuklar, bozuk ilişkilerin düzelebileceğini öğrenirler. Önemli olan, çocukların anne babaları ya da diğer bakıcılarla ruhsal olarak güvenli olma duygusunu birleştirip birleştiremeyecekleridir[20].

"Normal" orta sınıftan bir çevrede iki binin üzerinde bebekle yapılan çalışmada, yüzde 62 güvenli, yüzde 15 kaçınmacı, yüzde 9 kaygılı (aynı zamanda ikircikli olarak da bilinmektedir) ve yüzde 15 düzensiz bağlanma biçimi görülmüştür [21]. İlginç bir şekilde, bu büyük kapsamlı çalışma, çocuğun cinsiyetinin ve mizacının bağlanma biçimi üzerinde çok az etkisi olduğunu göstermiştir; örneğin "zor" mizaçlı çocuklar, düzensiz bir bağlanma biçimi göstermemiştir. Düşük sosyoekonomik düzeyden gelen çocuklarda düzensiz bağlanma[22] daha sık görülebilmektedir, sebebi ise sıklıkla anne babalarının ekonomik sıkıntıları ve ailedeki istikrarsızlıklar nedeniyle ciddi streslerinin olmasıdır.

Bebeklikte kendini güvende hissetmeyen çocuklar, büyüdükçe ruh hâllerini ve duygusal tepkilerini düzenlemede sorunlar yaşamaktadır. Anaokuluyla birlikte düzensiz bağlanma sorunu olan çocuklar, saldırgan ya da gruptan kopuk ve çekinik olurlar ve çeşitli psikiyatrik sorunlar geliştirirler[23]. Ayrıca kalp atışı, kalp hızı değişkenliği[24], stres hormonu tepkileri ve bağışık sisteminin güçsüzleşmesi ile kendini gösteren daha fazla fizyolojik sıkıntı sergilerler[25]. Bu tür biyolojik düzensizlik, çocuk büyüdükçe otomatik olarak normale döner mi ya da güvenli bir çevreye taşınır mı? Bildiğimiz kadarıyla bu soruların yanıtı hayırdır.

Düzensiz bağlanmanın tek sebebi anne baba istismarı değildir. Aile içi şiddet ya da tecavüz ya da anne babalarından birinin ya da kardeşin ölmesi gibi kendi travmalarını yaşayan anne babalar, aynı zamanda rahatlık ve koruma sağlamada duygusal olarak istikrarsız ve tutarsız olabilirler[26, 27]. Tüm anne babalar, güvenli çocuklar yetiştirmede yardıma ihtiyaç duyarken, travma yaşayan anne babaların özellikle çocukların ihtiyaçlarına uyum sağlama konusunda yardıma ihtiyaçları vardır.

Bakıcılar, genelde uyumsuz olduklarını fark etmezler. Beatrice Beebe'nin bana gösterdiği videoyu canlı bir şekilde hatırlıyorum[28]. Bu, üç aylık bebeğiyle oynayan bir annenin videosuydu. Bebek, bir molaya ihtiyacı olduğunun işaretini vererek geri çekilip kafasını çevirene dek her şey iyi gidiyordu. Ancak anne, ipucunu görmedi ve yüzünü bebeğe daha fazla yaklaştırarak ve sesini yükselterek çocuğun ilgisini çekme çabalarını yoğunlaştırdı. Bebek daha fazla geri çekildiğinde, anne bebeği hoplatmayı ve dürtmeyi sürdürdü. Sonunda bebek bağırmaya başladı, bu noktada anne, bebeği yerine koydu ve hüzünlü bir şekilde uzaklaştı. Kadın gözle görülür bir şekilde kendini kötü hissediyordu ancak ilgili ipuçlarını gözden kaçırmıştı. Sürekli olarak tekrar eden bu tür bir uyumsuzluğun aşamalı olarak nasıl kronik kopukluğa neden olabileceğini anlamak kolaydır. (Kolik sancılı ya da hiperaktif bir bebek olarak yetişen herkes, hiçbir şeyin değişmediği anda stresin hızla arttığını bilir.) Kronik olarak bebeğini sakinleştiremeyen ve keyifli bir yüz yüze iletişim kuramayan bir anne, büyük olasılıkla çocuğunu zor olarak adlandırır, kendisini başarısız hissettiren çocuğu rahatlatma çabalarından vazgeçer.

Uygulamada ise genellikle, düzensiz bağlanma kaynaklı sorunlarla travma kaynaklı sorunları ayırt etmek zordur. Genellikle birbiri içine geçmiştir. Meslektaşım Rachel Yehuda, cinsel tacize ya da tecavüze uğrayan yetişkin NewYorklularla TSSB oranları üzerinde çalıştı[29]. Anneleri soykırımdan hayatta kalan ve TSSB yaşayan kişiler, bu travmatik olayların ardından belirgin bir şekilde ciddi psikolojik sorunlar yaşıyordu. En akılcı açıklama, yetiştirilme biçimlerinin, fizyolojilerini zayıflattığı ve bir kez şiddete uğradıktan sonra dengelerini yeniden sağlamanın güç olduğudur. Yehuda, 2001 yılındaki o ölümcül günde Dünya Ticaret Merkezi saldırısında bulunan hamile kadınların çocuklarında da benzer yatkınlığı görmüştür[30].

Benzer bir şekilde, çocukların acı verici olaylara karşı tepkileri büyük oranda anne babalarının ne kadar sakin ya da stresli olduğuyla belirlenmektedir. Eskiden öğrencim olan ve şimdilerde NYU'da Çocuk ve Ergen Psikiyatrisi bölüm başkanı olan Glenn Saxe, ciddi yanık tedavileri nedeniyle hastaneye yatan çocuklardaki TSSB gelişiminin, çocukların anneleriyle ne kadar rahat hissettiğiyle ilgili olduğunu göstermiştir[31]. Annelerine olan bağlanmalarındaki güvenlik düzeyi, acılarını kontrol etmek için gerekli olan morfin miktarını belirliyordu, bağlanma ne kadar güçlüyse gerekli olan ağrı kesici miktarı da o oranda azalıyordu.

Başka bir iş arkadaşım, NYU Langone Medical Center'da, Aile Travma Araştırma Programını yürüten Claude Chemtob, 9/11 tarihindeki terör saldırılarına doğrudan tanıklık etmiş 112 New Yorklu çocukla çalıştı[32]. Anneleri TSSB ya da depresyon tanısı almış olan çocukların, altı kat daha fazla duygusal sorun yaşamakta ve yaşadıkları deneyime karşı aşırı saldırganlık tepkisini on bir kat daha fazla sergilemekte olduğu görülmüştür. Babaları TSSB tanısı almış olan çocuklar da davranış sorunları göstermiştir ancak Chemtob, bu etkinin dolaylı olduğunu ve anne aracılığıyla iletildiğini keşfetmiştir. (Çabuk öfkelenen, içine kapanık ya da dehşete düşmüş bir eşle yaşamak, diğer eşe depresyon da dâhil büyük bir psikolojik yük yüklemektedir.)

İçsel güvenlik duygunuz yoksa, güveni ve tehlikeyi ayırt etmeniz zordur. Kronik bir şekilde hissizleştiyseniz, olası tehlikeli durumlar sizi canlandırabilir. Korkunç bir insan olduğunuz sonucuna vardıysanız (yoksa neden aileniz size öyle davransın?), diğer insanların da size kötü davranması beklentisinde olursunuz. Büyük ihtimalle bunu hak etmişsinizdir ve artık yapacağınız bir şey yoktur. Düzensiz bağlanma yaşayan insanların bu tür algıları vardır, izleyen deneyimlerle travma yaşamaya hazırdırlar[33].

DÜZENSİZ BAĞLANMANIN UZUN SÜRELİ ETKİLERİ

1980'lerin başında, Harvard bağlanma araştırmacısı, meslektaşım Karlen Lyons-Ruth, annelerle bebeklerinin altı, on iki ve on sekizinci aylardaki etkileşimlerini videoya kayıt etmeye başladı. Çocuklar beş yaşına geldiğinde ve yedi ya da sekiz yaşına geldiğinde yeniden kayıtlar yaptı[34]. Hepsi de yüksek risk taşıyan ailelerdi. Yüzde 100'ü fedaral yoksulluk rehberindeki koşulları taşıyordu ve annelerin neredeyse yarısı yalnızdı. Düzensiz bağlanma iki farklı biçimde ortaya çıktı. Annelerin bir bölümü, kendi meseleleriyle o kadar meşguldü ki bebeklerine zaman ayıramıyorlardı. Genellikle müdaheleci ve saldırgandılar; değişimli olarak bebeklerini inkâr ediyor ve sanki ihtiyaçlarına tepki vermelerini bekler gibi davranıyorlardı. Annelerin diğer bölümü ise çaresiz ve korku doluydu. Genellikle kırılgan ya da yumuşak olarak görülüyorlardı ancak ilişkide nasıl yetişkin olacaklarını bilmiyor ve çocuklarının kendilerini rahatlatmasını istiyor gibi görünüyorlardı. Uzaklaşıp geri geldiğinde çocuklarına selam vermiyor ya da çocuk sıkıntı yaşadığında kucaklarına almıyorlardı. Anneler bunları bilerek yapmıyordu, yalnızca çocuklarına nasıl uyum sağlayacaklarını, bebeklerini nasıl rahatlatacaklarını bilmiyor ve güven vermelerini sağlayacak ipuçlarını görmüyorlardı. Müdaheleci/saldırgan annelerin çocukluk dönemlerinde fiziksel taciz ve/veya aile içi şiddete tanık olma gibi olaylar olma ihtimali yüksekti, içine kapalı/bağımlı annelerin ise cinsel taciz ya da anne babalarından birini kaybetme (Bunlarda fiziksel istismar yoktu.) gibi öyküleri vardı [35].

Her zaman anne babaların çocuklarını suistimal etme durumuna nasıl geldiklerini merak etmişimdir. Her şeyden öte, insani amaç ve anlam algısının temelinde sağlıklı evlatlar yetiştirmek vardır. Peki öyleyse, anne babaları çocuklarını kasten incitme ya da ihmal etmeye ne itiyor? Karlen'in araştırması bana tek bir yanıt verdi: Videolarını izlediğimde, çocuklarının uyumsuz annelerine karşı gittikçe daha avutulamaz, somurtkan ya da dirençli olduğunu görebiliyordum. Aynı zamanda, anneler de etkileşimde giderek daha engellenmiş, yenilgiye uğramış ve çaresiz görünüyordu. Anneler, çocukları uyumlu bir ilişkinin ortağı olarak görmek yerine; engelleyici, öfkelendirici, kopuk bir yabancı olarak gördüğünde, izleyen dönemlerde istismar için zemin hazırlanmaktadır.

Yaklaşık on sekiz yıl sonra, bu çocuklar yirmili yaşlarına geldiğinde, Lyons-Ruth, başetme becerilerini izlemek için tamamlayıcı bir çalışma gerçekleştirdi. On sekiz aylıkken anneleriyle ciddi şekilde bozuk duygusal iletişim örnekleminde yer alan bebeklerin, istikrarsız bir benlik algısı, kendine zarar veren dürtüsellik (aşırı harcama yapma, önüne gelenle cinsel ilişki, madde kullanımı, dikkatsiz araba kullanma ve tıkınırcasına yeme gibi), uygunsuz ve yoğun öfke ve tekrar eden intihar davranışı gösteren gençler olduğu görülmüştür.

Karlen ve iş arkadaşları, saldırgan/müdahaleci annelerin çocuklarının yetişkinlik döneminde ruhsal istikrarsızlığın güçlü bir kaynağı olacağını beklemekteydi ancak keşfettikleri şey daha farklı olduğunu gösterdi. Duygusal olarak geri çekilmenin şiddetli ve uzun süreli etkisi vardı. Duygusal uzaklık ve rol değişimi (bu anneler çocuklarının kendilerine bakmalarını ister), özellikle genç yetişkinlerin kendilerine ve diğerlerine karşı saldırgan davranışlarda bulunmalarına neden olmaktaydı.

DİSOSİYASYON: BİLMEK VE BİLMEMEK

Lyons-Ruth, özellikle kendini dünyaya karşı kayıp, ezilmiş, terk edilmiş ve kopmuş görmek, sevilmeme, boşluk, çaresizlik ve sıkışmış hissetme gibi biçimlerde kendini gösteren disosiyasyon olgusuyla ilgileniyordu. Yaşamın ilk iki yılında anneyle ilişkinin kesilmesi ve uyumsuzluk ile erken yetişkinlik döneminde disosiyasyon belirtileri arasında "çarpıcı ve beklenmeyen" bir ilişki buldu. Lyons-Ruth, anneleri tarafından görülmeyen ve tanınmayan bebeklerin, ileride bilme ve görme konusunda yetersiz ergenler olma riskinin yüksek olduğunu görmüştür[36].

Güvenli ilişkiler yaşayan bebekler, yalnızca öfkelerini ve sıkıntılarını değil aynı zamanda kendilerini, ilgi alanlarını, tercihlerini ve hedeflerini de iletmeyi öğrenirler. Sempatik tepki almak, bebekleri (ve yetişkinleri) korkunun yarattığı uyarılmışlığa karşı rahatlatır. Ancak bakıcılarınız sizin ihtiyaçlarınızı göz ardı ederse ya da varlığınıza kızarsa, siz de reddedilme ve geri çekilme beklentisini öğrenirsiniz. Annenizin saldırganlığını engelleyerek ya da göz ardı ederek ve sanki hiç dert etmiyormuş gibi davranarak başetmeyi öğrenirsiniz ama bedeniniz son derece tetiktedir, darbeleri, yoksunlukları ya da mahrumiyetleri geçiştirmeye hazırlanmıştır. Dissosiyasyon aynı anda hem bilmek hem de bilmemektir[37].

Bowlby şöyle yazmış: "Anneyle iletişim kurulamadığında, kişi kendisiyle de iletişim kuramaz."[38] Bildiğiniz ya da hissettiğiniz şeye tahammül gösteremiyosanız, tek çözüm inkâr etme ve disosiyasyondur[39]. Belki de bu kapanmanın en yıkıcı uzun süreli etkisi, gerçekte içte olanı hissetmemektir, bu durumu Çocuk Kliniğindeki çocuklarda ve Travma Merkezine gelen yetişkinlerde görüyorduk. Gerçek şeyleri hissetmemek, kendinizi tehlikeden korumanızı olanaksız kılar. Ya da *bir şeyler* hissetmek için kendinizi jiletlemek ya da yabancılarla yumruklaşmak gibi uç noktalarda çaba gösterebilirsiniz.

Karlen'in araştırması, disosiyasyonun erken dönemde öğrenildiğini göstermiştir: Sonraki istismar ya da diğer travmalar genç erişkinlerdeki disosiyasyon belirtilerinin nedenini açıklamaz[40]. İstismar ve travma, pek çok diğer problemin kaynağıdır ancak kronik disosiyasyon ya da kişinin kendine karşı saldırganlığının açıklaması değildir. Altta yatan en önemli konu bu hastaların nasıl güvende hissedeceklerini bilmemesidir. Erken dönem bakıcı ilişkisinde güven eksikliği, bozulmuş içsel gerçeklik algısı, aşırı bağımlılık ve kendine zarar verme davranışlarına yol açar. Yoksulluk, tek ebeveynin olması ya da anneye ait psikiyatrik belirtiler, bu belirtileri öngörmemektedir.

Bu çocuk istismarının konu dışı olduğu anlamına gelmez [41] ancak erken dönem bakımın kalitesinin, ruh sağlığı problemlerinin önlenmesi açısından kritik önemini gösterir [42]. Bu nedenle, tedavi yalnızca belirgin travmatik olayların izlerine değil, aynı zamanda aynalanmamış, uyum sağlanmamış ve tutarlı ilgi ve alaka gösterilmemiş olmanın sonuçlarına da –disosiyasyon ve kendini düzenleme eksikliği– yönelmelidir.

EŞ ZAMANLILIĞI YENİDEN SAĞLAMAK

Erken dönem bağlanma modelleri, yalnızca bizim başkalarından beklentilerimiz değil aynı zamanda da karşımızdaki kişilerin varlığından aldığımız keyif ve rahatlık da dâhil yaşam boyunca ilişkilerimizi gösteren içsel haritaları yaratır. İlk yaşam deneyimleri donuk yüzler ve saldırgan bakışlar olsaydı E. E. Cummings, "Bedenimi senin bedeninle iken seviyorum... Kaslar daha iyi, sinirler daha fazla" keyifli dizelerini yazar mıydı merak ediyorum[43]. İlişki haritalarımızın üstü kapalıdır, duygusal beyne kazınmıştır ve yalnızca nasıl yaratıldıklarını anlayarak tersine çevrilemez. Yakın ilişkilerden korkunuzun annenizin doğum sonrası depresyonu ya da annenizin çocukken tacize uğramasıyla ilgili olduğunu fark edebilirsiniz ama bunu anlamak sizi mutlu etmeye, ilişkilerinizde diğerlerine güvenmeye götürmez.

Ancak, bu tür bir farkındalık, hem kendiniz için hem de kendi çocuklarınıza güvensiz bağlanmayı aktarmamak için ilişki kurmanın başka yollarını keşfetmeye başlamanızı sağlayabilir. Kısım 5'te ritim ve karşılıklılık eğitimiyle zarar görmüş uyum sistemlerinin tedavisinde kullanılan çeşitli yaklaşımları ele alacağım[44]. Kişinin kendisiyle ve başkalarıyla uyum içinde olması, görme, duyma, dokunma ve denge gibi beden odaklı duyuların bütünlüğünü gerektirmektedir. Bu, bebeklik ve erken çocukluk döneminde gerçekleşmezse, ilerleyen dönemlerde duyusal bütünlük problemleriyle karşılaşma riski yüksektir (travma ve ihmal kesinlikle tek etken değildir).

Uyum içinde olmak, yemek pişirme, temizlik yapma, yatma, uyanma gibi günlük duyusal ritimler içinde yerleşmiş ses ve hareketlerin yankılanması anlamına gelmektedir. Uyum içinde olmak, komik yüzleri ve sarılmaları paylaşmak, doğru anlarda hazzı ya da kabul etmemeyi ifade etmek, topu ileri geri atmak ya da birlikte şarkı söylemek anlamına da gelebilir. Travma Merkezinde, iletişim ve uyum konusunda anne babalara koçluk programı hazırladık ve hastalarım da koroda şarkı söylemek, dans etmek, basketbol takımına katılmak, müzik gruplarında yer almak gibi kendilerini uyum içinde hissettikleri pek çok farklı yollardan da söz etti. Tüm bunlar, uyum duyusu ve toplumsal memnuniyeti geliştirir.

BÖLÜM 8

İLİŞKİLERDE KAPANA KISILMAK: İSTİSMAR VE İHMALİN BEDELİ

"Gece deniz yolculuğu", bizden ayrılmış, reddedilmiş, bilinmeyen, istenmeyen ve bilincin gizli kalmış dünyalarına sürgün edilmiş parçalarımıza yaptığımız bir yolculuktur. Bu yolculuğun amacı bizi kendimizle yeniden bir araya getirmektir. Bu tür bir yuvaya dönüş acı verici, hatta acımasızca olabilir. Bunu denemek için önce hiçbir şeyi sürgün etmemeye razı gelmeliyiz (Editörün notu: Gece deniz yolculuğu: Bu dünyanın ötesine, bilinçliliğin ötesine, bilinç dışına yolculuk anlamında).

— Stephen Cope

Marilyn, yakındaki kasabada ameliyathane hemşiresi olarak çalışan, otuzlu yaşların ortasında uzun boylu ve atletik yapılı bir kadındı. Bana, birkaç ay önce Boston itfaiyesinde çalışan Michael adında biriyle spor kulübünde tenis oynamaya başladığını anlattı. Genelde erkeklerden uzak durduğunu ama bir süre sonra maçların ardından Michael'ın birlikte pizza yeme tekliflerini kabul edecek kadar kendini rahat hissettiğini anlattı. Genelde tenis, filmler, yeğenler gibi çok kişisel olmayan konular hakkında sohbet ettiklerini söyledi. Michael, açık bir şekilde Marilyn'e eşlik etmekten keyif alıyordu ama Michael, Marilyn'i daha tam anlamıyla tanımıyordu.

Ağustos ayında bir cumartesi akşamı tenis ve pizzanın ardından Marilyn, Michael'ı evine davet etmişti. Marilyn, birlikte yalnız kaldıkları anda hissettiklerini "gergin ve gerçekdışı" olarak tanımladı. Ağırdan almaları gerektiğini söylediğini anımsıyordu ancak sonrasında olanlar konusunda pek fikri yoktu. Birkaç kadeh şarap eşliğinde Law & Order izlerken yatağın üzerinde uyuyakalmışlar. Michael uykusunda dönmüş. Marilyn, Michael'ın bedenini kendi bedeninde hissettiği anda öfkeden kendini kaybetmiş; yumruklar atıp, "Pislik herif!" diye bağırmaya başlamış. Şaşkınlık içinde uyanan Michael ise eşyalarını alıp hemen gitmiş. Michael'ın ardından, Marilyn olan bitenin şaşkınlığıyla saatlerce yatağında oturmuş. Yaptıklarından dolayı utanmış ve kendinden nefret etmeye başlamış ve şimdi de erkeklerle yaşadığı bu durumla; nedeni anlaşılmaz bu öfke nöbetleriyle başa çıkabilmek için bana gelmişti.

Gazilerle yaptığım çalışmalar bana, Marilyn'inki gibi acı dolu öyküleri dinlerken sorunu düzeltmek için hemen ortaya atılmamam gerektiğini öğretmişti. Terapi, genellikle anlaşılmaz bir davranışla başlar. Gecenin bir yarısı erkek arkadaşına saldırmak, biri gözlerinin içine baktığında korkmak, bir parça camla kendini kesmek ya da her yemeğin ardından kusmak. Bu tür belirtilerin ardındaki gerçekliğin ortaya çıkması içinse zaman ve sabır gereklidir.

KORKU VE HİSSİZLİK

Konuşmamız sırasında Marilyn, Michael'ın beş yıl aradan sonra evine gelen ilk erkek olduğunu söyledi ama bir erkekle yalnız kaldığı anda kontrolünü kaybetmek ilk kez başına gelmiyordu. Bir erkekle yalnız kaldığında kendini her zaman gergin ve boşlukta hissettiğini yineledi, "kendine geldiğinde" ise bir köşeye çömelmiş bir hâlde oluyor ve neler olduğunu tam olarak hatırlayamıyordu.

Marilyn, aynı zamanda bir yaşamı olduğunu sadece "hareketlerin içinden geçerken" hissettiğini söyledi. Tenis oynamadığı ya da ameliyathanede olmadığı zamanlar genelde hissizdi. Birkaç yıl önce jiletle kendini kestiğinde yaşadığı hissizliğin azaldığını görmüştü ama daha fazla korkar hâle de gelmişti, zaman içinde daha fazla rahatlamak için kendini daha derinden kesmeye başlamıştı. Alkolü de denemişti ancak babasının içince kontrolden çıktığı anları anımsattığı için kendinden nefret etmişti. Bunların yerine fırsat buldukça tenis oynamaya başlamıştı. Kendini canlı hissediyordu.

Geçmişini sorduğumda ise Marilyn, mutlu bir çocukluk geçirmiş olabileceğini tahmin ettiğini söyledi, on iki yaşından öncesiyle ilgili çok az şey hatırlıyordu. On altı yaşında alkolik babasından şiddet görüp evden kaçana dek çekingen bir ergen olduğunu anlattı. Devlet üniversitesinde eğitim görmüş ve ailesinden hiç destek almadan hemşirelik alanında uzmanlaşmıştı. "Yanlış yerlerde sevgiyi aramak" olarak anlattığı bu dönemde sağda solda kaldığı için kendinden utanıyordu.

Yeni hastalarıma sık sık yaptığım gibi kendinden bir aile portresi çizmesini istedim ve çizimini gördüğümde (yukarıda yer alıyor), ağırdan almaya karar verdim. Marilyn'in bazı korkunç anıları içinde tuttuğu açıktı ama çizdiği resmin ortaya koyduğu şeyleri kendisine söylemeye izin vermiyordu. Marilyn, hiddetli ve korkmuş bir çocuk resmi çizmişti, çocuk kafese benzer bir şeyin içinde kapana kısılmıştı ve birinin gözünün olmadığı üç kabus gibi figürün yanı sıra boşlukta kendine doğru uzanmış kocaman ereksiyonda bir penisin tehdidi altında bir çocuk resmiydi bu. Ve bu kadın mutlu bir çocukluk geçirmiş olabileceğini söylüyordu.

Şair W.H. Auden'in dediği gibi:

Gerçek, tıpkı sevgi ve uyku gibi çok yoğun
Yaklaşımlara gücenir[1].

Buna Auden kuralı adını verdim ve bunu aklımda tutarak Marilyn'den hatırladığı şeyleri anlatmasını istemedim. Aslında, bir hastanın travmasının her ayrıntısını bilmenin önemli olmadığını öğrenmiştim. Önemli olan hastaların, hissettiklerini tolere edebilmeyi öğrenmeleri ve bildikleri şeyin farkında olmalarıdır. Bu haftalar hatta yıllar sürebilir. Marilyn'in tedavisine, güvensizliğinin, öfkesinin ve utancının kaynağıyla yüzleşmeden önce destek ve kabul görebileceği var olan bir terapi grubunda başlamaya karar verdim.

Marilyn ilk grup toplantısına geldiğinde, aile portresinde çizdiği kız gibi korku içinde görünüyordu, içine kapanmıştı ve kimseyle iletişime geçmedi. Bu grubu, her zaman konuşmaktan korkan yeni üyeleri kabul eden, yardımsever davranan üyeleri olduğu için seçmiştim. Kendi deneyimlerinden sırları açığa çıkarmanın aşamalı bir süreç olduğunu biliyorlardı. Ancak bu kez, Marilyn'in aşk hayatıyla ilgili sorularıyla beni şaşırttılar. Sanki Marilyn, farkında olmadan travmatik geçmişini tekrarlaması için gruba katılmıştı. Konuşacağı konular hakkında sınırlar koymasına yardımcı olmak için müdahalede bulundum ve ardından o da gruba uyum sağlamaya başladı.

Üç ay sonra Marilyn, gruba, metrodan ofisime doğru gelirken birkaç kez kaldırımda sendeleyip düştüğünü söyledi. Görüşünün zayıfladığı konusunda endişeleniyordu. Ayrıca tenis oynarken de top kaçırmaya başlamıştı. Bir kez daha çizdiği resmi ve kocaman korku dolu gözlerle bakan o çocuğu düşündüm. Bu, hastaların bedenlerinin bir kısmında işlev kaybı yaşayarak çatışmalarını ifade ettikleri bir tür "konversiyon tepkisi" miydi? (Editörün Notu: Konversiyon tepkisi ya da reaksiyonu: Yoğun çatışma karşısında kişinin ruhsal tepkilerini bedensel belirti olarak göstermesi, bir kavganın ortasında bayılması ya da geçici güç kaybı, his kaybı yaşaması, örneğin geçici körlük sağırlık, felç gibi.) Her iki dünya savaşına katılan askerler, fiziksel yaralanmalarla ilişkilendirilemeyen felç yaşamışlardı ve ayrıca Meksika ve Hindistan'da "histerik körlük" olgularıyla da karşılaşmıştım.

Bir doktor olarak, daha ileri değerlendirmeler yapmadan "Her şeyin kafasının içinde olduğu"nu söylemek istemiyordum. Kendisini, Massachusetts Göz ve Kulak Kliniğindeki meslektaşlarıma yönlendirdim ve kendilerinden ayrıntılı bir tetkik yapmalarını istedim. Birkaç hafta sonrasında test sonuçları geldi. Marilyn'in retinasında lupus eritematozus hastalığı vardı, görüşünü bozan, otoimmün (bağışıklık) sistemi hastalığıydı ve hemen tedavi edilmesi gerekiyordu. Dehşete kapılmıştım: Marilyn, bu yıl bir ensest geçmişi olduğunu düşündüğüm ve sonrasında otoimmün bir hastalığı – bedenin kendine saldırmaya başladığı bir hastalık– olduğunu öğrendiğim üçüncü kişiydi.

Marilyn'in doğru tıbbi tedaviyi aldığından emin olduktan sonra Massachusetts General'daki meslektaşlarım psikiyatrist Scott Wilson ve immünoloji laboratuvarının yöneticisi Richard Kradin'e danıştım. Onlara Marilyn'in öyküsünü anlattım ve çizdiği resmi gönderdim ve birlikte bir çalışma yapmayı teklif ettim. Bu iş için seve seve zamanlarını ayırdılar ve tüm immünoloji tetkiklerinin harcamalarını üstlendiler. Herhangi bir tedavi almayan ve ensest geçmişi olan on iki kadın ve daha önce travma yaşamamış ve ilaç kullanmamış olan on iki kadın –şaşırtıcı bir şekilde bu grubu bulmak çok zor oldu– ile bir çalışma gerçekleştirdik (Marilyn, çalışmada yer almadı, genellikle klinik hastalarımızın araştırmalarımızın bir parçası olmasını istemeyiz).

Çalışma tamamlanıp veriler analiz edildiğinde, Rich, travma yaşamayan akranlarına göre ensest mağduru olan grubun CD45 oranlarında RA'nın RO'ya oranında anomaliler görüldüğünü belirtti. CD45 hücreleri, bağışıklık sisteminin "hafıza hücreleri"dir. Bunların bir kısmı, geçmişte toksinlerle karşı karşıya kalma durumunda harekete geçmiştir; daha önceden karşılaştıkları çevresel tehditler karşısında hemen tepki verirler. Bunun aksine RO hücreleri yeni mücadeleler için saklı tutulur; bedenin daha önceden karşılaşmadığı tehditler karşısında harekete geçer. RA'nın RO'ya oranı daha önceden bilinen toksinler ve harekete geçmek için yeni bilgileri bekleyen hücreler arasındaki denge durumundadır. Ensest geçmişi olan hastalarda hamle yapmaya hazır RA hücrelerinin oranı normalden daha fazladır. Bu durum bağışıklık sistemini tehditlere karşı aşırı duyarlı hâle getirmektedir, bu da gerekli olmadığı zamanlarda bile savunma sisteminde artış eğilimi, hatta bedenin kendi hücrelerine saldırması anlamına gelmektedir.

Çalışmamız, derin düzeyde, ensest mağdurlarının bedenlerinin tehlikeli, ve güvenli olanı ayırt etmede sorun yaşadığını göstermiştir. Bu da geçmişteki travmanın, yalnızca dışarıdan gelen bilgileri algılamada bozukluğa değil, aynı zamanda organizmanın kendisini nasıl güvende hissedeceğini bilmemesine de neden olduğu anlamına gelmektedir. Geçmiş yalnızca, zihinlerinde ve masum olayların yanlış yorumlanmasında değil (tıpkı Marilyn, uyurken yanlışlıkla kendisine dokunan Michael'a saldırdığında olduğu gibi) aynı zamanda varoluşlarının özünde; bedenlerinin güvenliğinde de etkilerini göstermektedir [2].

YIPRANMIŞ BİR DÜNYA HARİTASI

İnsanlar güvenli olan ve olmayanı, içeride ve dışarıda olanı, neye karşı direneceklerini neyi kabul edeceklerini nasıl öğreniyorlar? Çocuk istismarı ve ihmalinin etkilerini, en iyi Marilyn gibi kişilerin anlattıklarından öğrendiklerimizle anlayabiliriz. Marilyn, kendisini daha iyi tanımaya başladıkça, netleşen şeylerden biri de dünyanın işleyişiyle ilgili kendine has fikirleri oldu.

Çocukken, kendi evrenimizin merkezinden yola çıkarız, meydana gelen her şeyi ben merkezci bakış açısıyla yorumlarız. Ebeveynlerimiz, dedelerimiz, ninelerimiz, bize dünyanın en tatlı ve en iyisi olduğumuzu söylediğinde onların bu ifadelerini sorgulamayız ve öyle olduğumuzu düşünürüz. Ve derin düzeyde, kendimiz hakkında ne öğrenirsek öğrenelim, hayranlık duyulacak biri olduğumuz hissini taşımaya devam ederiz. Sonuç olarak, sonrasında bize kötü davranan biriyle karşılaştığımızda öfkeleniriz. İyi hissetmeyiz. Tanıdık bir duygu değildir bu, kendimizi evimizdeki gibi hissetmeyiz. Ama çocukluk döneminde istismar ya da ihmal edildiysek ya da cinselliğe iğrenme ile bakılan bir ailede büyüdüysek, içsel haritamız farklı bir mesaj taşır. Benlik algımız aşağılama ve küçümsemeyle belirlenir ve "o kişinin kaderimiz olduğunu" düşünürüz ve bize kötü davranıldığında karşı gelemeyiz.

Marilyn'in geçmişi, ilişkilere bakış açısını şekillendirmişti. Erkeklerin insanların duygularına aldırmadığına, istediklerini elde ettiklerinde çekip gittiklerine inanıyordu. Ayrıca kadınlar da güvenilmezdi. Kendi ayakları üzerinde duramayacak kadar güçsüz olduklarını ve erkeklerin kendilerine bakması için bedenlerini sattıklarını düşünüyordu. Başınız dertte olduğunda size yardım etmek için parmaklarını bile kıpırdatmazlardı. Bu dünya görüşü, Marilyn'in çalışma arkadaşlarına yaklaşımında kendini gösteriyordu: kendisine karşı nazik olan herkese karşı şüpheciydi ve hemşirelik kurallarında en ufak bir sapma olduğunda bağırırdı. Kendisini ise kötü bir tohum olarak görüyordu, etrafındaki insanların başına kötü şeyler gelmesine neden olan zehirli bir insandı.

Önceleri Marilyn gibi hastalarla ilk karşılaştığımda, düşünceleriyle mücadele eder ve dünyaya daha olumlu, esnek bir şekilde bakmalarına yardım etmeye çalışırdım. Bir gün Kathy adında bir kadın beni kendime getirdi. Arabası bozulduğu için grup üyelerinden biri seansa geç kalmıştı ve Kathy hemen kendini suçladı: "Geçen hafta arabanın ne kadar külüstür olduğunu gördüm. Seni ben alabilirdim." Kendini eleştiri düzeyi öyle arttı ki birkaç dakika sonra cinsel istismarın sorumluluğunu da kendi üzerine aldı: "Bu derdi başıma ben açtım. Yedi yaşındaydım ve babamı seviyordum. Babamın da beni sevmesini istiyordum ve benden ne istiyorsa yaptım. Bu benim suçumdu." Onu rahatlatmak için "Hadi ama sen küçük bir çocuktun ve sınırları korumak babanın sorumluluğuydu." diyerek onu rahatlatmaya çalıştım ancak Kathy bana döndü ve "Biliyorsunuz Bessel" dedi ve devam etti: "Sizin için iyi bir terapist olmanın ne kadar önemli olduğunu biliyorum, bu yüzden böyle aptalca yorumlar yaptığınızda genelde size bolca teşekkür ediyorum. Her şeye karşın ben ensest yaşamış biriyim. Yetişkin, güvenilmez adamların ihtiyaçlarını gidermek için eğitildim. Ama iki yılın ardından kendimi berbat hissetmeme neden olan bu yorumları yapabilecek kadar size güvendim. Evet, bu doğru; etrafımdaki insanların başına kötü bir şey geldiğinde içgüdüsel olarak kendimi suçluyorum. Bunun mantıklı olmadığını biliyorum ve böyle hissettiğim için aptal olduğumu düşünüyorum ama yine de yapıyorum. Siz benimle daha mantıklı konuşmaya çalıştığınızda, ben, kendimi daha yalnız ve soyutlanmış hissediyorum ve bu da dünyada kimsenin ben olmanın ne demek olduğunu anlamayacağı duygusunu destekliyor."

Kendisine bu geribildirimi için gerçekten teşekkür ettim ve o günden sonra hastalarıma hissettiklerinden farklı şeyler hissetmelerini sağlamak için bir şeyler söylemedim. Kathy bana, sorumluluğumun daha derin olduğunu öğretti. Onlara dünyanın içsel haritasını yeniden oluşturmalarına yardım etmek zorundaydım.

Daha önceki bölümde de ele aldığım gibi bağlanma araştırmacıları ilk bakıcılarımızın bizi yalnızca beslemek, giydirmek, üzüldüğümüzde rahatlatmakla kalmadığını aynı zamanda hızla gelişen beynimizin dünyayı algılama biçimini de şekillendirdiğini göstermiştir. Bakıcılarımızla olan etkileşimimiz bize neyin güvenli, neyin tehlikeli olduğunu aktarır. Kime güvenebiliriz ve kim bizi hayal kırıklığına uğratır; ihtiyaçlarımızın karşılanması için ne yapmalıyız. Bu bilgiler, beyin devrelerimizin temelinde şekillenir; kendimizi ve etrafımızdaki dünyayı nasıl düşündüğümüzün şablonunu biçimlendirir. Bu içsel haritalar zamanla görünür bir şekilde değişmez.

Ancak bu, haritalarımızın, deneyimlerle değişmeyeceği anlamına da gelmemektedir. Özellikle ergenlik dönemindeki derin bir aşkla, beyin hızlı ve büyük bir değişim döneminden geçerek bizi dönüştürebilir. Bir bebeğin doğumu da aynı etkiyi yaratabilir, bebeklerimiz bize sevgiyi öğretirler. Çocukken istismar edilen ya da ihmal edilen yetişkinler de yakınlığın ve karşılıklı güvenin güzelliğini öğrenebilir ya da daha geniş bir evrene kapılar açan derin ruhsal bir deneyim yaşayabilirler. Bunun tersi, daha önceki saf çocukluk haritaları, bir yetişkinin tecavüz etmesi ya da saldırmasıyla öyle yıpranır ki tüm yollar yeniden korku ya da umutsuzluğa çıkar. Bu tepkiler, mantıklı değildir ancak mantıksız inançlar, basitçe farklı bir açıdan bakarak değiştirilemezler. Dünya haritalarımız, duygusal beyinde şifrelenmiştir ve bunu değiştirmek, merkezi sinir sisteminin bir kısmını, yeniden düzenlemek anlamına gelmektedir, bu da kitabımızın tedavi kısmını oluşturmaktadır.

Bununla beraber, mantıksız düşünceleri ve davranışları tanımayı öğrenmek faydalı bir ilk adım sayılabilir. Marilyn gibi insanlar genellikle varsayımlarının, etraflarındaki insanlarla aynı olmadığını keşfederler. Eğer şansları varsa, arkadaşları, iş birliğini güçleştiren bu güvensizlik ve kendinden nefret etme durumuyla ilgili kendileriyle konuşmayı tercih ederler. Ancak bu çok sık rastlanan bir durum değildir ve Marilyn'in deneyimi de tipikti. Michael'a bu şekilde saldırdıktan sonra, Michael bir şeyleri yoluna sokmak için uğraşmadı ve Marilyn hem bir arkadaşlığı hem de en sevdiği tenis partnerini kaybetti. Bu noktada Marilyn gibi zeki, cesur ve tekrar eden yenilgilerin karşısında merakla ve kararlılıkla durabilen insanlar yardım aramaya başlar.

Genellikle korkularımız bizi ele geçirmediği sürece akılcı beyin, duygusal beyinden daha ağır basmaktadır. (Örneğin, polis tarafından durdurulma korkunuz, bir polisin, sizi yolun ilerisinde kaza olduğu konusunda uyarmasıyla minnet duygusuna dönüşebilir.) Ancak kendimizi kapana kısılmış, öfkeli ya da reddedilmiş hissettiğimizde, eski haritaları harekete geçirme ve bu haritalardaki yolları takip etmeye yatkın oluruz. Duygusal beynimizi "sahiplenmeyi" öğrenmeye başladığımızda değişim başlar. Bu da mutsuzluk ve aşağılanma gibi duygularla kaydedilmiş, kalbimizi kıran ve içimizi burkan duyuları gözlemlemeyi ve bunlara dayanmayı öğrenmek anlamına gelir. Haritalarımızı sabit ve değişmez kılan duygularımızı tıkamak yerine, yalnızca içeride olup bitene katlanmayı öğrendikten sonra onlarla dost olmayı öğrenebiliriz.

HATIRLAMAYI ÖĞRENMEK

Marilyn'in grubunda geçen yaklaşık bir yılın sonunda, Mary adındaki bir grup üyesi on üç yaşındayken başına gelenler hakkında konuşmak istediğini söyledi. Mary, bir hapishanede gardiyan olarak çalışıyordu ve başka bir kadınla sadomazoşist bir ilişkisi vardı. Grup üyelerinin, en ufak bir provokasyon karşısında patlamak ya da kapanmak gibi uç tepkilerini daha iyi anlamaları için geçmişini bilmeleri gerektiğini düşünüyordu.

Mary, kelimelerinin dile dökülmesi için mücadele ederek, henüz on üç yaşındayken bir gece ağabeyi ve arkadaşlarının tecavüzüne uğradığını anlattı. Bu tecavüz olayı gebelikle sonuçlanmış ve annesi mutfak masasında kendisine kürtaj yapmıştı. Grup, duyarlı bir şekilde Mary'nin paylaştıklarıyla uyum sağladı ve hıçkırıklarla onu rahatlatmaya çalıştılar. Grup üyelerinin kurmuş oldukları empatiden içten bir şekilde etkilendim. Kendi travmalarıyla ilk kez karşı karşıya geldiklerinde nasıl rahatlatılmak istiyorlarsa o şekilde Mary'i rahatlatmaya çalışıyorlardı.

Süre bittiğinde, Marilyn, seans boyunca deneyimlediklerini paylaşmak için birkaç dakika süre istedi. Grup üyeleri kabul etti ve şöyle söyledi: "Bu öyküyü duyduğumda, kendim de cinsel olarak taciz edilmiş olabilir miyim diye düşünmeye başladım". Bu durum karşısında ağzım açık kaldı. Çizdiği aile resmini temel alarak bunun farkında olduğunu, en azından bir düzeyde bu durumu fark ettiğini sanıyordum. Michael'a bir ensest mağduru gibi tepki vermişti ve kronik bir şekilde dünya ürkütücü bir yermiş gibi davranıyordu.

Cinsel olarak tacize uğramış bir kız resmi çizmiş olmasına rağmen en azından bilişsel ve sözel benlik düzeyinde başına neler geldiği konusunda bir fikri yoktu. Bağışıklık sistemi ve korku sistemi çeteleyi tutmuştu ancak bilinçli zihin, deneyimi anlatabileceği bir öyküyü kilit altına almıştı. Yaşamı boyunca travmayı tekrar tekrar yaşamıştı ama buna gönderme yapabileceği bir öyküsü yoktu. Bölüm 12'de de göreceğimiz gibi, travmatik anılar, daha karmaşık yollarla normal anımsamalardan farklıdır; beynin ve zihnin birçok katmanını içerir. Mary'nin öyküsüyle tetiklenen ve ardından gelen kabuslarla harekete geçen Marilyn, benimle bireysel terapiye başlayarak geçmişini ele almaya başladı. Başlangıçta yoğun ve serbest yüzen korku dalgaları yaşadı. Birkaç hafta ara vermek istedi ancak artık geceleri uyuyamadığını fark ettiğinde, işten izin aldı ve seanslarımızı sürdürdük. Daha sonra bana şunları anlattı: "Bir durumun zarar verici olup olmadığını belirleyen tek kriterim duygularımdı, "Bu, eğer çıkıp gitmezsem bu beni öldürecek duygusuydu."

Marilyn'e rahatlama tekniklerini öğretmeye başladım, derin nefes almaya odaklanma –al ve ver, al ve ver, dakikada altı nefes– ve bu sırada nefes alıp vermenin bedenin yarattığı etkiyi izlemek bunlardan biriydi. Bu, aküpresür (parmakla akupunktur) noktalarına vuruşlarla birleştirildi ve bunlar, Marilyn'in kendini kaybetmemesini sağlıyordu. Ayrıca farkındalık üzerine de çalıştık. Korktuğu duyguları bedeninde hissederken zihnini canlı tutmayı öğrenmek Marilyn'in hemen duygularının esiri olmak yerine, geride durup deneyimlerini gözlemlemesini sağladı. Daha önceden bu duygularını alkol ve sporla bastırmaya ya da ortadan kaldırmaya çalışırken artık küçük bir kızken başına gelenleri hatırlayabilecek kadar güvende hissediyordu. Fiziksel duyuları üzerinde hakimiyet kurduktan sonra geçmiş ve şimdi arasındaki farkı anlatabilmeye başladı. Artık gece birisinin bacağı kendisine dokunduğunda bunun evine davet ettiği yakışıklı tenis partneri Michael olduğunu fark edecek durumdaydı. O gece kendisine dokunan Michael'dan başkası değildi ve onu taciz eden bir dokunuşta bulunmamıştı. Etkin hâle gelerek, artık fiziksel olarak küçük bir kız çocuğu değil, otuz beş yaşında bir kadın olduğunu biliyordu.

Marilyn, sonunda anılarına yaklaşmaya başladığında, bunlar çocukluğundaki odasının duvar kâğıtları flashbackleri (geri dönüşler) olarak ortaya çıktı. Sekiz yaşındayken babası kendisine tecavüz ettiğinde odaklandığı şeyin odasındaki duvar kâğıtları olduğunun farkına vardı. Babasının tacizi, dayanabileceği kapasitenin çok ötesindeydi, bu yüzden hafıza bankasının derinlerine itmişti. Sonuçta, kendisine tecavüz eden adamla, babasıyla yaşamak zorundaydı. Marilyn, korunma amacıyla annesinin eteklerinin ardına saklandığını ama annesinin kendisine sıkı sıkı sarılmadığını anımsadı. Annesi bazı zamanlarda sessizliğini sürdürürken diğer zamanlarda "babasını kızdırdığı" için Marilyn'e bağırıyor ya da pataklıyordu. Korkmuş olan bu küçük kız çocuğu kendisini koruyacak ya da kendisine kalkan olacak kimseyi bulamıyordu.

Tıpkı Rolan Summit'in *The Child Sexual Abuse Accommodation Syndrome* adlı çalışmasında belirttiği gibi: "Başlama, sindirme, damgalama, yalnızlık, çaresizlik ve çocuk cinsel tacizinin korkutucu gerçekliğine bağlı kendini suçlama. Çocuğun sırrı açıklama girişimleri, yetişkinlerin sessizlik ve inanmamasıyla engellenir. "Böyle şeyler için endişelenme, bizim ailemizde böyle bir şey olmaz.", "Böyle korkunç bir şeyi nasıl düşünebilirsin?", "Bir daha böyle şeyler söylediğini duymayayım!" gibi ifadelerin sonunda ortalama bir çocuk bir daha bir şey sormaz ve söylemez."[3]

Hastalarım bana çocukluk dönemlerini anlattıklarında, 40 yıldır bu işi yapıyor olmama rağmen hâlâ "Bu inanılmaz!" diyebiliyorum. Genelde onlar da en az benim kadar kuşkucular. Anne babalar nasıl olurda böyle bir işkenceyi ve korkuyu kendi çocuklarına yaşatabilirler? Bazı anne babalar, çocuklarının böyle bir şeyi uydurduğu ya da abarttığı konusunda ısrar etmektedir. Ancak hepsi, çocuklarının başına gelenlerden dolayı utanç yaşamakta ve kendilerini suçlamaktadır, bir düzeyde kendileri kötü insanlar olduğu için çocuklarının bu korkunç şeyleri yaşadığını düşünmektedirler.

Marilyn, artık güçsüz bir çocuğun nasıl kapanmayı öğrendiğini ve kendisinden istenene itaat ettiğini keşfetmeye başladı. Bunu kendini yok ederek yapıyordu. Odasının dışında, babasının ayak seslerini duyduğunda "kafasını bulutların arasına saklıyordu". Benzer bir deneyim yaşayan başka bir hastam, bu sürecin nasıl işlediğini gösteren bir çizim yapmıştı. Babası kendisine dokunmaya başladığında, kendini ortadan yok ediyor, tavana çıkıyor ve yataktaki küçük kıza bakıyordu[4]. Bu kız, kendisi olmadığı için mutlu oluyordu. Tecavüze uğrayan başka bir kız çocuğuydu.

Anlaşılmaz bir sisle, bedenlerinden ayrılan kafalara bakmak, ensest kurbanları arasında oldukça yaygın olan disosiyasyon deneyimi konusunda gözlerimi açtı. Marilyn, daha sonra, kendini cinsel bir yakınlaşma içinde bulduğunda tavana uçmaya devam ettiğini fark etti.

Cinsel olarak daha aktif olduğu dönemde, partneri onun harika bir eş olduğunu söyleyebilirdi, öyle ki farklı bir şekilde konuştuğunu bile fark etmeyebilirlerdi. Genellikle neler olduğunu hatırlamıyordu ya da öfkeli ve saldırgan oluyordu. Michael'la tanışana dek cinsel olarak neler yaşadığını anlayamıyordu ve erkeklerle çıkmaktan vazgeçmişti.

EVİNİZDEN NEFRET ETMEK

Çocuklar anne babalarını seçemedikleri gibi onların kendilerine karşı neden çok öfkeli, depresif ya da dalgın olduklarını ne anlayabilirler ne de anne babalarının davranışlarının kendileriyle ilgisi olmadığını. Çocukların seçenekleri yoktur ancak sahip oldukları aileler içinde hayatta kalmak için kendi düzenlerini sağlarlar. Yetişkinlerin aksine, yardım isteyebilecekleri başka otoriteler yoktur, onlar için tek otorite anne babalarıdır. Bir ev kiralayamaz ya da bir başkasının yanına taşınamazlar. Hayatta kalmaları anne babalarına bağlıdır.

Çocuklar, açık bir şekilde tehdit edilmeseler dahi, dayak yediklerini ya da tecavüze uğradıklarını öğretmenlerine anlatırlarsa cezalandırılacaklarını hissederler. Bunun yerine enerjilerini olanları düşünmemeye ve korku ve panik kalıntılarını bedenlerinde hissetmemeye odaklarlar. Çünkü yaşadıkları şeye katlanamazlar, öfke, korku ya da çöküşlerinin yaşadıkları deneyimle ilgisini çözemezler. Konuşmazlar; öfkeli, kapalı ya da karşı koyan tavırlarla bu duygularını yansıtır ya da başa çıkarlar.

Çocuklar ayrıca, suistimal edilseler bile esasen kendilerine bakan kişilere bağlanacak şekilde proğramlanmışlardır. Korku, bağlanma ihtiyacını arttırır, rahatlama kaynağı, aynı zamanda korkunun kaynağı olsa bile durum değişmez. On yaşın altında olup da evde işkence gördüğü hâlde (kemikleri kırılmış ve yanıklar oluşmuş), kendisine bir seçenek sunulduğunda ailesi yerine bakım yurduna yerleştirilmeyi kabul eden hiçbir çocukla karşılaşmadım. Elbette, birinin kendisini taciz eden kişiye sarılması yalnızca çocukluk dönemine özgü bir durum değildir. Rehineler, kendilerini esir alan kişilerin kefaletini ödeyerek, onlarla evlenmek istediklerini söylemiş ya da onlarla cinsel ilişkiye girmiştir; aile içi şiddete maruz kalan kişiler de genelde kendilerini istismar eden kişileri saklarlar. Hakimler genellikle aile içi şiddet mağdurlarını korumak için uzaklaştırma kararı aldıklarında, kurbanların kendilerini nasıl aşağılanmış hissettiklerini, pek çoğunun gizlice partnerlerini eve aldıklarını anlatırlar.

Marilyn'in taciz hakkında konuşmak için hazır hissetmesi uzun zaman aldı. Ailesine olan bağlılığını bozmaya hazır değildi. Derinlerde bir yerde korkularına karşı kendisini korumaları için onlara ihtiyacı olduğunu hissediyordu. Bu bağlılığın bedeli ise dayanılmaz bir şekilde yalnızlık, umutsuzluk ve kaçınılmaz bir şekilde çaresizliğin verdiği öfkedir. Gidecek hiçbir yeri olmayan öfke ise depresyon, kendinden nefret etme ve kendine zarar verici davranışlar biçiminde benliğe yönlenir. Hastalarımdan biri "Evinizden, mutfağınızdan, tencerelerinizden, tavalarınızdan, yatağınızdan, sandalyelerinizden, masanızdan, halılarınızdan nefret etmek gibi bir şey." demişti. Hiçbir şey güven vermiyor, kendi bedeninizde bile güvende değilsinizdir.

Güvenmeyi öğrenmek büyük bir mücadele gerektirir. Altı yaşından önce defalarca büyükbabasının tecavüzüne uğrayan başka bir öğretmen hastam da bana şu maili göndermişti: "Terapi randevumuzun ardından eve giderken size açılmanın tehlikesini düşünmeye başladım ve ardından 124. yola girdim; size ve öğrencilerime bağlanmama kuralını kırdığımı fark ettim".

Bir sonraki görüşmemizde üniversitedeki laboratuvar uzmanı tarafından da tecavüze uğradığını anlattı. Bu konuda yardım isteyip istemediğini, şikâyette bulunup bulunmadığını sordum: "Yolumun bir klinikten geçmesine hazır değildim." diye yanıtladı "yardıma muhtaçtım ama yalnızca incindiğim o yerde durmaya devam ettim. Ve tabii şu da doğru olabilirdi. Elbette ki olanları anne babamdan ve herkesten saklamak zorundaydım."

Yaşadıklarıyla ilgilendiğimi söyledikten sonra hastam, bana başka bir mail daha yazdı: "Böyle bir tedaviyi hak edecek bir şey yapmadığımı kendime anımsatmaya çalışıyorum. Hayatımda kimse bana öyle bakmadı, benim hakkımda endişelendiğini söylemedi ve ben buna bir hazine gibi bağlandım: benim şu anda ne kadar derinden mücadele ettiğimi bilen birinin benim hakkımda endişelenmesi fikrine saygı duyuyorum."

Kim olduğumuzu bilmek –bir kimlik sahibi olmak– için gerçeğin ne olduğunu ve geçmişte nasıl olduğunu bilmemiz (en azından bildiğimizi hissetmemiz) gerekir. Etrafımızda gördüklerimizi gözlemlemeli ve doğru bir şekilde sınıflandırmalıyız; ayrıca anılarımıza güvenebilmeli ve onları hayal gücümüzden ayırabilmeliyiz. Bu ayrımı yapabilme becerisini kaybetmek, psikoanalist William Niederland'ın "ruh cinayeti" olarak adlandırdığı şeyin bir işaretidir. Farkındalığı silmek ve inkârı beslemek, genelde hayatta kalmak için zorunludur ama bunun bedeli kim olduğunuzun, ne hissettiğinizin, neye ve kime güvenebileceğinizin izlerinin silinmesidir[5].

TRAVMAYI TEKRARLAMAK

Çocukluk dönemi travmalarından biri, Marilyn'in rüyasında kendini gösterdi, kendini boğuluyormuş gibi hissetmişti ve nefes alamıyordu. Elleri beyaz bir havluyla bağlanmıştı ve boynuna dolanan bir havluyla havaya kaldırılıyordu, ayakları yere değemiyordu. Panik hâlinde uyanmıştı ve neredeyse öleceğini düşünüyordu. Gördüğü kabus, bana bazı savaş gazilerinin gördüğü kabusları hatırlatmıştı. Savaşta karşılaştıkları yüzlerin ve beden parçalarının kesin, katkısız imgelerini rüyalarında görmek. Bu rüyalar öyle korkunçtu ki geceleri uyumayı denemiyorlardı, bu gaziler yalnızca gece pusularıyla özdeşleştirmedikleri, kısmen güvenli hissettikleri anlar olan kısa gündüz uykularıyla yetiniyorlardı.

Terapinin bu aşamasında Marilyn, defalarca rüyasında boğulmayla ilgili görüntü ve hislerle cebelleşti. Dört yaşında şiş gözleri, yaralı boynu ve kanlı burnuyla mutfakta oturduğunu, ağabeyi ile babasının kendisine aptal, aptal diyerek güldüğünü hatırladı. Bir gün Marilyn şunları anlattı: "Dün akşam dişlerimi fırçalarken, yenilgi duygusunun üstesinden gelmeye çalışıyordum. Sudan çıkmış balık gibiydim, havasızlıkla boğuşurken, şiddetli bir şekilde çırpınıyordum. Dişlerimi fırçalarken hüngür hüngür ağladım ve tıkandım. Yenilgi duygusuyla birlikte panik sıkıştırıyordu göğsümü. Lavabonun başında dururken "Hayır hayır hayır!" diye bağırmamak için gücümü son zerresine kadar kullanmak zorundaydım". Marilyn o gece uyumuştu ama sanki bir çalar saat gibi iki saatte bir uyanmıştı.

Travma, sistemli bir şekilde başı, ortası ve sonu olan bir öykü gibi depolanmaz. Bölüm 11 ve 12'de ele alacağım gibi, başlangıçta anılar Marilyn'in yaşadığı gibi geri döner. Deneyimden parçalar içeren geri dönüşler, soyutlanmış imgeler ve başlangıçta korku ve panik dışında başka bir anlamı olmayan duyular olarak kendini gösterir. Marilyn çocukken, konuşulmayanı dillendirme yolu yoktu ve aslında bunun bir faydası da olmayacaktı çünkü kimse onu dinlemiyordu.

Çocukluk döneminde istismara uğrayan pek çok kişi gibi Marilyn'de de yaşama gücü, yaşama isteği, kendi yaşamına sahip çıkma gücünün bir örneği oldu. Önce istismara, ardından da iyileşme yolunda kaçınılmaz bir şekilde meydana gelen ruhun karanlık gecelerine dayanmak zorunda kalan hastalarımın, hayatta kalma mücadelesine olan bağlılıklarının travmanın iyileşmesini mümkün kıldığını gördüm.

BÖLÜM 9

SEVGİNİN BUNUNLA NE İLGİSİ VAR?

"Başlama, sindirme, damgalama, yalnızlık, çaresizlik ve çocuk cinsel tacizinin korkutucu gerçekliğine bağlı kendini suçlama... Çocuğun sırrı açıklama girişimleri, yetişkinlerin sessizliği ve inanmamasıyla engellenir. 'Böyle şeyler için endişelenme, bizim ailemizde böyle bir şey olmaz' 'Böyle korkunç bir şeyi nasıl düşünebilirsin?', 'Bir daha böyle şeyler söylediğini duymayayım!' gibi ifadelerin sonunda ortalama bir çocuk, bir daha bir şey sormaz ve söylemez."

— Roland Summit *The Child Sexual Abuse Accommodation Syndrome*

Marilyn, Mary ve Kathy gibi bireyleri göz önünde tutarak düşüncelerimizi nasıl düzenleyebiliriz ve onlara yardım etmek için ne yapabiliriz? Onların sorunlarını tanımlama biçimimiz, tanılarımız, onların bakımıyla ilgili yaklaşımımızı belirleyecektir. Bu tür hastalara, psikiyatrik tedavileri kapsamında beş ya da altı ilgisiz tanı konur. Doktorlar, hastaların ruh hâlindeki değişimlerine odaklanırsa, bipolar bozukluk tanısı alırlar ve lityum ya da valporat reçete edilir. Eğer uzmanlar, en çok umutsuzluklarından etkilenmişse, hastalara ağır depresyon yaşadıklarını söyler ve antidepresan reçete ederler. Eğer doktorlar, huzursuzlukları ve dikkat eksikliklerine odaklanırsa DEHB tanısı alırlar, Ritalin ya da diğer uyaranlarla tedavileri sürer. Eğer klinik uzmanlar travma geçmişini almak ister ve hasta da ilgili bilgileri vermeye gönüllü olursa TSSB tanısı alabilirler. Bu tanıların hiçbiri tamamen doğru değildir ve hiçbiri hastaların kim olduğunu ve neler çektiğini anlamlı bir şekilde tanımlayamaz.

Tıbbın bir alt dalı olarak psikiyatri, ruhsal hastalıklara, pankreas kanseri ya da streptokoksik akciğer enfeksiyonu gibi mümkün olduğunca kesin tanılar koymaya heveslidir. Ancak, zihnin, beynin ve insan bağlanma sistemlerinin karmaşıklığı karşısında bu tür bir kesinliğe ulaşmayı henüz başaramadık. İnsanların "sorununun" ne olduğunu anlamak, doğrulanabilir, nesnel unsurlardan çok düşünüş biçimine bağlı bir durumdur (ve bir de sigorta şirketlerinin ne kadar ödeyeceği konusu vardır).

Psikiyatrik tanılar için sistematik bir kılavuz yaratma konusundaki ilk ciddi girişim, Amerikan Psikiyatri Birliği (APA) tarafından kabul edilen ruhsal hastalıkların resmî bir listesinin yer aldığı *Diagnostic and Statistical Manual of Mental Disorders (DSM)* adlı yayının üçüncü baskısıyla birlikte 1980'lerde gerçekleşmiştir. DSM-III'te yer alan önsözde kategorilerin adli durumlar ya da sigorta şirketleri için yeterli olmadığı konusunda açık bir uyarı yer alıyordu. Ne var ki, bu, yavaş yavaş büyük bir gücün aracı hâline geldi. Sigorta şirketleri, geri ödeme yapmak için DSM tanısı talep etmeye başladılar, son dönemlere dek tüm araştırma fonları ve akademik programlar da DSM kategorilerine göre düzenleniyordu. DSM sınıflandırmaları, kısa sürede daha büyük bir kültür içinde kendi yolunu buldu. Milyonlarca insan, Tony Soprano'nun panik atak ve depresyon yaşadığını, *Homeland*'den Carrie Mathison'un bipolar bozukluğu olduğunu biliyordu. Bu kılavuz, Amerikan Psikiyatri Birliğine 100 milyon doların üzerinde kazanç sağlayan değerli bir endüstri hâline geldi[1]. Asıl soru şu: Bu yayın, hastalara hizmet etme açısından kıyaslanabilir bir kazanç sağladı mı?

Psikiyatrik bir tanının ciddi sonuçları vardır: Tanı, tedaviyi belirler ve yanlış bir tedavinin çok kötü etkileri vardır. Aynı zamanda tanısal etiket, insanların geri kalan yaşamları boyunca yakasını bırakmaz ve kendilerini tanımlama biçimleri üzerinde de derin etkiler oluşturur. Kendilerini anlatırken, sanki yer altında bir zindana hapsolmuş Monte Kristo kontu gibi "bipolar ya da sınır kişilik bozukluğu olduğunu ya da TSSB yaşadığını" söyleyen sayısız hastayla karşılaştım.

Ancak bu tanıların hiçbiri, pek çok hastamızın hayatlarını sürdürmek için geliştirdikleri ya da yarattıkları enerjiyi dikkate almaz. Genellikle bu tanıların tamamı belirtilerin hesaplanmasından ibarettir, Marilyn, Kathy ve Mary gibi hastaların, düzeltilmesi gereken kontrolden çıkmış kadınlar olarak görülmesine neden olur.

Sözlükte tanı kavramı şu şekilde açıklanmaktadır "a. Hastanın geçmişinin, muayene ve laboratuvar verilerinin değerlendirmesi yoluyla bir hastalığın ya da yaralanmanın sebebini ve türünü tanımlama ya da buna karar verme süreci. b. Bu tür bir değerlendirme sonucu varılan görüş."[2] Bu bölümde ve bir sonraki bölümde, resmî tanılar ve aslında hastaların yaşadıkları arasındaki uçurumu ele alacağım ve meslektaşlarımla birlikte kronik travma geçmişi olan hastaların tanılama yöntemlerini değiştirme çabalarımızı anlatacağım.

TRAVMA GEÇMİŞİNİ NASIL ALIRSINIZ?

1985 yılında, *Father- Daughter Incest* (Baba Kız Ensesti) adlı kitabı yeni yayınlanmış olan Judith Herman ile iş birliği yapmaya başladım. İkimiz de Cambridge Hastanesinde (Harvard'ın eğitim veren hastanelerinden biri) çalışıyorduk ve travmanın hastalarımızın hayatlarını nasıl etkilediği konusuyla ilgileniyorduk, düzenli olarak buluşmaya ve notlarımızı karşılaştırmaya başladık. Sınır Kişilik Bozukluğu (SKB) tanısı konan pek çok hastamızın anlattığı, çocukluk dönemine ait korkunç hikâyeler karşısında şaşırıp kalmıştık. SKB, bağlı ama çoğunlukla tutarsız ilişkiler, uç noktalarda ruhsal değişimler, kendine zarar veren davranışlar ve tekrar eden intihar girişimleriyle belirtiliyordu. Çocukluk dönemi travması ve SKB arasında bir bağ bulunup bulunmadığını anlamak için standartlara uygun bilimsel bir çalışma tasarladık ve hibe alabilmek için Ulusal Sağlık Enstitüsüne başvurduk. Çalışmamız reddedildi.

Judy ile birlikte çalışmamıza finansal kaynak bulma konusunda kararlıydık ve Cambridge Hastanesinde tedavi görüp iyileşen SKB ve diğer kişilik bozuklukları gibi benzer tanılar almış olan hastalarla, mali olarak Ulusal Sağlık Enstitüsü tarafından desteklenen bir çalışma gerçekleştirmiş olan Cambridge Hastanesi araştırma yöneticisi Chris Perry ile dost olduk. Perry, bu konularda çok değerli verilere sahipti ancak çocukluk dönemi istismarı ve ihmali konusunu araştırmamıştı. Teklifimize karşı şüpheci tavrını gizlemeyen Perry, bize karşı çok cömert davrandı ve hastanede ayakta tedavi gören elli beş hasta ile görüşmemizi sağladı; elde ettiğimiz bulguları, kendi elinde bulunan büyük veri tabanıyla karşılaştırmamızı kabul etti.

Judy ile karşılaştığımız ilk soru şu oldu: Travma geçmişini nasıl alırsınız? Hastaya açıkça soramazsınız: "Çocukken cinsel tacize uğradınız mı?" ya da "Babanız sizi döver miydi?" Evrensel olarak yaygın bir şekilde hastaların travmaları nedeniyle utanç duygusu yaşadıklarını da aklımızda tutarak Travmatik Geçmiş Anketi (TAQ) adını verdiğimiz bir görüşme formatı hazırladık[3]. Görüşme bazı basit sorularla başlıyordu: Nerede yaşıyorsunuz ve kiminle yaşıyorsunuz? Faturaları kim ödüyor, yemeği kim pişiriyor ve temizliği kim yapıyor?" Aşamalı bir şekilde daha açıklayıcı sorulara geçiliyordu: Günlük yaşamınızda kime güvenirsiniz? Şu durumlarda: Hasta olduğunuzda alışverişinizi kim yapar ya da sizi doktora kim götürür? "Üzgün olduğunuzda kiminle konuşursunuz? Başka bir deyişle, size duygusal ve gerçekçi desteği kim sağlar? Bazı hastalar şaşırtıcı yanıtlar verdi: "Köpeğim" ya da "Terapistim" ya da "Hiç kimse."

Ardından çocukluk dönemleriyle ilgili sorular sorduk: "Evde kimler yaşardı? "Ne sıklıkla taşındınız? Sizin bakımınızı üstlenen kimdi?". Hastaların çoğu, yıl ortasında okul değiştirmelerine neden olacak taşınmalardan söz etti. Bazılarının bakımını üstlenen kişiler ya hapse girmiş ya akıl hastanesine yatırılmış ya da orduya katılmıştı. Bazıları bir bakım evinden diğerine taşınmıştı ya da farklı akrabaların yanında kalmıştı.

Anketin diğer kısmı çocukluk dönemi ilişkilerine dairdi: "Ailede size sevgi dolu yaklaşan kimdi?" "Size özel davranan kimdi?" Bundan sonra ise kritik bir soru geliyordu. Bildiğim kadarıyla hiçbir bilimsel çalışmada sorulmayan bir soruydu: "Büyüme aşamasındayken kendinizi yanında güvende hissettiğiniz biri var mıydı?" Görüştüğümüz dört hastadan biri, çocukken yanında kendini güvende hissettiği kimse olmadığını söyledi. Elimizdeki kâğıtlara "hiç kimse" ifadesini işaretlemiş, herhangi bir yorum yapmamıştık ama çok şaşırmıştık. Bir çocuk olduğunuzu ve güvenecek hiç kimseniz olmadığını, korumasız ve bilinmeyen bir dünyada yolunuzu bulmaya çalıştığınızı düşünün.

Sorular şöyle devam ediyordu: "Evde kuralları kim koyardı ve disiplini kim sağlardı?" "Çocukların uslu durması nasıl sağlanırdı. Konuşarak, azarlayarak, şaplakla, vurarak, bir odaya kilitleyerek?" "Anne babanız, anlaşmazlıklarını nasıl çözümlerdi?" Ardından bent kapakları açıldı ve pek çok hasta çocukluk dönemleri hakkında konuşmak için gönüllü oldu. Görüştüğümüz kadınlardan biri, kız kardeşinin tecavüze uğramasına tanıklık ettiğini, bir diğeri ilk cinsel deneyimini sekiz yaşındayken –büyükbabasıyla– yaşadığını anlattı. Kadınlar ve erkekler, geceleri mobilyalardan gelen çarpma sesleri ve ebeveynlerinin bağırışlarıyla uyandıklarını belirtti; genç bir adam mutfağa gittiğinde annesini kanlar içinde yerde bulduğunu anlattı. Bazıları kendilerini okuldan almaya kimsenin gelmediğini ya da evde tek başına geceyi geçirmek zorunda kaldığını söyledi. Aşçı olarak çalışan kadınlardan biri, annesi uyuşturucu nedeniyle hapse girdiğinde, ailesi için yemek yapmak zorunda kaldığını anlattı. Bir başkası, henüz dokuz yaşındayken, annesi aşırı alkollü olduğu için arabayla yoldan çıktığında direksiyonu tutarak büyük bir kazayı önlediğini anlattı.

Hastalarımızın kaçmak ya da uzaklaşmak gibi bir seçenekleri yoktu; ne gidecek bir yerleri ne de başlarını yaslayacak birileri vardı. Yine de korku ve çaresizliklerini bir şekilde yönetmeyi başarmışlardı. Büyük bir ihtimalle, yaşadıkları bu olayların ardından ertesi sabah okula gitmişler ve her şey yolundaymış gibi davranmışlardı. Judy ile SKB grubunun sorunlarının – disosiyasyon, yardım edebilecek birine umutsuzca bağlanmak– ezici duygular ve kaçınılmaz zulümle başa çıkabilme yollarıyla birlikte başlamış olabileceğini fark ettik.

Görüşmelerimizin ardından, hastaların yanıtlarını bilgisayar analizi yapmak için sayısal verilere dönüştürmek üzere buluştuk ve Chris Perry de bunları Harvard'ın ana işlem bilgisayarında depolanan hastalara ait kapsamlı bilgilerle karşılaştırdı. Bir cumartesi sabahı ofisinde buluşmak üzere bizi davet etti. Ofisine gittiğimizde bir yığın çıktı üzerinde bir Gary Larson karikatürü vardı, bu karikatürde yunusları araştıran ve yunusların çıkardıkları garip sesler karşısında şaşkına dönmüş bir grup bilim adamı vardı. Elde edilen veriler, travma ve istismarın dilini anlamadığınız sürece SKB'nin de anlaşılamayacağı konusunda Perry'i ikna etmişti.

Daha sonraları *American Journal of Psychiatry*'de de yayınladığımız gibi, Cambridge Hastanesinde SKB tanısı almış olan hastaların yüzde 81'i ciddi çocukluk tacizi ve/veya ihmali yaşamıştı; büyük bir çoğunluğu da yedi yaşından önce suistimale uğramaya başlamıştı [4]. Bulgular oldukça önemliydi çünkü istismarın etkisinin kısmen de olsa yaşla bağlantılı olduğunu gösteriyordu. Daha sonra McLean Hastanesinden Martin Teicher, yaptığı bir araştırmayla farklı biçimlerdeki istismarın, gelişimin farklı aşamalarında, beynin çeşitli alanlarında farklı etkilerinin olduğunu gösterdi [5]. Çeşitli çalışmalar, bizim bulgularımıza benzer sonuçları göstermiş olsa da [6], hâlâ "sınır kişilik bozukluğu olan hastaların çocukluk dönemi travmaları yaşamış olabilecekleri varsayılmaktadır." gibi ifadeler içeren bilimsel çalışmalarla karşılaşıyorum. Varsayımlar ne zaman bilimsel olarak yerleşik doğrular hâline gelir?

> Yaptığımız çalışma, açık bir şekilde John Bowlby'nin sonuçlarını destekliyordu:
>
> Çocuklar, yaygın bir şekilde öfke ya da suçluluk duyduğunda ya da kronik bir şekilde terk edilmekten korktuğunda, yaşadıkları deneyim nedeniyle bu tür duygular yaşarlar. Örneğin, çocuklar, terk edilmekten korktuğunda, bunun nedeni çoğunlukla fiziksel ya da psikolojik olarak terk edilmiş olmaları ya da defalarca terk edilme tehdidiyle karşı karşıya kalmalarıdır. Çocukların yaygın bir şekilde öfke dolu olmalarının sebebi ise reddedilme ya da acımasız davranılmadır. Çocukların öfke duygularına bağlı yaşadığı yoğun içsel çatışmaların sebebi ise yaşadıklarını ifade etmelerinin yasaklanmış ya da tehlikeli olmasındandır.

Bowlby, çocukların yaşadıkları deneyimleri inkâr etmek zorunda kaldığında "diğer insanlara karşı kronik güvensizlik, meraklı olmama, kendi duyularına güvensizlik ve her şeyi gerçek değilmiş gibi görme" gibi ciddi problemlerinin oluştuğunu fark etmiştir[7]. Daha sonra göreceğimiz gibi bunun tedavide önemli etkileri olmaktadır.

Çalışmamız, düşüncelerimizi, belirli bir korkunç olayın etkisinin ötesine taşıyarak, bakıcılarla olan ilişkilerde ihmal ve acımasızlığın uzun süreli etkilerine bakmak üzere TSSB tanısına odaklanmamızı sağladı. Ayrıca başka bir önemli soruyu da gündeme getirdi: İstismar geçmişi olan ve intihar girişiminde ya da kendine ciddi zarar verici davranışlarda bulunan kişilerde hangi terapiler etkilidir?

KENDİNE ZARAR VERME

Asistanlığım süresince, üç gece üst üste saat 3'te, eline geçirdiği keskin nesneyi boynuna batıran bir kadını sakinleştirmek üzere uyandırıldım. Kadın, bana zafer kazanmış bir edayla kendini kestiğinde daha iyi hissettiğini anlattı. O günden sonra kendime neden diye sorup durdum. Neden bazı insanlar, tenis oynayarak, birkaç kadeh içki içerek üzüntülerinin üstesinden gelirken bazıları kollarını jiletle kesiyor? Çalışmamız, çocukluk döneminde cinsel tacize ya da fiziksel istismara uğrayan kişilerin tekrar eden intihar girişimleri ve kendini kesme davranışlarında bulunduklarını göstermiştir [8]. İntiharı düşünmeye küçük yaşlarda mı başlamışlardı ve ölmeyi isteyerek ya da kendilerine zarar vererek rahatlıyorlar mıydı merak ediyordum. Kişinin kendine zarar vermesi, umutsuz bir şekilde bir kontrol duygusu elde etme çabası mıdır?

Chris Perry'nin veri tabanı, intihar ve kendine zarar verme davranışlarını da içeren hastanenin ayakta tedavi kliniğindeki tüm hastaların raporlarına ait bilgileri de içeriyordu. Üç yıl süren terapinin ardından hastaların yaklaşık üçte birinin gözle görülür bir şekilde iyileştiği görülmüştür. Artık soru, hangi grup üyelerinin terapiden fayda gördüğü, hangilerinin intihar girişimleri ve kendine zarar veren davranışları sürdürdüğüydü? Hastaların devam eden davranışlarını, TAQ görüşmelerimizle karşılaştırdığımızda bazı yanıtlar elde ettik. Kendine zarar vermeyi sürdüren hastalar, bize çocukken güvenebilecekleri kimsenin olmadığını söylemişlerdi; ayrıca terk edildiklerini, sürekli oradan oraya taşındıklarını ve genelde yalnız kaldıklarını da anlatmışlardı.

Uzun zaman önce birine karşı güven duygusu yaşamışsanız, bu erken döneme ait duygular, yetişkinlik döneminde, günlük hayatta ya da iyi bir terapide, yaşadığınız ilişkilerde izlerini göstermektedir. Ancak bu sevilme ve güven duygularına ait derin anılarınız yoksa, insani şefkate yanıt veren beyin reseptörleri basitçe gelişmekte yetersiz kalabilir [9]. Eğer öyleyse, insanlar kendilerini yatıştırmayı ve bedenlerinde rahatlamış hissetmeyi nasıl öğrenebilirler? Yine bunun da terapide önemli etkileri vardır, tedavi hakkında bu soruyu da kısım 5'te ele alacağım.

TANININ GÜCÜ

Çalışmamız aynı zamanda, travma yaşayan kişilerin popülasyonunun, TSSB tanısı konan askerler ve kaza kurbanlarına göre oldukça farklı olduğunu göstermiştir. Marilyn ve Kathy gibi insanlar, Judy ile birlikte çalıştığımız hastalar, Bölüm 7'de anlattığım MMHC'deki ayaktan tedavi bölümündeki çocuklar, travmalarını tam olarak hatırlamazlar (TSSB tanısı için bir kriter) ya da istismarlarıyla ilgili belirli anılarla kafaları meşgul olmasa da sanki tehlikedeymiş gibi davranmayı sürdürürler. Bir uç noktadan diğerine giderler; işlerini sürdürmekte zorlanırlar; kendilerine ve başkalarına karşı saldırgan davranırlar. Sorunları belirli ölçülerde askerlerin sorunlarıyla benzerlik gösterir ancak çocukluk dönemi travmaları, gazi askerlerin travma yaşamadan önce sahip oldukları ruhsal kapasitelerinin gelişmelerini engellemiştir.

Bunun farkına vardıktan sonra, bir grup olarak [10], DSM-III'ün geliştirilmesine rehberlik eden ve kılavuzu gözden geçirme aşamasında olan Robert Spitzer'i ziyaret ettik. Anlattıklarımızı dikkatli bir şekilde dinledi. Belirli bir hasta popülasyonuyla çalışan klinik uzmanların, hastaların canını sıkan şeyleri anlama konusunda gözle görülür bir uzmanlık geliştirme eğiliminde olduğunu söyledi. Bize bir çalışma yapmamızı ve travma yaşayan farklı grupların problemlerini karşılaştırmamızı önerdi [11]. Spitzer, beni projenin başında olmam için görevlendirdi. Öncelikle, bilimsel yayınlarda bildirilen tüm farklı travma belirtileriyle ilgili bir değerlendirme ölçeği hazırladık, ardından belirli popülasyonların farklı sorunlardan etkilenip etkilenmediğini görmek için ülkenin beş farklı bölgesinde yaşayan 525 hasta ile görüştük. Popülasyonumuzu üç gruba ayırdık: Çocukluk döneminde kendilerine bakan kişilerin fiziksel ya da cinsel tacizine uğramış kişiler; son dönemde aile içi şiddete maruz kalmış kişiler ve son dönemde doğal bir felakete maruz kalmış kişiler.

Bu gruplar arasında belirgin farklar vardı, özellikle de uç alanlarda: Çocuk istismarı kurbanları ve doğal afetlere maruz kalmış kişiler arasında. Çocukken tacize uğrayan yetişkinler, sıklıkla odaklanma sorunu yaşıyordu ve her zaman sinirli olduklarından yakınıyorlar ve kendilerinden nefret ediyorlardı. Ayrımsız, sapkın, yüksek riskli ve tatminsiz cinsel ilişkilerden, tamamen cinsellikten uzaklaşmaya dek ilişkilerini sürdürmek konusunda da büyük sorunlar yaşıyorlardı. Ayrıca hafızalarında büyük boşluklar vardı ve kendilerine zarar veren davranışlarda bulunuyor ve birçok tıbbi sorun yaşıyorlardı. Bu belirtiler, doğal afetlere maruz kalan kişilerde nadir görülüyordu.

DSM'de yer alan her büyük ölçekli tanı için yeni sayıda gözden geçirilmeyi önerme görevi yürüten bir çalışma grubu vardı. DSM-IV TSSB çalışma grubu için alan örneklemimizi sunduk ve kişiler arası travma kurbanları için yeni bir travma tanısı on dokuza iki oy aldı: "Başka Türlü Adlandırılamayan Aşırı Stres Bozukluğu (DESNOS) ya da kısaca Karmaşık TSSB"[12, 13]. Ardından hevesle, 1994 yılının Mayıs ayında yayınlanan DSM-IV'te bunun yer almasını bekledik. Ancak şaşırtıcı bir şekilde, grubumuzun büyük çoğunluğuyla onaylanan tanı son baskıda yer almadı. Üstelik bu konuda hiçbirimizle görüşülmedi.

Bu hüzünlü bir dışlanmaydı. Bu, çok sayıda hastaya doğru bir şekilde tanı konamayacağı ve araştırmacıların, klinik uzmanların bu kişiler için bilimsel olarak tedaviler geliştiremeyeceği anlamına geliyordu. Var olmayan bir durum için tedavi geliştiremezsiniz. Bir tanının olmaması, terapistleri büyük bir ikilemle karşı karşıya bırakıyordu: İstismar, ihanet, terk edilmenin ortaya çıkardığı sorunlarla mücadele eden kişileri, bu mücadelelerini tam olarak karşılamayan depresyon, panik bozukluk, bipolar bozukluk ya da sınır kişilik gibi tanılar koymaya zorlanarak nasıl tedavi edeceğiz?

Bakım verenin istismarı ve ihmalinin sonuçları, kasırga ya da motorlu araç kazası kurbanlarınınkinden daha yaygın ve karmaşıktır. Tanı sistemimizin belirlenmesine karar veren otoriteler, bu kanıtları göz ardı etme kararı almışlardı. Günümüze dek, yirmi yılın ve sonradan gerçekleştirilen dört gözden geçirmenin ardından DSM ve tüm sistem, çocuk istismarı ve ihmali kurbanları konusunda başarısız olan bir sistemi temel aldı; tıpkı, 1980'lerde TSSB tanıtılmadan önce gazilerin sözlerini göz ardı ettikleri gibi bunu da göz ardı etmişlerdi.

GİZLİ SALGIN

Büyük bir gelecek ve sonsuz kapasitelerle dünyaya gelen bir bebeği, nasıl otuz yaşında evsiz bir alkoliğe dönüştürürsünüz? Pek çok büyük keşifte olduğu gibi, dahiliye uzmanı Vincent Felitti de bir şans eseri bu soruyla karşı karşıya kaldı.

1985 yılında Felitti, San Diego'da dönemin dünyadaki en büyük tıbbı tarama programı sayılan, Kaiser Permanente'nin Önleyici Tıp Merkezinde şeflik görevini yürütüyordu. Ayrıca, ameliyatsız bir şekilde, büyük oranda kilo vermeyi sağlayan "Katkılı Sınırsız Perhiz" adı verilen bir tekniğin kullanıldığı obezite merkezinde çalışıyordu. Bir gün yirmi sekiz yaşında bir hemşire yardımcısı, ofisine gelmişti. Felitti, temel problemin obezite olduğuna karar vererek kadını, uygulamakta olduğu programa dâhil etmişti. Elli bir haftadan daha uzun bir sürede kadın 185 kilodan 60 kiloya düşmüştü.

Ancak Felitti, birkaç ay sonra kadınla tekrar karşılaştığında, biyolojik olarak mümkün olandan daha fazla kilo aldığını görmüştü. Peki ne olmuştu? Kadın kilo verdikten sonra, iş arkadaşlarından birinin dikkati çekmiş, adam kadınla flört edip ardından da cinsel ilişki önermişti. Kadın ise eve gidip yemek yemeğe başlamıştı. Gün boyunca ve geceleri uyku aralarında yemek yemeği sürdürmüştü. Felitti, bu tepkiyi irdelediğindeyse, kadının, büyük babasıyla uzun süren ensest ilişkisi olduğu ortaya çıkmıştı.

Yirmi üç yıllık doktorluk tecrübesinde Felitti'nin karşılaştığı ikinci ensest olgusu olmuştu ve bundan on gün sonra benzer bir öykü daha duymuştu. Ekibiyle birlikte ayrıntılı bir araştırmaya girdiklerinde ise obez hastalarının büyük bir çoğunluğunun çocukluk döneminde cinsel tacize uğradığını öğrenince şok olmuşlardı. Ayrıca pek çok aile sorununu da ortaya çıkarmışlardı.

1990 yılında Felitti, ekibinin 286 hastayla yaptığı görüşmenin verilerini paylaşmak üzere Kuzey Amerika Birliği Obezite Çalışmaları toplantısına katılmak üzere Atlanta'ya gitti. Bu toplantıda, bazı uzmanların verdiği sert tepkiler karşısında şaşkına dönmüştü: Neden bu tür hastalara inanmıştı? Başarısız yaşamları için açıklamalar uydurabileceklerini fark etmemiş miydi? Tüm bunlara rağmen, Hastalık Önleme ve Korunma Merkezlerinden (CDC) bir epidemiyolog, Felitti'yi daha geniş bir popülasyonla, daha büyük bir çalışma yapması konusunda cesaretlendirdi ve bir grup araştırmacıyla tanıştırmak üzere CDC'ye davet etti. Sonuç, CDC, Kaiser Permanente, Robert Anda, Vincent Felitti ve diğer araştırmacıların katıldığı, Olumsuz Çocukluk Dönemi Deneyimleri [bundan sonra ACE (Adverse Childhood Experiences) çalışması olarak adlandıracağım] konusunu ele alan muazzam bir araştırma oldu.

Yıllık ayrıntılı değerlendirme formu ve süreç içinde ayrıntılı bir tıbbi anket doldurmak üzere Kaiser'in elli binden fazla hastası Önleyici Tıp Bölümüne başvurdu. Felitti ve Anna, fiziksel ve cinsel taciz, fiziksel ve duygusal ihmal, ebeveynlerin boşanması, ruhsal olarak rahatsızlanması, bağımlı olması ya da hapse düşmesi gibi aile işlevsizliklerini de içeren dikkatli bir şekilde kategorilere ayrılmış, on yeni soru geliştirmek için [14], bir yıldan uzun süre çalıştı. Ardından peş peşe

25.000 hastaya, çocukluk döneminde yaşadıkları ile ilgili bir çalışmaya katılmak isteyip istemediklerini sordular; 17.421 kişi bunu kabul etti. Sonrasında ise elde edilen yanıtlar, Kaiser'in hastalarıyla ilgili tuttuğu ayrıntılı tıbbi kayıtlarla karşılaştırıldı.

ACE çalışmasıyla, çocukluk ve ergenlik döneminde yaşanan travmatik yaşam deneyimlerinin, beklenenden daha yaygın olduğu ortaya çıktı. Çalışmaya katılan kişilerin çoğunluğu orta sınıfa mensup, orta yaşlarda, iyi eğitimli ve iyi bir sağlık sigortası karşılayabilecek güçte kişilerden oluşuyordu ve katılanların yalnızca üçte biri çocukluk dönemine ait olumsuz bir deneyim yaşamadığını belirtti.

- Katılımcıların onda biri "Anne babanızdan biri ya da ev halkından başka bir yetişkin hiç size bağırdı mı, küfür etti mi, aşağıladı mı ya da küçümsedi mi?" sorusuna evet yanıtı verdi.
- Dörtte birinden fazlası "Anne babanızdan biri sık sık sizi tokatlar, vurur, iter ya da size bir şeyler atar mıydı?" sorusuna evet yanıtı verdi.
- "Anne babanızdan biri bedeninizde iz bırakacak ya da yaralanmanıza sebep olacak bir şekilde size vurdu mu?" sorusu soruldu. Bu sorulara verilen olumlu yanıtlar, başka bir deyişle, Amerikan nüfusunun dörtte birinden fazlası çocukken defalarca fiziksel olarak istismara uğradığını gösteriyordu.
- "Bir yetişkin ya da sizden en az 5 yaş büyük biri cinsel bir amaçla size dokundu mu?" ve "Bir yetişkin ya da sizden en az 5 yaş büyük biri, oral, anal ya da vajinal yolla sizinle ilişkiye girmeye çalıştı mı?" sorularına katılımcı kadınların yüzde 28'i, erkeklerin yüzde 16'sı olumlu yanıt verdi.
- Sekiz kişiden biri "Çocukken, ara sıra ya da sık sık annenizin itildiğine, hakarete uğradığına, üzerine bir şeyler fırlatıldığına tanıklık ettiniz mi?", "Çocukken sık sık annenizin, tekmelenmesine, yumruk atılmasına ya da sert bir şeyle dövülmesine tanıklık ettiniz mi?" sorularına evet yanıtı verdi [15].

Her evet yanıtı, sıfırdan ona kadar ACE puanlamasına denk gelecek şekilde bir puan alarak değerlendirildi. Örneğin, sıklıkla sözlü tacize uğrayan, annesi alkolik olan ve anne babası boşanmış olan bir kişi ACE'de üç puan alır. Yanıt veren katılımcıların üçte ikisi olumsuz bir deneyim yaşadığını söyledi, yüzde 87'sinin skoru iki ya da daha fazlaydı. Altı katılımcıdan birinin ACE skoru dört ya da üzerindeydi.

Kısacası, Felitti ve ekibi, olumsuz deneyimlerin, üzerinde ayrı ayrı çalışılsa bile birbiriyle ilgili olduğunu göstermiştir. İnsanlar genelde, ağabeyleri hapisteyken, yaşamlarını düzgün bir şekilde sürdüremezler. Anneleri sürekli dayak yerken her şey harika gidiyormuş gibi yaşayamazlar. Suistimal olayları, genellikle tek başına olan olaylar değildir. Anlatılan her olumsuz ek deneyim, sonraki dönemde zararı arttırmaktadır.

Felitti ve ekibi, çocukluk dönemi travmasının ilk önce okulda belirgin hâle geldiğini gösterdi. ACE skoru dört ve üzerinde olan kişilerin yarısından fazlası, yüzde üçlük dilimi oluşturan sıfır skorundaki kişilerle karşılaştırıldığında öğrenme ya da davranış problemleri olduğunu belirtmiştir. Çocuklar olgunlaştıkça, erken dönem deneyimlerinin etkileri "yok olmaz". Felitti'nin de belirttiği gibi "Travmatik deneyimler zaman içinde kaybolur ve utanç, sırlar ve sosyal tabular nedeniyle gizlenir." ancak çalışma, travmanın etkilerinin bu kişilerin yetişkin yaşamlarına da yayıldığını göstermiştir. Örneğin, ACE skorları, işe devamsızlık, finansal sorunlar ve düşük yaşam geliri gibi durumlarla da ilgili çıkmıştır.

Konu, kişisel acı çekmeye geldiğinde durum daha da çarpıcıydı. ACE skoru arttıkça, yetişkinlik dönemi kronik depresyonu da dramatik bir şekilde artmaktadır. Örneğin ACE skoru dört ve üzerinde olan kişilerde, bunun yaygınlık oranı, ACE skoru sıfır olan yüzde 12'lik dilimle karşılaştırıldığında, kadınlarda yüzde 66 ve erkeklerde yüzde 35'tir. Antidepresan tedavisi ya da ağrı kesici reçete sayısı da orantılı bir şekilde artmaktadır. Felitti'nin de işaret ettiği gibi, bugün giderek artan maaliyet ve bedellerle elli yıl önce yaşanmış olumsuz yaşam deneyimlerini tedavi etmeye çalışıyoruz. Antidepresan ilaçlar ve ağrı kesicilerin oranı, ulusal sağlık giderlerinde giderek yükselmektedir [16]. (İşin garip yanı, geçmişinde taciz ya da ihmal olmayan hastalar, bu tür geçmişe sahip hastalara göre antidepresanlara daha iyi yanıt vermektedir [17]).

Kendilerinin bildirdiği intihar oranları, ACE skorlarıyla katlanarak artmaktadır. Sıfırdan altıya kadar olan skorlarda, olası intihar girişimi yüzde 5000 artmaktadır. Kişi kendini ne kadar korumasız ve yalnız hissederse ölümün tek kaçış yolu olduğunu düşünme olasılığı da o kadar artmaktadır. Medya, kanser artışının yüzde 30 olduğunu söylediğinde manşet oluyor ancak daha dramatik ögeler gözden kaçıyor.

Başlangıçtaki tıbbi değerlendirmenin bir parçası olarak, çalışmaya katılanlara "Kendinizi alkolik olarak değerlendirdiğiniz oldu mu hiç?" diye soruldu. ACE skoru dört olan bireylerin alkol sorunu, skoru sıfır olan bireylere oranla yedi kat daha fazlaydı. Ağrı kesici kullanma durumu da katlanarak artmaktadır. ACE skoru altı ve üzerinde olan kişilerin damar içi uyuşturucu kullanma oranı, skoru sıfır olanlara göre yüzde 4600 kez daha fazlaydı.

Çalışmada yer alan kadınlara, yetişkinlik döneminde tecavüz konusu soruldu. ACE skoru sıfır olanlarda, tecavüzün yaygınlık oranı yüzde 5, skoru dört ve üzerinde olanlarda ise yüzde 33'tü. Peki neden çocukluğunda tecavüze uğrayan ya da ihmal edilen kadınların hayatlarının ilerleyen dönemlerinde tecavüze uğrama olasılığı daha fazlaydı? Bu sorunun yanıtının, tecavüzün ötesinde çıkarımları vardır.

Örneğin, çeşitli çalışmalar, yetişme döneminde, aile içi şiddete tanıklık eden kızların ilerleyen dönemlerde şiddet içeren ilişkiler yaşama oranının yüksek olduğunu, aile içi şiddete tanıklık ederek büyüyen erkeklerin ise ilerleyen dönemlerdeki ilişkilerinde şiddet kullanma oranının yedi kat arttığını göstermiştir [18]. Katılımcıların yüzde 12'den fazlası, annelerinin dövüldüğünü görmüştü.

ACE tarafından yüksek riskli olarak belirlenen davranışlar listesinde, sigara içme, obezite, istenmeyen gebelikler, birden fazla cinsel partner ve cinsel yolla bulaşan hastalıklar da yer alıyordu. Son olarak, büyük sağlık problemlerinin oranı çarpıcıydı: ACE oranı altı ve üzerinde olan kişilerin, skoru sıfır olan kişilere göre ABD'de on kişiden birinin ölmesine neden olan kronik obstrüktif akciğer hastalığı (KOAH), iskemik kalp hastalığı ve karaciğer hastalığı gibi büyük sağlık sorunları yaşama oranı yüzde 15 daha fazlaydı. Kansere yakalanma oranları iki kat, amfizem yaşama oranları dört kat daha fazlaydı. Bedende süregiden stres zarar vermeye devam ediyordu.

PROBLEMLER NE ZAMAN GERÇEKTEN ÇÖZÜME DÖNÜŞÜR

Felitti, tedaviden on iki yıl sonra, büyük oranda kilo veren ve ardından tekrar kilo almaya başlayan bir kadını gördü. Kadın, kendisine obezite cerrahisi uygulandığını ve 43 kilo verdiğini ancak ardından intihar girişimlerinde bulunduğunu anlattı. İntihar düşüncelerini engellenmek için beş kez psikiyatri bölümünde hastanede yatmış ve üç kez elektroşok uygulanmıştı. Felitti, büyük sağlık problemi olarak değerlendirilen obezitenin pek çok kişi için kişisel olarak çözülebileceğine dikkat çekmektedir. Sonuçları değerlendirin: Birinin sorununun çözümüyle ilgili hata yaparsanız, bağımlılık programlarında olduğu gibi, tedavi yalnızca başarısız olmakla kalmaz aynı zamanda başka sorunların da ortaya çıkmasına sebep olabilir.

Tecavüz mağduru bir kadın Felitti'ye şöyle anlatmıştı "Aşırı kilo gözden kaçmamı sağlıyor ve ihtiyacım olan şey de bu"[19]. Kilo aynı zamanda erkekleri de koruyabilir. Felitti, obezite programında yer alan ve eyalet hapishanesinde gardiyanlık yapan iki hastasını hatırladı. Verdikleri kiloları hızla geri almışlardı çünkü hücrelerin arasında en iri adam olarak kendilerini daha güvende hissediyorlardı. Başka bir erkek hastada da, anne babası boşandıktan sonra obezite oluşmuştu ve sert, alkolik büyük babasıyla yaşamaya başlamıştı. Durumu şöyle açıklıyordu: "Aç olduğum için yemek yemiyordum, bu sadece kendimi güvende hissettiğim bir alandı. Anaokulundan bu yana dayak yiyordum ve kilo almaya başladığımda artık dayak yemiyordum".

ACE çalışma grubu şu sonucu elde etti: "Sağlığa çok zararlı olduğu bilinmesine rağmen, her alışkanlığı (sigara, alkol, uyuşturucu, obezite) bırakmak zordur. Uzun dönem sağlık risklerinin kısa dönemde kişisel olarak faydalı olabileceği ihtimali göz ardı edilmektedir. Hastalardan sürekli olarak bu "sağlık risklerinin" sağladığı faydalarla ilgili şeyler duyuyoruz. Pek çok kişi için rahatsız ediciyken, bir problemin çözüm hâline gelmesi fikri, biyolojik sistemlerde ters güçlerin her zaman bir arada var olduğu gerçeğini ortaya koymaktadır. Birinin problem olarak gördüğü şey, genellikle gerçek sorunun bir belirteci olarak gömülü kalmaktadır, zaman içinde hasta tarafından, utanç, sır ve bazen unutulma ile gizlenir ve sıklıkla da klinisyende huzursuzluğa neden olur.

ÇOCUK İSTİSMARI: ULUSUMUZUN EN BÜYÜK SAĞLIK PROBLEMİ

Robert Anda'yı ilk kez ACE çalışmasının sonuçlarını sunarken izlediğimde göz yaşlarına hakim olamadığını gördüm. CDC'deki kariyeri boyunca tütün araştırmaları ve kalp damar sağlığı gibi büyük risk içeren çeşitli alanlarda çalışmıştı. Ancak, ACE çalışmasının verileri, bilgisayarının ekranında görünmeye başladığında, Amerika Birleşik Devletleri'ndeki en derin ve en büyük maliyetli kamu sağlığı sorununu tesadüfen bulduklarını fark etmişti: Çocuk istismarı. Tüm maliyetleri, kanser ya da kalp hastalıklarının maliyetleriyle karşılaştırarak hesaplamıştı ve Amerika'da çocuk istismarı ortadan kalktığında, depresyon yüzdesinin yarıdan fazlasının, alkolizm sorununun üçte ikisinin, intihar, damar içi uyuşturucu kullanımı ve aile içi şiddetin dörtte üçünün azalacağını hesaplamıştı [20]. Bunun aynı zamanda iş yeri performansında dramatik bir etkisi olacak ve yaygın anlamda tutuklamalar da azalacaktı.

Sigara ve sağlık ile ilgili genel cerrahi raporu 1964 yılında yayınlandığında, günlük yaşamı ve uzun vadeli sağlık incelemelerini değiştiren, yasal ve tıbbi kampanyaların ortaya çıkması on yılları aldı. Amerika'da sigara içenlerin sayısı 1965 yılında yetişkinlerde yüzde 42 oranındayken 2010 yılında ise yüzde 19'a düşmüştür ve bu da ortalama olarak 1975 ile 2000 yılları arasında yaklaşık 800.000 kişinin akciğer kanserinden yaşamını kaybetmesini önlemiştir [21].

Bununla birlikte ACE çalışmasının böyle bir etkisi olmadı. Bunu izleyen çalışmalar ve makaleler dünyanın her yerinde dolaşıyor ancak Marilyn gibi çocukların, ayakta tedavi kliniklerinde ve hastane dışı tedavi merkezlerindeki çocukların durumu neredeyse aynı şekilde devam ediyor. Yalnızca, kendilerini daha uysal hâle getiren ama aynı zamanda da hayattan keyif almalarına; duygusal ve entelektüel olarak büyüyüp gelişme meraklarına zarar veren, toplumun katkı veren üyeleri olmalarına engel olan, yüksek dozda psikotrop ilaçlar alıyorlar.

BÖLÜM 10

GELİŞİMSEL TRAVMA: GİZLİ SALGIN

Erken çocukluk dönemi olumsuz deneyimlerinin önemli gelişimsel bozukluklara yol açtığı düşüncesi, araştırmalardan çok klinik sezgilere dayalı bir gerçektir. Herhangi bir travma sendromu nedeniyle zaman içinde gelişimsel bozuklukların ortaya çıktığı varsayımının bilinen bir kanıtı yoktur.

—Amerikan Psikiyatri Birliğinin Gelişimsel Travma Bozukluğu tanısını reddetmesi, Mayıs, 2011

Erken dönemde kötü davranıma uğramanın sonuçları farklı bir öykü anlatır. Erken dönemdeki bu kötü davranımların, beyin gelişimi üzerinde olumsuz etkileri vardır. Beyinlerimiz erken dönem deneyimlerimizle şekillenir. Kötü davranım ise derin ve süreğen yaralara neden olarak, beyni kargaşa ile şekillendiren bir keskidir. Çocukluk dönemi suistimali, üstesinden hemen gelebileceğiniz bir şey değildir. Bu ülkedeki kontrol edilmeyen şiddet döngüsü konusunda bir şey yapmak istiyorsanız, bu, kabul etmemiz ve yüzleşmemiz gereken bir şeytandır".

— Martin Teicher, MD, PhD, *Scientific American*

Şimdi anlatacağım çocuk gibi yüzlerce, binlerce çocuk var ve bu çocuklar, kayda değer bir fayda sağlanamadan tüm çare yollarını tüketmekte. Refah kaynaklarımızı azaltıp, hapishane ve kliniklerimizi doldurmaktadırlar. Halkın çoğu onları bir istatistik olarak bilmektedir. On binlerce öğretmen, şartlı tahliye memuru, hakim ve ruh sağlığı uzmanı, günlerini bu kişilere yardım etmek için harcıyor ve vergi verenler de faturaları ödüyor.

Anthony, çocuk bakım merkezi çalışanları tarafından Travma Merkezimize yönlendirildiğinde henüz iki buçuk yaşındaydı, çalışanlar, sürekli olarak ısırması, itişmesi, uyumak istememesi, bitmeyen ağlamaları, kafasını sağa sola vurması ve sallanmaları ile başa çıkamıyordu. Hiçbir çalışanın yanında kendini güvende hissetmiyordu; umutsuz bir çöküş ve öfkeli bir isyan arasında gidip geliyordu.

Annesi ve onunla bir araya geldiğimizde, endişeli bir şekilde yüzünü kapatarak annesine sarıldı, annesinin "Böyle yapma." demesi fayda etmedi. Koridorda bir kapı çarptığı anda irkildi ve annesinin kucağına daha sıkı kapandı. Annesi, Anthony'i ittiğinde, köşede oturdu ve kafasını duvara vurmaya başladı. Annesi "Benim canımı sıkmak için yapıyor." diye açıkladı. Anneye geçmişi ile ilgili sorular sorduğumuzda ise çocukken ebeveynleri tarafından terk edildiğini, kendisini sürekli döven, ihmal eden akrabalarının yanında büyüdüğünü ve on üç yaşından itibaren cinsel istismara uğramaya başladığını öğrendik. Alkolik bir erkek arkadaşı ile birlikteyken hamile kalmış ve bunu söylediğinde adam da onu terk etmiş. Anneye göre Anthony de babası gibiydi; işe yaramaz. Daha sonraki erkek arkadaşlarıyla da ilişkilerinde hep şiddet olmuştu ama kadın, tüm yaşadıklarını Anthony'nin fark etmeyeceğine inandığı gece geç saatlerde gerçekleştiğini söylüyordu.

Eğer Anthony, bir hastaneye gitmiş olsaydı, pek çok farklı psikiyatrik bozukluk tanısı konacaktı. Depresyon, karşıt olma karşı gelme bozukluğu, anksiyete, tepkisel bağlanma bozukluğu, DEHB ve TSSB. Bu tanıların hiçbiri, Anthony'de ne olduğunu açıklamıyordu. Ölmekten korkuyordu ve yaşamı için savaş veriyordu, ayrıca annesinin kendisine yardım edebileceğine inanmıyordu.

Latin asıllı on beş yaşındaki Maria, Amerika Birleşik Devletleri'nde, bakım merkezlerinde ve yetiştirme yurtlarında büyüyen yarım milyon çocuktan biriydi. Maria, obez ve saldırgandı. Cinsel, fiziksel ve duygusal istismar geçmişi olan bu kız çocuğu, sekiz yaşından itibaren ev dışında yirmi farklı yerde kalmıştı. Tıbbi dosyalarında Maria, uç noktalarda duygusal değişimler yaşayan, öfke nöbetleri geçiren sessiz, kinci, kendine zarar verici davranışları olan biri olarak anlatılıyordu. O ise kendini "çöp, değersiz, reddedilmiş" biri olarak görüyordu.

Birkaç intihar girişiminin ardından Maria, bizim yatılı bakım merkezimize getirildi. Başlangıçta sessiz ve içine kapanıktı, insanlar kendisine yaklaşmaya çalıştığında ise saldırgan oluyordu. Diğer yaklaşımlar da başarısız olunca, Maria, her gün ata binip, temel düzeyde hayvan terbiyesi öğrendiği at terapisi programına yerleştirildi. İki yıl sonra lise mezuniyetinde Maria ile konuştum. Dört yıllık bir üniversiteye kabul edilmişti.

Kendisine en çok faydası olan şeyin ne olduğunu sorduğumda "Bakımıyla ilgilendiğim at." diye yanıtladı. Atıyla ilk kez kendini güvende hissetmeye başladığını söyledi; at, her gün orada sabırlı bir şekilde kendisini bekliyordu ve gelişiyle de mutlu oluyordu. Başka bir canlıya karşı içgüdüsel bir bağ hissetmeye başlamıştı ve onunla bir arkadaş gibi konuşuyordu. Aşamalı bir şekilde programa dâhil olan diğer çocuklarla da sohbet etmeye başlamış ve en sonunda da danışmanıyla konuşmuştu.

Virginia, evlat edinilmiş on üç yaşında beyaz bir kız çocuğuydu. Biyolojik annesi uyuşturucu bağımlısı olduğu için annesinden alınmıştı, ilk evlat edinen hastalandı ve öldü, tekrar evlat edinilmeden önce bir bakımevinden ötekine gönderilmişti. Virginia, karşışısına çıkan nerdeyse her erkek tarafından baştan çıkarılmıştı, çeşitli çocuk bakıcılarının ve geçici bakıcıların cinsel ve fiziksel tacizine uğradığını anlatmıştı. İntihar girişimleri için on üç acil hastaneye yatışının ardından bizim yatılı bakım programımıza gönderilmişti. Çalışanlar Virginia'yı yalnız, kontrolcü, patlamaya hazır, cinsel olarak ayartıcı, başkasının işine burnunu sokan, kindar ve narsist olarak tanımlıyordu. Virginia ise kendini mide bulandırıcı olarak tanımlıyor ve ölmek istediğini söylüyordu. Kendisine bipolar bozukluk, aralıklı patlayıcı bozukluk, tepkisel bağlanma bozukluğu, dikkat eksikliği hiperaktivite bozukluğunun (DEHB) hiperaktif alt tipi, karşıt olma –karşı gelme bozukluğu (KO-KGB) ve madde kullanımı tanıları konmuştu. Peki gerçekten Virginia kimdi? Bir yaşamı olması için ona nasıl yardım edebiliriz? [1].

Bu çocuklara ancak, yaşadıkları ile ilgili doğru tanılar koyarak ve onları kontrol etmek için yeni ilaçlar üretmekten ya da "hastalık"larından sorumlu "geni" bulmaya çalışmaktan daha fazlasını yaparak yardım edebiliriz. En büyük zorluk, bu çocuklara üretken bir yaşam sürmeleri için bir yol bulmaktır, bu yapıldığında ödenen vergilerin milyonlarca dolarından tasarruf edilecektir. Süreç, gerçeklerle yüzleşmekle başlıyor.

KÖTÜ GENLER?

Bu tür yaygın sorunlar ve işlevsiz anne babalarla, bu çocukların sorununu kolayca kötü genlere bağlayabiliriz. Teknoloji her zaman, araştırmalar için yeni yollar çizmektedir ve genetik testler mümkün hâle geldikçe, psikiyatri alanı da ruhsal hastalıkların sebepleri için genetik nedenler bulmaya başladı. Şizofreni için genetik bir bağlantı özellikle ilişkilidir, oldukça yaygın bir bozukluktur (nüfusun yüzde 1'ini etkiliyor), ciddi ve kafa karıştırıcı bir ruhsal bozukluktur ve açıkça ailesel geçiş gösterir. Ancak geçen otuz yılın ardından ve araştırmalar için harcanan milyonlarca dolara rağmen hâlâ şizofreni için ve diğer psikiyatrik hastalıklar için tutarlı genetik örüntü bulunamadı[2]. Bazı meslektaşlarım, travmatik stres yaşayan kişilerde de genetik yatkınlık olabileceğini ortaya çıkarmak için çok çalıştı[3]. Bu arayış devam etmektedir ancak şu ana dek sağlam bir yanıt bulunamadı [4].

Son yıllarda yapılan araştırmalar, belirli bir sonuç üreten, belirli bir gene "sahip olma" fikrini ortadan kaldırdı. Tek bir sonucu oluşturmak için pek çok genin bir arada çalıştığı ortaya çıktı. Daha da önemlisi genler belirlenmiş değildir; yaşamsal olaylar, metil gruplarını, karbon ve hidrojen atomu kümelerini genin dışında bağlayarak (metilasyon adı verilen süreç), bedenden gelen mesajlara karşı duyarlı ya da duyarsız hâle getiren biyokimyasal mesajları açabilir ya da kapatabilir. Yaşamsal olaylar, genin davranışını değiştirse de temel yapısı değişmemektedir. Bununla birlikte, metilasyon örüntüleri, çocuklara geçebilir; bu epigenetik adı verilen olgudur. Bir kez daha beden, organizmanın en derin düzeyinde kaydı tutmayı sürdürmektedir.

Epigenetik alanında en çok alıntılanan araştırmalardan birini, yeni doğan fareler ve anneleri üzerinde çalışmalar yapan McGill Üniversitesinden Michael Meaney gerçekleştirmiştir [5]. Meaney, anne farelerin, dünyaya geldikten sonraki on iki saat içinde yavrularını ne kadar çok yalarsa ve ilgilenirse, beynin strese tepki veren kimyasalları üzerinde o kadar etkili olduğunu ve binin üzerinde genin yapısını değiştirdiğini bulmuştur. Anneleri tarafından yoğun bir şekilde yalanan fare yavruları, stres altındayken, anneleri ilgisiz olan fare yavrularına göre daha cesur olmakta ve daha az stres hormonu salgılamaktadır. Bu fareler, ayrıca daha hızlı kendilerini toparlayabilmektedir; yaşamları boyunca dinginlikleri devam etmektedir. Hippokampüste daha yoğun bağlar geliştiriyorlar. Bu, öğrenme ve hafıza için anahtar bir merkezdir. Labirentte yolunu bulmak gibi kemirgenlerin en önemli becerisinde daha iyi performans göstermelerini sağlar.

Stresli deneyimlerin, insanoğlunda da gen ifadesini etkilediğini öğrenmeye başladık. Uzun süren buz fırtınasında, ısıtılmayan evlerde kalan gebe annelerin çocukları, ısıtılmış evlerde kalan gebe annelerin çocukları ile karşılaştırıldığında büyük epigenetik değişimler olduğu görüldü[6]. MCGill'de araştırmacı olan Moshe Szyf, İngiltere'de uç noktalardaki sosyal olanaklarla doğan yüzlerce çocuğun epigenetik profilini karşılaştırdı ve her iki gruptaki istismar oranını ölçtü. Sosyal sınıf farklılıklarının, belirgin bir şekilde farklı epigenetik profillerle bağlantılı olduğu görüldü ancak her iki grupta da istismara uğrayan çocukların yetmiş üç geninde belirgin değişimler görüldü. Szyf, bu konuda şunları söylemektedir "Bedenlerimizdeki büyük değişimler, yalnızca kimyasallar ve toksinlerle meydana gelmez aynı zamanda, sosyal dünyanın iletişim biçimi fiziksel dünyamızı (yapımızı) belirler." [7,8]

MAYMUNLAR, DOĞA MI BAKIM MI ŞEKLİNDEKİ ESKİ SORULARI AÇIKLIĞA KAVUŞTURDU

Ebeveynliğin kalitesi ve çevresel faktörlerin, gen ifadeleri üzerindeki etkisini en iyi şekilde anlamamızı sağlayan çalışmalardan birini de Ulusal Sağlık Enstitüsü Karşılaştırmalı Etoloji (Etoloji: Hayvan davranışları bilimi) Laboratuvarı şefi Stephen Suomi gerçekleştirmiştir[9]. Suomi, kırk yıldan daha uzun bir süredir, insan genlerinin yüzde 95'ini taşıyan makak (rhesus) maymunlarının nesilden nesile geçen kişilik aktarımları üzerinde çalışmaktadır, (şempanze ve bonobolarda insan ile olan ortak genler daha fazladır). Tıpkı insanoğlu gibi makak maymunları da karmaşık bağların ve statüye dayalı ilişkilerin olduğu büyük sosyal gruplar içinde yaşamaktadır ve yalnızca davranışlarını, grubun gerçekleriyle uyumlu hâle getirebilenler hayatta kalabilmekte ve gelişmektedir.

Makak maymunları, aynı zamanda bağlanma örneklemlerinde de insanoğluna benzemektedir. Onların bebekleri de anneleriyle fiziksel temasa bağımlıdır ve tıpkı Bowlby'nin insanlarda gözlemlediği gibi, bebek maymunlar da çevrelerine göre tepki geliştirmekte, korktuğunda ya da kaybolduğunda annelerine geri dönmektedir. Daha bağımsız olduklarında ise akranlarıyla oyun oynamak yaşamlarını sürdürmeyi öğrenmede temel bir yol olmaktadır.

Suomi, iki kişilik türünün sürekli sorun yaşadığını gözlemlemiştir: diğer maymunların oyun oynayıp keşfedeceği durumlarda dahi korkan, içine kapanan ve sıkıntı duyan gergin, kaygılı maymunlar ve genellikle sakınılan, dövülen ya da öldürülen saldırgan maymunlar. Her iki tür de biyolojik olarak akranlarından farklıdır. Anormallikler uyarılmışlık düzeylerinde, stres hormonlarında ve beyin kimyasallarındadır, örneğin serotonin gibi beyin kimyasalları metabolizması, yaşamın ilk birkaç haftasında belirlenebilir ve ne biyolojileri ne de davranışları olgunlaştıkça değişme gösterir. Suomi, genetik olarak belirlenen çeşitli davranışlar keşfetti. Örneğin gergin maymunlar (altı ayda belirlenen davranışları ve yüksek orandaki kortizol seviyelerini temel alarak sınıflandırılmış), deneysel durumlarda, dört yaşına geldiklerinde diğerlerine göre daha fazla alkol tüketmektedir. Genetik olarak saldırgan olan maymunlar da aynı zamanda aşırı düşkünlük göstermektedir. Ancak onlar kendinden geçmek için içerken gergin maymunlar sakinleşmek için içmektedir.

Ve ayrıca sosyal çevrenin de davranış ve biyoloji üzerinde belirgin etkileri vardır. Gergin, kaygılı dişiler, diğerleriyle oyun oynamamakta ve doğum yaptıklarında sosyal destek eksikliği görülmektedir, yeni doğan bebeklerini ihmal ve istismar etme riskleri yüksektir. Bu dişiler, durağan sosyal gruplara aitse, yeni doğan bebekleriyle dikkatli bir şekilde ilgilenen anneler olurlar. Bazı durumlarda kaygılı bir anne olmak daha fazla koruma ihtiyacı ortaya koyabilir. Diğer yandan saldırgan anneler, herhangi bir sosyal avantaj sağlamaz. Yavrularına karşı oldukça cezalandırıcıdırlar, vururlar, döverler ve ısırırlar. Yavruları hayatta kalırsa, anneleri genelde akranlarıyla arkadaşlık kurmalarını engeller.

Gerçek yaşamda ise insanların saldırgan ya da gergin davranışlarının, ebeveynlerinin kötü genlerinin ya da istismarcı bir anne tarafından yetiştirilmelerinin ya da her ikisinin sonucu olduğunu söylemek imkânsızdır. Ancak bir maymun laboratuvarında, zayıf genleri olan yeni doğanları biyolojik annelerinden ayırıp, daha destekleyici annelerin ya da akranlarla oyun gruplarının içine alabilirsiniz.

Doğumun ardından annelerinden alınan ve yalnızca akranlarıyla yetişen genç maymunların, akranlarına yoğun bir şekilde bağlandığı görülmüştür. Bu maymunlar umutsuz bir şekilde birbirlerine bağlanırlar; sağlıklı keşifler ve oyunlar için uzaklaşamazlar. Onların küçük oyunları, normal maymunlardaki karmaşıklık ve hayal gücünden yoksundur. Bu maymunlar gergin olma eğilimindedir. Yeni durumlardan korkarlar ve merak duyguları yoktur. Genetik yatkınlıkları ne olursa olsun, akranları tarafından yetiştirilen maymunlar küçük sıkıntılara aşırı tepki vermektedir: Yüksek ses karşısında kortizol seviyeleri, anneleri tarafından yetiştirilen maymunlara göre daha fazla artmaktadır. Serotonin metabolizmasının anomalisi de genetik olarak saldırgan olan ancak anneleri tarafından yetiştirilen maymunlara göre daha yüksektir. Bu da, en azından maymunlarda, erken dönem deneyimlerin, biyoloji üzerinde kalıtım kadar etkili olduğu sonucunu ortaya çıkarmaktadır.

Maymunlar ve insanlar aynı serotonin geninin iki farklı değişkenini taşımaktadır (kısa ve uzun alel serotonin taşıyıcıları olarak bilinmektedir). İnsanlarda kısa alel, dürtüsellik, saldırganlık, heyecan arayışı, intihar girişimi ve ciddi depresyon ile ilişkilendirilmektedir. Suomi, en azından maymunlarda, çevrenin, genlerin, davranışları etkileme biçimini şekillendirdiğini göstermiştir. Kısa alelleri olan maymunlar, yeterli anneler tarafından normal bir şekilde yetiştirildiğinde, serotonin metabolizmasında bozukluk olmamaktadır. Akranları tarafından yetiştirilenler ise saldırgan, tehlikeyi göze alan kişiler olurlar [10]. Benzer bir şekilde, Yeni Zelandalı araştırmacı Alec Roy, kısa alelleri olan insanların, uzun alelleri olan insanlara göre daha yüksek oranda depresyona girdiğini bulmuştur ancak bu, çocukluk dönemlerinde ihmal ve istismar varsa oluşur. Sonuç oldukça açık: Bağlı ve uyumlu ebeveynleri olan şanslı çocuklar, bu genetik yapıyla ilgili sorunu yaşamayacaktır [11].

Suomi'nin yaptığı çalışma, insanoğlunun bağlanması üzerine çalışan meslektaşlarımızdan ve kendi klinik araştırmalarımızdan öğrendiklerimizi desteklemektedir. Güvenli ve koruyucu erken dönem ilişkiler, çocukları, uzun vadede görülen sorunlara karşı korumada önemli bir role sahiptir. Buna ek olarak, aileler, kendi genetik yetersizliklerine rağmen doğru destek verildiğinde, bir sonraki nesle bu korumayı sağlayabilir.

ULUSAL ÇOCUK TRAVMATİK STRES AĞI

Kanserden retinitis pigmentosaya (tavuk karası da denilen bir göz hastalığı) kadar neredeyse her tıbbi hastalıkta belirli durumlar için çalışmayı ve tedaviyi destekleyen gruplar vardır. Ancak, 2001 yılında, Kongre kararı ile Ulusal Çocuk Travmatik Stres Ağı kurulana kadar, travma yaşayan çocukların araştırılması ve tedavisiyle ilgili kapsamlı bir organizasyon yoktu.

1998 yılında, Nathan Cummings Vakfından Adam Cummings'den travmanın öğrenme üzerindeki etkileri konusuyla ilgilendiklerini belirten bir mektup aldım. Kendilerine, bu konuda iyi çalışmalar yapıldığını[12] ancak yapılan keşiflerin yürürlüğe konabileceği bir forum olmadığını söyledim. Travma yaşayan çocukların ruhsal, biyolojik ya da ahlaki gelişimleri, sistematik bir şekilde çocuk bakım uzmanlarına, pediyatistlere, okul danışmanlarına ya da sosyal uzmanlara öğretilmemektedir.

Adam ile birlikte bu sorunu ele almamız gerektiğine karar verdik. Sekiz ay sonunda, ABD Sağlık ve İnsan Hizmetleri Servisi Hukuk Bölümünden, Senatör Ted Kennedy'nin sağlık danışmanından ve çocukluk dönemi travmalarında uzman bir grup meslektaşımdan oluşan bir düşünce grubu oluşturduk. Hepimiz, travmanın zihnin ve beynin gelişimi üzerindeki etkileri konusunda temel bilgilere sahiptik ve çocukluk dönemi travmasının, yetişkinlik dönemindeki travmatik stresten son derece farklı olduğunun bilincindeydik. Grup, çocukluk dönemi travması çalışmalarının sonuçlarının kalıcı olması için çocukluk dönemi travmalarının araştırılmasına; istismara uğrayan ve travma yaşayan çocuklarla ilgilenen, eğitimcilerin, hakimlerin, bakanların, koruyucu ailelerin, doktorların, memurların, hemşirelerin ve ruh sağlığı çalışanlarının eğitimine destek olacak ulusal bir organizasyon kurulması gerektiğine karar verdi.

Grup üyelerimizden Bill Harris, çocuklarla ilgili yasalar konusunda oldukça deneyimliydi ve Senatör Kennedy'nin ekibinden fikirlerimizi yasaya dönüştürmek için destek aldık. Ulusal Çocuk Travmatik Stres Ağı'nın (National Child Traumatic Stress Network: NCTSN) kurulması kanunu, ezici bir destekle Senato'dan geçti ve 2001 yılından bu yana ulus genelinde 15'ten fazla merkez ve 17 bölge ile iş birliği hâlinde çalışmalar gerçekleştirmektedir. Duke Üniversitesi ve UCLA'da bulunan merkezden yönetilen NCTSN bünyesinde, üniversiteler, hastaneler, kabile bölgeleri, uyuşturucu rehabilitasyon merkezleri, ruh sağlığı klinikleri, gençlik adalet programları, okullar yer almaktadır. Her merkez, yerel okul sistemleri, hastaneler, sosyal yardım ajansları, evsizler bakım merkezleri, gençlik adalet programları ve aile içi şiddete karşı sığınma merkezleri gibi 8300'den fazla bağlı ortak ile çalışmaktadır.

NCTSN'nin kurulup işlerlik kazanması, ülkenin her tarafındaki travmatize çocukların profillerinin daha net görülmesi anlamına geliyordu. Travma Merkezimizdeki meslektaşım Joseph Spinazzola, ağlardaki temsilciliklerden yaklaşık iki bin çocuk ve ergenin kaydını inceledi [13]. Kısa süre içinde şüphelendiğimiz şey onaylandı. Büyük bir çoğunluk, son derece işlevsiz ailelerden geliyordu. Yarısından fazlası, duygusal olarak istismara uğramıştı ve/veya ihtiyaçlarını karşılayamayacak kadar sıkıntılı bakıcıları vardı. Neredeyse yüzde 50'sinin bakımını sağlayan kişiler hapse girmiş, tedavi programlarına alınmış ya da askere gitmişti ve yabancılar, koruyucu ebeveynler ya da uzak akrabalar tarafından yetiştirilmişlerdi. Yaklaşık yarısı, aile içi şiddete tanıklık etmişti ve çeyreği cinsel ve/veya fiziksel istismara uğramıştı. Başka bir deyişle, araştırmada yer alan çocuklar ve ergenler, Vincent Felitti'nin Olumsuz Çocukluk Deneyimleri (ACE) Çalışması'nda yer alan yüksek ACE skoru olan orta yaşlı, orta sınıf Kaiser Permanente hastalarının aynasıydı.

TANININ GÜCÜ

1970'lerde savaştan dönen binlerce Vietnam gazisinin birbirinden farklı yüzlerce belirtisini sınıflandıracak bir tanı yöntemi yoktu. Kitabın giriş bölümünde de gördüğümüz gibi, bu durum klinik çalışanları, hastaların tedavisi konusunda doğaçlama yapmaya zorlamış ve hangi yaklaşımların işe yaradığı konusunda sistematik olarak çalışılmasını engellemiştir. 1980'deki DSM III'ün TSSB tanısının benimsenmesi, daha kapsamlı bilimsel çalışmalara ve etkili tedavi yöntemlerinin geliştirilmesine yol açmıştır, bu da yalnızca savaş gazilerinin değil aynı zamanda tecavüz, darp ve motorlu araç kazaları gibi çeşitli travmatik olayların tedavisinde de dönüşüme yol açmıştır [14]. Bunun uzun vadeli gücünü gösteren örnek ise Savunma Bakanlığının 2007-2010 yılları arasında savaş gazilerinde TSSB tedavisi ve araştırması için 2.7 milyar dolardan daha fazla harcama yaparken, 2009 mali yılında ise yalnızca Savaş Gazileri İlişkileri Bölümü, yalnızca kurum içi TSSB araştırması için 24.5 milyon dolar harcamıştır.

DSM'nin TSSB tanımı oldukça açıktır: Kişinin korkunç bir olaya maruz kalması "ölüm ya da ciddi bir yaralanma yaşaması ya da böyle bir tehdit" içeren korkunç bir olay ya da olayı yoğun bir şekilde yeniden yaşama (geri dönüşler, kötü rüyalar, olayı yeniden yaşıyormuş gibi duygular), sürekli ve felç edici bir şekilde kaçınma (insanlardan, düşüncelerden, travmayla ilişkili duygulardan) gibi kendini gösteren belirtilerle "yoğun korku, çaresizlik" yaratan durumlara maruz kalması. Bu tanım net bir öykü çizgisi ortaya koyar. Kişi aniden ve beklenmedik bir şekilde çok kötü bir olay yaşar ve bir daha eskisi gibi olamaz. Travma geçmiş olabilir ancak sürekli olarak geri gelen anılar yeniden yapılanan sinir sisteminde yerini korur.

Bu tanım, bizim gördüğümüz çocuklarla ne kadar ilişkiliydi? Tek bir travmatik olayın –köpek ısırması, kaza ya da okulda silahlı saldırıya tanıklık etme– ardından, çocuklar da güvenli ve destekleyici ortamlarda yaşasalar bile yetişkinlere benzer TSSB belirtileri gösterirler. TSSB tanısının sonucunda, bu sorunları oldukça etkili bir şekilde tedavi edebiliriz.

Kliniklerde, okullarda, hastanelerde ve polis merkezlerinde görülen istismar ve ihmal geçmişi olan sorunlu çocukların durumunda ise davranışlarının travmatik kökenleri çok belirgin değildir, kendilerine sorulduğunda dahi dövüldüklerini, terk edildiklerini ya da tacize uğradıklarını anlatmazlar. Ulusal Çocuk Travmatik Stres Ağı'nda görülen travma yaşamış çocukların yüzde seksen ikisi, TSSB için tanı ölçütlerini karşılamamaktadır[15]. İçlerine kapandıkları, şüpheci ya da saldırgan oldukları için bu çocuklara "Bu çocuk benden nefret ediyor ve ona söylediğim hiçbir şeyi yapmıyor." anlamına gelen "karşıt olma karşı gelme bozukluğu" ya da yıkıcı öfke nöbetleri geçirdiği anlamına gelen "yıkıcı duygu durumu düzenleyememe bozukluğu" gibi sözde bilimsel tanılar konmaktadır. Pek çok problemi olan bu çocuklar zaman içinde çeşitli tanıları biriktirir. Yirmili yaşlara gelmeden, bu çocuklara dört, beş, altı ya da daha fazla etkileyici ancak anlamsız etiketler takılır. Tedavi alırlarsa, yönetilme yöntemi olarak yayınlanan ne ise onu alırlar: İlaç tedavisi, davranış değişikliği ya da maruz bırakma tedavisi. Bu nadiren işe yarar ve genellikle daha fazla hasara neden olur.

NCTSN daha fazla çocuğun tedavisini gerçekleştirdikçe, çocukların yaşadıkları deneyimin gerçekliğini kapsayan bir tanıya ihtiyacımız olduğu daha fazla ortaya çıktı. Ağ içindeki çeşitli bölgelerde tedavi edilen yaklaşık yirmi bin çocuğun veri tabanıyla başladık; istismar ve ihmal edilmiş çocuklarla ilgili bulabildiğimiz tüm araştırma makalelerini derledik. Çalışmaların sayısını dünya genelinde yüz binden fazla çocuk ve ergenin raporlandığı 130 çalışmaya indirgedik. Çocukluk dönemi travması konusunda uzman on iki klinik uzman/araştırmacıdan oluşan çekirdek bir çalışma grubu[16], dört yıl boyunca yılda iki kez, uygun tanı teklifi geliştirmek üzere toplandı, sonunda bu tanıyı, Gelişimsel Travma Bozukluğu olarak adlandırmaya karar verildi[17].

Bulgularımızı düzenlediğimizde tutarlı bir profil elde ettik: (1) kendini düzenleme örüntüsünde yaygın düzensizlik, (2) dikkat ve odaklanma sorunları (3) kendisi ve diğerleriyle geçinme sorunları. Bu çocukların ruh hâlleri ve duyguları hızlı bir şekilde öfke nöbetlerinden paniğe, kopmadan, duygulanımda sığlaşmaya disosiyasyona kadar bir uç noktadan diğerine değişmekteydi. Üzüldüklerinde (ki çoğu zaman öyleydiler) ne kendilerini sakinleştirebiliyor ne de hissettikleri duyguyu tanımlayabiliyorlardı.

Gerçek ya da hayal ürünü tehditlere karşı stres hormonu salgılayan bir bünyeye sahip olmak fiziksel sorunlara yol açar: Uyku bozuklukları, baş ağrıları, açıklanamayan ağrı, dokunma ya da seslere karşı aşırı duyarlı olma. Aşırı tedirgin ya da kapalı olmak çocukların dikkat ve odaklanma sorunu yaşamalarına neden olur. Gerginliklerini azaltmak için kronik mastürbasyon, sallanma, kendine zarar veren davranışlar (ısırma, kesme, yakma, kendine vurma, kendi saçını çekme, kanayana dek derisini yolma) göstermektedirler. Bu ayrıca dil gelişiminde ve ince motor koordinasyonda zorluklara yol açmaktadır. Tüm enerjilerini kendilerini kontrol etmek için harcadıkları için okul çalışmaları gibi doğrudan yaşamsal faaliyetleriyle ilgili olmayan işlerde dikkatlerini toplamada sorun yaşarlar, aşırı uyarılmışlık, kolayca dikkatlerinin dağılmasına neden olur.

Sürekli olarak istismara uğradıkları ya da terk edildikleri için bu, kendilerini taciz eden kişilere karşı bağlı olmalarına ve gereksinim duymalarına bile neden olmaktadır. Sürekli dövülen, cinsel tacize uğrayan ya da diğer deyişle kendilerine kötü davranılan çocuklar, kendilerini değersiz ve kusurlu olarak tanımlamaktadır. Kendilerinden nefret etmeleri, eksiklik ve değersizlik duygularıyla dürüst bir şekilde karşı karşıya gelirler. Kimseye güvenmemeleri bir sürpriz midir? Son olarak, kendilerini değersiz hissetmeleri ve en küçük sinir bozucu şeylere aşırı tepki göstermeleri arkadaş edinmelerini de güçleştirmektedir.

Bulgularımızla ilgili ilk makalelerimizi yayınladık, geçerliliği kabul edilmiş bir değerlendirme ölçeği geliştirdik[18] ve çocukların sorunlarını tam olarak karşılayan Gelişimsel Travma Bozukluğu teşhisini koymak için 350 çocuk ve öz ya da üvey ebeveynleri ile ilgili verileri topladık. Bu, birçok tanı ile etiketlemek yerine tek bir tanı koymamızı sağladı ve onların sorunlarının kökeninde olan travma ve bağlanma sorunlarının birleşimini daha kesin biçimde belirlememizi sağladı.

2009 yılı Şubat ayında, aşağıda yer verdiğim mektupla birlikte Gelişimsel Travma Bozukluğu tanısı için Amerikan Psikiyatri Birliğine başvuruda bulunduk.

Sürekli bir tehlike, kötü davranım ve bozuk bakım alma sistemleri içinde gelişen çocuklar, kişiler arası travmaları göz ardı eden, davranış kontrolünü vurgulayan tanısal sistemlerle hasta olarak hizmet almaktadır. Sürekli olarak bakıcılarının istismarı ya da ihmali bağlamında, çocukluk dönemi travması sekelleri üzerindeki çalışmalar bunların; duygu düzenleme, dürtü kontrolü, dikkat ve biliş, disosiyasyon , kişiler arası ilişki, benlik ve ilişkisel şemalarında kronik ve ciddi sorunlar yaşadığını göstermektedir. Duyarlı, travmaya özgü tanıların eksikliği nedeniyle bu çocuklara ortalama 3-8 arasında eş bozukluk tanıları konmaktadır. Travma yaşayan çocuklara çeşitli eş bozukluk tanı ve tedavisi uygulamanın vahim sonuçları vardır. Tanı tutumluluğuna aykırı düşer, etiyolojik açıklığı gizler, kapsamlı bir tedavi yaklaşımı yerine çocuğun psikopatolojisindeki ufak alanlara müdahale önerir ve tedavi ilişkisini yok eder.

Teklifimizi sunduktan kısa bir süre sonra, ülkenin her yerinden gelen sağlık yetkililerinin katıldığı ve Washington DC'de düzenlenen bir toplantıda Gelişimsel Travma Bozukluğu ile ilgili bir konuşma yaptım. Girişimimizi APA'ya bir mektup yazarak desteklemeyi teklif ettiler. Ulusal Ruh Sağlığı Programı Birliği Yöneticilerinin, yıllık 29.5 milyar dolar bütçeyle 6.1 milyon kişiye hizmet ettiğini vurgulayarak başlayan mektup şöyle sona eriyordu: "APA'nın gelişimsel travmayı, açıklanması öncelikli alanlar listesine alması ve hastaların değerlendirilmesi sırasında gelişimsel travmaya değinilmesine duyulan ihtiyacı vurgulaması, alanı ve klinik sekelleri daha iyi belirlemesi konusunda ısrar ediyoruz."

APA'nın bu mektupla, teklifimizi ciddiye alacağı konusunda emindim ancak teklifimizden birkaç ay sonra, TSSB Ulusal Merkezi yöneticisi Matthew Friedman ve ilgili DSM alt komitesi üyesi, Gelişimsel Travma Bozukluğunun DSM-5'te yer almasının mümkün olmadığı konusunda bizi bilgilendirdi. Yazdığı görüş mektubunda, "eksik tanısal alanı" doldurmak için yeni bir tanıya gerek olmadığı ortak görüşü belirtiliyordu. Amerika'da her yıl istismar ve ihmal edilen bir milyon çocuk "tanısal eksiklik" miydi?

Mektup şöyle devam ediyordu: "Önemli gelişimsel bozukluklara neden olan çocukluk dönemi olumsuz deneyimleri, araştırma temelli bir gerçeklikten çok klinik bir öngörüdür. Bu ifade yaygın olarak kullanılmaktadır ancak ileriye dönük çalışmalarla desteklenemez". Doğrusu, teklifimizde çeşitli ileriye dönük çalışmaları da eklemiştik. Bunlardan ikisini burada ele alalım.

İLİŞKİLER GELİŞİMİ NASIL ŞEKİLLENDİRİR

1975 yılında başlayan ve neredeyse otuz yıldır devam eden bir süre-de, Alan Sroufe ve arkadaşları, Minnesota Uzun Vadeli Risk ve Uyum Çalışmasında 180 çocuk ve ailesini izledi[19]. Çalışmanın başladığı dönemde, insan gelişiminde bakım vermeye karşı doğa, çevreye karşı mizaç konusunda yoğun bir çekişme vardı ve bu çalışma, bu tür soruların yanıtını bulmak üzere düzenlenmişti. Travma henüz popüler bir konu değildi; çocuk istismarı ve ihmali bu çalışmanın odağında yer almıyordu; en azından, yetişkin işlevlerinin en önemli göstergeleri olduğu ortaya çıkana dek.

Yerel tıbbi ve sosyal merkezlerde çalışan araştırmacılar, kamu desteğini karşılayamayacak düzeyde ancak ebeveynlik konusunda farklı türde ve seviyede destek alan, farklı geçmişleri olan ve ilk kez annelik yaşayan beyaz ırktan kişileri çalışmaya kaydetti. Çalışma, çocuklar doğmadan üç ay önce başladı ve çocuklar otuz yaşına gelene dek devam etti, bu süre içinde işlevsellikle ilgili tüm büyük alanlar ve yaşamlarının belirgin durumları değerlendirildi ve ölçüldü. Çalışma, çeşitli temel sorulardan oluşuyordu: Çocuklar, uyarılma durumlarını düzenlerken (örneğin, uç noktalardan kaçınma) ve dürtülerini kontrol altında tutarken dikkatlerini nasıl sağlıyordu? Ne tür bir desteğe ihtiyaçları vardı ve bu desteğe ne zaman ihtiyaçları vardı?

Kapsamlı görüşmeler ve geleceğin annelerine yapılan testlerle, bu çalışma, yeni doğanları gözlemleyerek ve kendilerine bakan hemşirelerle görüşmeler yaparak, yeni doğan bakımındaki temelleri değiştiriyordu Doğumun ardından yedi ve onuncu günlerde ev ziyaretleri gerçekleştirildi. Çocuklar birinci sınıfa başlamadan önce kendileri ve aileleri dikkatli bir şekilde on beş kez değerlendirildi. Annelerinden ve öğretmenlerinden gelen düzenli veriler eşliğinde çocuklarla yirmi sekiz yaşına gelene dek düzenli aralıklarla görüşüldü ve testler uygulandı.

Sroufe ve arkadaşları, bakım kalitesinin ve biyolojik faktörlerin yakın bir şekilde birbirine geçmiş olduğunu gördü. Minnesota sonuçlarının –daha büyük bir karmaşıklıkta da olsa– Stephen Suomi'nin primat laboratuvarında bulduklarının yansıması olduğunu görmek büyüleyicidir. Hiçbir şey taşlara kazınmış değildi. Ne annelerin kişiliği, ne bebeklerin doğum sırasındaki nörolojik anomalileri, ne IQ'ları (zekâ birimleri) ne de mizaçları – akitivite düzeyi ve strese karşı tepkisellik de dâhil– çocukların ergenlik döneminde ciddi davranış sorunları gösterip göstermeyeceğini tahmin edebiliyordu [20]. Anahtar sorun, daha çok ebeveyn-çocuk ilişkisinin doğasıydı. Ebeveynlerin çocukları ile ilgili nasıl hissettikleri ve karşılıklı etkileştikleriydi. Suomi'nin maymunlarında olduğu gibi, kolay incinir bebekler ve esneklik göstermeyen ebeveynlerin birleşimi, yapışkan, gergin çocuklar olmalarına neden olmaktadır. Çocuklar altı aylıkken, ebeveynlerin duyarsız, saldırgan ve müdahaleci davranışlarının anaokulu ve sonraki dönemde hiperaktivite ve dikkat sorunlarını öngördüğü bulunmuştur [21].

Özellikle, bakıcılar, öğretmenler ve akranlarla ilişki gibi gelişimin çeşitli yönlerine odaklanan Sroufe ve arkadaşları, bakım sağlayan kişilerin yalnızca idare edilebilir sınırlar içinde uyarılma sağlamakla kalmayıp, aynı zamanda bebeklerin kendi uyarılmışlık düzeylerini kontrol etmelerini geliştirmelerine de yardım ettiğini görmüştür. Düzenli olarak aşırı uyarılmışlık düzeyine ve düzensizliğe çekilen çocuklar, engelleyici ve uyarıcı beyin sistemlerinin uyumunu sağlamakta zorlanırlar ve kendilerini üzen bir şey olduğunda kontrolü kaybedeceklerini düşünerek büyürler. Bu kolay incinebilir popülasyondu ve ergenliğin son dönemlerine kadar yarısı tanısal ruhsal sağlık sorunlarıyla karşı karşıya kaldılar. Başka açık örnekler de vardı: tutarlı bakım alan çocuklar kendilerini iyi düzenleyebilen çocuklar olurken, tutarsız bakım, kronik olarak fizyolojik uyarılmış çocuklar olmalarına neden oluyor. Ne yapacağı belli olmayan ebeveynlerin çocukları dikkat çekmek için yaygara koparmakta ve ufak zorluklularda yoğun hayal kırıklığı yaşamaktadırlar. Bu sürekli uyarılmışlıkları onların kronik olarak endişeli olmalarına neden olmaktadır. Oyun ve keşif sırasında sürekli güvence arayan bu çocuklar, kronik olarak gergin ve cesaretsiz olmaktadırlar.

Erken dönemde, ebeveynlerin ihmali ya da sert davranışları, okulda davranış sorunlarına yol açmakta, akranlarıyla sıkıntıları öngörmekte, diğerlerinin sıkıntısına karşı empati gösterememe gibi sorunlara yol açmaktadır[22]. Bu da kötü bir döngü oluşturmaktadır. Kronik uyarılmışlık durumları, ebeveynlerin sağlayamadığı rahatlığın eksikliği nedeniyle ikiye katlanmakta ve bu da çocukları yıkıcı, karşıt ve saldırgan hâle getirmektedir. Yıkıcı ve saldırgan çocuklar popüler değildir ve yalnızca ebeveynlerinden değil aynı zamanda öğretmeleri ve akranlarından da reddedilme ve cezalandırılma görürler [23].

Sroufe, aynı zamanda kötü durumlar karşısında kendini toparlayabilme kapasitesi olan dayanıklılık konusunda da çok şey öğrenmişti. Yaşamın kaçınılmaz hayal kırıklıkları karşısında mücadale etme konusundaki en önemli belirleyicisi, yaşamın ilk iki yılında temel bakım sağlayan kişiyle kurulan güvenlik düzeyidir. Sroufe, yaptığımız görüşmede bana, yetişkinlik dönemindeki kendini toparlayabilme gücünün çocukların iki yaşında anneleriyle kurdukları sevgi dolu ilişki düzeyiyle belirlendiğini söylemişti [24].

ENSESTİN UZUN VADELİ ETKİLERİ

1986 yılında, Frank Putnam ve Ulusal Ruh Sağlığı Enstitüsünden meslektaşı Penelope Trickett, kadınların gelişiminde, cinsel istismarın etkileri konusundaki ilk uzun vadeli çalışmayı gerçekleştirmiştir[25]. Bu çalışmanın sonuçları ortaya çıkana dek, ensestin etkileri konsundaki tek bilgimiz, yaşadığı tacizi anlatan çocuklar ve uzun yıllar sonra yetişkinlik döneminde ensestin yaşamlarını nasıl etkilediğini anlatan kişilerden duyduklarımızdan ibaretti. Kız çocukları, büyümeye başladığında cinsel tacizin okul yaşamlarını, akran ilişkilerini ve ilerleyen dönemlerde karşı cinsle yaşadıkları flört dönemlerindeki benlik algılarını nasıl etkilediği konusunda bir çalışma yapılmamıştı. Putnam ve Trickett ayrıca, zaman içinde kişilerin stres hormonları, üreme hormonları, bağışıklık işlevleri ve diğer fizyolojik ölçütlerine de bakmıştır. Buna ek olarak, zekâ, aile ve akranlardan gelen destek gibi koruyucu faktörleri de araştırmışlardır.

Araştırmacılar, aile üyelerinden biri tarafından cinsel tacize uğradığı Kolombiya Bölgesi Sosyal Hizmetler Birimi tarafından onaylanan seksen iki kızı çalışmaya titizlikle kaydetti. Bu kişiler, aynı yaşta, aynı ırktan, aynı sosyoekonomik duruma sahip ve aile özellikleri benzer tacize uğramamış seksen iki kız ile karşılaştırıldı. Ortalama başlama yaşı on birdi. Sonraki yirmi yıl boyunca bu iki grup, ilk üç yıl boyunca yılda bir kez ve on sekiz, on dokuz ve yirmi beş yaşlarında da bir kez olmak üzere toplam altı kez detaylı bir şekilde değerlendirildi. İlk değerlendirmelere kızların anneleri de katıldı ve son değerlendirmede kızların kendi çocukları da yer aldı. Artık kendileri de birer yetişkin olan kızların yüzde 96'sı başlangıçtan sona dek çalışmada kaldı.

Sonuçlar kesindi: Aynı yaş, ırk ve sosyal çevrelerdeki kızlarla karşılaştırıldığında, cinsel istismara uğrayan kızlar, bilişsel yetersizlikler, depresyon, disosiyasyon semptomları, sorunlu cinsel gelişim, yüksek oranda obezite ve kendine zarar verme gibi son derece olumsuz etkiler yaşıyordu. Okuldan atılma oranları, kontrol grubuna göre daha yüksekti ve daha fazla önemli hastalıklara yakalanıp, sağlık bakım yardımı alıyorlardı. Ayrıca, stres hormonu tepkilerinde de anomaliler görülüyordu, ergenlik dönemi daha erken yaşta başlıyor ve farklı, görünürde ilgisiz psikiyatrik tanılar alıyorlardı.

Araştırmadaki izlem süreci, suistimalin gelişimi nasıl etkilediği konusunda pek çok ayrıntıyı ortaya çıkardı. Örneğin, her iki gruptan kızlara her değerlendirmede bir önceki yıl yaşadıkları en kötü şeyin ne olduğu soruldu. Araştırmacılar, kızlar, öykülerini anlattıklarında, fizyolojilerini ölçtüler ve ne kadar üzgün olduklarını gözlemlediler. İlk değerlendirme sırasında tüm kızlar üzülerek tepkilerini gösterdi. Üç yıl sonra, aynı soruya verilen yanıtlara bakıldığında, tacize uğramayan kızlar üzüntü belirtileri gösterirken, tacize uğrayan kızlar kapanıp hissizleşmişti. Biyolojileri, gözlemlenebilir tepkileriyle örtüşüyordu.İlk değerlendirme sırasında tüm kızlarda, stres hormonu kortizolda artış görüldü; üç yıl sonra ise tacize uğrayan kızlar, önceki yıl yaşadıkları en üzücü olayı anlatırken kortizol oranı düştü. Zaman içinde beden de kronik travmaya uyum sağlıyor. Hissizleşmenin sonuçlarından biri de öğretmenlerin, arkadaşların ya da diğer kişilerin bu kızları hiç üzgün görmemesiydi; belki de bunu kendilerine bile göstermiyorlardı. Hissizleşerek, kendilerini koruyor, sıkıntıya karşı yaşamaları gereken tepkileri vermiyorlardı.

Putnam'ın çalışması, aynı zamanda ensestin, arkadaşlık ve partnerlik konusunda da uzun vadede etkileri olduğunu ortaya koymuştur. Ergenliğin başlangıcından önce, tacize uğramayan kızların, kız arkadaşlarının yanı sıra, kendilerine erkeklerin ne kadar garip yaratıklar olduğu konusunda casusluk yapan bir de erkek arkadaşları olur. Ergenliğe girdikten sonra ise aşamalı olarak erkeklerle olan iletişimleri artar. Tacize uğrayan kızların ise bunun aksine ne kız ne de erkek yakın arkadaşları yoktur ancak ergenlik, beraberinde erkeklerle karmaşık ve genellikle travma yaratıcı ilişkileri getirir.

İlkokulda arkadaş eksikliği de önemli farklılıklar yaratmaktadır. Günümüzde üçüncü, dördüncü ve beşinci sınıf kız çocuklarının ne kadar acımasız olduğunu biliyoruz. Bu karmaşık ve katı bir dönemdir, arkadaşlar birden başkalarıyla samimi olabilir ve anlaşmalar, dışlanma ve ihanetle sonuçlanabilir. Bunun bir de olumlu yanı vardır. Kızlar ortaokula geçtiklerinde, hissettiklerini ifade etme, başkalarıyla ilişkilerini tartışma, sevmedikleri insanları seviyormuş gibi davranma gibi pek çok sosyal beceri konusunda uzmanlaşmaya başlamışlardır. Ve çoğunun stresi ifade etme takımı hâline gelen oldukça istikrarlı, kızlardan oluşan arkadaş grubu vardır. Seks ve sevgili olma dünyasına girmeye başladıklarında ise bu ilişkiler, rahatlayabilecekleri, dedikodu yapabilecekleri ve diğer konuları tartışabilecekleri bir alan oluşturur.

Cinsel tacize uğramış olan kızlar, oldukça farklı bir gelişimsel yola girerler. Her iki cinsten de arkadaşları yoktur çünkü kimseye güvenemezler; kendilerinden nefret ederler ve biyolojileri de kendilerine karşıdır, ya aşırı tepki verirler ya da duygusuzlaşırlar. Tarafların serinkanlılığını koruduğu normal kıskanma kaynaklı içe alma/dışlama oyunlarına uyum sağlayamazlar. Diğer çocuklar, onlarla hiçbir şey yapmak istemezler. Çünkü onlar gariptir.

Ancak bu yalnızca sorunun başlangıcıdır. Ensest öyküleri olan cinsel istismara uğramış ve yalnız kızlar, istismara uğramayan kızlardan yaklaşık bir buçuk yıl önce cinsel olgunluğa erişir. Cinsel istismar, biyolojik saatlerini ve seks hormonu salgılarını hızlandırır. Ergenliğin ilk dönemlerinde, cinsel tacize uğrayan kızlarda, kontrol grubu ile karşılaştırıldığında cinsel arzu uyandıran androstenedion ve testosteron hormonlarının üç kat daha fazla olduğu görülmüştür.

Putnam ve Trickett'in çalışmasının sonuçları yayınlanmaya devam ediyor ancak şimdiden cinsel istismara uğrayan kızlarla çalışan klinik uzmanlar için paha biçilmez bir yol haritası yarattılar. Travma Merkezinde örneğin, klinik uzmanlarımızdan biri, Pazartesi sabahı, Ayesha adlı bir hastanın hafta sonunda yine tecavüze uğradığını bildirdi. Kız, cumartesi günü kaldığı evden kaçarak, Boston'da uyuşturucu bağımlılarının kol gezdiği, uyuşturucu ve alkolün sık tüketildiği bir yere gitmiş ve bir arabadaki bir grup erkekle oradan ayrılmıştı. Pazar sabahı saat beşte kıza bu çete tecavüz etmişti. Tıpkı görüştüğümüz ergenlerin pek çoğu gibi, Ayesha da ne istediğini ya da neye ihtiyaç duyduğunu dile getiremiyordu ve kendini nasıl koruyabileceğini düşünemiyordu. Bunun yerine eylemlerle dolu bir dünyada yaşıyordu. Onun bu davranışını kurban/fail bağlamında açıklamaya çalışmak yeterli olmuyordu, ne "depresyon", "karşıt olma karşı gelme bozukluğu", "aralıklı patlayıcı bozukluk" "bipolar bozukluk" ne de tanı kılavuzlarının bize sunduğu diğer tanılar işe yarıyordu. Putnam'ın çalışması, Ayesha'nın dünyayı nasıl deneyimlediğini neden içinde olup bitenleri anlatamadığını, neden bu kadar dürtüsel davrandığını ve kendini korumadığını, bizi neden kendisine yardım edebilecek insanlar yerine, korkutucu ve müdahaleci insanlar olarak gördüğünü anlamamızı sağladı.

DSM-5: "TANILARIN GERÇEK BİR AÇIK BÜFESİ"

2013 yılının Mayıs ayında, DSM-5 yayınlandığında, üç yüz civarında bozukluğun yer aldığı 945 sayfalık bir tanı klavuzuydu. Yıkıcı Duygudurumu Düzenleyememe Bozukluğu [26], İntihara Kalkışmadan Kendini Yaralama, Aralıklı Patlayıcı Bozukluk, Düzensiz Sosyal Bağlanma Bozukluğu (Sınırsız Toplumsal Katılım Bozukluğu) ve Yıkıcı Dürtü Kontrol Bozukluğu gibi yeni tanıların da yer aldığı erken dönem travmalarıyla ilgili sorunları ele alan çok çeşitli tanılar yer alıyordu [27].

On dokuzuncu yüzyılın sonlarından önce, doktorlar, hastalıkları, ateş, kabarcıklar gibi yüzeysel belirtilerle sınıflandırıyordu [28]. Bu durum, Louis Pasteur ve Robert Koch gibi bilim adamları, gözle görülmeyen bakterilerin pek çok hastalığa neden olduğunu bulmasıyla değişti. Tıp, ateşi ve çıbanı tedavi etmek yerine onlara neden olan kaynağı tedavi etmeye, bu organizmalardan kurtulma çabalarına yöneldi. DSM-5 ile psikiyatri on dokuzuncu yüzyılın başlarındaki uygulamalara doğru kesin bir şekilde geriledi. Tanımladığı pek çok problemin kaynağını bilmemize rağmen, "tanıları", altta yatan nedenleri inkâr ederek sadece yüzeysel olarak tarif ediyordu.

DSM-5 yayınlanmadan önce, *American Journal of Psychiatry* çeşitli yeni tanıların geçerliliği ile ilgili testlerin sonuçlarını yayınladı, DSM'nin bilim dünyasında, tutarlı yinelenen sonuçlar üretme becerisi olarak görülen "güvenilirlik" olgusundan uzak olduğu belirtildi. Başka bir deyişle, bilimsel geçerliliği yoktu. Tuhaf bir biçimde, güvenirlik ve geçerliliğin olmaması, DSM-5'in, önceki tanı sistemleri konusunda hiçbir gelişme sağlamadığı konusundaki neredeyse evrensel görüşe rağmen yayın tarihi için son toplantıyı duyurmasını engellemedi [29]. APA'nın DSM-IV üzerinden 100 milyon dolar kazanmasının ve DSM-5 üzerinden de benzer rakam planlanmasının (çünkü tüm ruh sağlığı uygulayıcıları, pek çok avukat ve diğer profesyoneller son baskıyı almak zorundaydı), bizim bu yeni tanısal sisteme sahip olmamızın gerçek nedeni olabilir miydi?

Tanısal güvenilirlik soyut bir konu değildir. Doktorlar, hastalarını rahatsız eden şey konusunda fikir birliği sağlayamazsa, uygun bir tedavi sağlamak mümkün değildir. Tanı ve tedavi arasında bir uyum olmadığında, yanlış tanı konan hasta, yanlış tedavi edilmeye mahkumdur. Böbrek taşından şikâyetçiyken apandistinizin alınmasını istemezsiniz ve kökeninde gerçek bir tehlikeye karşı kendini koruma kaynaklı bir davranış nedeniyle "karşıt" olarak etiketlenmek de istemezsiniz.

2011 yılında yayınlanan bir açıklamada, İngiltere Psikoloji Topluluğu, DSM-5'te psikolojik rahatsızlıkların kaynağını "bireylerin kendi içlerinden kaynaklanıyor" olarak tanımlaması ve "bu tür pek çok problemin inkâr edilemez toplumsal nedenlerine" yüzeysel bakması nedeniyle eleştirdi[30]. Bu, Amerikan Psikoloji Birliği, Amerikan Danışmanlık Birliği gibi pek çok önde gelen kuruluşun protestosuyla devam etti. Neden ilişkiler ya da sosyal durumlar ihmal ediliyor?[31] Yalnızca biyolojik rahatsızlıklarla ilgilenir ve kusurlu genleri ruhsal rahatsızlıkların sebebi olarak görüp, ihmal, istismar ve yoksunluğu göz ardı ederseniz, önceki neslin bütün suçu yalnızca korkunç annelere atması gibi, çıkmaza girersiniz.

DSM-5'e yapılan en büyük karşı çıkış, Amerika'daki pek çok psikiyatrik araştırmayı finanse eden Ulusal Ruh Sağlığı Enstitüsünden (NIMH) geldi. 2013 yılının Nisan ayında, DSM-5 resmî olarak yayınlanmadan birkaç hafta önce, NIMH yöneticisi Thomas Insel, enstitütünün artık DSM'nin "belirtilere dayalı tanılarını" desteklemeyeceklerini açıkladı [32]. Bunun yerine enstitü, güncel tanı kategorilerinin ötesine geçecek çalışmalar için Araştırma Alan Kriteri (ResearchDomain Criteria: RDoC)[33] adı verilen, çalışmalara bir çatı oluşturacak sistem oluşturmak için mali destek sağlayacaktı. Örneğin, pek çok hastada farklı düzeylerde görülen Uyarılma/Düzenleme Sistemleri (Uyarılma, Günlük Ritim, Uyku ve Uyanıklık) NIMH'in alanlarından biridir.

DSM-5 gibi, RDoC yapısı da, ruhsal hastalıkları yalnızca beyin bozuklukları olarak kavramsallaştırmaktadır. Bu da gelecekteki araştırmaların, beyin devreleri ve ruhsal rahatsızlıkların altında yatan "diğer nörobiyolojik ölçüleri" araştıracağı anlamına gelmektedir. Insel, bunu, "kanser tanısı ve tedavisini değiştiren hassas tıbba doğru" ilk adım olarak görüyordu. Ne var ki ruhsal hastalıklar kanser gibi değildir. İnsanoğlu sosyal bir hayvandır ve ruhsal sorunları, diğer insanlarla geçinememe, uyum sağlayamama, ait olamama, aynı frekansta varlığını sürdürememe gibi durumları kapsamaktadır.

Hakkımızdaki her şey –beyinlerimiz, zihnimiz ve bedenlerimiz– sosyal sistemler içinde iş birliğine yönelmektedir. Bu, tür olarak sahip olduğumuz en güçlü hayatta kalma stratejimizdir ve pek çok ruhsal sıkıntı tam olarak da bunun bozulmasıyla ilgilidir. Kısım 2'de gördüğümüz gibi, beyindeki ve bedendeki sinirsel bağlantılar, insanoğlunun çektiği acıları anlamada son derece önemlidir ancak insanlığın temelini oluşturan öğeleri göz ardı etmemek de bir o kadar önemlidir; ilişkiler ve karşılıklı etkileşim, henüz çok gençken zihnimizi şekillendirir ve tüm yaşamımıza anlam katar.

İstismara uğrayan, ihmal edilen ya da ciddi yoksunluklar yaşayan insanlar, gizemli ve büyük oranda tedavi edilmeden kalacaktır ta ki Alan Sroufe'nin uyarısını dikkate alana dek: "Nasıl bir kişi olduğumuzu tam olarak anlamak için– adım adım uyumlarımız, kapasitelerimiz ve zaman içindeki davranışlarımızın evrimi– bileşenlerin bir listesinden daha fazlası gereklidir. Gelişim sürecini anlamak, zaman içinde tüm bu faktörlerin nasıl bir arada çalıştığını anlamayı gerektirir." [34]

Ön cephede yer alan ruh sağlığı çalışanları – bunalan ve düşük ücret alan sosyal çalışanlar ve terapistler gibi– bu yaklaşımımıza katılıyor görünüyorlar. APA, Gelişimsel Travma Bozukluğu (GTB) tanımızı DSM'ye almayı reddettikten kısa bir süre sonra, ülke çapında binlerce klinik uzman, GTB konusunda ileri çalışmalar sağlayabilmek adına Travma Merkezi tarafından daha büyük bilimsel bir çalışma yürütmemize destek olmak için katkı sağladı. Bu destek, bilimsel olarak düzenlenmiş görüşme araçlarıyla birkaç yıl içinde beş farklı bölgeden yüzlerce çocuk, öz ve üvey anne babayla görüşmemizi sağladı. Bu çalışmalardan elde edilen ilk sonuçlar, şimdilerde yayınlandı ve bu kitap baskıya gittiğinde daha fazlası yayınlanmış olacak [35].

GTB NASIL BİR DEĞİŞİM OLUŞTURDU?

Bu sorunun yanıtlarından biri, kronik olarak travma yaşayan çocukların ve yetişkinlerin değişken belirtileri altında yatan temel prensipler üzerinde araştırma ve tedavi (maddi desteği katmadan) üzerinde odaklanılmasıdır. Yaygın biyolojik ve duygusal düzensizlikler, başarısız ya da bozuk bağlanma, tutarlı kişisel kimlik ve yeterlilik hissinde önemli derecede eksiklik, odaklanma ve odağı sürdürme sorunları. Bu sorunlar, neredeyse tüm tanısal kategorileri içermekte ve aşmaktadır ancak bunları ön plana ve merkeze almayan bir tedavi, önemli noktaları kaçırmaktadır. En büyük zorluğumuz, nöroplastisiteden aldığımız dersleri, beyin devrelerinin esnekliğini, diğer kişileri bir tehdit olarak gören ve kendilerini çaresiz hisseden insanların beyinlerini yeniden düzenlemek ve zihinlerini iyileştirmek için uygulamaktır.

Sosyal destek, bir seçenek değil, biyolojik bir gerekliliktir ve bu gerçeklik, tüm önleme çalışmalarının ve tedavilerin bel kemiğini oluşturmalıdır. Çocuk gelişiminde travma ve yoksunluğun şiddetli etkilerini kabul etmek, anne babaları suçlamaya itmemelidir. Tüm anne babaların ellerinden gelenin en iyisini yaptığını kabul edebiliriz ancak tüm anne babaların, bebeklerini yetiştirmek için yardıma ihtiyacı vardır. Amerika dışında neredeyse tüm endüstrileşmiş ülkeler bunu kabul etmekte ve aileleri desteklemek için teminat sağlamaktadır. 2000 yılı Nobel Ekonomi Ödülü sahibi James Heckman, ebeveynleri de kapsayan ve dezavantajlı çocukların temel becerilerini destekleyen nitelikli erken dönem çocukluk programlarının kendilerine ödeme yapmaktan, daha verimli sonuçlar doğurduğunu göstermiştir [36].

1970'lerin başında psikolog David Olds, Baltimore'da fakirlikten harap olmuş, aile içi şiddet ve uyuşturucu istismarına maruz kalan evlerden gelen okul öncesi çocukların günlük bakım merkezinde çalışıyordu. Çocukların yalnızca okulda yaşadığı sorunları ele almanın aile içindeki durumlarını geliştirmediğinin farkında olarak, aile ziyaret programlarına başladı, yetenekli hemşireler, çocuklara güvenli ve yaratıcı ortamlar oluşturmaları ve süreç içinde kendileri için daha iyi bir gelecek hayal etmeleri konusunda annelere destek oluyordu. Yirmi yıl sonrasında ise ev ziyaretleri gerçekleştirilen annelerin çocuklarının, ziyaret edilmeyenlere göre yalnızca daha sağlıklı olmakla kalmayıp, daha az istismar ve ihmal sorunu yaşadıkları da görülmüştür. Bu çocukların ayrıca, okul bitirme oranlarının daha yüksek, cezaevine girme oranlarının daha düşük olduğu ve iyi maaşlı işlerde çalıştığı görülmüştür. Ekonomistler, yüksek kaliteli ev ziyaretleri, gündüz bakımı ve okul öncesi programları için harcanan her bir doların, sosyal güvenlik ödemelerinde, sağlık gideri harcamalarında, madde kullanımı tedavilerinde, hapishaneler için harcanan ödemelerde yedi dolarlık bir kâr sağladığını göstermiştir [37].

Avrupa'ya ders vermek için gittiğimde, İskandinav ülkelerinde, İngiltere'de, Almanya'da ya da Hollanda'daki sağlık bakanlığı görevlileriyle sık sık iletişim kurarım ve travma yaşayan çocuklar, ergenler ve ailelerinin tedavileriyle ilgili yapılan araştırma sonuçlarını paylaşırım. Aynı şey pek çok meslektaşım için de geçerlidir. Bu ülkeler, asgari düzeyde maaşı, çocuk doğduktan sonra doğum izni için ödeme yapmayı, çalışan anneler için kaliteli çocuk bakımı sağlamayı içeren evrensel sağlık koruma anlaşmaları yapmışlardır.

Bu yaklaşımın, bu ülkelerde suç oranının bizim ülkemize göre daha düşük olmasında, sağlık giderlerinin bizim ülkemizin neredeyse yarısı oranında olmasında, suç oranlarının Norveç'te 71/ 100.000, Hollanda'da 81/ 100.000, ABD'de 781/ 100.000 olmasında bir etkisi var mıdır? Kaliforniya'daki mahkumların yüzde yetmişi, bakım merkezlerinde büyümüştür. Amerika Birleşik Devletleri, insanları mahkum etmek için yılda 84 milyar dolar harcamaktadır, bu da mahkum başına yaklaşık 44.000 $ demektir; kuzey Avrupa ülkelerinde ise bu miktarın küçük bir kısmı harcanmaktadır. Bunun yerine, anne babaların çocuklarını güvenli ve öngörülebilir çevrelerde yetiştirmelerini sağlamaya yardım etmek için yatırımlar yapılmaktadırlar. Akademik sınav sonuçları ve suç oranları da bu yatırımların başarısını göstermektedir.

KISIM DÖRT

TRAVMANIN ETKİSİ

BÖLÜM 11

SIRLARI AÇIĞA ÇIKARMA: TRAVMATİK BELLEK PROBLEMİ

Tüm anıların bu iki niteliğe sahip olması çok garip. Her zaman sessizlik hakimdir, en göze çarpan şey de bu sessizliktir; ve hatta olaylar gerçek gibi olmasa da bu niteliğe sahiptir. Onlar sessiz hayaletlerdir, benimle bakışlar ve hareketlerle konuşurlar, sözsüz ve sessiz ve onların bu sessizliği kesinlikle beni çok rahatsız etmektedir.

— Erich Maria Remarque, *All Quiet on the Western Front*

2002 baharında, genç bir erkek geldi, Newton, Massachusetts'de bulunan bir kilisede görev yapan Katolik peder Paul Shanley tarafından büyütülmüştü, yetişme döneminde kendisine cinsel tacizde bulunduğunu söylüyordu. Şimdilerde yirmi beş yaşında olan genç, pederin genç erkekleri taciz ettiği için tutuklandığı haberini duyana dek tacizi hatırlamıyordu. Benim karşıma çıkan soru şuydu: Bitmesinden onlarca yıl sonra "bastırmış" göründüğü tacizin anılarına güvenebilir miydim? Ve bir hakimin önünde bunu kanıtlamaya hazır mıydım?

Julian olarak adlandıracağım bu genç adamın bana anlattıklarını kendi olgu notlarımdan yararlanarak paylaşacağım. (Genç adamın gerçek ismi kamu arşivinde olsa da zaman içinde mahremiyetini ve huzurunu geri kazanmış olmasını temenni ettiğim için takma bir isim kullanıyorum [1].)

Deneyimleri, travmatik belleğin karmaşasını gözler önüne seriyordu. Peder Shanley'e karşı açılan davadaki uyuşmazlıklar, ilk kez on dokuzuncu yüzyılın son on yılında psikiyatristler tarafından tanımlanan, travmatik anıların olağan dışı doğası etrafında dönüyordu.

DUYUMLAR VE İMGELER SELİNDE

11 Şubat 2011 tarihinde, Julian hava kuvvetleri üssünde askeri polis olarak çalışıyordu. Kız arkadaşı Rachel'le yaptığı günlük konuşmada, Rachel, Boston Globe'da yer alan, Shanley isimli bir pederin çocuklara cinsel tacizde bulunması nedeniyle tutuklanması haberinden bahsetmişti. Julian'ın daha önceden anlattığı Newton'daki kilisede görevli, Peder Shanley değil miydi bu? "Sana da bir şey yaptı mı?" diye sormuştu kız arkadaşı. Julian başlangıçta, Peder Shanley'i annesiyle babasının boşandığı dönemde oldukça destekleyici, kibar biri olarak anımsamıştı. Ancak konuşma ilerledikçe, Julian panik olmaya başlamıştı. Aniden kapının girişinde Shanley'in silüetini gördü, Julian idrarını yaparken, kollarını kapının çerçevesine kırk beş derecelik açıyla dayamış izliyordu. Duygularının etkisinde kalarak Rachel'e "Gitmem gerek." dedi. Bölük astsubayının eşliğinde gelen uçuş şefini aradı. Her ikisiyle de görüştükten sonra, kendisini üssün papazına götürdüler. Julian şöyle dediğini anımsıyordu: "Boston'da neler olduğunu biliyor musunuz? Benim de başıma geldi." Bu kelimeleri söylediğini duyduğunda Julian, artık her ne kadar ayrıntıları hatırlamasa da Shanley'in kendisini de taciz ettiğinden emindi. Julian, bu kadar duygusal olduğu için son derece utanıyordu; oysa her zaman bir şeyleri kendi içinde tutan güçlü bir çocuk olmuştu.

O gece yatağının köşesine oturmuş, öne eğilmiş, aklını yitireceğini düşünüyor ve hapse atılmaktan korkuyordu. Sonraki haftalarda, zihninde sürekli görüntüler canlanıyordu, tamamen çöküşe uğramaktan korkuyordu. Zihnine gelen görüntüleri durdurmak için eline bıçağı alıp bacağına saplamayı bile düşünmüştü. Ardından, "epileptik nöbetler" olarak adlandırdığı nöbetlerin eşlik ettiği panik atakları başladı. Kanayana kadar kendini çizdi. Sürekli sıcaklamış, terlemiş ve gergin hissediyordu. Panik atakları sırasında kendini "bir zombi gibi hissediyordu"; tüm bunları sanki başkası yaşıyormuş gibi kendini uzaktan izliyordu.

Nisan ayında görevinden ayrıldı, tüm haklarından yararlanabileceği yalnızca on günü vardı.

Bundan yaklaşık bir yıl sonra Julian ofisime girdiğinde, karşımda depresif ve yenilmiş görünen yakışıklı ve kaslı bir erkek vardı. Bana hemen hava kuvvetlerinden ayrıldığı için pişman olduğunu söyledi. Her zaman iyi bir kariyeri olmasını istediği ve hep mükemmel değerlendirme sonuçları olduğunu söyledi. Mücadeleyi ve takım çalışmasını seviyordu ve askeri yaşam tarzını özlüyordu.

Julian, Boston banliyösünde doğmuştu ve beş kardeşin ikincisiydi. Julian altı yaşındayken, babası, duygusal olarak değişken olan annesiyle yaşamaya daha fazla tahammül edemediği için evi terk etmişti. Julian ve babası oldukça iyi anlaşıyorlarmış ancak bazı zamanlarda ailesine destek olmak için fazla çalıştığı ve dengesiz biri olan annesiyle ilgilenmek için kendisinden vazgeçtiği için serzenişte bulunuyordu. Ne ebeveynleri ne de kardeşleri, psikiyatrik yardım almış ne de uyuşturucu kullanmıştı.

Julian, lisede popüler bir atletti. Çok fazla arkadaşı olmasına rağmen, kendisiyle ilgili kötü hissediyor ve içki içip, partilere giden zayıf bir öğrenci kimliğine bürünüyordu. Popülerliğinin avantajlarını kullandığı ve yakışıklılığı sayesinde birçok kızla cinsel ilişkide bulunduğu için utanıyordu. Kendilerine kötü davrandığı için kızları arayıp özür dilemeyi düşündüğünü ima etti.

Her zaman bedeninden nefret ettiğini hatırlıyordu. Lisede, vücudunu şişirmek için steroid almıştı ve neredeyse her gün marihuana içmişti. Üniversiteye gitmemişti, liseden mezun olduktan sonra yaklaşık bir yıl boyunca evsiz kalmıştı çünkü artık daha fazla annesiyle yaşamaya katlanamıyordu. Hayatını yoluna sokmak için askere yazılmıştı.

Julian, Peder Shanely ile altı yaşında, CCD (ilmihal) dersi almak için gittiği kilise okulunda tanışmıştı. Peder Shanley'in günah çıkartmak için kendisini sınıftan dışarı çıkardığını hatırlıyordu. Peder Shanley, nadiren cübbe giyiyordu ve Julian, pederin koyu mavi fitilli kadife pantolonunu anımsıyordu. Birbirine bakan sandalyelerin ve diz çökecek bir bankın olduğu büyük bir odaya giderlerdi. Sandalyeler kırmızıyla kaplıydı ve bankta kırmızı kadifeden bir minder vardı. Orada kağıt oynarlardı, soyunma pokerine dönen bir savaş oyunu. Sonrasında, o odada bir aynanın önünde ayakta durduğunu anımsadı. Peder Shanley eğilmesini isterdi. Peder Shanley'in, anüsüne parmağını soktuğunu hatırladı. Pederin hiç penisini sokmadığını düşünüyordu ama pek çok kez parmağını anüsüne sokmuştu.

Kaldı ki anıları oldukça tutarsız ve bölük pörçüktü. Zihninde Shanley'in yüzü ve ayrı ayrı olayların imgeleri vardı. Shanley banyonun kapısında bekliyor; peder onu dizlerinin üstüne çöktürüyor ve diliyle "onu" hareket ettiriyordu. Bunları yaşarken kaç yaşında olduğunu söyleyemiyordu. Pederin kendisine nasıl oral seks yapması gerektiğini anlattığını hatırlıyor ama bunu yaptığını hatırlamıyordu. Kilisede kitapçık dağıttığını ve sonrasında Peder Shanley'in yanına oturduğunu, Julian'ı elini ellerinin arasına alarak okşadığını hatırlıyordu. Büyüdükçe Peder Shanley'in arkasına geçtiğini ve penisini okşadığını anımsıyordu. Julian bu durumdan hoşlanmıyordu ama bunu durdurmak için ne yapacağını bilmiyordu (Editörün notu: Yazar buraya kadar Julian olarak bahsettiği kişiden burada Paul olarak söz etmiş). Sonrasında bana "Peder Shanley, çevremde Tanrıya yakın olan tek kişiydi." dedi.

Bu parça parça anılara ek olarak, cinsel istismarın izleri açık bir şekilde yeniden harekete geçmiş ve yeniden canlanmıştı. Bazen kız arkadaşıyla cinsel ilişkiye girdiğinde, birden kafasında pederin görüntüsü canlanıyordu ve bundan kurtulmaya çalışıyordu. Benimle görüşmeden bir hafta önce, kız arkadaşı, parmağını ağzına götürerek neşeli bir şekilde "İyi oral seks yapıyorsun." demişti. Julian hemen yerinden fırlamış ve "Bir daha bunu söylersen seni öldürürüm." diye bağırmıştı. Ardından her ikisi de korkmuş bir hâlde ağlamışlardı. Bunu Julian'ın cenin pozisyonunda kıvrılıp, titrediği ve bebek gibi ağladığı epilepsi nöbetleri izlemişti. Julian, bunu bana anlatırken çok küçülmüş ve korkmuş görünüyordu.

Julian, yaşlanmış olan Peder Shanley'in düştüğü hâle üzülmekle "onu bir yere kapatıp öldürmek" duyguları arasında gidip geliyordu. Ayrıca ne kadar utanç duyduğunu ve kendini koruyamadığını kabul etmenin ne kadar zor olduğunu söylüyordu: "Kimse beni beceremez ve şimdi bunu size söylemek zorundayım." Kendi öz imgesi büyük, zorlu Julian'dı.

Julian'ın öyküsünü nasıl anlamlandırırız: Yıllar boyunca açıkça unutmak, ardından gelen parça parça, rahatsız edici görüntüler, dramatik fiziksel belirtiler ve aniden yeniden canlanmalar? Terapist olarak, bu tür travma mirası olan kişileri tedavi ederken, kendilerine tam olarak ne olduğunu belirlemeye çalışmakla değil, yaşadıkları duyguları, duyuları ve tepkileri tolere edebilmelerine yardımcı olmakla ilgilenirim. Suçlama konusu arttığında, ele alınması gereken temel konu genellikle kendini suçlamadır. Travmanın kendi hataları olmadığını, bunun kendilerinden kaynaklanan bir eksiklik olmadığını ve başlarına gelen bu şeyi kimsenin hak etmediğini kabul etmek.

Bununla birlikte adli bir dava söz konusu olduğunda, suçlunun belirlenmesi ve kanıtların kabul edilebilirliği önemlidir. Daha önce Vermont, Burlington'da bulunan Katolik yetimhanesinde çocukken sadistçe taciz edilen on iki kişiyi muayene etmiştim. Hepsi (pek çok diğer davacı gibi) neredeyse kırk yıl sonra ortaya çıkmıştı ve ilk dava dosyası ortaya çıkana dek birbirleriyle hiçbir iletişimleri olmamasına rağmen, taciz anıları şaşırtıcı derecede birbirine benziyordu. Hepsi aynı isimleri vermişti ve her rahibenin ya da rahibin uyguladığı aynı tacizi –aynı odalar, aynı mobilyalar ve aynı günlük işlerin bir parçası olarak– anlatmıştı. Çoğu sonradan, Vermont piskoposluk bölgesinde mahkeme dışı uzlaşmayı kabul etmişti.

Bir dava, mahkemede görülmeye başlamadan önce yargıç, jüriye sunulacak uzman ifadesinin standartlarını belirlemek üzere bir toplantı düzenler. 1996 yılında, Boston'da görülen bir davada federal gezici mahkemesini, travma yaşayan bireylerin söz konusu olayla ilgili tüm hafızasını yitirmesinin ve ilerleyen zamanda parçalar hâlinde yeniden hatırlayabilmesinin yaygın olduğuna ikna etmiştim. Aynı standartlar Julian'ın davasında da uygulanacaktı. Avukatına verdiğim gizli rapor, modern psikiyatrinin önde gelen liderlerinin çalışmalarını da içeren, travmatik hafıza konusundaki araştırmaları ve on yıllar içindeki klinik deneyimime dayanarak hazırlanmıştı.

NORMAL BELLEĞE KARŞI TRAVMATİK BELLEK

Anıların ne kadar değişken olduğunu biliyoruz; öykülerimiz değişir ve sürekli gözden geçirilerek güncellenir. Erkek kardeşlerim ve kız kardeşlerimle çocukluk dönemimimizdeki anılarımızdan bahsederken, sohbetimiz her zaman acaba farklı ailelerde mi büyüdük düşüncesiyle biter çünkü anılarımızın çoğu birbiriyle örtüşmez. Bu tür otobiyografik anılar gerçekliğin tek yansıması değildir, kişisel deneyimlerimizi ilettiğimiz öykülerdir.

İnanoğlunun zihninin, olağandışı, anılarını yeniden yazma kapasitesi, Yetişkin Gelişimi Temel Çalışmasında örneklendirilmiştir; bu çalışma sistematik olarak 1939-1944 yılları arasında ikinci sınıfta olan Harvardlı erkeklerin günümüze dek olan fizyolojik ve psikolojik sağlığını izlemiştir [2]. Elbette ki, çalışmanın tasarlayıcıları, katılımcıların çoğunun II. Dünya Savaşı'na katılacaklarını önceden kestirememişti ancak biz savaş dönemi anılarının evrimini izleyebiliyoruz. Kişilerle, 1945/1946 yıllarında savaş deneyimleri hakkında ayrıntılı bir şekilde görüşüldü ve sonra 1989/1990 yıllarında yeniden bir görüşme sağlandı. Yaklaşık kırk yıl sonra, büyük çoğunluk, savaşın hemen ardından yapılan görüşmelerde anlattıklarından çok farklı şeyler anlattılar: Zaman içinde, olaylar, yoğun korkularını azaltmıştı. Bunun tersine, travma yaşayan ve ardından TSSB yaşayan kişilerin öyküleri değişmemişti; anıları, savaşın ardından geçen kırk beş yılda el değmemiş şekilde korunuyordu.

Bir olayı hatırlayıp hatırlamamamız, bu olaya ait anılarımızın ne kadar doğru olduğu, büyük oranda kişisel olarak bu olayın bizdeki anlamı ve o dönemde ne kadar duygusal hissettiğimiz ile ilgilidir. Kilit unsur, uyarılmışlık düzeyimizdir. Hepimizin, belirli kişiler, şarkılar, kokular ve mekanlarla ilgili anıları uzun süre beraberindedir. Çoğumuz, 11 Eylül 2001 Salı günü nerede olduğumuzu ve ne gördüğümüzü hâlâ hatırlarız ama çok azımız 10 Eylül'le ilgili belirli bir şeyi anımsar.

Günlük deneyimlerin çoğu hemen unutulur. Sıradan günlerde, akşam eve döndüğümüzde anlatacak çok şeyimiz yoktur. Zihin, şemalar ve haritalarla çalışır ve kurulu düzenin dışında kalan olaylar dikkatimizi çeker. Maaşımızda bir artış olursa, bir arkadaşımız bize heyecanlı bir haber verirse, o anın ayrıntılarını en azından bir süre unutmayız. Aşağılanmaları ve yaralanmaları en iyi şekilde hatırlarız: Olası tehditlere karşı salgıladığımız adrenalin, bu olayları zihnimize kazımamıza yardım eder. Görüşlerin içeriği silinmeye başlasa da, bir kişiye karşı hissettiğimiz olumsuz duygu varlığını sürdürür.

Bir çocuğun ya da bir arkadaşımızın kazada yaralanması gibi korkutucu bir olay meydana geldiğinde ise bu olayın büyük oranda doğru ve yoğun anısı varlığını sürdürecektir. James McGaugh ve arkadaşlarının da gösterdiği gibi, ne kadar çok adrenalin salgılarsanız anınız o kadar kesin olacaktır[3]. Ancak bu belli bir noktaya kadar doğrudur. Dehşetle karşı karşıya kalındığında – özellikle "kaçınılmaz bir şok" un yarattığı dehşet– bu sistem ele geçirilir ve yıkılır.

Elbette, travmatik deneyim sırasında neler olduğunu gözlemleyemeyiz ancak tıpkı Bölüm 3 ve 4'te anlatıldığı gibi laboratuvarda travmayı yeniden canlandırabiliriz. Bellek, gerçek sesleri duyduğunda görüntüler ve duyular yeniden canlanmaktadır ve daha önce de gördüğümüz gibi duyguları kelimelere dökmemiz için gerekli bir alan[4] olan, zaman içinde mekan hissimizi yaratan bölge, frontal lob ve gelen duyuların verilerini bütünleştiren talamus kapanır. Bu noktada, bilinçli bir kontrol altında olmayan ve kelimelerle iletişim kuramayan duygusal beyin yönetimi ele geçirmektedir. Duygusal beyin (limbik alan ve beyin sapı), duyusal uyarılmalar, beden fizyolojisi ve kas hareketleriyle değişen aktivasyon gösterir. Sıradan durumlarda bu iki bellek sistemi -akılcı ve duygusal– bütünleşmiş bir tepki üretmek için iş birliği yapar. Ancak aşırı uyarılma yalnızca bunlar arasındaki dengeyi değiştirmekle kalmaz, aynı zamanda düzenli bir depolama ve hipokampüs ve talamus gibi gelen bilgilerin bütünleştirilmesini sağlayan diğer gerekli beyin alanları arasındaki ilişkiyi de keser [5]. Sonuç olarak travmatik deneyimin etkileri, tutarlı mantıklı anlatılar olarak düzenlenmez, parçalara ayrılmış imgeler, sesler, fiziksel algılar gibi duyusal ve duygusal izler hâlinde varlığını sürdürür [6]. Julian, kolları iki yana açılmış bir adam, bir kilise sırası, bir merdiven ve soyunma iddialı bir poker oyunu görmüş, penisinde bir duyum hissetmiş, korku hissiyle paniklemişti. Ama bu durumla ilgili anlatacak neredeyse hiçbir öyküsü yoktu.

TRAVMANIN GİZLERİNİ ORTAYA ÇIKARMA

On dokuzuncu yüzyılın sonlarında, tıp dünyası, ruhsal sorunlar üzerinde sistematik olarak çalışmaya başladığında, travmatik belleğin doğası ele alınan esas konulardan biri oldu. Fransa ve İngiltere'de, hafıza kaybıyla sonuçlanan trenyolu kazalarının fizyolojik bir sonucu olan "trenyolu omurgası" olarak bilinen sendrom üzerine çok sayıda makale yayınlandı.

En büyük gelişmeler, duygusal taşkınlıklar, telkine karşı aşırı duyarlılık ve yalnızca anatomiyle açıklanamayan kasılmalar ve felç ile kendini gösteren ruhsal bir bozukluk olan histeri alanında yaşandı[7]. Önceleri, dengesiz ya da hasta numarası yapan kadınların ıstırabı olarak değerlendirilen (ismi latince "rahim" kelimesinden gelmektedir) histeri, zihnin ve bedenin gizemlerine bir kapı açtı. Jean- Martin Charcot, Pierre Janet, ve Sigmund Freud gibi nöroloji ve psikiyatri alanının önde gelen isimleri, travmanın, özellikle de çocukluk dönemi cinsel istismar travmalarının histerinin kökenlerinde yattığını keşfetmişlerdir [8]. Bu ilk dönem araştırmacılar, travmatik anılara "patojenik sırlar [9]" ya da "ruhsal parazitler"[10] olarak atıfta bulunmuşlardır çünkü hastalar, başlarına gelen şeyi unutmaya çalıştıkça, anıları bilince gelmek için zorluyor, varoluşsal korkularını sürekli tekrarlayarak tuzağa düşürüyordu [11].

Histeriye karşı olan ilgi özellikle Fransa'da çok güçlüydü ve genelde olduğu gibi kökenleri dönemin politikalarına dayanmaktaydı. Çeşitli nörolojik hastalıklara isimlerini veren, nöroloji alanının babası olarak bilinen Jean- Martin Charcot ve onun öğrencileri, örneğin Gilles de la Tourette politikada da aktifti. Kral III. Napolyon, 1870 yılında tahttan el çektirildiğinde, monarşi yanlıları (rahipler tarafından desteklenen eski düzen) ile bilime ve laik demokrasiye inanan yeni Fransız Cumhuriyeti'nin savunucuları arasında bir çekişme vardı. Charcot, bu mücadelede kadınların önemli bir etken olabileceğine inanıyordu ve histeri araştırması, "şeytan tarafından ele geçirilme durumları, büyücülük, şeytan çıkarma ve dini coşkunluk gibi fenomenlerin bilimsel açıklamalarını sunuyordu."[12]

Charcot, kadın ve erkeklerde histerinin fizyolojik ve nörolojik ilişkisini ele alan titiz çalışmalar yürütmüştür, bu çalışmaların hepsi belleği içermekte ve dil kaybı üzerinde durmaktadır. Örneğin, 1889 yılında, at arabasıyla yaşadığı bir trafik kazası sonrasında bacakları felç olan Lelog adlı hastaya ait bir olgu örneği yayınlamıştır. Lelog, yere düşüp bilincini kaybetmiş olsa da bacakları hiç yara almamıştı ve felç durumunun fiziksel sebebini açıklayacak hiçbir nörolojik belirtisi yoktu. Charcot, Lelog'un bayıldığı sırada, at arabasının tekerleklerini gördüğünü ve altında kalacağına inandığını keşfetmişti. Şöyle yazıyordu "Hasta...Hiçbir şey hatırlamıyor... Bu noktayı ele alan sorular yanıtsız kaldı. Neredeyse hiçbir şey bilmiyor." [13] Salpêtrière'deki pek

Jean-Martin Charcot, histeri hastası olgusunu sunarken. Charcot, Paris'in yoksulları için sığınak olan La Salpetriere'yi modern bir hastaneye dönüştürmüştür. Hastanın dramatik duruşuna dikkat edin.

çok hasta gibi, Lelog da yaşadığı deneyimi fiziksel olarak ifade ediyordu. Kazayı hatırlamak yerine, bacaklarında felç geliştirmişti [14].

Bana göre bu hikâyenin gerçek kahramanı olan ve Charcot'un bir araştırma laboratuvarı kurmasına yardım eden Pierre Janet, Salpêtrière'de histeri çalışmalarına kendini adamıştır. 1889'da, Eyfel Kulesi'nin inşa edildiği yıl, Janet, travmatik stresin uzun süreli bilimsel öyküsünü ele aldığı ilk kitabını yayınladı: *L'automatisme psychologique.*[15] Janet, günümüzde TSSB olarak alandırdığımız olgunun kökeninde, "şiddetli duygular" ya da "yoğun duygusal uyarılmışlık" olduğunu öne sürmüştür. Bu bilimsel eser, travmaya maruz kaldıktan sonra, kişilerin, istemsiz bir şekilde, travmayla ilişkili belirli hareketleri, duyguları ve duyuları tekrarladığını açıklıyordu. Ve hastaların fiziksel belirtilerini ölçme ve belgelendirmekle ilgilenen Charcot'un aksine Janet uzun saatlerini hastalarının zihninde neler olup bittiğini anlamak için harcamıştır. Esas ilgi alanı histeri fenomenini anlamak olan Charcot'un aksine Janet, hastalarını tedavi etmeyi hedefleyen ilk ve en önemli klinik uzmanlardan biriydi. İşte bu nedenle kendisinin olgu örneklerini ayrıntılı bir şekilde inceledim ve kendisi hayatımdaki en önemli öğretmenlerimden biri oldu[16].

AMNEZİ, DİSOSİYASYON VE YENİDEN SAHNELEME

Janet, kişilerin travma hakkında anlattıkları "anlatım belleği" ve travmatik belleğin kendisi arasındaki farka dikkat eden ilk kişi olmuştu. Olgu örneklerinden birisi, tüberküloz nedeniyle annesini kaybeden ve bu ölümün ardından hastaneye yatırılan Irene adlı genç bir kadına aitti [17]. Irene, bir yandan aylarca annesinin sağlığıyla ilgilenmiş diğer yandan da alkolik babasına bakabilmek ve annesinin sağlık giderlerini karşılayabilmek için çalışmıştı. Annesi öldüğünde stresten ve uykusuzluktan bitkin bir hâlde olan Irene, saatlerce annesine seslenerek ve ona ilaç içirmeye çalışarak yeniden hayata döndürmeye çalışmıştı. Bir süre sonra sarhoş olan babası yanında kendinden geçmişken annesinin cansız bedeni yere düşmüştü. Teyzesi eve gelerek cenaze işleri için hazırlık yapsa da Irene inkâr etmeyi sürdürüyordu. Cenazeye katılması için ikna edilmesi uzun sürmüş ve cenaze boyunca da kahkalarla gülmüştü. Birkaç hafta sonrasında ise Salpêtrière'ye getirilmiş ve Janet kendisiyle ilgilenmişti.

Irene, annesinin ölümü nedeniyle yaşadığı amneziye ek olarak başka belirtiler de gösteriyordu. Haftada birkaç kez, boş bir yatağa bakmaya başlıyor, etrafında olup bitenlere aldırış etmiyordu ve bu sırada hayali bir kişiye bakmaya başlamıştı. Annesinin ölümünün ayrıntılarını hatırlamak yerine özenli bir şekilde o anı yeniden yaşıyordu.

Travma yaşayan insanlar, aynı anda hem çok az hem de çok fazla şey hatırlar. Irene bir yandan, annesinin ölümüyle ilgili bilinçli bir anısı yoktu, ne olduğunu anlatamıyordu. Diğer yandan ise annesinin ölümü sırasında yaşanan olayları fiziksel olarak dışa vurmaya zorlanıyordu. Janet'in "otomatizm" terimi, Irene'nin hareketlerinin istemsiz ve bilinçsiz doğasını taşır.

Janet, aylarca, temel olarak hipnoz yöntemiyle Irene'yi tedavi etti. Sonunda, yine annesinin ölümünü sordu. Irene ağlamaya başladı ve şöyle dedi "Bana o korkunç şeyleri hatırlatmayın... Annem ölmüştü ve babam, her zamanki gibi sarhoştu. Bütün gece annemin ölü bedeninin yanında kalmak zorundaydım. Onu hayata döndürmek için aptalca şeyler yaptım... Sabah ise aklımı kaybettim." Irene yalnızca hikâyesini anlatmakla kalmamış aynı zamanda duygularını da iyileştirmişti. "Çok üzgünüm ve kendimi terk edilmiş hissediyorum." Janet, belleği şimdi "tamamlanmış" olarak tanımladı, artık anılarına, uygun duygular eşlik ediyordu.

Janet, sıradan ve travmatik hafıza arasındaki belirgin farklılıklara dikkat çekmiştir. Travmatik anılar, özel tetikleyicilerle yoğunlaşırlar. Julian olgusunda, kız arkadaşının baştan çıkarıcı ifadeleri; Irene'nin vakasında ise bir yataktı. Travmatik deneyimin bir ögesi tetiklendiğinde, diğerleri de otomatik olarak bunu izler.

Travmatik bellek yoğunlaşmış değildir. Irene'nin öyküsünü yeniden canlandırması üç dört saat sürmüştü ve sonunda neler olduğunu bir dakikadan daha kısa sürede anlatmıştı. Travmatik canlandırmanın bir işlevi yoktur. Aksine, sıradan bellek uyuma yöneliktir; öykülerimiz esnektir ve durumlara uyacak şekilde değiştirilebilir. Sıradan bellek temelde sosyaldir; belirli bir amaçla anlattığımız öyküdür. Irene olgusunda, doktorun yardımını sağlamak ve rahatlamak; Julian olgusunda ise adalet arayışı ve öç arayışına katılmamı sağlayarak rahatlamak amacı vardı. Ancak travmatik bellekte sosyallik yoktur. Julian'ın kız arkadaşının sözlerine karşı gösterdiği öfkenin faydalı bir amacı yoktu. Yeniden yaşamalar, zaman içinde değişmeden donar ve her zaman yalnız, aşağılayıcı ve yabancılaştırıcı deneyimlerdir.

Janet, hastalarında gördüğü, anıların etkilerinin yalıtılmasını ve yarılmayı tanımlayan "disosiyasyon" terimini üretti. Ayrıca, bu travmatik anıları uzak tutmaya çalışmanın ağır bedeli konusunda da ileri görüşlüydü. Sonraları, hastaların travmatik deneyimleri çözülmeye başladığında, hastaların "aşılmaz bir engele bağlandıklarını" yazmıştı"[18]. "Travmatik anılarını bütünleştirememek, yeni deneyimleri özümsemelerine de engel olmaktadır. Sanki kişilikleri belirli bir noktada durmuş gibi ve yeni ögelerin eklenmesi ya da özümsenmesiyle de genişleyememektedir."[19] Hastaların ayrılmış ögelerin farkına varmadıkları ve bunları geçmişte olup bitmiş bir öykü hâlinde bütünleştirmedikleri sürece, kişisel ve profesyonel işlevselliklerinde yavaş bir iniş yaşayacaklarını ön görmüştür. Bu olay, günümüzde çağdaş araştırmalarda iyi bir şekilde belgelenmiştir [20].

Janet, insanların anılarını değiştirmesinin ve saptırmasının normal olduğunu ancak TSSB yaşayan kişilerin gerçek olayı, bu anılara ait kaynağı geride bırakamadıklarını keşfetmiştir. Disosiyasyon, esas itibarıyla ikili hafıza sistemi yaratır, kümelenmiş bir bellek hâline getirir, travmanın sürekli değişen otobiyografik bellek kaynakları içinde bütünleşmesini engeller. Normal bellek, her deneyimin ögelerini, karmaşık bir çağrışım süreciyle sürekli kişisel deneyim akışı içinde bütünleştirmektedir; her ögenin diğerleri üzerinde hemen fark edilmeyen bir etki bırakmak için uğraştığı yoğun ama esnek bir ağ düşünün. Ancak Julian'ın olgusunda, duyular, düşünceler ve travmaya ait duygular ayrı şekillerde donmuş, anlaşılmayan parçalar hâlinde depolanmıştı. Eğer TSSB ile ilgili sorun, *disosiyasyon* ise tedavinin amacı *birleşme* olmalıdır. Travmanın kopan ögelerini, yaşamın süregelen akışı içinde bütünleştirmektir, böylece beyin "o şeyin geçmişte kaldığını ve şimdiyi yaşadığını" fark edebilir.

"KONUŞMA TEDAVİSİ"NİN KÖKENLERİ

Psikoanaliz, Salpêtrière bölgesinde doğmuştur. 1885 yılında Freud, Charcot ile çalışmak üzere Paris'e gitmiştir ve sonradan ilk doğan oğluna, Charcot'un onuruna Jean-Martin adını vermiştir. 1893 yılında, Freud ve Viyanalı danışmanı Josef Breuer, histerinin sebepleri konusundaki muhteşem bir yazıda Cahorcot ve Janet'den alıntılar yapmıştır. *"Histerikler esas olarak anıları yüzünden acı çekerler."* diye açıklama yapmışlar ve bu anıların normal anılardan farklı olarak "zamanla aşınmadığını aksine şaşırtıcı bir tazelikle uzun süre devam ettiğini belirtmişlerdir. Travma yaşayan kişiler, bu anıların ne zaman ortaya çıkacağını kontrol edemezler: "Burada... başka bir göze çarpan gerçeği... ifade etmeliyiz... başka bir deyişle, geçmiş yaşama ait diğer anıların aksine, bu anılar hastaların kontrolünde değildir. Aksine, *bu deneyimler, hastalar normal fiziksel durumdayken akıllarında değildir ya da son derece özet hâlinde varlıklarını sürdürür.*[21]" (İtalik kısımlar Bruer ve Freud'un alıntı yaptıkları kısımlardır.)

Breuer ve Freud, travmatik anıların sıradan bilinçlilik düzeyinden "tepkiyi imkânsız kılan durumlar" nedeniyle ya da "korku gibi ciddi derecede felç edici durumlar" nedeniyle kaybolduklarına inanmışlardır. 1896 yılında Freud, cesurca, "histerinin temel nedeninin her zaman bir yetişkinin bir çocuğu iğfal etmesi nedeniyle olduğunu" iddia etmiştir[22]. Ardından, Viyana'nın en iyi ailelerindeki istismarın yaygınlığı ile karşı karşıya kalmıştır, öyle ki kendi babasını ima ettiğini yazmış ve ardından geri adım atmıştır. Psikoanaliz, bilinçaltı istekler ve hayalleri vurgulamaya doğru kaymasına rağmen, Freud, cinsel istismar gerçekliğini kabul etmeyi sürdürdü[23]. I. Dünya Savaşı'nın korkularının ardından, savaş nevrozları gerçeğiyle karşı karşıya kaldı, Freud, travmanın temelinde sözel belleğin eksikliğini tekrar doğruladı ve eğer bir kişi hatırlamıyorsa, büyük ihtimalle eylemle dışa vurmaktadır: "Bunu bir anı olarak değil bir eylem olarak tekrarlamaktadır, elbette, bunu tekrar ettiğini bilmemektedir ve sonunda ise bunu onun hatırlama biçimi olduğunu anlarız"[24].

Bruer ve Freud'un 1893 yılındaki yazısından kalan miras, günümüzde "konuşma tedavisi" olarak adlandırılmaktadır: "Başlangıçta tesadüfen şunu bulduk, *her bir histeri belirtisi, olay kışkırtıldığında ve eşlik eden duygular ilişkilendirildiğinde, olayın anılarını net bir şekilde ortaya çıkardığınızda, hasta olayı en ayrıntılı şekilde tanımladığında ve duygularını kelimelere döktüğünde, hemen ve kalıcı olarak yok oldu.* (italik yazılar özgün metindir). Duygular olmadan bellek, neredeyse hiç sonuç ortaya koymaz".

Travmatik olaya karşı, "kuvvetli bir tepki" olmadığında, duygunun "anılara bağlı kaldığını" ve serbest bırakılamadığını açıklamışlardır. Tepki, "gözyaşlarından intikam eylemine" kadar değişebilen bir eylemle serbest bırakılabilir. "Ancak dil, eylem için yedek oyuncu görevi görür; dilin yardımıyla duygu etkili bir şekilde "dışa vurulabilir." Psikoterapötik sürecin iyileştirici etkisinin nasıl olduğu artık anlaşılacaktır. *Bu yürürlükte olan gücü sona erdirmektedir... ilk olduğunda dışa vurulmasını engelleyen (ör., travma anında), boğulan duygunun konuşma yoluyla bir ifade yolu bulmasına izin vererek ve normal bilince taşımasına yardım ederek bağlantılandırma düzeyine getirmektedir."*

Günümüzde psikoanaliz düşüş yaşasa da "konuşma tedavisi" sürmektedir ve psikologlar genelde bireylerin travma öyküsünü ayrıntılı bir şekilde anlattıkları takdirde geride bırakacaklarını varsaymaktadırlar. Bu da, tüm dünyada psikoloji alanında öğretilmekte olan bilişsel davranışçı terapinin (BDT) temel dayanağını oluşturmaktadır.

Tanısal etiketler değişmiş olsa da Charcot, Janet ve Freud'un anlattıklarına benzer hastaları görmeye devam ediyoruz. 1986 yılında, meslektaşlarımla birlikte, 1942 yılında yanıp kül olan Boston'daki Cocoanut Grove adlı gece kulübünde sigara satan bir kadına ait olgu bildirimi yazdık[25]. 1970'lerde ve 1980'lerde yılda bir kez, asıl olayın olduğu yerden birkaç blok uzakta, Newbury Caddesi'ndeki kaçışını yeniden yaşıyordu, bu davranışı nedeniyle, şizofreni ve bipolar bozukluk tanısıyla hastaneye yatırılmıştı. 1989 yılında, en yakın arkadaşının her ölüm yıl dönümünde "silahlı soygun" sahneleyen bir savaş gazisi hakkında bir bildiri yazdım[26]. Elini cebine sokar, elinde silah olduğunu ve mağaza sahibinden tüm nakiti vermesini ister ve bu süre içinde de polise haber verilmesi için süre tanımış olurdu. "Bir polis tarafından öldürülme" çabası, bir hakimin kendisini tedavi için bana yönlendirmesiyle son buldu. Arkadaşının ölümü nedeniyle yaşadığı suçluluk duygusuyla başa çıktıktan sonra hasta artık bu şekilde davranmayı bıraktı.

Bu tür olaylar, önemli bir soruyu gündeme getirmektedir. Doktorlar, polisler ya da sosyal hizmet uzmanları, bir kişinin, hatırlamak yerine yeniden sahneleme yoluyla travmatik stres yaşayıp yaşamadığını nasıl anlayabilir? Hastalar, bu tür davranışlarının kaynağını nasıl tanımlayabilir? Geçmişleri bilinmediğinde, geçmişlerini bütünleştirmek yerine, bu kişiler deli olarak etiketlenir ya da birer suçlu olarak cezalandırılırlar.

MAHKEMEDEKİ TRAVMATİK BELLEK

En azından iki düzine erkek, Paul Shanley tarafından istismar edildiğini söylemişti ve çoğu da Boston başpiskoposluk bölgesinde oturuyordu. Ancak Julian, Shanley'in davasında tanıklık etmek üzere çağrılan tek kurbandı. 2005 yılının Şubat ayında, eski papaz bir çocuğa tecavüz, istismar ve darp nedeniyle suçlu bulundu. On iki ile on beş yıl arasında hapis cezasına çarptırıldı.

2007 yılında, Shanley'in avukatı, Robert F. Shaw, yeni bir dava için harekete geçti, Shanley'in mahkumiyetinin adaletin yanlışı olduğunu iddia ediyordu. Shaw, "bastırılmış anıların" bilimsel dünyada kabul görmediğini, mahkumiyetin "sözde bilim" e dayandığını ve davadan önce bastırılmış anılarla ilgili bilimsel durum hakkında yetersiz tanıklığın söz konusu olduğunu göstermeye çalışıyordu. Temyiz, davanın hakimi tarafından reddedildi ancak hakim iki yıl sonunda Massachusetts Yargıtayı'na atandı. Amerika'da önde gelen yaklaşık yüz psikiyatrist ve psikolog, bastırılmış anıların varlığının kanıtlanmadığını ve kanıt olarak kabul edilemeyeceğini söyleyen bilirkişi raporunun altına imza attı. Ancak, 10 Ocak 2010 tarihinde mahkeme, Shanley'in mahkumiyetini oybirliğiyle şu ifadeyle uygun buldu: "Özet olarak, hakimin bulguları, bilimsel test eksikliği nedeniyle, kayıtlarda belirtilen kişinin disosiyatif amnezi yaşadığı gerçeğini geçersiz kılmamıştır. Disosiyatif amnezi konusunda, uzman görüşünün kabul edilmesinde sağduyulu davranılmıştır."

Bir sonraki bölümde, Freud'la başlayan ve günümüzde de devam eden, belleğin, unutma ve bastırılmış anılarla ilgili tartışmalarını ele alacağım.

BÖLÜM 12

HATIRLAMANIN DAYANILMAZ AĞIRLIĞI

Bedenlerimiz, anılar taşıyan metinlerdir ve bu nedenle hatırlamak, reenkarnasyondan farklı değildir.

— **Katie Cannon**

Travmaya karşı bilimsel ilgi son 150 yılda çılgınca iniş çıkışlar yaşamıştır. Charcot'un 1893 yılındaki ölümü ve Freud'un ruhsal hastalıkların kökenindeki içsel çatışmaları, savunmaları ve içgüdüleri vurgulamaya başlaması, ana-akım tıbbın, konuya karşı ilgisini tamamen kaybetmesindeki nedenlerin bir kısmını oluşturmuştur. Psikoanaliz hızla popülarite kazandı. 1911 yılında, William James ve Pierre Janet ile birlikte çalışmış olan Bostonlu psikiyatrist Morton Prince, travmanın etkileriyle ilgilenenlerin "Boston Limanı'ndaki med-cezirle hareket eden istridyeler" gibi olduklarını söyleyerek yakınmıştır.

Bu ilgisizlik yalnızca birkaç yıl sürdü, 1914 yılında Dünya Savaşı'nın başlamasıyla bir kez daha tuhaf psikolojik belirtiler, açıklanamayan tıbbi durumlar ve hafıza kaybı yaşayan yüz binlerce insan, tıp ve psikoloji alanının karşısına çıkmıştır. Yeni gelişmekte olan hareketli resim teknolojisi, bu askerleri filme almayı sağlamıştı ve günümüzde bu kişilerin Youtube'da tuhaf fiziksel duruşlarını, garip sözlü ifadelerini, korkmuş yüzlerini ve tiklerini izleyebiliriz. Bunların hepsi travmanın fiziksel olarak somutlaşan ifadeleridir. "İçsel görüntüler ve kelimeler olarak zihne ve bedene eş zamanlı olarak kaydedilmiş anılar."[1]

Savaşın ilk yıllarında, İngilizler, tedavi ve maluliyet maaşı için savaş gazilerinin yaşadıklarını "savaş şoku" olarak isimlendirmiştir.

Buna alternatif, benzer bir tanı olan "nevrasteni"dir, bu tanıyla ne tedavi ne de maluliyet maaşı alabiliyorlardı. Bu durum, askerin tanısını koyan doktorun yönelimine bağlıydı[2].

Herhangi bir anda bir milyondan fazla İngiliz askeri, Batı Cephesi"n de hizmet verdi. Somme Savaşı'nda, yalnızca 1 Temmuz 1916'nın ilk birkaç saatinde, İngiliz ordusu 57.470 kayıp vermiştir, 19.240 ölüyle dönemin en kanlı günü olmuştur. Tarihçi John Keegan, İngiltere Krallığı'nın bir zamanlar merkezi olan Londra'daki Whitehall'da heykeli bulunan komutan Field Marshal Douglas, hakkında şunları yazmıştır: "Halkın önünde ve kişisel günlüklerinde insanların çektiği acı ile ilgili herhangi bir endişe gösterdiği gözlemlenmemiştir". Somme'de "Ölen ya da yaralanan British gençlerine çiçeklerini göndermişti."[3]

Savaş uzadıkça, savaş şoku giderek artmış, savaş güçlerinin yeterliliğini tehlikeye sokmaya başlamıştı. Ciddi bir şekilde acı çeken askerler ve Almanlara karşı zafer kazanmak arasında kalan İngiltere Genel Kurmay Başkanı, 1917 yılının Haziran ayında 2384 sayılı Genel Günlük Emir'de şöyle demişti: "Hiçbir koşulda "savaş şoku" ifadesi kullanılmayacaktır ve alay raporlarında ya da diğer raporlarda, hastane kayıtlarında ya da diğer tıbbi dökümanlarda bahsi geçmeyecektir". Psikiyatrik sorunları olan tüm askerlere tek bir tanı konmuştu, NYDN (Henüz Tanılanmamış, Asabi-Nervoz-)[4]. 1917 yılının Kasım ayında, genel kurmay, yaralı askerler için dört sahra hastanesi açan Charles Samuel Myers'in, *British Medical Journal*'da yayınlanacak makalesinde savaş şoku ifadesini kullanmasına izin vermemiştir. Almanlar, daha da cezalandırıcıydı ve karakter zayıflığı olarak gördükleri savaş bunalımını, elektro şok da dâhil çeşitli acı verici yöntemler kullanarak tedavi etmeye çalışmıştır.

1922 yılında, İngiliz hükümeti, amacı, gelecekte yaşanabilecek herhangi bir savaşta savaş şoku tanısının kullanılmasını önlemek ve tazminat taleplerini engellemek olan Southborough Raporu'nu yayımladı. Bu raporda, savaş şokunun, tüm resmî terimlerden silinmesini ve bu olguların, "hastalık ya da rahatsızlık yerine savaş kaybı olarak adlandırılması" gerektiği önerildi[5]. Resmî görüşe göre, iyi eğitimli, düzgün bir şekilde yönetilen askeri birlikler, savaş bunalımına girmezdi ve bu hastalığa yenik düşenlerse, disiplinsiz ve isteksiz askerlerdi. Savaş şokunun meşruiyetiyle ilgili politik fırtına sürerken, bu olguların en iyi nasıl tedavi edildiği konusundaki raporlar, bilimsel literatürden kayboldu.[6]

Amerika Birleşik Devletleri'nde savaş gazilerinin kaderi de sorunlarla doluydu. 1918 yılında, Fransa ve Flander savaş alanından evlerine döndüklerinde ulusal kahramanlar olarak karşılanmışlardı, tıpkı günümüzde Irak'tan Afganistan'dan dönen askerler gibi. 1924 yılında, kongre tarafından, denizaşırı ülkelerde geçirdikleri her gün için 1.25 $ ile ödüllendirilmişlerdi ancak bu ödeme 1945 yılına dek ertelendi.

1932 yılında ülke Büyük Bunalım'ın ortasındaydı ve aynı yılın Mayıs ayında yaklaşık on beş bin işsiz ve beş parasız savaş gazisi, Washington DC'de bulunan bir alışveriş merkezinde eylem yaparak kendilerine vadedilen ödüllerin hemen ödenmesini talep ettiler. Senato, altmış ikiye on sekiz oyla bu harcamanın yapılmasıyla ilgili yasa tasarısını reddetti. Bir ay sonra Başkan Hoover, ordudan, savaş gazilerinin kamp yerlerini temizlemesini talep etti. General Douglas MacArthur'a bağlı ordu komutanı, altı tank eşliğinde birlikleri yönetti. Binbaşı Dwight D. Eisenhower, Washington polisiyle iş birliği içindeydi ve Binbaşı George Patton, süvari hücumundan sorumluydu. Ellerinde süngülerle görevli askerler, savaş gazilerine göz yaşartıcı gaz sıktı. Ertesi gün alışveriş merkezi terk edilmişti ve toplanma yeri yanıyordu [7]. Gaziler ise hiçbir zaman emekli maaşlarını alamadılar.

Politika ve tıp dünyası, savaştan geri dönen askerlere sırtlarını dönerken, edebiyat ve sanat dünyasında savaşın korkunç yüzü anılıyordu. Alman yazar Eric Maria Remarque'nin yazdığı ve cephede savaşan askerlerin savaş deneyimlerini konu alan *Batı Cephesinde Yeni Bir şey Yok* [8], adlı kitabın kahramanı Paul Bäumer, tüm nesil adına konuşur: "Farkına bile varmadan duygularımı yitirdiğimin bilincindeyim. Artık buraya ait değilim, yabancı bir dünyada yaşıyorum. Yapayalnız kalmayı ve kimsenin beni rahatsız etmemesini istiyorum. İnsanlar çok konuşuyor –onlarla ilişki kuramıyorum– insanlar yüzeysel şeylerle meşguller."[9] 1929 yılında yayınlanan roman, yirmi beş dile çevrilerek, kısa sürede tüm dünyada en çok satanlar listesine girdi. Eser, 1930 yılında sinemaya uyarlanarak En İyi Film Oscarı'nı aldı.

Ancak Hitler'in birkaç yıl sonra iktidara gelmesiyle, *Batı Cephesinde Yeni Bir şey Yok,* Berlin'deki Humboldt Üniversitesinin meydanında yakılarak yok edilen ilk kitap oldu [10]. Savaşın askerler üzerindeki yıkıcı etkilerinin farkında olmak, başka bir çılgınlığa atılan Naziler için bir tehdit olarak algılanmıştır.

Travmanın sonuçlarını görmezden gelmek, toplumun sosyal dokusu üzerinde tahribata yol açabilir. Savaşın neden olduğu zararla yüzleşmeyi reddetmek ve "zayıflığa" karşı tahammülsüzlük, 1930'lu yıllarda faşizm ve militarizmin yükselişinde önemli bir rol oynamıştır. Versay Antlaşması'nın aşırı savaş tazminatları, zaten gözden düşmüş olan Almanya'yı küçük düşürmüştü. Dolayısıyla Alman toplumu, zalimce, kendilerine değersiz yaratıklar olarak davranılan, travma yaşayan askerleriyle baş ediyordu. Bu güçsüz olanı aşağılama dalgası, Nazi rejimi altında insan haklarının değerini yok etmenin temelini oluşturmuştur: güçlülerin değersiz olanları alt etmesinin ahlaki gerekçesi bu gerekçe aynı zamanda sonraki savaşların da gerekçesi olmuştur.

TRAVMANIN YENİ YÜZÜ

II. Dünya Savaşı'nın ortaya çıkması, Charles Samuel Myers ve Amerikalı psikiyatrist Abram Kardiner'in I. Dünya Savaşı askerleri ve gazileriyle ilgili yaptıkları çalışmaların sonuçlarını yayınlamalarına sebep olmuştur. *Shell Shock in France 1914–1918* (1940)[11] ve *The Traumatic Neuroses of War* (1941)[12], yeni çatışmalar içinde "savaş nevrozları" yaşayan askerleri tedavi eden psikiyatristler için temel kılavuz kaynaklar olmuştur. Amerika'nın savaş çabaları olağanüstüydü ve cephe psikiyatrisindeki gelişmeler bu durumu yansıtıyordu. Ve yine Youtube, geçmişe doğrudan bir pencere açmaktadır: Hollywood yönetmeni John Huston'ın *Let There Be Light* (1946) adlı belgeseli, o dönemdeki savaş nevrozlarının egemen tedavi yöntemini göstermektedir: Hipnoz [13].

Huston'un filmi, kendisi Muharabe Sınıfı'nda henüz askerken ve doktorların ataerkil, hastaların ise korkmuş gençler olarak görüldüğü dönemde çekilmiştir. Ancak hepsi travmalarını farklı şekillerde yansıtmaktadır: I. Dünya Savaşı askerleri, yüzlerinde tiklerle felç geçirirken, sonraki nesil konuşup korkudan siniyordu. Bedenleri ise kayıt tutmayı sürdürüyor. Mideleri ağrıyor, kalpleri hızla çarpıyor ve panikle boğuluyorlardı. Ancak travma yalnızca bedenlerini etkilememişti. Hipnoz sırasındaki trans durumu, hatırlamaktan korktukları şeyler hakkında kelimeler bulmalarını sağlıyordu: korkuları, hayatta kalmanın verdiği suçluluk ve sadakatleriyle ilgili çelişkileri. Bu askerlerin, birlikte çalıştığım daha genç savaş gazilerine göre öfkelerini daha fazla tuttuklarını görünce şaşırmıştım. Kültür, travmatik stresin ifadesini biçimlendirir.

Feminist teorisyen Germaine Greer, II. Dünya Savaşı sonrasında kendi babasının TSSB tedavisi hakkında yazmıştır. Doktorlar ciddi rahatsızlıklar sergileyen adamları muayane ettiğinde, neredeyse değişmez olarak, bunun sebeplerinin savaş öncesi dönem deneyimlerine dayandığını buldular. Hasta adamlar, birinci sınıf savaş materyalleri değillerdi. Askeri meseleler, savaş, bu adamları hasta eden şey değildi ama hasta adamlar savaşta çarpışamıyordu." [14] Doktorların babasını tedavi etmeleri uzak gibi görünüyordu ancak Greer'in babasının çektiği acı ile ilgilenme çabaları, hiç şüphesiz, tecavüz, ensest ve aile içi şiddet olarak çirkin bir şekilde yüzünü gösteren cinsel egemenlik araştırmalarını beslemiştir.

VA'da çalışırken, koridorlar ve asansörler diğer tıbbi bölümlere giden yaşlı insanlardan oluşurken, psikiyatride gördüğümüz hastaların büyük çoğunluğunun genç, son dönemde görevinden ayrılmış Vietnam gazileri olması karşısında şaşırmıştım. Bu farklılık karşısında meraklanarak, 1983 yılında tıbbi kliniklerde bulunan II. Dünya Savaşı gazileri hakkında bir araştırma düzenledim. Büyük çoğunluğu, benim uyguladığım ölçeğe göre TSSB ölçütlerini karşılıyordu ancak tedavileri psikiyatrik şikâyetlerden çok tıbbi tedaviye odaklanmıştı. Bu gaziler, yaşadıkları stresi, daha sonra yaptığım araştırmada gösterdiğim gibi kabuslar ve öfke yerine mide krampları ve göğüs ağrılarıyla gösteriyorlardı. Doktorlar, hastalarının streslerini nasıl ifade edeceklerini şekillendirirler. Bir hasta gördüğü kabuslardan bahsederken, doktor göğüs filminin çekilmesini isterse, hasta da fiziksel problemleri üzerine odaklanırsa daha iyi olacağını düşünür. II. Dünya Savaşı sırasında savaşan ya da esir düşen akrabalarım gibi, bu insanların çoğu deneyimlerini paylaşmak konusunda gönülsüzdüler. Hislerime göre ne doktorlar ne de hastalar tekrar savaş dönemini hatırlamak istemiyorlardı.

Bununla birlikte, askeri ve sivil liderler, II. Dünya Savaşı'ndan, önceki neslin göremediği bazı dersleri çıkararak geri dönmüşlerdir. Nazi Almanyası'nın ve Japon İmparatorluğu'nun yenilgisinin ardından Amerika Birleşik Devletleri, sonraki elli yılda göreceli barışı sağlamak adına ekonomik temelleri planlayan Marshall Planı çerçevesinde Avrupa'nın yeniden inşa edilmesine destek olmuştur. Ülkede ise GI Bill (GI Bill; gazilere düşük geri ödemeli mortgage, iş kurduklarında düşük vergi, bir yıllık işsizlik ücreti ve eğitim desteği gibi ayrıcalıklar sağlayan kanun), milyonlarca gaziye eğitim ve ev kredileri sağlayarak, genel ekonomik düzeylerini yükseltmelerine ve geniş tabanlı, iyi eğitimli orta sınıfı oluşturmalarına destek olmuştur. Silahlı kuvvetler, ırksal bütünleşme ve fırsat eşitliğine doğru toplumu yönlendirmiştir. Gaziler İdaresi, savaş gazilerinin ülke çapında sağlık hizmeti almaları için imkânlar sunmuştur. Savaştan dönen gazilere karşı gösterilen bu kadar ilgiye karşın, savaşın psikolojik izleri göz ardı edilmiş ve travmatik nevrozlar, resmî psikiyatrik terimler arasında tamamen yok olmuştur. II. Dünya Savaşı sonrasındaki savaş travması ile ilgili en son bilimsel yazı, 1947 yılında yayınlanmıştır. [15]

YENİDEN KEŞFEDİLEN TRAVMA

Daha önce de belirttiğim gibi, Vietnam gazileriyle çalışmaya başladığımda, VA kütüphanesinde savaş travmasıyla ilgili tek bir kaynak yoktu ancak Vietnam Savaşı çeşitli çalışmaların yapılmasına, bilimsel organizasyonların düzenlenmesine ve profesyonel literatürde travma tanısı olarak TSSB tanısının konmasına vesile olmuştur. Aynı zamanda, halk arasında travmaya karşı ilgi artmaya başlamıştır.

1974 yılında, Freedman ve Kaplan'ın *Comprehensive Textbook of Psychiatry* adlı eserinde "Ensest son derece nadirdir ve 1.1 milyonda bir olma sıklığı vardır." ifadesi yer almıştır.[16] İkinci bölümde de gördüğümüz gibi bu güvenilir kaynak, ensestin olası faydalarını methetmiştir: "Bu tür bir ensest eylemi, kişinin psikoz şansını azaltmakta ve dış dünyaya daha iyi uyum sağlamasına yardımcı olmaktadır. Bunların büyük çoğunluğu kötü deneyimler değildir".

Bu ifadelerin yanıltıcılığı, yükselmekte olan feminist hareketle bütünleşen, savaş gazilerinin yaşadığı travmanın farkındalığı, çocukluk dönemi cinsel taciz, aile içi şiddet ve tecavüz mağduru binlerce kişinin cesaretlendirilmesiyle açıkça ortaya çıktı. Bilinçlendirme grupları ve travma yaşayanlar grupları kuruldu ve ensest mağdurlarının kendi kendilerini iyileştirmelerine yardım etmek için *The Courage to Heal* (1988) gibi popüler kitapların yanı sıra Judith Herman'ın tedavi ve iyileşme aşamalarını ayrıntılarıyla anlattığı *Trauma and Recovery* (1992) (Editörün notu: Türkçeye Travma ve İyileşme olarak çevrildi, Literatür Yayıncılık tarafından basıldı) gibi çeşitli kitaplar yazıldı.

Tarihten edindiğim bu uyarılarla, travma gerçekliğini kabullenmede 1895, 1917 ve 1947 yıllarında olduğu gibi başka bir hayal kırıklığına doğru yol alıp almadığımızı düşünmeye başladım. Olayın aslı ortaya çıkmaya başladı, 1990'lı yılların başlarında Amerika'da ve Avrupa'da önde gelen pek çok gazete ve dergide, Sahte Anı Sendromu hakkında makaleler çıkmaya başladı ve bu yazılarda psikiyatri hastalarının sahte cinsel taciz anıları uydurmak için desteklendiğini ve iyileşmeden önce yıllarca bu anıların uyandırılmadığı iddia edildi.

Bu makalelerde, kişilerin travmayı günlük olaylardan daha farklı şekilde hatırlamaları ile ilgili hiçbir kanıt olmadığından söz etmeleri göze çarpıyordu. O dönemde, Londra'da haftalık olarak yayınlanan popüler bir dergiden beni arayıp bir sonraki sayılarında travmatik bellek konusunu ele alacaklarını söylemişler ve benim bu konudaki fikirlerimi sormuşlardı. Bu soru karşısında büyük bir hevesle, travmatik olaylarda hafıza kaybı konusunun geçen yüzyılda ilk kez İngiltere'de ele aldındığı anlattım. 1860'lı ve 1870'li yıllarda tren yolu kazaları ile ilgili çalışan John Eric Erichsen ve Frederic Myers'den, I. Dünya Savaşı'na katılan askerlerin hafıza problemlerini ayrıntılı bir şekilde ele alan W. H. R. Rivers'den bahsettim. Ayrıca, 1944 yılında *The Lancet*'de yayınlanan ve 1940 yılında Dunkirk sahillerindeki İngiliz ordusunun kurtarılmasının ardından yaşananları ele alan bir makaleyi okumalarını tavsiye ettim. Bu tahliyenin ardından, çalışmada yer alan askerlerin yüzde 10'undan fazlası hafıza kaybı yaşamıştı [13]. Bir sonraki hafta ise dergide insanların travmatik olaylarla ilgili hafızalarını tamamen ya da kısmen yitirdikleri ile ilgili hiçbir kanıt olmadığı yazıyordu.

Travmanın gecikmeli hatırlanması, Myers ve Kardiner I. Dünya Savaşı'nda askerlerin nevrozları konusunda ilk kez bu konudan bahsettiklerinde, Dunkirk tahliyesinin ardından gerçekleşen büyük orandaki hafıza kaybı yaşandığında Vietnam Gazileri ya da Cocoanut Grove gece kulübü yangını hakkında yazdıklarım sırasında bu kadar tartışmalı değildi. Ancak 1980'lerde ve 1990'ların başında, aile içi şiddet yaşayan kadın ve çocuklarda benzer hafıza problemleri belgelenmeye başladığında, istismar mağdurlarının suçluların cezalandırılması için gösterdikleri çaba konu olduğunda bilimsel alandan politika ve hukuk alanına taşındı. Bunun akabinde, önce Amerika'da ardından Avrupa ve Avustralya'da Katolik Kiliseleri'nde yaşanan pedofil skandallarıyla ilgili birbiri ardına davalar açılmaya başlandı.

Kilise adına çalışan uzmanlar ise çocukluk dönemi cinsel istismarıyla ilgili anılara tamamen güvenilmeyeceğini iddia ediyor ve sözde kurbanların, aşırı ilgili, duyduğu her şeye inanan terapistler yüzünden sahte anılar hatırladıklarını söylüyorlardı. Bu dönemde Julian gibi, rahiplerin istismarına uğramış elliden fazla yetişkinle çalışmıştım. Ve iddiaları davaların yarısında reddedildi.

BASTIRILMIŞ ANILARIN BİLİMİ

Travma anılarının bastırılmış olabileceği ve yıllar ya da on yıllar sonrasında tekrar ortaya çıkabileceği konusunu belgelendirme ile ilgili yüzlerce bilimsel yayın, neredeyse bir yüzyıldan fazla süredir yapılmaktadır[18]. Hafıza kaybı, doğal afet, kaza, savaş travması, kaçırılma, işkence, toplama kampı, fiziksel ve cinsel istismar gibi deneyimler yaşayan kişilerde rapor edilmiştir. Toplam bellek kaybı, özellikle çocukluk döneminde cinsel istismar yaşayan kişilerde yaygındır, yaygınlığı yüzde 19 ile 38 arasında değişmektedir[19]. Bu konu özellikle tartışmalı değildir: 1980'lerin başında DSM-III, disosiyatif amnezide tanı kriteri olarak travmatik olaylarda bellek kaybının varlığını tanımıştır: "Travmatik ya da stresli doğası gereği önemli kişisel bir bilgiyi hatırlayamama, normal unutkanlıkla açıklanamayan durum." Bellek kaybı tanısı ilk kez ortaya çıktığından bu yana TSSB için de bir kriter olmuştur.

Bastırılmış anılar konusuyla ilgili en ilginç çalışmalardan birini Dr. Linda Meyer Williams gerçekleştirmiştir, çalışmasına 1970'li yılların başında, Pennsylvania Üniversitesinde yüksek lisans öğrencisi olduğu dönemde başlamıştır. Williams, cinsel istismarın ardından hastanenin acil servisine getirilen, yaşları on ile on iki arasında olan 206 kız çocuğu ile görüşmüştür. Laboratuvar testlerinin yanı sıra çocuklar ve ebeveynleriyle yapılan görüşmelerin bilgileri hastane tıbbi kayıtlarında yer almaktadır. On yedi yıl sonra Williams, artık birer yetişkin olan bu çocuklardan 136'sını yeniden bulmuş ve kendileriyle ayrıntılı bir görüşme gerçekleştirmiştir [20]. Kadınların üçte birinden fazlası (yüzde 38) kendi tıbbi kayıtlarında istismarın yer aldığını hatırlamıyordu, on beş kadın (yüzde 12) çocukken hiç istismara uğramadığını söylüyordu. Üçte ikisinden fazlası ise (yüzde 68), çocukluk dönemi cinsel istismarı ile ilgili başka olaylar anlatıyordu. Olayın gerçekleştiği dönemde henüz çok genç olan kadınlar, kendilerini istismar eden kişi yakından tanıdıkları biriyse, olayı hatırlamıyordu.

Bu çalışma aynı zamanda, yeniden hatırlanan anıların güvenilirliğini de incelemiştir. On kadından biri (istismarı anımsayanların yüzde 16'sı), geçmişte bir dönem yaşadıkları istismarı unuttuğunu ancak sonra yeniden anımsadığını belirtmiştir. Yaşadıkları istismarı unutmayan kadınlarla karşılaştırıldıklarında, unutanların, istismar yaşları daha küçüktür ve annelerinden destek görmemişlerdir. Williams, aynı zamanda yeniden hatırlanan anıların, hiç yok olmayan anılar kadar kesin olduğunu saptamıştır. Tüm kadınların bellekleri olayın ana gerçekleri konusunda kesindir ancak öykülerinin hiçbiri kendi dosyalarında belgelenen her ayrıntıyla tam olarak örtüşmemektedir [21].

Willliams'ın bulguları, yeniden ortaya çıkan anıların çeşitli değişikliklerle bellek bankasına geri döndüğünü gösteren nörobilimsel araştırmalarla desteklenmiştir[22]. Belleğe ulaşılamadığı sürece zihin hiçbir şeyi değiştiremez. Ancak öykü anlatılmaya başladığında, özellikle de tekrarlandığında, değişiklikler başlar, anlatma eylemi öykünün değişmesine neden olur. Zihin bildiklerinden anlamlar çıkarmaya çalışır, neyi nasıl anımsadığımızla yaşamlarımızı değiştiren anlamlardır.

Travmanın unutulamayacağı ve yıllar sonra yeniden su üstüne çıkabileceği ile ilgili pek çok kanıtın olduğu göz önünde tutulduğunda, neden neredeyse yüz ünlü bellek bilim adamı, Peder Shanley davasında tüm bu bilgilere sırtını dönerek "bastırılmış anıların" "sözde bilim" olduğunu iddia etmiştir? Çünkü hafıza kaybı ve travma deneyimlerinin gecikmeli hatırlanması hiçbir zaman laboratuvarda belgelenmemiştir, bazı biliş ile uğraşan bilim adamları, bu fenomenin varlığını reddetmiş[23] ya da yeniden anımsanan travmatik anıların kesin doğru olamayacağını belirtmiştir[24]. Ancak doktorların acil servislerde, psikiyatri vizitlerinde ya da savaş meydanlarında gördükleri, bilim adamlarının güvenli, iyi düzenlenmiş laboratuvarlarda gördüklerinden oldukça farklıdır.

"Alışveriş merkezinde kaybolma." deneyini bir düşünün. Akademik araştırmacılar, çocukken alışveriş merkezinde kaybolmak gibi hiç yaşanmamış olaylara ait anıların kolaylıkla zihne yerleştirilebileceğini göstermiştir.[25] Bu çalışmalara katılan kişilerin yaklaşık yüzde 25'i de korktuklarını ve hatta eksik ayrıntıları hatırladığını söylemiştir. Ancak bu tür hatırlamalarda, kayıp bir çocuğun gerçek deneyiminde yaşayacağı bedensel dehşet yer almaz.

Başka bir araştırma dizisi de görgü tanıklığının güvenilmezliğini belgelemiştir. Katılımcılara, bir caddede giden araba videosu izletilmiş ve ardından herhangi bir dur işareti ya da trafik ışığı görüp görmedikleri sorulmuştur; çocuklara da sınıflarını ziyarete gelen kişinin ne giydiği sorulmuştur. Diğer görgü tanıklığı deneyleri, tanıklara sorulan soruların, hatırladıklarını iddia ettikleri şeyleri değiştirebileceğini göstermiştir. Bu çalışmalar, pek çok polisi ve mahkeme salonu uygulamasını tartışmaya açmıştır ancak bunların travmatik hafızayla ilişkileri azdır.

Esas problem şudur: Laboratuvar ortamında yaşanan olaylar, travmatik deneyimlerin yaşandığı koşullara eşdeğer olarak görülemez. TSSB ile bağlantılı korku ve çaresizlik, böyle bir ortamda önceden yoksa başlatılamaz. Metne dayalı geri dönüşler (flashback) imgeleme çalışmalarımızda olduğu gibi laboratuvarda var olan travmanın etkilerini çalışabiliriz ancak travmanın kendine özgü etkilerini yerleştiremezsiniz. Dr. Roger Pitman, Harvard'da öğrencilerine, şiddet içerikli ve gerçek ölümlerden ve idamlardan oluşan "Ölümle Yüzyüze Gelmek" adlı filmi izletmiştir. Pek çok yerde yasaklanan bu film, herhangi bir kurumsal inceleme kurumunun izin vereceğinden daha fazla şiddet içermektedir ancak, Pitman'ın normal gönüllü katılımcılarında TSSB belirtileri görülmemiştir. Travmatik bellek konusunda çalışmak istiyorsanız, gerçekten travma yaşamış kişilerin bellekleri üzerinde çalışmalısınız.

İlginç bir şekilde, mahkeme salonunda tanıklığın heyecanı ve kazancı azaldığında, "bilimsel" çatışmalar da yok olmuştur ve klinik uzmanlar, travmatik belleğin enkazıyla baş başa kalmıştır.

NORMAL BELLEĞE KARŞI TRAVMATİK BELLEK

1994 yılında Massachusetts General Hospital'daki meslektaşlarımla birlikte, kişilerin iyi ve kötü deneyimlerini nasıl hatırladıkları ile ilgili sistematik bir çalışma yürütmeye karar verdik. Yerel gazetelere, çamaşırhanelere ve öğrenci birliği bültenlerine ilan verdik: "Başınıza kötü bir olay mı geldi, bu olayı zihninizden atamıyor musunuz? Bizi arayın: 727- 5500. Bu çalışmaya katılımınız için size 10.00 $ ödeyelim." Bu ilanın ardından yetmiş altı gönüllü başvuruda bulundu[26].

Kendimizi tanıttıktan sonra her katılımcıya şu soruyu sorduk: "Bize yaşamınız boyunca hatırlayacağınız ve travmatik olmayan bir olay anlatabilir misiniz?". Katılımcılardan biri "Kızımın doğduğu gün." dedi ve diğerleri de düğün günü, para yatırdığı spor takımının kazanması, lise mezuniyetinde veda konuşması gibi olayları anlattılar. Daha sonra kişilerden bu olayların belirgin duyusal ayrıntılarını anlatmalarını istedik: "Herhangi bir yerde, aniden eşinizin düğün günündeki hâli gözünüzde canlanıyor mu?" Yanıtlar genelde olumsuzdu. "Peki düğün gecesi kocanızın bedeniyle ilgili hisleriniz nasıldı?" (Bu soruda garip bakışlar üzerimize çevrildi). Şöyle devam ettik: "Mezuniyet konuşmanızı o günkü hâliyle hatırladığınız oluyor mu?", "İlk çocuğunuz doğduğunda yaşadığınız yoğun hisleri yeniden yaşadığınız oluyor mu?". Hepsinin yanıtı olumsuzdu.

Ardından, kişilere, bu çalışmaya katılmalarına neden olan travmalar – çoğu tecavüzdü– hakkında sorular sorduk. "Size tecavüz eden kişinin kokusu aniden burnunuza geliyor mu? diye sorduk ve "Tecavüze uğradığınız sırada yaşadığınız hisleri, yeniden yaşadığınız oluyor mu?" diye devam ettik. Bu tür sorular, güçlü duygusal tepkilere zemin hazırladı: "Bu yüzden artık partilere katılamıyorum, birinin nefesinde alkol kokusu hissettiğim anda yeniden tecavüze uğrayacakmışım gibi geliyor." ya da "Artık eşimle birlikte olamıyorum çünkü bana belirli bir şekilde dokunduğunda yeniden tecavüze uğruyor gibi hissediyorum."

Kişilerin olumlu anılar ve travmatik deneyimler hakkında konuşma biçimleri arasında büyük farklılıklar vardı: (1) bu anıların nasıl düzenlendiği ve (2) bunlara karşı verdikleri fiziksel tepki. Düğünler, doğumlar ve mezuniyetler, başı, ortası ve sonu olan geçmiş öyküler olarak anımsanıyordu. Hiç kimse, bu olayları tamamen unuttuğu dönemlerden söz etmiyordu.

Bunun aksine, travmatik anılar, düzensizdi. Katılımcılarımız bazı ayrıntıları çok net hatırlıyordu (tecavüzcünün kokusu, ölen çocuğun alnındaki yara) ancak olayların sırasını ya da diğer önemli ayrıntıları (yardıma gelen ilk kişi, kendilerini hastaneye götürenin bir polis aracı mı yoksa ambulans mı olduğu) hatırlayamıyorlardı.

Katılımcılarımıza ayrıca, üç farklı zamanda yaşadıkları travmayı nasıl anımsadıklarını sorduk: Hemen ardından, belirtiler yüzünden sıkıntılar yaşadıkları dönemde ve çalışmadan bir hafta önceki zaman diliminde. Travma yaşayan katılımcılarımızın hepsi, olayın hemen ardından neler olduğunu tam olarak anlatamadığını söyledi. (Bu acil serviste ya da ambulansta çalışan görevlileri şaşırtmayacak bir sonuçtur. Kişiler, bir çocuğun ya da arkadaşlarının yaşamını yitirdiği bir trafik kazasının sonucunda, korkudan şaşkına dönmüş, donmuş bir hâlde sessizce otururlar). Neredeyse hepsi tekrar eden, geri dönüşler yaşıyordu. Görüntüler, sesler, duygular ve duyumların altında eziliyorlardı. Zaman geçtikçe, daha fazla duyusal ayrıntı ve duygu harekete geçmişti ancak katılımcıların çoğu bunlardan anlam çıkarabiliyordu. Başlarına gelen şeyin ne olduğunu "biliyorlardı" ve "travma belleği" olarak adlandırdığımız öyküyü artık başkalarına anlatabiliyorlardı.

Aşamalı bir şekilde görüntüler ve geri dönüş sıklığı da azalmaya başladı ancak en büyük gelişme, katılımcıların olaya ait ayrıntıları ve olayın sıralamasını bir araya getirebilmeleri olmuştur. Çalışmamızın sonunda, katılımcıların yüzde 85'i başı, ortası ve sonu olan tutarlı bir öykü anlatabiliyordu. Yalnızca birkaç kişi, belirgin ayrıntıları atlıyordu. Çocukken istismara uğradığını söyleyen beş kişinin en fazla parçalı bir öykü anlattığını not ettik; anıları hâlâ görüntüler, duyular ve yoğun duygular hâlinde geliyordu.

Esas itibarıyla, çalışmamız, Janet ve arkadaşlarının bundan yüzyıl önce Salpêtrière'de tanımladığı ikili bellek sistemini onaylamış oldu: Travmatik anılar, geçmişle ilgili anlattığımız diğer öykülerden farklıdır. Ayrışmışlardır; travma sırasında beyne giren farklı duyular, bir öykü içinde, otobiyografinin parçası olarak temsil edilemezler.

Belki de çalışmamızdaki en önemli bulgu, travmayı bağlantılı tüm duygulanımlarıyla hatırlamanın, Breuer ve Freud'un 1893 yılında iddia ettiği gibi çözümlemediği olmuştur. Araştırmamız, dilin eylemin yerine geçtiği fikrini desteklememiştir. Çalışmamıza katılanların çoğu, tutarlı öyküler anlatırken aynı zamanda bu öykülerle bağlantılı acıyı da yaşıyordu ancak katlanılmaz görüntüler ve fiziksel duyumlar devam ediyordu. Çağdaş maruz bırakma tedavisi alanındaki araştırmalar, tutarlı bilişsel davranışsal terapi çalışmalarının da benzer hayal kırıklığı yaratan sonuçları olmuştur. Bu yöntemle tedavi edilen hastaların büyük çoğunluğunda, tedaviden üç ay sonra ciddi TSSB belirtileri devam ediyordu[27]. İleride de göreceğimiz gibi, başınıza gelen şeyi anlatmak için kelimeler bulmak dönüştürücü olabilir ancak her zaman geri dönüşleri ortadan kaldırmaz ya da odaklanmayı arttırmaz, yaşamınıza önemli bir şekilde katılımı güdülemez ya da hayal kırıklığı ve algılanan yaralanmalara karşı aşırı duyarlı olmanızı engellemez.

YAŞAYANLARI DİNLEMEK

Hiç kimse travmayı hatırlamak istemez. Bu bağlamda, toplum da kurbanlardan farklı değildir. Hepimiz güvenli, idare edilebilir, öngörülebilir bir dünyada yaşamak isteriz ve kurbanlar bize bunun her zaman mümkün olmadığını hatırlatır. Travmayı anlamak için hayatta kalanların şahitliklerini dinleme cesaretini göstermeli ve gerçekle yüzleşme karşısındaki isteksizliğimizi yok etmeliyiz.

Lawrence Langer, *Holocaust Testimonies: The Ruins of Memory (Soykırım Tanıklıkları; Anıların Harabeleri* (1991) adlı kitabında, Yale Üniversitesindeki Fortunoff Video Arşivindeki çalışması hakkında şunları yazmıştır: "Soykırım deneyimi yaşayanların öykülerini dinlerken, tamamlanmamış olanın sonsuz katmanları içinde sürekli, yok olanların kanıtlarının bir mozağini gün yüzüne çıkarıyoruz [28]. Derindeki anıların bunaltıcı baskısında, sıkıntılı bir sessizliği sıklıkla azaltan, tereddütlü tanıkların gösterisiyle yüzleşip tamamlanmamış aralıklarla dolu, sürekli olarak bitmemiş bir öykünün başlangıcıyla savaşıyoruz." Tanıklarından birinin söylediği gibi: "Eğer orada değilseniz bunu anlatmak ve nasıl olduğunu söylemek zordur. İnsanların böyle bir stres altında işlev görmesinin nasıl bir şey olduğunu, böyle bir barbarlığın var olduğundan bile haberi olmayan kişilere bunu anlatmak ve onlarla iletişim kurmak, bir hayal gibi."

Auschwitz'de hayatta kalanlardan Charlotte Delbo ikili varoluşunu şöyle anlatıyor: "Benlik", kampta olan kişi ben değildim, burada sizin karşınızda duran kişi değildi. Hayır, bu inanılmaz bir şey. Auschwitz'de diğer "ben"e olan şeyler artık bana dokunmuyor, beni ilgilendirmiyor, ayrı olan belleğin derinlerinde ve olağan bellek... Bu ayrımı yapmasaydım hayatta kalamazdım"[29]. Delbo, kelimelerin bile çifte anlamı olduğu yorumunu yapıyor: "Yoksa, kampta haftalarca susuz bırakılarak işkence görmüş bir kişi; "Çok susadım. Hadi bir çay demleyelim." diyemezdi. Susuzluk (savaşın ardından) daha sık kullanılan bir terim hâline geldi. Diğer yandan, rüyamda Birkenau'da (Auschiwitz'deki yok etme kampları) olduğu gibi susuz kaldığımı görürsem, ardından kendimi bitkin, bir şeylerden yoksun, sendeler hâlde görürüm."[30]

Langer rahatsız edici bir şekilde şöyle sonlandırıyor "Böyle hasar görmüş mozaik için doğru mezarı kim bulabilir, bu parçalar nerede huzur bulabilir? Hayat devam ediyor, Anda ve iki geçici yönde... Ama gelecek, yasla dolu anıların kontrolünden kaçamaz."[31]

Travmanın özü, ezici, inanılmaz ve katlanılmaz olmasıdır. Her hasta, normal ile ilgili hislerimizin askıya alınmasına ve ikili gerçeklikle mücadele ettiğimizin kabul edilmesine ihtiyaç duyar, göreceli olarak güvenli olanın gerçekliği ve öngörülebilir şimdi, harap eden, her zaman varlığını sürdüren geçmişin yanı başında yaşayıp gider.

NANCY'NİN ÖYKÜSÜ

Yalnızca birkaç hasta yaşadığı ikilemi, Boston'a benimle görüşmeye gelen Midwestern hastanesinde hemşirelik bölümü yöneticisi

Nancy gibi canlı bir şekilde kelimelere dökebilmiştir. Üçüncü çocuğunu doğurduktan kısa süre sonra, Nancy, gelecek gebelikleri-ni önlemek için genelikle yatış gerektirmeyen cerrahi işlemi olan fallop tüplerinin koterize edildiği (dağlandığı) tüplerin bağlanması için laporoskopik bir operasyon geçirmişti. Ancak yeterli anestezi verilmediği için operasyon başladıktan kısa bir süre sonra ayılmış ve operasyonun sonuna dek yaşadığı durumun korkunç deneyimi sırasında "hafif bir uyku" ya da "rüya" olarak anlattığı kısa süreli uyku hâli yaşamıştı. Operasyon sırasında kaslarının kasılmasını önlemek için kas gevşetici ilaç verildiğinden hareket ederek ya da ağlayarak ekibi uyaramıyordu.

Amerika Birleşik Devletleri'nde her yıl yaklaşık otuz bin hastanın belirli bir düzeyde "anestezi farkındalığı" yaşadığı bilinmektedir[32], daha öncesinde de böyle bir deneyim nedeniyle travma yaşayan birkaç hasta için tanıklık etmiştim. Ancak Nancy, doktora ya da anestezi uzmanına dava açmak istemedi. Esas istediği yaşadığı travmanın gerçekliğini ortaya çıkararak günlük yaşamını etkileyen olumsuzluklardan kurtulmaktı. Bu bölümü, zorlu iyileşme yolunda yaşadıklarını anlattığı e-postalardan göze çarpan bölümlerle bitirmek istiyorum.

Başlangıçta Nancy, başına gelenin ne olduğunu bilmiyordu. "Eve gittiğimizde hâlâ sersem gibiydim, günlük ev işlerini yapıyordum ama hayatta mıyım ya da gerçek miyim farkında değildim. O gece uyumakta zorluk çektim. Günlerce kendi küçük bağlantısız dünyamda kaldım. Saç kurutma makinesi, tost makinesi, fırın gibi ısınan aletleri kullanamıyordum. İnsanların ne yaptığına ya da neler anlattığına odaklanamıyordum. Hiçbir şeye aldırış etmiyordum. Giderek artan bir şekilde kaygılıydım. Giderek daha az uyuyordum. Garip davrandığımı biliyordum ve beni böyle korkutan şeyin ne olduğunu anlamaya çalışıyordum".

"Ameliyattan sonraki dördüncü gün, sabah üç sularında, ameliyathanede duyduğum konuşmalarla ilişkili yaşadıklarımı rüyamda gördüm. Aniden ameliyathaneye geri gitmiştim ve felçli bedenimin yandığını hissedebiliyordum. Korku ve dehşet dolu bir dünyanın içine girmiştim." Nancy, o günden sonra yaşamında, anıların ve flashbacklerin patlak verdiğini anlatmıştı.

"Sanki bir kapı yavaşça açılıyor ve davetsiz gelişlere izin veriyor gibiydi. Merak ve kaçınmanın karışımıydı. Mantıksız korkular yaşamaya devam ediyordum. Uyumaktan ölesiye korkuyordum; mavi rengi gördüğüm anda ise büyük bir dehşet duygusu kaplıyordu. Ne yazık ki kocam da hastalığımın bu yüküne katlanmak zorunda kalıyordu. İstemeden eşime ani tepkiler gösteriyordum. En fazla 2-3 saat uyuyordum ve bütün günüm geri dönüşlerle dolu geçiyordu. Kronik bir şekilde aşırı uyarılmışlık hâli yaşıyordum, kendi düşüncelerimden korkuyordum ve kaçmak istiyordum. Üç haftada 10 kilo verdim. İnsanlar ne kadar iyi göründüğüm konusunda yorumlar yapıyordu.

"Ölümü düşünmeye başladım. Yaşamım hakkındaki görüşüm çok çarpık bir hâl almıştı, başarılarımı azımsarken başarısızlıklarımı abartıyordum, kocamı incitiyordum ve çocuklarımı kendi öfkeme karşı koruyamıyordum."

"Ameliyattan üç hafta sonra hastanedeki işime geri döndüm. Ameliyat önlüğü içinde birini ilk kez asansörde gördüm. Hemen kaçıp gitmek istedim ama yapamadım. O anda içimde biriken tüm kuvvetle adamı dövmek gibi mantıksız bir istek doğdu. Bu olay, geri dönüşlerin, korkunun ve disosiyasyonun artmasına neden oldu. İşten eve gidene kadar ağladım. Hiç asansöre binmedim, kafeteryaya gitmedim ve ameliyathene katlarında bulunmadım".

Aşamalı olarak Nancy, yaşadığı geri dönüşleri birleştirerek, ameliyatına ait korkutucu anılarını anlaşılır bir hâle getirebilmişti. Ameliyathane hemşirelerinin, kendini rahatlattığı anı ve anestezi başladıktan sonra kısa zamanı hatırlıyordu. Sonrasında nasıl uyandığını hatırlamıştı.

"Tüm ekip, hemşirelerden birinin yaşadığı ilişkiyi konuşup gülüyordu. Bu an, ilk kesiğe denk gelmişti. Neşterin saplandığını ve kestiğini ardından da cildimin üzerinde akan ılık kanı hissetmiştim. Çaresizce hareket etmeye, konuşmaya çalıştım ama işe yaramadı. Bunu anlayamıyordum. Kaslarımın katmanları birbirinden ayrıldıkça daha derin bir acı duyuyordum. Ama bunu hissetmemem gerektiğini biliyordum."

Nancy, daha sonra birinin, karın bölgesini "arayıp taradığını" hatırlıyordu, bunu laporoskopik aletlerin yerleştirilmesi olarak anlatıyordu. Sol tüpünün aletle kıstırıldığını hissetmişti. "Aniden yoğun bir dağlanma, yanma acısı oldu. Kaçmaya çalıştım ama katater ucu beni takip ediyor, durmak bilmeyen bir acı veriyordu. Bu deneyimin yaşattığı korku kelimelerle tarif edilemez. Bu acı, kemiğin kırılması ya da normal doğum gibi bildiğim hiçbir acıya benzemiyordu. Aşırı bir acı olarak başladı, tüp boyunca yavaşça yakarak acımasızca devam etti. Neşterle kesinin verdiği acı diğerlerini geride bırakıyordu."

"Sonra, aniden, sağ tüpte yanma hissettim. Hepsinin güldüğünü duyduğumda nerede olduğumu unutmuştum. Bir işkence odasında olduğuma inanıyordum ve benden hiçbir bilgi almaya uğraşmadan neden işkence yaptıklarını anlamaya çalışıyordum. Dünyam, ameliyathane masasının etrafında küçücük kalmıştı. Zaman, geçmiş ve gelecek duygusu yoktu. Yalnızca, acı, korku ve dehşet vardı.

Tüm insanlıktan soyutlandığımı ve etrafımı saran insanlara rağmen tek başıma kaldığımı hissediyordum. Dünya üzerime kapanıyordu.

"Tüm bu can çekişmenin içinde hareket etmeliydim. Anestezi hemşiresinin, anestezi uzmanını "açıldığımla" ilgili uyardığını duydum. Daha fazla ilaç verilmesini istedi ve ardından sessizce "bunu çizelgede belirtmeye gerek yok" dediğini duydum. Bu hatırladığım son şey oldu."

Nancy, bana gönderdiği sonraki e-postalarda travmanın varoluşsal gerçekliğini anlamaya çalışıyordu.

"Size geri dönüşlerin nasıl olduğunu anlatmak istiyorum. Sanki zaman katlanmış ya da çarpılmış gibi bir şey, böylece geçmiş ve şimdi birbirine karışıyor, sanki fiziksel olarak geçmişe taşınıyorum. Travmanın özüyle ilgili semboller, gerçeklik içinde zararsız gibi ancak nesnelerden nefret etme, korkma ya da zarar verme eğilimini ortaya çıkarıyor. Örneğin demir –oyuncak, ütü ya da saç maşası– bir işkence aleti gibi görünmeye başladı. Ameliyat önlüğünü her görüşüm, beni disosiye, karmaşık, fiziksel olarak hasta ve bazı zamanlarda da bilinçli olarak öfkeli hâle sokuyordu.

"Evliliğim yavaş yavaş dağılıyordu. Kocam, kahkahalar atarak canımı yakan kalpsiz insanları (ameliyat ekibini) temsil ediyordu. İkili bir durum yaşıyordum. Her yanımı kaplayan hissizlik beni battaniye gibi sarıyor ve küçük bir çocuğun dokunuşu beni dünyaya geri döndürüyordu. Bir an için var oluyor, yaşamın bir parçası hâline geliyor ve gözlemci olmaktan çıkıyordum.

"İlginç bir şekilde, işte oldukça iyiydim ve sürekli olumlu geribildirim alıyordum. Yaşam kendi yalan duygusuyla devam ediyordu."

"Bu çifte varoluşta bir gariplik vardı. Bundan yoruldum. Yaşama umudumu yitirmiyordum ve kötü şeyleri düşünmezsem yok olup gidecekleri konusunda kendimi avutamıyordum. Yeni bir şey bulabilmek için ameliyatla ilgili her şeyi hatırladığımı çoğu zaman düşündüm.

"Hayatımın 45 dakikalık bölümünü bilinmez kılan pek çok parça vardı. Anılarım hâlâ yarım ve parçalar hâlinde ama artık neler olduğunu anlamak için her şeyi bilmek gerektiğini düşünmüyorum."

"Korku geçtiğinde, bununla baş edebileceğimi anladım ancak bir parçam bunu yapabileceğim konusunda şüpheliydi. Geçmişin çekimi güçlüydü, bu hayatımın karanlık tarafıydı ve zaman zaman orada yaşamalıydım. Mücadele belki de hayatta kaldığımı bilmenin de bir yoluydu –hayatta kalma mücadelemin yeniden canlandırması– görünüşte kazanmıştım ama sahip olamıyordum."

Nancy'nin iyileşme yolundaki ilk işareti, daha kapsamlı bir ameliyat gerektiğinde ortaya çıktı. Ameliyat için Boston'da bir hastane seçti ve daha önceki deneyimini, anlatmak ve benim de ameliyatta bulunmam konusunda izin almak için cerrahlar ve özellikle de anestezi uzmanıyla ameliyat öncesi bir görüşme talep etti. Yıllar sonra ilk defa ameliyat önlüğü giydim ve anestezi verilirken ameliyathanede bulundum. Nancy, bu kez güven içinde uyandı.

İki yıl sonra, anestezi farkındalığı olgusunu bu bölümde kullanmak üzere izin istemek için Nancy'ye yazdım. Nancy, yanıtında iyileşme sürecini güncelleştirdi: "Keşke bana eşlik ettiğiniz ameliyatın acılarımı dindirdiğini söyleyebilseydim. Ne yazık ki böyle değil. Yaklaşık altı ay sonra ihtiyatlı olduğumu kanıtlayan iki seçim yaptım. Bilişsel Davranışçı terapistimden ayrılarak psikodinamik psikiyatriste gittim ve bir Pilates sınıfına katıldım."

"Terapinin son ayında, terapistime neden diğerleri gibi beni iyileştirmek için uğraşmadığını sordum. Bana, eğer benim için doğru ortamı yaratırsa çocuklarım ve ailemle uğraşabileceğimi ve kendi kendimi iyileşme gücümün olduğunu söyledi. Bu her hafta bir saat, nasıl bu kadar dağıldığımla ilgili gizemi çözmek ve ardından kendimi yeniden huzur dolu bir bütün olarak görme duyumu yeniden kazanabileceğim bir sığınak oldu. Pilates aracılığıyla fiziksel olarak daha güçlü oldum, travmadan bu yana hayatımda olmayan sosyal desteği veren ve beni gönüllü olarak kabullenen kadınların arasında yer aldım. Bu bileşim –fiziksel, sosyal ve psikolojik– güçlenmemin çekirdeği oldu, kişisel bir güvenlik ve ustalık duygusu verdi, uzak geçmişteki anılarımı gönderip, şimdi ve geleceğin ortaya çıkmasına izin verdi".

KISIM BEŞ

İYİLEŞMEYE GİDEN YOLLAR

BÖLÜM 13

TRAVMADAN İYİLEŞME: KENDİNİ SAHİPLENME

Terapiye deli olup olmadığımı öğrenmek için gitmiyorum

Her hafta yalnızca tek bir cevap bulmak için gidiyorum

Ve terapi hakkında konuştuğumda, insanların ne düşündüğünü biliyorum

Seni yalnızca bencil yapan ve psikiyatristinize aşık eden şey şu

Kendim hakkında konuştukça

Başkalarını nasıl sevdiğimi anlıyorum.

— Dar Williams, *What Do You Hear in These Sounds*

Hiç kimse savaş ya da istismar, tecavüz, cinsel taciz ya da diğer korkunç olayları "tedavi edemez", bu nedenle de olanlar geri alınamaz. Ancak travmanın beden, zihin ve ruhtaki izleri ile baş edilebilir: göğsünüzdeki ağrıyı kaygı ya da depresyon olarak etiketleyebilirsiniz; kontrolünüzü kaybetme duygusu; her zaman tehlike ya da reddetmek için tetikte olmak; kendinden nefret etmek; kabuslar ve geri dönüşler; sizi işinizden ve yaptığınız işe odaklanmaktan alıkoyan sis; kalbinizi tam olarak başka bir insana açamamak.

Travma, ilerideki bölümlerde öz-liderlik olarak açıklayacağım kendi kendinden sorumlu olma duygusundan yoksun bırakır[1]. İyileşme mücadelesi, bedeniniz ve zihninize yeniden sahip olmayı başatmaktır. Bu da bildiklerinizin farkında olmak ve baskı, öfke, utanç ya da çöküş yaşamadan ne hissettiğinizi bilmek anlamına gelir. Pek çok insan için bu (1) sakinleşmek ve odaklanmak için bir yol bulmak (2) size geçmişi hatırlatan imge, düşünce, ses ve fiziksel duyulara karşı sakin kalmak (3) şu anda hayat dolu kalabilmenin bir yolunu bulmak

BÖLÜM 13

TRAVMADAN İYİLEŞME: KENDİNİ SAHİPLENME

Terapiye deli olup olmadığımı öğrenmek için gitmiyorum
Her hafta yalnızca tek bir cevap bulmak için gidiyorum
Ve terapi hakkında konuştuğumda, insanların ne düşündüğünü biliyorum
Seni yalnızca bencil yapan ve psikiyatristinize aşık eden şey şu
Kendim hakkında konuştukça
Başkalarını nasıl sevdiğimi anlıyorum.

— Dar Williams, *What Do You Hear in These Sounds*

Hiç kimse savaş ya da istismar, tecavüz, cinsel taciz ya da diğer korkunç olayları "tedavi edemez", bu nedenle de olanlar geri alınamaz. Ancak travmanın beden, zihin ve ruhtaki izleri ile baş edilebilir: göğsünüzdeki ağrıyı kaygı ya da depresyon olarak etiketleyebilirsiniz; kontrolünüzü kaybetme duygusu; her zaman tehlike ya da reddetmek için tetikte olmak; kendinden nefret etmek; kabuslar ve geri dönüşler; sizi işinizden ve yaptığınız işe odaklanmaktan alıkoyan sis; kalbinizi tam olarak başka bir insana açamamak.

Travma, ilerideki bölümlerde öz-liderlik olarak açıklayacağım kendi kendinden sorumlu olma duygusundan yoksun bırakır[1]. İyileşme mücadelesi, bedeniniz ve zihninize yeniden sahip olmayı başarmaktır. Bu da bildiklerinizin farkında olmak ve baskı, öfke, utanç ya da çöküş yaşamadan ne hissettiğinizi bilmek anlamına gelir. Pek çok insan için bu (1) sakinleşmek ve odaklanmak için bir yol bulmak (2) size geçmişi hatırlatan imge, düşünce, ses ve fiziksel duyulara karşı sakin kalmak (3) şu anda hayat dolu kalabilmenin bir yolunu bulmak ve etraftaki insanlarla ilişki kurmak (4) nasıl hayatta kaldığınızla ilgili şeyler de dâhil kendinizden sır saklamamak gibi şeyleri içerir.

Bunlar tek tek, belirli bir sırada başarılması gereken hedefler değildir. Birbirlerinin üstüne binerler ve kişisel durumlara bağlı olarak bazıları diğerlerine göre daha güçtür. Bundan sonraki bölümlerde, bunların üstesinden gelmek için kullanılan belirli yöntem ve yaklaşımları ele alacağım. Bu bölümleri, hem travma yaşayan hem de travma tedavisi yapan terapistler için faydalı hâle getirmeye çalıştım. Geçici stres altında olan kişiler de bunları oldukça faydalı bulabilir. Bu yöntemlerin hepsini, hastalarımı tedavi etmek için kapsamlı bir şekilde kullanıyorum ve aynı zamanda bunları kendi üzerimde de denedim. Bazı insanlar, bu yöntemlerin yalnızca biriyle iyileşebilir ancak çoğunda, iyileşmelerinin farklı aşamalarında farklı yaklaşımlar kullanılmaktadır.

Burada açıkladığım tedavi yöntemlerinin çoğuyla ilgili bilimsel araştırmalar gerçekleştirdim ve araştırma bulguları, hakemli bilimsel dergilerde yayınlandı [2]. Bu bölümdeki amacım, altta yatan ilkeler hakkında genel bir bakış açısı sunmak, daha sonra karşılaşacaklarımız hakkında bilgi vermek ve daha sonraları ayrıntılarından söz etmeyeceğim yöntemlerle ilgili özet bilgi sunmaktır.

İYİLEŞME İÇİN YENİ BİR ODAKLANMA

Travma hakkında konuşmaya başladığımızda genellikle bir öykü ya da bir soru ile başlarız: "Savaş sırasında ne oldu?" "Hiç istismara uğradınız mı?" "O kaza ya da tecavüz olayını anlatabilir misiniz?" ya da "Ailenizde sorunlu içici olarak adlandırabileceğiniz biri var mıydı?" Ancak travma, uzun zaman önce meydana gelen bir şey hakkında anlatılacak bir öyküden daha fazlasıdır. Travma sırasında iz bırakan duygular ve fiziksel algılar anı olmaktan öte rahatsızlık verici fiziksel tepkiler olarak deneyimlenir.

Kendi üzerinizdeki kontrolü yeniden kazanmak için travmayı yeniden ziyaret etmeniz gereklidir. Er ya da geç başınıza gelen olayla yüzleşmelisiniz ancak böyle yaparak kendinizi güvende hissedebilir ve o olay nedeniyle yeniden travma yaşamazsınız. Bu işin ilk sırasında geçmişle ilişkili duyu ve duyguların ezici etkisiyle başetmenin yolunu bulmak vardır.

Kitabın ilk bölümlerinde de yer aldığı gibi, travma sonrası tepkilerin motorları, duygusal beyinde yer almaktadır. Kendini düşüncelerle ifade eden rasyonel beynin aksine duygusal beyin kendini fiziksel tepkilerle ifade etmektedir: İç burkan hisler, kalp çarpıntısı, hızlı ve sık nefes alma, kalp kırıklığı duygusu, gergin ve tiz sesle konuşma, çöküş, sertlik, öfke ve savunmada oluş gibi durumları yansıtan belirgin bedensel hareketler.

Neden yalnızca mantıkla yaşayamıyoruz? Ve anlayış yardımcı olabilir mi? Akılcı/Mantıklı, yönetici beyin, duyguların nereden geldiğini anlamamıza yardımcı olur (Bir adama yakınlaştığımda korkarım çünkü babamın tacizine uğradım ya da "Oğluma olan sevgimi ifade etmede sorun yaşıyorum çünkü Irak'ta bir çocuğun ölümüne neden olduğum için suçluluk duyuyorum." durumlarında olduğu gibi). Ancak akılcı beyin, duyguları, duyuları ya da düşünceleri (düşük düzey tehdit duygusuyla yaşamak ya da tecavüze uğradığınız için kendinizi suçlamamanız gerektiğini bilmenize rağmen çok kötü bir insan olduğunuzu düşünmeniz) ortadan kaldıramaz. Neden belirli duyguları hissettiğinizi bilmek hissettiklerinizi değiştirmez? Ancak yine de sizin yoğun tepkilere (örneğin, size bir saldırganı anımsatan patronunuza saldırmak, ilk anlaşmazlıkta sevgilinizden ayrılmak ya da yabancı birinin kollarına atlamak) teslim olmanızı engeller. Ancak, ne kadar yorgunsak/yıpranmışsak, akılcı beynimiz de o kadar duygularımızın etkisine girer[3].

LİMBİK SİSTEM TERAPİSİ

Travmatik stresin çözümlenmesinde temel sorun, rasyonel ve duygusal beyin arasındaki uygun dengeyi sağlamaktır, böylece nasıl tepki verdiğiniz ve yaşamınızı nasıl sürdürdüğünüzü hissedebilirsiniz. Çok fazla ya da normalin altında uyarılmışlık durumlarında tetiklendiğimizde, "tolerans penceremizin" dışına itiliriz; en iyi işlevsellik aralığının dışına[4]. Tepkisel ve düzensiz oluruz; filtrelerimiz çalışmayı durdurur, sesler ve ışıklar canımızı sıkar, geçmişe ait istenmeyen görüntüler aklımıza gelir ve panikleriz ya da öfkeleniriz. Kapanırsak, bedensel ve zihinsel olarak hissizleşiriz; düşüncelerimiz çok yavaşlar ve koltuğumuzdan kalkacak hâlimiz olmaz.

İnsanlar aşırı uyarıldığında ya da kapanma hâline geldiğinde, deneyimlerinden bir şeyler öğrenemez. Kontrollü kalsalar bile, öyle gerginleşirler ki (Adsız Alkolikler bunu "gerilim dolu ciddiyet" olarak adlandırır.) esnek olmayan, aksi ve çökkün bir hâle gelirler. Travmadan iyileşmek, yürütme fonksiyonunu yeniden onarma ve bununla birlikte öz güven, yaratıcılık ve neşeyi yeniden kazanmayı içermektedir.

Travma sonrası tepkileri değiştirmek istiyorsak, duygusal beyne ulaşmalıyız ve "limbik sistem terapisi" yapmalıyız: Bozuk alarm sistemlerini onarma ve duygusal beyni, sizin yemenizi, uyumanızı, yakın partnerlerinizle iletişim kurmanızı, çocuklarınızı korumanızı ve tehlike karşısında savunmanızı sağlayacak bedensel işlevleri yerine getirecek duruma taşımak.

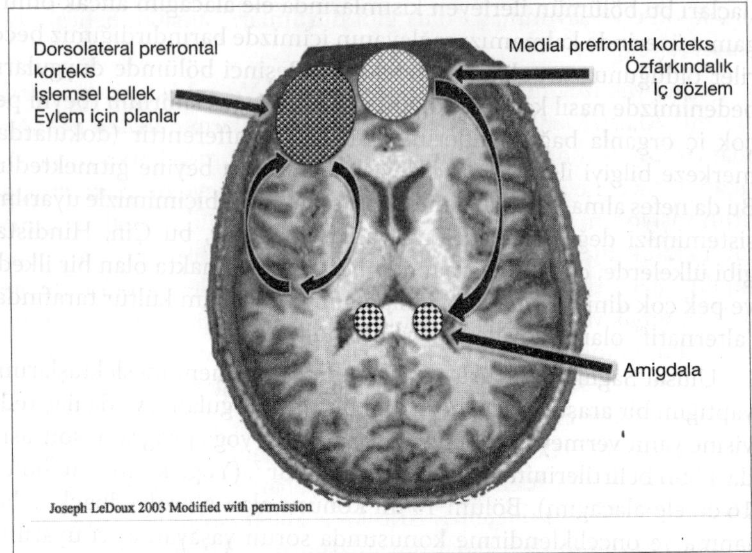

Duygusal beyne erişmek. Beynin rasyonel ve analiz yapan kısmı, dorsolateral prefrontal kortekste bulunmaktadır ve doğrudan travmanın izlerinin yer aldığı duygusal beyinle bağlantısı yoktur ancak öz farkındalığın merkezi olan mediyal prefrontal korteksle bağlantılıdır.

Nörobilimci Joseph LeDoux ve arkadaşları, bilinçli bir şekilde duygusal beyne ulaşmanın tek yolunun öz farkındalık olduğunu göstermiştir, örneğin; içimizde neler olup bittiğine dikkat eden ve hissetmemizi sağlayan mediyal prefrontal korteksi harekete geçirerek[5]. (Bunun teknik terimi; interoception. İç gözlemdir; Latincede içe bakmak anlamına gelir.) Bilinçli beynimizin büyük kısmı kendini dünya dışına bakmaya adamıştır: Başkalarıyla anlaşma ve gelecekle ilgili planlar yapma. Ancak bu yine de kendimizi yönetmemize yardımcı olmaz. Nörobilim araştırmaları, hissettiklerimizi değiştirebilmemizin tek yolunun içsel deneyimlerin farkında olmak ve iç dünyamızda olan bitenle dost olmayı öğrenmek olduğunu göstermektedir.

DUYGUSAL BEYİNLE DOST OLMAK

1. AŞIRI UYARILMIŞLIKLA BAŞETME

Son on yıllarda, ana akım psikiyatri, hissettiklerimizi değiştirmek için ilaç kullanımı üzerine odaklanmıştır ve bu da aşırı ve normalin altındaki uyarılmışlıkla başetmede kabul gören bir yöntem olmuştur.

İlaçları bu bölümün ilerleyen kısımlarında ele alacağım ancak omurgamız üzerinde kalmamızı sağlayanın içimizde barındırdığımız beceriler olduğunu vurgulamam gereklidir. Beşinci bölümde duyguların bedenimizde nasıl kayıt edildiğini gördük. Vagus sinirinin (beyni pek çok iç organla bağlar) liflerinin yüzde 80'i afferenttir (dokulardan merkeze bilgiyi iletir); başka deyişle bedenden beyine gitmektedir[6]. Bu da nefes alma, şarkı söyleme ve hareket etme biçimimizle uyarılma sistemimizi değiştirebileceğimiz anlamına gelir, bu Çin, Hindistan gibi ülkelerde, çok eski zamandan beri uygulanmakta olan bir ilkedir ve pek çok dini uygulamada kullanılan ve ana akım kültür tarafından "alternatif" olarak görülen bir yöntemdir.

Ulusal Sağlık Enstitüsü tarafından desteklenen, meslektaşlarımla yaptığım bir araştırmada, herhangi bir tıbbi uygulama ya da ilaç tedavisine yanıt vermeyen hastalarda on haftalık yoga programı sonrasında TSSB belirtilerinin azaldığı görülmüştür [7]. (Yoga konusunu bölüm 16'da ele alacağım). Bölüm 19'un konusu olan Nörofeedback, odaklanma ve önceliklendirme konusunda sorun yaşayan aşırı uyarılmış ya da kapanmış çocuklarda ve yetişkinlerde özellikle etkili olabilir[8].

Sakin bir şekilde nefes almayı öğrenerek, acı verici ve korkutucu anılara rağmen göreceli bedensel rahatlama durumunda kalmak iyileşme için temeldir [9]. İsteyerek birkaç kez yavaş ve derin nefes aldığınızda, uyarılma düzeyinizde parasempatik bir fren hissedersiniz (Bölüm 5'te açıklandığı gibi). Nefes alıp vermeye odaklandıkça, özellikle de her nefes verişinizde son ana kadar odaklanıp, ardından nefes almadan önce bir süre beklediğinizde daha fazla fayda sağlarsınız. Nefes alıp vermeye devam ettikçe, ciğerlerinize dolup boşalan havanın farkına varırsınız ve oksijenin bedensel beslenmenizdeki rolünü ve kendinizi daha canlı ve dolu hissetmenizi sağlayacak arınmayı düşünebilirsiniz. Bölüm 16, bu basit uygulamanın tam bedensel etkilerini anlatmaktadır.

Travma ve ihmalin etkilerini yönetmede duygusal düzenleme çok önemli olduğundan, öğretmenlerin, askerlerin, bakıcı ailelerin ve ruh sağlığı çalışanlarının duygusal düzenleme teknikleri konusunda eğitim almaları, büyük farklılıklara neden olacaktır. Şimdilerde bu hâlâ, henüz olgunlaşmamış beyinler ve günlük bazda dürtüsel davranışlar ile çalışan okul öncesi ve ana sınıfı öğretmenlerinin ana çalışma alanıdır ve genelde hepsi bu durumu yönetmede ustadır [10].

Ana akım Batı psikiyatrisi ve psikolojisi, iyileşme gelenekleri ve kendi kendini yönetme konusuna yeterli ilgiyi göstermemiştir. Batının ilaç ve sözlü terapilere dayanmasının aksine dünyanın diğer bölgelerinde gelenekler, farkındalık, hareket, ritim ve eyleme dayanmaktadır. Hindistan'da Yoga, Çin'de tai chi ve qigong, Afrika'da ritmik davul çalma buna birkaç örnektir. Japonya ve Kore yarımadası kültüründe, kasıtlı hareketin geliştirilmesine ve şu ana odaklanarak, travma yaşayan bireylerde zarar gören becerileri merkez alan uzak doğu sporları yaygındır. Aikido, judo, tae kwon do, kendo ve jujitsu ve ayrıca Brezilya'da yapılan capoeira buna örnek verilebilir. Bu tekniklerin hepsi, fiziksel hareket, nefes alma ve meditasyon gerektirmektedir. Yoga dışında, Batı kültürüne ait olmayan bu sporların çok azı, TSSB tedavisindeki rolleri açısından sistematik olarak çalışılmıştır.

2. FARKINDALIK OLMADAN ZİHİN OLMAZ

İyileşmenin temelinde öz farkındalık yatar. "Fark et!" ve "Sonra ne oldu?", travma terapisindeki en önemli ifadelerden bazılarıdır. Travma yaşayan kişiler, görünür bir şekilde katlanılmaz duygularla yaşamlarını sürdürür. Kalbi kırık hissederler, mideleri oyuluyor gibi olur ya da göğüslerinde sıkışma hissi vardır. Bedeninizdeki bu duyuları hissetmemeye çalışmak, bu duyguların baskısı altında ezilmenize neden olur.

Bedensel farkındalık, içsel dünyamıza, organizmamızın doğasına dokunmamızı sağlar. Öfkemiz, gerginliğimiz ya da kaygılarımızın farkına varmak, bakış açımızın başka yöne kaymasını sağlar ve otomatik, davranışsal tepkiler yerine yeni seçenekler sunar. Farkındalık, duygularımızın ve algılarımızın geçici doğasına bizi yönlendirmektedir. Bedensel algılarımıza dikkat ettiğimizde, duygularımızın gelip gittiğini fark ederek, bunlar üzerindeki kontrolümüzü arttırabiliriz.

Travma yaşayan kişiler genellikle duygulardan korkarlar. Artık suçu işleyen kişi değil (ve umuyoruz ki bir daha canlarını yakmazlar) kendi fiziksel hisleri baş düşmanlarıdır. Rahatsız edici hisler tarafından tutsak edilme kaygısı, bedeni, donmaya ve zihni de kapanmaya iter. Travma geçmişte yaşanmış olsa da, duygusal beyin duyumlar üretmeyi sürdürerek, mağdurun korku ve çaresizlik duyguları yaşamasına neden olur. Pek çok travma yaşayan kişinin, zorlantılı biçimde yemesi ve içmesi, sevişmekten korkması, sosyal etkinliklerden kaçınması şaşırtıcı değildir. Duyu dünyaları yasak bölgedir.

Değişmek için kendinizi içsel deneyimlerinize açmanız gereklidir. İlk adım, zihninizin, duyularınıza odaklanmasına izin vermek ve zamansız, hep var olan travma deneyiminin aksine, fiziksel duyuların geçici olduğunu görmek ve bedendeki hafif değişimlerin, nefes alıp verişi ve düşünceyi değiştirdiğini fark etmenizin gerektiğidir. Bedensel duyularınıza dikkat etmeye başladıktan sonraki ikinci aşama bunları "Kaygılı olduğumda göğsümde bir sıkışma hissederim." gibi sınıflandırmaktır. Bunun ardından hastaya şunu söyleyebilirim: "O hisse odaklanın ve derin nefes alıp verdiğinizde ya da köprücük kemiğinizin tam altına küçük vuruşlar yaptığınızda ya da ağladığınızda ne gibi değişiklik hissettiğinize bakın." Farkındalık alıştırmaları, sempatik sinir sistemini rahatlatır, böylece savaş ya da kaç durumuna geçme ihtimaliniz azalır [11]. Fiziksel tepkileri gözlemlemeyi ve tolere etmeyi öğrenmek, geçmişi güvenli bir şekilde yeniden ziyaret etmek için ön koşuldur. Şu anda hissettiklerinizi tolere edemiyorsanız, geçmişi deşmek yalnızca acıyı yoğunlaştırır ve sizi daha fazla travmatize eder [12].

Bedenin karmaşıklığının, sürekli değiştiğinin bilincinde olduğumuz sürece büyük oranda rahatsızlığı tolere edebiliriz. Bir an göğsünüz sıkışır ancak derin bir nefes alıp verdikten sonra bu duygu hafifler ve bu kez de omzunuzda bir gerginlik hissi gibi başka bir şey hissedebilirsiniz. Artık, daha derin nefes aldıkça neler olduğunu gözlemleyebilir ve göğüs kafesinizin ne kadar genişlediğini fark edebilirsiniz [13]. Kendinizi daha sakin hissetmeye başladığınızda ve merakınız arttığında artık omzunuzdaki o hisse geri dönebilirsiniz. Omzunuzda yaşadığınız o hissin, yaşadığınız bir anınız aklınıza geldikçe ortaya çıktığını görmek şaşırtıcı olmayacaktır.

Bir sonraki adım düşünceleriniz ve bedensel duyularınız arasındaki karşılıklı etkileşimi gözlemlemektir. Belirli düşünceler, bedeninizde nasıl kayıt edilmiş? ("Babam beni seviyor." ya da "Kız arkadaşım beni terk etti." düşünceleri farklı hisler uyandırıyor mu?) Bedeninizin belirli duyguları ya da anıları nasıl düzenlediğinin farkında olmak, bir zamanlar hayatta kalmak için engellediğiniz duyuları ve dürtüleri açığa çıkarma fırsatı verir [14]. Bölüm 20'de tiyatronun faydaları konusunda, bu işleyişin nasıl çalıştığı üzerinde duracağım.

Beden-zihin tıbbı konusunda önde gelen isimlerden biri olan Jon Kabat-Zinn, 1979 yılında Massachusetts Üniversitesi Tıp Merkezinde Farkındalık Temelli Stres Azaltma (FTSA: Mindfulness Based Stress Reduction: MBSR) programını kurdu ve kurduğu yöntem üzerinde otuz yıldan fazla süredir çalışmalar yapılmaktadır. Farkındalığı (Mindfulness) şöyle tanımlamaktadır: "Bu dönüşüm sürecini düşünmenin bir yolu farkındalığı bir mercek olarak görmekten ve zihninizin dağınık ve tepkisel enerjilerini alıp, iyileşmek, yaşamak, problem çözmek için tutarlı bir kaynağa çevirmekten geçer."[15]

Farkındalığın, depresyon, kronik ağrı gibi çeşitli psikiyatrik, psikosomatik ve strese bağlı belirtiler üzerinde olumlu etkileri olduğu gösterilmiştir [16]. Bağışıklık tepkisi, kan basıncı ve kortizol düzeylerinde iyileşme gibi bedensel sağlık üzerinde de yaygın etkileri vardır [17]. Beynin duygusal düzenleme alanlarını [18] harekete geçirme ve bedensel farkındalık ve korku ile ilgili bölgelerde değişiklikler konusunda da etkileri gösterilmiştir [19]. Harvard'dan meslektaşlarım Britta Hölzel ve

Sara Lazar, yaptıkları araştırmada, farkındalık uygulamalarının, beynin duman dedektörü, amigdalanın etkinliğini azalttığını ve böylelikle de olası tetikleyicilere karşı tepkiselliğin azaldığını göstermiştir[20].

3. İLİŞKİLER

Art arda yapılan çalışmalar, travmaya karşı en güçlü korunmanın iyi bir destek ağı olduğunu göstermiştir. Güvenlik ve dehşet birbiriyle kıyaslanamaz. Çok korktuğumuzda, hiçbir şey bizi güven veren bir ses ya da güvendiğimiz birinin sıkıca sarılması gibi sakinleştiremez. Korku yaşayan yetişkinler de tıpkı korkan çocuklar gibi aynı rahatlatıcı şeylere yanıt vermektedir. Nazik bir sarılma, sallanma, ve daha büyük ve güçlü birinin sizinle ilgilendiğini görünce güven içinde uyuyabilirsiniz. İyileşmek için zihin, beden ve beyin gevşemenin güvenli olduğuna ikna olmalıdır. Bu da ancak bedeninizin içsel düzeyinde kendinizi güvende hissettiğinizde ve geçmişteki çaresizlik anılarınızla güvenlik duygusunun bağlantı kurmasına izin verdiğinizde gerçekleşir.

Saldırı, kaza ya da doğal afet gibi akut bir travmanın ardından hayatta kalan kişiler tanıdık insanları, yüzleri görmek, tanıdık sesler duymak; fiziksel temas, yiyecek, sığınma, güvenli bir yer ve uyumak için zaman ister. Sevilen kişilerle yakın iletişim kurmak, güven veren bir yerde aile ve arkadaşlarla yeniden bir araya gelmek çok önemlidir. Bağlılık, tehdide karşı en büyük korunmamızdır. Örneğin, travmatik bir olayın ardından anne babalarından ayrılan çocuklar, uzun süreli olumsuz etkiler yaşamaktadır. İngiltere'de II. Dünya Savaşı'nın ardından sürdürülen çalışmalar, İngiltere'deki hava saldırıları sırasında Londra'da yaşayan ve Alman saldırılarına karşı kırsal bölgelere gönderilen çocukların, ailesiyle yaşayan sığınaklarda, yıkılan binaların ve ölü insanların korkutucu görüntüleriyle dolu geceler geçiren çocuklara göre çok daha kötü etkilendiklerini göstermiştir [21].

Travma yaşayan insanlar, ilişki bağlamı içinde iyileşmektedir. Aileler, sevilen kişiler, alkolikler toplantısı, gazi etkinlikleri, dini topluluklar ya da profesyonel terapistlerle. Bu ilişkilerin rolü, utanç, azarlanma ya da yargılanma duygularına karşı güven vermek, tolere etmek, yüzleşmek ve yaşananların gerçekliği sürecini cesaretle karşılayacak fiziksel ve duygusal güvenliği sağlamaktır.

Gördüğümüz gibi, yazdıklarımızın çoğunda beyin devrelerinin kendini diğerleriyle uyum içinde olmaya adadığını gördük. Travmadan iyileşme, yakın dostlarımızla yeniden iletişim kurmayı da kapsamaktadır. Bu nedenle de ilişkiler arasında yaşanan travmaların, trafik kazası ya da doğal afetler nedeniyle yaşanan travmalara göre tedavisi daha zordur. Toplumumuzda kadınlar ve çocuklarda meydana gelen en yaygın travmalar, ebeveynler ya da eşlerden kaynaklanmaktadır. Çocuk istismarı, taciz ve aile içi şiddet gibi tüm olaylar kendilerini sevdiğini düşündükleri kişiler tarafından gerçekleştirilmektedir. Bu da travma yaşamaya karşı, sevdiğiniz insanlar tarafından korunmak şeklindeki en önemli barınağımızı öldürür.

Doğal olarak sizinle ilgilenmesi ve sizi koruması gereken insanlar, sizi korkuttuğunda ya da reddettiğinde, hislerinizi göz ardı etmeyi ya da kapanmayı öğrenirsiniz [22]. Kısım 3'te de gördüğümüz gibi, bakımınızı üstlenen kişiler, size karşı olduğunda, korku, kızgınlık, öfke gibi duygularla başetmek için alternatif yollar bulmak zorundasınız. Korkunuzu kendi başınıza yönetmek, başka problemler dizisini karşınıza çıkarır: Disosiyasyon, umutsuzluk, bağımlılık, kronik panik, yabancılaşmanın belirgin olduğu ilişkiler, kopukluk ve patlamalar. Bu tür geçmişi olan hastaların, uzun zaman önce yaşadıkları şey ile şu andaki hisleri ve davranışları arasında bağ kurmaları çok nadirdir. Her şey kontrolden çıkmış gibi görünür.

Yaşananlarını kabullenmeden ve savaştıkları görünmez kötülükleri tanımadan rahatlama gerçekleşmez. Örneğin, bölüm 11'de söz ettiğim ve rahiplerin pedofilisine maruz kalan adamları anımsayın. Düzenli olarak spor yapıyorlar, anabolik stereoid kullanıyorlar ve neredeyse bir boğa kadar güçlüydüler. Ancak buna rağmen yaptığımız görüşmelerde korkmuş, küçük çocuklar gibi davranmışlardı; incinen çocuklar hâlâ içlerinde çaresizlik duygusu yaşıyorlardı.

İnsan ilişkileri ve uyum, fizyolojik öz düzenlemenin kaynağı olmakla beraber, yakınlık vaadi, incinme, aldatılma ve terk edilme korkusunu da uyandırır. Bunda utanç önemli bir rol oynamaktadır: "Beni gerçekten tanımaya başladığında ne kadar rezil, mide bulandırıcı ve aptal olduğumu göreceksin." Çözümlenmemiş travmanın, ilişkilerde korkunç bir bedeli vardır. Sevdiğiniz birinin saldırısına uğradığınız için kalbiniz hâlâ kırıksa, yeniden incinmemek konusunda uğraşıp durursunuz ve yeni birine açılmak sizi korkutur. Aslında, farkında olmadan onlar sizi incitmeden, siz onları incitmeye çalışıyor olabilirsiniz.

Bu da iyileşme için gerçek bir zorluk ortaya çıkarır. Travma sonrası tepkilerin, yaşamınızı kurtarma çabası olarak başladığını fark ettiğinizde, içsel müziğinizle (ya da kakafoni) yüzleşme cesareti bulabilirsiniz ancak bunu gerçekleştirmek için yardıma ihtiyaç duyarsınız. Size eşlik edecek, duygularınızı kucaklayacak, duygusal beyninizin gönderdiği acı dolu mesajları dinleyecek birini bulmalısınız. Uzun zamandır kendinizden bile bir sır olarak sakladığınız parçalar hâlindeki deneyimleri keşfederken, yaşadığınız dehşetten korkmayacak, en korkutucu öfkenizi kontrol altına alacak, size, sizin bütünlüğünüzü korumak için cankurtaranlık yapacak bir rehbere ihtiyacınız vardır. Travma yaşayan çoğu birey, demir atmaya ve bunu yaparken de uzun süreli rehberliğe ihtiyaç duymaktadır.

Profesyonel Terapist Seçmek

Yetkin travma terapisti eğitimi, travma, istismar ve ihmalin etkisini de kapsar ve (1) hastaları sakinleştirmek ve dengede tutmayı ve (2) anılarının açığa çıkmasına yardım etmeyi ve yeniden yaşamalarını rahatlatmayı, (3) hastaların yakın kadın ve erkek arkadaşlarıyla yeniden iletişim kurmalarına yardım edecek çeşitli tekniklerde ustalaşmalarını sağlamayı kapsar. İdeal olarak, terapistin uyguladığı hangi terapi yöntemi olursa olsun sonuç alması beklenir.

Terapistlerin size, kendi kişisel mücadelelerinin ayrıntılarını anlatması uygun değildir ancak hangi terapi uygulamaları alanında eğitim aldığı, becerilerini nerede pekiştirdiği, size teklif ettikleri terapi uygulamasından elde edecekleri kişisel faydayı sormanız uygundur.

Travma için tek bir "tedavi seçeneği" yoktur ve kendi uyguladığı belirli bir yöntemin sizin sorunlarınızın tek çözümü olduğunu söyleyen terapist, sizin iyileşmenizle ilgilenen birinden çok, bir ideologtur. Hiçbir terapist her etkili tedavi yöntemini bilemez. Kendisinin sundukları dışında da sizi keşfetmeye yönlendirmelidir. Sizden öğrenmeye açık olmalıdır. Cinsiyet, ırk ve kişisel geçmiş yalnızca, hasta kendini daha güvende hissedecekse ve anlaşıldığını düşünecekse önemlidir.

Temel olarak kendinizi terapistin yanında rahat hissediyor musunuz? Terapist özünde rahat biri mi ve insan olarak sizin yanınızda da rahat mı? Korkularınızla ve endişelerinizle yüzleşmede güvende hissetmek önemlidir. Sert, yargılayıcı, tedirgin ya da huysuz biri muhtemelen sizi korkma, terk edilme ve aşağılanma duygularıyla baş başa bırakır ve bu da sizin travmatik stresinizi çözmenize yardımcı olmaz. Terapistin sizi bir zamanlar inciten ya da istismar eden kişiyi anımsattığından şüphelenmeniz, geçmişteki eski duyguların tekrar su üstüne çıkmasına neden olabilir. Umuyorum ki bu birlikte aşabileceğiniz bir durum olur çünkü deneyimlerime göre hastalar ancak terapistlerine karşı olumlu duygular taşıdığında, daha iyi olabiliyorlar. Ayrıca, sizi tedavi eden insan üzerinde bir miktar etkiniz olduğunu düşünmediğiniz sürece büyüyüp gelişebileceğinizi de düşünmüyorum.

Buradaki kritik soru şudur: Terapistiniz, sizi genel bir TSSB hastası olarak görmek yerine, *sizin* kim olduğunuz ve neye ihtiyaç duyduğunuzla ilgileniyor mu? *Siz*, tanısal anketteki belirtilerden biri misiniz yoksa yaptığınız şeylerin nedenini bulmak için uğraşan ve sizin gibi düşünen biri mi? Terapi iş birliği gerektiren bir süreçtir; karşılıklı kendini keşif süreci.

Çocukluk döneminde bakıcıları tarafından eziyet gören hastalar, genellikle kimsenin yanında kendilerini rahat hissetmezler. Hastalarıma genelde, büyüme dönemlerinde yanında rahat hissettikleri kişinin kim olduğunu sorarım. Çoğu kendisiyle ilgilendiğini gösteren bir öğretmen, komşu, mağaza sahibi, koç ya da papazla ilgili bir anısına sıkıca sarılır ve bu anı, yeniden bağlanmanın tohumlarıdır. Bizler içinde umut taşıyan bir türe aitiz. Travma ile çalışmak, nasıl kırıldığımız ile ilgili olduğu kadar nasıl hayatta kalmayı başardığımızla da ilgilidir.

Hastalarımdan ayrıca bebekken nasıl göründüklerini –sevimli olup olmadıklarını– hayal etmelerini isterim. Hepsi de sevimli olduklarına inanır ve birileri kendilerini incitmeden önce öyle olduklarına dair bir görüntüleri vardır.

Bazı insanların yanında güvende hissettikleri kimse yoktur. Onlar için atlar ve köpeklerle uğraşmak insanlarla uğraşmaktan daha güvenlidir. Artık bu ilke, hapishaneler, yatılı tedavi programları ve gazilerin rehabilitasyonu gibi pek çok terapi ortamında çok etkili bir biçimde kullanılmaktadır. Van der Kolk Merkezinin[23] ilk mezunlarından Jennifer, ilk geldiğinde 14 yaşında, kontrolden çıkmış, sessiz bir kızdı ve merkezden ayrılırken yaptığı konuşmada bir atın bakımını üstlenmesinin kendisi için ilk kritik adım olduğunu söyledi. Atla arasında kurmaya başladığı bağ, merkezdeki diğer çalışanlarla da iletişim kurmasını sağladı ve ardından derslerine odaklanarak üniversiteye kabul edilmesine yardımcı oldu[24].

4. TOPLUMSAL RİTİM VE EŞ ZAMANLILIK

Doğduğumuz andan itibaren ilişkilerimiz karşılık veren yüzler, jestler ve dokunuşlar içinde şekillenir. Yedinci bölümde gördüğümüz gibi bunlar bağlanmanın temelini oluşturmaktadır. Travma, fiziksel eş zamanlılığın (senkronizasyonun) bozulmasıyla sonuçlanır; TSSB kliniği bekleme odasına girdiğinizde, hastaların kimler olduğunu donuk yüzlerinden ve çökmüş (ama aynı zamanda tedirgin) bedenlerinden anlayabilirsiniz. Ne yazık ki, pek çok terapist, bu fiziksel iletişimi göz ardı eder ve hastalarıyla yalnızca kelimelerle iletişim üzerine odaklanır.

Müzik ve ritimde ifade edildiği gibi toplumun iyileştirici gücü, 1997 yılının baharında Güney Afrika'da Gerçeklik ve Uzlaşma Komisyonunu izlerken aklımı başıma getirdi. Ziyaret ettiğimiz bazı yerlerde, korkunç şiddet devam ediyordu. Bir gün Johannesburg dışındaki bir klinikte tecavüz mağduru kadınlardan oluşan bir gruba katıldım. Uzaklarda kurşunların sesini duyuyorduk. Kampın duvarlarının üzerinden dumanlar yükselirken, havada asılı kalan göz yaşartıcı bombaların kokusunu alıyorduk. Daha sonra kırk kişinin öldürüldüğü haberini aldık.

Ancak etraf yabancı ve ürkütücüyken, bu grubun gereğinden fazla iyi olduğunu fark ettim: kadınlar, Boston'da gördüğüm pek çok tecavüz terapi grubunda olduğu gibi çökmüş bir hâlde –üzgün ve donuk– oturuyorlardı. Çökmüş insanlarla çevrelenmiştim ve ben de benzer bir çaresizlik duygusu yaşadım. Ben de kendimi ruhsal olarak çökmüş hissediyordum. Sonra kadınlardan biri hafif hafif ileri geri sallanarak mırıldanmaya başladı. Yavaş yavaş bir ritim ortaya çıktı; başka bir kadın da ağırdan katılım sağladı. Kısa bir süre sonra kadınların hepsi şarkı söyleyip, hareket ediyordu ve sonunda ayağa kalkıp dans etmeye başladılar. Bu büyüleyici bir dönüşümdü. İnsanlar hayata geri dönüyordu, yüzler uyumluydu, bedenler canlanmaya başlamıştı. Orada gördüğüm şeyi uygulamaya; ritim, müzik ve hareketin travmayı iyileştirici gücü üzerinde çalışmaya yemin ettim.

Bu konuya bölüm 20'de daha ayrıntılı bir şekilde değineceğim, tiyatroda, genç insanların –bunlar arasında çocuk suçlular, risk altındaki evlatlık çocuklar– aşamalı bir şekilde birlikte çalışmayı nasıl öğrendiklerini ve ister Shakespeare tarzı bir kılıç savaşında, isterse uzun soluklu müzikallerde yazar ya da oyuncu olsun birbirlerine nasıl bağlandıklarını anlatacağım. Farklı hastalar, koroda şarkı söylemenin, aikido yapmanın, tango dansının ya da kickboksun kendilerine ne kadar yardım ettiğini anlattı ve ben de bu kişilerin yorumlarını tedavi ettiğim diğer hastalara iletmekten mutluluk duyuyorum.

Travma Merkezinde, Çin'de kimsesizler yurdundan evlat edinilen Ying Mee adındaki, beş yaşında konuşmayan bir kızın tedavisini üstlendiğimde, ritm ve iyileşme hakkında çok şey öğrendim. Aylar süren başarısız iletişim kurma çabalarımın ardından, meslektaşlarım Deborah Rozelle ve Liz Warner, kızın ritmik bağlantı sisteminin işlemediğini fark etti- etrafındaki insanların yüzleri ve seslerini yankılayamıyordu. Bu da onları duyumotor (sensorimotor therapy) terapiye yönlendirdi [25].

Watertown, Massachusetts'de bulunan duyu entegrasyon kliniği, salıncaklar, içinde kaybolacağınız rengarenk plastik toplarla dolu havuzlar, denge kalasları, plastik tüplerden oluşan sürünme alanları, köpük dolu minderlerin üzerine atlayabileceğiniz merdivenlerle dolu mükemmel bir kapalı oyun alanıdır. Çalışanlar, Ying Mee'yi plastik toplarla dolu havuzun içinde oynattı, böylece teninde algılamalar oluşmasına yardımcı oldu. Salıncakta sallanmasına ve ağır battaniyelerin altında sürünmesine yardım ettiler. Altı hafta sonunda bir şeyler değişiyordu; artık konuşmaya başlamıştı [26].

Ying Mee'nin heyecanlandırıcı değişimi, şimdilerde yatılı hasta tedavi programlarında da kullandığımız duyusal bütünleşme (sensory integration) kliniğini açmamıza olanak sağladı. Henüz, duyusal bütünleşmenin travma yaşamış yetişkinlerde nasıl işlediği üzerinde çalışmadık ancak seminerlerimde, düzenli bir şekilde duyusal bütünleşme deneyimlerine ve dansa yer veriyorum.

Uyumlu olmayı öğrenmek, anne babalara (ve çocuklarına) karşılıklılığın bedensel deneyimini sağlar. Travma Merkezindeki meslektaşlarım tarafından geliştirilen ve SMART (duyusal motor uyarılma düzenleme tedavisi) gibi, anne baba çocuk etkileşimi terapisi (ABÇET), bunu besleyen interaktif bir terapidir [27].

Birlikte oynadığımızda fiziksel olarak uyumlu hissederiz; bağlanma ve neşe duygusu yaşarız. Doğaçlama egzersizleri (http:// learnimprov.com/ adresinde yer alanlar gibi), bireylerin keyif alarak, keşifler yaparak iletişim kurmalarına yardımcı olan mükemmel etkinliklerdir. Asık suratlı insanlardan oluşan bir grubun, kıkırdadığını gördüğünüzde, mutsuzluk büyüsünün bozulduğunu anlarsınız.

5. TEMASA GEÇMEK

Ana akım travma tedavisi, dehşete düşmüş kişilerin duyularını ve duygularını güvenli bir şekilde ifade etmeleri konusuna sınırlı ilgi göstermiştir. Serotonin geri alım engelleyiciler, Respiridol ve Seroquel gibi ilaçlar, bireylerin duyu dünyası ile başetmeleri için giderek artan oranda yardım etmenin yerini almıştır [28]. Ancak biz insanların sıkıntıyı gidermedeki en doğal yolu, dokunmak, sarılmak ve sallanmaktır. Bu da aşırı uyarılmaya yardımcı olur; güvende, korunmalı ve birilerinin sorumluluğunda hissetmemizi sağlar.

Sakinleşmenin en önemli araçlarından biri olan dokunma, çoğu terapi uygulamasında yasaklanmıştır. Ancak, bedensel olarak güven-

Rembrandt van Rijin: *İsa Hastayı İyileştirirken.* Rahatlığa ilişkin jestler evrensel olarak tanınır ve yakın bir dokunuşun iyileştirme gücünü yansıtır.

lik duygusu yaşamazsanız tam olarak iyileşemezsiniz. Bu nedenle, tüm hastalarımın terapötik masaj, Feldenkrais ya da kraniosakral terapi gibi bedensel çalışmalar içinde bulunmalarını isterim.

En sevdiğim bedenle çalışan tedavi uzmanlarından biri olan Licia Sky'dan travma yaşamış bireylerle olan çalışmaları hakkında bilgi istedim. Bana şunları anlattı: "Kişisel iletişim kurmadan asla beden çalışması işine başlamam. Geçmişini öğrenmem; travma yaşayan insanlara nasıl olduğunu ya da başlarına ne geldiğini sormam. Bedensel olarak nerede olduklarını öğrenirim. Benden dikkat etmemi istedikleri bir nokta olup olmadığını sorarım. Bu süre içinde duruşlarını, konuşurken gözlerimin içine bakıp bakmadıklarını, ne kadar rahat ya da gergin göründüklerini, benimle bağlantı kurup kurmadıklarını incelerim".

"İlk önce yüz üstü mü yoksa sırt üstü mü rahat ettiklerine karar veririm. Eğer tanımadığım bir kişiyse sırtüstü başlarım. Kıyafetler konusunda çok dikkatli davranırım, rahat ettikleri kıyafetlerle kalmalarına dikkat ederim. Bunlar en başta belirlenmesi gereken sınırlardır."

"Ardından ilk dokunuşlar başlar, sağlam ve güvenli bir iletişim kurarım. Hiçbir şey zorlayıcı ya da keskin değildir. Dokunuşlar yavaş ve hastanın takip edebileceği şekilde kolay ve ritmiktir. Bir tokalaşma kadar güçlü olabilir. İlk olarak ellerine ya da kollarına dokunabilirim çünkü en güvenli dokunma alanıdır, karşınızdaki kişi de size aynı şekilde dokunabilir."

"Direnç noktalarını görmemiz gereklidir –bunlar en fazla gerginliğin olduğu noktadır– ve bu noktayı eşit miktarda bir enerjiyle karşılarız. Bu donmuş gerginliği rahatlatır. Kararsız davranamazsınız, kararsızlık, kendi içinizde iletişim kopukluğu olarak karşımıza çıkar. Yavaş hareket, hastayla dikkatli bir şekilde uyum sağlamak kararsızlıktan farklı bir şeydir. Muazzam bir güven ve empati ile karşılamalı ve dokunuşunuzla oluşan baskıyı, bedenlerinde gerginlik olan noktada hissetmelidirler."

Beden çalışması insanlar için ne işe yarar? Licia'nın yanıtı şu şekilde oldu: "Tıpkı susamak gibi, dokunmaya da acıkırsınız. Güvenle, kararlı bir şekilde, kibarca, duyarlı bir şekilde karşılanmak önemlidir. Farkındalığı olan dokunuş ve hareket, insanlara iyileşmeleri için zemin hazırlar ve uzun zamandır hayatlarında olan ve artık farkına bile varmadıkları gerginliklerini fark etmelerine olanak sağlar. Kendinize dokunulduğunda, bedeninizdeki o alan canlanır."

"Duygularınız içeride bağlı olduğunda, beden fiziksel olarak sınırlanır. İnsanların omuzları, yüz kasları gerginleşir. Gözyaşlarını tutmakta zorlanırlar; herhangi bir ses, hareket, içsel durumlarını ele verir. Gerginlik serbest bırakıldığında, duygular da açığa çıkabilir. Hareket, daha derin nefes alıp vermeye yardım eder ve gerginlik açığa çıktığında, ifade edebilen sesler de serbest bırakılır. Beden –daha özgürce nefes alıp vererek, akışta kalarak– daha özgür hâle gelir. Dokunma, harekete yanıt olarak hareket edebilen bir bedenle yaşamayı mümkün kılar.

"Korkmuş kişilerin, bedenlerinin boşlukta nerede olduğunu ve sınırlarını algılamaya ihtiyaçları vardır. Kararlı ve güven verici dokunuşlar, bu sınırların neler olduğunu anlamalarına yardımcı olur. Dışarıda ne var ve bedenleri nerede bitiyor. Kim oldukları ve nerede oldukları konusunu merak etmek zorunda olmadıklarını keşfederler. Bedenlerinin, sağlam olduğunu ve sürekli savunmada olmalarına gerek olmadığını keşfederler. Dokunmak, güvende olduklarını anlamalarına yardım eder."

6. HAREKETE GEÇMEK

Beden, uç noktalardaki deneyimlere stres hormonu salgılayarak tepki verir. Bunlar genellikle hastalıkların nedeni olarak görülür. Ancak stres hormonları, alışılmadık durumlarla tepki verebilmek için bize güç ve dayanıklılık sağlamaktadır. Bir felaketle başa çıkabilmek için aktif olarak harekete geçen insanlar, – sevdiği birini ya da bir yabancıyı kurtarmak, insanları hastaneye götürmek, tıbbi bir ekibin üyesi olmak, çadır kurmak ya da yemek pişirmek– amaçları için stres hormonlarından faydalanırlar ve bu nedenle de travma yaşama riskleri düşüktür (yine de herkesin bir kırılma noktası vardır ve en iyi hazırlanmış insan bile zorlanmanın büyüklüğü karşısında ezilebilir).

Çaresizlik ve hareketsizlik, insanların kendini savunmak için stres hormonlarından faydalanmasını engeller. Böyle olduğunda, hormonlar salgılanmaya devam eder ancak beslemesi gereken hareketler engellenir. Sonuç olarak, başa çıkması gereken aktifleşme yapısı, organizmayı geri çevirir ve uygunsuz savaş/kaç ve donma tepkilerini desteklemeye devam eder. Düzgün işlevselliğe dönmek için bu devamlılık gösteren acil durum tepkilerinin sona ermesi gereklidir. Beden, temel güvenlik seviyesine ve gerçek tehlikeye karşı tepki verebilmeyi sağlayan rahatlama durumuna yeniden dönmelidir.

Dostlarım ve öğretmenlerim Pat Ogden ve Peter Levine, bu sorunla başa çıkabilmek için güçlü bedensel terapiler, duyumotor (sensoriomotor) psikoterapisi[29] ve somatik deneyimleme (somatic experiencing)[30] terapilerini geliştirmişlerdir. Bu tedavi yaklaşımlarında, yaşanan olayların öyküsü ikinci plandadır ve fiziksel duyuları keşfetmek ve bedende geçmişteki travmanın yerini ve izlerinin şeklini keşfetmeye yarar. Travma tam ayrıntılı bir şekilde keşfedilmeye başlanmadan önce, hastaların duyularına ve travma dönemindeki ezici duygularına güvenli erişimlerini desteklemek için içsel kaynaklarının güçlendirmesine yardım edilir. Peter Levine, bu süreci *sallanma (pendulation)* olarak adlandırmaktadır: içsel duyulara ve travmatik anılara erişmek için yavaş bir şekilde ileri geri hareket etmek. Bu yolla hastaların aşamalı bir şekilde tolerans pencerelerini genişletmelerine yardım edilir.

Hastalar, travmaya dayalı bedensel deneyimlerinin farkındalığını bir kez tolere etmeye başladığında, vurma, itme ya da koşma gibi travma sırasında ortaya çıkan ancak hayatta kalmak için bastırılan güçlü fiziksel dürtüleri de keşfederler. Bu dürtüler, kendilerini, burulma, dönme ya da geriye çekilme gibi hemen göze çarpmayan fiziksel hareketler olarak ortaya koyar. Bu hareketleri güçlendirmek ve bunları değiştirmenin yollarını denemek, tamamlanmamış, travmayla ilişkili "eylem yatkınlıkları"nın tamamlanmasını ve sonunda da travmanın çözülmesini getirir. Somatik deneyimlerle, hastaların hareket etmek için güvende hissettiği şimdiki anda kendilerini yeniden konumlandırmalarına yardım edebilir. Etkili eylem gerçekleştirmenin verdiği keyif duygusu, kontrol duygusunu ve kendini savunmak ve korumak için aktif olarak hareket etme duygusunu geri getirir.

1893 yılında, ilk büyük travma araştırmacısı Pierre Janet, "tamamlanmış eylem keyfi" konusunda yazmıştır ve ben de duyumotor psikoterapi ve somatik deneyimleme uygulamalarında bu keyif duygusunu düzenli bir şekilde gözlemlemekteyim. Hastalar, savaşmanın ya da kaçmanın nasıl hissettirdiğini fiziksel olarak yaşadığında, gülümsüyor, rahatlıyor ve bir tür tamamlanma duygusu ifade ediyorlar.

İnsanlar ezici gücü kabullenmeye zorlandığında, pek çok istismara uğramış çocuk, aile içi şiddete maruz kalmış kadın, hapse giren kadın ve erkeklerde olduğu gibi, kaderlerine razı olarak hayatlarını sürdürür. Yerleşmiş boyun eğmenin üstesinden gelmenin en iyi yolu, bedensel olarak katılmak ve savunma kapasitesini yeniden kazanmaktır. Etkili savaş/kaç tepkileri oluşturmak için en beğendiğim beden temelli yollardan biri lokal etki merkezimizin saldırı programıdır, bu programda kadınlara (ve artarak erkeklere) temsili saldırılar karşısında kendini savunmaları öğretilmektedir [31]. Program, 1971 yılında, karate alanında beşinci derece siyah kuşak sahibi bir kadının tecavüze uğramasının ardından ortaya çıkmıştır. Çıplak ellerle bir kişiyi öldürebilecek güce sahip birinin nasıl böyle bir saldırıya uğradığını düşünen arkadaşları, sonunda kadının korkuyla bu yeteneğini kaybettiği sonucuna varmışlardır. Bu kitabın bakış açısına göre, yönetsel işlevleri –frontal lobları– kapanmış ve donmuştur. Saldırı programı modeli, "sıfır saatini" (saldırı anını adlandıran askeri bir terim) defalarca tekrarlayarak donma tepkisini yenilemeyi ve korkuyu olumlu savaşma enerjisine dönüştürmeyi öğrenmeyi içerir.

Sürekli devam eden çocuk istismarı geçmişi olan üniversite öğrencisi bir hastam, bu kursu aldı. Onu ilk gördüğümde, çökmüştü, depresyonda ve aşırı uysaldı. Üç ay sonra mezuniyet töreninde, kendisine saldıran iri yarı bir adamın karşısına çıktı, karate duruşuyla, sakin ve net bir şekilde hayır diye bağırarak onu yere serdi.

Bundan kısa bir süre sonra, gece yarısı kütüphaneden eve dönerken, üç adam çalılıkların arasından fırlayarak yolunu kesmiş "Fahişe, bize paranı ver." diye bağırmıştı. Bana anlattığına göre o anda aynı karate duruşunu alıp bağırarak adamlara cevap vermişti: "Peki, beyler, ben de bu anı bekliyordum. İlk önce kim gelmek ister?" Adamlar hemen kaçmıştı. Eğer omuzlarınız düşük ve etrafa bakmaktan korkar bir hâldeyseniz, insanların sadistliği karşısında kolay bir yem olursunuz ancak "Bana karışmayın." mesajını vererek yürürseniz, kimse size bulaşmaz.

TRAVMATİK ANILARI BÜTÜNLEŞTİRMEK

İnsanlar, başlarına gelen şeyi kabullenmedikçe ve savaştıkları görünmez şeytanları tanımaya başlamadıkça travmatik olayları geride bırakamazlar. Geleneksel psikoterapi, esas olarak bireyin neden belirli şeyler hissettiğini açıklayan bir öykü yapılandırmaya odaklanır ya da Sigmund Freud'un 1914 yılında *Hatırlama, Yineleme ve İşleme (Remembering, Repeating and Working Through)*[32] adlı eserinde yerine koyduğu gibi: "Hasta, bir şeyi gerçek ve işlevsel olarak yaşarken, biz geçmiş adına bir şeyleri yeniden tercüme etmek gibi bir terapötik görevi başarmak zorundayız." Öykü anlatmak önemlidir; öyküler olmadan hafıza donar ve hafızanız, anılarınız olmadan bazı şeylerin nasıl farklı olabileceğini hayal edemezsiniz. Kısım 4'te de gördüğümüz gibi, olaylarla ilgili bir öykü anlatmak, travmatik anıların yok olacağının garantisini vermez.

Bunun bir nedeni vardır. İnsanlar sıradan bir olay anımsadığında, o olayla ilgili bedensel duyular, duygular, görüntüler, kokular ya da sesleri yeniden yaşamazlar. Aksine, insanlar, travmalarını tüm ayrıntılarıyla hatırlar, deneyimledikleri şeyler vardır. Geçmişe ait bir duyu ya da duygusal bir ögenin içine dalıp gitmişlerdir. Dördüncü bölümde yer alan kaza kurbanları Stan ve Ute Lawrence'a ait beyin görüntülemeleri bunun nasıl olduğunu göstermektedir. Stan, yaşadığı korkunç kazayı hatırladığında, beynindeki iki anahtar alan ifadesizleşmişti: "geçmişte yaşandı ve artık güvendeyim" farkındalığını sağlayan zaman ve perspektif alanı ve travmayı anlaşılır bir öykü hâline sokarak imgeler, sesler ve duyuları bütünleştiren diğer alan. Beynin bu alanları çalışmadığında bir şeyi, başı, ortası ve sonu olan bir olay olarak değil, duyu, imge ve duygu parçaları olarak anımsarsınız.

Bir travma, tüm bu beyin yapılarına erişildiğinde başarılı bir şekilde işlenebilir. Stan olgusunda, göz hareketleriyle duyarsızlaştırma ve yeniden işleme (EMDR), kazayla ilgili anılarına, duyguları altında ezilmeden ulaşma imkânı sağlamıştır. Beynin geriye dönüşlerden sorumlu olan alanları, neler olduğunu hatırlarken erişilebilir/aktif hâlde tutulabilir, böylece insanlar, travmatik anılarının geçmişe ait olduklarını kabullenerek bütünleştirebilirler.

Ute'nin dissosiyasyonu (hatırlayacağınız gibi o tamamen kapanmıştı) ise farklı bir yolla iyileşmeyi güçleştirmişti. Şimdi ile ilgili beyin yapılarının hiçbiri aktif değildi, böyle olunca da travma ile başa çıkmak imkânsızdı. Tetikte ve şimdiki zamanda olmayan bir beyinle, bütünleşme ve çözülme yaşanamaz. TSSB belirtileriyle başetmeden önce tolerans penceresinin genişletilmesine ihtiyacı vardı.

Hipnoz, 1800'lerin sonunda, Pierre Janet ve Sigmund Freud'dan II. Dünya Savaşı'nın sonlarına dek en yaygın uygulanan tedavi biçimiydi. Youtube aracılığıyla, büyük Hollywood yönetmeni John Huston'un yönettiği ve "savaş nevrozunu" tedavi etmek için hipnoz uygulanan insanların anlatıldığı *Let There Be Light* belgeselini izleyebilirsiniz. Hipnoz, 1990'ların başında gözden düştü ve TSSB tedavisinde etkileri üzerine son dönemde yayınlanmış herhangi bir çalışma yoktur. Ancak hipnoz, hastaları göreceli sakinlik durumuna getirerek, travmatik deneyimlerinin etkisi altında ezilmeden, onları gözlemlemelerine imkân sağlar. Bireyin sessiz bir şekilde kendini gözlemlemesi, travmatik anıların bütünleşmesi konusunda kritik bir ögedir, muhtemelen hipnoz bir şekilde geri dönüş yapacak gibi görünmektedir.

BİLİŞSEL DAVRANIŞÇI TERAPİ (BDT)

Eğitimleri boyunca çoğu psikoloğa bilişsel davranışçı terapi öğretilmektedir. BDT, ilk başlarda, örümcek, uçak, yükseklik korkusu gibi fobileri tedavi etmek ve irrasyonel korkuların zararsız gerçekler olduğunu göstermek üzere geliştirilmiştir. Hastalar, en korktukları şeyi akıllarına getirerek, anlatı ve imgeleri (imgesel olarak maruz bırakma) kullanarak korkularına karşı duyarsızlaşıyorlar ya da gerçek (ancak gerçekten güvenli) kaygı uyandıran durumlara (maruz bırakma durumu) ya da savaşla ilgili TSSB olgusunda, Felluce sokaklarında savaş gibi sanal gerçeklik sağlayan bilgisayar simülasyonlu sahnelere maruz bırakılarak duyarsızlaşıyorlar.

Bilişsel davranışçı tedavinin ardında yatan fikir, insanların kötü şeyler başlarına gelmeden defalarca aynı uyarana maruz kaldığında, aşamalı bir şekilde daha az üzülecekleri; kötü anıların güven ile ilgili "düzeltici" bilgiyle ilişkilendirilerek yok olacağıdır [33]. BDT, aynı zamanda hastaların "Bunun hakkında konuşmak istemiyorum." gibi ifadelerle kaçınma eğilimleriyle başa çıkmalarına da yardım etmektedir [34]. Kulağa basit geliyor ancak, daha önce de gördüğümüz gibi travmayı tekrar yaşamak, beynin alarm sistemlerini yeniden harekete geçirir ve geçmişi bütünleştirmek için gerekli olan önemli beyin alanlarını devre dışı bıraktığı için büyük ihtimalle travmayı çözümlemekten çok hastalar onu yeniden yaşamaktadır.

Uzamış maruz bırakma ya da "taşırma (flooding)", diğer TSSB tedavilerine göre üzerinde en çok çalışan alan olmuştur. Hastalardan "travmatik materyale odaklanması... ve diğer düşünce ya da eylemlerle dikkatlerini bölmemeleri" istenir[35]. Araştırmalar, kaygı düzeyinde istenen azalmanın görülmesi için yüz dakikalık bir maruz kalma süresinin (kaygı uyandıran yoğun, sürekli biçimde tetikleyicilerle) gerekli olduğunu göstermiştir[36]. Maruz kalma bazen, korku ve kaygı ile başa çıkmaya yardımcı olabilir ancak suçluluk ya da karmaşık duygularla baş edebilme konusu kanıtlanmamıştır[37].

Örümcekten korkmak gibi mantıksız korkular üzerindeki etkisinin aksine, BDT ile ilgili özellikle çocukluk dönemi istismar geçmişi olan bireyler ve travma yaşayan bireyler için çok fazla çalışma yapılmamıştır. TSSB yaşayan üç katılımcıdan biri araştırma çalışmasının sonunda biraz gelişme göstermiştir[38]. BDT tedavisini tamamlayan kişilerin çok azı TSSB belirtileri göstermektedir ancak nadiren tamamıyla iyileşme görülmektedir: Çoğu, sağlık, iş ya da ruhsal hayatıyla ilgili önemli sorunlar yaşamaktadır [39].

TSSB alanında en kapsamlı yayınlanmış BDT araştırmasında, hastaların üçte birinden fazlasının tedaviyi bırakırken, geri kalanlarda ise belirgin oranda olumsuz tepkiler gözlemlenmiştir. Çalışmadaki kadınların çoğu, çalışmadan üç ay sonra hâlâ tam gelişmiş TSSB belirtileri gösteriyordu ve yalnızca yüzde 15'inde başlıca TSSB belirtileri kaybolmuştu [40]. BDT ile ilgili bilimsel çalışmaların kapsamlı analizi, bir destekleyici terapi ilişkisinin de olmasıyla etki gösterdiğini belirtmiştir [41]. Maruz bırakma tedavilerinde en zayıf sonuçlar, "zihinsel yenilgi" yaşayan hastalarda görülmüştür ki bu hastalar da zaten çalışmayı bırakmıştır[42]. (Çeviri Editörünün notu: Zihinsel yenilgi: Mental defeat = kişinin tüm otonomisini kaybettiği algısı, kişinin kendi iradesi ile kimliğini koruyabilme çabasından vazgeçmesi durumu, Ehlers ve arkadaşları tarafından tanımlanmıştır, kronik TSSB'yi öngördüğü gösterilmiştir.)

Travma yaşamak yalnızca geçmişe sıkışıp kalmak değildir; şimdiki zamanda, tam olarak yaşamını sürdürememe problemidir. Maruz bırakma tedavisinin bir biçimi de sanal gerçeklik terapisidir, bu yöntem savaş gazilerine yüksek teknolojili gözlükler takarak, Felluce'deki savaş ortamını yeniden yaşama olanağı sağlamaktadır. Bildiğim kadarıyla ABD Deniz kuvvetleri, savaşta başarı elde etmişti. Esas sorun, bu kişilerin evde olmaya katlanamamalarıdır. Avustralya'daki savaş gazileriyle yapılan son çalışmalarda, beyinlerinin, günlük yaşamın küçük ayrıntılarına odaklanmak pahasına acil durumlar için yeniden düzenlendiği görülmüştür [43]. (Bu konuyla ilgili neurofeedback'ten söz ettiğim bölüm 19'da daha ayrıntılı bilgilere yer vereceğim). Travma yaşayan hastaların sanal gerçeklik terapisinden çok "gerçek dünya" terapisine ihtiyaçları vardır, bu terapi, yerel bir markette yürürken, çocuklarıyla oyun oynarken, Bağdat sokaklarında olduğu gibi hayatta olduklarını hissetmelerine yardımcı olur.

Hastalar ancak altında ezilmedikleri sürece travmayı tekrar yaşamaktan yarar görebilirler. Bunun iyi bir örneği, meslektaşım Roger Pitman tarafından 1990'ların başında Vietnam savaşı gazileriyle yapılan bir çalışmadır[44]. O dönemde, bölüm 2'de söz ettiğim TSSB'de beyin opioidleri üzerinde çalışırken, Roger'ın laboratuvarını her hafta ziyaret ettim. Roger, bana tedavi seanslarının video kayıtlarını izletiyordu ve ardından gözlemlediklerimizi tartışıyorduk. Kendisi ve meslektaşları, savaş gazilerini sürekli olarak Vietnam'daki deneyimlerinin her ayrıntısı hakkında sürekli konuşmaya itiyordu ancak hastaların çoğu geri dönüşler nedeniyle panik yaşadığı ve korkuları seanslardan sonra da devam ettiği için araştırmacılar çalışmaya ara vermek zorunda kaldılar. Bazıları geri dönmedi, çalışmada kalanların çoğu da daha fazla sıkıntı, şiddet ve korku yaşamaya başladı; bazıları alkol tüketimini arttırarak belirtilerle başetmeye çalıştı, ki bu da daha fazla şiddete ve aşağılamaya sebep oluyordu ve hatta bazılarının aileleri, bu kişilerin hastanede tedavi alması için polise başvuruda bulunmuştu.

DUYARSIZLAŞMA

Son yirmi yıldır egemen olan tedaviler, psikoloji öğrencilerine bir çeşit sistematik duyarsızlaşmayı öğretmiştir. Hastalara yardım etmek, belirli duygular ve duyulara karşı daha az tepkisel olmaları sağlanmaktadır. Ancak, gerçek hedef bu mudur? Belki de sorun, duyarsızlaşma değil bütünleşmedir. Travmatik olayı bireyin yaşamında doğru yere koymasına yardım etmek.

Duyarsızlaşma, bana son zamanlarda evimin önünde gördüğüm yaklaşık beş yaşlarındaki bir erkek çocuğunu hatırlattı. Üç tekerlekli bisikletine binerken, babası son sesle çocuğa bağırıyordu. Bu durum karşısında benim kalp atışlarım hızlanmıştı ve ben adamı yere sermek isterken, çocuk hiç istifini bozmamıştı. Bu yaşta bir çocuk, bu kadar hissiz olmak için ne kadar gaddarlığa maruz kalmıştı? Babasının bağırışları karşısında kayıtsızlığı, uzamış maruz bırakma tedavisine yanıt olabilir. Ama merak ettiğim ne pahasına? Evet, duygularımızı köreltmek için ilaç kullanabiliriz ya da kendi kendimizi duyarsızlaştırmayı da öğrenebiliriz. Tıp öğrencileri olarak bizler, üçüncü derece yanık tedavisi gören çocukların tedavisi sırasında analitik kalmayı öğrendik. Chicago Üniversitesinden nörobilimci Jean Decety'nin de gösterdiği gibi, kendimizin ya da başkalarının acılarına duyarsızlaşma, tamamen duygusal körelmeye neden olmaktadır [45].

Irak ve Afgan savaşlarının ardından yeni TSSB tanısı konan ve VA'ya tedavi olmak üzere gelen 49.425 savaş gazisiyle ilgili hazırlanan 2010 raporu, on kişiden birinin tam olarak tedavisini tamamladığını göstermektedir[46]. Pitman'ın savaş gazileri çalışmasında olduğu gibi, bugün uygulamada olan maruz bırakma tedavisi, onlar için nadiren işe yaramaktadır. Korkunç deneyimler, sizi ezmediği sürece "işlenebilir." Bu da bize diğer yaklaşımların da gerekli olduğunu gösterir.

TRAVMAYA GÜVENLİ ERİŞİM İÇİN UYUŞTURUCULAR?

Tıp öğrencisiyken, 1966 yılının yaz dönemini Hollanda'da Leiden Üniversitesinde soykırımdan kurtulan hastalarını LSD ile tedavi eden profesör Jan Bastiaans için çalışarak geçirdim. Belirli sonuçlara ulaşıp başarılı olduğunu iddia ediyordu ancak meslektaşları arşivini izlediğinde bu iddiaları destekleyecek fazla bir şey bulamadılar. Travma tedavisinde ruh hâlini değiştiren maddelerin potansiyeli 2000 yılına dek sürekli göz ardı edildi, ta ki Güney Carolina'da Michael Mithoefer ve meslektaşları, MDMA (ectasy) ile bir deney yürütmek için FDA'dan izin alana dek. MDMA, yıllarca eğlence amaçlı bir ilaç olarak kullanıldıktan sonra, 1985 yılında kontrole tabii madde olarak sınıflandırıldı. Prozac ve diğer psikotropik ajanlarda olduğu gibi MDMA'nın ne kadar işe yaradığını kesin olarak bilmiyoruz ancak oksitosin, vasopresin, kortizol ve prolaktin gibi önemli hormonların konsantrasyonunu arttırdığı bilinmektedir[47]. Travma tedavisi ile ilgili kısmı ise insanların kendileriyle ilgili farkındalığını arttırmasıdır; insanlar enerjiye eşlik eden merak, netlik, güven, yaratıcılık ve bağlantıda olma gibi duygular yaşadıklarını belirtmişlerdir. Mithoefer ve meslektaşları, psikoterapinin etkisini arttıracak bir ilaç ararken, MDMA ile ilgilenmeye başladılar nedeni ise korkuyu, savunma hâlini ve hissizleşmeyi azaltıp, içsel deneyimlere erişime izin vermesiydi[48]. MDMA'nın insanların tolerans penceresi içinde kalmalarına yardım edebileceğini ve böylece, ezici fizyolojik ve duygusal uyarılmışlıklar olmadan travmatik anılarını yeniden ziyaret edebileceklerini düşünmüşlerdi.

Başlangıçtaki pilot çalışmalar bu beklentiyi destekliyordu[49]. TSSB belirtileri olan savaş gazilerini, itfaiyecileri ve polisleri kapsayan ilk çalışmada olumlu sonuçlar elde edildi. Önceki tedavi biçimlerine tepki vermeyen, saldırıya uğramış yirmi kurbanla yapılan sonraki çalışmada, on iki kişiye MDMA ve sekiz kişiye de aktif olmayan plasebo verildi. Hepsi rahat bir odada oturarak ya da uzanarak iki kez sekizer saatlik, temel olarak Bölüm 17'de ele aldığım içsel aile sistemleri (İAS) terapisinden oluşan psikoterapi seansına katıldı. İki ay sonra, MDMA ve psikoterapi alan hastaların yüzde 83'ü, plasebo grubunun ise yüzde 25'i tamamen iyileşti. Hastaların hiçbirinde olumsuz yan etkiler görülmedi. Belki de en ilginci, çalışmadan bir yıl sonra katılımcılarla görüşüldüğünde, kazanımlarını sürdürüyor olmalarıydı.

Sakin ve farkındalıkla travmayı gözleyebiliyor olmak, İAS terapisinde Benlik (Bölüm 17'de ele alacağım) olarak adlandırılır ve bu, zihin ve beynin, hayatın dokusu içinde travmayı bütünleştirebilmesi için bir pozisyondur. Bu, kişinin geçmişteki korkularına karşı verdiği tepkileri körelten geleneksel duyarsızlaşma tekniklerinden oldukça farklıdır. Bu birleşme ve bütünleşmeyle ilgilidir; geçmişte yaşadığınız ve sizi ezen korkunç bir olayı, çok uzun zaman önce olmuş bir olay olarak belleğe yerleştirmektir.

Bununla birlikte, psikedelik (hayal gördüren, sanrı yaratan, değişmiş farkındalık durumları yaratan) maddeler, sorunlu geçmişi olan güçlü ajanlardır. Dikkatsiz bir yönetim ve zayıf terapi bağları nedeniyle yanlış kullanıma neden olabilir. MDMA'nın, Pandora'nın kutusundan çıkan başka bir sihirli bir tedavi olmayacağını umut ediyorum.

YA İLAÇ TEDAVİSİ?

İnsanlar, her zaman travmatik stresle başa çıkabilmek için ilaçlar kullanmışlardır. Her kültürün ve her neslin kendi tercihleri vardır: cin, votka, bira ya da viski; haşhaş, marihuana, esrar ya da kenevir; kokain; oksikontin gibi opioidler; Valium, Xanax ve Klonopin gibi sakinleştiriciler. İnsanlar umutsuzluk içindeyken, kendilerini sakinleştirmek ve kontrolü sağlamak için her şeyi yaparlar [50].

Ana akım psikiyatri de bu geleneği sürdürmektedir. Son on yılda, Savunma Departmanı ve Gazi Birlikleri, antidepresanlar, antipsikotikler ve kaygı giderici ilaçlara 4.5 milyar dolar harcamıştır. San Antonio'da bulunan Fort Sam Houston'daki Savunma Departmanı Farmakoekonomi Merkezi, 2010 yılı Haziran ayında yayınladığı raporda, 213.972 kişinin ya da başka bir deyişle 1.1 milyon aktif görevdeki birliklerin %20'sinin bir tür psikotropik ilaç, antidepresan, antipsikotik, sedatif hipnotik ya da diğer kontrollü maddeleri kullandığını belirtmiştir [51].

Ancak ilaçlar, travmayı "tedavi" etmezler; yalnızca bozuk fizyolojinin ifadelerini köreltebilirler. Öz düzenlemeyle ilgili kalıcı bir öğrenme sağlamazlar. Duygu ve davranışları kontrol etmeye yardımcı olabilirler ancak katılma, motivasyon, acı ve keyfi düzenleyen kimyasal sistemleri engelledikleri için bunun da bir bedeli vardır. Bazı meslektaşlarım iyimserliğini koruyor. Ciddi bilim adamlarının, beynin korku devrelerini (sanki travmatik stres tek bir beyin devresinde oluyormuş gibi) yeniden ayarlayacak anlaşılması zor sihirli mermi araştırmalarını tartıştıkları toplantılara katılmayı sürdürüyorum. Aynı zamanda düzenli olarak reçete de yazıyorum.

Aşağı yukarı her psikotropik ajan, TSSB'nin belirli yönlerini tedavi etmektedir [52]. Prozac, Zoloft, Efexor ve Paxil gibi serotonin geri alımı inhibitörleri (SSGİ), üzerinde en çok çalışılanlardır ve bunlar, duyguların yoğunluğunu azaltarak yaşamı daha yönetilebilir bir hâle getirmektedirler. SSGİ kullanan hastalar, daha sakin ve daha kontrollüdürler, kendilerini ezilmiş hissetmedikleri için terapiye katılmaları daha kolay olmaktadır. Diğer hastalar, SSGİ ile körelmiş hissetmektedirler, sanki kendi sınırlarını kaybediyor gibidirler. Buna deneysel bir soru olarak yaklaşıyorum. Ne işe yarayacağını görelim ve yalnızca hasta bunu değerlendirebilir. Diğer yandan, bir SSGİ işe yaramazsa, diğerini denemeye değer çünkü hepsinin kısmen farklı etkileri vardır. SSGİ'lerin genel anlamda depresyon tedavisinde kullanılması ilginçtir ancak TSSB yaşayan ve çoğu depresyonda olan hastalarda Prozac ve göz hareketleriyle duyarsızlaştırma ve yeniden işleme (EMDR) sürecini karşılaştırdığımız bir çalışmada, EMDR'nin Prozac'tan daha etkili olduğu kanıtlanmıştır [53]. Bu konuya, Bölüm 15'te değineceğim[54]. Propranol ya da klonidin gibi otonom sinir sistemini hedef alan ilaçlar, strese karşı aşırı uyarılmışlık ve tepkiselliği azaltarak yardım edebilir [55]. Bu ilaç ailesi, adrenalinin fiziksel etkilerini bloklayıp, uyarılmayı harekete geçirir ve böylece kabuslar, uykusuzluk ve travma tetikleyicilerine karşı tepkisellik oranı azalır [56]. Adrenalini engellemek, akılcı beyni aktif tutmaya yardım eder ve seçenekleri olası kılar. "Gerçekten yapmak istediğim bu mu?" Farkındalık ve yoga çalışmalarını uygulamalarım arasına aldığımdan bu yana, hastaların daha huzurlu uyumalarına yardım etmek dışında daha az ilaç yazıyorum.

Travma yaşayan hastalar, Klonopin, Valium, Xanax ve Ativan gibi benzodiyazepinler, yatıştırıcı ilaçlar kullanma eğilimindedir. Bunlar pek çok yönüyle, alkol gibi çalışmaktadır, insanların daha rahat hissetmelerini sağlayarak endişeden uzak tutarlar. (Kumarhane sahipleri, benzodiyazepin kullanan müşterileri severler; kaybettiklerinde üzülmezler ve kumar oynamaya devam ederler.). Ancak aynı zamanda alkol gibi, benzodiyazepin de sevdiğimiz insanlara kırıcı sözler söylemeye karşı önleyicilerimizi de zayıflatmaktadır. Pek çok sivil doktor, bu ilaçları, reçete etmek konusunda isteksizdir çünkü bağımlılık yapma olasılıkları yüksektir ve ayrıca travma işleme sürecini engelleyebilirler. İnsanlar, uzun süreli kullanımın ardından bu ilaçları bıraktığında, kendilerini tedirgin hâle sokan çekilme tepkileri vermekte ve travma sonrası belirtiler artmaktadır.

Ben de bazen hastalarıma gerektiğinde düşük dozda benzodiyazepin veriyorum ancak her gün kullanmalarını istemiyorum. Bu değerli desteği ne zaman kullanacaklarına kendileri karar veriyorlar ve onlardan ilacı kullanmaya karar verdiklerinde neler yaşadıklarını yazmalarını istiyorum. Bu da kendilerini tetikleyen belirli durumlar üzerinde tartışmamıza olanak sağlıyor.

Yapılan birkaç çalışma, antikonvülsanların ve lityum ya da valproat gibi duygudurum dengeleyicilerin, aşırı uyarılmışlık ve panik durumunu köreltmek gibi olumlu etkileri olduğunu göstermiştir [57]. En tartışmalı ilaçlar ise ABD'de en çok satılan psikiyatrik ilaçlar olan (2008'de 14.6 milyar dolar) Risperdal ve Seroquel gibi ikinci nesil antipsikotik ajanlardır. Bu ilaçların düşük dozları, savaş gazilerinin ve çocukluk dönemi istismarı yaşayan ve TSSB'si olan kadınların yatıştırılmasında faydalı olabilir [58]. Bu ilaçları kullanmak bazen gerekçelidir, örneğin hastalar tamamen kontrolden çıktığında, uyuyamadığında ya da diğer yöntemler işe yaramadığında[59]. Ancak unutulmamalıdır ki, bu ilaçlar dopamin sistemini, başka bir deyişle keyif ve motivasyonun motoru olarak işlev görev beynin ödüllendirme sistemini engelleyerek çalışmaktadır.

Risperdal, Abilify ya da Seroquel gibi antipsikotik ilaçlar, belirgin bir şekilde duygusal beyni köreltebilir ve böylece hastalar daha az ürkek ve öfkeli olurlar ancak üstü kapalı keyif, tehlike ya da tatmin sinyallerini değerlendiremeyebilirler. Bunlar aynı zamanda kilo aldırır ve diyabet riskini arttırır ve hastaları fiziksel olarak hareketsiz hâle getirir ancak bu da zamanla yabancılaşma duygusunu arttırabilir. Bu ilaçlar, yaygın olarak, bipolar bozukluk ya da duygudurum düzensizliği gibi yanlış tanılanan istismara uğramış çocuklarda kullanılmaktadır. Günümüzde Amerika'da yarım milyondan fazla çocuk ve ergen, antipsikotik ilaç kullanmaktadır, bu ilaçlar onları sakinleştirse de öğrenme yaşlarına uygun becerileri geliştirmelerini ve diğer çocuklarla arkadaşlık kurmalarını engellemektedir[60]. Columbia Üniversitesinde gerçekleştirilen bir çalışma, 2000 ile 2007 yılları arasında iki ile beş yaş arasındaki özel sigortalı çocuklara yazılan antipsikotik reçetelerin ikiye katlandığını göstermiştir[61]. Bu kişilerin yalnızca yüzde 40'ı uygun ruhsal sağlık değerlendirmesine tabi tutulmuştur.

İlaç firması Johnson & Johnson, patentini kaybedene dek, psikiyatristlerin bekleme odasında çocukların oynaması için üzerinde "Risperdal" yazan LEGO blokları dağıtmıştır. Düşük gelirli ailelerin çocukları, özel sigortalı çocuklara göre dört kat fazla oranda antipsikotik ilaç kullanmaktadır. Texas Medicaid, yalnızca bir yılda çocuklar ve gençler için antipsikotik ilaçlara 96 milyon dolar harcamıştır- bunların arasında ilk doğum günlerinden önce ilaç verilen kimliği belirsiz üç bebek de bulunmaktadır [62]. Psikotropik ilaçların, beyin gelişimi üzerindeki etkilerini gösteren bir çalışma bulunmamaktadır. Disosiyasyon, kendini yaralama, parçalanmış anılar ve amnezi genelde bu ilaçlara yanıt vermemektedir.

İkinci bölümde ele almış olduğum Prozac çalışması, travma yaşayan sivillerin, savaş gazilerine göre ilaçlara daha iyi tepki verdiğini gösteren ilk çalışmadır [63]. O zamandan bu yana, diğer çalışmalarda da benzer çelişkiler vardır. Bu bilgilerin ışığında ne üzücüdür ki Savunma Departmanı ve VA, savaş gazilerine ve geri dönen askerlere, başka terapi biçimlerini sağlamaksızın, sıklıkla çok fazla miktarda ilaç reçete etmektedir. 2001 ve 2011 yılları arasında VA, Seroquel ve Risperdal için 1.5 milyar dolar harcarken aynı dönemde Savunma 90 milyon dolar harcamıştır, oysaki 2001 yılında yayınlanan bir rapor, Risperdal'in TSSB tedavisinde, plasebodan daha etkili olmadığını göstermişti [64]. Benzer bir şekilde, 2001 ve 2012 yılları arasında VA, benzodiyazepinlere 72.1 milyon dolar, Savunma ise 44.1 milyon dolar harcamıştır[65]. Klinik uzmanlar, bağımlılık olasılığı ve TSSB belirtileri üzerinde belirgin etkileri görülmediği için sivillere bu tür ilaçları yazmaktan kaçınmaktadır.

İYİLEŞMENİN YOLU YAŞAMIN YOLUDUR

Kitabın ilk bölümünde sizi, VA'da bundan yaklaşık otuz yıl önce tanıdığım Bill ile tanıştırdım. Bill uzun süreler boyunca benim hastam, öğretmenim oldu ve ilişkimiz aynı zamanda benim travma tedavisi gelişimimin öyküsüdür.

Bill, 1967-71 döneminde Vietnam'da sıhhiyeciydi ve döndükten sonra orduda öğrendiklerini uygulayabilmek için yerel bir hastanenin yanık ünitesinde çalışmaya başlamıştı. Hemşirelik onu panik, patlamaya hazır ve sabırsız yapmıştı ancak tüm bu problemlerin Vietnam'da yaşadıklarıyla ilgili olduğunu düşünmüyordu. Her şeyin ötesinde, henüz TSSB diye bir tanı ortada yoktu, Boston'daki İrlandalı çalışan sınıfı ruh hastalıkları uzmanlarına danışmıyordu. Kabuslar ve insomni, hemşireliği bırakmasına neden oldu ve papaz olmak için bir seminer programına kayıt oldu. 1978 yılında ilk oğlu doğana dek yardım aramamıştı.

Bebeğin ağlamaları, sürekli Vietnam'da gördüğü, duyduğu, yanık kokularını aldığı ve ağır yaralı çocuklara ait ağır geri dönüşleri tetiklemişti. Öyle kontrolden çıkmıştı ki VA'daki meslektaşlarımdan bazıları psikoz yaşadığını düşünerek hastanede yatarak tedavi olmasını istemişlerdi. Ancak birlikte çalışmaya başladığımızda, kendisini benim yanımda güvende hissetti ve aşamalı bir şekilde Vietnam'da tanık olduklarını anlatmaya başladı ve yavaş yavaş duygularının altında ezilmeden onları kontrol etmeyi öğrendi. Bu da ailesinin bakımına odaklanmasına ve papazlık eğitimini tamamlamasına yardımcı oldu. İki yılın sonunda kendi bölgesinde papazlık yapmaya başladı ve artık birlikte işimizin bittiğine karar verdik.

Bill ile o günden sonra görüşmedik ta ki on sekiz yıl önce ilk tanıştığımız günün sabahında beni arayana dek. Tamamıyla bebeğinin doğumundan sonra yaşadığı belirtilerin aynısını yaşıyordu: geri dönüşler, korkunç kabuslar, delirecek gibi hissetme. Oğlu on sekiz yaşına gelmişti ve Bill, oğlu askere yazılırken ona eşlik etmişti; Bill'in

Vietnam'a gönderildiği aynı zırhlı birlikti. O zamana kadar travmatik stres tedavisiyle ilgili daha çok şey öğrenmiştim, Bill ile birlikte Vietnam'da gördüğü, duyduğu ve kokusunu aldığı belirli anılarla ve ilk tanıştığımızda hatırlamaktan korktuğu ayrıntılarla mücadele ettik. Artık bu anıları EMDR ile bütünleştirebilirdik, böylece artık Vietnam cehennemine anlık taşınmalar, uzun zaman önce olmuş bir olay öyküsü hâline gelebilirlerdi. Kendisini daha oturmuş hissettiğinde, çocukluğu ile yüzleşmek istedi: Acımasızca yetiştirilmesi ve Vietnam'a gitmek için orduya kaydolduğunda şizofren erkek kardeşini, babasının şiddet patlamaları karşısında savunmasız bir hâlde bırakmanın verdiği suçluluk duygusu.

Bill ile birlikte geçirdiğimiz zamanların önemli konularından biri de papaz olarak karşılaştığı günlük acılardı; vaftiz ettikten yıllar sonra araba kazasında ölen gençlerin cenaze törenleri ya da evlendirdiği çiftlerin aile içi şiddet nedeniyle geri dönmesi. Bill, benzer travmalar yaşayan meslektaşları için bir destek grubu kurma işini organize etti ve toplumda önemli bir güç hâline geldi.

Bill'in üçüncü tedavisi beş yıl sonra başladı, elli üç yaşında ciddi bir nörolojik hastalık geçirdi. Aniden bedeninin belirli kısımlarında aralıklı olarak felç yaşamaya başladı ve artık yaşamının geri kalanını tekerlekli sandalyede geçireceğini kabullenmişti. Problemlerinin, multiple skleroza bağlı olabileceğini düşündüm ancak nörologlar belirgin bir lezyon göremiyordu ve bu durumun tedavisi olmadığını söylediler. Bana eşinin desteği karşısında ne kadar minnettar olduğunu anlattı. Eşi, evlerinin mutfak girişine tekerlekli sandalye için bir rampa yaptırmıştı.

Hastalığının acımasız gidişi karşısında, Bill'e savaşa ait en acı verici anılarla yaşamayı ve bunları tolere etmeyi öğrendiği gibi, bedenindeki sıkıntı veren duyguları tam olarak hissedebileceği ve bunlarla dost olabileceği bir yol bulması konusunda ısrar ettim. Beni, fiziksel hisleri ve kas hareketlerini yeniden kazanmak için yumuşak ve uygulamalı Feldenkrais yöntemi ile tanıştıran, beden çalışması uzmanına danışmasını önerdim. Bill, işlerin nasıl gittiğini anlatmak için uğradığında, artık duyu kontrolü sebebiyle yaşadığı mutluluktan söz etti. Ben de kısa bir süre önce kendim için yogaya başladığımı ve Travma Merkezinde bir yoga sınıfı açtığımızı söyledim. Bir sonraki adımda bunu keşfetmeye davet ettim.

Bill, yaşadığı yerde Bikram yoga sınıfı buldu, acılı ve yoğun bu uygulama, genelde genç ve enerjik insanlar için ayrılıyordu. Bill, bedeninin bazı kısımları dayanamasa da bunu sevmişti. Fiziksel engeline rağmen, bedensel haz ve daha önce hiç tatmadığı bir ustalık, kontrol duygusu yaşıyordu.

Bill'in psikolojik tedavisi, Vietnam'a ait korkunç deneyimi geçmişte bırakmasına yardım etmişti. Şimdi ise bedeniyle dost olmak, yaşamını fiziksel kaybının etrafında sürdürmekten kurtarıyordu. Yoga öğretmeni olarak sertifika almaya karar verdi, Irak ve Afganistan'dan dönen bölgesindeki askerlere yoga öğretmeye başladı.

Bugün, geçen on yılın ardından, Bill hayatını dolu dolu yaşamayı sürdürüyor; birlikte çalıştığı savaş gazileri, kilisesi, çocukları ve torunlarıyla birlikte. Fiziksel sınırlılıklarıyla yaşamın normal bir güçlüğüymüş gibi başa çıkıyor. Bill, bugüne kadar savaştan dönen 1300 gaziye yoga dersi verdi. Hâlâ, aniden bacaklarında oturmasını ya da uzanmasını gerektirecek şekilde güçsüzlük hissediyor. Ancak, tıpkı çocukluk dönemindeki ve Vietnam'daki anıları gibi bunlar da varlığına hükmetmiyor. Hepsi, yaşamının devam eden, değişen öyküsünün sıradan parçaları.

BÖLÜM 14

DİL: MUCİZE VE ZORBALIK

İçinizi dökün, dile gelmeyen acı, zaten dolu olan yüreğe akar, onu parçalanmaya zorlar.

— William Shakespeare, *Macbeth*

Bakmaya cesaret edemiyoruz. Gölge, belki de yaşamadığımız hayatın en iyilerini taşıyordur. Tavan arasına, depoya ya da çöp kutusuna gidin. Orada altın bulursunuz. Suyu yemeği verilmemiş bir hayvan bulursunuz. İşte bu sizsiniz! Bu ihmal edilmiş, sürgüne yollanmış, ilgiye aç hayvan sizin bir parçanızdır.

— Marion Woodman (*The Great Work of Your Life'da* Stephen Cope'un sözleri)

2001 yılının Eylül ayında, Ulusal Sağlık Enstitüsü, Pfizer ilaç ve New York Times Şirket Vakfı gibi çeşitli organizasyonlar, Dünya Ticaret Merkezi saldırısının ardından travma yaşayan insanların tedavisiyle ilgili uzman panelleri düzenledi. Yaygın olarak kullanılan travma müdahaleleri, daha önce hiç rastgele seçilmiş topluluklar (Psikiyatrik yardım arayan kişilerin aksine.) üzerinde dikkatlice değerlendirilmediği için bu toplantıların farklı yaklaşımların nasıl işe yaradığını görmek açısından bir şans olduğunu düşündüm. Meslektaşlarım daha tutucuydu ve fazlasıyla uzun süren tartışmaların ardından komiteler, yalnızca iki tür tedavi biçimi önerdi: Psikoanalitik yönelimli terapi ve bilişsel davranışçı terapi. Neden analitik konuşma terapisi? Manhattan, Freudcu psikoanalizin son kalelerinden biri olduğundan, çok sayıdaki yerel ruh sağlığı uygulayıcılarını dışlamak kötü bir politika olurdu. Peki neden BDT? Davranışçı tedavi, somut adımlara bölünebilir ve tek tip protokollerle "kılavuz" hâline getirilebilir, bu nedenle akademik araştırmacılar tarafından tercih edilir, bu grup da göz ardı edilemezdi. Tavsiyeler onaylandıktan sonra, oturup New Yorkluların terapistlerin ofislerine gelmelerini bekledik. Neredeyse kimse gelmedi.

Greenwich Village'da bulunan St. Vincent Hastanesi, psikiyatri bölümünün başkanı merhum Dr. Spencer Eth, travmayı yaşayanların yardım almak için nereye gittikleri konusunu merak ediyordu ve 2002 yılının başında, birkaç tıp öğrencisiyle birlikte, İkiz Kuleler'den kaçan 225 kişiyle gerçekleştirilen bir araştırma yürüttü. Yaşadıkları deneyimin üstesinden gelmek için en faydalı şeyin ne olduğu soruldu, travma yaşayanların verdiği yanıtlardan, akupunktur, masaj, yoga ve EMDR sıralaması ortaya çıktı [1]. Kurtarma ekibi çalışanları arasında masaj özellikle yaygındı. Eth'in çalışması, travmanın neden olduğu fiziksel yüklerden kurtulmak için kullanılan en yaygın müdahaleler üzerine odaklanıyordu. Hayatta kalanların deneyimleri ve uzmanların önerileri arasındaki farklılık ilginçti. Elbette, geleneksel terapi yöntemleri araştıran kaç travma yaşamış kişi olduğunu bilmiyoruz. Ancak konuşma terapisine karşı görülen bu açık ilgisizlik temel bir soruyu ortaya koyuyor: Travmanız hakkında konuşmak ne kadar iyidir?

KELİMELERLE ANLATILAMAYAN GERÇEK

Terapistlerin, konuşmanın travmayı çözümleme kapasitesi olduğuna sonsuz bir inancı vardır. Bu inancın temeli 1893'lere dek dayanmaktadır, Freud (ve akıl hocası Breuer), travmayla ilgili şunları yazmıştı "olaya ait anıları uyandırıp, eşlik eden duygularla su yüzüne çıkardığımızda, hasta olayı olabilecek her ayrıntısıyla anlatıp, duygularını kelimelere döktüğünde hemen ve kalıcı olarak yok oldu."[2]

Ne yazık ki bu o kadar basit değildir. Travmatik olayları kelimelere dökmek neredeyse imkânsızdır. Bu, yalnızca TSSB yaşayan kişiler için değil hepimiz için geçerlidir. 11 Eylül olaylarının ilk izleri öyküler değil imgelerdi. Sokakta çıldırmış gibi koşan insanlar, yüzleri külle kaplı insanlar; Dünya Ticaret Merkezi kulesine çarpan bir uçak; el ele tutuşup atlayan insanlar. Belediye başkanı Giuliani ve medya, birbirimizle paylaşabileceğimiz bir öykü yaratmamıza yardım edene dek, bu görüntüler zihinlerimizde ve televizyonlarda günlerce dolaşıp durdu.

T. E Lawrence, *Seven Pillars of Wishdom* 'da (*Bilgeliğin Yedi Sütunu*) savaş deneyimlerini yazdı: "çok keskin sancılar, çok derin üzüntüler ve sınırlı benliklerimizin kayıt edebileceğinden çok daha fazla coşkular olduğunu öğrendik. Duygular bu noktaya ulaştığında zihin boğuluyor; ve olaylar bir kez daha sıradanlaşana dek hafıza beyazlaşıyor."[3] Travma bizi dilsizleştirirken, tüm hikâye ortaya çıkana dek yolu dikkatli bir şekilde toplanan, parça parça bir araya gelen kelimelerle döşenir.

SESSİZLİĞİ KIRMAK

AIDS farkındalığını sağlamak için yola çıkan ilk aktivistler, güçlü bir slogan oluşturmuştu: "Sessizlik = Ölüm". Travma hakkında sessiz kalmak da aynı zamanda ölüme götürür; ruhun ölümü. Sessizlik travma adına yalnızlığı güçlendirir. Başka bir kişiye yüksek sesle "Tecavüze uğradım." ya da "Kocam beni dövdü.", "Annem babam buna disiplin diyor ama bence istismar." ya da "Irak'tan döndüğümden beri iyi değilim." gibi yüksek sesle cümleler kurabilmek, başlayabilecek bir iyileşmenin habercisidir.

Sessiz kalarak, üzüntümüzü, korkumuzu ya da utancımızı kontrol edebileceğimizi düşünebiliriz ancak isimlendirmek başka bir tür kontrol biçimi olasılığını ortaya çıkarır. Yaratılış kitabında Adem, hayvanlar krallığına geldiğinde yaptığı ilk iş, yaşayan her yaratığa bir isim vermek olmuştur.

İncindiğinizde başınıza gelen şeyi kabullenmeniz ve isimlendirmeniz gereklidir. Bunu kişisel deneyimlerimden biliyorum. Üç yaşına özgü yaramazlıklarım sonucunda babam beni tavan arasına kilitlediğinde hissettiklerimi kendime anlatabileceğim bir yer yoktu. Sürekli sürgün edilme ve terk edilme duygularıyla meşguldü zihnim. Yalnızca o küçük çocuğun nasıl hissettiğini anlayıp, korkusu ve itaatkar davranışı için onu affettiğimde kendi varlığımdan keyif almaya başladım. Dinlendiğini hissetmek ve fizyolojimizdeki değişiklikleri anlamak; karmaşık bir duyguyu dile getirebilmek ve duygularımızın anlaşılmasını sağlamak limbik beynimizi aydınlatır ve soruna çözüm bulunan "aha anını" oluşturur. Sessizlik ve anlayışsızlık ruhu öldürür. Ya da John Bowlby'nin unutulmaz bir şekilde yazdığı gibi. "Başkalarına (annene) söyleyemediğin şeyi kendine de söyleyemezsin."

Küçükken bir amcanızın istismarına uğradığınız gerçeğini kendinizden saklarsanız, fırtınadaki hayvanlar gibi tetikleyicilere karşı vereceğiniz tepkiler karşısında savunmasız kalırsınız: "Tehlike" sinyali veren hormonların etkisi altında bir beden. Dil ve bağlam olmadan farkındalığınız şununla sınırlanabilir: "Korktum!" Yine de kontrolde kalmaya çalışmak, size belli belirsiz travmayı hatırlatan bir şeyden ya da kişiden kaçınmaya benzer. Nedenini bilmeden engellenmek ve gergin olmak, tepkisel ya da patlamaya hazır olmak arasında gidip gelebilirsiniz.

Sırlarınızı sakladığınız ve bilgiyi bastırdığınız sürece, özünde kendinizle savaş hâlindesinizdir. Ana duyguları saklamak, çok fazla enerji tüketir, değerli bilgilerin peşinde koşma motivasyonunuzu azaltır; sizi can sıkkınlığı ve içine kapanıklıkla baş başa bırakır. Bu sırada, stres hormonları bedeninize akmayı sürdürür, baş ağrısı, kas ağrısı, bağırsak problemleri ya da cinsel problemlere neden olur ve akılcı olmayan davranışlar sizi utandırabilir ve etrafınızdaki insanları incitebilir. Bu tepkilerin kaynağını belirledikten sonra, duygularınızı, sizin hemen dikkatinizi yöneltmeniz gereken problemlerin sinyalleri olarak görebilirsiniz.

İçsel gerçekliği göz ardı etmek, benlik, kimlik ve amaç algınızı yıpratabilir. Klinik psikolog, Edna Foa ve arkadaşları, hastaların kendileri hakkında nasıl düşündüğünü değerlendirmek için Travma Sonrası Biliş Envanterini geliştirmiştir [4]. TSSB belirtileri genellikle "İçim ölmüş gibi hissediyorum", "Hiçbir zaman normal duygular hissedemeyeceğim", "Kalıcı olarak kötü bir şekilde değiştim", "Kendimi bir kişi gibi değil, bir nesne gibi hissediyorum", "Geleceğim yok." ve "Artık kendimi tanıyamıyorum." gibi ifadeleri kapsamaktadır.

En önemli sorun, bildiğiniz şeyleri bilmek için kendinize izin vermektir. Bu ise büyük bir cesaret ister. Vietnam savaş gazisi Karl Marlantes, *What It Is Like to Go to War /Savaşa Gitmek Nasıl Bir Şeydir)* adlı kitabında usta bir denizci birliğinde savaşan ve kendi içindeki korkunç bölünme ile karşı karşıya kalan bir askeri anlatmıştır:

> Yıllarca bu bölünmeyi iyileştirmem gerektiğinin farkında değildim ve döndükten sonra bana bunu gösterecek kimse yoktu... Neden içimde tek bir kişi olduğunu varsaymıştım ki?... Yaralama, öldürme ve işkence yapmayı seven bir yanım var. Bu ben değildim. İçimde gerçekten de bunların tam zıttı olan gurur duyduğum başka öğeler de var. Peki ben bir katil miyim? Hayır, ama benim bir parçam öyle. Ben bir işkenceci miyim? Hayır, ama bir parçam öyle. Gazetelerde istismar edilen çocuklarla ilgili okuduğum haberler karşısında üzülüp dehşete kapılıyor muyum? Evet. Ama büyülenmiş miyim?" [5]

Marlantes, bize bu iyileşme yolunda çok acı verici de olsa gerçeği söylemek gerektiğini anlatmaktadır.

Ölüm, yıkım ve üzüntü, acı çekmeyi kapsayan bir anlam eksikliği içinde meşrulaştırılmalıdır. Bu önemli anlamın eksikliği, eksik olanı doldurmak için bir şeyleri tamamlamayı, yalan söylemeyi özendirmektedir [6].

İçimde neler olduğunu kimseye anlatamadım. Bu yüzden yıllarca bu görüntüleri geri itmeye, uzaklaştırmaya çalıştım. O çocuğu, küçük bir çocuk olarak, belki de kendi çocuğum olarak düşünmeye başladığımda yaşadığım deneyimin ayrılan parçasını yeniden bütünleştirebildim. Ezici bir üzüntü ve ardından iyileşme geldi. Üzüntü, öfke ya da eylemle ilgili olan her şeyin bütünleştirilmesi, yüz yüze öldürmek zorunda kalan tüm askerlere uygulanması gereken bir yöntem olmalıdır. Bu, karmaşık bir psikolojik eğitim gerektirmez. Birkaç günlüğüne, grup liderliği eğitimi almış, konuşmaya teşvik eden birinin yönlendirmesinde, aynı tür bölük ya da müfrezeden kişilerin yer aldığı gruplar oluşturun ve onların konuşmasını sağlayın [7].

Korkunuza karşı bir bakış açısı elde etmek ve bunu başkalarıyla paylaşmak, insan ırkına ait olduğunuz duygunuzu yeniden kazanmanıza yardımcı olabilir. Tedavi ettiğim Vietnam savaş gazileri, tanık oldukları ve yaptıkları gaddarlıkları paylaşabilecekleri terapi grubuna katıldıklarında, kız arkadaşlarına yüreklerini açabildiklerini söylemeye başladılar.

KENDİNİ KEŞFETMENİN BÜYÜSÜ

Kendini dilde keşfetmek, içsel gerçekliğinizi anlatacak kelimeler bulmak, acı verici bir süreç olsa bile bir aydınlanmadır. Bu yüzden Hellen Keller'in "dile doğmuş olmak"[8] açıklamasını son derece ilham verici buluyorum. Helen on dokuz aylıkken ve henüz konuşmaya yeni başlamışken, viral bir enfeksiyon, görme ve işitme duyularını yok etmişti. Artık, sağırlık, körlük ve dilsizlik, bu sevimli, yaşam dolu çocuğu, yabani, soyutlanmış birine dönüştürmüştü. Geçen umutsuzluk dolu beş yılın ardından ailesi kısmen görme engeli yaşayan bir öğretmen olan Anne Sullivan'ı bulmuştu, öğretmen her gün Boston'dan Alabama'nın kırsal bölgesine gelerek Helen'e ders veriyordu. Anne, hemen sağır/dilsiz alfabesini öğreterek işe başladı, kelimeleri elinde harf harf heceliyordu ancak dönüm noktası oluşmadan önce çocukla iletişime geçmesi on haftasını aldı. Dönüm noktası, Helen'ın bir eli suyun altında iken, Anne'in "su" kelimesini Helen'in diğer eline yazmasıyla başladı.

Helen daha sonraları bu anı *The Story of My Life*'da *(Hayatımın Öyküsü)* şöyle anlatıyordu: Su! Bu kelime ruhumu harekete geçirdi ve uyandırdı, sabahın tüm ruhuyla birlikte.... O ana dek, ruhum birinin içeri girip ışığı yakmasını bekleyen bir oda kadar karanlıktı. O gün pek çok harika kelime öğrendim."

Bir şeylerin adını öğrenmek, çocuğun etrafındaki görünmeyen ve duyulmayan dünyanın içsel görüntülerini yaratmakla kalmayıp aynı zamanda kendisini bulmasına da yardımcı olmuştu. Altı ay sonra "Ben" birinci kişisini kullanmaya başlamıştı.

Helen'in öyküsü, bizim yatılı tedavi programlarında gördüğümüz istismara uğramış, aksi, iletişim kurulamayan çocukları anımsattı. Helen dil ediniminden önce şaşkın ve ben merkezliydi; geriye dönüp baktığında o hâlini "Hayalet" olarak adlandırıyordu. Ve gerçekten, bizim çocuklarımız da, kim olduklarını keşfedip, içlerinde yaşadıklarını anlatana dek birer hayalet gibi görünürler.

Keller, daha sonra yazdığı *The World I Live In (İçinde Yaşadığım Dünya) adlı kitapta, kişiliğinin doğuşunu anlatıyor: "Öğretmenim gelmeden önce kendimi bilmiyordum. Boş bir dünyada yaşıyordum... Ne bir isteğim ne de anlayışım vardı.... Tüm bunları anımsayabiliyorum, yalnızca öyle olduğu için değil, dokunsal bir hafızam olduğu için bunları hatırlıyorum. Bu kafamı hiç düşünmek için kullanmadığımı hatırlamamı sağlıyor."*[9]

Helen'in "dokunsal" –yalnızca dokunma temelli olan– anıları paylaşılamazdı. Ama dil, topluma katılma olasılığını ortaya çıkardı. Sekiz yaşına geldiğinde, Helen, Anne ile birlikte Boston'daki, Perkins Görme Engelliler Enstitüsüne gitti (Sullivan da burada eğitim almıştı), ilk kez burada diğer çocuklarla iletişime geçebilmişti. "Ah, ne büyük mutluluk!" diye yazmıştı. "Diğer çocuklarla özgürce konuşmak! Bu harika dünyada kendini evinde gibi hissetmek!" Helen'in, Anne Sullivan'ın desteğiyle dili keşfetmesi, terapi ilişkisinin özünü de yansıtmaktadır. Önceden var olmayan kelimeleri bulmak ve sonunda başka bir insanla en derin acılarını ve duygularını paylaşmak. Bu yaşayabileceğimiz en etkili deneyimlerden biridir ve sözlerle yankılanmanın keşfedilmesi, dile getirilmesi ve algılanması travmanın neden olduğu yalnızlığın iyileştirilmesinde esastır. Özellikle de yaşamımızdaki insanlar bizi göz ardı edip susturduysa. Tam anlamıyla iletişim kurmak travma yaşamanın zıddıdır.

KENDİNİ BİLMEK YA DA ÖYKÜNÜ ANLATMAK? ÇİFT YÖNLÜ FARKINDALIK SİSTEMİMİZ

Konuşma terapisine gelen bir kişi, hemen dilin sınırlarıyla karşı karşıya kalır. Benim kendi psikoanalizimde de böyle oldu. Kolayca konuşup, ilginç öyküler anlatabilirken, duygularımı derinden hissetmenin ve bunları o anda birine aktarmanın ne kadar güç olduğunu hemen fark ettim. Yaşamımın en mahrem, acı verici ya da karmaşık anlarıyla bağlantı kurduğumda bir seçim yapmakla yüz yüze kalıyordum.

Ya akıl gözümle eski sahneleri yeniden yaşamaya odaklanacak ve yaşadıklarımı yeniden hissedecektim ya da ortaya çıkanları psikanalistime, mantıklı ve tutarlı bir şekilde anlatacaktım. İkinci yolu seçtiğimde, hemen kendimle bağımı kaybediyor ve ona ne anlattığım düşüncesine odaklanıyordum. En ufak bir şüphe ya da yargılama ifadesi beni kapatabilir ve yeniden onun onayını almaya odaklanabilirdim.

Nörobilim araştırmaları, iki farklı öz farkındalık biçimine sahip olduğumuzu göstermiştir: Benliğin zaman içinde kaydını tutan ve benliği şu anda kaydeden biçiminde. İlki, bizim otobiyografik benliğimiz, deneyimler arasında bağlantı oluşturur ve onları tutarlı bir öykü hâlinde bir araya getirir. Bu sistem, dilde yerleşmiştir. Öykülerimiz, bakış açımız değiştikçe ve yeni veriler topladıkça anlatımımızla değişir.

Diğer sistem, anlık öz farkındalık, ağırlıklı olarak fiziksel duyuları temel alır, kendimizi güvende hissediyorsak ve zorlanmıyorsak, deneyim hakkında iletişim kurmak için kelimeler bulabiliriz. Bu iki biçim, beynin birbiriyle iletişimi olmayan, farklı bölgelerinde yer almaktadır[10]. Yalnızca, mediyal prefrontal kortekste yer alan öz farkındalığa bağlı sistem duygusal beyni değiştirebilir.

Savaş gazileri ile çalıştığım gruplarda, bazen bu iki sistemin birlikte çalıştığını görebiliyordum. Askerler, korkunç ölüm ve yıkım hikâyeleri anlatıyordu ama aynı anda bedenlerinin gurur ve aidiyet duygusu taşıdığını görebiliyordum. Benzer bir şekilde, pek çok hasta, bedenleri öne eğilmiş, endişeli ve gergin bir ses tonuyla çok mutlu ailelerde büyüdüklerini anlatıyordu. Sistemlerden biri, topluma sunabilmek için bir öykü oluşturur ve eğer bu öyküyü yeterince sık anlatırsak, tüm gerçeği yansıttığına inanmaya başlarız. Ancak diğer sistem farklı bir gerçeği kayıt eder: Durumu derinlerde nasıl deneyimlediğimizi. Ulaşmamız, yardım etmemiz ve barışık olmamız gereken bu ikinci sistemdir.

Kısa bir süre önce, eğitim verdiğim hastanede kalan bir grup psikiyatri asistanı ve ben intihar teşebbüsünün ardından temporal lob epilepsisi teşhisi konan bir kadınla görüştük. Gruptakiler, belirtiler, aldığı ilaçlar, tanı konduğunda kaç yaşında olduğu ve kendini intihara sürükleyen şeyin ne olduğu gibi standart sorular sordular. Kadın, düz ve gerçekçi bir ses tonuyla cevap verdi. Tanı konduğunda beş yaşındaymış. İşini kaybetmiş; sahte davranıyormuş; kendini değersiz hissediyormuş. Bir sebeple, asistanlardan biri cinsel olarak istismara uğrayıp uğramadığını sordu. Bu soru beni şaşırtmıştı. Kadın, yakın ilişkisi ya da cinsellikle ilgili bir sorunu olduğuna dair hiçbir ipucu vermemişti ve o anda doktorun kişisel görüşme yapıp yapmadığını merak ettim.

Yine de bu öykü, işini kaybettikten sonra neden hastanın hayatının karardığını açıklamıyordu. Beyninde sorun olduğu söylenen beş yaşında bir kız çocuğu olmanın nasıl bir şey olduğunu sordum. Bu soru kendi kendisiyle iletişime geçmeye zorladı çünkü bu soru için hazırda bir öyküsü yoktu. Durgun bir ses tonuyla, tanısıyla ilgili en kötü şeyin babasının artık kendisiyle hiç ilgilenmemesi olduğunu anlattı: "Beni artık özürlü bir çocuk olarak görüyordu." Kimsenin kendisini desteklemediğini söyledi, bu yüzden her şeyi kendi başına başarmak zorunda kalmıştı.

Sonra, tek başına bırakılan, yeni epilepsi tanısı konan beş yaşındaki çocuk hakkında şimdi ne hissettiğini sordum. Yalnızlığı için ağlamak ya da destek görmediği için öfkelenmek yerine şiddetle şöyle söyledi: "Aptal, mızmız ve bağımlıydı. Sorumluluk almaya hazır olmalıydı." Bu arzu, cesurca, yaşadığı sıkıntıyla başetmeye çalışan parçasından geliyordu ve bunun hayatta kalmasına yardım ettiğini kabul ettim. Kadından, o korkmuş, terk edilmiş kızın tek başına bırakılması, ailesinin inkârıyla birleşen hastalığı hakkında neler anlatacağını sordum. Hıçkırarak ağlamaya başladı ve uzun süre sessiz kaldıktan sonra şunları söyledi: "Hayır, bunu hak etmemişti. Desteklenmeliydi; biri ona bakmalıydı". Ardından yine değişti ve gururla başarıları hakkında konuşmaya başladı. Kimsenin desteği olmamasına rağmen ne kadar başarılı olduğunu anlatıyordu. Toplumsal öykü ve içsel deneyim sonunda buluşmuştu.

BEDEN KÖPRÜDÜR

Travma öyküleri, travmanın yalnızlığını azaltır ve insanların yaptıkları şey yüzünden niçin acı çektiklerinin *"açıklaması"*nı sağlar. Doktorların tanı koymasına izin verirler, böylece uyku bozukluğu, öfke, kabuslar ya da hissizleşme gibi sorunları ele alabilirler. Öyküler ayrıca, insanlara suçlayabilecekleri bir hedef de sağlar. Suçlama, insanların kendilerini kötü hissederken iyi hissetmelerine yardım eden, evrensel bir insani özelliktir ya da eski öğretmenim Elvin Semrad'ın söylediği gibi: "Nefret dünyanın dönmesini sağlar". Ancak öyküler, daha önemli bir sorunu gizler, yani travma, insanları tamamıyla değiştirir. Artık "kendileri" olmaktan uzaktırlar.

Artık kendiniz olamadığınızı kelimelere dökmek acı verici bir şekilde güçtür. Dil, temelde "orada olmayan şeyleri" paylaşmak için gelişmiştir, içsel duygularımızı, iç dünyamızı değil. (Ayrıca, beynin dil merkezi kişinin benlik merkezinden çok uzaktır.) Pek çoğumuz, kendimizi anlatmaktan çok başkalarını anlatmakta daha iyiyizdir. Harvardlı psikolog Jerome Kagan'ın şöyle dediğini duymuştum: "En özel deneyimlerimizi tanımlamak, kalın deri eldivenlerle küçük kırılgan kristal figürleri toplamak için derin bir kuyuya uzanmaya benzetilebilir." [11]

Kelimelerin güvenilmezliğini, kendimizi gözlemleyerek, duyular aracılığıyla kendini ifade eden beden temelli benlik sistemiyle, ses tonumuzla ve bedensel gerginliklerimizi fark etmeyle aşabiliriz. Bedensel duyumları algılayabilmek, duygusal farkındalığın temelidir [12]. Bir hastam bana, babası evi terk ettiğinde sekiz yaşında olduğunu anlatıyorsa, orada durup kendisiyle iletişim kurmasını isterim. Bir daha babasını hiç görmeyen çocuğu anlattığında içeride neler oluyor? Bu bedeninde nerede kayıtlı? İçgüdüsel duygularınızı harekete geçirdiğinizde ve kalbinizin kırgınlığını dinlediğinizde –en derinlerdeki gizli yerlere giden can alıcı yolları izlediğinizde– bir şeyler değişmeye başlar.

KENDİNİZE YAZMAK

Duygularınızın içsel dünyasına ulaşmanın başka yolları da vardır. En etkili yollardan biri yazmaktır. İnsanlar bize ihanet ettiğinde ya da terk ettikten sonra, öfkeli, suçlayıcı, hüzünlü ya da dokunaklı mektuplarla kalbimizdekileri dökeriz. Bu mektupları hiç göndermesek de yazmak kendimizi iyi hissettirir. Kendinize yazdığında, diğer insanların yargıları hakkında endişelenmenize gerek kalmaz; yalnızca kendi düşüncelerinizi dinlersiniz ve kendinizi akışa bırakırsınız. Daha sonra yazdıklarınızı yeniden okuduğunuzda ise şaşırtıcı gerçekler keşfedersiniz.

Toplumda işlev gösteren bireyler olarak, günlük etkileşimlerimizde "serinkanlı" olmamız ve yakınımızdaki duyguları ikinci plana atmamız beklenir. Yanında kendimizi çok güvende hissetmediğimiz biriyle konuştuğumuzda, sosyal editörümüz tamamen uyarılır ve savunmaya geçeriz. Yazmak farklıdır. Editörünüzden sizi bir süre yalnız bırakmasını istediğinizde, o ana kadar nerede olduklarını bile bilmediğiniz şeyler ortaya çıkacaktır. Kaleminizin (ya da klavyenizin), içeride ortaya çıkan şeylere doğru sizi istediği gibi yönlendirmesine izin vermekte özgürsünüz. Alacağınız tepkileri düşünmeden beyninizin öz gözlemleme ve anlatı bölümleriyle bağlantı kurabilirsiniz.

Özgür yazım olarak adlandırılan bu uygulamada, çağrışım akıntısına girmek için kendi kişisel Rorschach testiniz için istediğiniz nesneyi kullanabilirsiniz. Sadece, önünüzdeki nesneye baktığınızda aklınıza gelen ilk şeyi yazın ve sonra durmadan, yeniden okuma yapmadan ve düzeltmeden yazmaya devam edin. Tezgahtaki tahta bir kaşık, büyük annenizle domates sosu yaptığınız zamanı hatırlatabilir ya da çocukken dayak yediğinizi. Nesilden nesile geçen çaydanlık, sizi, sevgi ve çatışmanın olduğu aile tatillerine ya da kaybettiğiniz aile üyelerine kadar çok uzaklara götürebilir. Kısa bir süre sonra bir görüntü ortaya çıkar, ardından bir anı ve sonra bunları kaydedebileceğiniz bir paragraf ortaya çıkar. Kâğıt üzerinde ortaya çıkan ne olursa olsun, hepsi sizin çağrışımlarınızın dışavurumudur.

Hastalarım genellikle, henüz tartışmaya hazır olmadıkları anıları ile ilgili yazı ve çizim parçaları getirirler. İçeriği yüksek sesle okumak onları etkileyebilir ama bununla mücadele ettikleri şeyin farkına varmamı istemektedirler. Hastalarımı, kendi içlerinde şimdiye dek saklanmış olan parçaları keşfetme cesaretlerine ve bu yolculukta bana güvenmelerine ne kadar değer verdiğimi söylerim. Bu deneysel iletişim girişimleri tedavi planımı yönlendirir. Örneğin somatik işleme, nörofeedback ya da EMDR uygulayıp uygulamama kararını vermeme yardım eder.

İlgilendiğim kadarıyla, travmayı rahatlatmak için dilin gücünden yararlanarak yapılan ilk sistematik testi, Austin'deki Texas Üniversitesinden James Pennebaker, psikoloji sınıfını deneysel bir laboratuvara çevirerek 1986 yılında gerçekleştirmiştir. Pennebaker, uygarlığın tutkalı olarak gördüğü engellenmenin, bir şeyleri kendine saklamanın önemine sağlıklı bir saygıyla, çalışmasına başlamıştır[13]. Ancak insanların odadaki filin farkında olduklarını saklamasının bedelini ödediklerini de göz ardı etmemiştir.

Her öğrenciden, sıkıntı verici ya da travmatik olarak gördüğü, son derece kişisel bir deneyimi tanımlamasını istemiştir. Ardından sınıfı üç gruba ayırmıştır: Birinci grup yaşamlarında son dönemde olan biteni, ikinci grup travmatik ya da sıkıntılı olayın ayrıntılarını ve üçüncü grup da bu olayla ilgili duygularını ve hissettiklerini, yaşadıkları olayın hayatları üzerindeki etkisini yazmakla görevlendirilmiştir. Tüm öğrenciler, psikoloji binasında küçük kabinlerde tek başına oturarak peş peşe dört gün 15 dakika boyunca yazmışlardır.

Öğrencileri, çalışmayı çok ciddiye almışlardır; pek çoğu o güne kadar hiç kimseye anlatmadığı sırlarını ortaya dökmüştür. Yazarken sık sık ağlamışlar ve pek çoğu asistanlara, kafalarının bu deneyimler yüzünden dolu olduğunu itiraf etmiştir. İki yüz katılımcıdan, altmış beşi, çocukluk dönemi travmaları hakkında yazmıştı. Aile üyelerinden birinin vefatı en sık anlatılan konulardan biri olmasına rağmen, kadınların yüzde 22'si, erkeklerin ise yüzde 10'u on yedi yaşından önce cinsel travma yaşadığını belirtmiştir.

Araştırmacılar, öğrencilerden sağlık durumları hakkında yazmalarını istedi ve küçük ve büyük sağlık problemlerinin sıklığı karşısında şaşırmışlardı: Kanser, yüksek kan basıncı, ülser, grip, kulak ağrısı [14]. Çocukluk döneminde travmatik cinsel deneyim anlatan kişiler ise önceki yıl ortalama 1,7 gün hastanede yatmıştı; diğerlerinin neredeyse iki katı.

Ekip, daha sonra katılımcıların çalışma öncesinde ve sonrasında öğrenci sağlık merkezi ziyareti sayılarını karşılaştırmıştır. Travmayla ilgili gerçekleri ve duyguları açık bir şekilde yazan grup üyeleri, çalışmadan en fazla fayda görenler oldu. Diğer iki grupla karşılaştırıldığında doktor ziyaretleri yüzde 50 azalmıştı. Travmayla ilgili en derin düşünceleri ve duyguları hakkında yazmak ruh hâllerini geliştirerek, daha iyimser bir tutum geliştirmelerine ve fiziksel sağlıklarının daha iyi olmasına yardımcı olmuştur.

Öğrencilerden çalışmayı değerlendirmeleri istediğinde ise kendilerini anlama konusunda ne kadar geliştikleri üzerine odaklanmışlardır: "O dönemlerde neler hissettiğim konusunda düşünmeme yardımcı oldu. Daha önce beni ne kadar etkilediğini fark etmemiştim." "Düşünmek ve geçmişteki deneyimleri çözmek zorundaydım. Deneyin sonuçlarından biri zihnimdeki rahatlıktı. Hissettiklerim ve duygularım hakkında yazmak neden ve nasıl hissettiğimi anlamama yardımcı oldu"[15].

Sonraki çalışmasında Pennebaker, yetmiş iki öğrenci grubunun yarısından, hayatlarındaki en travmatik deneyimi anlatıp ses kaydı yapmalarını istemiş; diğer yarısından ise günün geri kalanını nasıl geçirecekleri hakkında konuşmalarını istemiştir. Bu sırada araştırmacılar, konuşan kişilerin fizyolojik tepkilerini gözlemlemiştir: Kan basıncı, kas gerginliği ve el sıcaklığı [16]. Bu çalışmanın da benzer sonuçları vardı: Duygularını yaşayan kişiler, anlık ve uzun süreli belirgin fizyolojik değişimler göstermişlerdir. İtirafları sırasında kan basıncı, kalp atışı ve diğer otonom işlevlerinde artış görülürken sonrasında, çalışmanın başlangıcındaki düzeye dönmüştür. Kan basıncındaki düşüş, deney bittikten altı hafta sonra da ölçülebiliyordu.

Günümüzde sıkıntı verici deneyimlerin – boşanma ya da final sınavı ya da yalnızlık– bağışıklık sisteminde olumsuz etkileri olduğu yaygın olarak kabul edilmektedir ancak Pennebaker'ın çalışmasının yapıldığı dönemde, bu oldukça tartışmalı bir durumdu. Pennebaker'ın protokollerini geliştirerek Ohio Eyalet Üniversitesi Tıp Fakültesinden bir grup araştırmacı, kişisel travması ya da yapay bir konu hakkında yazan iki öğrenci grubunu karşılaştırmıştır [17]. Kişisel travmaları hakkında yazan kişilerin öğrenci sağlık merkezini daha az ziyaret ettiği ve sağlıklarının iyileşmesinin, T lenfosit hareketi (doğal katil hücreler) ve kandaki diğer bağışıklık göstergeleri karşılaştırıldığında, bağışıklık işlevleriyle ilişkili olduğu görülmüştür. Deneyin hemen ardından belirgin bir şekilde gözlemlenen bu etki, altı hafta sonrasında da ölçülebiliyordu. Dünyanın çeşitli yerlerinde, tecavüz kurbanları, yeni anneler, artrit hastaları, bakım evinde kalanlar, tıp öğrencileri ile yapılan yazma deneyleri, yazmanın fiziksel ve ruhsal sağlığı iyileştirdiğini göstermektedir.

Pennebaker'ın yaptığı çalışmalarda dikkatimi çeken bir diğer nokta da şu olmuştur: Denekler, yakın ilişkileri ya da zor durumlar hakkında konuşurken ses tonları ve konuşma biçimleri değişmiştir. Farklılıklar öyle dikkat çekiciydi ki Pennebaker, kayıtları karıştırıp karıştırmadığını düşünüyordu. Örneğin bir kadın, günlük planlarını çocuksu bir tonda yüksek sesle anlatırken, birkaç dakika sonrasında yazar kasadan yüz dolar çaldığını anlatırken sesinin tonu ve hızı öyle değişmişti ki sanki başka biri konuşuyor gibiydi. Duygusal durumlardaki değişiklikler, aynı zamanda deneklerin el yazılarında da kendini belli ediyordu. Konu değiştikçe katılımcılar, el yazısından düz yazıya ve sonra yine el yazısına dönebiliyordu; ayrıca yazarken kalemi bastırma durumuna göre harflerin eğikliği de değişiklik gösterebiliyordu.

Bu tür değişiklikler, klinik uygulamada "geçiş ya da kayma" olarak adlandırılmaktadır ve travma geçmişi olan kişilerde genellikle bu durumla karşılaşırız. Hastalar bir konudan diğerine geçtiğinde belirgin farklı duygusal ve fizyolojik durumları harekete geçirmektedirler. Bu geçiş yalnızca ses örneklerinde belirgin bir şekilde ortaya çıkmaz aynı zamanda yüz ifadelerinde ve beden hareketlerinde de görülmektedir. Bazı hastalar, çekingenden güçlü ve saldırgana ya da kaygılı şikâyetçiden tamamen tahrik ediciye kişiliklerinde değişiklik göstere-

So many times I find parts of
myself fighting each other. It (the
abuse) happened, it didn't happen - if it
did happen how can I live with a truth
that is so horrific.

with my left hand
Listen to me. I want t[o]
tell you and I want
you to listen to you
tink you're too good t[o]
hear it. I hear what

> I want to hurt myself because
> I feel like I'm bad. My mother calls
> and leave me sad messages and
> I don't call her back. When I think about
> being little I remember never wanting
> her to find me and I feel like
> she's looking for me now. She
> knows things about me no
> one else knows.

bilmektedirler. En derin korkuları hakkında yazarken, el yazıları daha çok çocuksu ve basit bir hâl alır.

Çarpıcı bir şekilde, farklı durumlar yaşayan hastalara numara yapıyorlarmış gibi davranıldığında ya da önceden kestirilemeyen öfkeli durumlarından vazgeçmeleri söylendiğinde genellikle sessizleşirler. Bu kişiler, büyük ihtimalle yardım aramayı sürdürürler ancak susturulduktan sonra yardım çığlıklarını konuşmaktan çok eylemlere dönüştürürler: intihar teşebbüsleri, depresyon ve öfke nöbetleri. Bölüm 17'de de göreceğimiz gibi, hasta ve terapist bu farklı durumların hayatta kalmada oynadığı rolü kabullendiğinde iyileşme gerçekleştirilmektedir.

RESİM, MÜZİK VE DANS

İstismara uğrayan çocuklar, TSSB yaşayan askerler, ensest mağdurları, göçmenler, işkence mağdurları ile çok güzel çalışmalar ortaya koyan binlerce resim, müzik ve dans terapisti vardır ve dışavurumcu terapilerin etkisini onaylayan çok sayıda rapor bulunmaktadır [18]. Ancak bu noktada, nasıl çalıştıkları ya da yöneldikleri travmatik stresin belirgin yönleri hakkında çok az şey biliyoruz ve bunların bilimsel olarak değerini sağlamlaştırmak için araştırma yapmak lojistik ve finansal zorlukları da beraberinde getirmektedir.

Resim, müzik ve dansın korkuyla gelen sessizliği bozma kapasitesi belki de dünyada çeşitli kültürlerde travma tedavisinde kullanılma sebeplerindendir. Sözel olmayan, sanatsal ifadeleri yazıyla karşılaştıran birkaç sistematik çalışmadan birini James Pennebaker, diğerini de dans ve hareket terapisti Anne Krantz gerçekleştirmiştir [19]. Altmış dört öğrenciden oluşan bir grubun üçte birinden, art arda üç gün boyunca en az on dakika dışavurumcu beden hareketleriyle, kişisel travmatik deneyimlerini sergilemeleri istenmiş ve ardından on dakika boyunca da bunun hakkında yazmaları istenmiştir. İkinci grup dans etmiş ancak travmaları hakkında yazmamıştır ve üçüncü grup rutin egzersiz programına katılmıştır. Üç ayın ardından tüm gruplar daha mutlu ve daha sağlıklı hissettiklerini ifade etmiştir. Ancak yalnızca dışa vurumcu hareket grubu objektif kanıtlar göstermiştir: Daha iyi fiziksel sağlık ve daha iyi not ortalaması. (Çalışma belirgin TSSB belirtilerini değerlendirmemiştir.) Pennebaker ve Krantz şu sonuca varmıştır: "Travmanın salt ifade edilmesi yeterli değildir. Sağlık için deneyimlerin dile çevrilmesi gerektiği görünmektedir."

Ancak bu sonucun – dilin iyileşmenin temeli olması– her zaman doğru olup olmadığını bilmiyoruz. TSSB belirtileri (genel sağlığın aksine) üzerine odaklanan yazma çalışmaları, hayal kırıklığı olmuştur. Bu konuyu Pennebaker ile tartıştığımda, TSSB hastalarıyla yapılan çalışmalarının çoğunun, katılımcılarının öykülerini paylaşması beklenen grup ortamlarında yapıldığına dikkat çekmişti. Yukarıda ele aldığım noktayı yineledi; yazmanın amacı kendine yazmak ve o ana kadar kendinize bile göstermekten kaçındığınız noktaları göstermektir.

DİLİN SINIRLARI

Travma konuşanları olduğu kadar dinleyicileri de etkilemektedir. Paul Fussel, *The Great War in Modern Memory* adlı, I. Dünya Savaşı'nı ele alan başarılı eserinde, travmanın yarattığı sessizliğin sınırlarından ustaca söz etmektedir:

> Savaşın en önemli noktalarından biri … olayların ve bunları anlatmak için uygun dilin –ya da düşüncelerin– çarpışmasıdır… Mantıklı bir şekilde düşünüldüğünde, İngilizcenin savaşın… gerçekliğini iyi bir şekilde yorumlayamamasının bir nedeni yoktur: *kan, terör, ıstırap, delilik, saçmalık, zalimlik, cinayet, ruhunu satmak, acı* ve *hile* gibi kelimelerin yanı sıra *bacakların kopması, ellerden kan fışkırması, bütün gece çığlık atmak, bağırsakların kanaması* gibi deyimler ve benzerleri de var… Sorun asalet ve iyimserlikten çok dildir… Gerçek neden (askerleri sessizliğe iten) askerlerin, söylemek zorunda kaldıkları kötü haberlerle kimsenin ilgilenmediğini keşfetmesidir. Hangi dinleyici, hiç yoktan arada kalmak, sarsılmak ister ki? Tarif edilemezin anla-

mı, onu anlatılamaz anlamına getirmemizdir. Onun gerçekten berbat olduğu anlamına gelmesidir[20].

Acı veren olaylar hakkında konuşmak, insanları çevrenize toplamayı sağlamaz; genellikle tam tersidir. Aileler ve kurumlar kirli çamaşırları ortaya seren kişileri reddedebilir; arkadaşlar ve aileler acı ya da üzüntüye takılıp kalan kişilere karşı sabırlı davranmayabilirler. Travma kurbanlarının genelde içine kapanmasının ve öykülerinin neden ezbere dayalı öyküler hâline geldiğinin, reddedilmeye neden olan biçimlere dönüşmesinin sebebi budur.

Travmanın acısını paylaşmak için güvenli yerler bulmak çok zordur, bu nedenle de Adsız Alkolikler, Alkoliklerin Yetişkin Çocukları, Adsız Narkotikler ve diğer destek grupları oldukça önemlidir. Kendi gerçeklerinizi anlatabileceğiniz duyarlı bir grup bulmak iyileşmeyi olası kılmaktadır. Bu nedenle de sorun yaşayan kişiler, yaşamlarının acı verici ayrıntılarını dinlemek için eğitim alan profesyonel terapistlere ihtiyaç duyarlar. Bir savaş gazisinin bana ilk kez Vietnam'da bir çocuğu öldürdüğünü anlattığı anı hatırlıyorum. O anda yaklaşık yedi yaşındayken, babamın bana, bir Nazi subayına yeterince saygı göstermediği için öldürülesiye dayak yiyen yan komşumuzun oğlundan bahsettiği ana geri döndüm. Savaş gazisinin itirafına verdiğim tepkiye dayanmak güçtü ve seansı bitirmek zorunda kalmıştım. Bu, neden terapistlerin de kendi yoğun terapilerine gereksinim duyduklarını açıklar, böylece kendilerine bakabilirler ve hastalarının öyküleri öfke ya da iğrenme duyguları ortaya çıkarsa da duygusal olarak onlara karşı yeterli olabilirler.

Travma kurbanlarının, kelimenin tam anlamıyla dili tutulduğunda –beynin dil alanı kapandığında– farklı bir problem ortaya çıkar[21]. Bu tür bir kapanmayı, göçmenlik davası mahkeme salonlarında ve Rwanda'daki toplu katliam davasında gördüm. Yaşadıkları deneyim hakkında tanıklık etmeleri istenildiğinde, kurbanlar genellikle öyle etkileniyorlardı ki neredeyse konuşamaz hâle geliyorlar ya da öyle panikliyorlardı ki başlarına gelenleri net bir şekilde dillendiremiyorlardı. Bu tür tanıklık ifadeleri de aşırı karmaşık, kaotik ve parçalar hâlinde olduğu için genellikle kabul edilmiyor.

Diğerleri, kendilerini hatırladıklarının yarattığı duygusal tetiklenmelerden uzak tutarak geçmişlerini yeniden anlatmaya çalışıyorlardı. Bu da böyle kişileri baştan savan ve güvenilmez tanıklıklar hâline getirmektedir. Kaçış nedenini anlaşılır bir şekilde anlatamadığı için pek çok mültecinin yasal davasının düştüğünü gördüm. Ayrıca çok sayıda savaş gazisinin iddiası başlarına gelenleri ayrıntılı bir şekilde anlatamadığı için Gaziler Yönetimi tarafından reddedildi.

Karışıklık ve konuşamama, terapi ofislerinde olağandır. Hikâyelerinin ayrıntılarını anlatmaları konusunda baskı yaptığımızda hastalarımızın etkileneceğini biliriz. Bu sebeple, travma yaklaşımımızı, dostum Peter Levine'in dediği gibi "sarkaç gibi kullanmayı" öğrendik. Ayrıntılarla yüzleşmekten kaçınmıyoruz ancak hastalarımıza nasıl güvenli bir şekilde ayak parmaklarını suya sokacaklarını, böylelikle gerçeğe aşamalı bir şekilde nasıl yaklaşacaklarını öğretiyoruz.

Bedende içsel "güvenlik adalarını" kurarak işe başlıyoruz [22]. Bu da hastalarımızın kendilerini sıkışmış, korkmuş ya da öfkeli hissettiklerinde, kendilerini iyi hissedebilecekleri duruş, hareket ya da bedenlerinde bir kısım tanımalarına yardım etmek anlamına gelmektedir. Bu kısımlar genellikle, panik mesajını göğüse, karına ve boğaza taşıyan vagus sinirlerinin ulaştığı bölgelerin dış kısmında yer almaktadır ve travmanın bütünleştirilmesinde müttefik olarak yer alabilir. Bir hastama ellerinin iyi olup olmadığını sorduğumda evet yanıtını alırsam, ellerinin hafifliğini, sıcaklığını ve esnekliğini hissetmeleri için hareket ettirmelerini söyleyebilirim. Daha sonra göğüs kafesinin gerginleştiğini ve nefes alışverişinin zayıf olduğunu gördüğümde, durdurup, ellerine odaklanmasını ve ellerini hareket ettirmesini söyleyebilirim, böylece travmadan ayrı bir şekilde kendini hissedebilir. Ya da nefes verişine odaklanmasını ve bunu nasıl değiştirebileceğine odaklanmasını isteyebilirim ya da her nefes alıp verişinde kollarını kaldırıp indirmesini –Qigong hareketi– isteyebilirim.

Bazı hastalar için aküpresür noktalarına vuruşlar iyi bir dayanak noktasıdır [23]. Bazılarından sandalyede bedenlerinin ağırlığını hissetmelerini ya da ayaklarını yere sıkıca basmalarını isteyebilirim. Sessizliğe gömülen bir hastama dik oturduğunda neler olduğunu gözlemlemesini isteyebilirim. Bazı hastalar, kendi güvenlik adalarını keşfederler; kontrol dengelerini sağlamak için bedensel duyular yaşayabilirler. Bu travma çözülmesi için bir aşama ortaya koyar: Keşfetme ve güvenlik, dil ve beden, geçmişi hatırlamak ve şu anda hayatta olduğunu hissetmek durumları arasında sarkaç gibi sallanmak.

GERÇEKLİKLE MÜCADELE ETMEK

Travmatik anılarla mücadele etmek tedavinin yalnızca başlangıcıdır. Çeşitli çalışmalar, TSSB yaşayan kişilerin dikkatini toparlamak ve yeni bilgi öğrenmek ile ilgili daha genel sorunları olduğunu göstermiştir [24]. Alexander McFarlane basit bir test yapmıştır: Bir grup insana bir dakika içinde *B* harfiyle başlayan mümkün olduğunca çok kelime yazmasını istemiştir. Normal deneklerin ortalaması on beş kelimeyken TSSB yaşayan deneklerin ortalaması üç ya da dört olmuştur. Normal denekler, "kan", "yara" ya da "tecavüz" gibi kelimeler gördüğünde tereddüt yaşamaktadırlar; McFarlane'in TSSB denekleri, "yün", "dondurma" ve "bisiklet" gibi sıradan kelimeler karşısında bile tereddüt etmişlerdir[25].

TSSB yaşayan hastaların çoğu bir süre sonra yalnızca geçmişle başa çıkabilmek için enerji ve zaman harcamakla kalmaz günlük yaşam ritüellerini, iş ve sanat çalışmalarını yaparken de sorun yaşarlar. Evine, işine, çocuklarına emek harcarken hatta hobileriyle meşgul olmaya çalışırken başarılı olabilmek için diğer insanlardan çok daha fazla enerji harcamak zorundadırlar.

Dilin zorluklarından biri de "mantıklı değilse" düşüncelerimizin kolayca düzeltilebileceği illüzyonudur. Bilişsel davranışçı terapinin "bilişsel" kısmı, bu tür "işlevsiz düşünme" biçimlerini değiştirmeye odaklanır. Bu, yukarıdan aşağı yaklaşımıdır, terapist değiştirmek istediği düşüncelere meydan okur ya da olumsuz bilişi "yeniden çerçevelendirir" tıpkı "Hadi tecavüze uğramandaki suçluluk duygunu ve olayla ilgili gerçekleri karşılaştıralım." ya da "Hadi araba kullanma korkunla günümüzdeki yol güvenliği ile ilgili istatistikleri karşılaştıralım." örneklerinde olduğu gibi.

Bir keresinde öfkeden çıldırmış bir hâlde kliniğimize gelen ve bizden iki yaşındaki bebeği "çok bencil" olduğu için yardım isteyen ve bir kadını hatırlıyorum. Çocuk gelişimi konusundaki bir özetten ya da alturizm (fedakârlık) kavramıyla ilgili bir açıklamanın faydası olur muydu? Bu tür bir bilgi, kadının korkmuş, terk edilmiş parçalarına –bağlanma ile ilgili korkularını ifade edilen parçalarına– ulaşmayı başarana dek faydalı olamazdı.

Travma yaşayan kişilerin mantık dışı düşüncelerinin olduğu konusunda hiç şüphe yoktur: "Bu kadar seksi olduğum için suçlu benim." "Diğer adamlar korkmadı, onlar gerçek adamlardı." "Caddede yürümekten daha iyisini yapabilirdim." Bu tür düşünceleri bilişsel geri dönüşler olarak görmek en iyisidir. Korkunç bir kazanın görsel geri dönüşlerini yaşayan birisiyle tartıştığınızdan daha fazla tartışamazsınız. Bunlar travmatik olayın tortularıdır: Travmalar meydana geldiğinde ya da hemen arkasından ortaya çıkan stresli durumlarda yeniden harekete geçen düşüncelerdir. Bunları tedavi etmenin en iyi yollarından biri de EMDR'dir, bunu bir sonraki bölümde ele alacağım.

BİR BEDENİ OLMAK

İnsanların öykülerini anlatırken bunalmalarının ve bilişsel geri dönüşler yaşamalarının nedeni beyinlerinin değişmiş olmasıdır. Freud ve Breuer'in gözlemlediği gibi, travma yalnızca belirtileri ortaya çıkaran bir etken değildir. Aksine "ruhsal travma" – ya da tam olarak travmanın anısı– yabancı bir beden gibi hareket eder, girişinden çok uzun süre sonra bile hâlâ işleyen bir etken olarak görülmelidir[26]. Tıpkı enfeksiyona neden olan bir kıymık gibi, bu da bedenin, kendisinden daha çok problem yaratan yabancı bir nesneye karşı verdiği tepki gibidir.

Modern nörobilim, Freud'un, pek çok bilinçli düşüncemizin; içgüdüler, refleksler ve güdülerimiz, bilinçaltının derinliklerinden sızan anılarımız için karmaşık akla uydurmalar olduğu düşüncesini savunmaktadır. Gördüğümüz gibi, travma, deneyimi yöneten ve yorumlayan beyin alanlarının düzenli işlev görmesini engellemektedir. Güçlü bir benlik algısı, kişinin güvenle "Hissettiğim ve düşündüğüm şey bu." ve "Yaşadıklarım bunlar..." ifadelerini söylemesine izin vermesine ve bu alanlar arasındaki sağlıklı ve dinamik ilişkiye bağlıdır.

Travma hastalarının beyin görüntüleme çalışmalarının neredeyse hepsinde, insulada bir anormal aktivasyon görülmüştür. Beynin bu bölümü, iç organlardan gelen verilerin –kaslarımızı, eklemlerimizi ve denge (propriyoseptif) sistemimiz dâhil– şekillendirilmiş algısını oluşturmak için bütünleştirir ve yorumlar. İnsula, sinyalleri, savaş/kaç tepkilerini tetikleyen amigdalaya aktarır. Bunun için bir şeylerin ters gittiğine dair herhangi bir bilişsel veri ya da bilinçli bir tanıma gerekmez; yalnızca kendinizi uçurumun kenarında hissedersiniz, odaklanamazsınız ya da yaklaşan kötü bir şeyler olduğunu hissedersiniz. Bu güçlü duygular, beynin derinlerinde meydana gelir ve mantık ya da anlayışla yok olmaz.

Sürekli saldırıya uğramak, bilinçli olarak vücut duyularını hissetmenin kesilmesine neden olur; aleksitimi denilen duygulara sağır olma hâli: sizde neler olduğunu algılayamama ve sizde olup bitenle iletişim kuramama. Yalnızca bedeninizle temasa geçerek, içsel olarak kendinizle ilişki kurarak, kimliğinizi, değerlerinizi, önceliklerinizi yeniden kazanabilirsiniz. Aleksitimi (duygu sağırlığı), disosiyasyon ve kapanma durumlarının hepsi, odaklanmamızı, neler hissettiğimizi bilmemizi ve kendimizi korumak için harekete geçmemizi sağlayan beyin yapılarını kapsamaktadır. Bu temel yapılar, kaçınılmaz şokla karşı karşıya geldiğinde, sonuç, şaşkınlık ve huzursuz bir gerginliktir; bu, bedenin dışına çıkıyormuşsunuz deneyimi – kendinizi dışarıdan izliyormuşsunuz gibi– deneyimlerin eşlik ettiği duygusal ayrılma ile sonuçlanabilir. Başka bir deyimle, travma insanların *kendini başka biri gibi* ya da *bir hiç gibi* hissetmesine neden olmaktadır. Travmanın üstesinden gelmek için *bedeniniz* ve *kendiliğinizle* yeniden temasa geçmeniz gereklidir.

Dilin temel olduğu konusunda hiçbir kuşku yoktur. Kendilik algımız, anılarımızı birbirine bağlı bir bütün içinde düzenleyebilmemize bağlıdır [27]. Bu da bilinçli beyin ve bedenin benlik sistemi arasında iyi işleyen bağlantılar gerektirmektedir. Bu bağlantılar genellikle travma yüzünden zarar görmektedir. Tüm öykü ancak bu yapılar onarıldıktan ve temel hazırlandıktan sonra anlatılabilir: *Hiç kimse biri olur.*

BÖLÜM 15

GEÇMİŞİ BIRAKMAK: EMDR

Bir hayal miydi ya da kabus mu?

Şu kaçıp giden müzik- Uyanık mıyım yoksa uyuyor muyum?

— John Keats

Orta yaşlı bir müteahhit olan David, öfke nöbetleri aile yaşamını cehenneme çevirdiği ve artık katlanılmaz olduğu için beni görmeye geldi. İlk seansımızda, henüz 23 yaşındayken bir yaz günü yaşadığı bir olaydan söz etti. O dönemde bir cankurtaran olarak çalışıyormuş ve bir öğleden sonra bir grup genç havuzda gürültü yapıp bira içiyorlarmış. David, gençlere alkolün yasak olduğunu söylemiş. Bunun üzerine gruptaki gençlerden biri David'e saldırmış ve biri de elindeki kırık bira şişesini gözüne saplamış ve David'in gözünü kaybetmesine neden olmuş. David, bu olayın üzerinden otuz yıl geçmesine rağmen hâlâ o ana ait kabuslar görüyor ve geri dönüşler yaşıyordu.

Kendi oğluna karşı acımacız davranıyordu ve en ufak hatasında ona bağırıyor ve eşine karşı duygularını gösteremiyordu. Gözünü kaybetmiş olmasının diğer insanları istismar etme hakkı verdiğini düşünüyor ancak bir yandan da bu öfkeli, kin dolu adamdan nefret ediyordu. Öfkesini kontrol etme çabalarının kendisini süreğen bir şekilde gerginleştirdiğini fark etmişti ve kontrolünü kaybetme korkusunun, sevgi ve dostlukları imkânsız hâle getiren bir şey olup olmadığını merak etmeye başlamıştı.

İkinci ziyaretinde, göz hareketleriyle duyarsızlaştırma ve yeniden işleme (Eye Movement Desensitization and Reprocessing: EMDR) sürecinden söz ettim. David'den olayın yaşandığı zamana dönerek ayrıntıları ve zihninde o anda duyduğu sesleri, saldırı görüntülerini ve aklına gelen düşünceleri canlandırmasını istedim. "Bırak o anlar geri gelsin." dedim.

Ardından sağ gözünden yaklaşık otuz santimetre uzaktan işaret parmağımı sağa sola yavaş yavaş hareket ettirdim. Saniyeler içinde öfke ve saldırganlık dalgası su üstüne çıktı, ağrının ve yanağından akan kanın canlı duyumları ve onun göremediği gerçekleşen bir sürü şeyle birlikte. Bana yaşadığı bu hisleri anlatırken, ara sıra cesaretlendirici sözler söyledim ve parmağımı sağa sola hareket ettirmeyi sürdürdüm. Birkaç dakikada bir durdum ve derin bir nefes almasını söyledim. Ardından o anda zihninde canlananlara odaklanmasını istedim, bir okul kavgasından söz etti. Buna odaklanmasını ve o anıda kalmasını istedim. Diğer anılar da gelişigüzel ortaya çıktı: her yerde kendisine saldıranları arayışı, onlara zarar vermek isteyişi, barlarda kavga edişi. Her seferinde yeni bir duygu ya da hissi anlattı, aklına gelenlere dikkat etmesini ve parmak hareketlerini izlemesini söyledim.

Bu ziyaretin ardından daha sakindi ve gözle görülür bir şekilde rahatlamıştı. Saldırı anına ait anısının yoğunluğunu kaybettiğini söyledi; artık çok uzun zaman önce olan tatsız bir olaydı. "Berbat bir şeydi." dedi düşünceli bir şekilde "ve yıllarca beni dengesizleştirdi ama kendim için ne kadar harika bir hayat yaratabileceğini gördüğümde şaşırdım."

Sonraki hafta gerçekleştirdiğimiz üçüncü seansta; travmanın sonuçları olan öfkesini kontrol etmek için yıllarca alkol ve uyuşturucu kullanmasıyla uğraştık. EMDR seanslarını tekrar ettikçe, daha fazla anı ortaya çıktı. David, tanıdığı bir gardiyanla, hapse atılan saldırganın öldürülmesi hakkında konuştuğunu ancak sonra fikrini değiştirdiğini hatırlamıştı. Bu kararın son derece özgürleştirici olduğunu anımsıyordu: Kendisini kontrol edilmesi zor bir canavar gibi görüyordu ama intikam duygusundan vazgeçmek, düşünceli, cömert yanını yeniden hatırlamasını sağlamıştı.

Daha sonra, kendi oğluna, o saldırganlara karşı hissettiklerinin etkisinde kalarak davrandığını fark etti. Seansımız bittiğinde, oğlu ve eşiyle de görüşüp görüşemeyeceğimi sordu, bu sayede başına gelenleri anlatabilecek ve onlardan af dileyecekti. Beşinci ve son seansımızda, daha iyi uyuduğunu ve uzun zamandır ilk kez kendini huzurlu hissettiğini söyledi. Bir yıl sonra beni aradı ve eşiyle daha da yakınlaştıklarını, birlikte yogaya başladıklarını ve artık daha çok güldüğünü, büyük bir keyifle bahçe ve ağaç işleriyle uğraştığını anlattı.

EMDR HAKKINDA BİLGİ EDİNME

David'le olan deneyimim, geçen yirmi yılda pek çok hastamda gördüğüm gibi, EMDR'nin, travmanın yarattığı acı verici anıları, geçmişte yaşanmış, olmuş bitmiş bir olay hâline getirmesi örneklerinden biridir. Bu yöntemi, cinsel istismara uğrayan kızlar için bir rehabilitasyon merkezinde çalışan genç bir psikolog olan yürekli Maggie sayesinde tanıdım. Maggie, bir çatışmadan diğerine geçiyor ve bakımını üstlendiği on üç on dört yaşındaki genç kızlar hariç, neredeyse herkesle çatışıyordu. Uyuşturucu kullanmış, tehlikeli ve sert erkek arkadaşları olmuştu, sık sık patronlarıyla tartışıyor ve oda arkadaşlarına katlanamadığı için (onlar da kendisine katlanamıyordu) sürekli taşınıyordu. Bu hareketliliğini meşhur bir üniversitede psikoloji dalında doktora eğitimi alacak kadar, nasıl durdurabilmişti hiçbir zaman anlayamadım.

Maggie, benzer sorunları olan kadınlarla sürdürdüğüm benzer bir terapi grubuna yönlendirilmişti. İkinci toplantıda, babasının beş ve yedi yaşlarındayken iki kez tecavüz ettiğini anlattı. Bunun kendi hatası olduğuna inanıyordu. Babasını seviyordu ve baştan çıkarıcı davrandığı için babasının da kendisini kontrol edemediğini anlatıyordu. Onu dinlerken "Babasını suçlayamıyor ancak onun dışındaki herkesi suçluyor", kendisine iyileşmesi için yardımcı olmadığını düşündüğü terapistler de dâhil, herkesi diye düşündüm. Pek çok travma mağduru gibi kelimeleri bir öykü anlatırken, beden hareketleri travmanın çeşitli yönlerini dile getirdiği başka bir öykü anlatıyordu.

Sonra bir gün Maggie, önceki hafta profesyoneller için EMDR eğitiminde yaşadığı önemli bir deneyimi tartışmak için büyük bir hevesle gruba geldi. O ana kadar EMDR ile ilgili bildiğim tek şey, terapistlerin hastalarının gözlerinin önünde parmaklarını oynattığı, yeni geçici bir heves olduğu idi. Bana ve akademik dostlarıma göre, bu da psikiyatriyi saran başka bir çılgınlıktı ve bunun Maggie'nin başına gelen kötü tesadüflerden biri olduğuna inanıyordum.

Maggie, EMDR seansı sırasında, yedi yaşındayken babasının kendisine tecavüz ettiği anı canlı bir şekilde hatırladığını anlattı; yedi yaşındaki bir çocuğun gözüyle hatırlamıştı. Fiziksel olarak ne kadar küçük olduğunu; üzerinde babasının kocaman bedenini ve alkol kokan nefesini hissedebiliyordu. Bunların sonunda, rahatlamış ve olayı yirmi dokuz yaşındaki hâliyle gözlemleyebiliyordu. Gözyaşlarına boğuldu: "Ben küçücük bir kızdım. Böyle kocaman bir adam, küçük bir kıza bunu nasıl yapar?" Bir süre daha ağladı ve sonra şöyle dedi: "Ama artık geçti. Ne olduğunu biliyorum. Benim hatam değildi. Ben küçük bir kız çocuğuydum ve beni istismar etmesine karşı yapabileceğim hiçbir şey yoktu."

Hayretler içinde kalmıştım. Uzun zamandır, insanların yeniden travmatize olmadan travmatik geçmişlerine gidebilmelerine yardımcı olacak bir yol arıyordum. Maggie, gerçek gibi görünen bir geri dönüş deneyimi yaşamış ve bunun etkisi altında kalmamış gibi görünüyordu. EMDR, insanların travmanın izlerine erişimini sağlayan güvenli bir yol olabilir miydi? Bu, olaylara ait anıları, geçmişte yaşanmış, olmuş bitmiş anılara dönüştürebilir miydi?

Maggie, birkaç EMDR seansına daha katıldı ve değişimini gözlemleyebileceğimiz kadar bizim grubumuzda kaldı. Artık eskisi kadar öfkeli değildi, hoşuma giden alaycı bir mizah anlayışı vardı. Birkaç ay sonra, önceden olsa hiç ilgisini çekmeyecek olan bir adamla birlikte olmaya başladı. Yaşadığı travmanın çözümlendiğini söyleyerek gruptan ayrıldı ve ben de artık EMDR eğitimi almanın zamanının geldiğine karar verdim.

EMDR: İLK KARŞILAŞMALAR

Pek çok bilimsel gelişme gibi, EMDR de şans eseri bir gözlem sonucu ortaya çıkmıştır. 1987 yılında, bir gün psikolog Francine Shapiro, parkta yürüyüş yaparken, acı veren anılarının yoğunluğunun hızlı göz hareketleriyle azaldığını fark etti. Böyle kısa bir deneyimle büyük bir tedavi yöntemi nasıl ortaya çıkar? Bu kadar basit bir süreç nasıl olur da daha önce hiç not edilmemişti? Yıllar süren deney ve araştırmalar sonucu ortaya çıkan bu yönteme karşı başlangıçta şüpheyle yaklaşarak, aşamalı bir şekilde, öğretilebilecek standartlaşmış bir prosedür geliştirdi ve kontrollü çalışmalarla bunu test etti [1].

İlk EMDR eğitimine kendim için travma işleme sürecine duyduğum ihtiyaç dolayısıyla katıldım. Birkaç hafta öncesinde, Massachusetts General Hospital'da benim departmanımın yöneticisi düzenbaz doktor aniden Travma Kliniğini kapatmıştı, biz de hastaları tedavi etmek, öğrencileri eğitmek ve araştırmalarımızı sürdürmek için yeni bir yer ve yeni bir fon arayışı içinde kalmıştık. Yaklaşık aynı dönemde, bölüm 10'da da sözünü ettiğim gibi cinsel istismara uğrayan kız çocuklarıyla uzun süreli bir çalışma gerçekleştiren dostum Frank Putnam, Ulusal Sağlık Enstitüsündeki işinden kovulmuştu, disosiyasyon, kayıp konusunda ülkenin önde gelen uzmanlarından biri olan Rick Kluft'un da Pennsylvania Hastanesi Enstitüsündeki bölümü kapanmıştı. Tüm bunlar bir tesadüf olabilirdi ancak ben sanki tüm dünya bir saldırı altındaymış gibi hissediyordum.

Travma Kliniği ile ilgili yaşadığım sıkıntı, EMDR denemesi için iyi bir testti. Gözlerimle, partnerimin parmaklarını izlerken belli belirsiz çocukluk anılarım birbirini izlemeye başladı. Yoğun aile yemeği konuşmaları, teneffüslerde okul arkadaşlarımla yaşadığım tartışmalar, erkek kardeşimle birlikte pencerelere attığımız misketler; hepsi "canlı, baskın, hipnopompik" görüntülerdi, tıpkı pazar sabahı uyuklayıp sonra da tam olarak ne zaman uyandığını unutmak gibi.

Yarım saat sonra, meslektaşımla, patronumun kliniğimi kapattığını söylediği sahneye yeniden gittik. Artık kabullendiğimi hissediyordum: "Evet böyle bir şey oldu ve şimdi harekete geçmenin zamanı." Asla geri dönüp bakmadım; klinik daha sonraları yeniden yapılandı ve o zamandan bu yana gelişiyor. Öfke ve sıkıntımdan kurtulabilmemin tek nedeni EMDR miydi? Elbette bunu hiçbir zaman bilemeyeceğim ama ruhsal yolculuğum – olayı unutmamı sağlayan alakasız çocukluk sahneleri– konuşma terapisinde elde edemeyeceğim bir deneyimdi.

Sonrasında, EMDR uygulayıcısı olma sırasının bana gelişi daha da şaşırtıcıydı. Farklı bir grupta olacağım şekilde değiştik ve daha önceden tanışmadığım yeni arkadaşım, babasının da dâhil olduğu acı verici çocukluk anılarını ele almak istediğini ama bunları konuşmak istemediğini söyledi. Daha önce hiçbirisinin "öyküsünü bilmeden" travma çalışmamıştım ve ayrıntıları paylaşmak istememesi beni kızdırmıştı. Parmaklarımı gözlerinin önünde hareket ettirirken, yoğun bir şekilde sıkıntılı görünüyordu, hıçkırmaya başladı ve nefes alıp verişi hızlandı. Ama her defasında protokolün gerektirdiği soruları sorduğumda, aklına gelen şeyleri anlatmayı reddetti.

Kırk beş dakikalık seansın sonunda, meslektaşımın söylediği ilk şey benimle çalışmanın hiç hoş olmadığı ve bana hiçbir hastayı yönlendirmeyeceği oldu. Aksi hâlde, EMDR'nin babasının istismarıyla ilgili sorunu çözebileceğini ifade etti. Bana karşı kabalığının nedeninin babasına karşı duyduğu çözümlenmemiş duyguların aktarımı olduğundan şüphelenirken, o anda kendisi çok daha rahatlamış görünüyordu.

EMDR eğitmenim, Gerald Puk'a dönerek ne kadar şaşkınlığa uğradığımı anlattım. Bu adam kesinlikle benden hoşlanmamıştı ve EMDR seansı boyunca çok sıkıntılı görünüyordu ancak şimdi de bana uzun süredir devam eden acısının yok olduğunu söylüyordu. Seans sırasında bana neler olduğunu anlatmaya bu kadar gönülsüzken neyin çözümlendiğini ya da çözümlenemediğini nasıl bilebilirdim?

Gerry bana gülümsedi ve kendi kişisel sorunlarımı çözmek için tesadüfen bir ruh sağlığı çalışanı olup olmadığımı sordu. Beni tanıyan pek çok kişinin böyle düşündüğünü onayladım. Sonra bana, insanların travma anılarını anlatmalarını anlamlı bulup bulmadığımı sordu. Sonrasında şöyle dedi: "Bilirsin, Bessel, belki de bu röntgenci eğilimlerini bir kenara bırakmayı öğrenmelisin. Eğer travma öyküleri duymak senin için önemliyse neden bir bara gidip, masanın üzerine birkaç dolar koyup, yanındakine 'Bana travma öykünü anlatırsan sana bira ısmarlarım' demiyorsun. Ama öykü duyma isteğin ve hastaların içsel iyileşme süreçleri arasındaki farkı bilmelisin". Gerry'nin öğüdünü yürekten dinledim ve o günden bu yana, bunu öğrencilerime anlatmaktan büyük keyif alırım.

EMDR eğitiminden, beni bugün bile büyülemeyi başaran üç konuyla kafam meşgul bir hâlde ayrıldım:

- EMDR, geçmişlerinden zayıfça bağlantılı anılara ve görüntülere hızlı bir şekilde erişmeleri için insanların zihinlerinde/beyinlerinde bir şeyleri gevşetir. Bu da travmatik deneyimleri, daha geniş bir bağlam ya da perspektife koymalarına yardımcı olur.
- İnsanlar, travma hakkında konuşmadan da iyileşebilir. EMDR, deneyimlerini, başka bir insanla sözel alışveriş olmadan farklı bir şekilde gözlemlemelerini sağlar.
- EMDR, hasta ve terapist arasında güvene dayalı bir ilişki olmasa da yardımcı olabilir. Bu özellikle ilgi çekiciydi çünkü travma yaşayan insanlar, bu da anlaşılabilir, nadiren kalplerini güvenerek açarlar.

O zamandan bu yana, Swahili, Mandarin ve Breton dillerini konuşan kişilere EMDR uyguladım ki bu dillerde sadece EMDR'nin temel yönergesi olan "Buna dikkat et." diyebiliyordum. (Yalnızca sürecin adımlarını açıklamak için yanımda her zaman bir tercüman bulundu.) Çünkü EMDR sırasında, hastaların katlanılmaz olan şeyler hakkında konuşmalarını ya da neden üzgün hissettiklerini terapistlerine açıklamaları gerekmez, bazen olağanüstü sonuçlar elde ettikleri içsel deneyimleri üzerine tamamen odaklanmalarına izin verir.

EMDR ÇALIŞMAK

Travma Kliniği, çocuklarla yaptığımız çalışmaları takip eden ve bizden Boston bölgesindeki toplumsal travma müdahale ekibi kurmamızı isteyen Massachusetts Ruh Sağlığı Departmanından bir yönetici sayesinde kurtuldu. Bu, bizim temel uygulamalarımızı gerçekleştirmek için yeterliydi ve geri kalan her şey, bizim yaptıklarımızı seven –bunlar arasında daha önceden yardım edemediğimiz hastalara uyguladığımız yeni keşfimiz EMDR'nin gücü de yer alıyordu– enerjik çalışanların desteğiyle gerçekleştirildi.

Meslektaşlarımla, TSSB yaşayan hastalara uyguladığımız EMDR seanslarımızı birbirimize izletmeye başladık, böylece haftalar içindeki gelişmelerini gözlemleyebiliyorduk. Ardından resmî olarak ilerlemelerini standart TSSB derecelendirme ölçeğine göre ölçmeye başladık. Ayrıca New England Deaconess Hastanesinde çalışan genç nörogörüntüleme uzmanı Elizabeth Matthew ile görüşerek on iki hastanın tedavi öncesi ve sonrasına ait beyin görüntülerini çekmesini istedik. Üç EMDR seansının ardından on iki hastadan sekizinin TSSB puanlarında düşüş görüldü. Tedavi sonrasındaki, beyin görüntülerinde prefrontal lob aktivasyonunda keskin bir artış görülüyordu ayrıca ön singulat ve bazal gangliyada da daha fazla hareketlilik vardı. Bu değişiklik, travmayı deneyimlemedeki farklılıkların açıklaması olabilir.

Bir erkek hasta şöyle anlattı: "Sanki gerçek bir anıymış gibi olduğunu hatırlıyorum ama çok uzaktaydı. Genellikle bunun içinde boğulur giderdim ama bu kez üstünde yüzüyordum. Kontrolde olduğum hissi yaşıyordum". Bir kadın da şunları anlatmıştı: "Önceden, bunun her adımını tek tek hissediyordum. Ama şimdi parçalar yerine bir bütün hâlinde, böyle olunca da idare edilmesi daha kolay." Travma, aciliyetini kaybedip, yıllar önce meydana gelen bir olay hâlini almıştı.

Sonrasında, EMDR etkilerini Prozac ya da bir plasebo standart dozlarının etkileriyle karşılaştırmak için Ulusal Ruh Sağlığı Enstitüsünden maddi destek aldık [2]. Seksen sekiz deneğin otuzuna EMDR uygulandı, yirmi sekizine Prozac ve geri kalanına da şeker hapları (plasebo) verildi. Hep olduğu gibi, plasebo alan hastalarda iyi sonuçlar elde edildi. Sekiz haftanın ardından %42'sindeki gelişme, "kanıta dayalı" olarak adlandırılan diğer tedavi yöntemlerine göre daha büyüktü.

Prozac alan grup, plasebo grubuna göre biraz daha iyiydi fakat zar zor. Bu TSSB için kullanılan ilaçlarla ilgili yapılan çalışmaların çoğunda tipikti. Görünen yaklaşık yüzde 30 ile yüzde 42 arasında bir gelişmeydi; ilaçlar işe yaradığında ise bu orana yalnızca %5 ila %15 ekleniyordu. Ancak EMDR uygulanan denekler, Prozac ve plasebo uygulananlardan daha iyiydi. Prozac grubundaki on kişiden biriyle karşılaştırıldığında, sekiz haftalık EMDR uygulamasının ardından dört kişiden biri tamamen iyileşmişti (TSSB skorları önemsiz sayılabilecek değerlere düşmüştü). Ancak gerçek farklılık zaman içinde ortaya çıkmıştı. Sekiz ay sonra deneklerimizle yeniden görüştüğümüzde EMDR uygulanan kişilerin %60'ının tamamen iyileştiği görüldü. Büyük psikiyatrist Milton Erickson'un da dediği gibi kütüğü yerinden oynattığın anda nehir akmaya başlar. İnsanlar, travmatik anılarını bütünleştirmeye başladıktan sonra kendiliğinden gelişmeye devam ederler. Bunun aksine, Prozac alan kişiler, ilacı bıraktıktan sonra yeniden nüks yaşamışlardı.

Bu çalışma oldukça önemliydi çünkü TSSB için EMDR gibi odaklanmış, travmaya özgü terapinin ilaçla tedaviden daha etkili olabileceğini gösteriyordu. Yapılan diğer çalışmalar da Prozac ya da Celexa, Paxil ve Zoloft (Editörün notu: Türkiye'de sırasıyla Prozac, Cipram, Paxil ve Lustral isimleriyle piyasaya verildi, hâlen farklı ilaç firmaları tarafından aynı ilaçlar farklı isimlerle satılmaktadır) gibi kullanan kişilerin TSSB belirtilerinin, ilaç kullanmayı sürdürdükleri sürece iyileştiğini göstermiştir. Bu da uzun vadede ilaç tedavisini çok pahalıya getiriyor. (İlginç bir şekilde, başlıca antidepresanlardan biri olan Prozac'ın durumuna karşın, çalışmamızda EMDR'nin ayrıca depresyon puanlarında da ilaca göre daha fazla düşüş sağladığı görülmüştür.)

Araştırmamızın temel bulgularından biri de şu oldu: Çocukluk döneminde travma yaşayan hastalar, yetişkinlik döneminde travma yaşayan yetişkinlere göre çok farklı tepkiler verdi. Sekiz haftanın sonunda, erişkin başlangıçlı travma grubunun neredeyse yarısı, EMDR uygulamasının ardından tamamen iyileşirken, çocuk-istismar grubunun yalnızca %9'unda böyle bir gelişme görüldü. Sekiz ay sonra ise erişkin yaşta ortaya çıkan travma grubunun %73'ünde, çocuk istismarı yaşamış grubun ise %25'inde tamamen iyileşme görüldü. Çocuk istismar grubu küçüktü ancak sürekli olarak Prozac'a olumlu tepkiler verdi.

Bu sonuçlar, bölüm 9'da belirttiğim bulguları desteklemektedir: Kronik çocukluk dönemi istismarı, yetişkinlik döneminde yaşanan belirli travmatik olaylara göre daha farklı ruhsal ve biyolojik adaptasyonlara neden olmaktadır. EMDR; çözülmemiş travmatik anılar için güçlü bir tedavi yöntemidir ancak çocukluk dönemindeki fiziksel ya da cinsel istismara eşlik eden ihanet ve terk edilmenin etkilerini çözümleyemeyebilir. Herhangi bir sekiz haftalık terapi, bu tür uzun süreli travmanın etkilerinin çözülmesinde yeterli olmayacaktır.

2014 yılına geldiğimizde, yaptığımız EMDR çalışması, yetişkin yaşta yaşadığı travmatik olaya bağlı TSSB belirtileri geliştiren kişilerle yapılan çalışmalar arasında en olumlu sonuçların elde edildiği çalışma olmuştu. Bu sonuçlara ve yapılan düzinelerce başka çalışmaya rağmen, meslektaşlarımın çoğu EMDR konusunda şüpheci bir yaklaşım sergilemeyi sürdürdü; belki de gerçek olamayacak kadar iyi göründüğü için ya da bu kadar güce karşın çok basit olduğu içindi şüpheleri. Bu tür bir şüpheci yaklaşımı anlayabilirim. EMDR alışılmadık bir yöntem. İlginç bir şekilde, TSSB yaşayan savaş gazilerinde EMDR kullanılarak yapılan ilk sağlam çalışmada, EMDR'nin zayıf kalacağı düşünülerek kontrol durumunda karşılaştırma için biyogeribildirim (biofeedback) destekli gevşeme terapisi de eklenmişti. Ancak araştırmacıları şaşırtan bir şey olmuş ve on iki seanslık EMDR'nin daha etkili bir tedavi olduğu ortaya çıkmıştı[3]. O zamandan bu yana, EMDR, Savaş Gazileri İlişkileri Bölümünün TSSB için onayladığı tedavi biçimlerinden biri olmuştur.

EMDR BİR TÜR MARUZ BIRAKMA TERAPİSİ MİDİR?

Bazı psikologlar EMDR'nin kişileri travmatik olaya karşı duyarsızlaştırdığını ve bunun maruz bırakma terapisiyle ilişkili olduğunu varsaymaktadırlar. Daha kesin bir tanımla, travmatik olayı *bütünleştirdiği* söylenebilir. Yaptığımız araştırmanın da gösterdiği gibi, EMDR sonrasında kişiler, hisleri ve imgeleri herhangi bir bağlamdan kopuk bir şekilde deneyimlemek yerine, travmayı geçmişte yaşanmış anlaşılabilir bir olay olarak görmektedirler.

Anılar gelişir ve değişir. Anılar oluştuktan hemen sonra, uzun bir bütünleştirme ve yeniden yorumlama süreci geçirir. Bu bilinçli benlikten herhangi bir veri olmadan zihinde/beyinde otomatik olarak gerçekleşen bir süreçtir. Süreç tamamlandığında, deneyim diğer yaşamsal olaylarla bütünleşir ve kendi hükümdarlığını sürdürmeyi bırakır[4]. Daha önce de gördüğümüz gibi, TSSB'de bu süreç başarısızlığa uğrar ve anılar sıkışıp kalır: sindirilmeden ham bir hâlde.

Ne yazık ki, çok az psikolog beyindeki anı işleme süreçleri konusunda eğitim almaktadır. Bu eksiklik, tedavide yanlış yönlendirilmiş yaklaşımlara neden olabilir. Fobilerin (belirli bir mantıksız korkuyu temel alan örümcek fobisi gibi) aksine, travma sonrası stres, yaşanan deneyimi (çaresizlik olarak) yeniden yapılandıran, gerçekliği yorumlayan; fiili bir yok olma tehdidi (ya da başka birinin yok edilmesini görmek) temel alarak, merkezi sinir sisteminin temelden yeniden düzenlenmesinin sonucudur (Dünya tehlikeli bir yerdir).

Maruz bırakma sırasında, hastalar başlangıçta son derece üzgündür. Travmatik deneyimlerine yeniden döndükçe kalp atış oranlarında, kan basınçlarında ve stres hormonlarında keskin yükselişler görülür. Ancak tedavide kalma sürecini yönetebilir ve travmalarını yeniden yaşamayı sürdürürlerse, yavaş yavaş tepkisellikleri azalır ve o olayı hatırladıklarında dağılmaya karşı yatkınlıkları azalır. Sonuç olarak TSSB derecelendirmesinde daha düşük puanlar elde ederler. Ancak bildiğimiz kadarıyla, yalnızca eskiden yaşanmış travmaya maruz bırakılmak, anıyı yaşamsal bağlamda bütünleştirmeyi sağlamaz ve kişilerin nadiren travma öncesinde olduğu gibi diğer insanlarla keyifli bir şekilde iletişim kurmalarını ve uğraşlara sahip olmalarını sağlar.

Bunun aksine, EMDR, izleyen bölümlerde tartışacağımız tedaviler – içsel aile sistemleri, yoga, nörofeedback, psikomotor terapi ve tiyatro – gibi yalnızca travma nedeniyle harekete geçen yoğun anıları düzenlemek değil, aynı zamanda beden ve zihin sahipliği ile benlik hissi, katılım, bağlılığı yeniden düzenleme üzerine de odaklanmaktadır.

EMDR İLE TRAVMAYI İŞLEME

Kathy, yerel bir üniversitede okuyan yirmi bir yaşında bir öğrenciydi. Onunla ilk tanıştığımda, çok korkmuş görünüyordu. Üç yıldır güvendiği bir terapistten psikoterapi alıyordu ve hiçbir ilerleme kaydetmediklerini hissediyordu. Üçüncü intihar girişiminin ardından, üniversitenin sağlık servisi, sözünü ettiğim yeni teknik sayesinde kendisine yardımcı olabileceğimi düşünerek bana yönlendirmişti.

Travma yaşamış olan pek çok hastam gibi, Kathy de çalışırken tamamen kendini işine verebiliyordu. Kitap okurken ya da bir araştırma makalaesi yazarken, yaşamındaki diğer her şeyi engelleyebiliyordu. Bu da onu samimi bir ortakla yalnız kalmak ya da bir sevgili ilişkisini nasıl kuracağı hakkında bir fikri yokken bile yetkin bir öğrenci yapıyordu.

Kathy, babasının yıllarca çocuk fuhuşu için kendisini kullandığını anlattı, bu durumda EMDR'yi yalnızca yardımcı tedavi olarak düşünebilirdim. Ancak Kathy, bir EMDR ustası çıktı ve sekiz seansın sonunda tamamen iyileşti, böyle ciddi bir çocukluk travması yaşamış birinin bu kadar kısa sürede iyileştiğini daha önce hiç görmemiştim. Bu seanslar on beş yıl önce gerçekleşmişti ve geçenlerde üçüncü çocuğunu evlat edinmesinin artıları ve eksileri üzerine konuşmak üzere görüştük. Keyifliydi; zeki, eğlenceli ve neşeliydi, ailesi ile meşguldü ve çocuk gelişimi alanında öğretim üyesi olarak çalışıyordu.

Kathy'nin dördüncü seans EMDR tedavisi ile ilgili notlarımı, yalnızca bu tür bir seansta neler olduğunu değil, aynı zamanda da travmatik deneyimi bütünleştirme sırasında insan zihnini göstermek için paylaşmak istiyorum. Hiçbir beyin görüntüsü, kan testi ya da değerlendirme ölçeği bunu ölçemez, hatta bir video kaydı bile EMDR'nin zihnin imgesel gücünü nasıl salıverdiğini ancak bir gölge hâlinde gösterebilir.

Kathy, bana göre kırk beş derecelik bir açıyla sandalyeye oturdu, böylece aramızda dört adımlık mesafe oluştu. Kendisinden özellikle acı verici bir anısını düşünmesini istedim ve duyduğu, gördüğü, düşündüğü şeyleri hatırlaması ve bunları yaşarken bedeninde olanları hissetmesi konusunda onu teşvik ettim. (Kayıtlarımda bana belirli bir anısını anlatıp anlatmadığı görünmüyor; notlarım arasında yer almadığından anlatmadığını tahmin ediyorum.)

Ona o anda "anının içinde" olup olmadığını sordum ve bana evet dediğinde ne kadar gerçek hissettiğini birden ona kadar derecelendirmesini söyledim. Yaklaşık dokuz yanıtını verdi. Sonra parmağımı gözleriyle takip etmesini istedim. Zaman zaman, yirmi beş göz hareketi setini tamamladıktan sonra şunları söyledim: "Derin bir nefes al", ardından: "Şimdi ne oldu, ne fark ettin? ya da "Aklına ne geliyor?" Kathy de ardından bana ne düşündüğünü anlattı. Ses tonu, yüz ifadesi, beden hareketleri ya da nefes alışverişi duygusal olarak önemli bir konu olduğunu ifade ettiğinde, "Buna dikkat et." dedim ve ardından konuşmadığı sürede yeni bir göz hareketi seti başladı. Konuşulan birkaç kelimenin dışında sonraki kırk beş dakika boyunca sessiz kaldım.

İlk göz hareketi dizisinin ardından Kathy'nin anlattığı çağrışımlar şunlardı: "Yara izlerimin olduğunu hatırlıyorum; ellerimi arkama bağladığı için. Diğer iz de ona ait olduğumu belirtmek için damgaladığında oldu ve şurada (eliyle gösteriyor) ısırık izleri var." Sersemlemiş görünüyordu ama şaşırtıcı bir şekilde bunları hatırladığında sakindi "Üzerime benzin döküldüğünü hatırlıyorum – Polaroid fotoğraflarımı çekmişti – ve sonra suyun içine batırdılar. Babam ve iki arkadaşının tecavüzüne uğradım. Masaya bağlıydım; Budweiser (Editörün notu: Bir bira markası) şişeleriyle tecavüz ettiler."

Mideme ağrı saplanmıştı ama Kathy'e anılarını zihninde tutması dışında hiçbir yorum yapmadım. Yaklaşık otuz dakika daha süren parmağımın sağa sola hareketinin ardından gülümsediğini gördüğümde durdum. Ne düşündüğünü sorduğumda "Karate dersindeydim; harikaydı! Gerçekten onlara haddini bildiriyordum! Geri çekildiklerini gördüm. Bağırdım 'Canımı yaktığını görmüyor musun? Ben senin kız arkadaşın değilim'. "Bununla devam et." dedim ve sonraki parmak hareketi dizisine başladım. Sona erdiğinde Kathy şöyle dedi: "O iki adamın görüntüsü vardı. Şu küçük, zeki, sevimli kızın... ve küçük sürtüğün. Kendilerine ya da bana ya da kendi erkeklerine bakamayan kadınlar: Beni bu adamlara servis ediyordu". Sonraki dizi sırasında hıçkırmaya başladı ve durduğumuzda "Ne kadar küçük olduğumu gördüm. Küçük kıza karşı acımasızlık: Benim hatam değildi." Başımı salladım ve "Doğru; orada kal." dedim. Sonraki tur Kathy'nin anlattıklarıyla sonra erdi: "Şimdi hayatımı zihnimde canlandırıyorum –büyük hâlim küçük hâlime sarılıyor– 'Artık güvendesin.' diyor." Teşvik ederek başımı salladım ve devam ettim.

Görüntüler gelmeyi sürdürdü: "Büyüdüğüm evi yıkan buldozerin görüntüleri var. Artık bitti!" Sonra Kathy farklı bir yola girdi: "Jeffrey'den (sınıfındaki arkadaşlarından biri) ne kadar hoşlandığımı düşünüyorum. Benimle çıkmak istemeyebilir diye düşünüyorum. Bununla baş edemeyeceğimi düşünüyorum. Daha önce hiç birisinin kız arkadaşı olmadım ve nasıl olduğunu bilmiyorum". Bilmek istediği şeyin ne olduğunu sordum ve sonraki diziye başladım. "Artık benimle birlikte olmak isteyen biri var- çok basit. Erkeklerin yanında nasıl kendim olacağımı bilmiyorum. Kala kalıyorum".

Parmağımı izledikçe hıçkırmaya başladı. Durduğumda bana şunları anlattı: "Jeffrey ile birlikte bir kafede oturduğumuzu düşünüyorum. Babam kapıdan giriyor. Yüksek sesle bağırmaya başlıyor, elindeki baltayı sağa sola sallıyor; 'Bana ait olduğunu söylemiştim' diyor. Beni masanın üstüne oturtuyor; sonra bana tecavüz ediyor ve sonra Jeffrey'e tecavüz ediyor". Artık çok şiddetli ağlıyordu. "Babanızın size ve yanınızdaki kişiye tecavüz ettiğini düşünürken nasıl birine kalbinizi açabilirsiniz?" Onu rahatlatmak istedim ancak onun çağrışımlarını sürdürmesini sağlamak daha önemliydi. Bedeninde neler hissettiğine odaklanmasını istedim. "Ön kollarımda, omuzlarımda, göğsümün sağ tarafında hissediyorum. Kucaklanmak istiyorum". EMDR'ye devam ettik ve bitirdiğimizde Kathy rahatlamış görünüyordu. "Jeffrey'in tamam dediğini, benimle ilgilenmek için geldiğini söylediğini duydum. Bu benim yaptığım bir şey değildi, yalnızca benim iyiliğim için benim yanımda olmak istiyor." Yine bedeninde neler hissettiğini sordum. "Gerçekten huzurluyum. Biraz güçsüz, kaslarını yeni kullanmaya başladığınızda olduğu gibi. Biraz rahatlama. Jeffrey bunları zaten biliyor. Yaşadığımı biliyorum ve hepsi geçti. Ama korkarım ki babamın başka bir küçük kızı var ve bu beni çok çok üzüyor. Onu kurtarmak istiyorum".

Ancak devam ettikçe travma geri döndü, bu kez başka düşünceler ve görüntülerle: "Kusmak istiyorum... Bir sürü koku duyuyorum; kötü kolonya, alkol, kusmuk". Birkaç dakika sonra Kathy daha çok ağlıyordu: "Şimdi annemin burada olduğunu hissediyorum. Aynı şeyin ona da olduğunu hissediyorum. Bunun kendi başına da geldiğini anlatıyor; büyükbabammış. Büyükannemin beni korumak için orada olamadığına üzüldüğünü söylüyor". Derin nefes almasını ve aklına gelen şeylerde kalmasını söylemeyi sürdürdüm.

Sonraki dizinin sonunda Kathy şunları söyledi: "Geçtiğini hissediyorum. Büyükannem beni şu andaki hâlimle kucaklıyor, büyükbabamla evlendiği için üzgün olduğunu söylüyor. Annemle birlikte bunu bitirdiklerini söylüyor". Son EMDR dizisinde Kathy gülümsüyordu. "Babamı kafeden dışarı attığımı hayal ediyorum ve Jeffrey de kapıyı arkadan kilitliyor. Dışarıda kalıyor. Camın arkasından görebiliyorsun, herkes onunla dalga geçiyor."

EMDR yardımıyla Kathy travmasıyla ilgili anılarını bütünleştirebildi ve hayalgücünün yardımıyla da bunları geride bırakarak, tamamlama ve kontrol duygusuna ulaşabildi. Bunu benden çok az veri alarak ve deneyimlerinin belirli ayrıntılarını tartışmadan yaptı. (Deneyimlerinin doğruluğunu sorgulama gereği hiç duymadım; deneyimleri onun için gerçekti ve benim görevim bunlarda şu anda başa çıkabilmesine yardım etmekti.) Süreç, zihninde/beyninde yeni imgeler, duygular ve düşünceleri harekete geçirmek için bir şeyleri özgür bırakmıştı; sanki yaşama gücü, geleceği için yeni olasılıklar yaratmak için ortaya çıkmıştı [5].

Daha önce de gördüğümüz gibi, travmatik anılar, ayrılmış, değiştirilmemiş görüntüler, duygular ve hisler olarak sürüp gitmektedir. Bana göre EMDR'nin en dikkat çeken özelliği, özgün anılarla birlikte araştırılmamış ve ilgisiz gibi görünen düşünceleri, görüntüleri, duyguları ve hisleri harekete geçirme kapasitesidir. Eski bilgiyi, yeni paketler hâlinde yeniden sunma yolu, sıradan, travmatik olmayan günlük deneyimleri bütünleştirmenin bir yoludur.

UYKU BAĞLANTISINI KEŞFETME

EMDR hakkında bilgi edindikten kısa bir süre sonra, Massachusetts Ruh Sağlığı Merkezinde Allan Hobson tarafından yürütülen uyku merkezinde çalışmalarım hakkında bir konuşma yapmam istendi. Hobson (öğretmeni Michael Jouvet ile birlikte)[6] rüyaların beynin hangi bölgesinde oluştuğunu keşfetmeleriyle ünlüydü ve araştırma asistanlarından Robert Stickgold da rüyaların işlevini araştırmaya başlamıştı. Gruba, yaşadığı korkunç trafik kazasının ardından on üç yıl boyunca ciddi TSSB belirtileri gösteren bir hastanın, çaresiz panik bir kurbandan kendine güvenen ve kendinden emin bir kadın hâline dönüşünü gösteren görüntülerini izlettim. Bob büyülenmişti.

Birkaç hafta sonra Stickgold'un aile dostlarından biri, kedisinin ölümünden sonra büyük sıkıntılar yaşamış ve hastaneye yatırılmak zorunda kalmıştı. Kendisiyle ilgilenen psikiyatrist, kedinin ölümünün, kadının henüz on iki yaşındayken annesini kaybetmesiyle ilgili çözümlenmemiş anılarını tetiklediği kararını vermişti ve kadını tanınmış bir EMDR uzmanı olarak Roger Solomon'a yönlendirmişti. Bunun ardından kadın Stickgold'u arayarak şöyle demişti "Bob, bunu çalışmalısın. Gerçekten çok ilginç, zihninle değil beyninle ilgili bir şey."

Kısa bir süre sonra *Dreaming* adlı dergide, EMDR'nin uykunun hızlı göz hareketleri (REM) uykusu dönemiyle – rüya görmenin gerçekleştiği uyku aşaması– ilişkili olduğuna dair bir makale yayımlandı[7]. Araştırmalar, uyku ve özellikle rüya uykusunun, duygu durum düzenlemesinde önemli bir rol oynadığını zaten göstermişti. *Dreaming* dergisinde yer alan makalenin gösterdiği gibi, REM uykusunda gözler hızlı bir şekilde sağa sola hareket etmektedir, tıpkı EMDR'de olduğu gibi. REM uyku süresini arttırmak, depresyonu azaltmaktadır, REM uykumuz azaldıkça depresyona girme oranımız da artmaktadır[8].

Elbette TSSB, herkesin bildiği gibi düzensiz uyku ile bağlantılıdır ve bu hastaların alkol ve uyuşturucularla kendi kendini tedavi etmeye çalışması ise REM uykusunu bozmaktadır. VA'da geçen çalışma sürem boyunca, meslektaşlarımla birlikte, TSSB yaşayan savaş gazilerinin REM uykusuna daldıktan kısa bir süre sonra uyandıklarını gözlemlemiştik[9]. Belki de rüya sırasında travma parçaları harekete geçiyordu[10]. Başka araştırmacılar, aynı zamanda bu olguya dikkat çekmişler ancak TSSB anlayışıyla ilgisiz olduğu düşünülmüştü [11].

Günümüzde, derin uyku ve REM uykusunun, anıların zaman içinde değişmesi üzerinde ne kadar etkili olduğunu biliyoruz. Uyuyan beyin, duygusal olarak ilgili bilgilerin izlerini arttırıp ilgisiz olanların uzaklaşmasını sağlayarak hafızayı yeniden şekillendirmektedir[12]. Stickgold ve meslektaşlarının gerçekleştirdiği değerli çalışmalar, uyuyan beynin, uyanık olduğumuz zaman ilgisi net olmayan bilgileri anlamlandırarak daha büyük bir hafıza sisteminde bütünleştirdiğini göstermişlerdir [13].

Rüyalar, eski anıları aylarca, hatta yıllarca yeniden canlandırmayı, yeniden bir araya getirmeyi ve yeniden bütünleştirmeyi sürdürmektedir [14]. Uyanık zihnimizin nelere dikkat ettiğine karar vermek için gizli kalmış gerçeklikleri güncellemeyi sürdürürler. Ve belki de EMDR ile en ilgili olan şey, REM uykusu sırasında, normal uyanma durumunda ya da REM olmayan uyku sırasındakilerden daha uzak çağrışımları harekete geçirmesidir. Örneğin, denekler, REM olmayan uyku sırasında uyandırılıp, kelime çağrışım testi uygulandığında standart yanıtlar vermektedir; sıcak/soğuk, sert/yumuşak vb. REM uykusu sırasında uyandırılanlar ise hırsız/yanlış gibi basmakalıp olmayan bağlantılar kurmaktadır [15]. Aynı zamanda REM uykusunun ardından basit anagramları daha kolay yapabilmektedirler. Uzak çağrışımların harekete geçmesine doğru değişim, rüyaların neden garip olduğunu açıklayabilir [16].

Stickgold, Hobson ve meslektaşları, rüyaların, açıkça ilgisiz görünen anılar arasında yeni ilişkiler yaratmaya yardımcı olduğunu keşfetmiştir [17]. Yeni bağlantılar görmek, yaratıcılığın esas özelliklerinden biridir; daha önce de gördüğümüz gibi aynı zamanda iyileşmenin de temelidir. Deneyimleri yeniden birleştirememe, aynı zamanda TSSB'nin de çarpıcı özelliklerinden biridir. Dördüncü Bölüm'de söz ettiğim Noam, gelecekteki terör kurbanlarını kurtarmak için trambolin hayal ediyordu, travma yaşayan kişiler donuk çağrışımlar arasında sıkışıp kalmıştır. Türban takan biri beni öldürebilir, beni çekici bulan bir erkek bana tecavüz edebilir gibi.

Son olarak, Stickgold, EMDR ve rüyalarda anının işlenmesi arasında açık bir bağlantı olduğunu öne sürmektedir: "EMDR'nin iki yönlü uyarısı, REM uykusu sırasında görülen duruma benzer bir şekilde beyin durumlarını değiştirebiliyorsa, EMDR, etkili hafıza işleme ve travma çözülmesi için TSSB yaşayan kişilerde, engellenmiş ya da etkisiz olabilen uykuya bağlı süreçlerin faydalarından da yararlanmalıdır."[18] Temel EMDR yönergesi "O görüntüyü zihninde tut ve yalnızca sağa sola hareket eden parmaklarımı izle", rüya gören beyinde olanları yeniden üretebilir. Bu kitap baskıya giderken, Ruth Lanius ile birlikte fMRI taraması sırasında deneklerin düzensiz göz hareketleriyle travmatik bir olayı ve sıradan bir olayı hatırladıkları sırada beyinlerinin nasıl çalıştığını göstermeye çalışıyorduk. Bizi izlemeye devam edin.

ÇAĞRIŞIM VE BÜTÜNLEŞTİRME

Geleneksel maruz bırakma tedavisinin aksine EMDR, özgün travmaya odaklanma üzerinde çok az vakit ayırır. Travmanın kendisi başlangıç noktasıdır ancak odak noktası çağrışım sürecini açmak ve uyarmaktır. Prozac/EMDR çalışmamızda da gördüğümüz gibi, ilaçlar görüntüleri ve korku hislerini köreltebilir ancak beyinde ve zihinde varlıklarını sürdürmeye devam ederler. Prozac kullanan deneklerin – anıları ciddi bir şekilde körelen ve ancak olayı geçmişte yaşanmış bir olay hâlinde bütünleştirmeyen ve gözle görülür bir şekilde endişe yaşayanların – aksine EMDR uygulanan denekler travmanın belirgin izlerini taşımıyorlardı. Çok uzun zaman önce meydana gelmiş kötü bir olay. Tıpkı bir hastamın önemsemediğini belirten el hareketiyle söylediği gibi "Geçti."

Tam olarak EMDR'nin nasıl çalıştığını bilmiyoruz, aynısı Prozac için de geçerlidir. Prozac serotonin üzerinde etkilidir ancak seviyenin yükselip yükselmediği, hangi beyin hücrelerinde gerçekleştiği ve insanların neden korkularını azalttığı gibi durumlar hâlâ net değildir. Aynı şekilde güvenilir bir arkadaşla konuşmanın neden derin bir rahatlama verdiğini de bilmiyoruz ve çok az insanın bu soruyu araştırmak için istekli olduğunu görmek beni şaşırtıyor [19].

Klinik uzmanların tek bir yükümlülüğü vardır: Hastaların daha iyi olması için ellerinden gelen her şeyi yapmak. Bu nedenle, klinik uygulamalar, deneysel çalışmalar için her zaman kaynak olmuştur. Bazı deneyler başarısız olur, bazıları başarılı olur ve EMDR, diyalektik davranış terapisi ve içsel aile sistemleri gibi terapiler, terapi uygulamalarını değiştirmeyi sürdürür. Tüm bu tedavileri geçerli kılmak on yılları almaktadır ve araştırma desteklerinin, işe yaradığı kanıtlanan yöntemlere gitmesiyle de bu süre uzamaktadır. Penisilinin geçmişini düşünerek rahatlıyorum. Alexander Fleming'in 1928 yılında antibiyotik özelliklerini keşfetmesiyle, 1965 yılında mekanizmasının açıklığa kavuşması arasında neredeyse 40 yıl geçmiştir.

BÖLÜM 16

BEDENİNİZİN İÇİNDE YAŞAMAYI ÖĞRENMEK: YOGA

Bedenlerimizin ihtiyaçları için içimizle (organlarımızla) bağlanmayı yeniden deneyimlemeye başladığımızda, benliği sevmek için yepyeni bir kapasite ortaya çıkar. Kendimize bakma özgünlüğümüzde yeni bir gerçeklik kalitesi deneyimleriz, dikkatimizi sağlığımıza, beslenmemize, enerjimize ve zaman yönetimine yönlendiririz. Bu pekiştirilmiş benlik ilgisi, zorunluluk olarak değil, kendiliğinden ve doğal bir şekilde ortaya çıkar. Öz bakımda dolaysız ve gerçek bir keyif deneyimleyebiliriz.

— Stephen Cope, *Yoga and the Quest for the True Self*

Annie'yi ilk gördüğümde, bekleme odasında bir sandalyeye çökmüş oturuyordu, üzerinde soluk renkli bir kot pantolon ve mor renkte Jimmy Cliff tişörtü vardı. Bacakları görünür bir şekilde titriyordu ve kendisini içeri davet etmeme rağmen yere bakmayı sürdürüyordu. Kırk yedi yaşında olması ve özel eğitim gereksinimi olan çocuklara öğretmenlik yapması dışında kendisiyle ilgili çok az şey biliyordum. Bedeni, konuşmaya dâhil olmaya korktuğunu – ya da adresi, sigorta bilgileri gibi rutin bilgileri vermeye korktuğunu– açıkça belli ediyordu. Bu kadar çok korkan insanlar, sağlıklı düşünemezler ve bir şey yerine getirmelerini istemeniz onların daha fazla kapanmasına neden olmaktadır. Eğer ısrar ederseniz kaçarlar ve bir daha kendilerini göremezsiniz.

Annie, ayaklarını sürüyerek odama girdi, ayakta duruyor, zar zor nefes alıp veriyordu, sanki donmuş bir kuş gibi görünüyordu. Onu sakinleştirmediğim sürece hiçbir şey yapamayacağımı biliyorum. Ona doğru altı adım yaklaşarak, kapıdan içeri tam olarak girmesini sağladım, biraz daha derin nefes alıp vermesi konusunda cesaretlendirdim. Ben de kendisiyle nefes alıp verdim ve ondan benim yaptıklarımı yapmasını istedim, o nefes alırken kollarımı yana açtım ve ben nefes verirken yana indirdim; bu Çinli bir öğrencimin bana öğrettiği bir çigong (Qigong) tekniğidir. Çaktırmadan benim hareketlerimi takip etti, gözleri hâlâ yere sabitlenmişti. Bu şekilde yaklaşık yarım saat geçirdik. Zaman zaman, sessizce yerde ayaklarının nasıl durduğuna ve her nefes alıp verişte göğsünün nasıl açılıp kapandığına dikkat etmesini söyledim. Nefes alma, aşamalı bir şekilde daha yavaş ve daha derin olmaya başladı, yüzü yumuşadı ve duruşu biraz daha dik bir hâl aldı; bakışları benim Adem elmama dek yükseldi. Baskın korkunun ardındaki kişiyi hissetmeye başladım. Sonunda daha rahatlamış görünüyordu ve bana küçük bir gülümseme ışıltısı ve ikimizin de odada olduğunun farkına vardığını gösterdi. Şimdilik bu kadarının yeterli olduğunu – kendisinden yeterince istekte bulunmuştum– ve bir hafta sonra gelip gelemeyeceğini sordum. Başıyla onayladı ve mırıldandı "Kesinlikle çok garipsiniz."

Annie'yi tanıdıkça, yazdığı notlardan ve bana verdiği resimlerden küçük bir çocukken korkunç bir şekilde hem annesinin hem de babasının istismarına uğradığı sonucunu çıkardım. Bedeni, kontrol edilemez bir kaygının esiri olmadan başına gelenleri anımsamayı öğrendikçe öykünün tamamı aşamalı bir şekilde açığa çıktı.

Annie'nin özel eğitim ihtiyacı olan çocuklar konusunda son derece yetenekli ve işinde uzman olduğunu öğrendim. (Çocuklarla uyguladığı tekniklerin bazılarını kendi kliniğimde de denedim ve son derece yararını gördüm.) Çocuklarla ilgili özgürce konuşabiliyordu ancak yetişkinlerle olan ilişkilerine geldiğinde ağzını bıçak açmıyordu. Evli olduğunu biliyordum ama nadiren kocasından söz ediyordu. Anlaşmazlıklar ve çatışmalarla, zihnindekileri yok ederek baş ediyordu. Yenik düştüğünü hissettiğinde jiletle kollarını ve göğsünü kesiyordu. Farklı terapilerle yıllarını geçirmiş ve korkunç geçmişinin izleriyle başetmesine çok az faydası dokunan, çok farklı ilaçlar kullanmıştı. Kendine zarar verici davranışları nedeniyle çeşitli psikiyatri kliniklerinde yatmış ama yine de çok bir fayda elde etmemişti.

Başlardaki terapi seanslarımızda, Annie, kapanıp donmadan önce düşünceleri ve duygularıyla ilgili yalnızca imalarda bulunabildiği için önce içinde bulunduğu psikolojik kaosu sakinleştirmek üzerinde odaklandık. Parasempatik sinir sistemini harekete geçiren nefes verişe odaklanarak nefes alıp vermek gibi yıllar içinde öğrenmiş olduğum her tekniği denedik. Ayrıca bedeninde çeşitli noktalardaki akupresür noktlarına parmaklarıyla vuruşlar yapmayı da öğrettim, EFT (Duygusal Özgürleşme Tekniği) adı altında yapılan bu uygulama, hastaların tolerans penceresinde kalmalarını sağlamaya yardım etmek için öğretilmektedir ve TSSB belirtileri üzerinde olumlu etkileri vardır [1].

KAÇINILMAZ ŞOKUN MİRASI

Alarm sisteminde yer alan beyin devrelerini tanımlayabildiğimiz için bekleme odasındaki ilk gününde Annie'nin beyninde neler olup bittiğini az çok biliyorduk: duman dedektörü, amigdalası, belirli durumları, yaşamı tehdit eden işaretçiler olarak yorumlamak için yeniden şekillenmişti ve hayatta kalmaya odaklanmış beyni, savaş, dona kal ya da kaç sinyalleri gönderiyordu. Annie, tüm bu tepkileri, eş zamanlı olarak veriyordu, görünür bir şekilde tedirgindi ve ruhsal olarak kapanmıştı.

Daha önce de gördüğümüz gibi, bozuk alarm sistemleri çeşitli yollarla kendini dışa vurur, algılarınızın doğruluğuna güvenemezsiniz. Örneğin, Annie, beni sevmeye başladığında görüşmelerimizi dört gözle bekliyordu ama ofisime gelirken yoğun bir panik yaşıyordu. Bir gün babası eve geleceği için duyduğu heyecan hissinin geri dönüşünü yaşadı ama o gece babasının istismarına uğramıştı. İlk kez, zihninin, sevdiği birini görme heyecanının, istismara uğrama korkusunu çağrıştırdığını fark etti.

Küçük çocuklar, özellikle deneyimi bölümlere ayırma konusunda çok beceriklidir, bu yüzden Annie'nin babasına karşı duyduğu doğal sevgi ve saldırıları karşısında duyduğu korku farklı bilinç düzeylerinde yer alıyordu. Yetişkin olarak Annie, istismardan dolayı kendini suçluyordu, sevgi dolu, heyecanlı bu kız çocuğunun babasını yönlendirdiğini – ve bu yüzden istismara uğradığını– düşünüyordu. Mantıklı beyni, bunun saçmalık olduğunu söylüyordu ancak bu inanç, duygusal, yaşamsal beyninde, limbik sistemin temel sisteminde derinlerde bir yerden çıkıyordu. Bu durumda, dikkatli bir şekilde o deneyimine tekrar dönüp, gerçekten o küçük kızın istismar sırasında neler hissedip yaşadığını anlamadan kendi bedeninde yeterince güvende hissedemezdi.

UYUŞMANIN İÇİNDE

Çaresizlik anılarının depolanma biçimlerinden biri de kas gerginliği ya da bedenin etkilenen bölgelerinde dağılma hissidir. Kaza kurbanlarında kafa, sırt ve bacaklar; cinsel istismar mağdurlarında vajina ve rektum (Editörün notu: Kalın bağırsağın son kısmı). Travma mağdurlarının birçoğu istenmeyen duyusal deneyimlerin güçlenmesi ve etkisiz hâle gelmesi durumları arasında dönüp dururlar ve deneyimlerimde gördüğüm insanların çoğu bu konuda uzman hâline gelmişti. Seri bir şekilde obez ya da anoreksik; egzersiz ya da işe bağımlı olabilirler. Travma yaşamış olan kişilerin en az yarısı, katlanılmaz bir hâle gelen iç dünyalarını, uyuşturucu ya da alkolle hafifletmeye çalışmaktadır. Hissizleşmenin diğer yüzü de his arayışıdır. Pek çok insan hissizleşmenin yok olması için kendine kesikler atarken birçoğu bungee jumping ya da fuhuş ve kumar gibi riskli işler denemektedir. Bu yöntemlerin herhangi biri yanlış ve aykırı biçimde kontrol duygusu vermektedir.

İnsanlar kronik bir şekilde öfke ya da korku hissettiğinde, sürekli kas gerginliği, en sonunda spazm, sırt ağrısı, migren, fibromiyalji ve diğer kronik ağrılara neden olur. Çok fazla uzmana başvurabilirler, kendilerine kapsamlı tanısal testler uygulanır ve bazılarına geçici rahatlık sağlayan çoklu ilaç tedavileri uygulanır ancak bunların hiçbiri altta yatan sorunlarını ele almaz. Tanıları, travmayla başa çıkma belirtisi olarak tanımlanmadan konur.

Annie ile gerçekleştirdiğim terapinin ilk iki yılı, fiziksel hislerini – başlangıcı, ortası sonu olan, şu anda yaşadığı hisler– tolere etmeye odaklandık. Yargılamadan hissettiklerini fark etmesini sağlayacak kadar sakin kalmasına yardım etmek üzerinde çalıştık, böylece bu davetsiz görüntüleri ve duyguları, şimdiki yaşamını tehdit eden sonu gelmez tehditler olarak değil de korkunç geçmişin kalıntıları olarak gözlemleyebiliyordu.

Annie gibi hastalar, bizlerin sürekli olarak uyarılmalarını düzenleyecek ve kendi fizyolojilerini kontrol edecek yeni yollar bulma konusunda bizi zorlar. Bu yüzden Travma Merkezindeki meslektaşlarımla birlikte tesadüfen yogayı bulduk.

YOGA İLE YOL BULMAK: AŞAĞIDAN YUKARIYA DOĞRU DÜZENLEME

Yogayla tanışmamız 1998 yılında, yeni bir biyolojik ölçeğin, kalp hızı değişkenliğinin (KHD) otonom sinir sistemini ölçmede çok iyi bir ölçek olmasının keşfiyle oldu. Bölüm 5'ten de hatırlayacağınız gibi, otonom sinir sistemi, beynimizin en temel, yaşamsal sistemidir, iki kolu bedendeki uyarılmaları düzenler. Kabaca konuşursak, sempatik sinir sistemi (SSS), bedeni doldurup harekete geçirmek için adrenalin gibi kimyasallar kullanırken; parasempatik sinir sistemi (PSS) sindirim, yaraların iyileşmesi, uyku ve rüya döngüsü gibi temel bedensel işlevlerin düzenlenmesine yardımcı olan asetilkolin kullanır. İyi olduğumuz zaman, bu iki sistem bizim çevremizle ve kendimizle en iyi düzeyde yakın bağlar kurma durumunda kalmamızı sağlar.

Kalp hızı değişkenliği, sempatik ve parasempatik sistemler arasındaki göreceli dengeyi ölçmektedir. Nefes alırken, SSS'yi uyarırız bu da kalp atış hızında artışa neden olur. Nefes verme, PSS'yi uyarır ve bu da kalbin atış hızını azaltır. Sağlıklı bireylerde nefes alışverişler, kalp atış oranında istikrarlı, ritmik iniş çıkışlar oluşturmaktadır. İyi kalp atış hızı değişkenliği, sağlıklı olmanın temel ölçütüdür.

KHD niçin önemlidir? Otonom sinir sistemimiz iyi dengelendiğinde, küçük kızgınlıklar ve hayal kırıklığına karşı verdiğimiz tepkilerde makul bir derecede kontrol sağlarız, kendimizi aşağılanmış ya da dışlanmış hissettiğimizde neler olduğunu sakin bir şekilde değerlendirmemizi sağlar. Uyarılmanın etkili düzenlenmesi, dürtülerimiz ve duygularımız üzerinde kontrolümüzün olmasını sağlar. Sakin kalmayı başardığımız sürece, nasıl tepki vereceğimizi seçebiliriz. Otonom sinir sistemini yetersiz düzenleyebilen kişiler, kolaylıkla hem zihinsel hem de fiziksel olarak dengelerini kaybederler. Otonom sinir sistemi, hem beden hem de beyindeki uyarılmaları kontrol ettiğinden, zayıf KHD (kalp hızı değişkenliği) – nefes alış verişe yanıt olarak kalp hızı dalgalanmasında eksikliktir– yalnızca duygu ve düşünceler üzerinde değil, aynı zamanda bedenin strese tepki verme biçimleri üzerinde de olumsuz etkilere yol açar. Nefes alış veriş ve kalp hızı arasındaki uyumun eksikliği, insanları aralarında kalp hastalığı ve kanserin yanı sıra depresyon, TSSB gibi ruhsal sorunların da yer aldığı çeşitli hastalıklara karşı yatkın kılmaktadır [2].

Bu olguyu daha ileri değerlendirmek adına KHD ölçümü için bir makine edindik ve nefes alış verişlerinin derinliğini ve ritmini ölçmek için TSSB yaşayan ve yaşamayan deneklerin göğüs kısmına bantlar yerleştirmeye başladık, bir yandan da kulak memelerine takılan küçük monitörlerle kalp atışlarını ölçtük. Altmış denekle test yaptıktan sonra, TSSB yaşayan kişilerin KHD oranlarının alışılmadık bir biçimde düşük olduğu netleşti. Başka bir deyişle, TSSB'de sempatik ve parasempatik sinir sistemleri uyumsuzdur [3]. Bu da karmaşık travma öyküsüne yeni bir dönemeç daha eklemişti. Başka bir beyin düzenleyici sistemin olması gerektiği gibi işlev göstermediğini onaylamıştık [4]. Bu sistemi dengede tutmadaki başarısızlık, Annie gibi kişilerin, göreceli olarak ufak streslere karşı aşırı tepki vermeye yatkınlıklarının açıklamalarından biridir: Yaşamın aşırılıklarıyla başetmemize yardım etmesi gereken biyolojik sistemler, zorlukları karşılamada başarısız olmaktadır.

Bir sonraki bilimsel sorumuz şu oldu: İnsanların KHD değerlerini düzeltmelerinin bir yolu var mıdır? Bu soruyu araştırmak için kişisel sebeplerim de vardı, ben de kendi KHD ölçümümün uzun vadede fiziksel sağlığı garanti edecek kadar zinde olmadığını keşfetmiştim. Bir internet araştırması, yapılan araştırmalarda maraton koşmanın KHD oranını belirgin bir şekilde arttırdığını söylüyordu. Ne yazık ki bunun

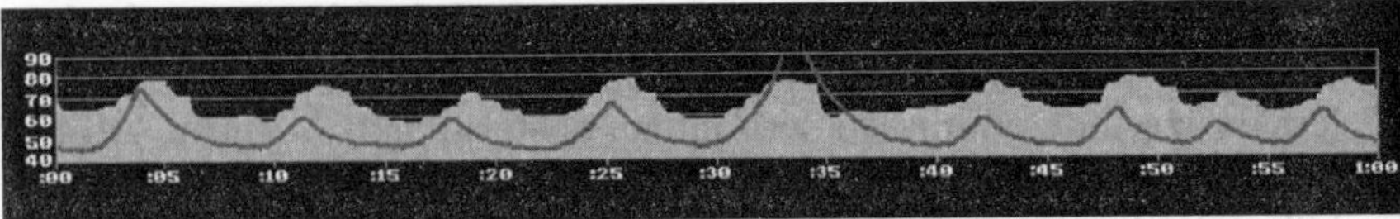

Öz düzenlemesi iyi olan kişilerde kalp hızı değişkenliği. İniş ve çıkışlar gösteren siyah çizgiler nefes alış verişi temsil eder, bu olguda, yavaş ve düzenli nefes alışverişler mevcuttur. Gri alan kalp atışındaki değişkenlikleri gösterir. Kişi nefes aldığında kalp hızı artar, nefes verdiğinde ise yavaşlar. Bu kalp hızı değişkenliği mükemmel bir fizyolojik sağlığı göstermektedir.

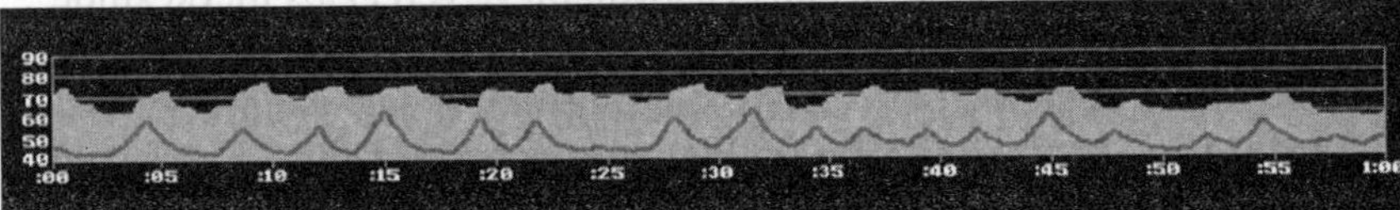

Üzüntü karşısında tepki. Bir kişi kendisini üzen bir olayı hatırladığında, nefes alış veriş hızlı ve düzensiz bir hâl alırken kalp hızı da benzer bir durum sergiler. Kalp ve nefes uyum içinde hareket etmez. Bu da normal bir tepkidir.

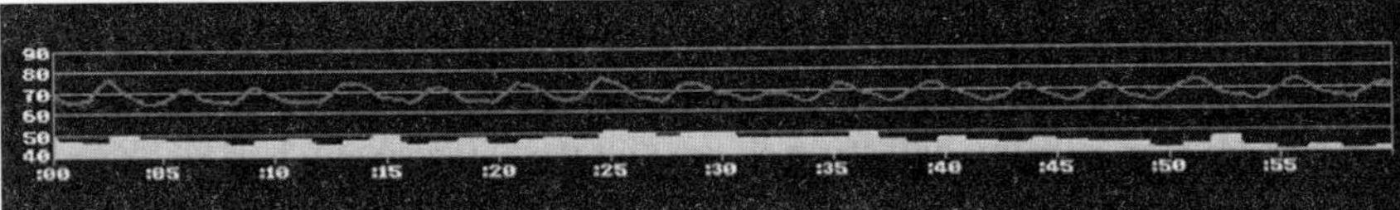

TSSB'de KHD. Nefes alış veriş hızlı ve yüzeyseldir. Kalp hızı yavaş ve nefes alış verişle uyumsuzdur. Bu, kronik TSSB yaşayan çökmedeki kişinin örneğidir.

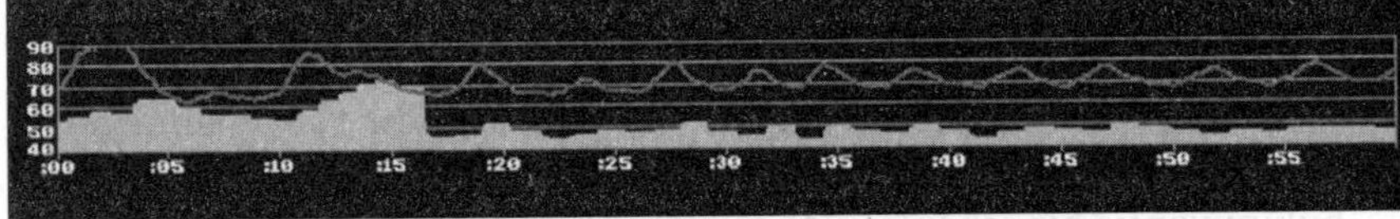

Travmatik anıyı tekrar yaşayan TSSB hastası. Nefes alış veriş başlangıçta derin ve rahat değildir, bu tipik bir panik tepkisidir. Kalp hızı nefes alış verişle uyumlu değildir. Bunu hızlı, yüzeysel nefes alış verişler, yavaş kalp hızı izler, bu da kişinin çökmede olduğu anlamındadır.

uygulanabilirliği çok azdı, ne ben ne de hastalarım Boston Maratonu için iyi adaylar değildik. Google, ayrıca, yoganın KHD oranını geliştirdiğini söyleyen on yedi bin yoga sayfası listelemişti ancak bunu destekleyen hiçbir çalışma bulamıyorduk. Yoga yapan kişiler, insanlara içsel denge ve sağlıkları arasındaki dengeyi kurmalarına yardım ediyor olabilirdi ancak 1998 yılına döndüğümüzde henüz Batı tıp geleneğinin araçlarıyla iddialarını değerlendirmelerini sağlayacak fazla çalışma yapılmamıştı.

O zamandan bu yana, bilimsel yöntemler, kişinin nefes alış veriş biçimini değiştirmesinin, öfke, depresyon kaygı gibi sorunları iyileştirebileceğini onaylamıştır [5] ve yoganın, yüksek kan basıncı, yüksek stres hormonu salgısı [6], astım ve bel ağrısı gibi çok çeşitli tıbbi problemler üzerinde olumlu etkileri olduğu gösterilmiştir [7]. Ancak, 2014 yılında ortaya çıkan çalışmamıza dek, TSSB için yoga konulu hiçbir bilimsel çalışma yayınlanmamıştı [8].

Aslında, internet araştırmasından birkaç gün sonra, David Emerson adından uzun boylu, zayıf bir yoga öğretmeni Travma Merkezinin kapısından içeri girmişti. Bize, TSSB ile başa çıkabilmek için hatha yoganın farklı bir türünü geliştirdiğini ve yerel gazi merkezinde gaziler ve Boston Bölgesi Tecavüz Kriz Merkezinde kadınlarla dersler yaptığını söyledi. Bizim de kendisiyle çalışmak isteyip istemediğimizi sordu? Dave'in ziyareti çok aktif bir yoga programı hâline dönüştü ve zamanı gelince, yoganın TSSB üzerindeki etkilerini araştırmak üzere Ulusal Sağlık Enstitüsünden ilk ödeneğimizi aldık. Dave'in çalışması, aynı zamanda benim kendi yoga uygulamamı geliştirmeme ve batı Massachusetts'de Berkshire Dağları'ndaki bir yoga merkezi olan Kripalu'da öğretmen olmama da katkı sağladı. (Bu sırada benim kendi KHD yapım da düzelmişti.)

KHD oranlarını iyileştirmek için yogayı seçerken, soruna karşı geniş bir yaklaşım sergiliyorduk. İnsanları nefes alış verişlerini yavaşlatma ve yukarıda şekil 9'da gösterildiği gibi "kardiyak uyum" sonucu elde edecek şekilde kalp atım hızıyla uyumlu hâle getirmek konusunda eğitmek için elde kullanılabilecek oldukça uygun fiyatlı pek çok araç kullandık [9]. Bugün, KHD oranını, akıllı telefon yardımıyla da iyileştirebilecek pek çok uygulama bulunmaktadır [10]. Kliniğimizde, hastaların kendi KHD oranları üzerinde çalışabilecekleri istasyonlar bulunuyor ve bir sebeple evde yoga, uzak doğu sporları ya da qiqong yapamayan hastalarımı bu konuda teşvik ediyorum. (Daha fazla bilgi için Kaynaklar bölümüne bakınız.)

YOGAYI KEŞFETME

Yoga konusunda çalışma kararımız, bizi, travmanın bedendeki etkisi üzerinde daha derinleşmeye yönlendirdi. İlk deneysel yoga derslerimiz, yakınlardaki bir stüdyonun bize bağışladığı bir sınıfta yer aldı. David Emerson ve meslektaşları Dana Moore ve Jodi Carey gönüllü eğitmenlerimiz oldu ve araştırma ekibim yoganın fizyolojik işlevler üzerindeki etkisini nasıl en iyi şekilde ölçebileceğimizi buldu. Yakınlardaki süpermarketlere ve çamaşırhanelere derslerimizin reklamı için pek çok el ilanı koyduk ve bizi arayan düzinelerce insanla görüştük. Sonunda ciddi travma geçmişi ve yıllarca pek iyi sonuçlar elde edemedikleri terapiler almış olan otuz yedi kadın seçtik. Yoga grubu için gönüllülerin yarısını rastgele seçtik, diğerleri ise bireylere sakin ve kontrollü olmaları için farkındalık sağlayan, iyi bilinen bir ruh sağlığı tedavisi olan diyalektik davranış terapisi (DBT) uygulanan kişiler arasından seçildi. Sonunda, MIT'den bir mühendisi, bize sekiz farklı kişinin eş zamanlı olarak KHD oranlarını ölçebileceğimiz karmaşık bir bilgisayar programı yapması konusunda görevlendirdik. (Her çalışma grubunda, en fazla sekiz katılımcının olduğu çoklu sınıflar vardı). Yoga belirgin bir şekilde katılımcıların TSSB'deki uyarılma sorunlarını iyileştirirken, deneklerin bedenleriyle olan ilişkilerini de çarpıcı bir şekilde iyileştirdi ("Artık bedenime bakıyorum", "Vücudumun ihtiyaçlarını dinliyorum"), oysa sekiz haftalık DBT uyarılma seviyeleri ya da TSSB belirtileri üzerinde etkili olmamıştı. Böylece yoganın KHD oranlarını değiştirip değiştirmeyeceğini görmek olan (ki değiştirdi) ilgi odağımız [11], travma yaşayan kişilerin işkence gören bedenlerinde rahat bir şekilde yaşamalarını öğretmeye doğru değişim gösterdi.

Zaman içinde Camp Lejeune'deki denizciler için de bir yoga programı başlattık ve TSSB yaşayan savaş gazileri için pek çok farklı programı, yoga programları içinde başarıyla uyguladık. Savaş gazileriyle ilgili elimizde hiçbir resmî araştırma verisi olmamasına rağmen, yoga çalışmamızda yer alan kadınlarda olduğu kadar etkili olmuş gibi görünüyordu.

Tüm yoga programları, nefes pratikleri (*pranayama*), esneme ya da duruş (*asana*) ve meditasyon birleşiminden oluşmaktadır. Farklı yoga okulları, bu temel bileşenler içinde yoğunluk ve odaklardaki farklılıkları vurgulamaktadır. Örneğin, nefes alış veriş hızı ve derinliğindeki ağız, burun delikleri ve boğazın kullanılmasındaki farklılıklar, farklı sonuçlar doğurmaktadır [12]. Derslerimizde yaklaşımı basit tutuyoruz. Hastalarımızın çoğu nefes alış verişlerinin hemen hemen hiç farkında değildir, bu nedenle, nefes alış verişin hızlı ya da yavaş olup olmadığını fark etmek için nefesi içeri çekme ve vermeye odaklanmak, bazı duruşlarda nefes alış verişi saymak belirgin bir başarı sayılabilir [13].

Aşamalı bir şekilde, sınırlı sayıda klasik duruş öğretiriz. Vurguladığımız şey duruşları "doğru" yapmaları değildir, onların farklı duruşlarda hangi kasların çalıştığına dikkat etmelerini sağlamaktır. Sıralama, gerginlik ve rahatlama arasında bir ritim sağlamak üzere tasarlanmıştır. Bu günlük hayatlarında da algılamaya başlayacaklarını umduğumuz bir şeydir.

Meditasyonu olduğu gibi öğretmiyoruz ancak öğrencilerimizi farklı pozisyonlarda bedenlerinin farklı kısımlarında neler olduğunu gözlemlemeleri konusunda cesaretlendiriyoruz. Çalışmalarımızda travma yaşayan kişilerin bedenlerinde rahat ve fiziksel olarak tamamen güvende hissetmelerinin ne kadar zor olduğunu görmeye devam ediyoruz. Çoğu derste kişilerin yüzleri yukarı dönük, avuç içleri açık, kolları ve bacakları rahat bir şekilde durduğu bir pozisyon olan *shavasana* sırasında kollarına yerleştirdiğimiz küçük monitörlerle deneklerimizin KHD oranlarını ölçüyoruz. Rahatlama yerine, net bir sinyal almak için çok fazla kas hareketi ölçtük. Sakin bir uzanma durumunun yerine, öğrencilerimizin kasları, genellikle onları görünmeyen düşmanlara karşı savaşmaya hazırlamayı sürdürüyor. Travmadan iyileşme sırasında en büyük mücadele, tam bir rahatlama ve güvenli bir şekilde teslim olma durumunu başarabilmektedir.

ÖZ DÜZENLEMEYİ ÖĞRENME

Pilot çalışmalarımızın başarılı olduğunu gördükten sonra, Travma Merkezinde terapi amaçlı bir yoga programı oluşturduk. Bunun, bedenini daha fazla önemsemesi adına Annie için bir fırsat olduğunu düşündüm ve denemesi için ısrar ettim. İlk ders zordu. Sadece, eğitmene alışması dahi öyle korkutucuydu ki eve gitti ve kendine kesikler attı; hatalı alarm sistemi, sırtına nazik bir şekilde dokunmayı bile bir istismar olarak algılamıştı. Aynı zamanda Annie, yoganın bedeninde sürekli hissettiği tehlike duygusundan kendini kurtarabilmesi için bir yol olabileceğini fark etmişti. Cesaretlendirmelerimle bir sonraki hafta geri döndü.

Annie için her zaman deneyimleri hakkında yazmak, konuşmaktan daha kolaydı. İkinci yoga dersinin ardından bana şunları yazdı: "Yoganın beni neden bu kadar korkuttuğunu bilmiyorum ama iyileşmem için inanılmaz bir kaynak olacağını biliyorum ve bu yüzden kendimi bunu denemek için zorluyorum. Yoga, dışarı bakmak yerine içeri bakmak ve bedenimi dinlemek, ama ben yaşamımın çoğunda bunları hiç yapmadım. Bugün derse giderken kalbim yerinden çıkacak gibiydi, bir parçam geri dönmek istiyordu, kapıya varıp içeri girene dek zorla adım atıyordum. Dersten sonra eve geldim ve saatlerce uyudum. Bu hafta evde yoga yapmayı denedim ve şu kelimeler geldi 'Bedeninin sana söylemek istediği şeyler var'. Ben de kendi kendime 'Deneyeceğim ve dinleyeceğim.' dedim."

Birkaç gün sonra Annie şunları yazdı: "Bugün yoga sırasında ve yogadan sonra bazı düşünceler oluştu. Kendimi kestiğimde bedenimden ne kadar kopuk olduğum aklıma geldi. Duruşları yaparken, çenem ve bacaklarımla göbek deliği arasındaki tüm alan sıkı ve gergindi, acıyı ve anıları taşıyordu. Bazı zamanlarda bana nerede hissettiğimi soruyordunuz ve ben de onların yerini bulmaya bile başlamamıştım ama bugün o yerleri çok net bir şekilde hissettim ve bu da yavaş yavaş ağlama isteği uyandırdı."

Sonraki ay, her ikimiz de seyahate çıktık ve kendisiyle iletişimde kalmak istediğimi söyledim ve Annie bana yine yazdı: "Göle bakan bir odada tek başıma yoga yapıyorum. Bana verdiğiniz kitabı okuyorum (Stephen Cope'un harika *Yoga and the Quest for the True Self: Yoga ve Gerçek Benliği Arayış* kitabı). Ne kadar uzun zamandır bedenimi dinlemeyi reddettiğimi düşünmek gerçekten çok ilginç. Dün yoga yaptığımda, bana anlatmak istediklerini anlatması için bedenimi rahat bırakmaya başladım ve kalça açma duruşunda çok fazla acı ve üzüntü vardı. Evden uzaktayken zihnimin gerçekten canlı görüntüler ortaya çıkaracağını sanmıyorum, bu da iyi bir şey. Şimdi ne kadar dengesiz olduğum ve gerçek benliğimin bir parçası olan geçmişimi ne kadar inkâr etmeye çalıştığımı düşünüyorum. Buna açık olursam öğrenebileceğim çok şey var ve böylece günün her dakikası kendimle savaşmak zorunda kalmayacağım."

Annie için en zor olan yoga duruşlarından biri de sırtüstü uzanıp bacaklarınızı dizlerinizi kendinize doğru çekip, ellerinizle ayak parmaklarından tutup ayak tabanlarının yukarı doğru olduğu mutlu bebek pozisyonuydu. Bu, pelvisi son derece açık duruma getiriyor. Bu duruşta tecavüz kurbanlarının neden son derece zayıf olduğunu anlamak kolaydır. Ancak Mutlu Bebek (ya da bunu andıran herhangi bir duruş) yoğun bir paniğe neden olmaktadır ve bu kişilerle yakın olmak oldukça zordur. Yoga sınıflarımızda pek çok hasta için Mutlu Bebek duruşunu rahat bir şekilde yapmayı öğrenmek oldukça zorlayıcıdır.

BENİ ÖĞRENMEK: BEDENSEL FARKINDALIĞI İLERLETMEK

Çağdaş nörobilimin en açık derslerinden biri, kendimizle ilgili algılarımızın bedenlerimizle hayati bir bağı olduğudur [14]. Fiziksel algılarımızı hissedip yorumlayamadığımız sürece kendimizi gerçekten tanımayız; yaşam yolculuğunda güvenle gitmek için bu algıları kaydedip etkilemeye ihtiyacımız vardır[15]. Hissizleşme (ya da telafi edicisi duygu arayışı) yaşamı daha katlanılır kılarken bunun bedeli de bedeninizin içinde olup bitenle ilgili farkındalığını kaybetmek ve karşılığında da tam anlamıyla duyusal olarak yaşama algısını kaybetmektir.

Bölüm 6'da kişinin kendi içinde olup biteni tanımlayamama durumunda kullanılan teknik bir terim olan duygu sağırlığını (aleksitimi) ele almıştım [16]. Duygu sağırlığı yaşayan kişiler fiziksel olarak rahatsız hissetmekle birlikte, sorunun ne olduğunu tam olarak tanımlayamazlar. Sonuç olarak, doktorların tanı koyamadığı, çoklu belirsiz ve sıkıntı verici fiziksel şikâyetlerden muzdarip olurlar. Buna ek olarak, verilen herhangi bir durum karşısında ne hissettikleri ya da neyin kendilerini daha iyi ya da daha kötü hissettirdiğini bulamazlar. Bu, bedenlerinin ihtiyaçlarını sessiz, akılcı yollarla tahmin etmelerini ve tepki vermelerini engelleyen hissizleşmenin sonucudur. Aynı zamanda, bu, müzik, dokunma ışık gibi yaşama değer katan deneyimlerin duyusal keyfini de sarmalamaktadır. Yoga, içsel dünyayla yeniden bir ilişki kurmak ve bu yolla da benlikle düşünceli, sevgi dolu, duyusal bir ilişki kurmak konusunda harika bir yol hâline gelmiştir.

Bedeninizin ihtiyaçlarının farkında olmazsanız, ilgilenemezsiniz. Aç hissetmezseniz beslenemezsiniz. Açlıkla ilgili kaygınızda yanılırsanız çok fazla yemek yiyebilirsiniz. Doyduğunuzu hissetmezseniz, yemeye devam edersiniz. Bu nedenle, duyusal farkındalığı ilerletmek travmanın iyileşmesi için önemlidir. En geleneksel terapiler, içsel duyusal dünyadaki anlık değişimleri önemsiz gibi gösterir ya da göz ardı eder. Ancak bu değişimler, organizmanın tepkilerinin özünü taşımaktadır: duygusal durumlar; bedenin kimyasal profilinde; iç organlarda, yüz, boğaz, gövde ve bacakların çizgili kaslarının kasılmasında izlerini bırakırlar [17]. Travma yaşayan kişilerin, duyularına tahammül edebileceklerini, içsel deneyimleriyle dost olabileceklerini ve yeni eylem örnekleri geliştirebileceklerini öğrenmeleri gereklidir.

Yogada, dikkatinizi nefes alıp vermeye ve anbean duyularınıza odaklarsınız. Duygularınız ve bedeniniz arasındaki bağa – belki de bir duruşu gerçekleştirme karşısında yaşadığınız kaygının dengenizi nasıl bozduğuna– dikkat etmeye başlarsınız. Hissettiklerinizi değiştirmenin yolunu aramaya başlarsınız. Derin nefes alıp vermek omzunuzdaki gerginliği rahatalatacak mı? Nefes vermeye odaklanmak sakinlik hissi oluşturacak mı? [18]

Sadece ne hissettiğinizin farkına varmak, duygusal düzenlemeyi destekler ve içinizde olup biteni göz ardı etmekten vazgeçmenize yardım eder. Öğrencilerime sık sık söylediğim gibi terapide de yer alan yogadaki en önemli ifadeler "Buna dikkat et." ve "Sonra ne oldu?" Bedeninize korku yerine merakla yaklaşmaya başladığınızda her şey değişir.

Bedensel farkındalık aynı zamanda zaman algınızı da değiştirir. Travma, çaresiz bir korku durumunda sonsuza dek sıkışmışsınız gibi hissetmenize neden olmaktadır. Yogada, duyularınızın zirveye çıktığını ve sonra düşüşe geçtiğini öğrenirsiniz. Örneğin, eğitmen sizden zorlayıcı bir duruş yapmanızı istediğinde, başlangıçta bu duruşun neden olacağı duygulara katlanamayacağınızı düşünerek yenilgi ya da direnç hissi yaşayabilirsiniz. İyi bir yoga eğitmeni, nefes alışverişi sırasında hislerinizi de katarak herhangi bir gerginliği fark etmeniz için sizi cesaretlendirir: "Bu, rahatsızlığın sonunu sezmenize ve fiziksel, duygusal sıkıntıyla başetme kapasitenizi güçlendirmeye yardım eder. Tüm deneyimlerin geçici olduğunu fark etmek kendinizle ilgili bakış açınızı da değiştirir.

Bu bedensel farkındalığı yeniden kazanmanın üzücü olmadığı anlamına gelmez. Göğsünüzde yeni eriştiğiniz duygunuz, öfke, korku ya da kaygı uyandırırsa ne olur? İlk yoga çalışmamızda, yarım bırakanların oranı yüzde 50 oldu, bu da bugüne kadar yaptığımız çalışmalardaki en yüksek orandı. Ayrılan hastalarla görüştüğümüzde, programı çok yoğun bulduklarını gördük. Pelvisi de kapsayan herhangi bir duruş, yoğun bir panik ve hatta cinsel istismar geri dönüşlerine zemin hazırlıyordu. Yoğun fiziksel algılar, hissizleşme ve dikkatsizlikle özenli bir şekilde saklanan geçmişten gelen iblisleri serbest bırakıyordu. Bu da bize bir salyangoz kadar yavaş olmamız gerektiğini öğretti. Bu yaklaşım işe yaradı. Son dönemde yaptığımız çalışmada otuz dört katılımcıdan biri yarım bırakarak ayrıldı.

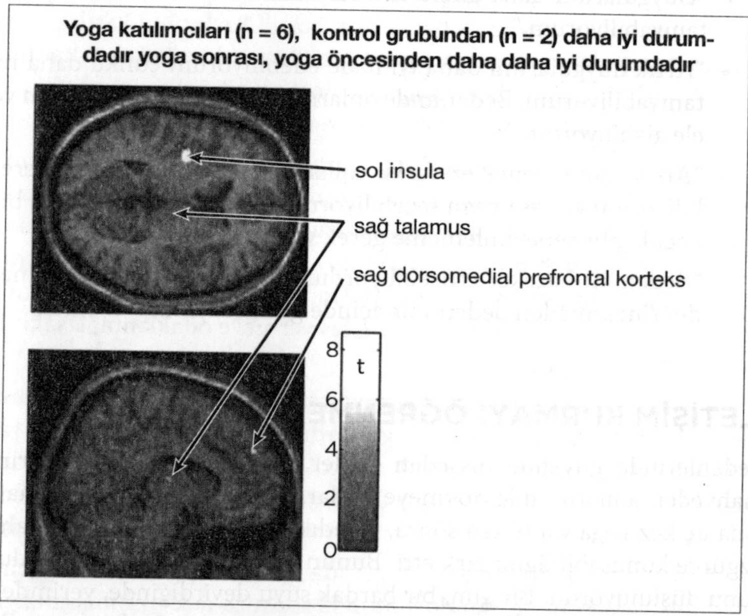

Haftalık yoga derslerinin etkisi. Yirmi hafta sonra, kronik olarak travma yaşayan kadınların öz düzenlemeyle ilgili beyin yapılarının aktivasyonunda artış görülmüştür: insula ve medial prefrontal korteks.

YOGA VE ÖZ FARKINDALIK NÖROBİLİMİ

Son birkaç yıldır, meslektaşlarım Sara Lazar ve Harvard'dan Britta Hölzel gibi araştırmacılar, yoğun meditasyonun, fizyolojik öz düzenleme için önemli olan beyin bölgelerinde olumlu etkileri olduğunu göstermiştir [19]. Erken dönemde travma yaşamış olan altı kadınla en son gerçekleştirdiğimiz yoga çalışmasında, yirmi haftalık yoga uygulamasının ilk göstergelerinde, temel benlik sistemini, insulayı ve mediyal prefrontal korteksi harekete geçirdiğini gördük (Bölüm 6). Bu araştırmada daha yapılacak çok iş var ancak eylemlerin farkında olmanın ve bedendeki algılarla dost olmanın, travmadan iyileşmeyi sağlayacak şekilde zihinde ve beyinde değişimleri nasıl sağladığı konusunda yeni bakış açıları kazandırmıştır.

Her yoga çalışmamızın ardından, katılımcılara, derslerin kendileri üzerindeki etkilerini sorduk. Hiçbir zaman insula ya da bedensel farkındalıktan söz etmedik; aslında tartışma ve açıklamayı en düşük düzeyde tuttuk ki böylece içlerine doğru odaklanabildiler.

Aşağıda verdikleri yanıtlardan örnekler yer alıyor:

- "Duygularımı daha güçlü hissediyorum. Belki de onları şimdi tanıyabiliyorum."
- "Artık duygularımı daha iyi ifade edebiliyorum çünkü daha iyi tanıyabiliyorum. Bedenimde onları hissediyorum, tanıyorum ve ele alabiliyorum."
- "Artık yeni seçenekler, farklı yollar görebiliyorum. Karar verebiliyorum ve yaşamımı seçebiliyorum, tekrar etmesine ya da bir çocuk gibi deneyimlememe gerek yok."
- "Bedenimi hareket ettirebiliyordum ve kendime zarar vermeden/incinmeden bedenimin içinde güvendeyim."

İLETİŞİM KURMAYI ÖĞRENMEK

Bedenlerinde güvende hisseden kişiler, daha önceden kendilerini mahveden anılarını dile dökmeye başlar. Annie bir yıl boyunca haftada üç kez yoga yaptıktan sonra, yaşadıkları hakkında benimle daha özgürce konuşabildiğini fark etti. Bunun neredeyse bir mucize olduğunu düşünüyordu. Bir gün, bir bardak suyu devirdiğinde, yerimden kalktım ve elimde Kleenex kutusuyla (Editörün notu: Bir kâğıt mendil markası) yanına gittim: "Durun sileyim." dedim. Bu, kısa, yoğun bir panik tepkisine neden oldu. Hemen kendini toparlayarak neden böyle belirli bazı kelimelerin kendisini üzdüğünü açıkladı; babası tecavüz ettikten sonra söylüyormuş. Seansın ardından Annie, bana şunları yazdı: "Fark ettiniz mi kelimeleri yüksek sesle söyleyebildim? Neler olduğunu anlatmak için size yazmak zorunda kalmadım. Beni tetikleyen kelimeleri kullandığınız için size olan güvenimi kaybetmedim. O kelimelerin tetikleyici olduğunu anladım ve kullanılmaması gereken kelimeler olmadıklarını biliyorum."

Annie yoga yapmaya devam ediyor ve deneyimleri hakkında bana yazmayı sürdürüyor: "Yeni yoga stüdyosunda sabah dersine gittim. Eğitmenimiz, yapabileceğimizin sınırına dek nefes almamızı ve o sınırda neler olduğuna dikkat etmemizi söyledi. Nefesimizin farkında olursak şu andayız demektir, gelecekte ya da geçmişte nefes alamayız. Sizinle üzerinde konuştuktan sonra nefesi bu şekilde uygulamak benim için büyüleyiciydi, sanki bana bir hediye verilmişti. Bazı duruşlar benim için tetikleyici olabiliyor. İkisi bugün oldu, biri kurbağa gibi ayakları çektiğimiz duruştu ve biri de pelvise odaklanarak nefes almaktı. Panik olmaya başladığımı hissettim, özellikle de nefes pozisyonunda, sanki bedenimin hissetmek istemediğim kısmıydı. Sonra kendimi durdurdum ve 'bedeninin bu kısmı yalnızca deneyim yaşadı ve bırak gitsin' dedim. Orada kalmak zorunda değilsin ama terk etmen de gerekmez, yalnızca bilgi olarak kullan. Daha önceden böyle bilinçli bir şekilde bunu yapabileceğimi bilmiyordum. Korkmadan farkına varabilirsem, kendime inanmanın daha kolay olabileceğini düşünmemi sağladı."

Başka bir mesajında Annie yaşamındaki değişimleri şöyle yansıtıyordu: "Yavaş yavaş altında ezilmeden duygularımı yaşıyorum. Yaşam daha kontrol edilebilir. Günlerime daha fazla uyum sağlayabiliyorum ve bulunduğum anı daha fazla yaşıyorum. Fiziksel temasa karşı daha toleranslıyım. Eşimle birlikte yatakta uzanıp film izlemekten keyif alıyorum... Büyük bir adım. Tüm bunlar sonunda eşime karşı yakınlık duymaya başladım".

BÖLÜM 17

PARÇALARI BİR ARAYA GETİRMEK: ÖZ LİDERLİK

İnsan kısmı bir misafirhane. Her sabah yeni birisi gelir. Bir sevinç, bir bunalım, bir zalimlik, aniden farkına varmak her şeyin, hepsi beklenmedik misafir. Hepsini karşılayıp eyle! Karanlık düşünce, utangaç ve garez... Hepsini gülerek karşıla kapıda. Ve buyur et içeri. Minnettar ol her gelene, kim gelirse gelsin çünkü bunların her birisi öte taraftan bir kılavuz olarak gönderildi.

— Rumi

İnsanın onu tanıyan ve zihninde imajını taşıyan bireyler kadar sosyal benliği vardır.

— William James, *The Principles of Psychology*

Kariyerimin henüz başlarındaydım ve yaklaşık üç aydır, haftalık psikoterapi seanslarımda utanç içinde olan, yalnız ve fiziksel olarak çökmüş Mary adında bir kadınla görüşüyor ve erken dönem istismar geçmişinin verdiği zararla başa çıkmasına çalışıyordum. Bir gün bekleme odamın kapısını açtım ve onu üzerinde son derece kısa mini eteği ve kıpkırmızı saçlarıyla kışkırtıcı bir şekilde ayakta beklerken gördüm, elinde bir fincan kahveyle "Siz Dr. Van der Kolk olmalısınız." diye homurdandı. "İsmim Jane ve Mary'nin size anlattığı yalanlara inanmamanız konusunda sizi uyarmaya geldim. İçeri girip size anlatabilir miyim?" Şaşkına dönmüştüm neyse ki "Jane"le zıtlaşmadan onu sonuna dek dinledim. Seans boyunca yalnızca Jane'le değil aynı zamanda incinmiş küçük bir kız ve öfkeli bir erkek ergenle de tanıştım. Bu oldukça uzun ve üretken bir tedavinin başlangıcıydı.

Mary, dissosiyatif kimlik bozukluğu (DKB) yaşayan ilk hastamdı, o zamanlar hastalık çoklu kişilik bozukluğu olarak adlandırılıyordu. Dramatik belirtiler olduğu kadar, DKB'de deneyimlenen içsel ayrılma ve ayrı kişiliklerin ortaya çıkması da, yalnızca en uçta, ruhsal yaşamın spektrumunun sonunu yansıtmaktadır. Birbiri ile savaşan dürtülerle ya da parçalarla yaşama hissi hepimiz için ancak özellikle de hayatta kalmak adına uç noktaları yaşamak zorunda kalan travma yaşamış kişiler için aşinadır. Bu parçaları keşfetmek –hatta onlarla arkadaş olabilmek– iyileşmenin önemli bir bileşenidir.

UMUTSUZ ZAMANLAR UMUTSUZ ÖNLEMLER GEREKTİRMEKTEDİR

Küçük düşürüldüğümüzde neler olduğunu hepimiz biliyoruz. Tüm enerjimizi, kendimizi korumaya yönlendirerek, hayatta kalmak için stratejiler geliştiririz. Duygularımızı bastırabiliriz; öfkelenebilir ve intikam komplosu kurabiliriz. Bir daha bizi kimsenin incitememesi için güçlü ve başarılı olmaya karar verebiliriz. Bazı obsesyonlar, kompulsif davranışlar ve panik atakların yanı sıra kendine zarar verme davranışları gibi psikiyatrik problem olarak sınıflandırılan pek çok davranış, kendini koruma stratejisi olarak başlamıştır. Travmaya bu tür adaptasyonlar, işlev kapasitesiyle öyle çatışmaktadır ki sağlık uzmanları ve hastalar, tam iyileşmenin çok uzaklarda olduğuna inanırlar. Bu belirtileri kalıcı engeller olarak görmek, tedavinin odağını, yaşam boyu bağımlılık yaratabilecek olan –travma yaşamış olan kişiler sanki diyaliz hastasıymış gibi– doğru ilaç dozunu bulmak olarak daraltabilir [1].

Saldırganlık ya da depresyonu, kibir ya da edilgenliği öğrenilmiş davranışlar olarak görmek daha üretkendir. O sırada, bir yerde, hasta, sert görünürse, görünmez ya da yok olursa hayatta kalabileceğine ya da vazgeçmenin daha güvenli olacağına karar vermiştir. Huzur içinde üstü örtülene dek travmatik anıların sürekli ortaya çıkması gibi, travmatik adaptasyonlar da insan organizması, kendini güvende hissedene ve travmayı uzaklaştırmaya çalışma ve savaşma arasında sıkışıp kalmış tüm parçalarını bütünleştirene dek sürer.

Tanıştığım travma yaşamış her kişinin kendine ait zorluklarını yenme biçimi vardı ve insanların nasıl başa çıktığını gösteren her bir öykü büyüleyicidir. Travma yaşayan kişilerin hayatta kalmak için sergiledikleri hareketleri için ne kadar enerji harcadığını bilmek beni ödedikleri bedeller karşısında şaşırtmıyor. Kendi bedenleri, zihinleri ve ruhlarıyla sevgi dolu bir ilişkiden yoksunlar.

Başa çıkmanın bedeli vardır. Pek çok çocuk, öfkesini ifade eder ya da kaçar, bu şekilde kendilerine bakan kişilerle olan ilişkilerini riske atmak yerine kendilerinden nefret etmeyi daha güvenli bulurlar. Sonuç olarak, istismara uğrayan çocuklar tamamen sevilemez olduklarına inanarak büyürler; bu, kendilerine bu kadar kötü davranılmasının sebebi olarak küçük zihinlerinin bulabildiği tek şeydir. Reddederek, aldırmayarak ve gerçekliğin büyük kısmını parçalara ayırarak hayatta kalırlar: İstismarı unuturlar; öfke ya da umutsuzluklarını bastırırlar; fiziksel algılarına karşı hissizleşirler. Çocukken istismara uğradıysanız, o dönemde içinizde dondurduğunuz çocuk kalan bir yanınız, hâlâ bu tür bir kendinden nefret etme ve reddetmeye dayanmaktadır. Korkunç deneyimler yaşayan pek çok yetişkin de aynı tuzağa yakalanmaktadır. Yoğun duyguları bir kenara itmek, kısa vadede son derece uyum sağlayıcıdır. İtibarınızı ve bağımsızlığınızı korumanıza yardım edebilir; bir dostunuzu kurtarmak, çocuklarınıza bakmak, evinizi yenilemek gibi önemli konulara olan dikkatinizi sürdürmenizi sağlayabilir.

Sorunlar sonradan ortaya çıkar. Bir arkadaşının havaya uçtuğunu gören bir asker, sivil hayata dönüp bu deneyimi aklından çıkarmaya çalışabilir. Koruyucu yanı, işinde ne kadar yetkin olduğunu ve diğer meslektaşlarıyla ne kadar iyi geçindiğini bilir. Ancak, bu kişi, kız arkadaşına karşı öfke nöbetleri geçirebilir ya da hissizleşebilir ya da donabilir ya da kız arkadaşının dokunuşları, kontrolünü kaybetme hissi uyandırabilir. Büyük ihtimalle, zihninin otomatik olarak edilgen olmayı, arkadaşı öldürüldüğünde hissettiği elinin kolunun bağlı olması duygusuyla bağdaştırdığının farkında değildir. Böylece, koruyucu yan, yol değiştirmek için adım atar: Kendisini tetikleyenin ne olduğunu bilmeden öfkelenir, kız arkadaşının yaptığı bir şeye kızdığını düşünür. Elbette, kız arkadaşına (ve sonraki kız arkadaşlarına) karşı bu şekilde patlamalar yaşadığında, daha da yalnızlaşır. Ancak, travma yaşamış kısmının edilgenlikle tetiklendiğinin ve başka bir yanının, öfkeli yöneticinin, zayıf olan kısmı korumak için adım attığını hiçbir zaman fark etmeyebilir. Bu kısımların uç noktalardaki inançlardan vazgeçmelerine yardım etmek, terapinin insanların hayatını nasıl kurtardığının bir göstergesidir.

Bölüm 13'te de gördüğümüz gibi, travmadan iyileşmek için en önemli iş, geçmişe ait anılarla, şimdiki zamanda etkilenmeden yaşamayı öğrenmektir. Ancak hayatta kalan kişilerin çoğu, hayatlarının bir bölümünde çok iyi –hatta mükemmel– işlevsellik gösteren kişiler, daha da büyük başka bir zorlukla karşı karşıyadır: en kötüsüyle başa çıkmak için şekillendirilmiş beyin/zihin sistemini yeniden şekillendirmek. Tıpkı, travmatik anıları sıraya sokmak için yeniden ziyaret etmemiz gerektiği gibi, hayatta kalmamıza yardım eden savunmacı davranışlar geliştirdiğiniz yanlarımızı da yeniden ziyaret etmeliyiz.

ZİHİN BİR MOZAİKTİR

Hepimizin çeşitli yanları vardır. Şu anda bir yanım şekerleme yapmayı isterken, diğer yanım yazmayı sürdürmek istiyor. Saldırgan bir e-mail yüzünden hâlâ incinmiş hissederken bir yanım, incitici bir notla yanıt yazmamı, diğer yanım ise boş vermemi söylüyor. Beni tanıyan pek çok kişi, gergin, samimi ve asabi tavırlarımı görmüştür; bazıları içimde yaşayan öfkeli köpekle tanışmıştır. Çocuklarım, oyuncu ve maceracı yanımla çıktığımız aile tatillerini hatırlar.

Sabah ofise girip patronunuzun başının üstünde gezen fırtına bulutlarını gördüğünüzde başınıza tam olarak neler geleceğini biliyorsunuzdur. O kızgın yanın, belirli bir ses tonu, kelime bilgisi ve bedensel duruşu vardır. Çocuklarınızın fotoğraflarını paylaştığınızda, geçmişten çok farklıdır. Bu yanlar sadece duygular değildir, kendi yaşamlarımızın ekolojisi içinde var olan rolleri, gündemi, kendi inançları olan farklı varoluşlar sergilerler.

Kendimizle ne kadar iyi geçindiğimiz, büyük oranda içsel liderlik becerilerimize bağlıdır. İlgilenildiğini fark ettirmek ve birbirini sabote etmelerini engellemek farklı yanlarımızı ne kadar iyi dinlediğimizle ilgilidir. Bu yanlar genellikle, düşünce, duygu ve hislerin karmaşık yapısı içinde yalnızca tek bir öğeyi temsil ettiğinde mutlak olarak etki bırakır. Margaret'in bir tartışmanın ortasında "Senden nefret ediyorum." diye bağırmasıyla, Joe kendisini küçümsediğini düşünebilir ve o anda Margaret buna katılabilir. Ama aslında yalnızca bir yanı öfkelidir ve o yanı, cömert ve sevecen duygularını geçici bir şekilde ele geçirebilir, bu durum Joe'nun yüzündeki hayal kırıklığını gördüğünde iyileşebilir.

Her büyük psikoloji okulu, insanların ikinci kişilikleri olduğunu kabul etmektedir[2]. 1890 yılında William James şöyle yazmıştır: "Kabul edilmelidir ki... tüm olası bilinç, aynı anda var olan parçalara ayrılabilir ancak karşılıklı olarak birbirini göz ardı edebilir ve bunlar arasındaki bilgi nesnelerini kullanabilir"[3]. Carl Jung ise şunları söylemiştir: "Psişe, tıpkı bedenin yaptığı gibi dengeyi sürdüren bir öz düzenlemedir."[4] "İnsan psişesinin doğal durumu, bileşenlerinin ve çelişkili davranışların arasındaki itip kakma durumu içinde varlığını sürdürür"[5] ve "Bu zıtlıkların uzlaşması büyük bir problemdir. Böylece, düşman içimdeki benden başkası değildir."[6]

Modern nörobilim, zihnin bu kavramını bir çeşit toplum olarak kabul etmiştir. Önde gelen bölünmüş beyin araştırmasını gerçekleştiren Michael Gazzaniga, beynin, yarı otonom işlev modüllerinden oluştuğu ve her birinin özel bir rolü olduğu sonucunu elde etmiştir[7]. *The Social Brain* (1985) adlı kitabında şöyle yazmıştır, "Ancak benliğin birleştirilmiş bir bütün olmadığı ve içimizde çeşitli bilinç dünyalarının var olduğu fikrine ne dersiniz?.... Çalışmalarımızda (ayrılmış beyin) gerçek anlamda çeşitli benlikler olduğu ve içsel olarak "zıtlaşmadığı" görüşü ortaya çıkmıştır."[8] Yapay zekânın önde gelen isimlerinden ve MIT bilim adamlarından biri olan Marvin Minsky şöyle bir açıklama yapmıştır: "Tek benlik efsanesi bizi yalnızca bu araştırmanın hedefinden çıkarır.[9]... Bu da beyninizin içinde farklı zihin topluluklarının var olduğunu düşünmemizi sağlar. Tıpkı bir ailedeki farklı üyeler gibi, farklı zihinler de birbirine yardım edebilir, her birinin, diğerlerinin asla bilemeyeceği zihinsel deneyimleri vardır."[1]

İnsanları, farklı özelllikleri ve potansiyelleri olan karmaşık varlıklar olarak gören bir sistemle eğitim alan terapistler, kişilerin içsel yanlarını keşfederek yaralarını kendilerinin sarmaları konusunda daha faydalı olabilirler. Aralarında Hollandalı meslektaşım Onno Van der Hart ve Ellert Nijenhuis ve Atlantalı Kathy Steel'in geliştirdiği ve Avrupa'da yaygın olarak uygulanan yapısal dissosiasyon modeli ve Richard Kluft'un Amerika'da uygulanan çalışmasının da yer aldığı pek çok tedavi yaklaşımı vardır [11].

Mary ile yirmi yıl çalıştıktan sonra, içsel aile sistemleri terapisini (İAS: Internal Family Systems = IFS) geliştiren Richard Schwartz ile tanıştım. Bu yolla, Minsky'nin "aile" metaforu benim için hayata geçmiş oldu ve travmadan kaynaklanan ayrılmış parçalarla daha sistematik bir şekilde çalışma yolu buldum. İAS'nin özünde, her birimizin zihninin, farklı olgunluklar, heyecanlar, bilgelik ve acı düzeylerine sahip üyelerin olduğu bir aile yapısına benzetmesi yatmaktadır. Bu kısımlar, bir noktadaki değişimin diğerlerini etkilediği bir ağ ya da sistem biçimlendirir.

İAS modeli, disosiyasyonun bir bütün olduğunu fark etmemi sağladı. Travmada, benlik sistemi bozulur ve benliğin parçaları kutuplaşarak birbiriyle savaşa girer. Kendinden nefret etme, görkemlilikle var olur (ve savaşır); nefretle sevgi dolu ilgilenme; öfke ve saldırganlıkla hissizleşme ve edilgenlik bir arada varlığını sürdürür. Bu uç noktalardaki parçalar, travmanın yüküne katlanır.

İAS'de, parçalar, geçici duygusal durum ya da alışılmış düşünce kalıbı olarak değil aynı zamanda kendi geçmişi, becerileri, ihtiyaçları ve dünya görüşü olan farklı ruhsal sistem olarak değerlendirilmektedir [12]. Travma, parçaları, doğal bir şekilde değerli durumundan çıkarıp ele geçiren duygular ve inançlarla doldurmaktadır. Örneğin hepimizin çocuksu ve eğlenceli yanları vardır. İstismara uğradığınızda, en çok zarar gören kısımlar da bunlardır, donarlar, acıyı, korkuyu ve istismarın ihanetini taşıyarak donarlar. Bu yük onları zehirler; ne pahasına olursa olsun inkâr etme ihtiyacında olduğumuz yanlarımızdır. İçeride kilit altında tutuldukları için İAS bunları *sürgünler* olarak adlandırır.

Bu noktada diğer kısımlar içsel aileyi sürgündekilerden korumak için düzenlenir. Bu koruyucular, zehirli kısımları uzak tutar ancak böyle yaparak istismarcının enerjisinin bir kısmını da alır. Ciddi ve mükemmeliyetçi *yöneticiler*, hiç kimseye yakın durmamamızı ya da bıkıp usanmadan üretken olmamızı sağlar. İAS'de *itfaiyeciler* olarak adlandırılan diğer grup koruyucular acil durum cevap vericileridir, herhangi bir deneyim sürgündeki bir duyguyu tetiklediği anda dürtüsel olarak davranırlar.

Ayrılmış olan her parça farklı anılar, inançlar ve fiziksel algılar taşır; bazıları, utanç, bazıları öfke, bazıları keyif ve heyecan, bazıları yoğun bir yalnızlık ya da küçük düşürücü boyun eğme taşır. Bunlar, istismarın deneyiminin tüm yönleridir. Önemli olan; benliği tamamen yok olma korkusundan korumak için tüm bu parçaların bir işlevi olduğunu anlamaktır.

Acısını kilitlemek yerine dışa vuran çocuklara genellikle "karşıt olma-karşı gelme bozukluğu", "bağlanma bozukluğu", "davranım bozukluğu" gibi tanılar konmaktadır. Ancak tüm bu etiketler, öfke ve çekilmenin hayatta kalmak adına verilen umutsuz çabalarının yalnızca bir yüzüdür. Altta yatan sorunu –istismar– ele almadan çocuğun davranışını kontrol altına almaya çalışmak, en iyi ihtimalle etkisizdir, en kötü ihtimalle de zarar vermektedir. Büyüdükçe, parçalar, eş zamanlı bir şekilde uyumlu bir kişilikte bütünleşmez ancak göreceli bir şekilde otonom varlığını sürdürmeye devam eder.

"Dışarıda" bırakılan parçalar, sistemin diğer parçalarının farkında değildir [13]. Çocukluk döneminde katolik papazların istismarına uğrayan erkeklerde yaptığım değerlendirmeden kişilerin anabolik steroit kullandıklarını ve aşırı şekilde halter çalıştıklarını gördüm. Bu zorlantılı vücut geliştirmeciler, zayıflıklarının ve korkularının dikkatlice gizlenmesini sağlayan erkeksi bir ter, futbol ve bira kültürü içinde bir yaşam sürüyorlardı. Bana güvenmeye başladıktan sonra onların içlerindeki çocukla tanışabildim.

Hastalar aynı zamanda dışarıdaki parçalarını sevmeyebilirler. Bu parçalar öfkeli, yıkıcı ya da eleştiricidirler. Ancak İAS, onları anlamak ve aynı zamanda önemli olan patolojik olarak nitelemeden bunlar hakkında konuşmak için bir çerçeve sunmaktadır. Her parçanın, geçmişin yüküyle sıkışıp kaldığını kabul etmek ve tüm sistem içindeki işlevine saygı duymak, tehdit ve baskının daha az hissedilmesini sağlar.

Schwartz bu konuda şunları söylemektedir: "İnsanların kendi sağlıklarını besleyecek şekilde doğuştan gelen güçleri olduğunu kabul edersek, insanlar kronik sorunlar yaşadığında, içsel kaynaklara erişmelerinde yollarına bir şeyler çıkıyor demektir. Bunu bilen, terapistin rolü; psişenizinde boşlukları doldurma, öğretme ya da yüzleşmeden çok iş birliğidir.[14]" Bu iş birliğinde ilk adım, içsel sistemin tüm parçalarını olduğu gibi kabul etmek ve hepsinin – ne kadar yıkıcı ya da intihara yönelik olsalar bile – ne kadar tehdit edici görünse de benlik sistemini koruma amacıyla biçimlendirildiğini bilmektir.

ÖZ LİDERLİK

İAS, farkındalığı olan öz liderlik gelişimini, travmadan iyileşmenin temeli olarak görmektedir. Farkındalık, merhamet ve merakla içsel durumu incelemeyi mümkün kılmanın yanı sıra, kendimize bakım vermek için bizi doğru yöne yönlendirir. Tüm sistemler –aileler, organizasyonlar ya da uluslar– net bir şekilde tanımlanmış, yeterli liderlikleri varsa etkili bir şekilde işlev gösterebilirler. İçsel aile de farklı değildir: Benliğimizin her yönü dinlenilmelidir. İçsel lider, akıllıca mevcut kaynakları düzenlemeli ve tüm parçaları göz önünde bulunduran bütüne bir vizyon sağlamalıdır.

Richard Schwartz şöyle açıklıyor:

> *İstismar mağdurunun içsel sistemi, etkili liderliğin yokluğu nedeniyle farklıdır, parçalar uç noktalardaki kurallar altında işlev görür, tutarlı denge ve uyumun yokluğu açısından da istismara uğramayan sistemden farklıdır. Genellikle, parçalar, çocukluk dönemi istismarı ya da örneğin katlandığı çocukluk dönemi deneyimleri hakkındaki sırları açığa dökmenin son derece tehlikeli olduğu gibi eski varsayımlar ve inançlar etrafında işlev gösterirler*[15].

Benlik, artık görev yapmadığı zamanlarda ne olur? İAS bu durumu "karışım" olarak adlandırmaktadır, öyle ki bir parçanın "Kendimi, öldürmek istiyorum." ya da "Senden nefret ediyorum." gibi ifadelerle Benliği özdeşleştirdiği durumlardır. Bir parçanın "Keşke ölmüş olsaydım." demesi ya da "Bu yaptığında bir yanım tetikleniyor ve seni öldürmek istiyorum." ifadelerinde olduğu gibi.

Schwartz, farkındalığı aktif liderlik alanı içinde devam ettiren iki iddia ortaya atmaktadır. Bunlardan ilki, Benliğin işlenmeye ya da geliştirilmeye ihtiyacı olmadığı iddiasıdır. Travma yaşamış olan kişilerin koruyucu parçalarının altında, zarar görmemiş bir öz vardır, kendine güvenli, meraklı, sakin benlik; yıkımdan sonra hayatta kalmak için çeşitli koruyuculara sığınan benlik. Bu koruyucular ayrı düşmenin güvenli olduğuna inanırsa, benlik kendiliğinden ortaya çıkar ve bu parçalar, iyileşme sürecinde destek sağlar.

İkinci iddiası ise edilgen bir gözlemci olmak yerine bu farkındalığa sahip Benlik, içsel sistemi yeniden düzenler ve bu parçalarla içeride bir şeyleri halledebilecek biri olduğu konusunda güven sağlayarak iletişim kurar. Yine nörobilim araştırmaları bunun yalnızca bir metafor olmadığını göstermektedir. Farkındalık, mediyal prefrontal korteksin aktivasyonunu arttırır ve duygusal tepkilerimizi tetikleyen amigdala gibi yapıların aktivasyonunu azaltır. Bu da duygusal beyin üzerindeki kontrolümüzü arttırır.

Hatta terapist ve çaresiz bir hasta arasındaki ilişkiyi desteklemekten daha fazlasını yapan İAS, benlik ve diğer koruyucu parçalar arasındaki içsel ilişkiyi geliştirmek üzerine odaklanır. Bu tedavi modelinde benlik, bazı tedavi geleneklerinde olduğu gibi tanık olmaz ya da pasif bir şekilde gözlemlemez; aktif bir liderlik rolü vardır. Benlik, orkestra şefi gibi işlev görür, tüm parçaların uyum içinde hareket etmesini sağlayarak kakafoniden çok senfoni gibi işlev görmesini sağlar.

İÇSEL ALANI BİLMEK

Terapistin görevi, bu kafa karıştırıcı karışımı ayrı varlıklar olarak ayırmaları için hastalara yardım etmektir, bu durumda şöyle söyleyebilir: "Bu parçam biraz çocuk gibi fakat o parçam daha olgun olmasına rağmen kurban gibi hissediyor." Bu parçaların büyük kısmından hoşlanmıyor olabilirler ama bunları tanımlamak göz korkutucu ya da ezici güçlerini azaltır. Bir sonraki adım ise hastalardan koruyucu parçaları ortaya çıktığında "geçici olarak" geri durmaları konusunda cesaretlendirmektir, böylece bu parçanın neyi koruduğunu daha iyi görebiliriz. Bu defalarca yapıldığında, parçalar benlikten ayrılmaya başlar ve dikkatli bir öz gözlemleme için alan yaratır. Hastaların, korkularını, öfkelerini ya da tiksinmelerini bir kenara koyması; merak ve düşünme durumları oluşturur. İstikrarlı bir benlik bakış açısıyla bu yanlarıyla yapıcı içsel konuşmalar gerçekleştirebilirler.

Hastalardan o andaki problem içinde yer alan parçalarını tanımlamaları istenir; örneğin; değersiz, terk edilmiş ya da intikam düşüncesiyle takıntılı hâle gelmiş gibi. "İçimde benim böyle hissetmemi sağlayan nedir?" diye sorulduğunda, zihinlerinde bir görüntü canlanabilir [16]. Belki de depresif yanları, terk edilmiş bir çocuğa ya da yaşlanan bir adama ya da yaralılara bakmaktan yorulmuş bir hemşireye benzeyebilir; intikamcı yanları savaşan bir denizciye ya da bir sokak çetesi üyesine benzeyebilir.

Daha sonrasında terapist şöyle sorar "Bu (üzgün, intikamcı, korkmuş) parçana karşı neler hissediyorsun?" Bu da sorudaki parçadan "seni"ayırarak dikkatli bir öz gözlemleme yapma imkânı sağlar. Eğer hasta, "Nefret ediyorum." gibi uç noktada bir yanıt verirse, terapist başka bir koruyucu parçanın benlikle karıştığını bilir. Bu durumda şöyle diyebilir "Nefret eden parçan bundan bir adım geri durabilir mi?" Ardından koruyucu parçaya, genelde böyle tetikte olduğu için teşekkür edilir ve ihtiyaç olduğunda geri gelebileceği söylenir. Koruyucu parça istekliyse, devam sorusu sorulur: "(Daha önceden reddedilen) Parçana karşı ne hissediyorsun?" Hastanın şöyle bir şey söylemesi beklenmektedir "Neden bu kadar (üzgün, intikam dolu vb.) olduğunu merak ediyorum." Bu, kaç yaşında olduğu ve böyle hissetmesine sebep olan şeyleri araştırarak o parçayı daha iyi tanımak için gerekli sahneyi hazırlar.

Hasta, benliğin kritik birikimini dışa vurduğunda, bu tarz bir diyalog spontan bir şekilde gerçekleşmeye başlar. Bu noktada terapistin kenara çekilmesi, arada diğer parçaların da müdahele edip etmeyeceğini gözlemlemesi ya da empatik yorumlar yapması ya da "Bu konuda o parçana ne dersin?", "Şimdi nereye gitmek istiyorsun?", "Bir sonraki doğru adım nedir?" gibi soruların yanı sıra "Şimdi o parçaya karşı ne hissediyorsun?" gibi benliği araştıran sorular sormalıdır.

PARÇALAR HÂLİNDE BİR YAŞAM

Joan, kontrol edemediği öfke nöbetleriyle başa çıkabilmek ve çeşitli ilişkileri, özellikle tenis koçuyla yaşadığı ilişkisi nedeniyle duyduğu suçluluk duygusundan kurtulabilmek için bana gelmişti. İlk seansımızda şunları ortaya koydu: "İnsanlara dersini veren profesyonel bir kadından, ağlayıp sızlayan bir çocuğa, öfkeli bir sürtükten on dakika içinde her şeyi yiyip bitiren acımasız bir yemek makinesine dönüşüyordum. Bunlardan hangisi benim, hiçbir fikrim yok."

Seansın bu noktasında, Joan çoktan odamın duvarındaki desenleri, mobilyalarımın köhne olmasını ve masamın dağınıklığını eleştirmişti. Saldırı en büyük silahıydı. Yeniden incitmeye hazırlanıyordu; ben de daha önce pek çok insanın yaptığı gibi buna izin verecektim. Terapinin işe yaraması için kendini zayıf göstermesi gerektiğini biliyordu, bu yüzden öfkesi, korkusu ve üzüntüsünü tolere edip edemeyeceğimi görmeliydi. Savunmasına verebileceğim en iyi karşılığın, benimle konuşurken aldığı risk için değişmez bir destek göstermek ve en utandığı parçalarını olduğu gibi kabul etmek gibi yaşamının ayrıntılarına karşı son derece ilgili davranmak olduğunu fark ettim.

Joan'a kendisi için önemli olan eleştirel parçasına daha önce dikkat edip etmediğini sordum. Bunu yaptığını kabul etti ve ona bu eleştirel parçasına karşı nasıl hissettiğini sordum. Bu anahtar soru, o parçadan ayrılmaya başlamasını ve kendi benliğine ulaşmasını sağladı. Joan, eleştiriden nefret ettiğini çünkü bunun kendisine annesini hatırlattığını söyledi. Bu eleştirel parçanın neyi koruyor olabileceğini sordum, öfkesi dindi ve daha meraklı; düşünceli bir hâl aldı. "Neden annemin bana seslenirken kullandığı kelimeleri ya da daha kötülerini kullandığını merak ediyorum." Annesiyle birlikte büyümenin ne kadar korkutucu olduğundan ve hiçbir şeyi doğru yapamamaktan ne kadar korktuğunu anlattı. Eleştirici açıkça yöneticiydi. Joan'ı yalnızca bana karşı korumuyor aynı zamanda onu, annesinin eleştirilerinin üstünde tutmaya çalışıyordu.

Sonraki birkaç hafta içinde Joan, bana henüz birinci ya da ikinci sınıfa giderken annesinin erkek arkadaşının cinsel istismarına uğradığını anlattı. Yakın ilişkiler için "yıkılmış, harabeye dönmüş" olduğunu düşünüyordu. Cinsel istek duymadığı kocasına karşı talepkar ve eleştirel iken aşk ilişkilerinde tutkulu ve gözü kara davranabiliyordu. Ama ilişkileri hep benzer şekilde sonlanıyordu. Sevişirken aniden korkuyor ve kıvrılarak bir top gibi oluyor ve çocuk gibi ağlamaya başlıyordu. Bu sahneler, kafasını karıştırıyor ve midesini bulandırıyordu, ardından sevgilisiyle ilgili hiçbir şeye katlanamaz hâle geliyordu.

Sekizinci bölümdeki Marilyn gibi, Joan da istismara uğradığı zamanlarda kendini yok edebilmeyi öğrendiğini anlattı, olanları yaşayan sanki başka bir kız çocuğu gibi sahnenin üzerine çıkıyordu. İstismara uğramasını zihninden atabilmek, normal bir okul hayatı olmasını, arkadaşlarıyla partiler yapmasını ve takım sporlarına katılmasını sağlamıştı. Sorun ergenlik döneminde başlamıştı, kendisine karşı nazik davranan erkeklere karşı soğuk tavırlar sergiliyordu ve cinsel ilişkide bulunmak aşağılanma ve utanç duygusu yaşamasına neden oluyordu. Kendisi için yaşadığı bulimiyanın başkalarının orgazm olarak adlandırdığı şey olduğunu, kocasıyla cinsel ilişkinin ise başkaları için mide bulandırıcı olan şeyler gibi olduğunu anlattı. İstismarıyla ilgili anıları ayrılmıştı (disosiyatifti), farkında olmadan bunları tekrarlamaya devam ediyordu.

Neden o kadar öfke, suçluluk ya da kapanma hisleri yaşadığını açıklamaya çalışmadım; zaten kendisinin hasar gördüğünü düşünüyordu. Terapide, hafıza işleme süreci, sallanma – Bölüm 13'te ele aldığım aşamalı yaklaşım– temeldi. Joan, ıstırabı ve incinmesiyle başa çıkabilmesi için öncelikle kendi gücüne yeniden kavuşmalıydı ve yeniden kendisini sevmesini sağlayarak kendi kendini iyileştirmesine yardım etmemiz gerekiyordu.

Bu da içsel kaynaklarına odaklanmak ve özlediği ilgi ve sevgiyi sağlayacak kişinin ben olmadığımı kendime hatırlatmam anlamına geliyordu. Eğer bir terapist, öğretmen ya da danışman olarak, erken dönemdeki yoksunlukların neden olduğu boşlukları doldurmaya çalışırsanız, yanlış, zamanda, yanlış yerdeki yanlış kişiyle karşı karşıya kalırsınız. Terapi, Joan'ın benimle olan ilişkisinden çok, kendi parçalarıyla olan ilişkisi üzerine odaklanmalıydı.

YÖNETİCİLERLE BULUŞMA

Joan'ın tedavisi ilerledikçe, farklı zamanlarda görev başında olan pek çok farklı parçasını tespit ettik. Öfke nöbetleri geçiren saldırgan çocuksu parça, önüne gelenle birlikte olan ergen parça, intihara eğilimli parça, obsesif yönetici, bağnaz ahlakçı parça ve diğerleri. Her zamanki gibi önce yöneticilerle karşılaştık. Görevleri aşağılanmayı ve terk edilmeyi önlemek ve onun düzenini ve güvenliğini sağlamaktı. Bazı yöneticiler, Joan'ın eleştirileri gibi saldırgan olabilirken bazıları da mükemmeliyetçi ya da çekingen, çok fazla dikkati çekmemek için dikkatli olabilir. Olan bitene göz yummamız gerektiğini söyleyip riskleri önlemek için pasif kalmamızı sağlayabilirler. İçsel yöneticiler, aynı zamanda duygularımıza ne kadar ulaşabileceğimize de karar verirler böylece benlik sistemi etkilenmez.

Sistemi kontrol altında tutmak büyük bir enerji gerektirir. Tek bir çapkın yorum bazı parçaları eş zamanlı olarak tetikleyebilir. Biri yoğun bir şekilde cinsel olarak uyarılırken diğeri kendinden nefret eder, üçüncüsü ise kendini keserek sakinleşmeye çalışır. Diğer yöneticiler obsesyonlar, oyalanacak şeyler yaratır ya da gerçeği tamamıyla reddeder. Ancak her parçaya, önemli bir savunma pozisyonunu sürdüren içsel koruyucu olarak yaklaşmak gerekir. Yöneticiler, büyük bir sorumluluk taşır ve genellikle bu durum boylarını aşar.

Bazı yöneticiler son derece yeteneklidir. Hastalarımın çoğunun önemli sorumlulukları var, profesyonel işlerini başarıyla sürdürüyorlar ve anne babalık görevlerini son derece dikkatli bir şekilde yerine getiriyorlar. Joan'ın eleştirel yöneticisi, şüphesiz başarılı bir göz uzmanı olmasında yardımcı olmuştu. Son derece yetenekli öğretmen ve hemşire hastalarım olmuştu. Meslektaşları onları mesafeli ya da içine kapanık olarak görürken, örnek olarak gösterilen meslektaşlarının kendine zarar verme, yeme bozukluğu ya da garip cinsel deneyimler yaşadıklarını duyunca şaşkınlık yaşarlardı.

Joan aşamalı bir şekilde, eş zamanlı olarak çatışmalı duygular ya da düşünceler yaşamanın normal olduğunu anlamaya başladı, bu da önündeki işe odaklanması için kendisine daha fazla güç verdi. Nefretin tüm varlığını tükettiğine inanmak yerine sadece bir parçasının bu nedenle felç olduğunu anlamayı öğrendi. Ancak, işteki olumsuz bir değerlendirmenin ardından Joan, panik yaşamaya başladı, kendini koruyamadığı için kendi kendini azarladıktan sonra ilgi meraklısı, zayıf ve güçsüz hissetmeye başladı. Güçsüz parçanın bedeninin neresinde yer aldığını sorduğumda, direndi. Utanç yaşamasına ve aşağılanmasına neden olan bu mızmız, yeteneksiz kıza dayanamayacağını söyledi. Bu parçanın suiistimal anılarının çoğunu tuttuğundan şüphelendim ve bu noktada ona çok fazla baskı yapmamaya karar verdim. İçine kapanmış ve üzgün bir şekilde ofisimden ayrıldı.

Ertesi gün buzdolabına baskın düzenledi ve ardından saatlerce yiyecekleri kustu. Ofisime geldiğinde kendini öldürmek istediğini söyledi ve yaşadıklarına karşı ilgili olmam ve yargılamamam, bulimiya ya da intihar eğiliminden dolayı onu suçlamamam Joan'ı çok şaşırttı. Hangi parçaların buna katıldığını sorduğumda, eleştirel geri geldi ve birden "Mide bulandırıcı." sözleri ağzından çıktı. O parçasına biraz geri durmasını istediğimde, diğer parçası şöyle dedi: "Hiç kimse beni sevmeyecek." eleştireli takip edince bana kendisine yardım etmeninin en iyi yolunun bütün bu gürültüyü göz ardı edip ilaçlarını arttırmam gerektiğini söyledi.

İncinmiş parçalarını koruma istekleri, açık bir şekilde farkında olmadan zarar veriyordu. Bu yüzden, geri çekildiklerinde neler düşüneceklerini sormayı sürdürdüm. Joan şöyle yanıtladı: "İnsanlar benden nefret edecek." ve "Tek başıma kalacağım ve sokakta kalacağım." Bunu bir anı izledi: Annesi, eğer uyumsuz davranırsa kendisini evlatlık vereceğini ve bir daha kardeşlerini ve köpeğini göremeyeceğini söylemişti. İçindeki o korkmuş kızın ne hissettiğini sorduğumda, onun için üzüldüğünü söyledi. Artık benliği geri gelmişti ve ben de sistemi sakinleştirdiğimiz konusunda kendimden emindim ama bu seans kısa sürede çok fazla şey anlamındaydı.

ÖFKEYİ YATIŞTIRMAK

Sonraki hafta, Joan randevusuna gelmedi. Sürgündeki kısımları tetiklemiştik ve itfaiyeciler hücuma geçmişti. Daha sonrasında bana anlattığına göre, evlatlık verilme konusuyla ilgili yaşadığı korkuyla, o akşam kendini patlayacak gibi hissetmişti. O akşam bir bara gitmiş ve bir adamla takılmıştı. Eve geç saatte sarhoş bir hâlde darmadağın gelmişti, kocasıyla konuşmayı reddetmiş ve yatakta uyuyakalmıştı. Ertesi gün hiçbir şey olmamış gibi davranıyordu.

İtfaiyeciler, duygusal acının gitmesi için her şeyi yapar. Sürgündekileri kilit altında tutma görevini paylaşmanın yanında, yöneticilerin karşısındadırlar. İtfaiyeciler, yangını söndürmek için evi bozmaya çalışırken yöneticilerin hepsi kontrol altında tutmaya çalışıyordu. Gergin yöneticiler ve kontrolden çıkmış itfaiyeciler arasındaki mücadele, travmanın yükünü taşıyan sürgündekilerin eve dönüp, kendileriyle ilgilenilmesine izin verene dek sürecektir.

Travmadan hayatta kalmayı başaranlarla ilgilenen herkes bu itfaiyecilerle karşılaşacaktır. Bağımlılık derecesinde alışveriş yapan, içen, bilgisayar oyunu oynayan, dürtüsel ilişkiler yaşayan ya da kompülsif şekilde egzersiz yapan kişilerle karşılaştım. Kötü bir karşılaşma, istismara uğrayan çocuğun korkusunu ve utancını ancak birkaç saatliğine köreltebilir.

İtfaiyecilerin de özünde, umutsuz bir şekilde sistemi korumaya çalıştıklarını unutmamak önemlidir. Terapi sırasında yapay bir şekilde iş birliği içinde davranan yöneticilerin aksine, itfaiyeciler geri çekilmez: Aşağılamalar savururlar ve odada fırtına estirirler. İtfaiyeciler çok aceleci ve telaşlıdırlar, işlerini bırakırlarsa ne olacağını sorduğunuzda, sürgün edilmiş duyguların bütün benlik sisteminin yıkılacağına inandıklarını görürsünüz. Aynı zamanda, fiziksel ve duygusal güvenliği garanti edecek farklı yollar olduğundan habersizdirler ve aşırı yemek ya da kesmek gibi davranışlar sona erse bile, İtfaiyeciler kendilerine zarar verecek başka yollar bulacaktır. Bu döngü ancak, benlik sorumluluğu aldığında ve sistem kendini güvende hissettiğinde sona erecektir.

ZEHİRLİLİĞİN YÜKÜ

Sürgünler, sistemin zehirli atık çöplüğüdür. Travmayla ilişkili anıları, duyuları, inançları ve algıları taşıdıkları için onları rahatlatmak çok risklidir. Deneyimleri konusunda "Aman Tanrım, Hapı yuttum." düşüncesindedirler – kaçınılmaz şokun özü– ve bununla birlikte korku, çöküş ve uzlaşma. Sürgün durumu, ezici fiziksel algılar ya da uç noktalarda hissizleşme olarak kendini gösterebilir ve hem yöneticilerin mantıklı olma durumunu hem de itfaiyecilerin cesaretini kırarlar.

Pek çok ensest mağduru gibi Joan da sürgünlerden nefret ediyordu, özellikle de istismarcının cinsel isteklerine yanıt veren ve yatağında tek başına ağlayan küçük kız olarak. Sürgünler, yöneticileri ele geçirdiğinde, bizi de ele geçirirler; biz artık, reddedilen, zayıf, sevilmeyen ve terk edilmiş çocuktan başkası değilizdir. Benlik sürgünlerle "harmanlanmıştır" ve yaşamımız için her olası alternatif tutulmuştur. Ardından Schwartz'ın da belirttiği gibi "Kendimizi ve dünyayı onların gözüyle görürüz ve 'o' dünyaya inanırız. Bu durumda, ele geçirildiğimizi fark etmeyiz."[17]

Sürgünleri kilit altında tutmak, yalnızca anıları ve duyguları yok etmekle kalmaz aynı zamanda onları tutan parçaları da – en çok da travmada incinen parçaları– yok eder. Schwartz, bu konuda şöyle diyor: "Genellikle bunlar en hassas, yaratıcı, samimi, yaşam dolu ve masum parçalardır. Bunları, incindiklerinde sürgün ettiğinizde çifte sorun yaşarlar; reddedilmenin aşağılanması esas incinmeye eklenir."[18] Joan'ın da keşfettiği gibi, sürgünleri saklı tutmak ve küçümsemek, onu yakınlıktan yoksun ve neşesiz bir hayata mahkum ediyordu.

GEÇMİŞİN KİLİDİNİ AÇMAK

Joan'ın tedavisinde birkaç ay içinde, aşağılanma, karmaşa, cinsel istismar utancı yaşayan sürgün edilmiş küçük kıza yine eriştik. Bundan sonra bana olan güveni yerine geldi ve uzun zamandır gömülü olan korku, heyecan, teslimiyet ve suça ortak olma duygularıyla birlikte kendini çocuk gibi gözlemlemeye karşı toleranslı olabildi. Bu süreç içinde fazla konuşmadı ve benim esas görevim onu sakin ve kendini gözlemleme durumunda kalmasını sağlamaktı. Sık sık bu kabul edilmeyen küçük kızı sefalet içinde terk ederek tiksinme ve korku içinde uzaklaşma dürtüsü yaşıyordu. Bu noktalarda, koruyucularına geri çekilmelerini söylüyordum böylece içindeki küçük kızın bilmek istediklerini dinlemeye devam edebiliyordu.

Sonunda benim cesaretlendirmelerimle, sahnenin içine girip küçük kızı güvenli bir yere alabilmeyi başardı. Kararlı bir şekilde istismarcısına, bir daha yanına yaklaşmasına izin vermeyeceğini söyledi. Çocuğu inkâr etmek yerine onu özgürleştirmekte aktif bir rol aldı. EMDR'de olduğu gibi travmanın çözülmesi, hayal gücüne ulaşabilmesi ve uzun zaman önce dondurduğu sahneleri yeniden çalışabilmesi sayesinde oldu. Çaresiz edilgenliğin yerini, kararlı benlik yönlendirmeli eylem aldı.

Joan, dürtüleri ve davranışlarını sahiplenmeye başladığında, kocası Brian'la ilişkisinin ne kadar boş olduğunu fark etti ve değişim konusunda ısrarcı olmaya başladı. Brian'ı da bizimle birlikte aynı ortamda bulunmaya davet ettim ve kocası benimle bireysel olarak görüşmeye başlamadan önce 8 hafta boyunca Joan ile görüştüm.

Schwartz, bir kişinin, parçalarının diğerleriyle nasıl etkileşim hâlinde olduğunu gözlemlemeyi öğrendiğinde aile üyelerinin birbirine "akıl hocalığı" yapma konusunda İAS'nin yardımcı olacağını gözlemlemiştir. Bunu ilk önce Joan ve Brian arasında gözlemledim. Brian başlangıçta, Joan'ın davranışlarına bir son verdiği için kendisiyle gurur duyuyordu; Joan'ın boşanmayı düşünse bile yanından ayrılamayacağını hissediyordu. Ama şimdi, Joan daha yakın bir ilişki istiyordu; Brian ise baskılandığını ve yetersiz olduğunu hissediyordu. Unutulmuş olan ve duyguya karşı set çekmiş olan panik hâldeki parçası ortaya çıkmıştı.

Brian, aşamalı bir şekilde, Joan'ınkilere benzer davranışların yoğun olarak yaşandığı ve büyük oranda da bunların göz ardı edildiği alkolik bir aile büyüdüğünü ve babasının zaman zaman detoks merkezlerinde kaldığını, annesinin ise depresyon ve çeşitli intihar girişimleri sonucunda hastanede tedavi gördüğünü anlattı. Panikleyen parçasını serbest bıraksa neler hissedeceğini sorduğumda Brian, acının yine kendisini esir alacağı korkusunu ortaya çıkardı; çocukluğunun acısına Joan'la ilişkisinin acısı da eklenmişti.

Sonraki birkaç hafta içinde diğer parçaları da ortaya çıktı. Önce, kadınlardan korkan ve Brian'ın suistimallere karşı zayıf kalmasına hiçbir zaman izin vermeyen koruyucu parçası geldi. Daha sonra, annesine ve küçük kardeşlerine bakan bakıcı parçasını keşfettik. Bu parçası Brian'a kendine değer duygusunun yanı sıra, amaç ve kendi korkusuyla baş edebilme duygusu veriyordu. Sonunda Brian, sürgündeki, korkmuş, kendisine bakacak kimsesi olmayan annesiz çocuk parçasıyla buluşmaya hazırdı.

Bu, pek çok yönü olan uzun bir keşfin kısa bir versiyonuydu, zaman zaman Joan'ın eleştiren parçası da yeniden ortaya çıkıyordu. Ancak başlangıçtan itibaren İAS, Joan ve Brian'ın kendilerini duymalarına ve birbirlerine objektif, meraklı, merhametli benlikleri perspektifinden bakmalarına yardımcı oldu. Artık geçmişte kilitlenmiş değillerdi ve pek çok yeni olasılık kapısı açılmıştı.

ÖZ DUYARLIĞIN GÜCÜ: ROMATOİD ARTRİT TEDAVİSİNDE İAS

Boston Brigham ve Women's Hospital'da romatolog olarak görev yapan Nancy Shadick, Romatoid Artrit (RA) üzerine yaptığı tıbbi araştırmalar ile hastalarının, hastalıkla ilgili kişisel deneyimlerini birleştirmiştir. Richard Schwartz ile gerçekleşen bir atölye çalışmasında İAS'yi keşfettiğinde, RA hastalarıyla psikososyal müdahale çalışmasında bu terapiyi kullanmaya karar verdi.

RA, bedende kronik ağrı ve yeti yitimi yapan inflamatuvar bozukluklara sebep olan otoimmün bir hastalıktır. İlaç tedavisi süreci erteleyebilir ve ağrıyı azaltabilir ancak tam bir tedavisi yoktur ve RA, hastalarda depresyon, kaygı, yalnızlık ve yaşam kalitesinde düşüşe neden olmaktadır. Travma ve otoimmün hastalık arasındaki bağı gözlemlediğim için bu çalışmayı özel bir ilgiyle takip ettim.

Kıdemli İAS terapisti Nancy Sowell ve Dr. Shadick dokuz ay süren randomize bir çalışma gerçekleştirdi, buna göre bir grup RA hastası hem grup hem de bireysel İAS terapisi alırken, kontrol grubu, hastalık belirtileri ve yönetimine ilişkin düzenli posta ve telefonlar aldı. Her iki grup da düzenli ilaç tedavisine devam etti ve hangi grupta oldukları doktorlarına söylenmeden düzenli olarak romatologlar tarafından muayene edildi.

İAS grubunun amacı, hastalara kaçınılmaz korku, umutsuzluk ve öfke durumlarını kabullenmelerini ve anlamalarını sağlamak ve kendi "içsel aile" sisteminin üyesi olarak bu duyguları iyileştirmeyi öğretmekti. Hastalar, acılarını tanıyarak ve bunlara eşlik eden duygularını ve düşüncelerini anlamalarını sağlayan içsel diyalog becerilerini öğrenir, bu içsel durumlara karşı ilgi ve sevgiyle yaklaşmayı öğrenirler.

Temel bir problem erken aşamada ortaya çıktı. Pek çok travma mağduru gibi RA hastaları da duygu sağırlığı (aleksitimi) yaşıyordu. Nancy Sowell'in daha sonra bana anlattığına göre, bu kişiler tamamen etkisi altında kalmadıkça acılarından ya da engellerinden şikâyet etmiyorlardı. Kendilerine nasıl oldukları sorulduğunda neredeyse hepsi "İyiyim." diye yanıtlıyordu. Acılara katlanan parçaları, başetmelerine yardım ediyordu. Ancak bu yöneticiler aynı zamanda onların inkâr durumunda kalmalarını sağlıyordu. Bazıları doktorlarıyla etkili bir şekilde paylaşamadıkları noktalarda bedensel algılarını ve duygularını kapatıyordu.

Harekete geçmelerini sağlamak için liderler çarpıcı bir şekilde İAS parçalarını yöneticileri, sürgünleri ve itfaiyecileri temsil edecek malzemeleri ve dayanakları yeniden düzenleyerek tanıttı. Birkaç hafta sonrasında, grup üyeleri, "Gülümse ve dayan." diyen yöneticiler hakkında konuşmaya başladı çünkü hiçbiri acıları hakkında bir şeyler duymak istemiyordu. Ardından acılara katlanan parçalarından geri çekilmelerini istediklerinde bağırmak ve her şeyi alt üst etmek isteyen öfkeli parçalarını, sürekli yatakta kalmak isteyen parçalarını ve konuşmasına izin verilmediği için kendini değersiz hisseden sürgün parçalarını kabul etmeye başladılar. Çocukken neredeyse yarısından fazlasının görülmediği ve dinlenmediği ortaya çıktı. Güvenlik; ihtiyaçlarının saklanması anlamına geliyordu.

Bireysel İAS terapisi, parçaların dilini günlük işlerine uyarlayabilmelerine yardım etti. Örneğin, bir kadın işteki çatışmaları nedeniyle kendini kapana sıkışmış hissediyordu, yönetici parçası RA alevlenene dek tek çaresinin aşırı çalışmak olduğunu söylüyordu. Terapistin yardımıyla, kadın kendini hasta etmeden ihtiyaçlarını karşılamayı öğrendi.

İAS ve kontrol grupları dokuz ay süresinde üç kez değerlendirildi, sonraki değerlendirme ise bir yıl sonra gerçekleştirildi. Dokuz ayın sonunda, İAS grubu, kendi değerlendirmelerine göre eklem ağrısı, fiziksel fonksiyon, öz sevgi ve genel acı bakımından eğitim grubuna göre gözle görülür gelişme göstermiştir. Aynı zamanda depresyon ve öz yeterlilik konusunda da belirgin gelişmeler göstermişlerdir. Nesnel tıbbi testlerde, acı ve işlevsellikte gözle görülür bir gelişme ölçülmemesine rağmen, İAS grubunun acı algısı ve depresif belirtilerinde elde ettikleri bir yıl sonrasına dek sürdü. Başka bir deyişle, en çok değişen hastaların, hastalıklarıyla birlikte yaşama becerileriydi. Sonuç olarak, Shadick ve Sowell, İAS'nin kendini sevme üzerinde odaklanmasını ana faktör olarak vurguluyordu.

Bu, psikolojik müdahalelerin RA hastaları üzerindeki etkisini gösteren ilk çalışma değildi. Bilişsel davranışçı terapiler ve farkındalık odaklı uygulamaların, aynı zamanda, acı, eklem enflamasyonu, fiziksel engel ve depresyon üzerinde olumlu etkileri olduğu görülmüştür[19]. Ancak bu çalışmaların hiçbirinde en önemli sorulardan biri sorulmamıştır: Artmış psikolojik güvenlik ve rahatlık bağışıklık sitemine daha iyi işlev görme olarak yansır mı?

SÜRGÜNDEKİ ÇOCUĞU ÖZGÜRLEŞTİRME

Peter, ülkedeki en iyi sağlık kurumlarından biri olarak gösterilen prestijli bir akademik sağlık merkezinin onkoloji servisinde çalışıyordu. Ofisime gelip oturduğunda, squash yaptığı için fiziksel görüntüsünün ardındaki güveni birden kibre dönüştü. Bu adam kesinlikle TSSB yaşıyor gibi değildi. Bana eşinin "alıngan" davranmaması için yapması gerekenlerin neler olduğunu bilmek istediğini söyledi. Duyarsız olarak adlandırdığı davranışlarını değiştirmezse kendisini terk etmekle tehdit ediyordu. Peter, eşinin algısının sapkınlaştığını çünkü hasta insanlara karşı empatik davranma konusunda bir problemi olmadığını söylüyordu.

İşi hakkında konuşmayı seviyordu, asistan doktorların ve meslektaşlarının onun servisinde olmak için yarıştıklarını ve aynı zamanda da kendisinden korktukları konusunda çıkan dedikoduları gururla anlatıyordu. Kendisini fena hâlde dürüst bir kişi ve yalnızca gerçekleri ele alan –benim tarafımdan anlamlı bir bakış– ve aptallara dayanamayan gerçek bir bilim adamı olarak tarif ediyordu. Yüksek standartları olduğundan bahsediyordu ve insanların sevgisi değil saygısına ihtiyacı olduğundan söz ediyordu.

Peter aynı zamanda, tıp fakültesinde okurken yaptığı psikiyatri stajında, psikiyatristlerin hâlâ büyücülük işleriyle uğraştıkları konusunda ikna olduğunu ve bir çift terapisindeki görevinin bu görüşünü onayladığını anlattı. Yaşadığı problemler için ailesini ya da toplumu suçlayan kişileri küçümsediğini söyledi. Çocukken yaşadığı ıstırapları paylaşmasına rağmen, kendisini kurban olarak görmeme konusunda kararlıydı.

Peter'ın katılığı ve incelik konusundaki isteği ilgimi çekti, çok sık karşılaştığım bir şeyi keşfedip keşfedemeyeceğimi merak etmekten kendimi alamıyordum. Güç takıntısı olan kişiler genellikle, çaresizlik duygularına karşı bir siper yaratmaktadırlar.

Ailesi hakkında sorular sorduğumda Peter, bana babasının bir üretim işi yürüttüğünü anlattı. Babasının soykırımdan kurtulduğunu ve zaman zaman sert ve acımasız olsa da Peter'ı kendisine bağlayan ve doktor olması konusunda ilham veren duygusal ve sevecen bir yanı vardı. Annesinden bahsederken, ilk kez annesinin gerçek bir bakım vermek yerine, ev işleri konusunda aşırı titiz olmayı koyduğunu fark etti ancak Peter bu konunun kendisini rahatsız ettiğini inkâr ediyordu. Okula gitmiş ve istediğine ulaşmıştı. Kendini ret ve aşağılanmanın olmadığı bir hayata adamıştı ancak ironik bir şekilde her gün ölüm ve reddetme ile bir arada yaşıyordu; onkoloji servisindeki ölümler ve sürekli araştırmasının mali olarak desteklenmesi ve yayınlanması için verdiği mücadele.

Bir sonraki toplantıda Peter'ın eşi de bize katıldı. Kocasının sürekli kendisini eleştirdiğini söyledi; kıyafet zevki, çocuk yetiştirmesi, okuma alışkanlığı, zekâsı, arkadaşları. Nadiren evde oluyordu ve kendisiyle duygusal olarak da yakınlık kurulamıyordu. Çok önemli işleri yüzünden ve sürekli patlamaya hazır olduğundan, ailesi sürekli etrafta parmak ucunda dolanmak zorundaydı. Eşi, bazı radikal değişiklikler yapmadığı sürece Peter'ı terk edip yeni bir hayata başlamaya kararlıydı. O anda, Peter ilk defa gözle görülür bir şekilde sıkıntılı görünüyordu. Eşiyle birlikte bir şeyleri yoluna sokmak istediği konusunda beni inandırdı.

Bir sonraki seansımızda, bedenini rahat bırakıp gözlerini kapatmasını ve içine odaklanmasını ve eleştirel parçasına –eşinin anlattığı– acımasızca eleştirmeyi bıraktığında ne olacağını sormasını istedim. Yaklaşık otuz saniye sonra, kendi kendine konuştuğu için aptal gibi hissettiğini söyledi, Yeni numaralar denemek istemiyordu. "Deneysel olarak onaylanmış bir terapi" almak için bana geldiğini söylüyordu. Deneysel olarak kanıtlanmış terapi uygulamalarının ön sıralarında yer aldığımı ve o anda yaptığımızın da bunlardan biri olduğunu söyleyerek onu ikna ettim. Fısıldamadan önce birkaç dakika sessizliğini korudu: "İncinirdim." Eleştiri parçasına bunun ne anlama geldiğini sorması konusunda ısrar ettim. Peter gözleri kapalı bir şekilde yanıtladı: "Başkalarını eleştirirsen seni incitmeye cesaret edemezler." Ardından: "Mükemmel olursan, kimse seni eleştiremez." İncinmeye ve aşağılanmaya karşı kendisini koruduğu için eleştiri parçasına teşekkür etmesini istedim ve yine sessizliğe büründüğünde omuzlarının rahatladığını, nefes alış verişinin yavaşladığını ve derin nefes alıp vermeye başladığını gördüm.

Kendini beğenmişliğin, meslektaşları ve öğrencileriyle ilişkisini etkilediğini belirtti; ekip toplantılarında kendisini yalnız ve dışlanmış hissettiğini ve hastane partilerinde rahatsızlık duyduğunu anlattı. İnsanları tehdit eden öfkeli parçasını değiştirmek isteyip istemediğini sorduğumda ise bunu istediğini ifade etti. Ardından bunun bedeninde nerede yer aldığını sorduğumda ise göğsünün ortasında yer aldığını söyledi. İçsel durumuna odaklanarak buna karşı nasıl hissettiğini sordum. Kendisini korkuttuğunu söyledi.

Ardından buna odaklanmasını ve neler hissettiğini söylemesini istedim. Bunun hakkında daha fazla şey öğrenmek istediğini söyledi. Kaç yaşında olduğunu sordum. Yaklaşık yedi yaşındaydı. Eleştirel parçasının neyi koruduğunu kendisine göstermesine izin vermesini istedim. Uzun süren bir sessizliğin ardından gözleri kapalı bir şekilde, çocukluğunda bir sahneye tanıklık ettiğini söyledi. Babası küçük bir çocuğu dövüyordu, bu kendisiydi ve bir kenarda durmuş babasını kışkırttığı için küçük çocuğu suçluyordu. Canı yanan çocukla ilgili ne hissettiğini sordum, bana onu küçümsediğini söyledi. İradesi zayıf ve sızlanan biriydi; babasının despot davranışlarına en ufak bir itaatsizlik göstermez, kaçınılmaz bir şekilde teslim olup, akıllı bir çocuk gibi mırıldanırdı. Cesareti yoktu, içinde ateş yoktu. Eleştiriden bir adım geride kalmasını istedim böylece küçük çocuğun içinde neler olup bittiğini görebilirdi. Buna tepki olarak, eleştiri tüm gücüyle ortaya çıktı ve "korkak" ve "süt çocuğu" gibi adlar taktı. Peter'a yine eleştiri parçasının bir adım geride kalıp küçük çocuğa konuşması için bir fırsat vermesini istedim. Tamamen içine kapandı ve bir daha ofisime gelmeyeceğini söyleyerek ayrıldı.

Ancak bir sonraki hafta geri geldi: eşi tehdit ettiği gibi bir avukata gitmiş ve boşanma davası açmıştı. Peter, yıkılmıştı ve daha önce tanıdığım her şeyin mükemmel olmasını isteyen doktor gibi değildi, yıkılmıştı. Ailesini kaybetme tehlikesiyle karşı karşıya kalınca, aklını kaçıracak gibi olmuştu ancak her şey çok kötü gitse de yaşamını kendi elleriyle düzeltebileceği fikriyle rahatlamıştı.

Tekrar iç dünyasına girdik ve terk edilmekten korkan parçasını tanımladık. Farkındalığı olan bir benlik durumundaydı, korkmuş olan çocuğa taşıdığı yükü sorması konusunda ısrar ettim. Yine ilk tepkisi, çocuğun zayıflığından tiksinmeydi ancak o parçasının geri çekilmesini istedikten sonra, kendisini anne babasının evindeki odada korku içinde çığlıklar atan genç bir erkek olarak gördü. Peter, bu sahneyi birkaç dakika daha ağlayarak izledi. Çocuğun anlatmak istediği her şeyi anlatıp anlatmadığını sordum. Hayır, koşarak kapının eşiğinde babasına sarılmak ve annesine karşı geldiği için dayak yemek gibi başka sahneler de vardı.

Zaman zaman, anne babasının neden daha iyi davranmadığı konusunda açıklamalar yaparak süreci bölüyordu, soykırımdan kurtulmaları ve bu dönemin üzerlerinde bıraktığı etkiden söz ediyordu. Yine, bu çocuğun acıların tanıklık edişini bölen ve bunların başka bir odaya taşınmalarına neden olan koruyucu parçaları bulmasını önerdim. Her defasında üzüntüsüne geri dönebiliyordu.

Peter'dan o genç çocuğa, ne kadar kötü bir deneyim yaşadığını anladığını söylemesini istedim. Uzunca bir süre üzgün üzgün oturdu. Ardından, bu genç çocuğa, ilgilendiğini göstermesini istedim. Birkaç tatlı sözden sonra, genç adama sarıldı. Görünürde sert ve duyarsız adamın, bu genç çocukla nasıl ilgilenmesi gerektiğini biliyor olması beni şaşırtmıştı.

Bir süre sonra, Peter'ı sahneye tekrar giderek genç çocuğu yanına alması konusunda ikna ettim. Peter, kendini, babasının karşısında bir yetişkin olarak hayal ederek şunları söyledi: "Bir daha bu çocuğa bulaşırsan, seni öldürürüm." Ardından, hayali olarak çocuğu, neşe içinde oyunlar oynayabileceği midillilere binebileceği bir kamp alanına götürdü, burada çocuğu izleyebiliyordu.

İşimiz bitmemişti. Eşi boşanma davasından vazgeçtikten sonra, Peter'ın bazı eski huyları yine su üstüne çıkmaya başladı ve Peter'ın yara almış parçalarıyla ilgilendiğinden emin olmak için özellikle evde ya da işte yaşadığı bir şeyden incindiğinde bu yalnız genç çocuğu yeniden ziyaret etmek zorunda kalıyorduk. Bu, İAS'de "yükten kurtulmak" olarak adlandırılan bir aşamadır ve bu sürgün edilmiş parçaların yeniden ziyaret edilerek bakımlarını vermeyi ve sağlıklarına kavuşmalarını sağlar. Her yeni yükten kurtulma ile Peter'ın gergin içsel eleştiren parçası rahatlıyordu, yavaş yavaş hakimden çok bir danışman gibi oldu ve ailesi ve meslektaşlarıyla ilişkileri düzelmeye başladı. Peter aynı zamanda gerilim baş ağrılarından da kurtuldu.

Bir gün bana, yetişkinlik dönemini geçmişinden kurtulmak için harcadığından söz etti ve kurtulmaya çalışırken geçmişine giderek daha fazla yakınlaşmasının ne kadar ironik olduğundan söz etti.

BÖLÜM 18

BOŞLUKLARI DOLDURMA: YAPILAR OLUŞTURMAK

Benim neslimin en büyük keşfi, insanoğlunun zihinsel tutumlarını değiştirerek yaşamlarını değiştirebilme yeteneğidir.

— William James

Bu, farklılığın görünmesi değil, kişinin farklı görmesidir. Sanki mekansal görme eyleminin yeni bir boyutla değiştirilmesi gibi.

— Carl Jung

Travma anılarını işlemek için bir şeyler vardır ancak; içsel boşlukla karşı karşıya kalmak tamamen farklı bir konudur; istenmemek, görülmemek, gerçeği anlatmanıza izin verilmemesi gibi durumlardan kaynaklanan ruhtaki boşluklar. Anne ve babanız, sizinle konuşurken hiç kafalarını kaldırmazsa, sevildiğiniz ve el üstünde tutulup tutulmadığınızı anlamanız zordur. Sırlar ve korkuyla dolu anlaşılmaz bir dünyadan geliyorsanız, yaşadıklarınızı ifade edecek kelimeleri bulmak neredeyse imkânsızdır. Büyüme döneminde istenmediyseniz ve ihmal edildiyseniz, etkili ve değerli olma içsel hislerini geliştirmeniz zordur.

Judy Herman ve Chris Perry ile yürüttüğümüz çalışmada (Bölüm 9'a bakınız) kendilerini istenmeyen çocuk olarak gören ve yetişme döneminde hiç kimsenin yanında güvende hissetmeyen kişilerin, geçmişte kendileriyle ilgilenildiğine dair anıları harekete geçiremedikleri için geleneksel psikoterapi yöntemlerden fayda sağlayamadıkları ortaya çıkmıştır.

Bunu kendini en adamış ve açık bir şekilde ifade edebilen hastalarımda bile görebiliyordum. Terapi sırasındaki özverili çalışmalarına; kişisel ve profesyonel başarılarını paylaşmalarına rağmen, kendileriyle neredeyse hiç ilgilenmeyen depresif annelerinin ya da dünyaya gelmiş oldukları için pişmanlık duyar gibi davranan babalarının yıkıcı izlerini silemiyorlardı. Bu içsel haritaları yeniden yapılandırdıklarında yaşamlarının tamamen değişeceği aşikârdı. Ama nasıl? Yaşamlarının erken dönemlerinde kilitli kalan bu duygulardan içsel olarak haberdar olmalarını nasıl sağlayabiliriz?

Bu sorunun olası yanıtını, Massachusetts'in taşlı kıyılarında yer alan Beverley'de bulunan küçük bir üniversitede 1994 yılının Haziran ayında Amerika Birleşik Devletleri Beden Psikoterapisi Birliği tarafından düzenlenen bir konferansta buldum. İronik bir şekilde, toplantıda benden ana akım psikiyatriyi temsil ederek beyin görüntülerini kullanarak ruhsal durumları görselleştirme üzerine konuşmam istenmişti. Ancak katılımcıların sabah kahvesi içmek için buluştuğu lobiye girer girmez, bunun daha önce katıldığım psikofarmakoloji ve psikoterapi toplantılarından farklı olduğunu anlamıştım. Birbirleriyle konuşma biçimleri, duruşları, jestleri canlılık ve bağlılığı yansıtıyordu; uyumlamanın* özü olan fiziksel karşılıklı olma biçimi (Editörün notu: Attunement = Birbirine uyumlu, akordlu).

Kısa süre sonra, o sıralarda yetmişli yaşlarında olan ve Martha Graham Dance Academy'nin eski dansçısı Albert Pesso ile sohbet etme imkânım oldu. Kalın kaşlarının altından gözleri nezaketini ve kendine olan güvenini yansıtıyordu. Bana, insanların çekirdek, somatik benlikleriyle olan ilişkilerini temelden değiştirecek bir yol bulduğunu söyledi. Coşkusu bulaşıcıydı ama amigdalanın yapısını değiştirebileceğinden emin olup olmadığını sordum. Yöntemini kimsenin bilimsel olarak test etmemiş olması konusunda istifini hiç bozmadan kendinden emin bir şekilde bunu yapabileceğini söyledi.

Pesso, "PBSP psikomotor terapisi" atölye çalışması[1] yönetmek üzereydi ve beni de davet etti. Bu, daha önce katıldığım hiçbir gruba benzemiyordu. "Baş kahraman/protagonist" olarak adlandırdığı Nancy adında bir kadının karşısında alçak bir sandalyeye oturdu, diğer katılımcılar ise onların etrafında yerde minderlere oturuyordu. Ardından "Nancy"e canını sıkan şeyi anlatmasını söyledi, ara sıra kadının durakladığı anları, gözlemlediklerine "tanık" olmak için kullanıyordu. "Bir tanık babanızın ailenizi terk ettiğini anlatırken ne kadar üzgün olduğunuzu görebilir." Bedensel duruştaki, yüz ifadesindeki, ses tonundaki, bakıştaki ve sözel olmayan duygusal ifadelerdeki (Bu durum psikomotor terapide "mikroizleme" olarak adlandırılmaktadır) hafif değişimlerin izini sürerken gösterdiği dikkat karşısında etkilenmiştim.

Pesso'nun yaptığı her "tanıklık ifadesinin" ardından Nancy'nin yüzü ve bedeni rahatlıyordu, sanki görülmek ve değer görmek onu rahatlatıyordu. Sessizce yaptığı yorumlar, devam ederek daha derinlere inmesi konusunda cesaretlendiriyordu. Nancy, ağlamaya başladığında, hiç kimsenin acıya tek başına katlanmaması gerektiğini gözlemledi ve yanına oturması için birini seçmek isteyip istemediğini sordu. (Bu kişiye "bağlantı kişisi" adını verdi.) Nancy, başıyla onayladı, dikkatli bir şekilde odayı gözlemledikten sonra, kibar görünümlü orta yaşlı bir kadını işaret etti. Pesso, Nancy'e bağlantı kişisinin nereye oturmasını istediğini sordu. Sağ tarafındaki minderi işaret ederek "Tam buraya" dedi Nancy kesin bir şekilde.

Büyülenmiştim. İnsanlar, mekansal ilişkileri beyinlerinin sağ tarafıyla yönlendirmektedir ve nörogörüntüleme araştırmamız, travmanın izlerinin temel olarak beynin sağ tarafında kaldığını göstermiştir (Bölüm 3'e bakınız). İlgi, onaylamama ve ilgisizlik temel olarak yüz ifadesi, ses tonu ve fiziksel hareketlerle aktarılmaktadır. Son araştırmalara göre, insan iletişiminin yüzde 90'ı sözel olmayan, sağ hemisferde[2] gerçekleşmektedir ve bu da Pesso'nun çalışmasının yönlendirdiği nokta gibi görünüyordu. Atölye çalışması devam ederken, bağlantı kişisinin varlığı Nancy'nin anlattığı acı verici deneyimlere katlanmasını sağlıyordu [3].

Ancak en garibi Pesso'nun başkahramanın geçmişiyle ilgili tabloları – ya da kendi deyimiyle "yapıları"– yaratma biçimiydi. Anlatılar geliştikçe, grup üyelerinden, başkahramanın anne babası, diğer aile üyeleri gibi belirli kişileri canlandırması istendi böylece içsel dünya üç boyutlu bir şekil almaya başladı. Grup üyeleri aynı zamanda, kritik anlarda anne babaların sağlaması gereken ama eksik olan destek, sevgi ve korumayı da sağlama rolünü üstlendiler. Başkahramanlar, hiç sahip olmadıkları bir geçmişi yaratarak kendi oyunlarının yönetmeni oldu ve bu hayali senaryonun ardından derin bir fiziksel ve ruhsal rahatlama yaşadıkları açıkça görülüyordu. Bu teknik, zihin ve beyin şekillendikten on yıllar sonra korku ve terk edilmenin yanında, güvenlik etkisi ve rahatlık aşılayabilir miydi?

Pesso'nun çalışmasının verdiği umutla şaşırmış bir hâlde, New Hampshire'da bir tepede bulunan çiftlik evine yaptığı daveti hemen kabul ettim. Yaşlı bir meşe ağacının altında yediğimiz öğle yemeğinin ardından, şimdi bir stüdyo olan kırmızı ahşaptan ağılına yapı çalışması için davet etti. Psikoanalizde yıllarımı geçirmiştim, bu yüzden büyük bir şey keşfedeceğimi sanmıyordum. Ailesiyle birlikte yaşayan kırklı yaşlarında olgun profesyonel bir kişiydim ve annemle babamı kendileri için mütevazi bir hayat yaratmaya çalışan iki yetişkin olarak görüyordum. Kesinlikle hâlâ üzerimde etkileri olduğunu sanmıyordum.

Rol canlandırmak için hiç kimse bulunmadığından, Al, benden babamı temsil etmesi için bir nesne ya da bir mobilya seçmemi istedi. Ben de kocaman siyah bir deri koltuk seçtim ve Al benden bu koltuğu, hafif sola doğru yaklaşık iki buçuk metre önüme yerleştirmemi istedi.

Ardından annemin de odada bulunmasını isteyip istemediğimi sordu ve ben de koltukla hemen hemen aynı yükseklikte, ağır bir abajur seçerek koltukla aynı hizaya yerleştirdim. Seans devam ederken, mekan yaşamımdaki önemli kişilerle dolmaya başladı. En yakın arkadaşım, sağımda küçük bir Kleenex* kutusu; onun yanında eşim yumuşak bir yastık; ve iki çocuğum iki küçük yastık olarak yanımdaydı (Editörün notu: Kleenex = Bir kâğıt mendil markası).

Bir süre sonra içsel alanımın izdüşümlerini aradım. İki iri yarı karanlık ve tehdit edici obje annemle babamı temsil ederken, minik objeler dizisi de eşimi, çocuklarımı ve arkadaşlarımı temsil ediyordu. Çok şaşırmıştım; çocukluğumdan kalma katı, Kalvinist annemle babamın içsel imgelerini yeniden yaratmıştım. Göğsüm sıkıştı ve eminim ki sesim daha da gergindi. Uzamsal beynimin ortaya çıkardıklarını inkâr edemiyordum. Yapı, benim üstü kapalı dünya haritamı gözümde canlandırmama olanak sağlamıştı.

Al'a ortaya çıkardığım şeyden söz ettiğimde, başını salladı ve bakış açımı değiştirmesi için kendisine izin verip vermeyeceğimi sordu. Şüpheciliğimin geri döndüğünü hissettim ancak Al'ı sevmiştim ve yöntemini merak ediyordum, bu nedenle tereddütle kabul ettim. Ardından, koltuk ve lamba ile benim arama girerek görüş açımdan kaybolmalarını sağladı. Anında bedenimde bir rahatlama hissettim; göğsümdeki sıkışma azaldı ve nefes alış verişim rahatladı. İşte o anda Pesso'nun öğrencisi olmaya karar verdim [4].

İÇSEL HARİTALARI YENİDEN YAPILANDIRMA

İçsel dünyanızı üç boyutlu bir alana yansıtmak, zihin tiyatronuzda neler olup bittiğini görmenize yardımcı olur ve geçmişte yaşadığınız olaylara ve insanlara verdiğiniz tepkiler konusunda daha net bir bakış açısı verir. Yaşamınızdaki önemli kişiler için yer tutucular/vekiller görevlendirdiğinizde, ortaya çıkan beklenmedik anılar, düşünceler ve duygular karşısında şaşırırsınız. Ardından dıştaki kendi yarattığınız satranç tahtası üzerinde parçaları hareket ettirerek denemeler yaparsınız ve üzerinizdeki etkilerini görürsünüz.

Yapılar, diyaloğu içerse de psikomotor terapi geçmişi açıklamaz ya da yorumlamaz. Bunun yerine, daha önce hissettiklerinizi yeniden hissetmenize, canlandırmanıza ve gerçekten olaylar meydana geldiği sırada söyleyemediklerinizi söylemenize yarar. Sanki yaşamınıza ait filme yeniden girip önemli sahneleri yeniden yazmak gibidir. Oyuncuları geçmişte yapmadıkları şeyleri yapmaları konusunda yönlendirebilirsiniz, babanızın anneninizi dövmesini engelleyebilirsiniz. Bu tablolar, güçlü duyguları harekete geçirebilir. Örneğin "gerçek annenizi" korkudan sinmiş bir hâlde köşeye yerleştirirseniz, onu korumak için derin bir özlem hissedebilir ve çocukken kendinizi ne kadar çaresiz hissettiğinizi fark edebilirsiniz. Ancak ardından babanızın karşısında dimdik duran ve istismarcı ilişkilerden nasıl korunacağını bilen ideal bir anne yaratırsanız, içgüdüsel bir rahatlama, suçluluk ve çaresizlik yükünden kurtulma duyguları yaşayabilirsiniz. Ya da çocukken size fiziksel zarar veren ağabeyinizle karşı karşıya gelebilirsiniz ve sonra sizi koruyan rol model olan ideal bir ağabey yaratabilirsiniz.

Yönetmenin/terapistin ve diğer grup üyelerinin görevi, başrol oyuncuları tek başına keşfetmekten korktukları şeyi derinlemesine araştırırken ihtiyaçları olan desteği onlara sağlamaktır. Grubun güvenli ortamı kendinizden sakladığınız şeyleri – genellikle çok utandığınız şeyler– fark etmenize olanak sağlar. Artık saklamak zorunda kalmadığınızda, yapı utancı ait olduğu yere –çocukken sizi inciten çaresiz bırakan kişileri temsil eden tam önünüze yerleştirdiğiniz figürlere– koymanıza izin verir.

Güvende hissetmek, babanıza (ya da onu temsil eden yer tutucuya) beş yaşındayken söylemiş olmayı istediğiniz şeyleri söyleyebileceğiniz anlamına gelir. Depresif ve korkmuş annenizin yerine geçen yer tutucuya, annenizle ilgilenemediğiniz için ne kadar kötü hissettiğinizi söyleyebilirsiniz. Mesafe ve yakınlık konusunda denemeler yapabilir ve etrafınızdaki yer tutucular arasında gezinirken neler olduğunu keşfedebilirsiniz. Aktif bir katılımcı olarak, öykü anlatırken yapamayacağınız gibi, bir sahne içinde kendinizi kaybedebilirsiniz. Ve deneyiminizin gerçekliğini temsil etme görevini alırken tanık size eşlik ederek, duruşunuz, yüz ifadeniz ve ses tonunuzu yansıtır.

Benim deneyimimde, şu anda fiziksel olarak geçmişi yeniden deneyimlemek ve güvenli ve destekleyici bir "sandık" içinde yeniden çalışmak, yeni ve bütünleyici anılar yaratmak için yeterlidir. Zararlardan korunduğunuz uyumlu ve sevgi dolu bir ortamda büyüme sahnesi deneyimi. Yapılar kötü anıları silmez ya da EMDR'de olduğu gibi etkisiz hâle de getirmez. Bunun yerine, size yeni seçenekler sunar; en temel insani ihtiyaçlarınızı, sevgi ve korunma özleminizi karşılayan alternatif anılar.

GEÇMİŞİ GÖZDEN GEÇİRMEK

Size, kısa bir süre önce California, Big Sur'da Esalen Enstitüsünde yönettiğim bir atölye çalışmasından söz etmeme müsaade edin.

Maria, travmanın uzun vadeli etkilerini keşfetme ve öz düzenleme (kendi kendini yatıştırma) teknikleri üzerine odaklanan ilk iki gün boyunca oldukça keyifli ve uyumlu kırklı yaşlarının ortasında zayıf ve atletik bir kadındı. Ancak şimdi benden yaklaşık iki metre uzaklıkta minderde korku dolu ve çökmüş bir hâlde oturuyordu. Kendi kendime, onu atölyeye getiren kız arkadaşını memnun etmek için mi başkahraman olmayı kabul ettiğini düşündüm.

İç dünyasında neler olup bittiğinin farkına varması ve aklına gelenleri paylaşması konusunda cesaret vererek başladım. Uzun bir süre sonra şöyle dedi. "Bedenimde hiçbir şey hissedemiyorum ve zihnim boş." İçsel gerginliğini yansıtarak şöyle dedim: "Bir tanık, bir yapı oluşturmak için gönüllü olduktan sonra, zihninin boş olduğunu ve hiçbir şey hissetmiyor olmaktan dolayı ne kadar üzüldüğünü görebilir. Doğru mu?", "Evet!" diye yanıtladı, rahatlamış bir ses tonuyla.

"Tanık figür" yapıya en başta girer ve kabullenici, yargılamayan bir gözlemci rolünü alarak, başkahramanın duygusal durumunu yansıtarak ve durumun ortaya çıktığı bağlama dikkat ederek katılım sağlar (Burada Maria'nın bir yapı oluşturmak konusunda gönüllü olmasını" ima ettiğimde olduğu gibi). Hissettiklerinin duyulması ve görülmesi güvende hissetmek için ön koşuldur, bu da travmanın ve terk edilmenin tehlikeli sınırlarını keşfederken oldukça önemlidir. Yapılan bir nörogörüntüleme çalışması, insanların içsel durumlarını aynalayan bir ifade duyduğunda, sağ amigdalanın, sanki yansıtmanın doğruluğunun altını çizermiş gibi, anlık olarak aydınlandığını göstermiştir.

Maria'nın bir süredir üzerinde çalıştığımız egzersizlerden biri olan nefes alıp verişe odaklanmasını ve bedeninde neler olduğuna dikkat etmesi konusunda teşvik ettim. Yine uzun bir sessizlikten sonra, tereddüt içinde konuşmaya başladı: "Yaptığım her şeyde bir korku duygusu var. Korktuğum gibi görünmüyor ama her zaman kendimi zorluyorum. Burada olmak benim için gerçekten de çok zor." Ben yansıttım: "Bir tanık kendini burada olmaya zorlamanın ne kadar rahatsızlık verici duygular yaşattığını görebilir." ve başını salladı, anlaşıldığını hissettiğini gösterir şekilde duruşu hafifçe dikleşti. Devam etti: "Ailemin normal olduğunu düşünerek büyüdüm. Ama her zaman babamdan çok korkardım. Onun beni umursadığını hiç hissetmedim. Hiçbir zaman bana kardeşlerimin vurduğu kadar sert vurmadı ama her zaman hissettiğim bir korku vardı." Bir tanığın, babası hakkında konuşurken ne kadar korktuğunu görebileceğini belirttim ve ardından babasını temsil etmesi için bir grup üyesi seçmesini istedim.

Maria odayı inceledi ve grubun canlı ve destekleyici bir üyesi olan nazik video yapımcısı Scott'u seçti. Scott'a tekrar edeceği metni verdim: "Küçük bir kızken seni korkutan gerçek baban olarak kabul edildim." (Bu çalışmanın bir doğaçlama olmadığını fark edin; bu, tanık ve başkahraman arasındaki diyalog ve yönlendirmeleri doğru bir şekilde sahneleme çalışmasıdır.) Ardından Maria'ya gerçek babasının nerede oturmasını istediğini sordum ve Scott'un sağ tarafına doğru yüzü kendisine dönük bir şekilde yaklaşık üç buçuk metre uzağına oturmasını istedi. Tablo yaratmaya başlıyorduk ve her defasında bir yapı yönettiğimde sağ hemisferin dışa yansıttıklarının kusursuzluğu karşısında etkileniyorum. Başkahramanlar, çeşitli karakterlerin yapıda tam olarak nerede olmaları gerektiğini bilir.

Ayrıca, başkahramanın geçmişindeki önemli kişileri temsil eden yer tutucuların hemen sanal gerçekliği yansıtması karşısında tekrar tekrar şaşırıyorum. Bu kişiler, – yalnızca başkahramanın değil aynı zamanda diğer katılımcıların da– yeniden mücadele etmesi gereken kişiler hâline geliyor. Maria'yı gerçek babasına iyice, uzun uzun bakması konusunda cesaretlendirdim, böylece duygularının korkudan merhamete doğru nasıl değiştiğine tanıklık edebilirdik. Ağlayarak babasının yaşamının ne kadar zor olduğunu yansıttı; II. Dünya Savaşı sırasında bir çocukken insanların kafalarının kesildiğini görmüştü, içi kurtlanmış bozuk balıkları yemeğe zorlanmıştı. Yapılar, derin terapötik değişim için temel koşulları sağlar. Çoklu gerçekliklerin yan yana yaşayabildiği trans benzeri bir durum- geçmiş ve şimdi, çocuk gibi hissederken yetişkin olduğunu bilmek, babana hiç benzemeyen Scott'la konuştuğunun farkında olarak istismar eden kişiye öfkeni ya da korkunu dile getirmek ve bağlılık, duyarlılık, öfke ve çocukların anne babalarıyla birlikte hissettiklerine özlem gibi karmaşık duygular yaşamak.

Maria, henüz küçük bir çocukken olan ilişkileri hakkında konuşmaya başladı, ifadelerini aynalamaya devam ettim. Babasının annesini dövdüğünü anlattı. Yemekleri, bedeni, ev düzeni konularında sürekli annesini eleştiriyordu ve annesini böyle topa tuttuğu zamanlarda çok korkuyordu. Maria annesini sevgi dolu ve sıcak bir insan olarak tanımlıyordu; annesi olmadan yaşayamayacağını söylüyordu. Babası kendisine patladığında annesi her zaman Maria'yı rahatlatmak için yanındaydı ama çocuklarını babalarının öfkesinden korumak için bir şey yapmıyordu. "Sanırım annem kendinden korkuyordu. Kendini kapana kısılmış gibi hissettiğinden bizi koruyamadığını düşünüyorum."

Bu noktada, zamanının geldiğini düşünerek Maria'nın gerçek annesini de odaya getirmesini önerdim, Maria grubu inceledi ve gülümseyerek sarışın İskandinav görünümlü ressam Kristin'i gerçek annesinin rolünü oynaması için seçti. Kristin, yapının resmî cümlelerini kabul etti: "Ben, kendisi olmadan yaşayamayacağın ama seni istismarcı babana karşı koruyamayan sıcak ve sevgi dolu gerçek annenin rolünü üstlendim." Maria, annesini sağına, babasından daha yakın bir yere oturttu.

Maria'dan Kristin'e bakmasını istedim ve ardından sordum "Peki ona baktığında ne oluyor?" Maria öfkeli bir şekilde "Hiçbir şey." dedi. "Bir tanık, gerçek annene baktığında ne kadar sertleştiğini ve hiçbir şey derken ne kadar öfkeli olduğunu görebilir." diye belirttim. Uzun bir sessizlikten sonra yine sordum "Peki, şimdi ne oldu?"

Maria, nispeten daha fazla çökmüştü ve tekrarladı "Hiçbir şey". Ona "Annene söylemek istediğin bir şey var mı?" diye sordum. Sonunda Maria, "Elinden gelenin en iyisini yaptığını biliyorum." dedi ve bir süre sonra "İçeride ne oluyor?" diye sordum. Maria "Göğsümü tutuyorum, kalbim sanki zor atıyor gibi." dedi. "Üzüntüm anneme doğru gidiyor; babamın karşısına geçip bizi koruyamayacak durumda. Kapanıyor ve sanki her şey yolundaymış gibi davranıyor ve zihninde büyük ihtimalle de öyle. Bu durum bugün beni çok kızdırıyor. Ona şöyle demek istiyorum: "Anne, babam kötü davranırken senin tepkini gördüğümde... yüzüne baktığımda tiksinmiş görünüyorsun ve neden 'Defol git!' demiyorsun bilmiyorum. Nasıl savaşacağını bilmiyorsun, tam bir pısırıksın, içinde iyi olmayan ve hayatta olmayan bir parçan var. Ne söylemen gerektiğini bile bilmiyorum. Sadece farklı olmanı istiyorum; yaptığın hiçbir şey doğru değil, tamamen iyi olmayan her şeyi kabullenmen gibi." Şöyle ifade ettim: "Bir tanık, annenin babanın karşısında durmasını istediğinde ne kadar öfkeli olduğunu görebilir." Ardından Maria, annesinin çocuklarını alıp kendilerini korkutan babalarından uzağa götürmesini ne kadar istediğinden bahsetti.

Ardından ideal annesini temsil edecek başka bir grup üyesini almasını önerdim. Maria, odayı inceledi ve bir terapist ve uzak doğu savaş sporcusu Ellen'ı seçti. Maria, Ellen'ı kendisiyle gerçek annesinin arasına oturttu ve bir koluyla kendisini sarmasını istedi. "İdeal annenin babana ne söylemesini istersin?" diye sordum. "Şöyle demesini istiyorum: 'Böyle konuşmayı sürdüreceksen çocukları da alıp seni terk edeceğim'" diye yanıtladı. "Burada oturup bu pislikleri dinlemeyeceğiz." Ellen, Maria'nın sözlerini tekrarladı. Ardından ben sordum "Şimdi ne oluyor?" Maria yanıtladı: "Bunu sevdim. Başımda daha az baskı var. Nefes alış verişim özgür. Bedenimde hafif bir enerjik dans var. "Tatlı". "Bir tanık, annenin artık babanın saçmalıklarına katlanmayacağını ve çocukları alıp gideceğini söylemesiyle ne kadar mutlu olduğunu görebilir." dedim. Maria, hıçkırarak ağlamaya başladı ve şöyle dedi "Güvende ve mutlu bir çocuk olabilirdim." Göz ucumla birkaç grup üyesinin ağladığını gördüm. Güvenli ve mutlu bir şekilde büyüme olasılığı açıkça kendi özlemleriyle yankılanıyordu.

Kısa bir süre sonra, zamanının geldiğini düşünerek Maria'ya ideal babasını davet etmesini önerdim. Grubu incelerken ideal babasını hayal eden Maria'nın gözlerindeki memnuniyeti görebiliyordum. Sonunda Danny'i seçti. Danny'e metnini verdim ve nazik bir şekilde şunları söyledi: "Seni seven, seninle ilgilenen ve seni korkutmayan ideal baban olarak geliyorum." Maria, kendisinden soluna oturmasını istedi ve gülümsedi. "Sağlıklı annem ve babam!" dedi. Ben yanıtladım: "Seninle ilgilenen ideal babana bakarken keyfini çıkar." Maria bağırdı

"Güzel" ve kollarını Danny'e dolayarak göz yaşları içinde ağladı. "Babamla çok sevecen bir an hatırlıyorum ve bu da aynı öyle. Annemi de yanımda isterim." İdeal anne baba nazikçe yanıt verdi ve onu kucakladı. Onları orada bıraktım, böylece deneyimi tam olarak içselleştirebileceklerdi.

Danny'nin şu sözleriyle bitirdik: "Eğer ben senin ideal baban isem, seni böyle severdim ve kabalığımla seni üzmezdim." Ellen ise şunları ekledi: "Ben senin ideal annensem, senin için karşı gelir ve seni korurdum, sana zarar gelmesine izin vermezdim." Ardından tüm karakterler son cümlelerini söyledi ve oynadıkları rollerden çıkarak resmî olarak kendi kişiliklerine döndüler.

YAŞAM FERMANINIZ

Hiç kimse ideal koşullar içinde büyümüyor; sanki ideal koşulların ne olduğunu biliyoruz. Dostum David Servan-Schreiber bir keresinde şöyle demişti: Her yaşam kendi koşulları içinde zordur. Ancak kendine güvenli, yeterli yetişkinler olmak için istikrarlı ve öngörülebilir, sizinle, keşiflerinizle mutlu olan, git gellerinizi düzenlemenize yardım eden; öz bakım ve diğer insanlarla iyi geçinme konusunda size rol model olan anne babalarla büyümenin son derece etkili olduğunu biliyoruz.

Bu alanların herhangi birindeki eksiklik, kendini yaşamın daha sonraki devrelerinde gösterme eğilimindedir. İhmal edilen ya da sürekli aşağılanan bir çocuğun kendine saygısının olması güçtür. Kendilerini gerçekleştirmelerine izin verilmeyen çocukların ise yetişkin olarak kendilerini savunmaları zordur ve çocukken kendilerine gaddarca davranılan yetişkinler, için için yanan bir öfke taşımaktadırlar ki bu da çok fazla enerji gerektirmektedir.

İlişkilerimiz de acı çekecektir. Ne kadar erken acı ve yoksunluk yaşarsak, diğer insanların hareketlerini kendi üzerimize alınma olasılığımız o kadar yüksektir ve bu kişilerin mücadelelerini, güvensizliklerini ve ilgilerini anlamamız bir o kadar mümkün değildir. Eğer, onların yaşamlarının karmaşıklığını anlayamazsak, yaptıkları her şeyin bizi inciteceğini ve hayal kırıklığına uğratacağını düşünürüz.

Travmanın biyolojisi hakkındaki bölümlerde, travmanın ve terk edilmenin kişilerin, keyfin ve rahatlığın kaynağı olan ve hatta ilgiye ve beslenmeye ihtiyaç duyan bedenlerinden nasıl koptuğunu görmüştük. Bedenimize güvenlik ya da uyarılar konusunda güvenmediğimizde, fiziksel heyecanların etkisi altında kaldığımızda, kendi bedenimizde ve bunun uzantısı olarak dünyada güvende hissetme kapasitemizi yitiririz. Dünya haritaları travma, istismar ve ihmal temelli olduğu sürece, insanlar unutmak için kısa yollar arama eğilimindedir. Reddetme, alay etme ve yoksunluk yaşayacakları beklentisiyle, başarısızlığa uğrama korkusuyla yeni seçenekler denemek konusunda tereddüt yaşarlar. Bu deneyimlerin eksikliği, insanları korku, yalnızlık ve yetersizlik matrisinde tuzağa düşürmektedir, bu noktada temel dünya görüşlerini değiştirecek yeni deneyimleri kabul etmeleri imkânsızdır.

Psikomotor terapinin son derece yapılandırılmış deneyimlerinin bu kadar değerli olmasının nedenlerinden biri budur. Katılımcılar, kendi içsel gerçekliklerini, geçmişin karmaşası ve kakafonisini keşfedebilecekleri gerçek insanlarla dolu bir alanda güvenli bir şekilde yansıtabilmektedir. Bu da somut çözüm bulma deneyimlerine yönlendirmektedir: "Evet, işte böyle bir şeydi. Mücadele etmek zorunda olduğum şey bu. El üstünde tutulsam, sevgiyle büyüsem yaşayacaklarım bunlar olurdu." Trans benzeri bir alan içinde üç yaşında bir çocuk olarak değerli ve korunmalı hissetme deneyimini kabul etmek kişilerin içsel deneyimlerini ifade etmelerini sağlar, tıpkı "Reddedilme ya da incinme korkusu olmadan diğer insanlarla iletişim kurabilirim." ifadelerinde olduğu gibi.

Yapılar, dünyadaki işlevlerimizi yöneten ve sınırlandıran içsel hikâyelerini dönüştürmek için hayal gücünün olağan dışı gücünden yararlanır. Uygun destekle, ortaya çıkması tehlikeli olan sırlar, yalnızca terapiste, mormon rahibine değil aynı zamanda hayal dünyamızda bizi inciten aldatan kişilere de açıklanabilir.

Yapının üç boyutlu doğası, saklanmış, yasaklamış ve görünür olmasından korkulan somut gerçekliği dönüştürür. Bu, önceki bölümde ele aldığımız İAS'ye benzemektedir. İAS, hayatta kalmak için yarattığınız ayrılmış parçaları kullanmaktadır ve onları tanımlamanıza ve onlarla konuşmanıza yardım eder, böylece zarar görmemiş Benliğiniz ortaya çıkar. Bunun aksine, yapı, mücadele etmek zorunda olduğunuz kişi ve nesnenin üç boyutlu görüntüsünü yaratarak size farklı bir sonuç elde etme imkânı verir.

Pek çok insan, geçmişteki acı ve hayal kırıklıklarına geri dönmek konusunda tereddüt yaşar. Bu yalnızca katlanılamaz olan şeyi getirecektir. Ancak aynalandıklarında ve tanıklık edildiğinde, yeni bir gerçeklik şekillenmeye başlar. Doğru aynalama; ihmal edilme, eleştirilme ve hayal kırıklığına uğramadan çok daha farklı şeyler hissettirir. Hissettiklerinizi hissetme ve bildiklerinizi bilme izni verir. Bu da iyileşmenin temel noktalarından biridir.

Travma, insanları, şimdiki anı, değişmeyen geçmişin ışığında yorumlama durumunda bırakmaktadır. Bir yapı içinde yeniden yarattığınız sahne tam olarak olan şeyi yansıtabilir ya da yansıtmayabilir ancak sizin iç dünyanızın yapısını temsil eder: içsel haritanız ve bir arada yaşadığınız gizli kurallarınız.

GERÇEĞİ SÖYLEMEYE CESARET ETME

Geçtiğimiz günlerde, henüz on üç yaşındayken tesadüfen babasını teyzesiyle telefonda seks yaparken yakalayan yirmi altı yaşındaki Mark ile başka bir grup yapısı çalışması gerçekleştirdim. Mark, bu bilgiyle, kafası karışmış, aldatılmış ve felç olmuş hissediyordu ancak babasıyla bu konuda konuşmaya çalıştığında, öfke ve inkârla karşılaşmıştı. İğrenç bir hayal dünyası olduğu ve ailesini dağıtmaya çalıştığı suçlamasıyla karşı karşıya kalmıştı. Mark asla bunu annesine anlatmaya cesaret edememişti ancak o andan itibaren aile sırları ve iki yüzlülük ev hayatının her yönünü kaplamış ve kimseye güvenilemeyeceği algısını oluşturmuştu. Okuldan sonra, yalnız bir ergen olarak günlerini civardaki basketbol sahasında ya da evde TV başında geçiriyordu. Yirmi bir yaşındayken annesi hayatını kaybetmişti – Mark kırık bir kalpten diyor– ve babası da teyzesiyle evlenmişti. Mark ise ne cenazeye ne de düğüne davet edilmemişti.

Bu gibi sırlar, içsel toksinlerdir. Kendiniz ya da başkaları tarafından onaylanmayan ama yaşamınızın şablonu olan gerçekler. Mark, gruba katıldığında geçmişiyle ilgili hiçbir bilgim yoktu ancak o duygusal uzaklığı ile dikkat çekiyordu ve girişler sırasında yoğun sis bulutuyla herkesten ayrıldığını kabul etti. Donuk, ifadesiz dış dünyasının ardına baktığımızda ortaya çakacaklar hakkında oldukça endişeliydim.

Mark'ı ailesi hakkında konuşmaya davet ettiğimde, birkaç kelime etti ve ardından daha da içine kapanmış göründü. Bu nedenle, kendisini desteklemesi için bir "bağlantı figürü" seçmesini istedim. Beyaz saçlı grup üyesi Richard'ı seçti ve omzuna dokunarak yanındaki mindere oturttu. Ardından öyküsünü anlatmaya başladığında Mark gerçek babası olarak Joe'yu yaklaşık üç metre karşısına, annesi olarak da yüzü saklı bir şekilde Carolyn'i oturttu. Mark, teyzesi rolü için Amanda'yı seçti, kolları göğsünün üstünde bağlı bir şekilde durmasını istedi; erkeklerin peşinden koşan çıkarcı, acımasız ve hilekar kadınları temsil ediyordu.

Oluşturduğu tabloyu incelerken Mark, gözlerini kocaman açmış bir hâlde dik olarak oturuyordu; kesinlikle sis ortadan kalkmış gibiydi. Şöyle dedim: "Bir tanık, mücadele etmek zorunda kaldığın şeyleri gördüğünde ne kadar tedirgin olduğunu görebilir." Mark bunu değerlendirerek başıyla onayladı ve bir süre sessiz ve hüzünlü bir şekilde oturdu. Ardından "babasına" bakarak patladı: "Seni aşağılık, seni iki yüzlü adam hayatımı mahvettin." Mark'ı babasına söylemek istediği ama söyleyemediği her şeyi söylemesi için davet ettim. Bunu bir sürü suçlama izledi. "Babasına" yumruklamak gibi fiziksel tepki göstermesi konusunda onu yönlendirdim, böylece Mark esip gürlediklerinin yerine ulaştığını görebilecekti. Mark'ın kendiliğinden bir şekilde öfkesinin kontrolden çıkmasından korktuğunu ve bu korkuyla okulda, işte ve diğer ilişkilerinde kendini savunmada tuttuğunu söylemesi beni şaşırtmadı.

Mark, "babasıyla" karşı karşıya geldikten sonra, Richard'dan yeni bir rol üstlenmesini isteyip istemediğini sordum: İdeal baba rolü. Richard'dan doğrudan Mark'ın gözlerine bakmasını ve şöyle söylemesini istedim: "Senin ideal baban olsaydım, seni dinlerdim ve iğrenç bir hayal gücün var diyerek seni suçlamazdım." Richard bu sözleri söyledikten sonra Mark titremeye başladı: "Aman Tanrım, eğer babama güvenebilseydim ve olan biten hakkında babamla konuşabilseydim hayatım çok farklı olurdu. Gerçek bir babam olmuş olurdu." Daha sonra Richard'dan şunları söylemesini istedim: "Senin ideal baban olsaydım, öfkeni kabul ederdim ve senin de güvenebileceğin bir baban olurdu." Mark, görünür bir şekilde rahatlamıştı ve bunun tüm dünyasında farklılık yaratabileceğini söyledi.

Ardından Mark, teyzesiyle karşı karşıya geldi. Teyzesine yaptığı hakaret yağmuru karşısında grup üyeleri görünür bir şekilde afallamıştı: "Seni iş birlikçi kaltak, seni kalleş. Kızkardeşini aldattın ve onun hayatını mahvettin. Ailemizi mahvettin." Mark, konuştuktan sonra hıçkırarak ağlamaya başladı. Ardından, kendisine yakınlık gösteren tüm kadınlara karşı şüpheyle yaklaştığını söyledi. Yapının geri kalan kısmı yarım saat daha sürdü, bu süre içinde iki yeni kadın yaratması için yavaş yavaş koşullar oluşturduk. Kız kardeşini aldatmayan, yalnız göçmen aileye destek olan ideal teyze ve kocasının ilgisini çeken ve kalbi kırık bir şekilde hayatını kaybetmeyen ideal anne. Mark, yapıyı, yarattığı sahnenin yüzünde yarattığı gülümsemeyle sessizce sona erdirdi.

Atölye çalışmasının geri kalan kısmında Mark, grubun açık ve değerli bir üyesi oldu ve üç ay sonra bana bir e-mail göndererek bu deneyimin yaşamını değiştirdiğini söyledi. Kısa bir süre önce ilk kız arkadaşıyla birlikte yaşamaya başladığını ve yeni düzenleri hakkında hararetli tartışmalar yaşasalar da olaylara, geçmişteki öfke ya da korkularına geri dönmeden, savunmacı bir şekilde yaklaşmadan ya da şüphelenmeden, onun bakış açısıyla bakabildiğini söylüyordu. Kız arkadaşıyla anlaşamadığı konuları olağan karşılaması ve kendini savunabilmesi konusunda kendine şaşıyordu. Yaşadığı yerde, yaşamında yaptığı değişiklikler konusunda kendisine yardımcı olabilecek bir terapist ismi sormuştu bana ve neyse ki ona önerebileceğim bir meslektaşım vardı.

ACI DOLU ANILARA PANZEHİR

Bölüm 13'te anlattığım model saldırı ile başa çıkma dersleri gibi, psikomotor terapideki yapılar da, geçmişin acı dolu gerçeklikleriyle yan yana yaşayan ve görülme, sakınma, sevilme duyumlarının sanal anılarını oluşturma olasılığı sunar ve incinme ve aldatılma anılarına karşı panzehir olarak görev yapan destekleyici deneyimler yaşanmasını sağlar. Değişmek için bireyler donmuş ya da travmanın paniklemiş benliğinin değişmeyen duygularına doğrudan karşı gelmek, bunları güvenlik, hakimiyet, memnuniyet ve bağlılık duygularıyla değiştirmek için gerçekliğin içsel hislerini yaşamaya ihtiyaç duyarlar. EMDR ile ilgili bölümde de gördüğümüz gibi, rüya görmenin işlevlerinden biri, gün içinde yaşanan öfke uyandırıcı olaylarla kişinin yaşamının geri kalanı arasında iç içe geçmiş bağlar kurmaktır. Rüyalarımızın aksine, psikomotor yapılar, fizik kurallarına bağlıdır ancak geçmişi yeniden dokuyabilir.

Elbette yaşadıklarımızı silemeyiz ancak eski anıları etkisiz hâle getirecek ve karşı olacak yoğun ve yeterince gerçek yeni duygusal senaryolar oluşturabiliriz. Yapıların iyileştirici tabloları, pek çok katılımcının genelde kendileri için mümkün olmayacağını düşündüğü iyileştirici tablolar sunmaktadır. İnsanların kendilerinden memnun olduğu, korunduğu, ihtiyaçlarının karşılandığı ve yuvasında hissetmesinin sağlandığı bir dünyada kabul görmek gibi.

BÖLÜM 19

BEYNİ YENİDEN YAPILANDIRMAK: NÖROTERAPİ/NEUROFEEDBACK

Bu bir gerçek mi, yoksa düş mü gördüm, zamanın nefes kesici bir anında madde dünyası elektrik yoluyla binlerce mili titreterek büyük bir sinir hâline geldi.

— Nathaniel Hawthorne

Amaçsızca dolaşan dikkati, istekli bir şekilde defalarca geri getirme yeteneği, yargı, karakter ve arzunun temelidir.

— William James

Tıp Fakültesindeki ilk yılın yazında, Boston Eyalet Hastanesinde Ernest Hartmann'ın uyku laboratuvarında yarı zamanlı araştırma asistanı olarak çalıştım. Görevim, çalışmaya katılanları hazırlamak ve gözlemlemek, EEG –elektroensefelogram ya da beyin dalgaları– izlerini yorumlamaktı. Denekler akşamları geliyordu; bir dizi kabloyu kafa derilerine ve rüya sırasında oluşan hızlı göz hareketlerini kaydeden başka bir dizi elektrotu da göz çevrelerine yapıştırıyordum. Ardından bu kişileri uyku odalarına götürüyor ve iyi uykular diliyordum ve beyin aktivitelerini sürekli akan bir makara kâğıt üzerine yazan otuz iki kalemli kocaman bir makine olan poligrafı başlatıyordum.

Deneklerimiz hızlı bir şekilde uykuya dalsalar da, beyinlerindeki nöronlar, çılgın içsel iletişimlerini sürdürüyordu ve bu da gece boyunca poligrafa aktarılıyordu. Bir önceki geceye ait EEG sonuçlarını incelemek için oturuyor ve ara sıra radyodan beyzbol sonuçlarını dinlemek için mola veriyor ve poligraf REM uyku döngüsü gösterdiğinde denekleri uyandırmak için dâhilî iletişim sistemini kullanıyordum. Deneklere gördükleri rüyayı soruyor ve anlattıklarını not ediyordum, ardından ertesi sabah uyku kaliteleri hakkında bir anket doldurmalarına yardımcı oluyor ve kendilerini uğurluyordum.

Hartmann'ın laboratuvarındaki o sessiz gecelerde, REM uykusu hakkında pek çok şey belgelendi ve bölüm 15'te ele aldığım önemli keşiflerin yolunu hazırlayan uyku süreçlerinin temel anlayışının oluşmasına katkıda bulunmuştur. Bununla birlikte, son zamanlara dek, EEG'nin elektrik beyin aktivitelerinin, psikiyatrik problemlere katkıda bulunabileceği büyük oranda fark edilmemişti.

BEYNİN ELEKTRİK DEVRELERİNİ HARİTALAMA

Farmakolojik devrimin ilerlemesinden önce, beyin aktivitelerinin kimyasal ve elektrik sinyallerine bağlı olduğu düşünülüyordu. Farmakolojinin sonraki egemenliği, beynin elektrofizyolojisine karşı olan ilgiyi on yıllarca tıkamıştır.

Beynin elektrik aktivitelerinin ilk kayıt çalışmaları 1924 yılında Alman psikiyatrist Hans Berger tarafından gerçekleştirilmiştir. Bu yeni teknoloji, başlangıçta şüpheyle karşılanmıştı ve tıbbi kuruluşlar tarafından komik bulunmuştu ancak elektroensefalografi aşamalı bir şekilde epilepsi hastalarının nöbet aktiviteleri için ayrılmaz bir araç hâline gelmiştir. Berger, farklı beyin dalgalarının farklı zihinsel aktiviteleri yansıttığını keşfetmiştir. (Örneğin, bir matematik problemini çözmeye çalışmak, beta olarak bilinen kısmen hızlı frekans bandında patlama olarak sonuçlanmıştır.) Sonunda, bilimin belirli EEG düzensizliklerini farklı psikiyatrik problemlerle ilişkilendirebileceği konusunda umut doğmuştu. Bu beklenti, 1938 yılında "davranış problemi olan çocukların" EEG örnekleriyle ilgili ilk raporlarla beslenmiştir[1]. Bu hiperaktif ve dürtüsel çocukların büyük çoğunluğunun frontal lob dalgaları normalden daha yavaştı. Bu bulgu, o günden bu yana sayısız kez tekrarlandı ve 2013 yılında yavaş dalga prefrontal aktivite, (Food and Drug Administration Amerikan Gıda ve İlaç Dairesi) tarafından DEHB'nin biyogöstergesi olarak kabul edilmiştir. Yavaş frontal lob elektrik aktivitesi bu çocukların neden zayıf yönetsel işlevlerinin olduğunu açıklamaktadır. Akılcı beyinlerinin, duygusal beyinleri üzerinde doğru kontrolü sağlaması yetersizdir, bu durum aynı zamanda istismar ve travmanın duygusal merkezleri tehlikelere karşı aşırı uyarılmış kıldığında ve savaş ya da kaç durumu için düzenlediğinde de ortaya çıkmaktadır.

Kariyerimin başlarında EEG sayesinde daha iyi tanılar koyabileceğimizi umuyordum ve1980 ve 1990 yılları arasında hastalarımı, duygusal değişkenliklerinin altında yatan nörolojik anormallikler olup olmadığını görmek için EEG çektirmeye gönderiyordum. Bu raporlar genelde şu ifadelerle geliyordu: "Özgün olmayan temporal lob anormallikleri."[2] Bu bana çok az şey veriyordu ve o zamanlar bu tür belirsiz durumları tedavi etmenin tek yolu, faydasından çok yan etkileri olan ilaçlar olduğundan, hastalarımdan rutin EEG kontrolleri istemeyi bıraktım.

Daha sonra 2000 yılında, dostum Alexander McFarlane ve arkadaşları (Avustralya, Adelaide'deki araştırmacılar) tarafından gerçekleştirilen; travma yaşamış ve normal Avustralyalılardan oluşan iki grup arasındaki bilgi işleme süreçlerindeki farklılıkları ortaya koyan bir araştırma ilgimi çekti. Araştırmacılar "Odd-ball paradigması" olarak adlandırılan standart bir test kullanmışlardı burada deneklere bir dizi görüntünün içinde uyumsuz olan nesneyi (bir grup masa ve sandalye arasında bir trompet gibi) seçmesi istenmiştir. Bu görüntülerin hiçbiri travmayla ilişkili değildi.

"Normal" grupta beynin anahtar parçaları, filtreleme, odaklanma ve analize ait uyumlu örnekler üretmek için çalışıyordu (sol alttaki görüntüye bakınız). Bunun aksine, travma yaşamış deneklerin beyin dalgalarının koordinasyonu zayıftı ve uyumlu örnekleri bir araya getirmekte başarısızdılar. Özellikle de kişilerin ilgisiz olan bilgiyi filtreleyerek elindeki işe odaklanmasını sağlayan beyin dalgası örneklerini oluşturamıyorlardı (N200 yukarı doğru kavis olarak belirlenen). Ek olarak, beynin çekirdek bilgi işleme yapısı (aşağı doğru zirve, P300) zayıf bir şekilde tanımlanmıştı; dalganın derinliği yeni veriyi ne kadar kavrayabildiğimizi ve analiz edebildiğimizi gösterir. Bu, travma yaşamış kişilerin travmatik olmayan bilgileri nasıl işlediği ve günlük bilgi işleme süreçlerini anlamada derin çıkarımlar sağlayan önemli yeni bir bilgiydi. Bu beyin dalgaları, pek çok travma yaşayan kişinin neden deneyimlerden ders çıkarmada sorunlar yaşadığını ve günlük

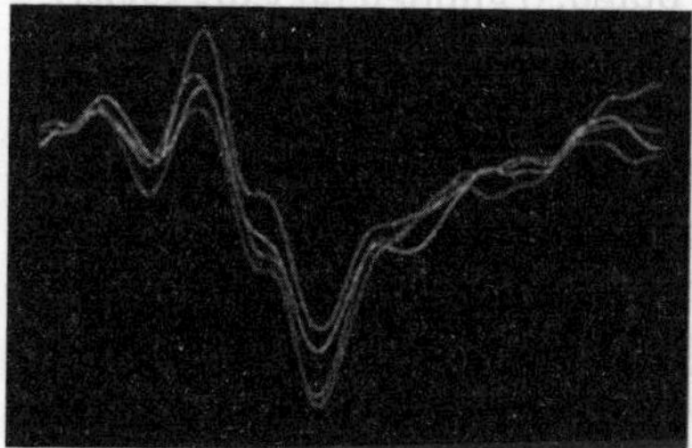
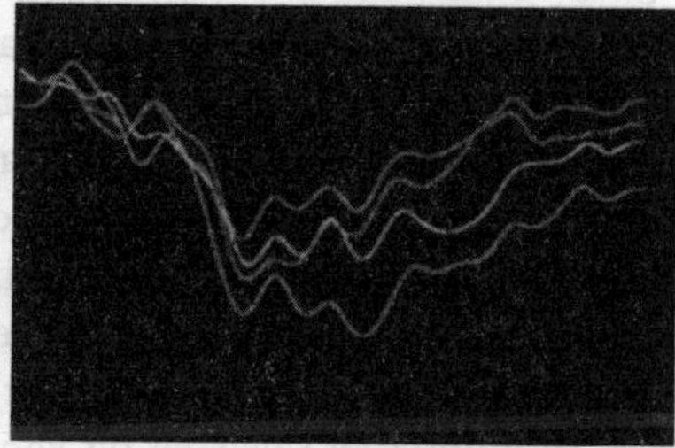

Normale karşı TSSB. Dikkat örnekleri. Beyne veriler sunulduktan mili saniyeler sonra beyin gelen bilginin anlamını düzenlemeye başlar. Normalde, beynin tüm bölgeleri birbiriyle uyumlu bir şekilde (solda) çalışırken, TSSB hastalarında beyin dalgaları o kadar düzenli değildir; beyin ilgisiz bilgileri ayırt etmekte zorluk yaşar ve uyarana karşı dikkat konusunda sorunlar oluşur.

yaşamlarına bağlanamadığını açıklayabilirdi. Beyinleri, şu anda olup bitene dikkat etmek için düzenlenmemiştir.

Sandy McFarlane'in çalışması bana Pierre Janet'in 1889 yılında söylediklerini anımsattı: "Travmatik stres, şimdiki anda tam olarak yaşayamama hastalığıdır." Yıllar sonra, Irak'taki askerlerin deneyimlerini ele alan *The Hurt Locker* adlı filmi izlediğimde, hemen Sandy'nin çalışmasını anımsadım: Çok fazla stresle mücadele ettiklerinden bu adamlar, son derece odaklanarak performans gösteriyorlardı; ancak sivil hayata döndüklerinde markette en basit seçimleri yaparken zorlanıyorlardı. Savaştan dönen gazilerin GI Bill kapsamında (ç.n Gazilerin normal hayatlarına devam edebilmesi için çıkarılan bir kanun) üniversiteye yazılan ancak eğitimini tamamlamayan askerlerin sayısında her geçen yıl şaşırtıcı derece bir artış vardır. (Bazı oranlar yüzde 80'in üzerindedir.) Odaklanma ve dikkatle ilgili iyi belgelenmiş sorunları, elbette ki bu zayıf sonuçları destelemektedir.

McFarlane'nin çalışması, TSSB yaşayan kişilerdeki odaklanma ve dikkat eksikliği için olası bir mekanizmayı açıklığa kavuşturmakta ancak tamamen yeni bir zorluğu ortaya koymaktadır: İşlevsiz beyin dalgası yapılarını değiştirmek. Bu bozuk işlev gören beyin dalgası yapılarını değiştirmek mümkün müydü? Bundan yedi yıl önce bunu yapmanın yolları olabileceğini öğrenmiştim.

2007 yılında, çocuklarda bağlanma bozukluğu ile ilgili bir konferansta Sebern Fisher ile tanıştım. Sebern, ciddi derecede rahatsızlıklar yaşayan çocukların kaldığı yatılı bir merkezde yöneticilik yapmıştı ve yaklaşık on yıldır özel uygulamalarında neurofeedback uyguladığını söyledi. Bana 10 yaşında bir erkek çocuğunun tedavi öncesi ve sonrası resimlerini gösterdi. Bu çocuk, öfke nöbetleri, öğrenme güçlüğü ve okulda öz düzenleme/kendini yatıştırma becerilerinde kontrol edilemeyecek derecede ciddi güçlük yaşıyordu [3].

Tedavi başlamadan önce çizdiği aile portresi (karşıda solda) üç yaşında bir çocuk düzeyindeydi. Beş haftadan daha kısa bir sürede, yirmi neurofeedback seansının ardından, öfke nöbetleri azaldı ve çizimlerinde ciddi bir gelişme gösterdi. On hafta ve ilave yirmi seans sonrasında ise çizimleri bir adım daha ilerlemişti ve davranışları normalleşmişti.

Bu kadar kısa süre içinde, zihinsel işlevler üzerinde böyle etkili olan bir tedavi yöntemiyle hiç karşılaşmamıştım. Sebern, bana bir neurofeedback uygulaması göstermeyi önerdiğinde büyük bir istekle kabul ettim.

BEYNİN SENFONİSİNİ GÖRME

Sebern, Northampton, Massachusetts'teki ofisinde bulunan neurofeedback ekipmanlarını –iki masa üstü bilgisayar ve küçük bir amplifikatör– ve elde ettiği bazı verileri gösterdi. Ardından kafamın

Çöp adamlardan net bir şekilde insan çizimleri. Dört aylık neurofeedback seansının ardından, on yaşında bir erkek çocuğun aile çizimleri, altı yaşında zihinsel gelişime denk görünmektedir.

her iki yanına ve sağ kulağıma birer elektrot taktı. Kısa süre sonra önümdeki bilgisayarda beyin dalgaları dizisi görünmeye başladı, tıpkı bundan otuz yıl önce uyku laboratuvarındaki poligrafta gördüklerime benziyordu. Sebern'in küçük diz üstü bilgisayarı, beynimin elektrik senfonisini, Hartman'ın laboratuvarında bulunan ve büyük ihtimalle milyon dolarlar değerindeki ekipmandan daha hızlı belirleyip, kaydediyor ve gösteriyordu.

Sebern'in açıklamasına göre, geribildirim beynin kendi işlevini aynalamasına imkân sağlıyor: akımın ve zihnin zıt akımlarının temelini oluşturan dalgalanma ve ritim. Neurofeedback, doğal karmaşıklığını ve öz düzenlemeye karşı ön yargılarını destekleyen yeni örnekler yaratarak bazı frekansları daha sık bazılarını ise daha az yapması konusunda dürter[4]. "Aslında" diyerek şöyle anlattı "beyinde doğuştan var olan ama tıkanmış titreşim özelliklerini özgürleştirip yenilerini geliştirmeye başlıyoruz."

Sebern, "ödül ve engelleme sıklıklarını kaydetmek için" bazı ortamlar hazırladığını anlattı, böylece neurofeedback, seçilen beyin dalgalarını kuvvetlendirirken diğerlerini vazgeçiriyordu. Artık, farklı renklerdeki üç uzay gemisi olan bir video oyununa benzer bir şeye bakıyordum. Bilgisayar düzensiz tonları belirtiyor ve uzay gemileri oldukça rastlantısal bir şekilde hareket ediyordu. Gözlerimi kırptığımda durduğunu ve sakin bir şekilde ekrana odaklandığımda, düzenli bip sesleriyle ardışık olarak hareket ettiklerini keşfettim. Ardından Sebern, benden yeşil uzay gemisini diğerlerinin önüne geçirmemi istedi. Odaklanmak için öne doğru eğildim ancak ne kadar denersem deneyeyim yeşil uzay gemisi geride kalıyordu. Sebern gülümsedi ve rahatlarsam ve bilgisayaların oluşturduğu feedbackleri alırsam daha iyi sonuçlar elde edeceğimi söyledi. Böylece tekrar yerime oturdum ve tonlar adım adım gelişirken yeşil uzay gemisi diğerlerinin önüne geçmeye başladı. Sakin ve odaklanmış hissediyordum; uzay gemim kazanıyordu.

Neurofeedback bazı yönleriyle, konuşma esnasında karşınızdaki insanın yüzünü izlemeye benziyor. Gülümsemeler ve başla hafifçe onaylamalar gördüğünüzde bu sizin ödülünüz oluyor ve öykünüzü anlatmayı ya da önemli noktalara temas etmeyi sürdürüyorsunuz. Ancak konuşma sırasında karşınızdaki kişi sıkkın görünüyorsa ya da bakışlarını kaçırıyorsa, konuşmayı bitiriyor ya da konuyu değiştiriyorsunuz. Neurofeedback'te ise ödül, gülümseme yerine bir ton ya da harekettir ve engelleme ise kaş çatmak yerine daha nötrdür; sadece istenmeyen bir dokudur.

Daha sonra Sebern, Neurofeedback'in başka bir özelliğini tanıttı: Beynin belirli kısımlarındaki devreleri izleyebilme özelliği. Elektrotları şakaklarımdan, sol kaşıma aldı ve kendimi daha keskin ve odaklanmış hissetmeye başladım. Bana, tetik olmamdan sorumlu olan frontal korteksteki beta dalgalarını ödüllendirdiğini söyledi. Elektrotları başımın üstüne taşıdığında, kendimi bilgisayar imgelerinden ayrılmış ve bedenimdeki algılara daha fazla odaklanmış hissetmeye başladım. Daha sonrasında ise zihinsel durumumda ve fiziksel algılarımda değişiklikler yaşadıkça beyin dalgalarımın nasıl değiştiğini gösteren özet bir grafik gösterdi.

Neurofeedback, travma tedavisinde nasıl kullanılabilirdi? Sebern'in açıklaması şöyleydi: "Neurofeedback ile korku, utanç ve öfke izlerini arttıran ve sürdüren devrelere müdahale etmeyi umuyoruz. Travmayı tanımlayan bu devrelerin yineleyen bir şekilde ateşlenmesidir". Hastaların, travma nedeniyle ve sonrasında oluşan süreğen hâle gelmiş beyin modellemelerini değiştirmeleri gereklidir. Korku modelleri rahatladığında, beyin, otomatik stres tepkilerine karşı daha az duyarlı bir hâle gelerek sıradan olaylara karşı daha fazla odaklanabilmektedir. Sonuç olarak, stres, olayların doğasında olan bir özellik değildir, bizim onları nasıl sınıflandırdığımız ve tepki verdiğimizle ilgilidir. Neurofeedback, beyni dengede tutar ve dayanıklılığı arttırarak vereceğimiz tepkiler konusunda seçenekler üretmemizi sağlar.

NEUROFEEDBACK'İN DOĞUŞU

Neurofeedback, 2007 yılında yeni bir teknoloji değildi. 1950'lerin sonunda, Chicago Üniversitesinde psikoloji profesörü olan ve içsel algı olgusu üzerine çalışan Joe Kamiya, insanların rahatlama ile ilişkilendirilen alfa dalgaları ürettiğinde feedback ile anlatmayı öğrenebileceğini keşfetti. (Yüzde 100 doğruluğa ulaşmak için birkaç denek için yalnızca dört gün yeterli olmuştur.) Daha sonrasında ise basit bir ses ipucuna tepki olarak alfa durumuna gönüllü olarak girebileceklerini ifade etmiştir.

1968 yılında, Kamiya'nın çalışmasıyla ilgili bir makale, *Psychology Today* adlı popüler psikoloji dergisinde yayınlandı ve alfa eğitiminin stres ve strese bağlı durumları rahatlatabileceği fikri yaygın bir şekilde tanınmış oldu [5]. Neurofeedback çalışmalarının patolojik durumlar üzerinde etkilerinin olabileceğini gösteren ilk çalışma UCLA'dan Barry Sterman tarafından gerçekleştirilmiştir. The National Aeronautics and Space Administration yetkilileri Sterman'dan halüsinasyonlar, bulantı ve nöbetlere neden olan roket yakıtı monoasetilhidrazin (MMH) zehirliliği konusunda çalışmasını istemiştir. Sterman, daha öncesinde duyumotor ritim olarak bilinen belirli EEG frekansı üretmeleri için birkaç kedi eğitmişti. (Kedilerde, bu alarm, odaklanma durumu, beslenmeyi bekleme ile ilişkilendirilmiştir.) Sıradan laboratuvar kedileri, MMH'ye maruz kaldıktan sonra nöbet geçirirken, neurofeedback uygulanan kedilerde bu durumun görülmediğini keşfetmiştir. Bu eğitim bir şekilde beyinlerini dengede tutmuştur.

1971 yılında Sterman, ilk insan deneği olan Mary Fairbanks'ı bir neurofeedback cihazına bağlamıştır. Sekiz yaşından bu yana epilepsi hastası olan denek ayda iki ya da daha fazla nöbet geçiriyordu. Haftada iki kez birer saatlik bir eğitim verdi. Üç ayın sonunda kadın nöbetlerden tamamen kurtulmuştu. Sterman, sonrasında daha sistematik bir çalışma yürütmek üzere Ulusal Sağlık Enstitüsünden bir fon aldı ve çalışmaya ait etkileyici sonuçlar 1978 yılında *Epilepsia* dergisinde yayınlandı [6].

İnsan zihninin potansiyeli ile ilgili bu deney ve kocaman iyimserlik, 1970'li yıllarda yeni keşfedilen psikiyatri ilaçlarıyla sona erdi. Psikiyatri ve beyin bilimi, zihnin ve beynin kimyasal modelini benimsedi ve diğer tedavi yaklaşımları ikinci plana atıldı.

O zamandan bu yana, neurofeedback alanı, Avrupa, Rusya ve Avustralya'da yapılan bilimsel çalışmaları temel alarak gelişigüzel bir şekilde ilerliyordu. Amerika Birleşik Devletleri'nde yaklaşık on bin neurofeedback uygulayıcısı olmasına rağmen, uygulama henüz, yaygın bir kabul görmek için gerekli olan araştırma fonlarını elde edememiştir. Bunun sebeplerinden biri çoklu rekabetçi neurofeedback sisteminin olması, diğeri ise ticari potansiyelinin sınırlı olmasıdır. Yalnızca birkaç uygulama sigorta kapsamındadır ve bu da neurofeedback uygulamalarının pahalı olmasına neden olmakta ve uygulayıcıların, geniş ölçekli çalışmaların yapılması için gerekli kaynakları bir araya getirmesini engellemektedir.

EVSİZLER BARINAĞINDAN BAKIM İSTASYONUNA

Sebern, üç hastasıyla görüşme yapmamı sağladı. Hepsinin dikkat çekici öyküleri vardı ancak yakınlardaki bir üniversitede hemşirelik okuyan yirmi yedi yaşındaki Lisa'yı dinlerken, bu tedavinin şaşırtıcı potansiyeli karşısında gerçek bir uyanma yaşadım. Lisa, insanların sahip olabileceği en büyük iyileşme gücüne sahipti. Çekici bir kişiydi; sempatik, meraklı ve görünür şekilde zeki. Çok iyi göz teması kuruyordu ve kendisiyle ilgili öğrendiği şeyleri paylaşma konusunda istekliydi. Hepsinden daha iyisi, tanıdığım birçok travma hastası gibi, iğneleyici bir mizah gücüne sahip olması ve insanların aptallığı ile uğraşabilmesiydi.

Geçmişi ile ilgili bildiklerime bakınca, bu kadar sakin ve kendine yeterli olabilmesi bir mucizeydi. Grup evlerinde, akıl hastanelerinde yıllar geçirmişti ve Batı Massachusetts hastanelerinin acil servislerinde tanıdık bir yüzdü. Düzenli olarak aşırı dozda ilaç ya da kendini yaralama nedeniyle yarı ölü bir hâlde ambulansla hastaneye getirilen bir kızdı.

Öyküsüne şöyle başladı: "Anne babaları sarhoş olduğunda ne olacağını bilen çocuklara imrenirdim. En azından zararı tahmin edebilirlerdi. Benim evimde ise herhangi bir düzen yoktu. Herhangi bir şey annemi tetikleyebilirdi –akşam yemeği yemek, televizyon izlemek, okuldan eve gelmek, giyinmek– ve hiçbir zaman ne yapacağını ya da bana nasıl bir zarar vereceğini tahmin edemezdim. Her şey çok tesadüfiydi."

Babası, Lisa henüz üç yaşındayken evi terk ederek onu psikozlu annesinin merhametine bırakmıştı. "İşkence" yaşadığı istismarı anlatmak için yeterince güçlü bir kelime değildi. "Çatı katındaki odada yaşardım." diye anlattı bana "Ve gidip halının üzerine tuvaletimi yapabileceğim başka bir oda daha vardı çünkü alt kattaki banyoya inmeye çok korkardım. Bütün oyuncak bebeklerimin elbiselerini çıkarıp, içlerine kalem sokardım ve pencerenin kenarına dizerdim."

On iki yaşına geldiğinde, Lisa evden kaçmış ancak polis tarafından evine teslim edilmişti. Yeniden evden kaçtığında ise çocuk koruma servisleri devreye girmişti ve sonraki altı yılı ruh hastanelerinde, bakım, grup evlerinde, koruyucu aile yanında ve sokaklarda geçirmişti. Hiçbir yerleştirme sürekli olmamıştı çünkü Lisa öyle disosiyatifti ki ve kendine öyle zararlar veriyordu ki bakıcılarını korkutuyordu. Kendine zarar veriyor, mobilyalara saldırıyor ve ardından ne yaptığını hatırlamıyordu bu da onun manipülatif yalancı olarak ün salmasına neden olmuştu. Geçmişe bakınca, Lisa bana neler yaşadığını anlatacak dilden yoksun olduğunu söyledi.

On sekiz yaşına girdiğinde çocuk koruma servislerinden çıkacak kadar "olgunlaşmıştı" ve ailesi, eğitimi, parası ya da becerisi olmadan bağımsız bir hayat sürmeye başlamıştı. Ancak çıktıktan kısa bir süre sonra, ilk neurofeedback araçlarını edinen Sebern'in yanına gitmişti, Sebern, Lisa'yı bir zamanlar çalıştığı yatılı tedavi merkezinden tanıyordu. Lisa'ya karşı her zaman bir zaafı olan Sebern, onu yeni aleti denemesi için davet etti.

Sebern şöyle anımsıyor: "Lisa, ilk kez beni görmeye geldiğinde, sonbahardı. Yanında her yere taşıdığı balkabağı ile etrafta boş bakışlarla yürüyordu. Orada değildi. Benliğini düzenleyebileceğinden hiç emin değildim." Lisa için hiçbir konuşma terapisi işe yaramamıştı. Sebern, sıkıntı veren herhangi bir konu hakkında bir şey sorduğunda hemen kapanıyor ya da panik oluyordu. Lisa bu durumu şu sözlerle anlatıyor: "Yetişme döneminde yaşadıklarımla ilgili ne zaman konuşmaya çalışsak, bir çöküş yaşıyordum. Sabahları vücudumda kesiklerle uyanıyordum, yemek yiyemiyordum ve uyuyamıyordum."

Her zaman ve her yerde korku duygusu yaşıyordu: "Sürekli korkuyordum. Bana dokunulmasından hoşlanmıyordum. Her zaman ürkek ve gergindim. Etrafta biri varsa gözlerimi kapatamıyordum. Gözlerimi kapatır kapatmaz birinin ben tekmelemeyeceğine ikna olamıyordum. Bu duygu insanı çıldırtıyor. Güvendiğiniz biriyle aynı odadasınız, başınıza bir şey gelmeyeceğini biliyorsunuz ama bedeniniz rahatlayamıyor. Biri bana sarılsa, hemen kaçmaya çalışırım." Lisa, kaçınılmaz bir şokun içine hapsolmuştu.

Lisa, küçük bir kızken disosiyatif olduğunu anımsıyor ancak ergenlikten sonra her şey kötüleşmeye başlamıştı: "Bedenimde kesiklerle uyanmaya başladım ve okuldaki insanlar beni, farklı isimlerle tanıyordu. Devamlı bir erkek arkadaşım yoktu, disosiyatif olduğumda başka erkeklerle de çıkıyordum ama sonra hatırlamıyordum. Çok fazla bayılıyordum ve gözlerimi açtığımda çok garip durumlar yaşıyordum." Ciddi şekilde travma yaşayan pek çok kişi gibi Lisa da aynaya baktığında kendini tanıyamıyordu [7]. Sürekli bir benlik algısından uzak olmayı bu kadar kolay anlaşılır bir şekilde anlatan kimseyle karşılaşmamıştım.

Gerçekliğini onaylayacak kimse yoktu. "On yedi yaşındayken ciddi şekilde rahatsız ergenlerle grup evinde yaşarken, konserve kutusu kapağıyla kendimi kötü bir şekilde kestim. Beni acil servise götürdüler, doktora kendimi nasıl kestiğimi anlatamıyordum, bunu hatırlamıyordum. Acil servis doktoru disosiyatif kişilik bozukluğunun var olmadığına inanıyordu... Akıl sağlığı yerine pek çok insan bunun olmadığına inanır. Sizde olmadığına değil böyle bir şeyin olmadığına inanırlar."

Lisa olgunlaşır olgunlaşmaz yaptığı ilk şey ilaç tedavilerini bırakmak oldu: "Bu herkeste işe yaramaz." dedi "ama benim için doğru seçenekti. İlaç tedavisine ihtiyacı olan insanlar tanıyorum ancak bu durum benim için uygun değildi. İlaçları bıraktıktan sonra neurofeedback'e başladım ve daha anlaşılır olmaya başladım."

Sebern, Lisa'yı neurofeedback uygulamak için davet ettiğinde fazla beklentisi yoktu çünkü bu yöntemi ilk kez disosiyatif bir kişi üzerinde uyguluyordu. Haftada iki kez görüşüyorlardı ve beynin korku merkezi olan sağ temporal lobdaki daha uyumlu beyin örneklemlerini ödüllendirmeyle başladı. Birkaç hafta sonrasında insanlar etrafındayken çok gergin olmadığını fark etti ve artık apartmanın zemin katında bulunan çamaşırhaneden korkmuyordu. Ardından daha büyük bir dönüm noktası yaşandı. Artık dissosiyatif değildi: "Her zaman kafamın içinde çınlayan düşük düzeyde konuşmalar olurdu." diye hatırlıyordu. "Şizofren olmaktan korkardım. Yaklaşık altı ay süren neurofeedback uygulamasının ardından artık bu sesleri duymuyordum. Bütünleşmiştim, sanırım. Her şey bir araya gelmişti."

Lisa, sürekli bir benlik algısı geliştirdikçe, yaşadığı deneyimler hakkında konuşabilmeyi de başardı: "Artık çocukluğum gibi konular hakkında konuşabiliyorum. Hayatımda ilk defa terapi alabiliyordum. O zamana dek yeterince mesafe sağlayamıyordum ve yeterince sakinleşemiyordum. Eğer hâlâ içindeyseniz, bu konuda konuşmak zordur. Terapiste gerektiği gibi bağlanamıyor ve gerektiği gibi açılamıyordum." Bu şaşırtıcı bir aydınlanmaydı. Pek çok hasta tedaviye giriyor ve çıkıyor, hâlâ "içinde olduklarından" anlamlı bağlantı kuramıyorlar. Elbette insanlar, kim olduklarını bilmediklerinde, etraflarındaki insanların da gerçekliğini göremezler."

Lisa şöyle devam etti: "Bağlanma ile ilgili çok fazla kaygım vardı. Bir odaya giriyordum ve çıkmak için her olası yolu, o insanla ilgili her ayrıntıyı düşünüyordum. Beni incitebilecek her şeyin izini sürmeye çalışıyordum. Artık insanlara farklı bir şekilde bakıyorum. Onları korkudan ayırarak da anımsayabiliyorum. İncinmekten korkmadığınızda, insanları farklı şekilde görebiliyorsunuz".

Kendini açık bir şekilde ifade edebilen bu genç kadın, umutsuzluk ve karmaşanın içinden daha önce hiç karşılaşmadığım bir berraklık ve odaklanma ile yeniden doğmuştu. Travma Merkezinde neurofeedback'in potansiyelini araştırmamız gerektiği çok netti.

NEUROFEEDBACK'E BAŞLAMA

Öncelikle, var olan beş neurofeedback sisteminden hangisini uygulayacağımıza karar vermemiz gerekiyordu ve ardından uzun bir hafta sonu programıyla ilkeleri öğrenmek ve uygulama yapmak gerekiyordu [8]. Sekiz kadrolu çalışan ve üç eğitmen EEG, elektrotlar ve bilgisayar ürünü geribildirim almanın karmaşıklığını keşfetmek üzere gönüllü olarak çalıştılar. Eğitimin ikinci sabahı, meslektaşım Michael ile birlikte çalışırken, başının sağ tarafına, beyninin duyumotor kısmına bir elektrot yerleştirdim ve frekansı on birden on dört hertze çıkardım. Seans bittikten kısa bir süre sonra, Michael, grupta konuşma yapmak istedi. Dikkate değer bir deneyim olduğunu söyledi. Meslektaşları bile olsa, başka insanların yanında kendini gergin ve güvensiz hissettiğini söylüyordu. Kimse bunu fark etmese de –her şeyden öte saygın bir terapistti– kronik ve acı verici bir tehlike duygusuyla yaşıyordu. O duygu artık yoktu ve kendini güvende, rahatlamış ve açık hissediyordu. Sonraki on üç yıl boyunca, Michael, öngörüleri ve fikirleriyle grupla mücadelede süregelen düşük profilinden kurtuldu ve neurofeedback programımıza en değerli bilgileri sağlayan destekçilerimizden biri oldu.

ANS Vakfının yardımıyla, daha önce aldıkları tedavilere yanıt vermeyen on yedi hastayla ilk çalışmalarımıza başladık. Beynin sağ temporal alanını hedef aldık, önceki beyin tarama çalışmalarımızda (bölüm 3'te anlatılan)[9] bu alanın travmatik stresle aşırı şekilde harekete geçtiğini görmemiz sebebiyle bu alanı seçtik ve on hafta boyunca bu kişilere yirmi neurofeedback seansı uyguladık.

Bu hastaların çoğu, duygu sağırlığından (aleksitimi) muzdarip olduğu için bu tedavilere verdikleri tepkileri raporlamaları oldukça zordu. Ama hareketleri onlar adına konuşuyordu. Kar fırtınası bile olsa sürekli olarak randevulara zamanında geliyorlardı. Hiçbiri tedaviyi bırakmadı ve yirmi seansın sonunda, yalnızca TSSB skorlarında değil[10], aynı zamanda kişiler arası rahatlık, duygusal denge ve öz farkındalık konularında da belirgin gelişmeler göstermişlerdi[11]. Eskisi kadar hummalı bir telaş içinde değillerdi ve daha iyi uyuyorlar, kendilerini daha sakin hissediyorlar ve daha fazla odaklanıyorlardı.

Her durumda, kişisel raporlar güvenilir olmayabiliyor; davranışlardaki nesnel değişiklikler tedavinin ne kadar işe yaradığını görmede daha iyi belirteçlerdir. Neurofeedback tedavisi uyguladığım ilk hastam buna iyi bir örnekti. Ellili yaşlarının başlarında olan ve kendini heteroseksüel olarak tanımlayan bir adamdı ancak ne zaman kendini terk edilmiş ve yanlış anlaşılmış hissetse dürtüsel olarak homoseksüel ilişkiler arıyordu. Evliliği bu nedenle bitmişti ve HIV pozitif teşhisi konmuştu; bu davranışıyla ilgili kendini kontrol etmekte zorlanıyordu. Önceki terapisinde, sekiz yaşlarındayken yoğun bir şekilde amcasının istismarına uğradığını anlatmıştı. Bu dürtünün istismarla ilgili olabileceğini düşünmüştük ancak bu bağlantıyı kurmak davranışlarında herhangi bir değişikliğe yol açmadı. Alanında uzman bir terapistle bir yıldan fazla süren düzenli psikoterapinin ardından hiçbir şey değişmedi.

Sağ temporal lobunda daha yavaş dalgalar üretmek için beynini eğitmeye başladıktan bir hafta sonra, yeni kız arkadaşıyla ciddi bir tartışma yaşadı ancak her zamanki alışkanlığı olan seks partneri bulmak yerine balığa gitmeyi tercih etti. Bu tepkiyi bir şans olarak değerlendirdim. Bununla birlikte, sonraki on hafta boyunca, fırtınalı ilişkisinin ortasında, teselliyi balık avlamada bulmayı sürdürdü ve göl kenarında küçük bir kulübeyi yeniledi. Tatil programlarımız nedeniyle neurofeedback seanslarına üç hafta ara verdiğimizde, dürtüsü aniden ortaya çıktı, bu da beyninin yeni örnekleme daha alışmadığının bir göstergesiydi. Altı ay daha eğitime devam ettik ve dört yıllık sürenin ardından genel kontrol için altı ayda bir görüşüyoruz. O süreden bu yana, tehlikeli cinsel eğilimlere yönelme dürtüsünü bir daha yaşamadı.

Beyni, nasıl dürtüsel cinsel davranış yerine balık avlamaktan keyif alır hâle gelmişti? Bu noktada yanıtı bilmiyoruz. Neurofeedback, beynin bağlantı modellerini değiştiriyor; zihin ise yeni görev modelleriyle devam ediyor.

YAVAŞTAN HIZLIYA BEYİN DALGALARININ TEMELLERİ

EEG çizelgesindeki her çizgi beynin farklı bölgesindeki bir aktiviteyi gösterir. Farklı ritimlerin karışımı, yavaştan hızlıya bir ölçekte değişiklik göstermektedir[12]. EEG, değişen yükseklikte (genişlik) ve dalga boyu (frekans) ölçümlerinden oluşmaktadır. Frekans, dalga biçiminin bir saniyede yükselme ve düşme sayısıyla ilgilidir ve hertz (Hz) ya da saniyede dönüş sayısı (cps) olarak ölçülür. EEG'deki her frekans, travmayı anlama ve tedavi etmeyle ilgilidir ve temelleri anlamak göreceli olarak kolaydır.

Delta dalgaları, en yavaş frekanslar (2-5 Hz), genellikle uyku sırasında görülür. Beyin rölanti durumundadır ve zihin içe dönüktür. İnsanlar uyanıkken, çok fazla yavaş dalga hareketi varsa, düşünceleri pusludur, zayıf bir muhakeme ve dürtü kontrolü vardır. DEHB tanısı olan çocukların yüzde sekseni ve TSSB tanısı olan bireylerin çoğunda, frontal loblarda çok yavaş dalgalar vardır.

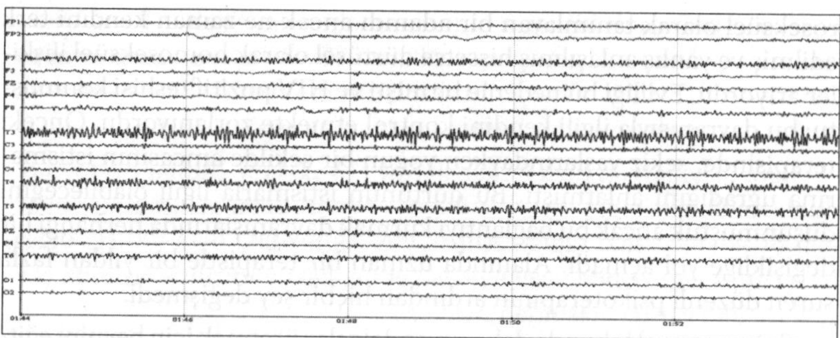

Elektroenselogram (EEG). TSSB için belirgin bir işaret yokken, travma yaşayan kişilerin çoğunda temporal lobda artan bir etkinlik görülür bu hastada olduğu gibi (T_3, T_4, T_5). Neurofeedback beyindeki bu anomalileri normalleştirebilir ve duygusal tutarlılığı arttırabilir.

BEYİN DALGALARININ ATEŞLENMESİNİN ORANI UYARILMIŞLIK DURUMUMUZLA İLİŞKİLİDİR

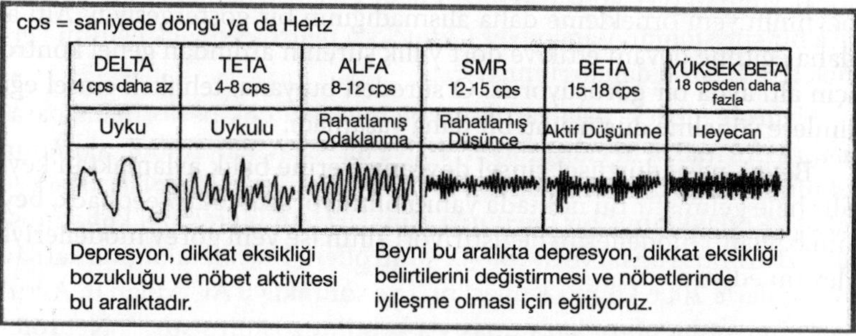

Rüya görmek beyin dalgalarını hızlandırır. Teta frekansları (5-8 Hz) uykunun en uç noktasında üstün gelmektedir, tıpkı bölüm 15'te anlattığım ve EMDR'deki gezici "hipnopompik" durumunda olduğu gibi teta frekansları (5-8 Hz), uykunun en uç noktasında baskın gelmektedir; bunlar aynı zamanda hipnotik trans durumunun da özelliğidir. Teta dalgaları, mantık ya da yaşamın sıradan olaylarından arınmış zihin çerçevesi oluşturur ve yeni bağlantılar ve çağrışımlar yapma olasılığını açar. TSSB için en umut verici EEG neurofeedback tedavilerinden biri olan alfa/teta eğitimi, donuk çağrışımları açarak yeni öğrenmeler sağlamaktadır. Olumsuz yanı ise teta frekanslarının "kendimizde olmadığımızda" ya da "depresif" olduğumuzda da oluşmasıdır.

Alfa dalgalarına (8-12 Hz) huzur ve sakinlik duygusu da eşlik eder[13]. Bu, farkındalık meditasyonu alan herkesin aşina olduğu bir durumdur. (Bir hastam bana kendisi için Neurofeedback'in "abartılı yoğun bir meditasyon gibi" işlediğini söylemişti.) Ben alfa eğitimini, odaklanmış rahatlama konusunda aşırı derecede hissiz ya da aşırı derecede heyecanlı kişiler için kullanmaktayım. Walter Reed Ulusal Askeri Tıp Merkezi, geçtiğimiz yıllarda TSSB yaşayan askerlerin tedavisinde kullanılan alfa eğitim araçlarını tanıttı ancak bu metnin yazıldığı dönemde sonuçlar henüz açıklanmamıştı.

Beta dalgaları en hızlı frekanslardır (13-20 Hz). Bunlar egemen olduklarında, beyin dış dünyaya doğru yönelir. Beta, bizim bir iş yaparken odaklanmamızı sağlar. Ancak yüksek hızdaki beta (20 Hz üzeri) heyecan, kaygı ve bedensel hassasiyet ile ilişkilendirilir – aslında çevreyi tehlike varlığı açısından inceleriz.

BEYNİN ODAKLANMASINA YARDIM ETME

Neurofedback eğitimi, çok başarılı bireylerde dahi yaratıcılığı, atletik kontrolü ve içsel farkındalığı geliştirebilir[14]. Neurofeedback konusunda çalışmaya başladığımızda, konuya aşina olan tek spor hekimliğinin Boston Üniversitesinde olduğunu gördük. Beyin fizyolojisi ile ilgili ilk hocalarımdan biri, spor psikoloğu olan Len Zaichkowsky idi, kendisi kısa bir süre içinde Vancouver Canucks'a neurofeedback eğitimi vermek için Boston'dan ayrılmıştı [15].

Neurofeedback, psikiyatrik problemlerden çok performans başarısını arttırmak için çalışılmıştır. İtalya'da AC Milan futbol takımının teknik direktörü, sporcuların, hatalarını gösteren videoları izlerken rahat ve odaklanmış bir durumda olmaları için bu tekniği kullanmıştır. Arttırılmış ruhsal ve fizyolojik kontrolleri, İtalyan takımına katılan oyuncularla 2006 Dünya Kupası'nı – ve sonraki yıl AC Milan'ın Avrupa şampiyonluğunu– kazanmasıyla kendini göstermiştir [16]. Neurofeedback aynı zamanda, Kanada'nın Vancouver'daki 2010 Kış Olimpiyatlarını kazanmasını sağlamak için 117 milyon dolar değerinde beş yıllık bir plan olan Own the Podium'un bilim ve teknoloji bileşeni olarak dâhil edilmişti. Kanadalılar en fazla altın madalyayı kazandı ve toplam madalya sayısında da dünya üçüncüsü oldu.

Müzikal performanslarda da bu çalışmalardan yararlanılmaktadır. İngiltere'de bulunan Royal College of Music okulunda gerçekleştirilen bir panelde jüri üyeleri, Londra Üniversitesinde çalışan John Gruzelier'den on seans neurofeedback uygulaması alan öğrencilerin performanslarının almayanlara göre yüzde on daha fazla olduğu belirtilmiştir. Bu oran, böylesine rekabetçi bir alan için oldukça büyüktür .

Odaklanma, dikkat ve konsantrasyon konusunda elde edilen başarılara bakınca, konunun, dikkat eksikliği/hiperaktivite bozukluğu (DEHB) alanında çalışan uzmanların dikkatini çekmesi de şaşırtıcı bir durum değildir. En az otuz altı çalışma Neurofeedback'in DEHB hastaları için etkili ve sınırlı zaman gerektiren bir tedavi olabileceğini göstermiştir; geleneksel ilaçlar kadar etkilidir [18]. Beyin, bir kez farklı elektrikli haberleşme modelleri üretmeyi öğrendiğinde, beyin yapısında büyük bir değişime yol açmayan ve etkisi hastalar kullandığı sürece devam eden ilaçların aksine başka bir tedavi gerektirmez.

PROBLEM BEYNİMİN NERESİNDE?

İleri bilgisayar donanımlı EEG analizi, diğer adıyla kantitatif EEG (qEEG), beyin dalgası aktivitelerinin her mili saniyesini ölçebilmektedir ve yazılımı sayesinde beynin hangi alanlarının en yüksek ve en düşük frekansta olduğunu gösteren bir harita sunabilmektedir [19]. qEEG aynı zamanda, beynin hangi alanlarının iletişim hâline olduğunu ya da birlikte çalıştığını da göstermektedir. Normal ve anormal örneklere ait geniş kapsamlı qEEG verilerine erişmek de mümkündür, bu da bizim, hastanın qEEG örneğini aynı sorunu yaşayan binlerce kişiyle karşılaştırmamıza imkân sağlar. En önemlisi de fMRI ve ilgili tarama yöntemleriyle karşılaştırıldığında qEEg hem daha ucuzdur hem de taşınabilirdir.

QEEG, geçerli DSM tanı kategorilerinin keyfi sınırları konusunda da ilginç kanıtlar ortaya koymaktadır. DSM, zihinsel hastalıkları sınıflandırmasında belirli beyin aktivasyon modellerini aynı kategoriye almaz. Konfüzyon (aşırı derecede zihin bulanıklığı, sersemlik), aşırı heyecanlanma ya da kendini bedeninden ayrılmış bir ruh gibi hissetme gibi pek çok tanıda yaygın olan ruhsal durum, qEEG'de belirli modellerle ilişkilendirilmektedir. Genel olarak, hastanın ne kadar çok sorunu varsa, qEEG sonuçlarında da o kadar fazla anomali görülür [20].

Hastalarımız, beyinlerindeki lokal elektrik aktivitelerini görebilmenin oldukça faydalı olduğunu düşünmektedir. Hastalarımıza, odaklanma zorluğu ya da duygusal kontrollerini kaybetmelerinden sorumlu bölgeleri gösterebiliyoruz. Farklı beyin alanlarının farklı frekanslar ve iletişim modelleri oluşturmak için neden eğitilmesi gerektiğini anlayabiliyorlar. Bu açıklamalar, davranış kontrolü sağlamak için kendini suçlama davranışı yerine bilgiyi farklı şekilde işlemeyi öğrenmelerine yardımcı olmaktadır.

QEEG sonuçlarını yorumlama konusunda bize eğitim veren Ed Hamlin, geçenlerde bana şöyle yazmıştı: "Pek çok kişi eğitime yanıt vermektedir ancak aldıkları geribildirimin yaptıkları işle ilgili olduğunu gören kişilerde bu yanıt daha hızlı olmaktadır. Örneğin, ben birine şimdiki zamanda var olma konusunda yardım etme girişiminde bulunuyorsam, neler yaptığını görebilirim. Ardından da fayda artmaya başlar. Zihninizle beyninizin aktivitesini değiştirebilme deneyiminin güçlendirici bir yönü vardır."

TRAVMA BEYİN DALGALARINI NASIL DEĞİŞTİRİR?

Neurofeedback laboratuvarımızda, var olan tedavilere kısmen yanıt vermiş olan ve uzun süreli travmatik geçmişe sahip hastalar görüyoruz. Bu kişilerin qEEG sonuçları farklı örnekler göstermektedir. Genellikle, beynin korku merkezi olan sağ temporal lobda aşırı aktivite, bununla birlikte frontal yavaş dalga aktivitesi görülmektedir. Bu da aşırı uyarılmış duygusal beyinlerinin zihinsel hayatlarını kontrol ettiği anlamına gelmektedir. Araştırmamız, korku merkezini rahatlatmanın travmaya dayalı sorunları azalttığını ve yönetsel işlevi arttırdığını göstermiştir. Bu yalnızca hastaların TSSB skorlarında bir düşüş olarak değil aynı zamanda küçük kışkırtmalar karşısında duydukları üzüntüyü düzenleyebilme becerisi ve gelişmiş zihinsel açıklık olarak kendini göstermektedir [21].

Travma yaşayan diğer hastalar, gözlerini kapatır kapatmaz hiperaktivite örnekleri göstermektedir. Etraflarında olup biteni görmemek, panik olmalarına neden olur ve beyin dalgaları hızlanır. Bu kişileri daha rahat beyin örnekleri üretmeleri konusunda eğitiriz. Başka bir grup ise ses ve ışığa karşı aşırı tepki göstermektedir, bu da talamusun ilgisiz bilgiyi eleme konusunda zorluk yaşadığının bir işaretidir. Bu hastalarda, beynin arka kısmındaki iletişim modellerini değiştirme üzerine odaklanırız.

Merkezimiz, uzun süreli travmatik stres konusunda uygun tedaviler bulmaya odaklanırken, Alexander McFarlane de savaşa maruz kalmanın önceden normal olan beyinleri nasıl değiştirdiği üzerine çalışmaktadır. Avustralya Savunma Birimi, araştırma ekibinden, askerlerin Irak ve Afganistan'da asker olarak görev yapmanın yarattığı etkiyi zihinsel ve biyolojik işlevleri üzerinde ölçmesini istemiştir. McFarlane ve meslektaşları, çalışmanın başında 179 askeri birliğin Ortadoğu'ya gitmeden dört ay önce ve orada gerçekleştirdikleri her başarılı operasyondan dört ay sonra qEEG ölçümlerini yapmıştır.

Üç yıllık dönemde savaşta geçen toplam ay sayısının, beynin arka kısmında yer alan alfa gücünde ilerleyen bir düşüşle ilişkili olduğunu görmüştür. Bedenin durumunu gözetleyen ve uyku, açlık gibi temel süreçleri düzenleyen bu alan, özellikle insanlar gözlerini kapattığında beynin herhangi bir alanındaki en yüksek alfa dalgasına sahiptir.

Gördüğümüz gibi alfa, rahatlama ile ilişkilidir. Bir askerin alfa gücündeki düşüş, inatçı bir gerginlik durumunu yansıtmaktadır. Aynı zamanda normalde beta düzeyi yüksek olan beynin ön kısmındaki beyin dalgaları, her mevzilenmede ilerleyen bir düşüş göstermektedir. Askerler, aşamalı bir şekilde DEHB yaşayan çocuklardaki gibi frontal lob aktivitesi geliştirmektedir, bu da yönetsel işlevler ve odaklanmış dikkat kapasitesine müdahale eden bir durumdur.

Günlük işlerimizi yapmak için gerekli olan enerjiyi sağlaması gereken uyarılmışlık durumunun bu askerlerin sıradan işlere bile odaklanmasına yardımcı olmadığı görülmüştür. Bu kişileri yalnızca gergin ve rahatsız yapmaktaydı. McFarlane'nin çalışmasının bu aşamasında, bu askerlerin TSSB belirtisi gösterip göstermeyecekleri henüz belli değildir ve beyinlerinin sivil yaşama yeniden uyum sağlama seviyelerini yalnızca zaman gösterecektir.

NEUROFEEDBACK VE ÖĞRENME GÜÇLÜĞÜ

Çocukluk dönemindeki kronik istismar ve ihmal, duyu bütünleme sistemlerinin uygun bir şekilde çalışmasını engellemektedir. Bazı durumlarda bu, işitsel ve kelime işleme sistemleri arasında yanlış bağlantılar kurmanın, el göz koordinasyonu eksikliğinin de içinde yer aldığı öğrenme güçlüğü olarak sonuçlanmaktadır. Donuk ya da patlayıcı oldukları sürece, merkezimizde yatılı kalan ergenlerin günlük bilgiyi işlemede ne kadar sorun yaşadığını görmek zordur ancak davranış problemleri başarılı bir şekilde tedavi edildiğinde, öğrenme güçlüğü de kendini göstermektedir. Travma yaşayan çocukların pek çoğu sessiz sakin oturup dikkat etseler bile, zayıf öğrenme becerileri gösterebilmektedirler [22].

Lisa, travmanın, temel işleme fonksiyonlarının düzenli çalışmasını nasıl etkilediğini anlatmıştı. Bir yerlere giderken "sürekli kaybolduğunu" anlattı ve öğretmenlerinin anlattıklarını takip etmesini engelleyen belirgin bir işitsel engel yaşadığını anımsıyordu. "Bir sınıfta olduğunuzu hayal edin." dedi "ve öğretmen sınıfa giriyor. 'Günaydın. Sayfa iki-yedi-ikiyi açın birden beşe kadar problemleri çözün.' diyor. Bir saniyesini bile kaçırırsanız her şey allak bullak oluyor. Odaklanmak imkânsızdı."

Neurofeedback, Lisa'nın öğrenme güçlüğünü tersine çevirmesine yardım etti. "Bir şeylerin izini sürmeyi öğrendim; örneğin, harita okumak. Terapiye başladıktan kısa bir süre sonra, Sebern ile buluşmak için Amherst'ten Northampton'a giderken (10 milden daha az bir mesafe), birkaç otobüs değiştirmem gerekiyordu ama işin sonunda otoyolda birkaç kilometre yürümek zorunda kaldığımı anımsıyorum. Altüst olmuştum. Çizelgeyi okuyamamıştım; zamanı takip edememiştim. Kafam karışmıştı ve çok gergindim, tüm günümü etkilemişti bu durum. Dikkatimi toparlayamıyordum ve bir şeyleri bir araya getiremiyordum. Beynimi bu konu için organize edemiyordum."

Bu ifade beyin ve zihin bilimi için bir zorluğu tanımlamaktadır: Eğer travma gelişimlerini engellediyse, insanlara zamanı ve mekanı, uzaklığı ve ilişkileri organize etmeleri, yaşamın ilk birkaç yılında beyinde gelişen bu kapasiteleri yeniden ortaya çıkarmayı öğrenmeleri konusunda nasıl yardım edebiliriz? Ne ilaçların ne de geleneksel tedavinin, kritik dönemler geçtikten sonra bu kapasiteleri yeniden işler hâle getirmek için gerekli olan nöroplastisiteyi aktive ettiği gösterilmemiştir. Diğer müdahale biçimlerinin başarısız olduğu noktalarda neurofeedback'in başarılı olup olmayacağı konusunu çalışmanın zamanı gelmiştir.

ALFA-TETA EĞİTİMİ

Alfa-teta eğitimi, büyüleyici bir neurofeedback prosedürüdür çünkü bölüm 15'te ele aldığım hipnogojik durumlara –hipnotik transın özü-sebep olabilmektedir[23]. Teta dalgaları beyinde ağır bastığında, zihin odağı iç dünyadır, özgürce dolaşan imgeler dünyası. Alfa beyin dalgaları, dış dünyadan iç dünyaya ya da tam tersine köprü görevi görebilir. Alfa-teta eğitiminde bu frekanslar dönüşümlü olarak ödüllendirilir.

TSSB'deki zorluk, zihni yeni olasılıklara açmaktır, böyle olunca şimdi geçmişin sürekli tekrarı olarak yorumlanmaz. Teta etkinliği sırasında hakim olan trans durumları, yüksek çatırdamaların silah sesi, ölüm habercisi olarak algılanması gibi belirli bir uyaran ve tepkiler arasındaki koşullanmış bağlantıların çözülmesine yardımcı olabilir. Yeni bir çağrışım oluşturulabilir, bu seslerin bazıları artık Dört Temmuz'da sevilen kişilerle sahilde geçirilen bir günün sonundaki havai fişeklerle ilişkilendirilebilir.

Alfa-teta eğitimiyle beslenen alacakaranlıktaki durumlarda, travmatik olaylar yeniden deneyimlenebilir ve yeni çağrışımlar oluşturulabilir. Bazı hastalar, yaşamlarıyla ilgili garip hayaller ve/veya derin iç görülerden söz etmektedir; bazıları da daha rahat ve daha az katı olmaktadır. İnsanların, tehdit ve çaresizlikle ilişkili imgeleri, duyguları ve hislerini güvenli bir şekilde deneyimleyebilecekleri herhangi bir durum, daha yeni güç ve daha geniş bir bakış açısı yaratabilir.

Alfa-teta, aşırı uyarılmışlık örneklerini tersine çevirebilir mi? Elde edilen kanıtlar, umut vericidir. Colarado'daki Forlyon'da bulunan VA Tıp Merkezinden araştırmacılar Eugene Peniston ve Paul Kulkosky, on iki ile on beş yıl arasında devam eden savaşla ilintili kronik TSSB yaşayan yirmi dokuz hastayı tedavi etmek için neurofeedback kullanmıştır. Bu kişilerin on beşi rastlantısal olarak EEG alfa-teta eğitimine alınırken, on dört kişi de psikotropik ilaçlar, grup tedavisi ve bireysel tedavileri de kapsayan standart tıbbi uygulama aldı. Her iki grupta da katılımcılar, TSSB ile ilgili olarak ortalama olarak beş kereden fazla hastanede kalmıştı. Neurofeedback, alfa ve teta dalgalarını ödüllendirerek alacakaranlıktaki öğrenmelere olanak sağlamıştır. Kişilere, gözleri kapalı bir şekilde koltuğa uzandığında, derin bir rahatlama için neurofeedback seslerini dinlemeleri konusunda koçluk yapılmıştır. Aynı zamanda, transa benzer alfa-teta durumuna doğru geçerken olumlu zihinsel hayaller (örneğin aklı başında, kendinden emin, mutlu bir şekilde yaşamak) kurmaları istenmiştir.

1991 yılında yayımlanan bu çalışma, TSSB konusunda kayıt altına alınan en iyi sonuçları sunuyordu. Neurofeedback grubunun TSSB belirtilerinin yanı sıra fiziksel şikâyetleri, depresyon, kaygı ve paranoya oranlarında da belirgin bir düşüş görülmüştü. Tedavi aşamasının ardından savaş gazileri ve aileleriyle otuz aylık bir dönemde ayda bir kez görüşüldü. Neurofeedback tedavisi alan on beş kişiden yalnızca üçü, geri dönüşler ve kabuslardan söz etti. Bu üç kişi için on güçlendirici seans daha uygulandı; yalnızca bir kişi daha fazla tedavi uygulanması için hastanede yattı. On beş kişiden on dördü, belirgin bir şekilde daha az ilaç kullanıyordu.

Bunun aksine, diğer gruptaki her savaş gazisinin, ilerleyen dönemde TSSB belirtileri artarak devam ediyordu ve hepsi en az iki kez daha hastaneye yatmak zorunda kalmıştı. Karşılaştırma grubundaki on kişinin ilaç kullanımı da giderek artmıştı [24]. Bu çalışmanın benzerleri, farklı araştırmacılar tarafından da gerçekleştirildi ancak neurofeedback topluluğu dışındaki kesimden çok az ilgi gördü [25].

NEUROFEEDBACK, TSSB VE BAĞIMLILIK

Ciddi şekilde travma yaşayan kişilerin yaklaşık olarak üçte biri madde kullanımı sorunları yaşamaktadır [26]. Homer zamanından bu yana, askerler, acılarını, asabiyetlerini ve depresyonlarını bastırmak için alkol kullanmaktadır. Son dönemde yapılan araştırmalardan birinde, motorlu araçla kaza geçiren kişilerin yarısının uyuşturucu ve alkol sorunları geliştirdiği belirtilmiştir. Alkolün kötüye kullanımı kişileri dikkatsiz yapar ve yeniden travma yaşama ihtimallerini arttırır (saldırı sırasında sarhoş olmak TSSB belirtileri geliştirme ihtimallerini azaltsa da).

TSSB ve madde kullanımı arasında döngüsel bir ilişki vardır. Uyuşturucu ve alkol, travma belirtilerinin geçici bir şekilde rahatlamasını sağlasa da, bunlardan kaçınmak, aşırı uyarılmışlığı arttırarak kabuslara, geri dönüşlere ve sinirliliğe neden olur. Bu kötü döngüyü sona erdirmenin iki yolu vardır: EMDR gibi yöntemlerle TSSB belirtilerini çözmek ya da TSSB ve uyuşturucu ya da alkolden kaçınmanın da bir parçası olan aşırı uyarılmışlığı tedavi etmek. Bazen uyarılmışlığı azaltmak için naltrexone gibi ilaçlar reçete edilmektedir ancak bu tedavi bazı durumlarda işe yaramaktadır.

Neurofeedback eğitimi verdiğim ilk kadın hastalarımdan biri, uzun süredir kokain bağımlısıydı, buna ek olarak çocukluk dönemine ait korkunç bir cinsel istismar ve terk edilme geçmişi vardı. Çok şaşırtıcı bir şekilde, kokain alışkanlığı iki seansın sonunda bitti ve sonraki beş yıl boyunca da geri gelmedi. Ciddi derecede uyuşturucu bağımlılığından bu kadar hızlı sürede kurtulan biriyle daha önce hiç karşılaşmamıştım, bu yüzden rehberlik için var olan bilimsel literatürü inceledim [27]. Bu konuda yapılan çalışmaların çoğu yirmi yıl öncesine aitti; son yıllarda ise bağımlılık tedavisiyle ilgili çok az sayıda neurofeedback çalışması yayınlamıştı, en azından Amerika'da.

Detoks, alkol ve madde bağımlılığı tedavisi için kabul edilen hastaların durumu yüzde 75 ile yüzde 80 arasında daha kötüye gidiyordu. Peniston ve Kulkosky'nin gerçekleştirdiği başka bir çalışma; alkolizm ve TSSB tanısı olan savaş gazilerinde neurofeedback eğitiminin etkilerini [28] değerlendirdi. On beş savaş gazisi, alfa-teta eğitimi alırken, kontrol grubuna neurofeedback uygulanmadan standart tedavi veriliyordu. Denekler, düzenli bir şekilde üç yıl boyunca izlendi, bu süre içinde neurofeedback grubundan sekiz kişi içki içmeyi tamamen bıraktı ve bir tanesi de içki içtikten sonra hasta oldu ve bir daha içmedi. Çoğu belirgin bir şekilde daha az depresifti. Peniston'un da belirttiği gibi değişimler "daha sıcakkanlı olmak, sosyal olarak daha cesur olmak, daha rahat ve daha tatminkâr olmak" olarak karşılık buluyor [29]. Standart tedavi alan gruptaki kişiler ise on sekiz ay içinde yeniden hastaneye kabul edildiler [30]. O zamandan bu yana bağımlılık konusuyla ilgili bir dizi neurofeedback çalışmaları yayınlandı [31] ancak bu önemli uygulamanın potansiyelini ve sınırlarını görmek için daha fazla çalışma gereklidir.

NEUROFEEDBACK'İN GELECEĞİ

Kendi uygulamalarımda neurofeeback'i temel olarak gelişimsel travmadan muzdarip kişilerin aşırı uyarılmışlık, karmaşa ve odaklanma sorunlarına yardımcı olmak için kullanmaktayım. Ancak baş ağrısını dindirme, travmatik beyin yaralanmasının ardından bilişsel işlevin geliştirilmesi, kaygı ve panik atağın azaltılması, derin meditasyon durumlarını öğrenme, otizm tedavisi, nöbet kontrolü, duygu durum bozukluğu ve diğer durumlarda öz kontrolü sağlama gibi pek çok konuda da iyi sonuçlar elde edilmektedir. 2013'ten itibaren, neurofeedback, TSSB tedavisi için on yedi askeri ve VA kurumlarında kullanılmaktadır [32] ve son dönemde savaş gazileri üzerindeki faydası ile ilgili bilimsel belgeler değerlendirilmeye başlamıştır. Boston Çocuk Hastanesinin klinik nörofizyoloji ve gelişimsel nörofizyoloji laboratuvarlarının yöneticisi Frank Duffy, şöyle diyor: "Yayınlarda herhangi bir olumsuz çalışma yer almamıştır, Neurofeedback'in pek çok farklı alanda büyük bir terapötik rol oynadığı gösterilmektedir. Bana göre, herhangi bir tedavi bu kadar büyük bir etki gösteriyorsa, evrensel olarak kabul görmeli ve kullanım alanı genişlemelidir."[33]

Neurofeedback tedavi protokolleri için pek çok soru yanıtlanmalıdır ancak bilimsel yaklaşım, bu soruların daha derin bir şekilde araştırılması yönünde ilerlemektedir. 2010 yılında, Ulusal Ruh Sağlığı Enstitüsü Müdürü Thomas Insel, *Scientific American* dergisinde "Kusurlu Devreler" başlıklı bir makale yayınlayarak, elektrik iletişim örnekleri ve ritimleri açısından zihin ve bedeni anlamaya dönüş çağrısı yaparak; "Normal (ve anormal) zihinsel uygulamalar sürdürmek için birlikte işlev gösteren beyin bölümleri, elektrik devrelerine göre analog olarak değerlendirilebilir, en son araştırmalara göre tüm devrelerin hatalı işlemesi pek çok ruhsal hastalığın altında yatmaktadır."[34] Üç yıl sonra Insel, NIMH'nin "artık araştırmaların hedefinin DSM kategorilerinden ayrıldığını" [35] ve "insan beyin nöronları ve sinir yollarını gösteren bağlantı haritalarına (connectome) odaklandığını" söylemiştir. [36]

National Institutes of Health (NIMH de bunun bir parçasıdır) yöneticisi Francis Collins'in de açıkladığı gibi "Connectome, beyninizdeki nöronların (sinir hücreleri) ağ şeklinde hassas bir şekilde birbirine bağlı oluşudur. Tıpkı genom, mikrobiyom ve diğer heyecan verici "ome" alanları gibi, düşüncelerinizi, duygularınızı ve davranışlarınızı oluşturmak için dolanan elektrik sinyallerini çözme ve connectome haritası çıkarma çabası, güçlü yeni araçlar ve teknolojilerin gelişimiyle mümkün hâle gelmiştir." [37] Artık Connectome, NIMH yardımıyla ayrıntılı bir şekilde haritalanmaktadır.

Bizler bu araştırmanın sonuçlarını beklerken, son sözü beni Neurofeedback'in devasa potansiyeli ile tanıştıran Lisa'ya vermek istiyorum. Tedavinin kendisi için yaptıklarını sorduğumda şöyle dedi: "Beni sakinleştirdi. Disosiyasyona son verdi. Duygularımı kullanabiliyorum; onlardan kaçmıyorum. Beni rehin almıyorlar. Duygularımı açıp kapatamıyorum ama uzaklaştırabiliyorum. Yaşadığım istismardan dolayı üzgün olabilirim ancak bunu bir kenara bırakabilirim. Bir arkadaşımı arayabilirim ve eğer istemiyorsam bu konu hakkında konuşmayabilirim ya da ders çalışabilirim ya da temizlik yapabilirim. Duyguların artık bir anlamı var. Sürekli kaygılı değilim ve kaygılı olduğumda bunu gösterebilirim. Kaygım geçmişten geliyorsa, geçmişten geldiğini biliyorum ya da şimdi hayatımla olan ilgisini çözebiliyorum. Ve bu yalnızca öfke ve kaygı ile ilgili değil; sevgimi, ilgimi, cinsel çekiciliği de yansıtabiliyorum. Sürekli savaş ya da kaç durumunda değilim. Tansiyonum düştü. Fiziksel olarak her an kaçmaya ya da kendimi bir saldırıya karşı korumaya hazırlamak zorunda değilim. Neurofeedback sayesinde bir ilişkim oldu. Neurofeedback, hayatımı istediğim gibi yaşamam için beni özgürleştirdi, ne kadar incindim ama bunun bana yaşattıklarının esiri değilim artık."

Dört yıl sonra, kendisiyle buluştuk ve konuşmalarımızı kaydettim, Lisa hemşirelik okulundan birincilikle mezun olmuştu ve artık yerel bir hastanede tam zamanlı hemşire olarak çalışıyordu.

BÖLÜM 20

SESİNİ BULMA: TOPLU RİTİMLER VE TİYATRO

Oyunculuk bir karakter ortaya koymak değil, içinizdeki karakteri keşfetmektir. Kendi dünyanız geniş olsa da, karakter sizsiniz, yapmanız gereken içinizdeki bu karakteri bulmaktır.

— Tina Packer

Bildiğim pek çok bilim adamı, zihin, beyin ve terapiyi anlamanın yeni yollarını bulmak için çocukların hastalıklarından esinlenmiştir. Kendi oğlumun garip bir hastalıktan kronik tükenmişlik sendromundan kurtulması, beni tiyatronun terapötik olasılıkları konusunda ikna etti.

Nick, yedinci ve sekizinci sınıftayken zamanının çoğunu yatakta geçiriyordu, her yanı alerjiden şişmişti ve kullandığı ilaçlar nedeniyle okula gidecek hâli kalmıyordu. Annesiyle birlikte, yalnız ve kendinden nefret eden bir kişiliğe bürünmesini izliyorduk ve ne yazık ki ona yardım edemiyorduk. Annesi akşamüstü saat 5 sularında oğlumuzun az da olsa enerjisi olduğunu fark ettiğinde, kendi yaşıtlarıyla iletişim kurmasına olanak sağlayacağını düşündüğümüz doğaçlama tiyatro akşam derslerine yazdırdık. Grup derslerine ve oyunculuk çalışmalarına katıldı, kısa bir süre sonra *Batı Yakasının Hikâyesi*'nde ilk rolünü aldı, her zaman kavga etmeye hazır bir çocuk rolüydü ve "Gee, Memur Krupke" şarkısını söyleyenlerin başında geliyordu. Bir gün evde nüfuzlu birini taklit ederek kasıntı içinde yürürken gördüm. Kendisini emirler veren güçlü biri gibi hayal ederek fiziksel keyif duygusu mu yaşıyordu?

Ardından *Mutlu Günler*'de Fonz rolünü oynadı. Kızların hayranlığı ve seyircilerin ilgisi, oğlumun iyileşmesinde büyük bir rol oynadı. Kendisiyle ne kadar kötü hissettiği konusunda konuşan terapistlerin aksine, tiyatro ona, öğrenme güçlüğü yaşayan ya da giderek dönüştüğü aşırı duyarlı biri olmak dışında, farklı fiziksel ve derin deneyimler yaşaması için imkân verdi. Grubun değerli bir katılımcısı olmak ona güç ve yeterlilik duygularını yaşattı. Burada şekillenmeye başlayan yeni kişiliğinin, şu anda yaratıcı ve sevgi dolu bir yetişkin olmasında yol gösterdiğine inanıyorum.

Etkin olma hissimiz, kendimizi ne kadar kontrol edebildiğimizi hissetme, bedenlerimiz ve ritimleriyle olan ilişkimizle tanımlanmaktadır. Uyuyup uyanmamız, yememiz, oturmamız, yürümemiz günlerimizi biçimlendirmektedir. Sesimizi bulmak için – bedenlerimizde olmalıyız – tam olarak nefes alabilmeli ve içsel duyularımıza ulaşabilmeliyiz. Bu, disosiyasyonun, "bedeninizin dışında" olmanın, kendinizi ortadan yok etmenizin aksidir. Aynı zamanda depresyonun, pasif bir keyif veren ekranın karşısında uzanma durumunun da tersidir. Oyunculuk, bedeninizi, yaşamda sizin yerinizi alacak şekilde kullanma deneyimidir.

SAVAŞ TİYATROSU

Nick'in dönüşümü, tiyatronun faydalarına tanıklık ettiğim ilk olay değildi. 1988 yılında, VA'da tanıştığım üç savaş gazisinin TSSB tedavisini yürütüyordum, canlılık, iyimserlik ve aile ilişkileri konusunda ani bir gelişme gösterdiklerinde bunu kendi terapötik becerilerimin gelişmesine bağlamıştım. Ardından üç savaş gazisinin tiyatral bir yapımda rol aldıklarını öğrendim.

Evsiz savaş gazilerinin zor durumunu canlandırmak istemişler ve yakınlarda yaşayan oyun yazarı David Mamet'i de gruplarına katılmaya ikna ederek, yaşadıkları deneyimleri anlattıkları haftalık buluşmaları sonunda bir metin ortaya çıkarmışlardı. Mamet, Al Pacino, Donald Sutherland ve Michael J. Fox'u hastalarımı kabul ettiğim VA Kliniğini evsizler için bir sığına dönüştürmek için düzenlenen *Sketches of War* etkinliğine davet etmişti[1]. Profesyonel oyuncularla aynı sahnede olmak, savaş anıları hakkında konuşmak, yazdıkları şiirleri okumak herhangi bir terapiden daha fazla dönüştürücü bir deneyimdi.

İnsanoğlu en eski dönemlerden bu yana en güçlü, en korkutucu deneyimleriyle başa çıkabilmek için ortak ritüeller düzenlemektedir.

Yazılı kayıtlar içinde en eskisi sayılan Antik Yunan Tiyatrosunun, dans etme, şarkı söylemeyi kapsayan dini törenlerden ve efsanevi öyküleri yeniden canlandırmadan çıktığı söylenebilir. İÖ beşinci yüzyılda, toplumsal yaşamda tiyatro önemli bir rol oynuyordu, tiyatrolarda seyirciler, at nalı biçiminde bir oturma düzeninde oturuyorlar, böylece birbirlerinin duygularını ve tepkilerini görebiliyorlardı.

Yunan tiyatrosu, savaş gazileri için yeniden bütünleşme ritüeli olarak işlev gösterebilir. Esilos, *Oresteia* üçlemesini yazdığı dönemde, Atina altı cephede savaştaydı; tragedya, savaştan dönen kral Agamemnon'un karısı, Clytemnestra tarafından Truva Savaşı'na gitmeden önce kızlarını kurban ettiği için öldürülmesiyle hareketlenmektedir. Atina'da tüm yetişkinler askere gitmek zorundaydı, böyle olunca da izleyicilerin büyük çoğunluğu savaş gazileri ve görevdeki askerlerden oluşuyordu. Oyuncular da asker olmalıydı.

Sofokles, Atina'nın Perslere karşı olan savaşında subay olarak görev yapıyordu ve Truva Savaşı'nın en büyük kahramanlarından birinin intihar ettiği *Ajax* adlı oyunu, travmatik stresi tanımlayan bir metin gibi okunabilir. 2008 yılında yazar ve yönetmen Bryan Doerries, San Diego'da beş yüz denizcinin katıldığı *Ajax* okuma etkinliği düzenledi ve aldığı tepkiler karşısında şaşkına döndü. (Travma çalışan pek çok kişi gibi Doerries'in esin kaynağı da kişiseldi; üniversitede klasikleri çalışmıştı ve kistik fibroz nedeniyle kız arkadaşını kaybedince rahatlamak için Yunan metinlerine geri dönmüştü.) "Savaş Tiyatrosu" projesi, ilk etkinlikten sonra gelişti ve ABD Savunma Bakanlığından alınan destekle, 2500 yıllık bu oyun, savaş gazilerinin yaşadığı sıkıntılara bir ses olması, aileleri ve arkadaşları arasındaki ilişkiyi ve anlayışı geliştirmesi için iki yüz kereden fazla okundu[2].

Savaş Tiyatrosu performanslarını, belediye meclisi tarzı bir düzende tartışmalar izliyor. Gazetelerde son üç yıl içinde savaş gazilerinin intihar oranının yüzde 27 oranında arttığını okuduktan kısa bir süre sonra Cambridge, Massachusetts'de *Ajax* okumasına katıldım. Kırk kişi – Vietnam gazileri, asker eşleri, Irak ve Afganistan'da görev yapıp dönen askerler– mikrofonun arkasına dizildi. Pek çoğu uykusuz gecelerinden, uyuşturucu bağımlılığından, ailelerine karşı yabancılaşmaktan bahsederken oyundan alıntılar yaptı. Atmosfer oldukça heyecan vericiydi ve sonrasında seyirciler, fuayede birbirine sarılıp ağlayarak, derin sohbetlere dalarak bir araya geldi.

Doerries daha sonra şöyle dedi: "Uç noktada bir acı, ıstırap ya da ölümle karşı karşıya kalan herkes Yunan dramasını anlamakta zorluk çekmez. Tamamen savaş gazilerinin öykülerine dayanabilmekle ilgilidir bu."[3]

ZAMAN İÇİNDE BİR ARADA KALMAK

Toplu hareket ve müzik, yaşamlarımızda daha geniş bir bağlam yaratarak kişisel kaderimizin ötesinde bir anlam içermektedir. Dini ritüeller, Kudüs'teki Ağlama Duvarı'nda dua etmekten, şarap ekmek ayinine, Katolik ayininden Budist seremonilerindeki meditasyona, Müslümanların günde beş kez namaz kılmasına kadar evrensel ritmik hareketler içermektedir.

Müzik, Amerika Birleşik Devletleri'ndeki sivil haklar hareketinin bel kemiğini oluşturmuştur. O dönemleri yaşamış olan herkes, kendilerini durdurmak için dizilen polislere karşı kolkola girmiş yürürken söylenen "We Shall Overcome" marşının sözlerini hatırlar. Müzik tek başına hareket etme konusunda korkan ancak toplu hâldeyken kendileri ve başkaları için destekçi olabilecek insanları bir araya getirir. Dilin yanı sıra, dans etme ve şarkı söyleme, umut ve cesaret duygusu aşılamak için insani bir yoldur.

Başpiskopos Desmond Tutu'nun 1996 yılında Güney Afrika'da Gerçeklik ve Uzlaşma Komisyonu için açık duruşma yönetirken izlediğimde toplumsal ritmin gücünü gözlemledim. Bu etkinliklerin çerçevesini toplu şarkı söyleme ve dans etme oluşturuyordu. Tanıklar, kendilerinin ve ailelerinin maruz kaldığı dile getirilemeyen zulmü anlatıyorlardı. Anlatıcılar, duygularına yenik düştüklerinde, Tutu konuşmalarını kesiyor ve tanıklar kendilerini toparlayıp fiziksel olarak çökkünlük durumundan çıkana dek tüm izleyicileri, dua etmeleri, şarkı söylemeleri ve dans etmeleri için yönlendiriyordu. Bu da katılımcıların ileri geri salınarak korkularından kurtulmalarına ve başlarına geleni kelimelere dökmelerine yardımcı oluyordu. Tutu'ya ve komisyonun diğer üyesine tamamen inandım.

Birkaç yıl önce, büyük tarihçi William H. McNeill'in kariyerinin sonlarına doğru yazdığı *Keeping Together in Time*,[4] ile tanışma fırsatım oldu. Bu kısa kitap, McNeill'in "kassal bağlanma" adını verdiği ve dansın ve askeri talimin tarihi rolünü inceleyerek tiyatronun, toplu dansın ve hareketin önemi konusuna yeni bir ışık yakıyor. Bu kitap aynı zamanda zihnimde uzun zamandır var olan bir bulmacayı da çözdü. Hollanda'da yetiştiğim için her zaman Hollandalı basit köylülerin ve balıkçıların güçlü İspanyol İmparatorluğu'ndan kurtularak özgürlüklerine nasıl kavuştuklarını merak ederdim. On altıncı yüzyıldan on yedinci yüzyılın ortalarına dek süren Seksen Yıl Savaşları bir gerilla hareketi olarak başlamıştı ve disiplinleri zayıf olan ve az para alan askerler tüfek atışlarının altına girene dek de öyle sürmüştü. Bu durum, Orange Prensi Maurice Hollanda isyanlarının lideri olduğunda değişti. Yirmili yaşlarının başında Latince olarak eğitimini tamamlamıştı ve askeri taktikler hakkında 1500 yıllık eski Roma el yazmalarını okuyabiliyordu. Okuduklarından General Lycurgus'un Romalı alayları marş adımıyla yürüttüğünü öğrenmişti ve tarihçi Plutarch yenilmezliklerini buna bağlıyordu: "Onları flüt eşliğinde marş adımlarıyla sırayı hiç bozmadan, zihinlerinde hiçbir kaygı olmadan ya da duruşlarında hiçbir değişiklik olmadan ölümüne savaşa gitmek için yürürken görmenin hem büyüleyici hem de korkunç bir yanı vardı."[5]

Prens Maurice, ayak takımından oluşan ordusunda davullar, flütler ve trompetler eşliğinde yanaşık düzen eğitimi konusunda ısrarlıydı. Bu toplu ritüel adamlarının yalnızca bir amaç ve birlik duygusu taşımalarını değil aynı zamanda da karmaşık manevralar yapabilmelerini sağlamıştı. Yanaşık düzen eğitim kısa sürede Avrupa'da yayıldı ve günümüzde hâlâ Amerikan ordusunun büyük görevlerinden biri, her ne kadar artık savaşlarda düdükler ve davullar kullanılmasa da marş topluluklarıdır.

Estonya'nın Baltık köylerinden birinde dünyaya gelen Nörobilimci Jaak Panksepp, Estonya'nın Şarkı Devrimi'nin öyküsünü anlattı. 1987 yılının Haziran ayında, yarı arktik bitmeyen yaz gecelerinden birinde, Tallinn Şarkı Festivali'nde konsere giden binlerce insan ele ele tutuşarak Sovyet işgali sırasında yasaklanan vatanseverlik şarkıları söylemeye başladı. Şarkı festivali ve protestolar sürüp gidiyor ve 11 Eylül 1988'de Estonya nüfusunun neredeyse çeyreğini oluşturan üç yüz bin kişi bir araya gelerek şarkılar söylüyor ve bağımsızlıklarını geri istiyorlar. 1991 yılının Ağustos ayında Estonya Kongresi, Estonya devletinin kurulduğunu açıklıyor ve Sovyet tankları müdahale etmek için geldiğinde insanlar Tallin radyosunu ve TV istasyonlarını korumak için etten bir duvar örüyorlar. *New York Times* gazetesinde bir köşe yazarı şöyle yazmıştı: "*Casablanca* filminde, Almanlara karşı başkaldıran Fransız patronların 'La Marseillaise' şarkısını söylediği sahneyi hayal edin, bunları binlerin gücüyle çarpın ve işte şimdi Şarkı Devrimi'nin gücünü hayal etmeye başlamış olursunuz."[6]

TİYATRO ARACILIĞIYLA TRAVMA TEDAVİSİ

Toplu seremonilerin beyin ve zihin üzerindeki etkileri ve travmayı nasıl önleyebileceği ya da hafiflettiği konusunda çok az araştırma yapılmış olması oldukça şaşırtıcıdır. Geçtiğimiz on yıl içinde, tiyatro aracılığıyla travma tedavisi yapan üç farklı programı izleme ve inceleme imkânı buldum: Boston'da Kentsel Doğaçlama [7], ve Boston'daki devlet okullarını ve yerleşim alanlarına ilham veren Travma Drama programı [8]; NewYork'da Paul Griffin'in yönettiği Olasılık Projesi [9]; Lenox,

Massachusetts'de bulunan Shakespeare & Company çocuk suçlular için yürütülen Shakespeare Mahkemelerde programı [10]. Bu bölümde bu üç grup üzerinde duracağım ancak elbette Amerika Birleşik Devletleri'nde ve birçok ülkede, tiyatroyu bir iyileşme kaynağı olarak sunan birçok mükemmel terapötik drama grubu bulunmaktadır.

Farklılıklarına rağmen, tüm bu programların ortak bir dayanağı vardır. Yaşamın acı verici gerçekleriyle karşı karşıya gelmek ve ortak hareket aracılığıyla sembolik dönüşüm. Sevgi ve nefret, saldırganlık ve boyun eğme, sadakat ve aldatma hem tiyatronun hem de travmanın bir parçasıdır. Kültür olarak, kendimizi hissettiklerimizin gerçekliğinden kopmak üzere eğitiriz. Shakespeare & Company kurumunun karizmatik kurucusu Tina Packer, şunları söylüyor: "Oyuncuları eğitmek, aynı zamanda insanları bu eğilime karşı çıkma ve buna karşı kapalı olmama eğitimini de kapsar. Yalnızca daha derinden hissetmek için değil aynı zamanda anbean hissedilen duyguları seyirciye alabileceği şekilde aktarmak için gereklidir."

Travma yaşayan kişiler, derin duygular hissetmekten korkarlar. Duygularını deneyimlemekten korkarlar, nedeni ise duyguların kontrol kaybına neden olmasıdır. Bunun aksine, tiyatro duyguları düzenlemek, onlara ses vermek, ritmik bir şekilde meşgul olmak, farklı roller almak ve canlandırmakla ilgilidir.

Daha önce de gördüğümüz gibi, travmanın özünde terk edilmişlik, insan soyundan ayrılmışlık vardır. Tiyatro, insan durumunun gerçekleriyle toplu bir karşı karşıya kalmayı içermektedir. Paul Griffin'in çocuk bakım evinde yürüttüğü tiyatro programı hakkında söyledikleri gibi: "Tiyatrodaki trajedi öğeleri, aldatma, aşağılanma ve yıkımla mücadelenin etrafında döner. Bu çocukların Lear, Otello, Machbet ya da Hamlet'in yaşadıklarını anlamama gibi bir durumu yok." Tina Packer ise şöyle diyor: "Her şey tüm bedeninizi kullanmak ve sizin duygularınızın, hislerinizin ve düşüncelerinizin diğer bedenlere yankılanmasını sağlamakla ilgilidir." Tiyatro, travma yaşayan kişilerin, ortak insanlık öğelerini derinden yaşayarak iletişim kurmalarını sağlar.

Travma yaşayan kişiler, çatışmalardan korkarlar. Kontrollerini kaybetmek ve yine kaybeden olmaktan çekinirler. Çatışma, tiyatronun merkezini oluşturmaktadır; içsel çatışmalar, sosyal çatışmalar ve bunların sonuçları. Travma, unutmaya çalışmak, ne kadar korktuğunu, öfkelendiğini ya da çaresiz olduğunu gizlemek ile ilgilidir. Tiyatro, gerçeğe ulaşma biçimleri ve bu derin gerçeklikleri izleyiciye aktarma biçimleriyle ilgilidir. Bunun için de kendi gerçekliğinizi bulmak için engelleri kaldırarak, sahnede kendi sesiniz ve bedenizle ortaya çıkabileceğiniz içsel deneyimlerinizi keşfetmeniz ve incelemeniz gereklidir.

KATILIMI GÜVENLİ HÂLE GETİRME

Bu tiyatro programları oyunculara ilham vermekten çok öfkeli, korkmuş ve haşarı gençlere ya da içine kapanmış, alkolik savaş gazilerine yardımcı olmak için düzenlenmektedir. Provaya geldiklerinde, sandalyelerine yapışırlar ve başkalarının yaptıkları hataları hemen göreceği korkusu yaşarlar. Travma yaşayan ergenler ise karmaşıktır. Utangaç, uyumsuz, derdini anlatamayan ve amaçsız etraflarında olup bitenlere dikkat edemeyecek kadar aşırı uyarılmışlardır. Kolayca tetiklenirler ve duygularını dışa vurmak için kelimelerden çok hareketlere güvenirler.

Çalıştığım tüm yönetmenlerin söylediği gibi işin sırrı yavaş ilerlemek ve onları yavaş yavaş bağlamaktır. İlk zorluk, katılımcıların odada bulunmalarını sağlamaktır. Shakespeare in the Courts çalışmasının yönetmeni Kevin Coleman, gençlerle yaptığı bu çalışma ile ilgili söyleşide şöyle dedi: "Önce onları ayağa kaldırıp salonda yürütüyoruz. Daha sonra alanda bir denge yaratmaya çalışıyoruz, yani amaçsız bir şekilde yürümüyorlar, etraflarındaki insanların farkına varıyorlar. Aşamalı bir şekilde, ufak suflelerle daha karmaşık bir hâl alıyor. Parmak uçlarınızda yürüyün ya da topuklarınızın üzerinde yürüyün ya da geri geri yürüyün. Birine çarptığınızda çığlık atın ve düşün. Belki de otuzuncu suflenin ardından ellerini havada el sallayarak sona erdiriyoruz ve böylece tüm bedeni kademeli bir şekilde ısındırıyoruz. Büyük bir adım atarsanız, onların duvara çarptığını görürsünüz."

"Birbirlerinin farkına varmaları için güvenli bir hâle getirmelisiniz. Bedenleri biraz özgürleştiğinde, onlara şu sufleyi verebilirim: 'Kimseyle göz teması kurmayın, yalnızca yere bakın'. Çoğu şöyle düşünür: 'Harika, bunu zaten yapıyordum' ama ardından şöyle derim 'Yanından geçtiğiniz insanlara dikkat edin ama sizin baktığınızı görmesinler.' Sonrasında ise 'Bir saniyelik bir göz teması kurun.' Sonrasında 'Şimdi göz teması..., şimdi temas.... şimdi temas yok. Şimdi göz teması kurun ve sürdürün.... Çok uzun. Uzun olduğunu nasıl anlarsınız, o insana aşık olacak ya da onunla kavga etmek isteyeceğiniz kadar uzun. İşte uzun zaman budur."

"Bu kişiler normal yaşamlarında böyle göz teması kurmazlar, konuştukları insanla bile temas kurmazlar. O kişinin güvenilir olup olmadığını bilmezler. Göz teması kurduklarında ya da biri onlara baktığında kaybolmamaları için yapmanız gereken şey güvenli hâle getirmektir. Yavaş yavaş, yavaş yavaş..."

Travma yaşayan ergenler, uyumsuzdur. Travma Merkezi Travma Drama Programında, birbirleriyle uyumlu olmalarını sağlamak için aynalama egzersizleri uyguluyoruz. Hastalar, sağ elleri havada hareket ederler ve eşleri de onları aynalar; dönerler ve eşleri de döner. Beden hareketlerinin, yüz ifadelerinin nasıl değiştiğini, kendi doğal hareketlerinin diğerlerinden farkını, alışılmadık hareketlerin ve ifadelerin kendilerini nasıl etkilediğini gözlemlemeye başlarlar. Aynalama, diğer insanların kendileriyle ilgili endişelerini esnetir ve bilişsel olarak değil ama duygusal olarak başkalarının deneyimlerine karşı uyumlu olmalarına yardım eder. Aynalama çalışmasının gülüşmelerle bitmesi katılımcıların kendilerini güvende hissettiklerinin bir belirtisidir.

Gerçek birer partner olmaları için birbirlerine güvenmeleri de gereklidir. Bir kişinin gözlerinin bağlanıp diğerinin gözleri bağlı kişiyi yönlendirdiği etkinlik bizim çocuklar için zordur. Gözleri bağlı bir şekilde yönlendirilmek, lider olmak, zayıf birine güvenmek kadar zordur. İlk başta on ya da yirmi saniye süren bu etkinlik aşamalı bir şekilde beş dakikaya kadar çıkmaktadır. Sonra bazıları kendi kendilerine bunu bırakır çünkü duygusal olarak bu bağlantıyı hissetmek çok rahatsız edici olabilir.

Birlikte çalıştığımız çocuklar ve savaş gazileri, görülmekten, hislerine dokunulmasından utanırlar ve birbirleriyle aralarına kol uzunluğu kadar mesafe bırakırlar. Herhangi bir yönetmenin işi de tıpkı bir terapist gibi oyuncuların birbirleriyle ilişki kurabilmeleri için işleri yavaştan almaktır. Tiyatro, bedenlerinin alışık oldukları duygu ve fiziksel algıların yanı sıra yaşama katılmak için farklı yollar keşfetmelerini de sağlayan bir yöntemdir.

KENTSEL DOĞAÇLAMA

Oğlum, Boston'da uzun süredir varlığını sürdüren Kentsel Doğaçlama (KD) tarafından yönetilen bu tiyatro topluluğunu çok sevdi. Lise yılları boyunca da onlarla çalışmalarına devam etti ve üniversitedeki ilk yılının sonunda gönüllü olarak çalıştı. O sırada, KD'nin 1992 yılından bu yana bölge okullarında düzenlediği şiddeti önleme programından haberdar oldu, programın etkililiğini göstermek için araştırma fonları vardı ve kurum bu çalışmayı yürütecek birini arıyordu. Nick de yönetmenleri Kipp Dewey ve Cissa Campion'a bu işi babasının yürütebileceğini söylemiş. Ne kadar şanslıyım ki onlar da bunu kabul ettiler.

KD'nin bir yönetmen, dört profesyonel oyuncu, eğitimci ve müzisyenlerden oluşan kültürler arası takımıyla okulları ziyaret etmeye başladım. Kentsel Doğaçlama, çocukların her gün karşılaştığı problemlerle ilgili skeçler yazmıştı: akran gruplarından dışlanma, kıskançlık, rekabet, intikam, öfke, aile içi çekişme.

Daha büyük öğrenciler içinse flört, homofobi, cinsel yolla bulaşan hastalıklar ve akran şiddeti ile ilgili sorunları ele alan metinler hazırlandı. Profesyonel oyuncular, tipik bir sunumda öğrencilerin kantinde yeni gelen öğrenciyi dışlaması durumunu canlandırabilirler. Sahne seçim noktasına geldiğinde – örneğin yeni öğrenci, eleştirilere cevap verdiğinde– yönetmen hareketi dondurur. Sınıftaki öğrencilerden birinin oyunculardan birinin yerine geçmesi ve böyle bir durumda nasıl hissedeceğini, neler yapacağını canlandırması istenir. Bu senaryolar öğrencilerin, günlük sorunları, duygusal bir mesafeyle deneyimlerken çeşitli çözümler aramasına imkân sağlar. Eziyet eden kişiyle karşı karşıya gelecek mi, bir arkadaşıyla konuşacak mı, sınıf öğretmenine söyleyecek mi, anne babasına neler olduğunu anlatacak mı?

Başka bir gönüllüden farklı bir yaklaşım denemesi istenir, böylece öğrenciler, farklı seçimlerin nasıl olabileceğini görebilirler. Oyun atmosferi ve oyuncuların desteğinin yanı sıra sahne donanımı ve kostümler, katılımcıların yeni rollerde risk almalarına yardımcı olur. Sonrasında düzenlenen tartışma gruplarında öğrenciler "Bu sahnenin sizin okulunuzdaki duruma benzeyen ve benzemeyen yönleri neler?" "İhtiyacın olan saygıyı nasıl elde ediyorsun?", "Farklılıklarını nasıl gösteriyorsun?" gibi sorulara yanıt verirler. Öğrenciler fikirlerini ve düşüncelerini paylaştığı için bu tartışmalar, oldukça canlı bir paylaşıma hâline gelir.

Travma Merkezi takımımız bu programı, on yedi katılımcı okulda iki sınıf düzeyinde değerlendirdi. KD programına katılan sınıflar, programa katılmayan sınıflarla karşılaştırıldı. Dördüncü sınıf düzeyinde belirgin olumlu tepkiler bulduk. Saldırganlık, iş birliği ve öz kontrol standart ölçüm puanlamasına göre, KD grubundaki öğrencilerin, büyük ölçüde daha az kavga ve öfke patlaması yaşadığı ve akranlarıyla daha iyi iş birliği gösterdiği ve kendilerini ortaya koyan ilişkiler kurduğu, sınıf içinde daha dikkatli ve katılımcı oldukları görülmüştür [11].

Bizi en çok şaşırtan ise bu sonuçların sekizinci sınıflarla eşleşmemesiydi. Peki arada onların bu tepkilerini etkileyen ne olmuştu? Başlangıçta sadece devam etmek için kişisel izlenimlerimiz vardı. Dördüncü sınıf öğrencilerini ziyaret ettiğimde masumiyet dolu kocaman açılmış gözleri ve katılma arzuları karşısında büyülenmiştim. Bunun aksine sekizinci sınıflar somurtkan ve savunmacıydı, grup olarak doğallıklarını ve coşkularını kaybetmiş görünüyorlardı. Ergenliğin başlangıcı değişim için ilk faktördü ama başka bir şey de olabilir miydi?

Derinlere indikçe, yaşça daha büyük olan çocukların küçüklere göre iki kat daha fazla travma yaşadığını gördük. Bu tür tipik şehir merkezinden uzak Amerikan okullarında her sekizinci sınıf öğrencisi ciddi boyutlarda şiddete tanıklık etmişti. Üçte ikisi, aralarında bıçaklama, çete savaşı, cinayet ve aile içi şiddet de dâhil olmak üzere beş ya da daha fazla olay görmüştü. Verilerimiz, böyle yüksek düzeylerde şiddete maruz kalan sekizinci sınıf öğrencilerinin, geçmişinde bu tür olaylar olmayan öğrencilere göre daha saldırgan olduğunu ve programın davranışları üzerinde herhangi bir değişim yaratmadığı göstermiştir.

Travma Merkezi takımı olarak, bu durumu, çocukların yaşadığı şiddet durumlarını içeren senaryoları kullanarak takım oluşturma ve duygu düzenleme egzersizlerine odaklanan daha uzun ve yoğun bir programla tersine çevirebilir miyiz diye düşündük. Joseph Spinazzola başkanlığındaki ekibimiz birkaç ay boyunca, senaryo geliştirmek için aylarca KD oyuncularıyla görüştü. Oyuncular, psikologlarımıza doğaçlama, aynalama, hassas fiziksel uyum çalışmalarını öğretti, böylece, erime, karşılaşma, sinme ya da çökme durumunu rahat bir şekilde tanımlayabileceklerdi. Biz de oyunculara tetikleyiciler ve travmayı nasıl tanıyacaklarını ve travmayı yeniden yaşama durumunu nasıl ele alacaklarını öğrettik.[12]

2005 yılının kış ve baharı boyunca, Boston Kamu Okulları ve Massachusetts Islah Departmanı ile birlikte yürütülen uzmanlaşmış gündüz okullarında oluşan programı test ettik. Burası, çocukların okul ve hapishane arasında gidip geldikleri karmaşık bir ortamdı. Hepsi suç oranı yüksek bölgelerden gelmişti ve korkunç şiddete maruz kalmışlardı; hayatımda hiç bu kadar saldırgan ve uyumsuz bir grupla karşılaşmamıştım. Her gün karşılaştığı yeni zorluklar karşısında ilk tepkisi saldırmak ya da savunmacı bir şekilde içine kapanmak olan öğrencilerle mücadele eden sayısız ortaokul ve lise öğretmeninin yaşamına bir ışık yaktık.

Birinin fiziksel olarak tehlikede olduğu sahnelerde, öğrencilerin her zaman saldırganın yanında olduğunu keşfettiğimizde çok şaşırmıştık. Çünkü ne kendilerinde ne de başkalarında herhangi bir zayıflık işaretine karşı tahammülleri yoktu. Olası kurbanları yalnızca küçümsüyorlardı, flört şiddeti hakkındaki bir metin sırasında "Öldür o kahrolasını, bunu hak ediyor." diye bağırıyorlardı.

Başlangıçta bazı profesyonel oyuncular bırakmak istedi – bu çocukların bu kadar kötü olduklarını görmek çok zordu – ama yaptıkları işe inanmışlardı ve çocukları aşamalı bir şekilde isteksiz de olsa deneye katmayı başardıklarını görünce şaşırıp kaldım. Programın sonuna doğru, birkaç öğrenci çaresizlik ya da korku sahnelerini canlandırmaya gönüllü olmuştu. Bitirme sertifikalarını aldıklarında, birkaç öğrenci minnettarlığını göstermek için çizdiği resimleri hediye ettiler. Ben de dâhil olmak üzere bazılarımızın gözleri doldu.

Travma Drama çalışmasının Boston'daki sekizinci sınıf müfredatında yer alması için gösterdiğimiz uğraşlar ne yazık ki bürokratik engele takıldı. Bununla birlikte, okullarda – toplumsal yeterlilik ve bağlanmayı sağlamanın binlerce yolunu içeren– müzik, tiyatro, spor programları kaldırılırken, bunlar Justice Resource Enstitüsündeki yatılı tedavi programımızın bir parçası olmaya devam ediyor.

OLASILIK PROJESİ

Paul Griffin'in New York Kenti Olasılık Projesi'nde oyuncularda hazır metin yoktur. Bunun yerine dokuz ay boyunca haftada üç saat buluşarak kendi müzikallerini yazıp yüzlerce kişinin önünde sahnelerler. Olasılık Projesi yirmi yıllık tarihi içinde istikrarlı bir kadro ve güçlü gelenekler geliştirmiştir. Her yapım ekibi, son mezunlardan aralarında profesyonel oyuncular, dansçılar, müzisyenlerden oluşur, sonraki ders için senaryo yazımı, koreografi ve provaları düzenlerler. Son mezunlar, güçlü rol modeldirler. Paul bu konuda bana şunları anlatıyor: "Programa geldiklerinde, öğrenciler farklılık yaratamayacaklarına inanırlar; böyle bir program hazırlamak gelecekleri için bir dönüşüm deneyimidir."

2010 yılında Paul, özellikle bakım evindeki gençler için bir program başlattı. Bu sorunlu bir nüfustur. Yetiştirme yurtlarından çıktıktan beş yıl sonra yüzde 60'ı hüküm giyer, yüzde 75'i kamu yardımına ihtiyaç duyar ve yalnızca yüzde 6'sı üniversite diplomasına sahip olur.

Travma Merkezinde yetiştirme yurtlarında kalan pek çok çocuğun tedavisi yapılır ancak Griffin bana bu çocukların yaşamlarına farklı bir açıdan bakmam konusunda yol gösterici oldu: "Yetiştirme yurdunu anlamak tıpkı farklı bir ülke hakkında bilgiler edinmeye benzer. Oralı değilseniz, onların dilini konuşmazsınız. Bakım evinde çocuklar için yaşam altüst olmuştur." Pek çocuğun kıymetini bilmediği güvenlik ve sevgi duygularını kendileri yaratmak zorundadır. Griffin'in "Yaşam alt üst olmuştur." ifadesinin anlamı, bakım evinde kalan çocuklara sevgi ya da cömertlik gösterildiğinde ne yapacaklarını ya da nasıl tepki göstereceklerini bilemezler. Kabalık onlar için daha tanıdıktır; anladıkları şey alaycılıktır.

Griffin'in de işaret ettiği gibi "Terk edilme güvenebilmeyi imkânsız hâle getirir ve bakım evine giden çocuklar terk edilmenin anlamını bilir. Onlar size güvenene kadar hiçbir etkiniz olamaz." Yetiştirme yurtlarındaki çocuklar, genelde görevli birkaç kişiye yanıt vermek zorundadır. Örneğin okul değiştirmek istediklerinde, koruyucu anne babalarıyla, okul yetkilileri, bakım merkezi ve bazen de bir hakimle mücadele etmek zorundadır. Bu onları politik davranmaya iter ve insanlara karşı nasıl oynayacaklarını bilirler.

Yetiştirme yurtlarında "süreklilik" klişe bir kelimedir. Mottosu ise "Bakımla ilgilenen bir yetişkin; tüm ihtiyacınız bu"dur. Gençler için yetişkinlerden uzaklaşmak doğal bir şeydir ve Griffin, gençler için en iyi istikrar biçiminin sağlam arkadaşlıklar olduğunu belirtmektedir- program da bunu sağlamak üzere düzenlenmişti. Yetiştirme yurdu klişelerinden biri de "bağımsızlık"tır, Paul bunu birbirine bağlılık olarak ele alıyor ve "Hepimiz birbirimize bağlıyız." diyor. "Gençlerimizden tamamen tek başına dünyaya çıkmalarını istemek ve bağımsız olmalarını istemek bir çılgınlık. Onlara birbirlerine nasıl bağlı olacaklarını öğretmeliyiz, bu da nasıl ilişkiler kuracaklarını öğretmek anlamına geliyor."

Paul, yetiştirme yurtlarında kalan çocukların doğal birer oyuncu olduklarını keşfetmiştir. Trajik karakterleri oynamak için duyguları ifade etmelisiniz, derinliklerden gelen acı ve yıpranmayı yansıtan bir gerçeklik oluşturmalısınız. Yetiştirme yurdundaki genç insanlar? Bildikleri tek şey bu. Her gün yaşam ve ölümle karşı karşıyalar. Zaman içinde iş birliği, bu çocukların başkalarının yaşamlarında önemli insanlar olmalarına yardımcı olur. Programın ilk aşamalarından biri grup yapısı oluşturmaktır. İlk prova temel anlaşmaları belirler: Sorumluluk, saygı, duygusal ifadelere evet demek, grup içinde cinsel yakınlık kurmamak. Daha sonra şarkı söylemeye ve hareket etmeye başlarlar ve bu da onları uyumlu hâle getirir.

Ardından ikinci aşama gelir: Yaşam öykülerini paylaşma. Artık birbirlerini dinlerler, paylaşılan deneyimleri keşfederler, yalnızlık ve travmanın yaşattığı ayrılık durumu engelini geçerler. Paul bana bir grup içinde bunun nasıl olduğunu gösteren bir film verdi. Çocuklardan bir şey söylemeleri ya da kendilerini tanıtmaları istendiğinde donup kalıyorlar, yüzleri ifadesiz bir hâl alıyor, gözlerini yere indiriyorlar, görünmez olabilmek için her şeyi deniyorlar.

Konuşmaya başladıklarında, kendilerinin merkezinde oldukları iç seslerini keşfettiklerinde kendi gösterilerini de yaratmaya başlıyorlar. Paul, yapımın onların kendi verilerine bağlı olduğu konusunda açıklık getiriyor: "Eğer bir müzikal ya da oyun yazabilseydiniz, neler olurdu? Ceza? Öç? Aldatma? Kayıp? Bu sizin yazacağınız bir gösteri". Söyledikleri her şey yazılır ve hatta bazıları kendi sözlerini kağıda dökmeye başlar. Senaryo ortaya çıktıkça, yapım ekibi öğrencilerin değerli sözlerini şarkılara ve diyaloglara dönüştürür. Grup, deneyimlerini yeterince iyi somutlaştırırlarsa diğer insanların kendilerini dinleyeceğini öğrenir. Hissettiklerini hissetmeyi ve bildiklerini bilmeyi öğrenirler.

Provalar başladığında odak doğal bir şekilde değişir. Bu çocukların acı, yabancılaşma ve korku öyküleri artık merkezde değildir ve odak "En iyi şarkıcı, dansçı, koreograf, ışık ya da ses tasarımcısı olabilirim?" olarak değişir. Rol alabilmek temel bir konu olur. Yeterlilik travmanın çaresizliğine karşı en iyi savunmadır.

Bu elbette, hepimiz için geçerlidir. İşler kötü gittiğinde, el üstünde tutulan bir proje başarısız olduğunda, güvendiğiniz biri sizi terk ettiğinde ya da öldüğünde, kaslarınızı hareket ettirmek ve dikkat etmeyi gerektiren bir şey yapmak gibi yapılacak birkaç şey var. Şehir merkezinden uzaktaki okullar ve psikiyatri programları bunu gözden kaçırmaktadır. Bu çocuklardan "normal" davranmalarını beklemektedir; hem de onların kendilerini normal hissetmelerini sağlayacak hiçbir yeterlik ortaya çıkarmadan.

Tiyatro programı, aynı zamanda neden sonuç ilişkisini de öğretir. Yetiştirme yurdundaki bir çocuğun yaşamı tahmin edilemezdir. Her an her şey olabilir. Tetiklenmek ve çökmek; anne ya da babanızın tutuklandığını ya da öldürüldüğünü görmek; bir evden diğerine taşınmak; son gittiğiniz yerde onayını aldığınız şeyler için azar işitmek. Tiyatral bir yapımda, kendi kararlarının ve hareketlerinin sonuçlarının gözlerinin önüne serildiğini görürler. "Onlara kontrol duygusu vermek istiyorsanız, onlar adına müdahale etmek yerine, onlara kendi kaderleri üzerine etki edecek bir güç vermelisiniz." diyor Paul. "Çalıştığınız genç insanlara yardım edemezsiniz, bir şeyleri düzeltemezsiniz ya da onları koruyamazsınız. Yapabileceğiniz şey onlarla yanyana çalışmak, bakış açılarını anlamak ve onlarla birlikte farkına varmaktır. Böyle yaparak onlara kontrol duygusunu geri verirsiniz. Travma kelimesini ağzımıza almadan travmayı iyileştiriyoruz."

SHAKESPEARE'E MAHKUM

Shakespeare Mahkemelerde seansına katılan gençler için doğaçlama, kendi yaşamları etrafında yapılandırılmış bir senaryo yoktur. Hepsi kavga, alkol, hırsızlık ve mülkiyet suçlarından suçlu bulunan "hükümlülerdi" ve Berkshire Bölgesi Çocuk Mahkemeleri onları altı hafta boyunca, haftada dört gün yoğunlaştırılmış oyunculuk dersine göndermişti. Shakespeare bu kişiler için yabancı bir ülke gibidir. Kevin Coleman'ın bana söylediği gibi ilk geldiklerinde –öfkeli, kuşkulu ve şoktadırlar– hapse girmeyi tercih ederler. Bunun yerine Hamlet, Mark Antony ya da Henry V'in repliklerini ezberleyip, aileleri, arkadaşları ve çocuk mahkemesi yetkililerinin önünde yoğunlaştırılmış bir Shakespeare oyunu sahneliyorlar.

Değişkenliklerle dolu yetiştirmelerini anlatacak hiçbir söz yok, bu ergenler duygularını şiddetle dışa vuruyorlar. Shakespeare'in kılıç düeollosuna çağırması, tıpkı diğer dövüş sanatlarında olduğu gibi saldırganlık ve fiziksel güçlerini gösterme imkânı verir. Burada vurgulanan herkesin güvende olmasıdır. Bu çocuklar kılıç oyununu seviyorlar ancak birbirlerinin güvenliğini sağlamak için konuşmaları ve dili kullanmaları gereklidir.

Shakespeare, bir geçiş döneminde yazıyordu, –dünyanın sözlü iletişimden yazılı iletişime geçtiği bir dönemdi– insanlar hâlâ isimlerini X ile imzalıyordu. Bu çocuklar da kendi geçiş dönemleriyle karşı karşıya kalıyorlar; bazıları konuşmakta, bazıları okumakta zorlanıyor. Küfürlü kelimelere güvenmeleri, kim olduklarını anlatacak ya da ne hissettiklerini gösterecek başka kelimeleri olmadığı içindir. Dilin zenginliğini keşfettiklerinde ise içsel bir mutluluk yaşarlar.

Oyuncular önce Shakespeare'in sözlerini satır satır incelemelidir. Yönetmen, oyuncuların kulaklarını kelimelerle besler ve onlar da bir nefeste yüksek sesle tekrarlar. Sürecin başlangıcında, çocukların çoğu bir çizgide olmakta zorlanır. Süreç yavaştır, her oyuncu kelimeleri içselleştirir. Sözcükler derinleşir ve çağrışımlara verdikleri tepkilerle sesleri yankılanır. Burada fikir, oyuncuların tepkilerini sözlere döktüklerini hissetmelerini ve karakteri keşfetmelerini sağlamaktır. "Sözlerimi hatırlamalıyım." düşüncesinden çok "Bu sözcüklerin benim için anlamı nedir? Oyuncu arkadaşlarım arasındaki etkileri nelerdir? Onların sözlerinin benim üzerimdeki etkileri nelerdir?" düşünceleri üzerinedir[13].

NewYork'un Bath bölgesindeki VA Tıp Merkezindeki Shakespeare & Company'de eğitim alan oyuncuların yürüttüğü bir atölye çalışmasında da tanıklık ettiğim gibi bu yaşamı değiştiren bir süreçtir. Elli dokuz yaşındaki Vietnam gazisi Larry, önceki yıl, yirmi yedi kez detoks için hastaneye yatmıştı ve *Julius Caesar'dan* Brutus rolünü oynamaya gönüllü oldu. Prova başladığında, sözlerini aceleyle mırıldanmaya başladı; başka insanların kendisi hakkında düşündüklerinden korkuyordu.

Marşı hatırla, Marşın sözlerini hatırla:
Büyük Julius adalet adına kan ağlamıyor mu?
Hangi hain onun bedenine dokundu, bıçakladı onu,
Adalet için değil mi?

Bu sözlerle başlayan konuşmanın provası saatler sürecek gibiydi. Başlangıçta yönetmenin kulağınına fısıldadığı sözleri tekrar ederek omuzları düşük bir şekilde duruyordu: "*Hatırla* –ne hatırlıyorsun? Çok fazla şey mi hatırlıyorsun? Ya da yeterince değil mi? *Hatırla.* Neyi hatırlamak istemezsin? Hatırlamak nasıl bir şey?". Larry'nin sesi çatallaşmış, gözleri yere doğru dönmüştü ve alnından terler akıyordu.

Kısa bir süre ara verip birkaç yudum su içtikten sonra işe döndük "*Adalet* – Adaleti gördün mü? Adalet için tutkun oldun mu? Hiç vuruldun mu? Nasıldı? Ne olmasını isterdin? *Bıçaklamak*– Hiç birini bıçakladın mı? Hiç sırtından bıçaklandın mı? Hiç birini sırtından bıçakladın mı?" Bu noktada Larry salonu terk etti.

Ertesi gün geri geldi ve yine başladık. Larry orada duruyordu, terliyordu, kalbi hızla çarpıyordu, zihninde milyonlarca çağrışım dolanıyordu, aşamalı bir şekilde her kelimeyi hissetmeye ve kendi sözlerini öğrenmeye başladı.

Programın sonunda, Larry yedinci yıldan sonra ilk işine başladı ve altı ay önce aldığım habere göre hâlâ aynı işte çalışmaya devam ediyor. Derin duyguları yaşamayı ve bunlara tahammül etmeyi öğrenmek travmadan iyileşmek için esastır.

Shakespeare Mahkemelerde programında, provalarda kullanılan dilin özgünlüğü öğrencilerin sahne dışı konuşmalarını da kapsar. Kevin Coleman konuşmalarının "...gibi hissediyorum." şeklinde ifadelerle bulmaca gibi olduğunu söylüyor. Şöyle devam ediyor: "Yargılarınızla duygularınızı karıştırırsanız, işler belirsiz bir duruma girer. Onlara 'Nasıl hissettin?' diye sorarsanız hemen 'İyi hissettim.' ya da 'Kötü Hissettim.' diye cevap verirler. Bu nedenle sahnenin sonunda asla 'Nasıl hissettin?' sorusunu sormayız çünkü bu soru beyinlerinde yargılamaya neden olur."

Bunun yerine Coleman "O sahnede belirgin bir şey hissettin mi?" diye sorar. Böylece, duygusal deneyimleri adlandırmayı öğrenirler: "Öyle söylediğinde öfkeli hissettim", "Bana baktığında korktum." Somutlaştırdıkça ve daha iyi kelime bulamama durumunda, bu "yardımcı dil" oyuncuların farklı duygulara sahip olabileceklerini hatırlamalarına yardımcı olur. Dikkatleri arttıkça merakları da artar.

Provalar başladığında, çocuklar dik durmayı ve utangaç olmayan bir şekilde yürümeyi öğrenmek zorundadırlar. Konuşmayı öğrenmek zorundadırlar, böylece sesleri tiyatronun her yerinden duyulur ki bu da oldukça büyük bir mücadeledir. Son performans, toplulukla karşı karşıya gelmektir. Çocuklar sahneye adım atarlar, başka bir kırılganlık, tehlike ya da güven durumunu yaşarlar. Aşamalı bir şekilde, başarma arzusu, yapabileceklerini gösterme isteği üstün gelir. Kevin bana, Hamlet'in Ofelia rolünü oynayan bir kızdan bahsetti. Gösteri gününde, sahne arkasında, beline bağladığı bir sepetle onu hazır bir şekilde gördüğünü söyledi (Kendini gergin hissettiğini ve başarısız olmaktan korktuğunu söylemişti). Kaldığı bakım evlerinden ve Shakespeare Mahkemelerde çalışmalarından hep kaçarmış. Program, sürekli devam gerektirdiğinden polisler kızı yakalayınca geri getirirlermiş. Bir noktada rolünün grup için önemli olduğunu anlamış ya da kendine değer verildiği duygusunu hissetmişti. En azından o gece kaçmayı tercih etmemişti.

TERAPİ VE TİYATRO

Bir keresinde Tina Packer'in bir oda dolusu travma uzmanına anlattıklarını dinlemiştim:

"Terapi ve tiyatro bir sezgi işidir. İkisi de araştırmanın tersidir, varsayımların nesnel geçerliliğini test etmek için birinin kendi kişisel deneyimlerinden, hatta hastalarınızın deneyimlerinden çıkma arzusu duymasıdır. Terapiyi etkili kılan derinliği, kişisel uyumu, derin bir gerçeklik algısı ve bedende yatan hakikattir." Umuyorum ki bir gün Tina'nın hatalı olduğunu kanıtlarız, bilimsel yöntemlerin dikkatiyle şekillendirilmiş sezgiyi bir araya getirebiliriz.

Shakespeare & Company öğretmenlerinden Edward, Packer'ın ileri eğitim atölye çalışmasında genç bir oyuncuyken yaşadıklarını anlattı. Grup, doğal bir şekilde nefes alıp verebilmek için o sabah bedenlerindeki kasları gevşetmek için egzersizler yapmış. Edward, her defasında kaburgalarının üzerinde yuvarlandığı zaman bir üzüntü dalgası hissettiğini anımsıyordu. Koç, o bölgesinden hiç yara alıp almadığını sormuş ama yanıtı hayır olmuş.

O gün Packer'ın dersi için *Richard II*'den kralın kendisini gaspeden lorda tacını devrettiği replikleri hazırlamış. Sonrasında gerçekleştirilen tartışmada, hamileyken annesinin kaburgalarının kırıldığını ve bu nedenle de prematüre olarak dünyaya geldiğini hatırlamış.

Şöyle anımsıyor:

> Tina'ya bunu anlattığımda, ilk birkaç ayımla ilgili sorular sormaya başladı. Küvöze konduğumu hatırlamadığımı ama daha sonrasında nefes alış verişlerimin durduğu zamanlar olduğunu ve oksijen çadırında kaldığımı anlattım. Amcamın arabasında olduğumu ve kırmızı ışıkları geçerek beni acil servise yetiştirmesini hatırlıyorum. Üç yaşında ani bebek ölümü sendromu gibi bir şeydi. Tina, sorular sormayı sürdürdü ve acının etrafındaki kabuğu kaldırdığı için ona gerçekten çok öfkelenmiştim. Sonra şöyle dedi "Doktorların sana tüm o iğneleri batırması acı verici miydi?"
>
> O anda, bağırmaya başladım. Odayı terk etmeye çalıştım ama diğer iki oyuncu – gerçekten iri adamlardı– beni tuttu. Beni sonunda sandalyeye oturttular, bense titriyordum. Ardından Tina şöyle dedi, "Sen annensin ve bu konuşmayı yapacaksın. Sen annensin ve kendini doğuruyorsun ve sen kendine

bunu yapabileceğini söyleyeceksin. Ölmeyeceksin. Kendini inandırmalısın. Ölmeyeceğin konusunda yeni doğan bebeği ikna etmelisin."

Bu (Kral) Richard'ın konuşmasındaki amacım oldu. Bu konuşmayı sınıfa getirdiğimde, yalnızca içimde derinlerde bir yerlerde söyleme ihtiyacı duyduğumdan değil ama kendi kendime bu rolü oynamak istediğimi söyledim. Sonunda bunu başardığımda, bebeğim Richard gibiydi; tahtımı terk etmeye hazır değildim. Sanki megatonlarca ağırlıkta enerji ve gerginlik bedenimi terk etmişti. Bu bebeğin nefesini tutması ve ölüm korkusuyla engellenen ifadeler için yeni yollar açılmıştı.

Tina'nın dehası, annemin rolüne girerek kendime iyi olacağımı söylememi sağladı. Tıpkı geçmişe dönüp öyküyü değiştirmek gibiydi. Bir gün acımı ifade edebilecek kadar kendimi güvende hissetmek yaşamımın en değerli anlarından biriydi.

O gece başka bir kişinin önünde ilk kez orgazm yaşamıştım. Bunun nedeni, bir şeyleri –bedenimdeki gerginliği– serbest bırakarak dünya üzerindeki varlığımı hissetmemdi.

SON SÖZ

YAPILACAK SEÇİMLER

Travma konusunda bilinçli bir toplum olmanın eşiğindeyiz. Neredeyse her gün bir meslaktaşım, travmanın zihin, beyin ve beden üzerindeki zararları konusunda bir rapor yayınlamaktadır. ACE çalışması, erken dönemdeki istismarın sağlık ve sosyal işlevler konusundaki yıkıcı etkisini göstermiştir. James Heckman, mali olarak güçsüz ve sorunlu ailelerde yaşayan çocukların yaşamlarına erken müdahele konusunda yaptığı büyük kurtarma çalışması ile Nobel Ödülü kazandı: daha fazla lise mezuniyeti, daha az suç oranı, artan iş gücü, azalan aile içi ve toplumsal şiddet. Dünyanın her yerinde bu verileri son derece ciddiye alan ve daha etkili müdahaleler geliştirmeye ve uygulamaya kendini adamış birçok öğretmen, sosyal çalışma uzmanı, doktor, terapist, hemşire, yardımsever, oyun yönetmeni, polis, meditasyon koçuyla tanışıyorum. "Beden Kayıt Tutar" ile bu sayfaya kadar gelebildiyseniz siz de bu topluluğun bir parçasısınız demektir.

Nörobilim alanındaki gelişmeler, bizim beyin gelişimi, öz düzenleme, odaklanma kapasitesi ve başkalarıyla uyum kapasitesi konularını daha iyi anlamamızı sağlamıştır. İleri teknoloji görüntüleme teknikleri, TSSB'nin beyin üzerindeki kökenlerini belirleyebilmektedir, böylece artık travma yaşayan kişilerin neden kopukluk yaşadığını, sese ve ışığa karşı neden duyarlı olduklarını, en ufak bir provokasyon karşısında neden patladıklarını ya da içlerine kapandıklarını anlayabiliyoruz. Yaşam boyunca, deneyimlerin beynin yapısını ve işlevini nasıl değiştirdiğini ve hatta genlerimizi etkileyerek çocuklarımıza aktardığımızı öğrendik. Travmatik stresin altında yatan temel süreçlerin çoğunu anlamak, öz düzenleme, benlik algısı ve dikkat ile ilgili beyin alanlarını yeniden işlevsel hâle getiren müdahaleler için kapılar açar.

Yalnızca travmayı nasıl tedavi edeceğimizi değil aynı zamanda bunu nasıl önleyebileceğimizi de biliyoruz.

Böyle olunca, Blue Hill Avenue'da yoldan geçerken kaza kurşunuyla öldürülen bir gencin başında beklerken ya da yoksul kentlerde son okul bütçesinin kesildiğini haberini okuduktan sonra kendimi umutsuzluğa kapılmış hissettim. Pek çok yönden geriye gidiyoruz gibi görünüyor, bunlar arasında; anne babaları işsiz ya da hapishanede olan çocuklar için yemek fişlerinin duyarsız kongre tarafından iptal edilmesi; bazı bölgelerde evrensel sağlık bakımına ters durumların yaşanması; ruhsal olarak acı çekme ve sosyal durumlar arasındaki bağlantıyı reddeden anlayışsız yapı; tek amacı daha fazla insan öldürmek olan kişilere silah satışı ve sahiplenmelerini önlemeyi reddetme ve nüfusumuzun büyük çoğunluğunu oluşturan kişileri hapse atmanın hoş görülmesi, hem bizim kaynaklarımızın hem de kendi yaşamlarının boşuna harcanması sayılabilir.

TSSB konusundaki tartışmalar, savaştan yeni dönen askerler, terörist saldırı kurbanları ya da korkunç kazalardan sonra hayatta kalan kişiler üzerine odaklanma eğilimi göstermektedir. Ancak travma büyük bir halk sağlığı sorunu olarak devam etmektedir, muhtemelen de insanlığın en büyük tehditlerinden biridir. 2001 yılından bu yana, Irak ya da Afganistan savaşlarında ölen kişi sayısından daha fazlası eşlerinin ya da anne babalarının ellerinde öldü. Amerikalı kadınlar, göğüs kanserinden daha fazla aile içi şiddet yüzden acı çekmektedir. Amerika Pediyatri Akademisi, çocukların kaza kurşunu nedeniyle ölüm oranının kansere göre iki kat fazla olduğunu açıkladı. Boston çevresinde, çocuk kanseriyle mücadele eden Jimmy Fund reklamlarını görüyorum, göğüs kanseri ve lösemi araştırmalarını desteklemek için yürüyüşler yapılıyor ancak korku, öfke, çöküş ve travmanın sebep olduğu sonuçlarla mücadele eden çocuklara ve yetişkinlere yoğun bir şekilde yardım etmekten ya utanıyoruz ya da gözümüz korkuyor.

Travma ve travma tedavisi hakkında konuşmalar yaptığımda bazen katılımcılar siyasetten konuşmamamı, nörobilim ve terapi üzerine konuşmamı istiyor. Keşke travmayı siyasetten ayırabilsem. Ancak inkâr ederek yaşadığımız ve travmayı, kökenlerini görmezden gelerek tedavi ettiğimiz sürece başarısız olmaya mahkumuz. Günümüz dünyasında posta kodunuz, genetik kodunuzdan daha fazla bir şekilde güvenli ve sağlıklı bir hayat sürüp süremeyeceğinizi belirliyor. İnsanların geliri, aile yapısı, barınması, iş oranı ve eğitim fırsatları yalnızca travmatik stres yaşayıp yaşamayacaklarını değil, aynı zamanda bu konuda etkili bir yardım alabilme imkânlarını da etkiliyor. Yoksulluk, işsizlik, kötü okullar, sosyal izolasyon, silahlara kolay erişebilme, standartların altında barınma, travmanın ortaya çıkma nedenlerindendir. Travma daha fazla travmayı doğurur, incinen insanlar diğer insanları incitir.

Toplumsal travmadan iyileşmeyi gösteren en etkili deneyim, temel yönlendirme ilkesi Ubuntu'yu temel alan Güney Afrika Gerçeklik ve Uzlaşma Komisyonunun çalışmalarına tanıklık etmekti. Xhosa dilinde paylaşmayı niteleyen bu kelime "Benim insanlığım senin insanlığına ayrılmaz bir şekilde bağlıdır." ifadesiyle örtüşmektedir. Ubuntuya göre ortak insanlığı ve ortak kaderi kabul etmeden gerçek iyileşme olmaz.

Bizler temel olarak sosyal varlıklarız. Beyinlerimiz birlikte çalışmayı ve oynamayı geliştirmek üzere döşenmiştir. Travma sosyal-katılım sistemine zarar verir; iş birliği, beslenme ve topluluğun üretken bir bireyi olarak işlev gösterme becerisiyle çatışır. Bu kitapta da gördüğümüz gibi uyuşturucu bağımlılığından kendine zarar vermeye dek pek çok sağlık sorunu, yeterli insani ilişki ve destek olmaması nedeniyle katlanılmaz hâle gelen duygularla mücadele etme çabası olarak ortaya çıkmıştır. Ancak travma yaşayan çocuklar ve yetişkinlerle çalışan pek çok kurum, kimliğimizin temelini oluşturan duygusal bağlılık sistemlerini atlamaktadır ve bunun yerine "yanlış düşünce" sistemlerini dar bir bakış açısıyla düzeltmeye ve hoş olmayan duyguları ve sorunlu davranışları bastırmaya odaklanmaktadır.

İnsanlar davranışlarını kontrol etmeyi ve değiştirmeyi öğrenebilirler ancak bunun tek yolu yeni çözümleri deneyecek kadar kendilerini güvende hissetmeleridir. Beden kayıt tutmayı sürdürür. Eğer travma, kalpte kırılma ve midemize saplanma olarak kodlandıysa, ilk önceliğimiz kişilere, savaş ya da kaç durumundan çıkmaları, tehlike algısını yeniden düzenlemeleri ve ilişkileri yönetmeleri konusunda yardımcı olmak olmalıdır. Travma yaşayan çocuklarla çalışırken, okul programından çıkarmamız gereken son şeyler koro, beden eğitimi, tatil, oyun ve eğlenceli bir katılımı içeren her türlü çalışmalardır.

Burada da gördüğümüz gibi, benim kendi uzmanlık alanım, hafifletmekten çok çözmektir. Günümüzde pek çok psikiyatrist, montaj hattı şeklinde ofislerde çalışmaktadır, yani hakkında çok az şey bildikleri hastaları on beş dakikalık seanslarda görmekte ve acılarını, kaygılarını ya da depresyonlarını dindirmek için ilaç yazıp göndermektedir. Verdikleri mesaj ise şöyle görünüyor: "Seni düzeltmeyi bize bırak; sadece itaatkar ol ve şu ilaçları iç, üç ay sonra yine gel ama sorunlarını yatıştırmak için alkol ya da (illegal) ilaçlar alma." Bu tür kısa yollar, öz bakım ve öz liderlik becerilerinin geliştirilmesini imkânsız kılar. Bu tür bir yönelmenin trajik örneklerinden biri, her yıl Amerika'da silah ya da araç kazasından daha fazla ölüme neden olan ağrı kesicilerin reçetelenmesindeki şahlanmadır.

Bu durumları tedavi etmek için artan ilaç kullanımı gerçek sorunlara yönelmemektedir. Bu hastalar neyle başetmeye çalışıyor? İçsel ve dışsal kaynakları nelerdir? Kendilerini nasıl sakinleştiriyorlar? Bedenleriyle bakım ilişkileri var mı ve fiziksel bir güç, canlılık ve rahatlama duyusu geliştirmek için neler yapıyorlar? Kim onları gerçekten tanıyor, seviyor ve onlarla ilgileniyor? Korktuklarında, bebekleri hasta olduğunda, kendileri hasta olduğunda kime güvenirler? Bir topluluğun parçası mıdırlar ve etraflarındaki insanların yaşamlarında önemli bir rolleri var mı? Odaklanmaları, dikkat etmeleri ve seçim yapmaları gereken ne tür becerileri vardır? Amaç duyguları var mı? Hangi konularda başarı gösteriyorlar? Yaşamlarına karşı kendilerini sorumlu hissetmeleri için nasıl yardım edebiliriz?

Toplum olarak çocukların ihtiyaçlarına odaklandığımızda, aileleri, için tüm sosyal desteklerin – ki bu konu da bu ülkede çok tartışmalıdır– sadece arzu edilebilir değil aynı zamanda da ulaşılabilir olacağına inanmak istiyorum. Anne babalar işe ya da okula gittiğinde çocuklarını güvenle bırakabileceği yüksek kaliteli gündüz bakım merkezlerine ulaşım imkânı olursa ne gibi değişimler olurdu? Tüm çocuklar, iş birliği, öz düzenleme, sabır ve odaklanma gibi artıp gelişen (sınavları geçmek yerine, doğal merak duyguları, başarma arzularını takip eden, umutsuzluk, korku ve aşırı uyarılmışlık nedeniyle içine kapalı olmayan çocuklar) iyi bir kadrosu olan okul öncesi kurumlara devam edebilseydi okul sistemimiz nasıl olurdu?

Benden daha büyük (görünür bir şekilde daha akıllı) ve daha küçük (görünür bir şekilde daha bağımlı) olan kardeşlerim arasında oturduğum bir aile fotoğrafım var. Fotoğrafta elimde ahşap bir oyuncak gemiyle ağzım kulaklarımda gülümsüyorum. "Bakın ne kadar harika bir çocuğum ve bakın ne kadar harika bir gemim var! Gelip benimle oynamak istemez misin?" Hepimizin, özellikle de çocukların –başkalarının bildiği, onayladığı ve bizi mutlu eden– böyle bir güvene ihtiyacı vardır. Bu olmadan kendimizi öne sürebileceğimiz bir benlik duygusu gelişemez. "İnandığım şey bu; savunduğum şey bu; kendimi adayacağım şey bu." Bizi seven kişilerin kalplerinde ve akıllarında olduğumuzu bildiğimiz sürece dağları tırmanıp, çölleri aşarız, projeleri bitirmek için gecelerce uyanık kalırız. Çocuklar ve yetişkinler güvendikleri, görüşlerine değer verdikleri kişiler için her şeyi yaparlar.

Ancak kendimizi terk edilmiş, değersiz, görülmez hissettiğimizde hiçbir şey umrumuzda olmaz. Bu korku, merak ve canlılığa zarar verir. Sağlıklı bir toplum olabilmek için güvenli bir şekilde oyun oynayabilen ve öğrenebilen çocuklar yetiştirmeliyiz. Merak olmadan büyüme olmaz, keşfetmeyi öğrenmeden uyum sağlanamaz, deneme yanılma yoluyla kimliğinizi ve sizin için önemli olan şeyleri keşfedersiniz. Head Start kurumundan hizmet alan çocukların yüzde 50'sinden fazlasının ACE çalışmasında belirtilen üç ya da daha fazla ciddi çocukluk dönemi deneyimleri vardır: Hapse atılmış aile üyeleri, depresyon, şiddet, istismar, evde uyuşturucu kullanımı ya da belirli dönem evsiz kalmak.

Kendini güvende hisseden ve diğerleriyle anlamlı ilişkiler kuran bireyler, yaşamlarını uyuşturucu kullanarak ya da televizyon karşısında boş boş oturarak mahvetmezler; kendilerini karbohidratla doldurmazlar ya da diğer insanlara saldırmazlar. Ancak, yaptıkları şeyler hiçbir farklılık meydana getirmiyorsa, kendilerini kapana sıkışmış hissederler ve ilaçların, çete liderlerinin, radikal dinlerin ya da şiddete dayalı politik hareketlerin – kendilerini rahatlatacak herhangi bir şey ya da herhangi birinin– tuzağına düşerler. ACE çalışmasının da gösterdiği gibi çocuk istismarı ve ihmali, ruhsal hastalıkların en önemli önlenebilir nedenidir; ayrıca uyuşturucu ve alkol kullanımının da en önemli nedenlerindendir ve diyabet, kalp hastalığı, kanser, felç ve intihar gibi şeylerin nedenlerinin de başında gelmektedir.

Meslektaşlarımla birlikte çalışmalarımızın büyük çoğunluğu, travmanın en büyük etkisinin görüldüğü alanlar üzerindedir: Çocuklar ve ergenler. 2001 yılında Ulusal Çocuk Travmatik Stres Ağı'nı kurmak için bir araya geldiğimizden bu ya da ulus çapında 150'den fazla merkez iş birliği ağına dâhil oldu, her biri okullarda, çocuk mahkemeleri sisteminde, çocuk sağlık merkezlerinde, evsizler barınağında, askeri tesislerde ve yatılı grup evlerinde programlar oluşturdular.

Travma Merkezi, NCTSN'nin Tedavi Geliştirme ve Değerlendirme alanlarından biridir. Meslektaşlarım Joe Spinazzola, Margaret Blaustein ile birlikte, Hartfort, Chicago, Houston, San Francisco, Anchorage, Los Angeles ve NewYork'un da desteğiyle çocuklar ve ergenler için geliştirdiğimiz ayrıntılı program, artık uygulanmaktadır. Ekibimiz, her iki yılda bir, yerel bağlantılara güvenerek enerjik, açık ve saygı duyulan kurumlarla çalışmak üzere ülkenin belirli bir bölgesini seçiyor; bunlar daha sonra tedavi yayılımı için yeni alanlar oluyorlar. Örneğin, iki yıllık bir dönemde, Missoula, Montana'daki meslektaşlarımla ortak çalışmalar yürüterek Blackfoot Kızılderili bölgeleri için kültürel olarak duyarlı travma programları geliştirdik.

Travma yaşamış, istismara uğramış ve ihmal edilmiş çocuklar için en büyük umut, görüldükleri, tanındıkları, kendilerini düzene sokabildikleri ve benlik algılarını geliştirebildikleri okullarda eğitim almalarıdır. En iyi ihtimalle, okullar, bu karmaşık dünya içinde bir güvenlik adası olarak işlev gösterebilirler. Çocuklara beyinlerinin ve bedenlerinin nasıl çalıştığını, duygularını nasıl anlayabileceklerini ve bunlarla nasıl baş edebileceklerini öğretebilirler. Okullar aynı zamanda, komşuların ya da ailelerin travmalarıyla başa çıkmada gerekli olan hızlı iyileşme gücünü oluşturmada önemli bir rol oynayabilir. Anne babalar, ailelerini geçindirmek için iki işte çalışmaya mecbur kalıyorsa ya da çocuklarının ihtiyaçlarını karşılayamayacak kadar zarar görmüş, depresif, ezilmiş durumdaysa okullar, çocuklara öz liderlik ve içsel kontrol durumunu öğretebilecek yerler olmalıdır.

Ekibimiz bir okula gittiğinde, öğretmenlerin ilk tepkisi genelde "Bir sosyal çalışma uzmanı olsaydım eğer, önce sosyal çalışma alanında eğitim alırdım. Ama ben buraya öğretmenlik yapmak için geldim." şeklinde oluyor. Pek çoğu zor yolu öğrenmiş, alarm çanları sürekli çalan öğrencilerle dolu sınıflarda hiçbir şey öğretemiyorlar. En fedakâr öğretmenler ve okul sistemleri bile pek çok çocuğun öğrenmelerini engelleyecek şekilde travma yaşıyor olması karşısında öfkeleniyor ve etkisiz kalıyor. Sınavlardan yüksek notlar almaları, öğretmenler, bu öğrencilerin davranış problemlerini etkili bir şekilde ele almadığı sürece hiçbir değişiklik yaratmayacaktır. İyi haber ise travma odaklı müdahalelerin temel ilkelerinin pek çoğunun günlük rutinlere uyarlanabilmesi ve bir okulun kültürünü tamamıyla değiştirebilecek yaklaşımlar olmasıdır.

Pek çok öğretmen, ihmal edilmiş ve istismara uğramış çocuğun alışılagelmiş biçimde herhangi bir sapmayı tehlike olarak gördüğünü ve uç noktalardaki tepkilerinin travmatik stresten kaynaklandığını öğrendiğinde şaşırıyor. Kurallara karşı gelen çocuklar sözlü kınama ve hatta uzaklaştırma cezası almaktadır; bu uygulama Amerikan okullarında oldukça yaygındır. Öğretmenlerin bakış açıları, bu çocukların rahatsız edici davranışlarının, sıkıntılarını öfkeyle dile getirebilme biçimi olduğunu ve hayatta kalabilmek için yanlış çabalar gösterdiklerini fark ettiğinde değişmeye başlıyor.

Her şeyden ötesi, diğer insanların yanında güvende hissedebilmek, ruh sağlığını tanımlamaktadır; güvenli bağlar, anlamlı ve tatminkâr bir hayatın temelini oluşturmaktadır. Sınıf ortamındaki en önemli zorluk, karşılıklı davranışı geliştirebilmektir. Gerçekten duymak ve duyulmak; gerçekten görmek ve başkaları tarafından görülmek. Okuldaki herkese –memurlara, müdürlere, servis şoförlerine, öğretmenlere, kantin çalışanlarına– travmanın çocuklar üzerindeki etkisini tanımayı ve anlamayı öğretmeye güvenlik, öngörülebilirlik, tanınma ve görülmeyi geliştirmenin önemi üzerine odaklanmaya çalışıyoruz. Öğrencilere her sabah isimleriyle hitap edilmesi gerektiğini ve öğretmenlerin her biriyle her gün yüz yüze iletişim kurması gerektiğini vurguluyoruz. Tıpkı atölye çalışmalarımızda, grup çalışmalarımızda ve tiyatro programlarımızda olduğu gibi güne girişle başlıyoruz. Herkesin aklında neler olduğunu paylaşması için zaman ayırıyoruz.

Birlikte çalıştığımız çocukların büyük çoğunluğu, sürekli olarak kendilerine bağıran, komutlar veren, somurtan ya da kulaklarını tıkayan yetişkinlere alışkın oldukları için sözlü olarak iletişime geçmekte zorlanıyorlar. İlk adımlarımızdan biri öğretmenlerin, duygular hakkında konuşurken, beklentileri ifade ederken ya da yardım isterken yeni yollarla model olmaları için yardım etmektir. Öfke nöbeti geçiren bir çocuğa "Dur!" diye bağırmak ya da köşede tek başına oturtmak yerine, öğretmenlerin durumu fark ederek "Ne kadar üzgün olduğunu görüyorum." gibi ifadelerle çocuğun durumunu adlandırmalarını, "Güvenli bir noktaya gitmek ister misin ya da yanıma oturmak?" gibi ifadelerle seçenek sunmalarını, duygularını tanımlayacak kelimeler bulmalarına yardım etmelerini ve "Okuldan sonra eve gittiğinde ne olacak?" gibi sorularla seslerini bulmaları konusunda onları cesaretlendiriyoruz. Bir çocuğun doğruları söylemenin güvenli olduğunu anlaması aylar sürebilir (çünkü hiçbir zaman evrensel olarak güvenli olmayacaktır) ancak tıpkı yetişkinlerde olduğu gibi çocuklar için de bir deneyimin gerçekliğini tanımlamak travmadan kurtulmak için esastır.

Pek çok okulda, öfke nöbeti geçiren, saldırgan davranışlar gösteren çocukların – bunların hepsi travmatik stresin belirtileri arasındadır– cezalandırılması standart bir uygulamadır. Böyle olduğunda, okul güvenli bir sığınak olmaktan öte başka bir travmanın tetikleyicisi hâline gelmektedir. Öfkeli çatışmalar ve ceza, en iyi hâliyle geçici olarak istenmeyen davranışları söndürebilir ancak altta yatan alarm sistemi ve stres hormonları yatışmaz, bir sonraki kışkırtma karşısında yine patlamaya hazırdırlar.

Bu tür durumlarda, ilk adım olarak çocuğun üzgün olduğunu kabul etmek gerekir; daha sonra öğretmen çocuğu sakinleştirmeli; olayın sebebini araştırmalı ve olası çözümler üzerine konuşmalıdır. Örneğin birinci sınıfta olan bir çocuk öğretmenine vurduğunda ve etrafa bir şeyler fırlattığında öğretmenden, nazik bir şekilde çocukla konuşurken net sınırlar çizmesini istiyoruz: "Sakinleşmen için sana bir battaniye sarayım mı?" (Çocuk önce "Hayır!" diye bağırır ancak daha sonra battaniyenin altına kıvrılarak sakinleşir.) Tahmin edilebilirlik ve beklentilerin netliği önemlidir; süreklilik temeldir. Karmaşık bir geçmişi olan çocukların, insanların birbirleriyle nasıl etkili bir şekilde çalışabilecekleri konusunda hiçbir fikri yoktur ve tutarsızlık daha fazla karmaşaya yol açar. Travma konusunda duyarlı öğretmenler, kısa bir süre sonra yaramaz bir çocuğun anne babasını çağırmanın dayak ya da daha fazla travma ile sonuçlandığını görmektedir.

Tüm bu çabaları gösterirken amacımız beyin bilimini günlük uygulamaların içine aktarabilmektir. Örneğin kendi sorumluluğumuzu alacak kadar sakinleşmek, içsel hislerimizi bildiren beyin alanlarını harekete geçirmeyi gerektirmektedir, bunun örneğini bölüm 4'te kendini gözlemleme gözetleme kulesi tartışmasında ele almıştık. Bu durumda öğretmen şöyle diyebilir: "Derin bir nefes alalım mı ya da nefes alıp verme yıldızını kullanalım?" (Bu dosyalardan yapılan renkli bir nefes alıp verme etkinliğidir.) Diğer bir seçenek de çocuğu bir battaniyeye sarılmış bir şekilde köşeye oturtmak ve kulaklıkla rahatlatıcı müzikler dinletmektir. Güvenli alanlar, uyarıcı duyusal farkındalık sağlayarak çocukların sakinleşmesine yardımcı olur: çuval bezinin ya da kadifenin dokusu; yumuşak fırça ve esnek oyuncaklarla dolu kutular. Çocuk yeniden konuşmaya hazır olduğunda, gruba yeniden katılmadan önce neler olup bittiğini anlatması için cesaretlendirilir.

Üç yaşındaki küçük çocuklar, sabun baloncukları üfleyebilir ve dakikada altı kez nefes alıp verdiklerinde ve nefes verirken üst dudaklarının üzerinden nefeslerini hissetmeye odaklandıklarında daha sakin ve odaklanmış hissederler. Ergenlik dönemine yakın çocuklarla çalışan yoga hocası ekibimiz, çocuklara bedenleriyle "dost olmayı" ve rahatsız edici fiziksel duyularla başetmeyi öğretmektedirler. Gençler arasındaki uyuşturucu alışkanlığının temel nedenlerinden biri de korku, öfke ve çaresizlik gibi fiziksel duyulara katlanamamalarıdır.

Öz düzenleme, aşırı heyecan ile hareketsizlik döngüsü arasında gidip gelen pek çok çocuğa öğretilebilir. Okuma, yazma ve aritmetiğe ek olarak tüm çocuklar, öz farkındalık, öz düzenleme ve iletişim becerilerini de müfredatın bir parçası olarak öğrenmelidir. Tıpkı tarih ve coğrafya öğrettiğimiz gibi çocuklara beyinlerinin ve bedenlerinin de nasıl çalıştığını öğretmeliyiz. Yetişkinler ve benzer şekilde çocuklar için de kendinin farkında olmak iç dünyamıza aşina olmayı ve bizi korkutan, üzen, mutlu eden şeyleri fark etmemizi gerektirir.

Duygusal zekâ, kendi duygularımızı sınıflandırmakla ve etrafımızdaki insanların duygularına uyum göstermekle başlar. Çok basit bir şekilde başlarız: Aynalarla. Aynaya bakmak, çocuklara üzgün, kızgın, sıkkın ya da kırgın olduklarında nasıl olduklarını görmelerini sağlar. Daha sonra çocuklara sorarız "Böyle bir yüz gördüğünde nasıl hissedersin?" Onlara beyinlerinin nasıl oluştuğunu, hangi duyguların ne için olduğunu, bedenlerinde nerede kayıtlı olduklarını, etraflarındaki insanlarla duygularıyla nasıl iletişim kurabileceklerini öğretiriz. Yüz kaslarının hisleri hakkında ipucu verdiğini öğrenirler ve ardından yüz ifadelerinin diğer insanları nasıl etkilediği konusunda çalışmalar yaparız.

Ayrıca fiziksel duyularını tanımayı ve isimlendirmeyi öğreterek beynin gözetleme kulesini de güçlendiriyoruz. Örneğin, göğüsleri daraldığında, bu gergin oldukları anlamına gelmektedir; nefes alış verişleri yavaşlar ve gergin hissederler. Öfke nasıldır ve bedenlerindeki bu duyuyu değiştirmek için ne yapabilirler? Derin bir nefes aldıklarında, ip atladıklarında ya da bir kum torbasını yumrukladıklarında ne olur? Çocuklara, öğretmenlere ve diğer bakım sağlayan kişilere, duygusal tepkilerin sorumluluğunu almanın yollarını göstermeye çalışırız.

Karşılıklı davranışı desteklemek için güvenli kişiler arası iletişimin temeli olan diğer aynalama alıştırmalarını kullanırız. Çocuklar karşısındaki kişinin yüz ifadelerini taklit eder. Daha sonra hareketleri ve sesleri taklit etmeye başlarlar ve ardından ayağa kalkıp uyumlu bir şekilde hareket ederler. İyi oynayabilmek için birbirlerini gerçekten görmeleri ve duymaları gereklidir. Tıpkı Deve Cüce oyununda olduğu gibi kıkırdamalar ve gülüşmelerle devam eder. Bu da güvenliğin ve rahatlamanın işaretidir. Gençler, bu tür "aptalca oyunlara" ayak direr, anlayışlı bir şekilde başımızla onaylarız ve "yardımlarına ihtiyaç duyan" küçük çocuklara oyunları anlatmak için onların yardımını isteriz.

Öğretmenler ve liderler, bir etkinliğin, tıpkı plaj topunda olduğu gibi topu mümkün olduğunca havada tutmak kadar basit olduğunu öğrendiklerinde gruplar, daha odaklanmış, uyumlu ve keyifli olurlar. Bunlar maliyetsiz müdahalelerdir. Bazı okullar daha büyük çocuklar için iki yüz dolardan daha az maliyeti olan çalışma istasyonları kurmaktadır, burada çocuklar, tıpkı bizim kliniğimizde de olduğu gibi odaklanmalarını ve kalp atım hızı değişkenlerini (KHD) geliştirmelerini (Bölüm 16'da ele alınmıştı) sağlayan bilgisayar oyunları oynayabilir.

Çocuklar gibi yetişkinler de yeteneklerinin üst noktalarında çalışmanın ne kadar ödüllendirici olduğunu deneyimleme ihtiyacındadırlar. Çabuk iyileşme gücü, benliğin bir ürünüdür. Yaptığınız şeyin bir değişim yaratabileceğini bilmek. Pek çoğumuz, takım sporları yapmanın, koroda şarkı söylemenin nasıl hissettirdiğini biliriz, özellikle de bize inanan, başarmamız için bizi zorlayan ve düşündüğümüzden daha iyisini yapabileceğimizi söyleyen koçlarımız ya da direktörlerimiz olduysa. Ulaştığımız çocukların böyle bir deneyime ihtiyacı vardır.

Atletizm, müzik, dans, tiyatral performansların hepsi benlik ve topluluk duygusunu destekler. Ayrıca çocukları, yeni zorluklara ve alışılmadık rollere sokar. Sanayi sonrası yıkılmış New England'da, dostlarım Carolyn ve Eli Newberger, kökenleri Venezuela'ya dayanan bir orkestra müzik programı olan El Sistema öğretmektedir. Öğrencilerimden bazıları, Boston'un suç oranı yüksek olan bir bölgesinde, okul sonrası programı olarak Brezilya *capoeira* (ç.n. Brezilya'ya özgü bir dövüş sanatı) öğretmektedir ve Travma Merkezindeki meslektaşlarım Travma Drama programına devam etmektedir.

Geçtiğimiz yıl, üç hafta boyunca *Julius Caesar*'dan bir sahne hazırlamaya çalışan iki gence, üç hafta yardım ettim. Efemine ve utangaç bir çocuk, Brutus'u canlandırıyordu ve sınıfın zorbalarından biri tarafından canlandırılan ve af dileyen yıkılmış bir general olan Cassius'u devirmek için tüm gücünü toplamalıydı. Bu sahne, zorba olan çocuğun babasının uyguladığı şiddetten söz etmesi ve kimseye karşı zayıf görünmeme yemini ettiğini anlatmasından sonra ortaya çıkmıştı. (Kabadayı, zorba olan kişilerin çoğu zorbalığa uğramıştır ve kendilerine çaresizliklerini anımsatan çocukları küçük görürler.) Diğer yandan Brutus'un güçlü sesi ancak kendi ailesindeki şiddetle başa çıkabilmek için görünmez olmayı seçtiğini fark ettikten sonra çıkmaya başlamıştı.

Bu yoğun topluluk çabaları, çocukları iş birliği yapmaya, anlaşmaya ve ellerindeki işe odaklanmaya itmektedir. Genelde gerilim yükselir ancak çocuklar, koçlarının, yönetmenlerinin saygısını kazanmak istediğinden ve ekibi hayal kırıklığına uğratmamak için yaptıkları işe bağlı kalırlar. Tüm duygular, istismara maruz kalmanın çaresizliğinin, ihmalin görünmezliğinin ve travmanın sıkıcı yalnızlaştırmasının karşıtıdır.

NCTSN programlarımız da çalışıyor. Çocuklar daha az gergin, duygusal olarak daha az tepkisel ve daha az saldırgan ya da içine kapalı hâle geldiler; birbirleriyle daha iyi anlaşıyorlar ve okul performansları gelişiyor; dikkat eksikliği, hiperaktivite ve "karşıt olma-karşı gelme" problemleri azalıyor ve anne babaları çocukların uyku düzenlerinin daha iyi olduğunu söylüyor. Hâlâ başlarına korkunç şeyler geliyor ya da etraflarında kötü şeyler olmaya devam ediyor ama artık bu olaylar hakkında konuşabiliyorlar; ihtiyaçları olan yardımı arayacakları kaynakları ve güveni oluşturdular. Doğal iş birliği kaynaklarımızdan ve doğuştan gelen güvenlik, karşılıklı davranış ve hayal gücü tepkilerimizden yararlanırsak müdahaleler başarılı olmaktadır.

Travma, bizi, sürekli olarak kırılganlıklarımızla ve bir insanın başka birine karşı acımasızlığıyla karşı karşıya getirir ama olağanüstü iyileşme gücümüz vardır. Ben bu işi uzun zamandır yapıyorum çünkü bu, beni neşe, yaratıcılık, anlam ve bağlam kaynaklarımızı keşfetmeye itti. Tüm bunlar hayatı yaşamaya değer kılan şeylerdir. Hastalarımın katlandıkları şeylerle nasıl mücadele ettiklerini düşünmeden edemiyorum ve belirtilerini, hayatta kalmak için geliştirdikleri birer beceri olarak görüyorum. Ve çektikleri onca şeye rağmen, pek çoğu sevilen eşler, anne babalar, örnek öğretmenler, hemşireler, bilim adamları ve sanatçılar olmayı sürdürüyorlar.

Sosyal değişimin en büyük örneklerinin travmayla ilgili çok iyi kişisel bilgileri vardır. Oprah Winfrey, Maya Angelou, Nelson Mandela, ve Elie Wiesel akla geliyor. İleriyi gören kişilerin yaşam öykülerini okuyun, içgörülerinin ve tutkularının yıkımlardan doğduğunu göreceksiniz.

Aynı şey toplumlar için de geçerlidir. En etkili ilerlemeler travma deneyimlerinden sonra ortaya çıkmıştır. Sivil Savaş'tan köleliğin kaldırılması, Büyük Depresyon'a tepki olarak Sosyal Güvenliğin ortaya çıkması, II. Dünya Savaşı'ndan sonra büyük ve zengin orta sınıfın ortaya çıkmasını sağlayan GI Bill. Travma artık günümüzün en önemli sağlık sorunlarından biridir ve buna etkili bir şekilde tepki verebilecek bilgilere sahibiz. Bildiklerimizi uygulamak kendi seçimlerimizdir.

TEŞEKKÜR

Bu kitap, insanların travmatik deneyimlerle nasıl baş edebildiklerini ve nasıl hayatta kaldıklarını, nasıl iyileştiklerini anlamaya çalıştığım otuz yılın bir ürünüdür. Otuz yıl travma yaşayan erkekler, kadınlar ve çocuklarla çalışma, meslektaşlarımla ve öğrencilerimle yaptığım sayısız tartışma, zihnin beynin ve bedenin, yıkıcı deneyimlerle başa çıkabilme becerileriyle ilgili gelişmekte olan bilim dünyasına katılım. Şimdi size, bu kitabı düzenlememde ve sonunda yayınlamamda bana yardım eden kişilerden bahsederek başlamak istiyorum. Kitabın kapsamı, düzenlemesi ve özel içerikleri konusunda iki yıl boyunca hemen hemen her gün defalarca konuştuğum editörüm Toni Burbank. Toni, gerçekten bu kitabın ne hakkında olduğunu anladı ve bu da kitabın biçimi ve varlığını tanımlamada önemli bir noktada yer aldı.

Temsilcim Brettne Bloom, bu çalışmanın önemini kavrayarak, Viking ile ona bir yuva buldu, kritik noktalarda önemli destekler sağladı. Viking'deki editörüm Rick Kot, çok değerli geri bildirimler sunarak editöryal rehberlik etti.

Travma Merkezindeki meslektaşlarım ve öğrencilerim, bu çalışma için alan, laboratuvar ve destek sağladı. Ayrıca, otuz yıldır çalışmalarımızın ciddi gerçekliğinin birer anımsatıcısı olmayı sürdürmektedirler. Hepsinin ismini sayamam ancak Joseph Spinazzola, Margaret Blaustein, Roslin Moore, Richard Jacobs, Liz Warner, Wendy D'Andrea, Jim Hopper, Fran Grossman, Alex Cook, Marla Zucker, Kevin Becker, David Emerson, Steve Gross, Dana Moore, Robert Macy, Liz Rice- Smith, Patty Levin, Nina Murray, Mark Gapen, Carrie Pekor, Debbie Korn, and Betta de Boer van der Kolk çok değerli katkılarda bulundular. Ve elbette Justice Resource Enstitüsünden Susan Wayne ve Andy Pond'u da unutamam.

Travmatik stresi anlamamda ve araştırmamda en önemli eşlikçilerim ve rehberlerim ise Alexander McFarlane, Onno van der Hart, Ruth Lanius and Paul Frewen, Rachel Yehuda, Stephen Porges, Glenn Saxe, Jaak Panksepp, Janet Osterman, Julian Ford, Brad Stolback, Frank Putnam, Bruce Perry, Judith Herman, Robert Pynoos, Berthold Gersons, Ellert Nijenhuis, Annette Streeck-Fisher, Marylene Cloitre, Dan Siegel, Eli Newberger, Vincent Felitti, Robert Anda ve Martin Teicher'in yanı sıra bana bağlanmayı öğreten meslektaşlarım Edward Tronick, Karlen Lyons-Ruth, ve Beatrice Beebe olmuştur.

Peter Levine, Pat Ogden ve Al Pesso 1994'te travmatik streste bedenin önemi üzerine yazımı okumuş ve ardından bana beden konusunu öğretmeye karar verdiler. Onlardan hâlâ bir şeyler öğreniyorum ve bu öğrenme o günden bu yana yoga ve meditasyon hocaları Stephen Cope, Jon Kabat-Zinn ve Jack Kornfield'in destekleriyle genişledi.

Sebern Fisher, bana Neurofeedback'i öğretti. Ed Hamlin ve Larry Hirshberg daha sonra bu anlayışı geliştirmemde destek oldu. Richard Schwartz içsel aile sistemleri (İAS) terapisini öğretti ve İAS ile ilgili bölümü yazmamda yardımcı oldu. Kippy Dewey ve Cissa Campion beni tiyatroyla tanıştırdı, Tina Packer bunu nasıl yapabileceğimi öğretti ve Andrew Borthwick-Leslie önemli ayrıntıları sağladı.

Adam Cummings, Amy Sullivan, ve Susan Miller, vazgeçilmez destekler sağladı, öyle ki bu kitaptaki pek çok proje onlar olmasaydı tamamlanamazdı.

Licia Sky, bu kitabı yazmaya odaklanmam için gerekli ortamı sağladı; her bir bölümle ilgili değer biçilemez geribildirimlerde bulundu; pek çok illüstrasyonda sanatsal yeteneğini konuşturdu ve bedensel farkındalık ve klinik olgu malzemeleri bölümlerinde yardımcı oldu. Güvenilir sekreterim Angela Lin, birçok krizi yönetti ve geminin tam hız yol almasını sağladı. Ed ve Edith Schonberg, fırtınalarda sığınacak liman oldular; Barry ve Lorrie Goldensohn, edebi eleştirileri ve verdikleri ilhamla yanımda durdular ve çocuklarım Hana ve Nicholas, her neslin bir önceki nesle göre çok farklı bir dünyada yaşadığını gösterdi ve her yaşam eşsizdir. Yalnızca genetik, çevre ya da kültürle tanımlanamayan sahibi tarafından gerçekleştirilen yaratıcı bir eylemdir yaşamak.

Son olarak da bu kitabı adadığım ve bana bildiğim her şeyi öğreten hastalarım –keşke hepinizin ismini burada söyleyebilseydim– çünkü benim gerçek kitabım sizlersiniz ve sizler, karşılaşılan güçlükleri göz ardı ederek insanoğlunun anlamlı bir yaşam kurmasını sağlayan yaşam gücünü doğruluyorsunuz.

EK
GELİŞİMSEL TRAVMA BOZUKLUĞU İÇİN OY BİRLİĞİ İLE ÖNERİLEN ÖLÇÜTLER

Gelişimsel Travma Bozukluğu tanısını tanıtmanın amacı, kronik kişiler arası travmaya maruz kalan çocuklar ve ergenlerin klinik görünümlerinin gerçekliğini yakalayarak klinik çalışanların etkili müdahaleler geliştirmelerini ve bunlardan faydalanmalarını sağlamak ve araştırmacıların nörobiyoloji ve kronik kişiler arası şiddetin yayılımını çalışmalarını desteklemektir. TSSB belirtileri göstersinler ya da göstermesinler, devam eden bir tehlike, kötü muamele ve yetersiz bakım sistemleri içinde yetişen çocuklar, var olan tanı sistemiyle yeterince hizmet alamamaktadır, bu durum tanı konmaması, çoklu ilgisiz tanılar, kişiler arası travmayı teşhis etmeden davranış kontrolünü vurgulama, belirtilerin etiyolojisinde güvende olmanın eksikliği ve belirtilerin altında yatan gelişimsel bozuklukların iyileşmesi konusuna dikkat edilmemesine yol açmaktadır.

Gelişimsel Travma Bozukluğu için oy birliği ile önerilen kriterler, 2009 yılında Ulusal Çocuk Travmatik Stres Ağı (NCTSN) tarafından ortaya atılmış ve planlanmıştır. Buna bağlı Görev ekibi, tıp doktoru Bessel A. van der Kolk, tıp doktoru, Dr. Robert S. Pynoos ile birlikte Dr. Dante Cicchetti, Dr. Marylene Cloitre, Dr. Wendy D'Andrea, Dr. Julian D. Ford, Dr. Alicia F. Lieberman, tıp doktoru Frank W. Putnam, tıp doktoru Glenn Saxe, Dr. Joseph Spinazzola, Dr. Bradley

C. Stolbach ve tıp doktoru Martin Teicher'in katılımıyla yönetilmektedir. Oy birliği ile önerilen ölçütler, deneysel literatür, uzman klinik bilgileri, NCTSN klinik uzmanlarının araştırmaları, çeşitli kliniklerden ve NCTSN tedavi merkezleri, devlet çocuk koruma merkezleri, yatan hasta psikiyatri kurumları, çocuk suçları engelleme merkezleri de dâhil olmak üzere çeşitli çocuk servisleri sistemleri ortamlarından elde edilen bilgileri temel almaktadır. Geçerliliği, yaygınlığı, semptom eşiği ve klinik faydaları henüz ileriye dönük veri toplama aşamasında olduğundan, önerilen kriter, burada yazıldığı biçimiyle resmî bir tanı kategorisi olarak DSM'ye dâhil olarak görülmemelidir. Daha çok, karmaşık travmalar sonrasında pek çok çocuk ve ergen tarafından gösterilen önemli klinik belirtileri tanımlamak amaçlıdır. Bu önerilen kriterler, 2009 yılında başlayan ve hâlâ devam eden Gelişimsel Travma Bozukluğu alan çalışmalarına kılavuzluk etmektedir.

GELİŞİMSEL TRAVMA BOZUKLUĞU (GTB) İÇİN OY BİRLİĞİ İLE ÖNERİLEN ÖLÇÜTLER

A. Maruz kalma. Çocuk ya da ergen, çocukluk döneminde ya da ergenliğin başlarında başlayan ve en az bir yıl devam eden uzun ya da çoklu kötü olaylara maruz kalır ya da tanıklık eder, aralarında şunlar yer almaktadır:

A. 1. Tekrar eden ve ciddi kişiler arası şiddeti doğrudan yaşama ya da tanıklık etme ve

A. 2. Temel bakım görevini üstlenen kişinin sürekli değişmesi sonucunda koruyucu bakımda belirgin bozukluklar; temel bakım görevini üstlenen kişiden ayrılma; sürekli ve ciddi duygusal istismara maruz kalma

B. Duygusal ve Fizyolojik Düzensizlik. Çocuk uyarılma düzenlemesiyle ilgili bozuk normatif gelişimsel yeterlilikler sergiler, aşağıda belirtilen durumlardan en az ikisini gösterir:

B. 1. Uç noktadaki duygu durumlarını (örneğin; korku, öfke, utanç) düzenleme, tahammül etme ya da bunlardan kurtulma konusunda yetersizlik, uzun süreli ve uç noktalardaki öfke nöbetleri ya da hareketsizlik de buna dâhildir

B. 2. Bedensel işlevlerin düzenlenmesinde bozukluk (örneğin; uyku, yeme ve çıkarma konusunda sürekli rahatsızlık; seslere, dokunmaya karşı aşırı tepkisellik ya da az tepkisellik; rutin geçişlerde düzensizlik)

B. 3. Azalmış farkındalık /duyuların, duyguların ve bedensel durumların disosiyasyonu

B. 4. Duyguları ya da beden durumlarını anlatmada yetersiz kapasite

C. Dikkat ve Davranış Düzensizliği: Çocuk, uzun süreli dikkat, öğrenme, stresle başa çıkabilme gibi aşağıda belirtilen durumların en az üçüyle ilgili normatif gelişimsel yeterliliklerde sorunlar sergiler:

C. 1. Tehdit ile uğraşıp durma ya da güvenlik ve tehlike ipuçlarını yanlış okumak da dâhil olmak üzere tehdit algılamasında bozulmuş kapasite

C. 2. Uç noktalarda risk almak ya da macera aramak da dâhil kendini koruma kapasitesinde bozukluk

C. 3. Kendini yatıştırmak için uyumsuz çabalar gösterme (örneğin; sallanma ve diğer ritmik hareketler, kompulsif mastürbasyon)

C. 4. Alışkanlığa bağlı (istekli ya da otomatik) ya da tepkisel olarak kendine zarar verme

C. 5. Hedef odaklı davranışları başlatma ve sürdürmede yetersizlik

D. Benlikte ve İlişkilerde Düzensizlik. Çocuk öz kimlik algısı ve ilişkilere katılmada bozuk normatif gelişimsel yeterlilikler gösterir, aşağıda belirtilen durumların en az üçünü sergiler:

D. 1. Bakıcının (erken gelişmiş bakım verme de dâhil) ya da sevdiği diğer kişilerin güvenliği konusunda yoğun kaygı duyma ya da bu kişilerle ayrıldıktan sonra yeniden bir araya gelmeye katlanamama

D. 2. Kendinden iğrenme, çaresizlik, değersizlik, yetersizlik, kusurluluk gibi algıların da eşlik ettiği sürekli olumsuz benlik algısı,

D. 3. Uç noktalarda ve sürekli güvensizlik, meydan okuma ya da yetişkinler ya da yaşıtlarla yakın ilişkilerde karşılık verme eksikliği

D. 4. Akranlara, bakıcılara ya da diğer yetişkinlere karşı tepkisel fiziksel ya da sözlü saldırı

D. 5. Yakın ilişkiler (yalnızca cinsel ya da fiziksel yakınlık anlamında değil) kurma konusunda uygunsuz (abartılı ya da rastgele) davranma ya da güvenlik ve rahatlama için akranlara ve yetişkinlere gereğinden fazla güven duyma

D. 6. Empati kuramama, anlayış göstermeme, başkalarından sıkıldığını gösterme ya da başkalarının yarattığı sıkıntıya aşırı tepkisel davranma durumlarında gördüğümüz gibi empatik uyarılmayı düzenlemede kapasitenin yetersizliği

E. Travma Sonrası Spektrum Belirtileri. Çocuk, B, C ve D bölümlerinde anlatılan belirtilen en az iki ya da üçünü sergiler

F. Rahatsızlık süresinin (GTB ölçütleri, B,C,D ve E belirtileri) en az altı ay sürmesi

G.İşlevsel Bozukluk. Aşağıda belirtilen alanların en az ikisinde görülen bozukluk, klinik olarak belirgin sıkıntılara yol açar

- Eğitim
- Ailevi
- Akran grupları
- Yasal
- Sağlık
- Mesleki (iş, gönüllü çalışma ya da meslek eğitimi arayan ya da önerilen gençleri de kapsar)

B. A. van der Kolk, "Developmental Trauma Disorder: Toward A Rational Diagnosis For ChildrenWith Complex Trauma Histories," Psychiatric Annals, 35, no. 5 (2005): 401-408.

KAYNAKLAR

TRAVMA VE TRAVMA TEDAVİSİYLE İLGİLİ GENEL BİLGİ

- JRI'daki Travma Merkezi. Tıbbi yöneticisi olduğum kurumun web sayfası, burada özel gruplar, çeşitli tedavi yaklaşımları, dersler ve kurslarla ilgili bilgilere yer almaktadır:

  www.traumacenter.org.
- David Baldwin'in Travma Bilgi sayfaları, travmatik stres alanında çalışan klinik uzmanlar ve araştırmacılar için bilgiler içermektedir: http:// www. trauma- pages.com/.
- Ulusal Çocuk Travmatik Stres Ağı (NCTSN). Gençler için etkili tedaviler, travma eğitimi, eğitim ölçekleri; travmayı değerlendiren anne babalar, eğitmenler, hakimler, çocuk koruma sistemleri, askeri personel ve terapistler için ölçekler: http:// www.nctsnet.org/.
- Amerikan Psikoloji Derneği. Travma yaşayan kişiler ve sevdikleri için kaynak rehberi: http:// www.apa.org/ topics/ trauma/.
- Olumsuz Çocukluk Deneyimleri. ACE çalışmalarına ve sonuçlarına bağlı çeşitli web sayfaları: http://acestoohigh.com/got-your-ace-score/; http://www.cdc.gov/violenceprevention/acesstudy/; http://acestudy. org/.
- Hayatta kalanlar ve Bakım sağlayan kişiler için TSSB Kaynakları içindeki armağan: giftfromwithin.org.
- There & Back Again askerlerin sağlığını destekleyen kâr amacı gütmeyen bir kuruluştur. Çatışmalardan çıkan askerler için yeniden uyum destek programları sağlar:

  http://thereandbackagain.org/.

- HelpPRO Terapist Bulucu. Travma ve diğer alanlarda uzman olan belirli yaş grupları ile çalışan, farklı ödeme seçenekleri olan yerel terapistlerin listesini verir: http://www.helppro.com/.
- Sidran Vakfı, travmatik anılar ve travma ile başa çıkma konusunda genel bilgiler verir: www.sidran.org.
- Travmatoloji. Green Cross Travmatoloji akademisi elektronik dergisi, editörü Charles Figley: www.greencross.org/.
- PILOTS Dartmouth'daki travma sonrası stres bozukluğu veri tabanı, TSSB Ulusal Merkez tarafından oluşturulmuştur: http://search.proquest.com/ pilots/? accountid= 28179.

DEVLET KAYNAKLARI

- TSSB Ulusal Merkezi, *PTSD Research Quarterly* ve davranış bilimleri bölümü, klinik nörobilim bölümü, kadın sağlığı bölümü gibi Ulusal Merkez bölümlerine ait linkler bulunmaktadır: http://www.ptsd.va.gov/.
- Adalet Bölümü'nde Suç Kurbanları Ofisi. Amerika Birleşik Devletleri'nde ve diğer ülkelerde suç kurbanları için çeşitli kaynaklar sunmaktadır, eyaletlere ve bölgelere göre listeler, suç kurbanlarına destek sağlayan hibe programlarına ait iletişim kişileri, posta adresleri, telefon numaraları sunan Kurban Destek Fonu Fırsatları Ulusal Rehber de bulunmaktadır: http:// ojp .gov/ ovc/.
- Ruh Sağlığı Ulusal Enstitüsü: http://www.nimh.nih.gov/health/topics/post-traumatic-stress-disorder-ptsd/index.shtml.

ÖZELLİKLE TRAVMA VE ANI KONULARINI ELE ALAN WEB SİTELERİ

- Jim Hopper.com. İyileşmenin aşamaları, anıların düzelmesi, travmayı hatırlama ile ilgili kapsamlı bir literatür kaynağıdır.
- The Recovered Memory Project. Brown Üniversitesinde Ross Cheit tarafından derlenmiş Arşiv: http://www.brown.edu/academics/taubman-center/.

İLAÇ TEDAVİSİ

- TSSB yaşayan savaş gazilerinin ilaç tedavileri hakkında. Boston VA Ayakta Tedavi Kliniği kadrolu psikiyatristi Tıp doktoru Jonathan Shay: http://www.dr-bob.org/tips/ptsd.html. webMD http://www.webmd.com/drugs/condition=1020-post+traumatic+stress+disorderaspx?diseaseid=10200diseasename=post+traumatic+stress+disorder

GENEL TRAVMA ARAŞTIRMASI VE YAYGINLAŞTIRILMASI KONUSUNA ODAKLANMIŞ PROFESYONEL KURUMLAR

- Uluslararası Travmatik Stres Çalışmaları Topluluğu: www.istss.com.
- Avrupa Travmatik Stres Çalışmaları Topluluğu: www.estss.org.
- Uluslararası travma ve Dissosiasyon Çalışmaları Topluluğu (ISSTD): http:// www.isst-d.org/.

BELİRLİ TEDAVİ YÖNTEMLERİ UYGULAYAN PROFESYONEL KURUMLAR

- Uluslararası EMDR Derneği (EMDRIA): http://www.emdria.org/.
- Duyumotor Enstitüsü (kurucusu Pat Ogden): http://www.sensorimotorpsychotherapy.org/home/index.html.
- Somatik deneyimleme (kurucusu Peter Levine): http:// www.traumahealing.com/ somatic- experiencing/ index.html.
- İçsel Aile sistemleri terapisi: http:// www.selfleadership.org/.
- Pesso Boyden sistemi psikomotor terapisi: PBSP.com.

TİYATRO PROGRAMLARI (TRAVMA YAŞAYAN GENÇLER İÇİN ÖRNEK PROGRAMLAR)

- Kentsel Doğaçlama, şiddeti önleme, çatışma çözümü, karar verme aşamalarını öğretmek için doğaçlama tiyatro atölyeleri gerçekleştirmektedir: http://www.urbanimprov.org/.
- Olasılık Projesi. Merkezi NYC'dedir: http://the-possibility-project.org/.
- Shakespeare in the Courts: http://www.shakespeare.org/education/foryouth/shakespeare-courts/.

YOGA VE FARKINDALIK

- http://givebackyoga.org/.
- http://www.kripalu.org/.
- http://www.mindandlife.org/.

OKUMA ÖNERİLERİ

TRAVMATİZE OLMUŞ ÇOCUKLARLA BAŞA ÇIKMA

- Blaustein, Margaret, and Kristine Kinniburgh. *Treating Traumatic Stress in Children and Adolescents: How to Foster Resilience through Attachment, Self-Regulation, and Competency.* New York: Guilford, 2012..
- Hughes, Daniel. *Building the Bonds of Attachment.* New York: Jason Aronson, 2006.
- Perry, Bruce, and Maia Szalavitz. *The Boy Who Was Raised as a Dog: And Other Stories from a Child Psychiatrist's Notebook.* New York: Basic Books, 2006.
- Terr, Lenore. *Too Scared to Cry: Psychic Trauma in Childhood.* Basic Books, 2008.
- Terr, Lenore C. *Working with Children to Heal Interpersonal Trauma: The Power of Play.* Ed., Eliana Gil. New York: Guilford Press, 2011.
- Saxe, Glenn, Heidi Ellis, and Julie Kaplow. *Collaborative Treatment of Traumatized Children and Teens: The Trauma Systems Therapy Approach.* New York: Guilford Press, 2006.
- Lieberman, Alicia, and Patricia van Horn. *Psychotherapy with Infants and Young Children: Repairing the Effects of Stress and Trauma on Early Attachment.* New York: Guilford Press, 2011.

PSİKOTERAPİ

- Siegel, Daniel J. *Mindsight: The New Science of Personal Transformation.* New York: Norton, 2010.

- Fosha D., M. Solomon, and D. J. Siegel. *The Healing Power of Emotion: Affective Neuroscience, Development and Clinical Practice* (Norton Series on Interpersonal Neurobiology). New York: Norton, 2009.
- Siegel, D., and M. Solomon: *Healing Trauma: Attachment, Mind, Body and Brain* (Norton Series on Interpersonal Neurobiology). New York: Norton, 2003.
- Courtois, Christine, and Julian Ford. *Treating Complex Traumatic Stress Disorders (Adults): Scientific Foundations and Therapeutic Models.* New York: Guilford, 2013.
- Herman, Judith. *Trauma and Recovery: The Aftermath of Violence—from Domestic Abuse to Political Terror.* New York: Basic Books, 1992.

TRAVMANIN NÖROBİLİMİ

- Panksepp, Jaak, and Lucy Biven. *The Archaeology of Mind: Neuroevolutionary Origins of Human Emotions* (Norton Series on Interpersonal Neurobiology). New York: Norton, 2012.
- Davidson, Richard, and Sharon Begley. *The Emotional Life of Your Brain: How Its Unique Patterns Affect the Way You Think, Feel, and Live—and How You Can Change Them.* New York: Hachette, 2012.
- Porges, Stephen. *The Polyvagal Theory: Neurophysiological Foundations of Emotions, Attachment, Communication, and Self-regulation* (Norton Series on Interpersonal Neurobiology). New York: Norton, 2011.
- Fogel, Alan. *Body Sense: The Science and Practice of Embodied Self-Awareness* (Norton Series on Interpersonal Neurobiology). New York: Norton, 2009.
- Shore, Allan N. *Affect Regulation and the Origin of the Self: The Neurobiology of Emotional Development.* New York: Psychology Press, 1994.
- Damasio, Antonio R. *The Feeling of What Happens: Body and Emotion in the Making of Consciousness.* Houghton Mifflin Harcourt, 2000.

BEDEN YÖNELİMLİ YAKLAŞIMLAR

- Cozzolino, Louis. *The Neuroscience of Psychotherapy: Healing the Social Brain,* second edition (Norton Series on Interpersonal Neurobiology). New York: Norton, 2010.
- Ogden, Pat, and Kekuni Minton. *Trauma and the Body: A Sensorimotor Approach to Psychotherapy* (Norton Series on Interpersonal Neurobiology). New York: Norton, 2008.
- Levine, Peter A. *In an Unspoken Voice: How the Body Releases Trauma and Restores Goodness.* Berkeley: North Atlantic, 2010.

- Levine, Peter A., and Ann Frederic. *Waking the Tiger: Healing Trauma.* Berkeley: North Atlantic, 2012
- Curran, Linda. *101 Trauma-Informed Interventions: Activities, Exercises and Assignments to Move the Client and Therapy Forward.* PESI, 2013.

EMDR

- Parnell, Laura. *Attachment-Focused EMDR: Healing Relational Trauma.* New York: Norton, 2013.
- Shapiro, Francine. *Getting Past Your Past: Take Control of Your Life with Self-Help Techniques from EMDR Therapy.* Emmaus, PA: Rodale, 2012.
- Shapiro, Francine, and Margot Silk Forrest. *EMDR: The Breakthrough "Eye Movement" Therapy for Overcoming Anxiety, Stress, and Trauma.* New York: Basic Books, 2004.

DİSOSİYASYONLA ÇALIŞMAK

- Schwartz, Richard C. *Internal Family Systems Therapy* (The Guilford Family Therapy Series). New York: Guilford, 1997.
- O. van der Hart, E. R. Nijenhuis, and F. Steele. *The Haunted Self: Structural Dissociation and the Treatment of Chronic Traumatization.* New York: Norton, 2006.

ÇİFTLER

- Gottman, John. *The Science of Trust: Emotional Attunement for Couples.* New York: Norton, 2011.

YOGA

- Emerson, David, and Elizabeth Hopper. *Overcoming Trauma through Yoga: Reclaiming Your Body.* Berkeley: North Atlantic, 2012.
- Cope, Stephen. *Yoga and the Quest for the True Self.* New York: Bantam Books, 1999.

NEUROFEEDBACK

- Fisher, Sebern. *Neurofeedback in the Treatment of Developmental Trauma: Calming the Fear-Driven Brain.* New York: Norton, 2014.
- Demos, John N. *Getting Started with Neurofeedback.* New York: Norton, 2005.
- Evans, James R. *Handbook of Neurofeedback: Dynamics and Clinical Applications.* CRC Press, 2013.

TRAVMANIN BEDENSEL ETKİLERİ

- Mate, Gabor. *When the Body Says No: Understanding the Stress-Disease Connection.* New York: Random House, 2011.
- Sapolsky, Robert. *Why Zebras Don't Get Ulcers: The Acclaimed Guide to Stress, Stress-Related Diseases, and Coping.* New York: Macmillan 2004.

MEDİTASYON VE FARKINDALIK

- Zinn, Jon Kabat and Thich Nat Hanh. *Full Catastrophe Living: Using the Wisdom of Your Body and Mind to Face Stress, Pain, and Illness,* revised edition. New York: Random House, 2009.
- Kornfield, Jack. *A Path with Heart: A Guide Through the Perils and Promises of Spiritual Life.* New York: Random House, 2009.
- Goldstein, Joseph, and Jack Kornfield. *Seeking the Heart of Wisdom: The Path of Insight Meditation.* Boston: Shambhala Publications, 2001.

PSİKOMOTOR TERAPİ

- Pesso, Albert, and John S. Crandell. *Moving Psychotherapy: Theory and Application of Pesso System-Psychomotor Therapy.* Northampton, MA: Brookline Books, 1991.
- Pesso, Albert. *Experience in Action: A Psychomotor Psychology.* New York: New York University Press, 1969.

NOTLAR

1. V. Felitti, ve ark. "Relationship of Childhood Abuse and Household Dysfunction to Many of the Leading Causes of Death in Adults: The Adverse Childhood Experiences (ACE) Study." *American Journal of Preventive Medicine* 14, no. 4 (1998): 245– 58.

BÖLÜM 1: VİETNAM SAVAŞ GAZİLERİNDEN DERSLER

1. A. Kardiner, *The Traumatic Neuroses of War* (New York: P. Hoeber, 1941). Daha sonrasında savaş travmasıyla ilgili pek çok metnin Birinci ve İkinci Dünya Savaşları sırasında yayınlandığını keşfetim ancak Abram Kardiner'in 1947 yılında yazdığı gibi: "Savaşa bağlı nevrotik rahatsızlıkların birçoğu son 25 yıldır, kamu yararı ve psikiyatrik heves içinde değişkenliğe neden olmuştur."
2. Adı geçen eser (a.g.e), s. 7.
3. B. A. van der Kolk, "Adolescent Vulnerability to Post Traumatic Stress Disorder," *Psychiatry* 48 (1985): 365– 70.
4. S. A. Haley, "When the Patient Reports Atrocities: Specific Treatment Considerations of the Vietnam Veteran," *Archives of General Psychiatry* 30 (1974): 191– 96.
5. E. Hartmann, B. A. van der Kolk, and M. Olfield, "A Preliminary Study of the Personality of the Nightmare Sufferer," *American Journal of Psychiatry* 138 (1981): 794– 97; B. A. van der Kolk, ve ark., "Nightmares and Trauma: Life- long and Traumatic Nightmares in Veterans," *American Journal of Psychiatry* 141 (1984): 187– 90.
6. B. A. van der Kolk and C. Ducey, "The Psychological Processing of Traumatic Experience: Rorschach Patterns in PTSD," *Journal of Traumatic Stress* 2 (1989): 259– 74.

7. Normal anıların aksine travmatik anılar, şimdiki zamanda devam eden parçalanmış duyular, duygular, tepkiler ve görüntüler gibidir. Dori Laub and Nanette C.Auerhahn'ın Yale'deki Soykırım anıları ve ayrıca Lawrence L. Langer'ın kitabı *Holocaust Testimonies: The Ruins of Memory,* ve en önemlisi, Pierre Janet'in 1889, 1893, ve 1905 yılındaki travmatik anıların doğası tanımları gördüklerimizi düzenlememize yardımcı olmuştur. Bu çalışma hafızayı ele aldığımız bölümde ayrıntılı olarak ele alınacaktır.
8. D. J. Henderson, "Ensest," bölümü *Comprehensive Textbook of Psychiatry,* eds. A. M. Freedman ve H. I. Kaplan, 2nd ed. (Baltimore: Williams & Wilkins, 1974), 1536.
9. a.g.e.
10. K. H. Seal, ve ark "Bringing the War Back Home: Mental Health Disorders Among 103,788 Irak ve Afganistan Savaşı'ndan dönen savaş gazileri A.B.D Veterans Affairs Facilities Departmanında görülmüştür," *Archives of Internal Medicine* 167, no. 5 (2007): 476–82; C. W. Hoge, J. L. Auchterlonie, and C. S. Milliken, "Mental Health Problems, Use of Mental Health Services, and Attrition from Military Service After Returning from Deployment to Iraq or Afghanistan," *Journal of the American Medical Association* 295, no. 9 (2006): 1023– 32.
11. D. G. Kilpatrick and B. E. Saunders, *Prevalence and Consequences of Child Victimization:Results from the National Survey of Adolescents: Final Report* (Charleston, SC: Ulusal Suç Mağdurları Araştırma ve Tedavi Merkezi, Güney Carolina Tıp Fakültesi, Psikiyatri ve Davranış Bilimleri, 1997).
12. A.B.D Sağlık ve İnsanlı İlişkiler Bakanlığı Çocuklar, Gençler ve Aileler, *Child Maltreatment 2007,* 2009. Ayrıca bk. ABD Sağlık ve İnsanlı İlişkiler Bakanlığı Çocuklar, Gençler ve Aileler Bölümü Çocuk Bürosu, *Child Maltreatment 2010,* 2011.

BÖLÜM 2: ZİHİN VE BEYİN ANLAYIŞINDAKİ DEVRİMLER

1. G. Ross Baker ve ark., "The Canadian Adverse Events Study: The Incidence of Adverse Events Among Hospital Patients in Canada," *Canadian Medical Association Journal* 170, no. 11 (2004): 1678– 86; A. C. McFarlane ve ark., "Posttraumatic Stress Disorder in a General Psychiatric Inpatient Population," *Journal of Traumatic Stress* 14, no. 4 (2001): 633– 45; Kim T. Mueser, ve ark., "Trauma and Posttraumatic Stress Disorder in Severe Mental Illness," *Journal of Consulting and Clinical Psychology* 66, no. 3 (1998): 493; Ulusal Travma Konsorsiyumu, www.national traumaconsortium.org.
2. E. Bleuler, *Dementia Praecox or the Group of Schizophrenias,* çeviri. J. Zinkin (Washington, DC: International Universities Press, 1950), s. 227.
3. L. Grinspoon, J. Ewalt, and R. I. Shader, "Psychotherapy and Pharmacotherapy in Chronic Schizophrenia," *American Journal of Psychiatry* 124, no. 12 (1968): 1645–52. Ayrıca bk. L. Grinspoon, J. Ewalt, and R. I. Shader, *Schizophrenia: Psychotherapy and Pharmacotherapy* (Baltimore: Williams and Wilkins, 1972).

4. T. R. Insel, "Neuroscience: Shining Light on Depression," *Science* 317, no. 5839 (2007): 757– 58. Ayrıca bk. C. M. France, P. H. Lysaker, and R. P. Robinson, "The 'Chemical Imbalance' Explanation for Depression: Origins, Lay Endorsement, and Clinical Implications," *Professional Psychology: Research and Practice* 38 (2007): 411– 20.
5. B. J. Deacon, and J. J. Lickel, "On the Brain Disease Model of Mental Disorders," *Behavior Therapist* 32, no. 6 (2009).
6. J. O. Cole, ve ark., "Drug Trials in Persistent Dyskinesia (Clozapine)," in *Tardive Dyskinesia, Research and Treatment*, ed. R. C. Smith, J. M. Davis, and W. E. Fahn (New York: Plenum, 1979).
7. E. F. Torrey, *Out of the Shadows: Confronting America's Mental Illness Crisis* (New York: John Wiley & Sons, 1997). Bununla birlikte, Başkan Kennedy'nin 1963 yılında çıkardığı ve federal hükümetlerin ruh sağlığı harcamalarını üstlendiği ve toplum ruh sağlığı hizmetleri veren hükümetlerin ödüllendirildiği Toplum Ruh Sağlığı Yasası gibi diğer faktörler de eşit derecede etkilidir.
8 Amerikan Psikiyatri Derneği, Terminoloji Komitesi. DSM-III Gözden geçirme Çalışma Grubu. *Diagnostic and Statistical Manual of Mental Disorders* (American Psychiatric Publishing, 1980).
9. S. F. Maier and M. E. Seligman, "Learned Helplessness: Theory and Evidence,"*Journal of Experimental Psychology: General* 105, no. 1 (1976): 3. Ayrıca bk. M. E. Seligman, S.F. Maier, and J. H. Geer, "Alleviation of Learned Helplessness in the Dog," *Journal of Abnormal Psychology* 73, no. 3 (1968): 256; and R. L. Jackson, J. H. Alexander, and S. F. Maier, "Learned Helplessness, Inactivity, and Associative Deficits: Effects of Inescapable Shock on Response Choice Escape Learning," *Journal of Experimental Psychology: Animal Behavior Processes* 6, no. 1 (1980): 1.
10. G. A. Bradshaw and A. N. Schore, "How Elephants Are Opening Doors: Developmental Neuroethology, Attachment and Social Context," *Ethology* 113 (2007):426– 36.
11. D. Mitchell, S. Koleszar, and R. A. Scopatz, "Arousal and T-Maze Choice Behavior in Mice: A Convergent Paradigm for Neophobia Constructs and Optimal Arousal Theory," *Learning and Motivation* 15 (1984): 287– 301. Ayrıca bk. D. Mitchell, E. W. Osborne, and M. W. O'Boyle, "Habituation Under Stress: Shocked Mice Show Nonassociative Learning in a T-maze," *Behavioral and Neural Biology* 43 (1985): 212– 17.
12. B. A. van der Kolk ve ark., "Inescapable Shock, Neurotransmitters and Addiction to Trauma: Towards a Psychobiology of Post Traumatic Stress," *Biological Psychiatry* 20 (1985): 414– 25.
13. C. Hedges, *War Is a Force That Gives Us Meaning* (New York: Random House Digital, 2003).
14. B. A. van der Kolk, "The Compulsion to Repeat Trauma: Revictimization, Attachment and Masochism," *Psychiatric Clinics of North America* 12 (1989): 389– 411.

15. R. L. Solomon, "The Opponent- Process Theory of Acquired Motivation: The Costs of Pleasure and the Benefits of Pain," *American Psychologist* 35 (1980): 691– 712.
16. H. K. Beecher, "Pain in Men Wounded in Battle," *Annals of Surgery* 123, no. 1 (January 1946): 96– 105.
17. B. A. van der Kolk, ve ark., "Pain Perception and Endogenous Opioids in Post Traumatic Stress Disorder," *Psychopharmacology Bulletin* 25 (1989): 117– 21. Ayrıca bk. R. K. Pitman ve ark., "Naloxone Reversible Stress Induced Analgesia in Post Traumatic Stress Disorder," *Archives of General Psychiatry* 47 (1990): 541– 47; ve Solomon, "Opponent- Process Theory of Acquired Motivation."
18. J. A. Gray and N. McNaughton, "The Neuropsychology of Anxiety: Reprise," in *Nebraska Symposium on Motivation* (Lincoln: University of Nebraska Press, 1996), 43, 61– 134. Ayrıca bk. C. G. DeYoung and J. R. Gray, "Personality Neuroscience: Explaining Individual Differences in Affect, Behavior, and Cognition, in *The Cambridge Handbook of Personality Psychology* (Cambridge, UK: Cambridge UniversityPress, 2009), 323– 46.
19. M. J. Raleigh, ve ark., "Social and Environmental Influences on Blood Serotonin Concentrations in Monkeys," *Archives of General Psychiatry* 41 (1984): 505– 10.
20. B. A. van der Kolk ve ark., "Fluoxetine in Post Traumatic Stress," *Journal of Clinical Psychiatry* (1994): 517– 22.
21. Rorschach meraklıları için C + CF/FC oranını değiştirmiştir.
22. Grace E. Jackson, *Rethinking Psychiatric Drugs: A Guide for Informed Consent* (Bloomington, IN: AuthorHouse, 2005); Robert Whitaker, *Anatomy of an Epidemic:* Magic Bullets, Psychiatric Drugs and the Astonishing Rise of Mental Illness in America (New York: Random House, 2011).
23. Bu konuyu Bölüm 15'te yine ele alacağız, Prozac ve EMDR'yi karşılaştıran bir çalışmadan söz edeceğiz bu çalışmada yetişkenlerde devam eden depresyon tedavisinde EMDR'nin Prozac'a göre daha uzun vadeli sonuçları olduğu ortaya çıkmıştır.
24. J. M. Zito, ve ark., "Psychotropic Practice Patterns for Youth: A 10-Year Perspective," *Archives of Pediatrics and Adolescent Medicine* 157 (January 2003): 17– 25.
25. http://en.wikipedia.org/wiki/List_of_largest_selling_pharmaceutical_products.
26. Lucette Lagnado, "U.S. Probes Use of Antipsychotic Drugs on Children," *Wall Street Journal*, Ağustos 11, 2013.
27. Katie Thomas, "J.& J. to Pay $2.2 Billion in Risperdal Settlement," *New York Times*, November 4, 2013.
28. M. Olfson, ve ark., "Trends in Antipsychotic Drug Use by Very Young, Privately Insured Children," *Journal of the American Academy of Child & Adolescent Psychiatry* 49, no.1 (2010): 13– 23.
29. M. Olfson ve ark., "National Trends in the Outpatient Treatment of Children and Adolescents with Antipsychotic Drugs," *Archives of General Psychiatry* 63, no. 6 (2006): 679.

30. A. J. Hall ve ark., "Patterns of Abuse Among Unintentional Pharmaceutical Overdose Fatalities," *Journal of the American Medical Association* 300, no. 22 (2008): 2613– 20.
31. Son yirmi yıldır Amerika Birleşik Devletleri'ndeki en prestijli tıp dergisinin editörlüğünü üstlenen iki kişi, the *New England Journal of Medicine,* Dr. Marcia Angell and Dr. Arnold Relman, ilaç endüstrisinin tıbbi araştırmalar, hastaneler ve doktorlar üzerindeki aşırı etkisi nedeniyle görevlerinden istifa ettiler. 28 Aralık 2004 tarihinde *New York Times*'a yazdıkları mektupta Angell ve Relman önceki yıl bir ilaç firmasının gelirinin yüzde 28'ini (6 milyar dolardan daha fazla) araştırma ve geliştirme çalışmaları yerine pazarlama ve yönetim alanına harcadığına dikkat çekmişlerdir; yüzde 30 net geliri elde tutmak ilaç firmalarının hep yaptığı bir şeydir. Mektup şöyle sona eriyordu: "Tıp alanı ilaç endüstrisine olan bağımlılığını koparmalıdır ve kendini eğitmelidir." Ne yazık ki bu durum, politikacıların seçim kampanyaları için kendilerine bağış yapan kişilerden ayrılması gibi bir şeydir.

BÖLÜM 3: BEYNİN İÇİNE BAKMAK: NÖROBİLİM DEVRİMİ

1. B. Roozendaal, B. S. McEwen, and S. Chattarji, "Stress, Memory and the Amygdala," *Nature Reviews Neuroscience* 10, no. 6 (2009): 423–33.
2. R. Joseph, *The Right Brain and the Unconscious* (New York: Plenum Press, 1995).
3. *Tecavüz (The Assault)* adlı film (Harry Mulisch'in aynı isimli romanından uyarlanmıştır), 1986 yılında En İyi Yabancı Film Oscar'ını almıştır ve yetişkinlerdeki güçlü tutkuları belirlemede, erken dönem duygusal baskıların gücünü gösteren iyi bir filmdir.
4. Bilişsel davranışsal terapinin özüdür. Bk. Foa, Friedman, ve Keane, 2000 *Treatment Guidelines for PTSD.*

BÖLÜM 4: YAŞAMINIZI SÜRDÜRME: HAYATTA KALMANIN ANATOMİSİ

1. R. Sperry, "Changing Priorities," *Annual Review of Neuroscience* 4 (1981): 1– 15.
2. A. A. Lima ve ark., "The Impact of Tonic Immobility Reaction on the Prognosis of Posttraumatic Stress Disorder," *Journal of Psychiatric Research* 44, no. 4 (March 2010): 224– 28.
3. P. Janet, *L'automatisme psychologique* (Paris: Félix Alcan, 1889).
4. R. R. Llinás, *I of the Vortex: From Neurons to Self* (Cambridge, MA: MIT Press, 2002). Ayrıca bk. R. Carter ve C. D. Frith, *Mapping the Mind* (Berkeley: University of California Press, 1998); R. Carter, *The Human Brain Book* (Penguin, 2009); ve J. J. Ratey, *A User's Guide to the Brain* (New York: Pantheon Books, 2001), 179.
5. B. D. Perry, ve ark., "Childhood Trauma, the Neurobiology of Adaptation, and Use Dependent Development of the Brain: How States Become Traits," *Infant Mental Health Journal* 16, no. 4 (1995): 271– 91.
6. Geç tanıma fırsatı yakaladığım dostum David Servan- Schreiber'a *The Instinct to Heal* adlı kitabında ilk kez bu ayrımı yaptığı için minnettarım.

7. E. Goldberg, *The Executive Brain: Frontal Lobes and the Civilized Mind* (London, Oxford University Press, 2001).
8. G. Rizzolatti and L. Craighero "The Mirror- Neuron System," *Annual Review of Neuroscience* 27 (2004): 169– 92. Ayrıca bk. M. Iacoboni ve ark., "Cortical Mechanisms of Human Imitation," *Science* 286, no. 5449 (1999): 2526– 28; C. Keysers and V. Gazzola, "Social Neuroscience: Mirror Neurons Recorded in Humans," *Current Biology* 20, no. 8 (2010): R353– 54; J. Decety and P. L. Jackson, "The Functional Architecture of Human Empathy," *Behavioral and Cognitive Neuroscience Reviews* 3 (2004): 71– 100; M. B. Schippers, ve ark., "Mapping the Information Flow from One Brain to Another During Gestural Communication," *Proceedings of the National Academy of Sciences of the United States of America* 107, no. 20 (2010): 9388– 93; and A. N. Meltzoff and J. Decety, "What Imitation Tells Us About Social Cognition: A Rapprochement Between Developmental Psychology and Cognitive Neuroscience," *Philosophical Transactions of the Royal Society, London* 358 (2003): 491– 500.
9. D. Goleman, *Emotional Intelligence* (New York: Random House, 2006). Ayrıca bk. V. S. Ramachandran, "Mirror Neurons and Imitation Learning as the Driving Force Behind 'the Great Leap Forward' in Human Evolution," Edge (Mayıs 31, 2000), http:// edge.org/ conversation/ mirror- neurons- and- imitation- learning-as- the- driving - force- behind- the- great- leap- forward-in- human- evolution (Nisan 13, 2013'ten alınmıştır).
10. G. M. Edelman, and J. A. Gally, "Reentry: A Key Mechanism for Integration of Brain Function," *Frontiers in Integrative Neuroscience* 7 (2013).
11. J. LeDoux, "Rethinking the Emotional Brain," *Neuron* 73, no. 4 (2012): 653– 76. Ayrıca bk. J. S. Feinstein ve ark., "The Human Amygdala and the Induction and Experience of Fear," *Current Biology* 21, no. 1 (2011): 34– 38.
12. Medial prefrontal korteks beynin ortasıdır (nörobilimciler buna "orta hat yapısı" adını vermiştir). Beynin bu alanı ilgili yapı kümelerini kapsar: orbito-prefrontal korteks, alt ve arka medial prefrontal korteks ve anterior singulat adlı geniş yapı, bunların hepsi organizmanın içsel durumunu gözlemler ve uygun tepkileri seçerler. Bk. örneğin, D. Diorio, V. Viau, ve M. J. Meaney, "The Role of the Medial Prefrontal Cortex (Cingulate Gyrus) in the Regulation of Hypothalamic- Pituitary- Adrenal Responses to Stress," *Journal of Neuroscience* 13, no. 9 (Eylül 1993): 3839– 47; J. P. Mitchell, M. R. Banaji, and C. N. Macrae, "The Link Between Social Cognition and Self- Referential Thought in the Medial Prefrontal Cortex,"*Journal of Cognitive Neuroscience* 17, no. 8 (2005): 1306– 15; A. D'Argembeau, ve ark.,"Valuing One's Self: Medial Prefrontal Involvement in Epistemic and Emotive Investments in Self- Views," *Cerebral Cortex* 22 (March 2012): 659– 67; M. A. Morgan,L. M. Romanski, J. E. LeDoux, "Extinction of Emotional Learning: Contribution of Medial Prefrontal Cortex," *Neuroscience Letters* 163 (1993): 109– 13; L. M. Shin, S. L. Rauch, and R. K. Pitman, "Amygdala, Medial Prefrontal Cortex, and Hippocampal Function in PTSD," *Annals of the New York Academy of*

Sciences 1071, no. 1 (2006): 67– 79; L. M. Williams, ve ark., "Trauma Modulates Amygdala and Medial Prefrontal Responses to Consciously Attended Fear," *NeuroImage* 29, no. 2 (2006): 347– 57; M. Koenig and J. Grafman, "Posttraumatic Stress Disorder: The Role of Medial Prefrontal Cortex and Amygdala," *Neuroscientist* 15, no. 5 (2009): 540– 48; and M. R. Milad, I. Vidal- Gonzalez, and G. J. Quirk, "Electrical Stimulation of Medial Prefrontal Cortex Reduces Conditioned Fear in a Temporally Specific Manner," *Behavioral Neuroscience* 118, no. 2 (2004): 389.

13. B. A. van der Kolk, "Clinical Implications of Neuroscience Research in PTSD," *Annals of the New York Academy of Sciences* 1071 (2006): 277– 93.
14. P. D. MacLean, *The Triune Brain in Evolution: Role in Paleocerebral Functions* (New York, Springer, 1990).
15. Ute Lawrence, *The Power of Trauma: Conquering Post Traumatic Stress Disorder*, iUniverse, 2009.
16. Rita Carter and Christopher D. Frith, *Mapping the Mind* (Berkeley: University of California Press, 1998). Ayrıca bk. A. Bechara ve ark., "Insensitivity to Future Consequences Following Damage to Human Prefrontal Cortex," *Cognition* 50, no. 1 (1994): 7– 15; A. Pascual- Leone ve ark., "The Role of the Dorsolateral Prefrontal Cortex in Implicit Procedural Learning," *Experimental Brain Research* 107, no. 3 (1996): 479– 85; ve S. C. Rao, G. Rainer, and E. K. Miller, "Integration of What and Where in the Primate Prefrontal Cortex," *Science* 276, no. 5313 (1997): 821– 24.
17. H. S. Duggal, "New- Onset PTSD After Thalamic Infarct," *American Journal of Psychiatry* 159, no. 12 (2002): 2113-a. Ayrıca bk. R. A. Lanius, ve ark., "Neural Correlates of Traumatic Memories in Posttraumatic Stress Disorder: A Functional MRI Investigation," *American Journal of Psychiatry* 158, no. 11 (2001): 1920– 22; and I. Liberzon ve ark., "Alteration of Corticothalamic Perfusion Ratios During a PTSD Flashback," *Depression and Anxiety* 4, no. 3 (1996): 146– 50.
18. R. Noyes Jr. and R. Kletti, "Depersonalization in Response to Life- Threatening Danger," *Comprehensive Psychiatry* 18, no. 4 (1977): 375– 84. Ayrıca bk. M. Sierra, and G. E. Berrios, "Depersonalization: Neurobiological Perspectives," *Biological Psychiatry* 44, no. 9 (1998): 898– 908.
19. D. Church, ve ark., "Single- Session Reduction of the Intensity of Traumatic Memories in Abused Adolescents After EFT: A Randomized Controlled Pilot Study," *Traumatology* 18, no. 3 (2012): 73– 79; and D. Feinstein and D. Church, "Modulating Gene Expression Through Psychotherapy: The Contribution of Noninvasive Somatic Interventions," *Review of General Psychology* 14, no. 4 (2010): 283– 95. Ayrıca bk. www.vetcases.com.

BÖLÜM 5: BEDEN-BEYİN İLİŞKİSİ

1. C. Darwin, *The Expression of the Emotions in Man and Animals* (London: Oxford University Press, 1998).

2. a.g.e., 71.
3. a.g.e.
4. a.g.e., 71– 72.
5. P. Ekman, *Facial Action Coding System: A Technique for the Measurement of Facial Movement* (Palo Alto, CA: Consulting Psychologists Press, 1978). Ayrıca bk. C. E. Izard, *The Maximally Discriminative Facial Movement Coding System (MAX)* (Newark, DE: University of Delaware Instructional Resource Center, 1979).
6. S. W. Porges, *The Polyvagal Theory: Neurophysiological Foundations of Emotions, Attachment, Communication, and Self- Regulation*, Norton Series on Interpersonal Neurobiology (New York: WW Norton & Company, 2011).
7. Bu Stephen Porges ve Sue Carter'ın ön vagal sistem için verdiği addır. http://www.pesi.com/ bookstore/ A_ Neural_ Love_ Code__ The_ Body_ s_ Need_ to_ Engage_ and_ Bond- details.aspx. 8. S. S. Tomkins, *Affect, Imagery, Consciousness* (vol. 1, *The Positive Affects*) (New York: Springer, 1962); S. S. Tomkin, *Affect, Imagery, Consciousness* (vol. 2, *The Negative Affects)* (New York: Springer, 1963).
9. P. Ekman, *Emotions Revealed: Recognizing Faces and Feelings to Improve Communication and Emotional Life* (New York: Macmillan, 2007); P. Ekman, *The Face of Man: Expressions of Universal Emotions in a New Guinea Village* (New York: Garland STPM Press, 1980).
10. Bk, örn., B. M. Levinson, "Human/ Companion Animal Therapy," *Journal of Contemporary Psychotherapy* 14, no. 2 (1984): 131– 44; D. A. Willis, "Animal Therapy," *Rehabilitation Nursing* 22, no. 2 (1997): 78– 81; and A. H. Fine, ed., *Handbook on Animal- Assisted Therapy: Theoretical Foundations and Guidelines for Practice* (Waltham, MA: Academic Press, 2010).
11. P. Ekman, R. W. Levenson, and W. V. Friesen, "Autonomic Nervous System Activity Distinguishes Between Emotions," *Science* 221 (1983): 1208– 10.
12. J. H. Jackson, "Evolution and Dissolution of the Nervous System," in *Selected Writings of John Hughlings Jackson*, ed. J. Taylor (London: Stapes Press, 1958), 45– 118.
13. Porges bu evcil hayvan analojisinden bana bahsetmişti.
14. S. W. Porges, J. A. Doussard- Roosevelt, and A. K. Maiti, "Vagal Tone and the Physiological Regulation of Emotion," in *The Development of Emotion Regulation: Biological and Behavioral Considerations*, ed. N. A. Fox, Monographs of the Society for Research in Child Development, vol. 59 (2– 3, seri no. 240) (1994), 167– 86. http://www.amazon.com/The-Development-Emotion-Regulation-Considerations/dp/0226259404).
15. V. Felitti, ve ark., "Relationship of Childhood Abuse and Household Dysfunction to Many of the Leading Causes of Death in Adults: The Adverse Childhood Experiences (ACE) Study," *American Journal of Preventive Medicine* 14, no. 4 (1998): 245– 58.
16. S. W. Porges, "Orienting in a Defensive World: Mammalian Modifications of Our Evolutionary Heritage: A Polyvagal Theory," *Psychophysiology* 32 (1995): 301– 18.

17. B. A. Van der Kolk, "The Body Keeps the Score: Memory and the Evolving Psychobiology of Posttraumatic Stress," *Harvard Review of Psychiatry* 1, no. 5 (1994): 253– 65.

BÖLÜM 6: BEDENİNİZİ KAYBETME, BENLİĞİNİZİ KAYBETME

1. K. L. Walsh, ve ark., "Resiliency Factors in the Relation Between Childhood Sexual Abuse and Adulthood Sexual Assault in College- Age Women," *Journal of Child Sexual Abuse* 16, no. 1 (2007): 1– 17.
2. A. C. McFarlane, "The Long-Term Costs of Traumatic Stress: Intertwined Physical and Psychological Consequences," *World Psychiatry* 9, no. 1 (2010): 3– 10.
3. W. James, "What is an Emotion?" *Mind* 9: 188– 205.
4. R. L. Bluhm, ve ark., "Alterations in Default Network Connectivity in Posttraumatic Stress Disorder Related to Early- Life Trauma," *Journal of Psychiatry & Neuroscience* 34, no. 3 (2009): 187. Ayrıca bk. J. K. Daniels, ve ark., "Switching Between Executive and Default Mode Networks in Posttraumatic Stress Disorder: Alterations in Functional Connectivity," *Journal of Psychiatry & Neuroscience* 35, no. 4 (2010): 258.
5. A. Damasio, *The Feeling of What Happens: Body and Emotion in the Making of Consciousness* (New York: Hartcourt Brace, 1999). Damasio actually says, "Consciousness was invented so that we could know life," s. 31.
6. Damasio, *Feeling of What Happens,* s. 28.
7. a.g.e. s. 29.
8. A. Damasio, *Self Comes to Mind: Constructing the Conscious Brain* (New York: Random House Digital, 2012), 17.
9. Damasio, *Feeling of What Happens,* p. 256.
10. Antonio R. Damasio, ve ark., "Subcortical and Cortical Brain Activity During the Feeling of Self- Generated Emotions." *Nature Neuroscience* 3, vol. 10 (2000): 1049– 56.
11. A. A. T. S. Reinders, ve ark., "One Brain, Two Selves," *NeuroImage* 20 (2003): 2119– 25. Ayrıca bk. E. R. S. Nijenhuis, O. Van der Hart, ve K. Steele, "The Emerging Psychobiology of Trauma- Related Dissociation and Dissociative Disorders," in *Biological Psychiatry,* vol. 2., eds. H. A. H. D'Haenen, J. A. den Boer, ve P. Willner (West Sussex, UK: Wiley 2002), 1079– 198; J. Parvizi and A. R. Damasio, "Consciousness and the Brain Stem," *Cognition* 79 (2001): 135– 59; F. W. Putnam, "Dissociation and Disturbances of Self," in *Dysfunctions of the Self,* vol. 5, eds. D. Cicchetti ve S. L. Toth (Rochester, NY: University of Rochester Press, 1994), 251– 65; ve F. W. Putnam, *Dissociation in Children and Adolescents: A Developmental Perspective* (New York: Guilford, 1997).
12. A. D'Argembeau, ve ark., "Distinct Regions of the Medial Prefrontal Cortex Are Associated with Self- Referential Processing and Perspective Taking," *Journal of Cognitive Neuroscience* 19, no. 6 (2007): 935– 44. Ayrıca bk. N. A. Farb ve ark., "Attending to the Present: Mindfulness

Meditation Reveals Distinct Neural Modes of Self- Reference," *Social Cognitive and Affective Neuroscience* 2, no. 4 (2007): 313– 22; ve B. K. Hölzel, ve ark., "Investigation of Mindfulness Meditation Practitioners with Voxel- Based Morphometry," *Social Cognitive and Affective Neuroscience* 3, no. 1 (2008): 55– 61.

13. P. A. Levine, *Healing Trauma: A Pioneering Program for Restoring the Wisdom of Your Body* (Berkeley, CA: North Atlantic Books, 2008);ve P. A. Levine, *In an Unspoken Voice: How the Body Releases Trauma and Restores Goodness* (Berkeley, CA: North Atlantic Books, 2010).
14. P. Ogden ve K. Minton, "Sensorimotor Psychotherapy: One Method for Processing Traumatic Memory," *Traumatology* 6, no. 3 (2000): 149–73; ve P. Ogden, K. Minton, and C. Pain, *Trauma and the Body: A Sensorimotor Approach toPsychotherapy*, Norton Series on Interpersonal Neurobiology (New York: WW Norton & Company, 2006).
15. D. A. Bakal, *Minding the Body: Clinical Uses of Somatic Awareness* (New York: Guilford Press, 2001).
16. Konuyla ilgili sayısız çalışma vardır. Daha fazla çalışma için küçük bir örnek: J. Wolfe ve ark., "Posttraumatic Stress Disorder and War- Zone Exposure as Correlates of Perceived Health in Female Vietnam War Veterans," *Journal of Consulting and Clinical Psychology* 62, no. 6 (1994): 1235– 40; L. A. Zoellner, M. L. Goodwin, and E. B. Foa, "PTSD Severity and Health Perceptions in Female Victims of Sexual Assault," *Journal of Traumatic Stress* 13, no. 4 (2000): 635– 49; E. M. Sledjeski, B. Speisman, and L. C. Dierker, "Does Number of Lifetime Traumas Explain the Relationship Between PTSD and Chronic Medical Conditions? Answers from the National Comorbidity Survey- Replication (NCS-R)," *Journal of Behavioral Medicine* 31 (2008): 341– 49; J. A. Boscarino, "Posttraumatic Stress Disorder and Physical Illness: Results from Clinical and Epidemiologic Studies," *Annals of the New York Academy of Sciences* 1032 (2004): 141– 53; M. Cloitre ve ark., "Posttraumatic Stress Disorder and Extent of Trauma Exposure as Correlates of Medical Problems and Perceived Health Among Women with Childhood Abuse," *Women & Health* 34, no. 3 (2001): 1– 17; D. Lauterbach, R. Vora, and M. Rakow, "The Relationship Between Posttraumatic Stress Disorder and Self- Reported Health Problems," *Psychosomatic Medicine* 67, no. 6 (2005): 939– 47; B. S. McEwen, "Protective and Damaging Effects of Stress Mediators," *New England Journal of Medicine* 338, no. 3 (1998): 171– 79; P. P. Schnurr and B. L. Green, *Trauma and Health: Physical Health Consequences of Exposure to Extreme Stress* (Washington, DC: American Psychological Association, 2004).
17. P. K. Trickett, J. G. Noll, and F. W. Putnam, "The Impact of Sexual Abuse on Female Development: Lessons from a Multigenerational, Longitudinal Research Study," *Development and Psychopathology* 23, no. 2 (2011): 453.

18. K. Kosten and F. Giller Jr., "Alexithymia as a Predictor of Treatment Response in Post- Traumatic Stress Disorder," *Journal of Traumatic Stress* 5, no. 4 (October 1992): 563– 73.
19. G. J. Taylor and R. M. Bagby, "New Trends in Alexithymia Research," *Psychotherapy and Psychosomatics* 73, no. 2 (2004): 68– 77.
20. R. D. Lane, ve ark., "Impaired Verbal and Nonverbal Emotion Recognition in Alexithymia,"*Psychosomatic Medicine* 58, no. 3 (1996): 203– 10.
21. H. Krystal ve J. H. Krystal, *Integration and Self- Healing: Affect, Trauma, Alexithymia* (New York: Analytic Press, 1988).
22. P. Frewen, ve ark., "Clinical and Neural Correlates of Alexithymia in Posttraumatic Stress Disorder," *Journal of Abnormal Psychology* 117, no. 1 (2008): 171– 81.
23. D. Finkelhor, R. K. Ormrod, and H. A. Turner, "Re-Victimization Patterns in a National Longitudinal Sample of Children and Youth," *Child Abuse & Neglect* 31, no. 5 (2007): 479– 502; J. A. Schumm, S. E. Hobfoll, and N. J. Keogh, "Revictimization and Interpersonal Resource Loss Predicts PTSD Among Women in Substance- Use Treatment," *Journal of Traumatic Stress* 17, no. 2 (2004): 173– 81; J. D. Ford, J. D. Elhai, D. F. Connor, ve B. C. Frueh, "Poly- Victimization and Risk of Posttraumatic, De -pressive, and Substance Use Disorders and Involvement in Delinquency in a National Sample of Adolescents," *Journal of Adolescent Health* 46, no. 6 (2010): 545– 52.
24. P. Schilder, "Depersonalization," in *Introduction to a Psychoanalytic Psychiatry* (New York: International Universities Press, 1952), p. 120.
25. S. Arzy ve ark., "Neural Mechanisms of Embodiment: Asomatognosia Due to Premotor Cortex Damage," *Archives of Neurology* 63, no. 7 (2006): 1022– 25. Ayrıca bk. S. Arzy, ve ark., "Induction of an Illusory Shadow Person," *Nature* 443, no. 7109 (2006): 287; S. Arzy, ve ark., "Neural Basis of Embodiment: Distinct Contributions of Temporoparietal Junction and Extrastriate Body Area," *Journal of Neuroscience* 26, no. 31 (2006): 8074– 81; O. Blanke ve ark., "Out-of-Body Experience and Autoscopy of Neurological Origin,"` *Brain* 127, bölüm 2 (2004): 243– 58; ve M. Sierra ve ark., "Unpacking the Depersonalization Syndrome: An Exploratory Factor Analysis on the Cambridge Depersonalization Scale," *Psychological Medicine* 35 (2005): 1523– 32.
26. A. A. T. Reinders, ve ark., "Psychobiological Characteristics of Dissociative Identity Disorder:A Symptom Provocation Study," *Biological Psychiatry* 60, no. 7 (2006): 730– 40.
27. *Focusing*, adlı kitabında Eugene Gendlin "keçeleşmiş algılar" terimini türetmiştir. Keçeleşmiş algı, ruhsal bir deneyimden çok fiziksel bir deneyimdir. Bir durumun, kişinin ya da olayın fiziksel farkındalığıdır. *Focusing* (New York: Random House Digital, 1982).
28. C. Steuwe, ve ark., "Effect of Direct Eye Contact in PTSD Related to Interpersonal Trauma: An fMRI Study of Activation of an Innate Alarm System," *Social Cognitive and Affective Neuroscience* 9, no. 1 (January 2012): 88– 97.

BÖLÜM 7: AYNI FREKANSTA BULUŞMAK: BAĞLILIK VE UYUM

1. N. Murray, E. Koby, and B. van der Kolk, "The Effects of Abuse on Children's Thoughts," bölüm 4 *Psychological Trauma* (Washington, DC: American Psychiatric Press, 1987).
2. Bağlanma araştırmacısı Mary Main, altı yaşındaki çocuklardan oluşan bir gruba annesi giden bir çocukla ilgili bir öykü anlattı ve sonra neler olduğunu çocukların tamamlamasını istedi. Bebekken anneleriyle güvenli ilişkileri olan altı yaşındaki çocukların büyük çoğunluğu sonu iyi biten öyküler oluştururken, beş yıl öncesinde düzensiz bağlanma ilişkileri olan çocuklar ise kötü hayallere eğilim göstermişlerdir ve genelde "Annesi ölür." ya da "Çocuk kendini öldürür." gibi korkutucu tepkiler vermişlerdir. Mary Main, Nancy Kaplan, ve Jude Cassidy. "Security in Infancy, Childhood, and Adulthood: A Move to the Level of Representation," *Monographs of the Society for Research in Child Development* (1985).
3. J. Bowlby, *Attachment and Loss*, vol. 1, *Attachment* (New York: Random House, 1969); J. Bowlby, *Attachment and Loss*, vol. 2, *Separation: Anxiety and Anger* (New York: Penguin, 1975); J. Bowlby, *Attachment and Loss*, vol. 3, *Loss: Sadness and Depression* (New York: Basic, 1980); J. Bowlby, "The Nature of the Child's Tie to His Mother," *International Journal of Psycho- Analysis* 39, no. 5 (1958): 350– 73.
4. C. Trevarthen, "Musicality and the Intrinsic Motive Pulse: Evidence from Human Psychobiology and Rhythms, Musical Narrative, and the Origins of Human Communication," *Muisae Scientiae*, özel sayı, 1999, 157– 213.
5. A. Gopnik ve A. N. Meltzoff, *Words, Thoughts, and Theories* (Cambridge, MA: MIT Press, 1997); A. N. Meltzoff and M. K. Moore, "Newborn Infants Imitate Adult Facial Gestures," *Child Development* 54, no. 3 (June 1983): 702– 9; A. Gopnik, A. N. Meltzoff, ve P. K. Kuhl, *The Scientist in the Crib: Minds, Brains, and How Children Learn* (New York: HarperCollins, 2009).
6. E. Z. Tronick, "Emotions and Emotional Communication in Infants," *American Psychologist* 44, no. 2 (1989): 112. Ayrıca bk. E. Tronick, *The Neurobehavioral and Social- Emotional Development of Infants and Children* (New York: W. W. Norton & Company, 2007); E. Tronick ve M. Beeghly, "Infants' Meaning- Making and the Development of Mental Health Problems," *American Psychologist* 66, no. 2 (2011): 107; ve A. V. Sravish, ve ark., "Dyadic Flexibility During the Face-to-Face Still-Face Paradigm: A Dynamic Systems Analysis of Its Temporal Organization," *Infant Behavior and Development* 36, no. 3 (2013): 432– 37.
7. M. Main, "Overview of the Field of Attachment," *Journal of Consulting and Clinical Psychology* 64, no. 2 (1996): 237– 43.
8. D. W. Winnicott, *Playing and Reality* (New York: Psychology Press, 1971). Ayrıca bk. D. W. Winnicott, "The Maturational Processes and

the Facilitating Environment," (1965); ve D. W. Winnicott, *Through Paediatrics to Psycho- analysis: Collected Papers* (New York: Brunner/ Mazel, 1975).

9. Bölüm 6'da gördüğümüz ve Damasio'nun da belirttiği gibi, içsel gerçeklik algısı, beyin beden iletişiminde merkezi bir rol oynayan ve kronik travma geçmişi olan kişilerde genelde zarar görmüş olan insulada yerleşmiştir.
10. D. W. Winnicott, *Primary Maternal Preoccupation* (London: Tavistock, 1956), 300–5.
11. S. D. Pollak, ve ark., "Recognizing Emotion in Faces: Developmental Effects of Child Abuse and Neglect," *Developmental Psychology* 36, no. 5 (2000): 679.
12. P. M. Crittenden, "Peering into the Black Box: An Exploratory Treatise on the Development of Self in Young Children," Gelişimsel Psikopatoloji üzerine Rochester Sempozyumu, vol. 5, *Disorders and Dysfunctions of the Self* eds. D. Cicchetti and S. L. Toth (Rochester, NY: University of Rochester Press, 1994), 79; P. M. Crittenden ve A. Landini, *Assessing Adult Attachment: A Dynamic- Maturational Approach to Discourse Analysis* (New York: W. W. Norton & Company, 2011).
13. Patricia M. Crittenden, "Children's Strategies for Coping with Adverse Home Environments: An Interpretation Using Attachment Theory," *Child Abuse & Neglect* 16, no. 3 (1992): 329– 43.
14. Main, 1990, a.g.e.
15. Main, 1990, a.g.e.
16. a.g.e.
17. E. Hesse and M. Main, "Frightened, Threatening, and Dissociative Parental Behavior in Low- Risk Samples: Description, Discussion, and Interpretations," *Development and Psychopathology* 18, no. 2 (2006): 309–43. Ayrıca bk. E. Hesse ve M. Main, "Disorganized Infant, Child, and Adult Attachment: Collapse in Behavioral and Attentional Strategies," *Journal of the American Psychoanalytic Association* 48, no. 4 (2000): 1097– 127.
18. Main, "Overview of the Field of Attachment," a.g.e.
19. Hesse and Main, 1995, a.g.e, p. 310.
20. Bölüm 5'te "korku olmadan hareketsizlik" konusunu tartışırken biyolojik açıdan baktık. S. W. Porges, "Orienting in a Defensive World:Mammalian Modifications of Our Evolutionary Heritage: A Polyvagal Theory,"*Psychophysiology* 32 (1995): 301–18.
21. M. H. van Ijzendoorn, C. Schuengel, ve M. Bakermans- Kranenburg, "Disorganized Attachment in Early Childhood: Meta- analysis of Precursors, Concomitants, and Sequelae," *Development and Psychopathology* 11 (1999): 225– 49.
22. Ijzendoorn, a.g.e.
23. N. W. Boris, M. Fueyo, ve C. H. Zeanah, "The Clinical Assessment of Attachment in Children Under Five," *Journal of the American Academy of Child & Adolescent Psychiatry* 36, no. 2 (1997): 291– 93; K. Lyons- Ruth, "Attachment Relationships Among Children with Aggressive Behavior

Problems: The Role of Disorganized Early Attachment Patterns," *Journal of Consulting and Clinical Psychology* 64, no. 1 (1996), 64.

24. Stephen W. Porges, ve ark., "Infant Regulation of the Vagal 'Brake' Predicts Child Behavior Problems: A Psychobiological Model of Social Behavior," *Developmental Psychobiology* 29, no. 8 (1996): 697– 712.
25. Louise Hertsgaard, ve ark., "Adrenocortical Responses to the Strange Situation in Infants with Disorganized/ Disoriented Attachment Relationships," *Child Development* 66, no. 4 (1995): 1100– 6; Gottfried Spangler, and Klaus E. Grossmann, "Biobehavioral Organization in Securely and Insecurely Attached Infants," *Child Development* 64, no. 5 (1993): 1439– 50.
26. Main and Hesse, 1990, a.g.e.
27. M. H. van Ijzendoorn, ve ark., "Disorganized Attachment in Early Childhood," op cit.
28. B. Beebe and F. M. Lachmann, *Infant Research and Adult Treatment: Coconstructing Interactions* (New York: Routledge, 2013); B. Beebe, F. Lachmann, and J. Jaffe, "Mother- Infant Interaction Structures and Presymbolic Self- and Object Representations," *Psychoanalytic Dialogues* 7, no. 2 (1997): 133– 82.
29. R. Yehuda, ve ark., "Vulnerability to Posttraumatic Stress Disorder in Adult Offspring of Holocaust Survivors," *American Journal of Psychiatry* 155, no. 9 (1998): 1163– 71. Ayrıca bk. R. Yehuda, ve ark., "Relationship Between Posttraumatic Stress Disorder Characteristics of Holocaust Survivors and Their Adult Offspring," *American Journal of Psychiatry* 155, no. 6 (1998): 841– 43; R. Yehuda, ve ark., "Parental Posttraumatic Stress Disorder as a Vulnerability Factor for Low Cortisol Trait in Offspring of Holocaust Survivors," *Archives of General Psychiatry* 64, no. 9 (2007): 1040 ve R. Yehuda, ve ark., "Maternal, Not Paternal, PTSD Is Related to Increased Risk for PTSD in Offspring of Holocaust Survivors," *Journal of Psychiatric Research* 42, no. 13 (2008): 1104– 11.
30. R. Yehuda ve ark., "Transgenerational Effects of PTSD in Babies of Mothers Exposed to the WTC Attacks During Pregnancy," *Journal of Clinical Endocrinology and Metabolism* 90 (2005): 4115– 18.
31. G. Saxe, ve ark., "Relationship Between Acute Morphine and the Course of PTSD in Children with Burns," *Journal of the American Academy of Child & Adolescent Psychiatry* 40, no. 8 (2001): 915– 21. Ayrıca bk. G. N. Saxe, ve ark., "Pathways to PTSD, Part I: Children with Burns," *American Journal of Psychiatry* 162, no. 7 (2005): 1299– 304.
32. C. M. Chemtob, Y. Nomura, ve R. A. Abramovitz, "Impact of Conjoined Exposure to the World Trade Center Attacks and to Other Traumatic Events on the Behavioral Problems of Preschool Children," *Archives of Pediatrics and Adolescent Medicine* 162, no. 2 (2008): 126. Ayrıca bk. P. J. Landrigan, ve ark., "Impact of September 11 World Trade Center Disaster on Children and Pregnant Women," *Mount Sinai Journal of Medicine* 75, no. 2 (2008): 129– 34.

33. D. Finkelhor, R. K. Ormrod, ve H. A. Turner, "Polyvictimization and Trauma in a National Longitudinal Cohort," *Development and Psychopathology* 19, no. 1 (2007): 149– 66; J. D. Ford, ve ark., "Poly- victimization and Risk of Posttraumatic, Depressive, and Substance Use Disorders and Involvement in Delinquency in a National Sample of Adolescents," *Journal of Adolescent Health* 46, no. 6 (2010): 545– 52; J. D. Ford, ve ark., "Clinical Significance of a Proposed Development Trauma Disorder Diagnosis: Results of an International Survey of Clinicians," *Journal of Clinical Psychiatry* 74, no. 8 (2013): 841–49.
34. Aile Yolu Projesi, http:// www.challiance.org/ academics/ familypathwaysproject. aspx.
35. K. Lyons-Ruth ve D. Block, "The Disturbed Caregiving System: Relations Among Childhood Trauma, Maternal Caregiving, and Infant Affect and Attachment," *Infant Mental Health Journal* 17, no. 3 (1996): 257– 75.
36. K. Lyons- Ruth, "The Two- Person Construction of Defenses: Disorganized Attachment Strategies, Unintegrated Mental States, and Hostile/ Helpless Relational Processes," *Journal of Infant, Child, and Adolescent Psychotherapy* 2 (2003): 105.
37. G. Whitmer, "On the Nature of Dissociation," *Psychoanalytic Quarterly* 70, no. 4 (2001): 807– 37. Ayrıca bk. K. Lyons- Ruth, "The Two- Person Construction of Defenses: Disorganized Attachment Strategies, Unintegrated Mental States, and Hostile/ Helpless Relational Processes," *Journal of Infant, Child, and Adolescent Psychotherapy* 2, no. 4 (2002): 107– 19.
38. Mary S. Ainsworth ve John Bowlby, "An Ethological Approach to Personality Development," *American Psychologist* 46, no. 4 (Nisan 1991): 333– 41.
39. K. Lyons- Ruth ve D. Jacobvitz, 1999; Main, 1993; K. Lyons- Ruth, "Dissociation and the Parent- Infant Dialogue: A Longitudinal Perspective from Attachment Research," *Journal of the American Psychoanalytic Association* 51, no. 3 (2003): 883– 911.
40. L. Dutra, ve ark., "Quality of Early Care and Childhood Trauma: A Prospective Study of Developmental Pathways to Dissociation," *Journal of Nervous and Mental Disease* 197, no. 6 (2009): 383. Ayrıca bk. K. Lyons- Ruth ve ark., "Borderline Symptoms and Suicidality/ Self- Injury in Late Adolescence: Prospectively Observed Relationship Correlates in Infancy and Childhood," *Psychiatry Research* 206, nos. 2– 3 (Nisan 30, 2013): 273– 81.
41. Düzensiz bağlanma ve çocuklara kötü muamale konusundaki göreceli katkıların meta analizi için bk. C. Schuengel ve ark., "Frightening Maternal Behavior Linking Unresolved Loss and Disorganized Infant Attachment," *Journal of Consulting and Clinical Psychology* 67, no. 1 (1999): 54.
42. K. Lyons- Ruth ve D. Jacobvitz, "Attachment Disorganization: Genetic Factors, Parenting Contexts, and Developmental Transformation from Infancy to Adulthood," in *Handbook of Attachment: Theory, Research, and Clinical Applications*, 2nd ed., ed. J. Cassidy and R. Shaver (New York:

Guilford Press, 2008), 666– 97. Ayrıca bk. E. O'connor ve ark., "Risks and Outcomes Associated with Disorganized/ Controlling Patterns of Attachment at Age Three Years in the National Institute of Child Health & Human Development Study of Early Child Care and Youth Development," *Infant Mental Health Journal* 32, no. 4 (2011): 450– 72; ve K. Lyons- Ruth, ve ark., "Borderline Symptoms and Suicidality/ Self- Injury."

43. Bu noktada, erken dönem düzenleyici anomalilerinin evrimini etkileyen faktörler hakkında çok az bilgimiz var ancak araya giren yaşamsal olaylar, diğer ilişkilerin kalitesi ve hatta genetik faktörler zamanla bunları değiştirmektedir. Erken dönem istismar ve ihmal mağduru çocukların sürekli ve düzenli ebeveynlik sonucunda biyolojik sistemlerinin yeniden düzenlenip düzenlenmediği konusunu çalışmak çok önemlidir.
44. E. Warner, ve ark., "Can the Body Change the Score? Application of Sensory Modulation Principles in the Treatment of Traumatized Adolescents in Residential Settings," *Journal of Family Violence* 28, no. 7 (2003): 729– 38.

BÖLÜM 8: İLİŞKİLERDE KAPANA KISILMAK: İSTİSMAR VE İHMALİN MALİYETİ

1. W. H. Auden, *The Double Man* (New York: Random House, 1941).
2. S. N. Wilson, ve ark., "Phenotype of Blood Lymphocytes in PTSD Suggests Chronic Immune Activation," *Psychosomatics* 40, no. 3 (1999): 222– 25. Ayrıca bk. M. Uddin, ve ark., "Epigenetic and Immune Function Profiles Associated with Posttraumatic Stress Disorder," *Proceedings of the National Academy of Sciences of the United States of America* 107, no. 20 (2010): 9470– 75; M. Altemus, M. Cloitre, ve F. S. Dhabhar, "Enhanced Cellular Immune Response in Women with PTSD Related to Childhood Abuse," *American Journal of Psychiatry* 160, no. 9 (2003): 1705– 7; ve N. Kawamura, Y. Kim, and N. Asukai, "Suppression of Cellular Immunity in Men with a Past History of Posttraumatic Stress Disorder," *American Journal of Psychiatry* 158, no. 3 (2001): 484– 86.
3. R. Summit, "The Child Sexual Abuse Accommodation Syndrome," *Child Abuse & Neglect* 7 (1983): 177– 93.
4. İsviçre'deki Lozan Üniversitesinde yapılan fMRI kullanımı ile ilgili çalışma, insanlar beden dışı deneyimler yaşadığında, kendilerine sanki tavandan bakıyormuş gibi duygular yaşadığında, beynin üst temporal korteksini harekete geçirdiğini bulmuşlardır. O. Blanke, ve ark., "Linking Out-of-Body Experience and Self Processing to Mental Own- Body Imagery at the Temporoparietal Junction," *Journal of Neuroscience* 25, no. 3 (2005): 550– 57. Ayrıca bk. O. Blanke and T. Metzinger, "Full- Body Illusions and Minimal Phenomenal Selfhood," *Trends in Cognitive Sciences* 13, no. 1 (2009): 7– 13.
5. Bir yetişkin, bir çocuğu cinsel amaçları için kullandığında, çocuk kaçınılmaz bir şekilde karmaşık bir durum ve bağlılık çatışması yaşamaktadır: İstismarı açığa çıkardığında çocuk suç işleyen kişiyi (bu kişi çocuğun güvenliği ve korunmasından sorumlu olan kişi olabilir) aldatmış ve incitmiş olur ancak saklayarak da utancı ve kırılganlığı artar. Bu ikilem, Sándor Ferenczi'nin

1933 yılında yazdığı "The Confusion of Tongues Between the Adult and the Child: The Language of Tenderness and the Language of Passion," *International Journal of Psychoanalysis* 30 no. 4 (1949): 225– 30 çalışmada dile getirilmiştir ve sonra pek çok yazar tarafından keşfedilmiştir.

BÖLÜM 9: SEVGİNİN BUNUNLA NE İLGİSİ VAR?

1. Gary Greenberg, *The Book of Woe: The DSM and the Unmaking of Psychiatry* (New York: Penguin, 2013).
2. http:// www.thefreedictionary.com/ diagnosis.
3. TAQ Travma Merkezi web sayfasından ulaşılabilir: www.traumacenter.org/ products/ instruments.php.
4. J. L. Herman, J. C. Perry, ve B. A. van der Kolk, "Childhood Trauma in Borderline Personality Disorder," *American Journal of Psychiatry* 146, no. 4 (Nisan 1989): 490– 95.
5. Teicher, orbitofrontal kortekste (OFC) belirgin değişiklikler bulmuştur, bu beynin sosyal taleplere duyarlılık gibi davranış düzenlemesi ve karar verme gibi durumların yer aldığı bölgedir. M. H. Teicher ve ark., "The Neurobiological Consequences of Early Stress and Childhood Maltreatment," *Neuroscience & Biobehavioral Reviews* 27, no. 1 (2003): 33– 44. Ayrıca bk. M. H. Teicher, "Scars That Won't Heal: The Neurobiology of Child Abuse," *Scientific American* 286, no. 3 (2002): 54– 61; M. Teicher ve ark., "Sticks, Stones, and Hurtful Words: Relative Effects ofVarious Forms of Childhood Maltreatment," *American Journal of Psychiatry* 163, no. 6 (2006): 993–1000; A. Bechara, ve ark., "Insensitivity to Future Consequences Following Damage to Human Prefrontal Cortex," *Cognition* 50 (1994): 7– 15. Beynin bu alanında bozukluk, aşırı küfür etme, zayıf sosyal etkileşimler, kompülsüf kumar, aşırı alkol/uyuşturucu kullanımı ve zayıf empatik beceri olarak sonuçlanır. M. L. Kringelbach ve E. T. Rolls, "The Functional Neuroanatomy of the Human Orbitofrontal Cortex: Evidence from Neuroimaging and Neuropsychology," *Progress in Neurobiology* 72 (2004): 341– 72. Teicher'in tanımladığı bir diğer problemli alan precuneusdur, beynin bu alanı birini anlama, bakış açılarının kişiden kişiye değişebileceği algılarını yönetir. A. E. Cavanna ve M. R. Trimble "The Precuneus: A Review of Its Functional Anatomy and Behavioural Correlates," *Brain* 129 (2006): 564– 83.
6. S. Roth, ve ark., "Complex PTSD in Victims Exposed to Sexual and Physical Abuse: Results from the DSM-IV Field Trial for Posttraumatic Stress Disorder," *Journal of Traumatic Stress* 10 (1997): 539– 55; B. A. van der Kolk, ve ark., "Dissociation, Somatization, and Affect Dysregulation: The Complexity of Adaptation to Trauma," *American Journal of Psychiatry* 153 (1996): 83– 93; D. Pelcovitz, ve ark., "Development of a Criteria Set and a Structured Interview for Disorders of Extreme Stress (SIDES)," *Journal of Traumatic Stress* 10 (1997): 3– 16; S. N. Ogata, ve ark., "Childhood Sexual and Physical Abuse in Adult Patients with Borderline Personality Disorder," *American Journal of Psychiatry* 147 (1990): 1008– 13; M. C. Zanarini,

ve ark., "Axis I Comorbidity of Borderline Personality Disorder," *American Journal of Psychiatry* 155, no. 12 (December 1998): 1733– 39; S. L. Shearer, ve ark., "Frequency and Correlates of Childhood Sexual and Physical Abuse Histories in Adult Female Borderline Inpatients," *American Journal of Psychiatry* 147 (1990): 214– 16; D. Westen, ve ark., "Physical and Sexual Abuse in Adolescent Girls with Borderline Personality Disorder," *American Journal of Orthopsychiatry* 60 (1990): 55– 66; M. C. Zanarini, ve ark., "Reported Pathological Childhood Experiences Associated with the Development of Borderline Personality Disorder," *American Journal of Psychiatry* 154 (1997): 1101– 6.

7. J. Bowlby, *A Secure Base: Parent- Child Attachment and Healthy Human Development* (New York: Basic Books, 2008), 103.
8. B. A. van der Kolk, J. C. Perry, ve J. L. Herman, "Childhood Origins of Self- Destructive Behavior," *American Journal of Psychiatry* 148 (1991): 1665– 71.
9. Bu kavram, nörobilim uzmanı Jaak Panksepp'in çalışmasıyla desteklenmiştir, çalışmaya göre yaşamlarının ilk haftasında annelerinin yalamadığı farelerin, beynin ilişki ve güvenlik algısıyla ilgili olan kısmı, anterior singulatlarında opioid reseptörlerleri gelişmemiştir. Bk. E. E. Nelson ve J. Panksepp, "Brain Substrates of Infant- Mother Attachment: Contributions of Opioids, Oxytocin, and Norepinephrine," *Neuroscience & Biobehavioral Reviews* 22, no. 3 (1998): 437– 52. Ayrıca bk. J. Panksepp ve ark., "Endogenous Opioids and Social Behavior," *Neuroscience & Biobehavioral Reviews* 4, no. 4 (1981): 473– 87; and J. Panksepp, E. Nelson, ve S. Siviy, "Brain Opioids and Mother- Infant Social Motivation," *Acta paediatrica* 83, no. 397 (1994): 40– 46.
10. Robert Spitzer delegasyonunda ayrıca Judy Herman, Jim Chu, ve David Pelcovitz yer almıştır.
11. B. A. van der Kolk, ve ark., "Disorders of Extreme Stress: The Empirical Foundation of a Complex Adaptation to Trauma," *Journal of Traumatic Stress* 18, no. 5 (2005): 389– 99. Ayrıca bk. J. L. Herman, "Complex PTSD: A Syndrome in Survivors of Prolonged and Repeated Trauma," *Journal of Traumatic Stress* 5, no. 3 (1992): 377– 91; C. Zlotnick ve ark., "The Long-Term Sequelae of Sexual Abuse: Support for a Complex Posttraumatic Stress Disorder," *Journal of Traumatic Stress* 9, no. 2 (1996): 195– 205; S. Roth, ve ark., "Complex PTSD in Victims Exposed to Sexual and Physical Abuse: Results from the DSM-IV Field Trial for Posttraumatic Stress Disorder," *Journal of Traumatic Stress* 10, no. 4 (1997): 539– 55; and D. Pelcovitz, ve ark., "Development and Validation of the Structured Interview for Measurement of Disorders of Extreme Stress," *Journal of Traumatic Stress* 10 (1997): 3– 16.
12. B. C. Stolbach ve ark., "Complex Trauma Exposure and Symptoms in Urban Traumatized Children: A Preliminary Test of Proposed Criteria for Developmental Trauma Disorder," *Journal of Traumatic Stress* 26, no. 4 (Ağustos 2013): 483– 91.

13. B. A. van der Kolk, ve ark., "Dissociation, Somatization and Affect Dysregulation: The Complexity of Adaptation to Trauma," *American Journal of Psychiatry* 153, suppl (1996): 83– 93. Ayrıca bk. D. G. Kilpatrick, ve ark., "Posttraumatic Stress Disorder Field Trial: Evaluation of the PTSD Construct— Criteria A Through E," in: *DSM-IV Sourcebook*, vol. 4 (Washington, DC: American Psychiatric Press, 1998), 803– 44; T. Luxenberg, J. Spinazzola, ve B. A. van der Kolk, "Complex Trauma and Disorders of Extreme Stress (DESNOS) Diagnosis, Part One: Assessment," *Directions in Psychiatry* 21, no. 25 (2001): 373– 92; and B. A. van der Kolk, ve ark., "Disorders of Extreme Stress: The Empirical Foundation of a Compex Adaptation to Trauma," *Journal of Traumatic Stress* 18, no. 5 (2005): 389– 99.
14. Bu sorular ayrıca ACE web sayfasında yer almaktadır: http://acestudy.org/.15. http://www.cdc.gov/ace/findings.htm; http://acestudy.org/download; V. Felitti ve ark., "Relationship of Childhood Abuse and Household Dysfunction to Many of the Leading Causes of Death in Adults: The Adverse Childhood Experiences (ACE) Study," *American Journal of Preventive Medicine* 14, no. 4 (1998): 245– 58. Ayrıca bk. R. Reading, "The Enduring Effects of Abuse and Related Adverse Experiences in Childhood: A Convergence of Evidence from Neurobiology and Epidemiology," *Child: Care, Health and Development* 32, no. 2 (2006): 253– 56; V. J. Edwards, ve ark., "Experiencing Multiple Forms of Childhood Maltreatment and Adult Mental Health: Results from the Adverse Childhood Experiences (ACE) Study," *American Journal of Psychiatry* 160, no. 8 (2003): 1453– 60; S. R. Dube, ve ark., "Adverse Childhood Experiences and Personal Alcohol Abuse as an Adult," *Addictive Behaviors* 27, no. 5 (2002): 713– 25; S. R. Dube, ve ark., "Childhood Abuse, Neglect, and Household Dysfunction and the Risk of Illicit Drug Use: The Adverse Childhood Experiences Study," *Pediatrics* 111, no. 3 (2003): 564– 72.
16. S. A. Strassels, "Economic Burden of Prescription Opioid Misuse and Abuse," *Journal of Managed Care Pharmacy* 15, no. 7 (2009): 556– 62.
17. C. B. Nemeroff, ve ark., "Differential Responses to Psychotherapy Versus Pharmacotherapy in Patients with Chronic Forms of Major Depression and Childhood Trauma," *Proceedings of the National Academy of Sciences of the United States of America* 100, no. 24 (2003): 14293– 96. Ayrıca bk. C. Heim, P. M. Plotsky, and C. B. Nemeroff, "Importance of Studying the Contributions of Early Adverse Experience to Neurobiological Findings in Depression," *Neuropsychopharmacology* 29, no. 4 (2004): 641– 48.
18. B. E. Carlson, "Adolescent Observers of Marital Violence," *Journal of Family Violence* 5, no. 4 (1990): 285– 99. Ayrıca bk. B. E. Carlson, "Children's Observations of Interparental Violence," in *Battered Women and Their Families*, ed. A. R. Roberts (New York: Springer, 1984), 147– 67; J. L. Edleson, "Children's Witnessing of Adult Domestic Violence," *Journal of Interpersonal Violence* 14, no. 8 (1999): 839– 70; K. Henning, ve ark., "Long- Term Psychological and Social Impact of Witnessing Physical Conflict Between Parents," *Journal of Interpersonal Violence* 11, no. 1 (1996):

35– 51; E. N. Jouriles, C. M. Murphy, and D. O'Leary, "Interpersonal Aggression, Marital Discord, and Child Problems," *Journal of Consulting and Clinical Psychology* 57, no. 3 (1989): 453– 55; J. R. Kolko, E. H. Blakely, and D. Engelman, "Children Who Witness Domestic Violence: A Review of Empirical Literature," *Journal of Interpersonal Violence* 11, no. 2 (1996): 281– 93; and J. Wolak ve D. Finkelhor, "Children Exposed to Partner Violence," in *Partner Violence: A Comprehensive Review of 20 Years of Research*, ed. J. L. Jasinski and L. Williams (Thousand Oaks, CA: Sage, 1998).

19. Bu ifadelerin çoğu Vincent Felitti ile yapılan konuşmayı temel almış, J. E. Stevens tarafından genişletilmiştir, "The Adverse Childhood Experiences Study— the Largest Public Health Study You Never Heard Of," *Huffington Post*, October 8, 2012, http://www.huffingtonpost.com/jane-ellen-stevens/the-adverse-childhood-exp_1_b_1943647.html.
20. Riske atfedilebilen nüfus: problemlerin belirli risk faktörlerine bağlanabileceği nüfusun genel nüfustaki oranı.
21. Ulusal Kanser Enstitüsü, "Yaklaşık 800.000 ölüm sigaradaki azalma nedeniyle önlendi" (basın açıklaması), Mart 14, 2012, http:// www.cancer.gov/newscenter/ newsfromnci/ 2012/ TobaccoControlCISNET.

BÖLÜM 10: GELİŞİMSEL TRAVMA: GİZLİ SALGIN

1. Bu olgular, Julian Ford, Joseph Spinazzola ile birlikte yürüttüğümüz GTB alan denemesinin bir kısmıdır.
2. H. J. Williams, M. J. Owen, ve M. C. O'Donovan, "Schizophrenia Genetics: New Insights from New Approaches," *British Medical Bulletin* 91 (2009): 61– 74. Ayrıca bk. P. V. Gejman, A. R. Sanders, ve K. S. Kendler, "Genetics of Schizophrenia: New Findings and Challenges," *Annual Review of Genomics and Human Genetics* 12 (2011): 121– 44; ve A. Sanders, ve ark., "No Significant Association of 14 Candidate Genes with Schizophrenia in a Large European Ancestry Sample: Implications for Psychiatric Genetics," *American Journal of Psychiatry* 165, no. 4 (April 2008): 497– 506.
3. R. Yehuda, ve ark., "Putative Biological Mechanisms for the Association Between Early Life Adversity and the Subsequent Development of PTSD," *Psychopharmacology* 212, no. 3 (October 2010): 405– 17; K. C. Koenen, "Genetics of Posttraumatic Stress Disorder: Review and Recommendations for Future Studies," *Journal of Traumatic Stress* 20, no. 5 (Ekim 2007): 737– 50; M. W. Gilbertson, ve ark., "Smaller Hippocampal Volume Predicts Pathologic Vulnerability to Psychological Trauma," *Nature Neuroscience* 5 (2002): 1242– 47.
4. Koenen, "Genetics of Posttraumatic Stress Disorder." Ayrıca bk. R. F. P. Broekman, M. Olff, and F. Boer, "The Genetic Background to PTSD," *Neuroscience & Biobehavioral Reviews* 31, no. 3 (2007): 348– 62.
5. M. J. Meaney ve A. C. Ferguson- Smith, "Epigenetic Regulation of the Neural Transcriptome: The Meaning of the Marks," *Nature Neuroscience* 13, no. 11 (2010): 1313– 18. Ayrıca bk. M. J. Meaney, "Epigenetics and the

Biological Definition of Gene × Environment Interactions," *Child Development* 81, no. 1 (2010): 41–79; and B. M. Lester, ve ark., "Behavioral Epigenetics," *Annals of the New York Academy of Sciences* 1226, no. 1 (2011): 14–33.

6. M. Szyf, "The Early Life Social Environment and DNA Methylation: DNA Methylation Mediating the Long-Term Impact of Social Environments Early in Life," *Epigenetics* 6, no. 8 (2011): 971–78.
7. Moshe Szyf, Patrick McGowan, ve Michael J. Meaney, "The Social Environment and the Epigenome," *Environmental and Molecular Mutagenesis* 49, no. 1 (2008): 46–60.
8. Artık her türden yaşam deneyimlerinin gen ifadelerini değiştirdiği konusunda çok fazla kanıt vardır. Bazı örnekleri şunlardır: D. Mehta ve ark., "Childhood Maltreatment Is Associated with Distinct Genomic and Epigenetic Profiles in Posttraumatic Stress Disorder," *Proceedings of the National Academy of Sciences of the United States of America* 110, no. 20 (2013): 8302–7; P. O. McGowan, ve ark., "Epigenetic Regulation of the Glucocorticoid Receptor in Human Brain Associates with Childhood Abuse," *Nature Neuroscience* 12, no. 3 (2009): 342–48; M. N. Davies, ve ark., "Functional Annotation of the Human Brain Methylome Identifies Tissue-Specific Epigenetic Variation Across Brain and Blood," *Genome Biology* 13, no. 6 (2012): R43; M. Gunnar and K. Quevedo, "The Neurobiology of Stress and Development," *Annual Review of Psychology* 58 (2007): 145–73; A. Sommershof, ve ark., "Substantial Reduction of Naïve and Regulatory T Cells Following Traumatic Stress," *Brain, Behavior, and Immunity* 23, no. 8 (2009): 1117–24; N. Provençal, ve ark., "The Signature of Maternal Rearing in the Methylome in Rhesus Macaque Prefrontal Cortex and T Cells," *Journal of Neuroscience* 32, no. 44 (2012): 15626–42; B. Labonté, ve ark., "Genome-wide Epigenetic Regulation by Early-Life Trauma," *Archives of General Psychiatry* 69, no. 7 (2012): 722–31; A. K. Smith, ve ark., "Differential Immune System DNA Methylation and Cytokine Regulation in Posttraumatic Stress Disorder," *American Journal of Medical Genetics Part B: Neuropsychiatric Genetics* 156B, no. 6 (2011): 700–8; M. Uddin, ve ark., "Epigenetic and Immune Function Profiles Associated with Posttraumatic Stress Disorder," *Proceedings of the National Academy of Sciences of the United States of America* 107, no. 20 (2010): 9470–75.
9. C. S. Barr, ve ark., "The Utility of the Non-human Primate Model for Studying Gene by Environment Interactions in Behavioral Research," *Genes, Brain and Behavior* 2, no. 6 (2003): 336–40.
10. A. J. Bennett, ve ark., "Early Experience and Serotonin Transporter Gene Variation Interact to Influence Primate CNS Function," *Molecular Psychiatry* 7, no. 1 (2002): 118–22. Ayrıca bk. C. S. Barr, ve ark., "Interaction Between Serotonin Transporter Gene Variation and Rearing Condition in Alcohol Preference and Consumption in Female Primates," *Archives of General Psychiatry* 61, no. 11 (2004): 1146; and C. S. Barr, ve ark., "Serotonin Transporter Gene Variation Is Associated with Alcohol Sensitivity in

Rhesus Macaques Exposed to Early-Life Stress," *Alcoholism: Clinical and Experimental Research* 27, no. 5 (2003): 812– 17.

11. A. Roy, ve ark., "Interaction of FKBP5, a Stress- Related Gene, with Childhood Trauma Increases the Risk for Attempting Suicide," *Neuropsychopharmacology* 35, no. 8 (2010): 1674– 83. Ayrıca bk. M. A. Enoch, ve ark., "The Influence of GABRA2, Childhood Trauma, and Their Interaction on Alcohol, Heroin, and Cocaine Dependence," *Biological Psychiatry* 67 no. 1 (2010): 20– 27; ve A. Roy, ve ark., "Two HPA Axis Genes, CRHBP and FKBP5, Interact with Childhood Trauma to Increase the Risk for Suicidal Behavior," *Journal of Psychiatric Research* 46, no. 1 (2012): 72– 79.
12. A. S. Masten and D. Cicchetti, "Developmental Cascades," *Development and Psychopathology* 22, no. 3 (2010): 491– 95; S. L. Toth, ve ark., "Illogical Thinking and Thought Disorder in Maltreated Children," *Journal of the American Academy of Child & Adolescent Psychiatry* 50, no. 7 (2011): 659– 68; J. Willis, "Building a Bridge from Neuroscience to the Classroom," *Phi Delta Kappan* 89, no. 6 (2008): 424; I. M. Eigsti ve D. Cicchetti, "The Impact of Child Maltreatment on Expressive Syntax at 60 Months," *Developmental Science* 7, no. 1 (2004): 88– 102.
13. J. Spinazzola, ve ark., "Survey Evaluates Complex Trauma Exposure, Outcome, and Intervention Among Children and Adolescents," *Psychiatric Annals* 35, no. 5 (2005): 433– 39.
14. R. C. Kessler, C. B. Nelson, ve K. A. McGonagle, "The Epidemiology of Co-occuring Addictive and Mental Disorders," *American Journal of Orthopsychiatry* 66, no. 1 (1996): 17– 31. Ayrıca bk. Institute of Medicine of the National Academies, *Treatment of Posttraumatic Stress Disorder* (Washington: National Academies Press, 2008); and C. S. North, ve ark., "Toward Validation of the Diagnosis of Posttraumatic Stress Disorder," *American Journal of Psychiatry* 166, no. 1 (2009): 34– 40.
15. Joseph Spinazzola, ve ark., "Survey Evaluates Complex Trauma Exposure, Outcome, and Intervention Among Children and Adolescents," *Psychiatric Annals* (2005).
16. Çalışma grubumuz Drs. Bob Pynoos, Frank Putnam, Glenn Saxe, Julian Ford, Joseph Spinazzola, Marylene Cloitre, Bradley Stolbach, Alexander McFarlane, Alicia Lieberman, Wendy D'Andrea, Martin Teicher ve Dante Cicchetti'den oluşmuştur.
17. Gelişimsel Travma için öneriler kriterler ekte yer almaktadır.
18. http:// www.traumacenter.org/ products/ instruments.php.
19. Sroufe hakkında daha fazla okuma için at www.cehd.umn.edu/icd/people/ faculty/cpsy/sroufe.html ve Minnesota Boylamsal Risk ve Uyum Çalışması ve yayınları hakkında daha fazla bilgi için http://www.cehd.umn.edu/icd/ research/parent-child/ and http://www.cehd.umn.edu/icd/research/ parent-child/publications/. Ayrıca bk. L. A. Sroufe and W. A. Collins, *The Development of the Person: The Minnesota Study of Risk and Adaptation from Birth to Adulthood* (New York: Guilford Press, 2009); and L. A. Sroufe, "Attachment and Development: A Pro-

spective, Longitudinal Study from Birth to Adulthood," *Attachment & Human Development* 7, no. 4 (2005): 349– 67.

20. L. A. Sroufe, *The Development of the Person: The Minnesota Study of Risk and Adaptation from Birth to Adulthood* (New York: Guilford Press, 2005). Harvard araştırmacısı Karlen Lyons- Ruth, on sekiz yıl boyunca takip ettiği çocuklardan oluşan bir örneklem grubunda şu bulgulara ulaşmıştır: Düzensiz bağlanma, rol değişimi, üç yaşında anneyle iletişimde eksiklik olanların, on sekiz yaşında ruh sağlığı ya da sosyal hizmet sisteminin kullanıcısı oldukları görülmüştür.
21. D. Jacobvitz ve L. A. Sroufe, "The Early Caregiver- Child Relationship and Attention- Deficit Disorder with Hyperactivity in Kindergarten: A Prospective Study," *Child Development* 58, no. 6 (December 1987): 1496– 504.
22. G. H. Elder Jr., T. Van Nguyen, ve A. Caspi, "Linking Family Hardship to Children's Lives," *Child Development* 56, no. 2 (April 1985): 361– 75.
23. Fiziksel olarak istismara uğrayan çocukların, davranım bozukluğu ya da karşıt olma karşı gelme bozukluğu tanısı alma ihtimalleri artmaktadır. İhmal ve cinsel istismar ise kaygı bozukluğu gelişimi ihtimalini ikiye katlamaktadır. Anne babaların psikolojik olarak yetersiz olması ya da cinsel istismar, daha sonradan TSSB gelişmesi ihtimalini ikiye katlamaktadır. İhmal sorunu olan çocukların çoklu tanı alma oranları yüzde 54, fiziksel istismarda yüzde 60 ve cinsel istismarda yüzde 73'tür.
24. Bu alıntı, 1955 yılından başlayarak kırk yıl boyunca Kauai adasında doğan 698 çocukla çalışan Emmy Werner'den yapılmıştır. Çalışma, düzensiz evlerde büyüyen çocukların, suç, ruhsal ve fiziksel sağlık, aile düzeni gibi konularda sorunlar yaşadığını göstermiştir. Yüksek risk altındaki çocukların üçte biri çabuk iyileşip, ilgili, yeterli ve kendine güveni olan yetişkinler olarak büyümüştür. *Koruyucu faktörler* şunlardır 1. Sempatik bir çocuk olma, 2. Anne ya da baba dışında bir bakıcıyla güçlü bağlar (teyze, hala, bakıcı ya da öğretmen ve kilise ya da başka topluluklara katılım. E. E. Werner ve R. S. Smith, *Overcoming the Odds: High Risk Children from Birth to Adulthood* (Ithaca, NY, and London: Cornell University Press, 1992).
25. P. K. Trickett, J. G. Noll, ve F. W. Putnam, "The Impact of Sexual Abuse on Female Development: Lessons from a Multigenerational, Longitudinal Research Study," *Development and Psychopathology* 23 (2011): 453– 76. Ayrıca bk. J. G. Noll, P. K. Trickett, and F. W. Putnam, "A Prospective Investigation of the Impact of Childhood Sexual Abuse on the Development of Sexuality," *Journal of Consulting and Clinical Psychology* 71 (2003): 575– 86; P. K. Trickett, C. McBride- Chang, ve F. W. Putnam, "The Classroom Performance and Behavior of Sexually Abused Females," *Development and Psychopathology* 6 (1994): 183– 94; P. K. Trickett ve F. W. Putnam, *Sexual Abuse of Females: Effects in Childhood* (Washington: National Institute of Mental Health, 1990– 1993); F. W. Putnam ve P. K. Trickett, *The Psychobiological Effects of Child Sexual Abuse* (New York: W. T. Grant Foundation, 1987).

26. Yıkıcı duygu durum bozukluğu ile ilgili altmış üç çalışmada hiç kimse bağlanma, TSSB, travma, çocuk istismarı ya da ihmal ile ilgili soru sormamıştır. "Kötü muamele" ifadesi ise altmış üç makalenin yalnızca birinde kullanılmıştır. Ebeveynlik, aile dinamikleri ya da aile terapisi ile ilgili hiçbir şey yoktur.
27. DSM'nin arkasındaki ekte, V-kodları adı altında, sigorta kapsamına girmeyen resmî bir dayanağı olmayan tanıların listesini bulabilirsiniz. Bu listede, çocukluk dönemi istismarı, çocukluk dönemi ihmali, çocukluk dönemi fiziksel istismarı ve çocukluk dönemi cinsel istismarı yer almaktadır.
28. a.g.e., s 121.
29. Bu kitap yazıldığı sırada, DSM-5 Amazon'da en çok satanlar listesindeydi. APA, bir önceki DSM baskısından 100 milyon dolar kazanmıştı. DSM, ilaç endüstrisinin ve üyelerin aidatlarıyla yayınlanmaya devam ediyor ve APA'nın en büyük gelir kaynağı durumundadır.
30. Gary Greenberg, *The Book of Woe: The DSM and the Unmaking of Psychiatry* (New York: Penguin, 2013), 239.
31. Amerikan Psikologlar Derneğinin bölge temsilcilerinden biri olan David Elkins, APA'ya yazdığı açık mektupta, DSM-V'in sağlam olmayan kanıtlara dayandığından, kamu sağlığına karşı özensiz tutumundan ve ruhsal bozukluğu temel tıbbi fenomenlerden biri hâline getirdiğinden şikâyet etmiştir. Mektubu yaklaşık beş bin kişi imzalamıştır. Amerikan Danışmanlık Derneği başkanı, DSM satın alan 115.000 üyesi adına APA başkanına bir mektup göndererek DSM-5'in bilimsel kalitesine karşı çıkmıştır – ve "APA'nın bilimsel inceleme komitesinin, önerilen değişiklikleri ve "tüm dış, bağımsız uzmanlar tarafından yapılan araştırmaları" değerlendirmesini gözden geçirmesini önermiştir."
32. Thomas Insel, primatlar üzerinde bağlanma hormonu oksitosin ile ilgili bir araştırma yapmıştı.
33. Ulusal Ruh Sağlığı Enstitüsü, "NIMH Research Domain Criteria (RDoC)," http://www.nimh.nih.gov/research-priorities/rdoc/nimh-research-domaincriteria-rdoc.shtml.
34. *The Development of the Person: The Minnesota Study of Risk and Adaptation from Birth to Adulthood* (New York: Guilford Press, 2005).
35. B. A. van der Kolk, "Developmental Trauma Disorder: Toward a Rational Diagnosis for Children with Complex Trauma Histories," *Psychiatric Annals* 35, no. 5 (2005): 401– 8; W. D'Andrea, ve ark., "Understanding Interpersonal Trauma in Children: Why We Need a Developmentally Appropriate Trauma Diagnosis," *American Journal of Orthopsychiatry* 82 (2012): 187– 200. J. D. Ford, ve ark., "Clinical Significance of a Proposed Developmental Trauma Disorder Diagnosis: Results of an International Survey of Clinicians," *Journal of Clinical Psychiatry* 74, no. 8 (2013): 841–49. Gelişimsel Travma Bozukluğu alan derlemeleri ile ilgili güncellenmiş veriler web sitemizde yer almaktadır: www.traumacenter.org.
36. J. J. Heckman, "Skill Formation and the Economics of Investing in Disadvantaged Children," *Science* 312, no. 5782 (2006): 1900– 2.

37. D. Olds, ve ark., "Long- Term Effects of Nurse Home Visitation on Children's Criminal and Antisocial Behavior: 15-Year Follow-up of a Randomized Controlled Trial," *JAMA* 280, no. 14 (1998): 1238– 44. Ayrıca bk. J. Eckenrode, ve ark., "Preventing Child Abuse and Neglect with a Program of Nurse Home Visitation: The Limiting Effects of Domestic Violence," *JAMA* 284, no. 11 (2000): 1385– 91; D. I. Lowell, ve ark., "A Randomized Controlled Trial of Child FIRST: A Comprehensive Home-Based Intervention Translating Research into Early Childhood Practice," *Child Development* 82, no. 1 (January/ February 2011): 193– 208; S. T. Harvey ve J. E. Taylor, "A Meta- Analysis of the Effects of Psychotherapy with Sexually Abused Children and Adolescents," *Clinical Psychology Review* 30, no. 5 (July 2010): 517–35; J. E. Taylor and S. T. Harvey, "A Meta-Analysis of the Effects of Psychotherapy with Adults Sexually Abused in Childhood," *Clinical Psychology Review* 30, no. 6 (Ağustos 2010): 749–67; Olds, Henderson, Chamberlin & Tatelbaum, 1986; B. C. Stolbach, ve ark., "Complex Trauma Exposure and Symptoms in Urban Traumatized Children: A Preliminary Test of Proposed Criteria for Developmental Trauma Disorder," *Journal of Traumatic Stress* 26, no. 4 (Ağustos 2013): 483–91.

BÖLÜM 11: SIRLARI AÇIĞA ÇIKARMA: TRAVMATİK BELLEK SORUNU

1. Doktor hasta gizliliğinin yer aldığı klinik danışmanlığın aksine, hukuki değerlendirmeler, avukatlar, mahkemeler ve jürilerle paylaşılır. Hukuki değerlendirme öncesinde bu konuda hastaları bilgilendiririm ve bana anlattıkları hiçbir şeyin gizli kalmayacağı konusunda uyarırım.
2. K. A. Lee, ve ark., "A 50-Year Prospective Study of the Psychological Sequelae of World War II Combat," *American Journal of Psychiatry* 152, no. 4 (Nisan 1995): 516– 22.
3. J. L. McGaugh and M. L. Hertz, *Memory Consolidation* (San Fransisco: Albion Press, 1972); L. Cahill and J. L. McGaugh, "Mechanisms of Emotional Arousal and Lasting Declarative Memory," *Trends in Neurosciences* 21, no. 7 (1998): 294– 99.
4. A. F. Arnsten, ve ark., "α-1 Noradrenergic Receptor Stimulation Impairs Prefrontal Cortical Cognitive Function," *Biological Psychiatry* 45, no. 1 (1999): 26– 31. See also A. F. Arnsten, "Enhanced: The Biology of Being Frazzled," *Science* 280, no. 5370 (1998): 1711– 12; S. Birnbaum, ve ark., "A Role for Norepinephrine in Stress- Induced Cognitive Deficits: α-1-adrenoceptor Mediation in the Prefrontal Cortex," *Biological Psychiatry* 46, no. 9 (1999): 1266– 74.
5. Y. D. Van Der Werf, ve ark. "Special Issue: Contributions of Thalamic Nuclei to Declarative Memory Functioning," *Cortex* 39 (2003): 1047– 62. Ayrıca bk. B. M. Elzinga and J. D. Bremner, "Are the Neural Substrates of Memory the Final Common Pathway in Posttraumatic Stress Disorder (PTSD)?" *Journal of Affective Disorders* 70 (2002): 1– 17; L. M. Shin, ve ark., "A Functional Magnetic Resonance Imaging Study of Amygdala and

Medial Prefrontal Cortex Responses to Overtly Presented Fearful Faces in Posttraumatic Stress Disorder," *Archives of General Psychiatry* 62 (2005): 273– 81; L. M. Williams, ve ark., "Trauma Modulates Amygdala and Medial Prefrontal Responses to Consciously Attended Fear," *Neuroimage* 29 (2006): 347– 57; R. A. Lanius, ve ark., "Brain Activation During Script-Driven Imagery Induced Dissociative Responses in PTSD: A Functional Magnetic Resonance Imaging Investigation," *Biological Psychiatry* 52 (2002): 305– 11; H. D Critchley, C. J. Mathias, and R. J. Dolan, "Fear Conditioning in Humans: The Influence of Awareness and Autonomic Arousal on Functional Neuroanatomy," *Neuron* 33 (2002): 653– 63; M. Beauregard, J. Levesque, and P. Bourgouin, "Neural Correlates of Conscious Self- Regulation of Emotion," *Journal of Neuroscience* 21 (2001): RC165; K. N. Ochsner, ve ark., "For Better or for Worse: Neural Systems Supporting the Cognitive Down- and Up-Regulation of Negative Emotion," *NeuroImage* 23 (2004): 483– 99; M. A. Morgan, L. M. Romanski, ve J. E. LeDoux, ve ark., "Extinction of Emotional Learning: Contribution of Medial Prefrontal Cortex," *Neuroscience Letters* 163 (1993): 109– 13; M. R. Milad and G. J. Quirk, "Neurons in Medial Prefrontal Cortex Signal Memory for Fear Extinction," *Nature* 420 (2002): 70– 74; and J. Amat, ve ark., "Medial Prefrontal Cortex Determines How Stressor Controllability Affects Behavior and Dorsal Raphe Nucleus," *Nature Neuroscience* 8 (2005): 365– 71.

6. B. A. van der Kolk and R. Fisler, "Dissociation and the Fragmentary Nature of Traumatic Memories: Overview and Exploratory Study," *Journal of Traumatic Stress* 8, no. 4 (1995): 505– 25.
7. Free Dictionary'de yer alan histeri tanımı, http:// www.thefreedictionary.com/ hysteria.
8. A. Young, *The Harmony of Illusions: Inventing Post- traumatic Stress Disorder* (Princeton, NJ: Princeton University Press, 1997). Ayrıca bk. H. F. Ellenberger, *The Discovery of the Unconscious: The History and Evolution of Dynamic Psychiatry* (New York: Basic Books, 2008).
9. T. Ribot, *Diseases of Memory* (New York: Appleton, 1887), 108– 9; Ellenberger, *Discovery of the Unconscious.*
10. J. Breuer ve S. Freud, "The Physical Mechanisms of Hysterical Phenomena," in *The Standard Edition of the Complete Psychological Works of Sigmund Freud* (London: Hogarth Press, 1893).
11. A. Young, *Harmony of Illusions.*
12. J. L. Herman, *Trauma and Recovery* (New York: Basic Books, 1997), 15.
13. A. Young, *Harmony of Illusions*. Ayrıca bk. J. M. Charcot, *Clinical Lectures on Certain Diseases of the Nervous System,* vol. 3 (London: New Sydenham Society, 1888).
14. http://en.wikipedia.org/wiki/File:Jean-Martin_Charcot_chronophotography.jpg
15. P. Janet, *L'Automatisme psychologique* (Paris: Félix Alcan, 1889).
16. Onno van der Hart sayesinde Janet'in çalışmasını tanıdım ve kendisi

alanındaki yaşayan en büyük isimlerden biridir. Janet'in temel fikirlerini özetleme konusunda Onno ile çalışma fırsatı yakaladım. B. A. van der Kolk ve O. Van der Hart, "Pierre Janet and the Breakdown of Adaptation in Psychological Trauma,"*American Journal of Psychiatry* 146 (1989): 1530– 40; B. A. van der Kolk and O. Van der Hart, "The Intrusive Past: The Flexibility of Memory and the Engraving of Trauma," *Imago* 48 (1991): 425– 54.

17. P. Janet, "L'amnésie et la dissociation des souvenirs par l'emotion" [Amnezi ve duygularla anıların dissosiasyonu], *Journal de Psychologie* 1 (1904): 417– 53.
18. P. Janet, *Psychological Healing* (New York: Macmillan, 1925), 660.
19. P. Janet, *L'Etat mental des hystériques*, 2nd ed. (Paris: Félix Alcan, 1911; repr. Marseille, France: Lafitte Reprints, 1983); P. Janet, *The Major Symptoms of Hysteria* (London and New York: Macmillan, 1907; repr. New York: Hafner, 1965); P. Janet, *L'evolution de la memoire et de la notion du temps* (Paris: A. Chahine, 1928).
20. J. L. Titchener, "Post- traumatic Decline: A Consequence of Unresolved Destructive Drives," *Trauma and Its Wake* 2 (1986): 5– 19.
21. J. Breuer ve S. Freud, "The Physical Mechanisms of Hysterical Phenomena."
22. S. Freud ve J. Breuer, "The Etiology of Hysteria," in the *Standard Edition of the Complete Psychological Works of Sigmund Freud*, vol. 3, ed. J. Strachy (London: Hogarth Press, 1962): 189– 221.
23. S. Freud, "Three Essays on the Theory of Sexuality," *Standard Edition of the Complete Psychological Works of Sigmund Freud*, vol. 7 (London: Hogarth Press, 1962): 190: Cinsel aktivitenin yeniden ortaya çıkması, içsel nedenler ve dışsal olasılıklarla belirlenir... İçsel nedenleri şimdi göstermek zorundayım; bu dönemde büyük *ve kalıcı önemli bağlardan, kaza sonucu dışsal (Freud'un vurgusu) olasılıklara kadar. Temelinde baştan çıkarma etkileri görürüz, burada çocuğa cinsel bir obje olarak davranılır* ve son derece duygusal durumlarda genital bölgelerden nasıl zevk alınacağı, mastürbasyonla defalarca deneyerek nasıl tatmin olacağı öğretilir. *Bu durumu yazdığım 'The Aetiology of Hysteria' (1896c) adlı makalemdekileri kabul edemem ve bu etkinin sıklığı ya da önemini abarttım* ve çocukluk döneminde aynı deneyimi yaşamış ve normal kalabilmiş insanlar olabileceğini bilmiyordum ve cinsel karakter ve gelişimi ile karşılaştırma yaparken baştan çıkarmanın önemini abarttım. Açıkça görülüyor ki çocuğun cinsel yaşamını canlandırmak için baştan çıkarmaya gerek yoktur, bu içsel sebeplerle de ortaya çıkabilir. S. Freud'un "Psikanalize Giriş Dersleri" *Standard Edition* (1916), 370: Baştan çıkarılma fantezileri önemli ilgi alanıdır, bunlar genellikle fantezi değil gerçek anılardır.
24. S. Freud, *Inhibitions Symptoms and Anxiety* (1914), 150. Ayrıca bk.Strachey, *Standard Edition of the Complete Psychological Works.*
25. B. A. van der Kolk, *Psychological Trauma* (Washington, DC: American Psychiatric Press, 1986).

26. B. A. van der Kolk, "The Compulsion to Repeat the Trauma," *Psychiatric Clinics of North America* 12, no. 2 (1989): 389– 411.

BÖLÜM 12: HATIRLAMANIN DAYANILMAZ AĞIRLIĞI

1. A. Young, *The Harmony of Illusions: Inventing Post- traumatic Stress Disorder* (Princeton, NJ: Princeton University Press, 1997), 84.
2. F. W. Mott, "Special Discussion on Shell Shock Without Visible Signs of Injury," *Proceedings of the Royal Society of Medicine* 9 (1916): i– xliv. Ayrıca bk. C. S. Myers, "A Contribution to the Study of Shell Shock," *Lancet* 1 (1915): 316– 20; T. W. Salmon, "The Care and Treatment of Mental Diseases and War Neuroses ('Shell Shock') in the British Army," *Mental Hygiene* 1 (1917): 509– 47; ve E. Jones ve S. Wessely, *Shell Shock to PTSD: Military Psychiatry from 1900 to the Gulf* (Hove, UK: Psychology Press, 2005).
3. J. Keegan, *The First World War* (New York: Random House, 2011).
4. A. D. Macleod, "Shell Shock, Gordon Holmes and the Great War." *Journal of the Royal Society of Medicine* 97, no. 2 (2004): 86– 89; M. Eckstein, *Rites of Spring: The Great War and the Birth of the Modern Age* (Boston: Houghton Mifflin, 1989).
5. Lord Southborough, *Report of the War Office Committee of Enquiry into "Shell- Shock"* (London: His Majesty's Stationery Office, 1922).
6. Booker Ödüllü Pat Barker, ordu W. H. R. Rivers'ın çalışmalarıyla ilgili bir üçleme yazdı: P. Barker, *Regeneration* (London: Penguin UK,2008); P. Barker, *The Eye in the Door* (New York: Penguin, 1995); P. Barker, *The Ghost Road* (London: Penguin UK, 2008). I. Dünya Savaşı'nın sonrasıyla ilgili daha fazla okuma için A. Young, *Harmony of Illusions* and B. Shephard, *A War of Nerves, Soldiers and Psychiatrists 1914–1994* (London: Jonathan Cape, 2000).
7. J. H. Bartlett, *The Bonus March and the New Deal* (1937); R. Daniels, T*he Bonus March: An Episode of the Great Depression* (1971).
8. E. M. Remarque, *All Quiet on the Western Front*, çev. A. W. Wheen (London: GP Putnam's Sons, 1929).
9. a.g.g.,s. 192– 93.
10. Hesap için bk. http://motlc.wiesenthal.com/site/ pp.asp?c= gvKVLc-MVIuG& b=395007.
11. C. S. Myers, *Shell Shock in France 1914– 1918* (Cambridge UK: Cambridge University Press, 1940).
12. A. Kardiner, *The Traumatic Neuroses of War* (New York: Hoeber, 1941).
13. http://en.wikipedia.org/wiki/Let_There_Be_Light_(film).
14. G. Greer ve J. Oxenbould, *Daddy, We Hardly Knew You* (London: Penguin, 1990).
15. A. Kardiner ve H. Spiegel, *War Stress and Neurotic Illness* (Oxford, UK: Hoeber, 1947).

16. D. J. Henderson, "Incest," in *Comprehensive Textbook of Psychiatry,* 2nd ed., eds. A. M. Freedman ve H. I. Kaplan (Baltimore: Williams & Wilkins, 1974), 1536.
17. W. Sargent ve E. Slater, "Acute War Neuroses," *The Lancet* 236, no. 6097 (1940): 1– 2. Ayrıca bk. G. Debenham, ve ark., "Treatment of War Neurosis," *The Lancet* 237, no. 6126 (1941): 107– 9; ve W. Sargent ve E. Slater, "Amnesic Syndromes in War," *Proceedings of the Royal Society of Medicine* (Section of Psychiatry) 34, no. 12 (October 1941): 757– 64.
18. Çocukluk dönemi ile ilgili yapılan her çalışma, ister ileriye dönük olsun ister geçmişe, ister klinik örnekleri ele alsın isterse genel olarak, cinsel istismara uğrayan kişilerin belirli bir oranının istismarı unuttuğunu ve daha sonra hatırladığını göstermiştir. Bk. örneğin, B. A. van der Kolk and R. Fisler, "Dissociation and the Fragmentary Nature of Traumatic Memories: Overview and Exploratory Study," *Journal of Traumatic Stress* 8 (1995): 505– 25; J. W. Hopper and B. A. Van der Kolk, "Retrieving, Assessing, and Classifying Traumatic Memories: A Preliminary Report on Three Case Studies of a New Standardized Method," *Journal of Aggression, Maltreatment & Trauma* 4 (2001): 33– 71; J. J. Freyd ve A. P. DePrince, eds., *Trauma and Cognitive Science* (Binghamton, NY: Haworth Press, 2001), 33– 71; A. P. DePrince and J. J. Freyd, "The Meeting of Trauma and Cognitive Science: Facing Challenges and Creating Opportunities at the Crossroads," *Journal of Aggression, Maltreatment & Trauma* 4, no. 2 (2001): 1– 8; D. Brown, A. W. Scheflin, ve D. Corydon Hammond, *Memory, Trauma Treatment and the Law* (New York: Norton, 1997); K. Pope ve L. Brown, *Recovered Memories of Abuse: Assessment, Therapy, Forensics* (Washington, DC: Amerikan Psikologlar Derneği, 1996); and L. Terr, *Unchained Memories: True Stories of Traumatic Memories, Lost and Found* (New York: Basic Books, 1994).
19. E. F. Loftus, S. Polonsky, ve M. T. Fullilove, "Memories of Childhood Sexual Abuse: Remembering and Repressing," *Psychology of Women Quarterly* 18, no. 1 (1994): 67– 84. L. M. Williams, "Recall of Childhood Trauma: A Prospective Study of Women's Memories of Child Sexual Abuse," *Journal of Consulting and Clinical Psychology* 62, no. 6 (1994): 1167– 76.
20. L. M. Williams, "Recall of Childhood Trauma."
21. L. M. Williams, "Recovered Memories of Abuse in Women with Documented Child Sexual Victimization Histories," *Journal of Traumatic Stress* 8, no. 4 (1995): 649– 73.
22. Önde gelen nörobilim uzmanlarından Jaak Panksepp son kitabında şöyle diyor: "Hayvan modelleri ile yapılan klinik öncesi çok sayıda araştırma, geri getirilen anıların hafıza bankasına değişerek yerleştiğini göstermektedir." J. Panksepp ve L. Biven, *The Archaeology of Mind: Neuroevolutionary Origins of Human Emotions,* Norton Series on Interpersonal Neurobiology (New York: W. W. Norton, 2012).

23. E. F. Loftus, "The Reality of Repressed Memories," *American Psychologist* 48, no. 5 (1993): 518– 37. Ayrıca bk. E. F. Loftus ve K. Ketcham, *The Myth of Repressed Memory: False Memories and Allegations of Sexual Abuse* (New York: Macmillan, 1996).
24. J. F. Kihlstrom, "The Cognitive Unconscious," *Science* 237, no. 4821 (1987): 1445– 52.
25. E. F. Loftus, "Planting Misinformation in the Human Mind: A 30-Year Investigation of the Malleability of Memory," *Learning & Memory* 12, no. 4 (2005): 361– 66.
26. B. A. van der Kolk ve R. Fisler, "Dissociation and the Fragmentary Nature of Traumatic Memories: Overview and Exploratory Study," *Journal of Traumatic Stress* 8, no. 4 (1995): 505– 25.
27. Bu konuyu Bölüm 14'te ele alacağız.
28. L. L. Langer, *Holocaust Testimonies: The Ruins of Memory* (New Haven, CT: Yale University Press, 1991).
29. a.g.e., s.5.
30. L. L. Langer, a.g.e., s. 21.
31. L. L. Langer, a.g.e., s. 34.
32. J. Osterman ve B. A. van der Kolk, "Awareness During Anaesthesia and Posttraumatic Stress Disorder," *General Hospital Psychiatry* 20 (1998): 274–81. Ayrıca bk. K. Kiviniemi, "Conscious Awareness and Memory During General Anesthesia," *Journal of the American Association of Nurse Anesthetists* 62 (1994): 441– 49; A. D. Macleod ve E. Maycock, "Awareness During Anaesthesia and Post Traumatic Stress Disorder," *Anaesthesia and Intensive Care* 20, no. 3 (1992) 378– 82; F. Guerra, "Awareness and Recall: Neurological and Psychological Complications of Surgery and Anesthesia," in *International Anesthesiology Clinics*, vol. 24. ed. B. T. Hindman (Boston: Little, Brown, 1986), 75– 99; J. Eldor ve D. Z. N. Frankel, "Intraanesthetic Awareness," *Resuscitation* 21 (1991): 113– 19; J. L. Breckenridge ve A. R. Aitkenhead, "Awareness During Anaesthesia: A Review," *Annals of the Royal College of Surgeons of England* 65, no. 2 (1983), 93.

BÖLÜM 13: TRAVMADAN İYİLEŞME: KENDİNİ SAHİPLENME

1. "Öz-liderlik" terimi, aile içi sistemler terapisinde Dick Schwartz tarafından kullanılmaktadır, bu konu Bölüm 17'de ele alınacaktır.
2. Bölüm 17 ve 18'de ele aldığım ve uygulamakta olduğum istisnalar Pesso ve Schwartz'ın çalışmalarıdır, henüz bilimsel olarak çalışmasam da bunlardan oldukça faydalandım.
3. A. F. Arnsten, "Enhanced: The Biology of Being Frazzled," *Science* 280, no. 5370 (1998): 1711– 12; A. Arnsten, "Stress Signalling Pathways That Impair Prefrontal Cortex Structure and Function," *Nature Reviews Neuroscience* 10, no. 6 (2009): 410– 22.
4. D. J. Siegel, *The Mindful Therapist: A Clinician's Guide to Mindsight and Neural Integration* (New York: W. W. Norton, 2010).

5. J. E. LeDoux, "Emotion Circuits in the Brain," *Annual Review of Neuroscience* 23, no. 1 (2000): 155– 84. Ayrıca bk. M. A. Morgan, L. M. Romanski, ve J. E. LeDoux, "Extinction of Emotional Learning: Contribution of Medial Prefrontal Cortex," *Neuroscience Letters* 163, no. 1 (1993): 109– 13; ve J. M. Moscarello and J. E. LeDoux, "Active Avoidance Learning Requires Prefrontal Suppression of Amygdala- Mediated Defensive Reactions," *Journal of Neuroscience* 33, no. 9 (2013): 3815– 23.
6. S. W. Porges, "Stress and Parasympathetic Control," *Stress Science: Neuroendocrinology* 306 (2010). Ayrıca bk. S. W. Porges, "Reciprocal Influences Between Body and Brain in the Perception and Expression of Affect," in *The Healing Power of Emotion: Affective Neuroscience, Development & Clinical Practice*, Norton Series on Interpersonal Neurobiology (New York: W. W. Norton, 2009), 27.
7. B. A. van der Kolk, ve ark., "Yoga as an Adjunctive Treatment for PTSD," *Journal of Clinical Psychiatry* 75, no. 6 (Haziran 2014): 559–65.
8. Sebern F. Fisher, *Neurofeedback in the Treatment of Developmental Trauma: Calming the Fear- Driven Brain* (New York: W. W. Norton & Company, 2014).
9. R. P. Brown ve P. L. Gerbarg, "Sudarshan Kriya Yogic Breathing in the Treatment of Stress, Anxiety, and Depression— Part II: Clinical Applications and Guidelines," *Journal of Alternative & Complementary Medicine* 11, no. 4 (2005): 711– 17. Ayrıca bk. C. L. Mandle, ve ark., "The Efficacy of Relaxation Response Interventions with Adult Patients: A Review of the Literature," *Journal of Cardiovascular Nursing*
10 (1996): 4– 26; ve M. Nakao, ve ark., "Anxiety Is a Good Indicator for Somatic Symptom Reduction Through Behavioral Medicine Intervention in a Mind/ Body Medicine Clinic," *Psychotherapy and Psychosomatics* 70 (2001): 50– 57. 10. C. Hannaford, *Smart Moves: Why Learning Is Not All in Your Head* (Arlington, VA: Great Ocean Publishers, 1995), 22207– 3746.
11. J. Kabat- Zinn, *Full Catastrophe Living: Using the Wisdom of Your Body and Mind to Face Stress, Pain, and Illness* (New York: Bantam Books, 2013). Ayrıca bk. D. Fosha, D. J. Siegel, ve M. Solomon, eds., *The Healing Power of Emotion: Affective Neuroscience, Development & Clinical Practice*, Norton Series on Interpersonal Neurobiology (New York: W. W. Norton, 2011); ve B. A. van der Kolk, "Posttraumatic Therapy in the Age of Neuroscience," *Psychoanalytic Dialogues* 12, no. 3 (2002): 381– 92.
12. Bölüm 5'te de gördüğümüz gibi , TSSB yaşayan kişilerin beyin görüntüleri, otobiyografik hafıza ve devam eden benlik algısı gibi durumları kapsayan beynin çalışmayan alanlarında değişen bir aktivasyon söz konusudur.
13. P. A. Levine, *In an Unspoken Voice: How the Body Releases Trauma and Restores Goodness* (Berkeley, CA: North Atlantic, 2010).
14. P. Ogden, *Trauma and the Body* (New York: Norton, 2009). Ayrıca bk. A. Y. Shalev, "Measuring Outcome in Posttraumatic Stress Disorder," *Journal of Clinical Psychiatry* 61, supp. 5 (2000): 33– 42.
15. I. Kabat- Zinn, *Full Catastrophe Living*. s. xx.

16. S. G. Hofmann, ve ark., "The Effect of Mindfulness- Based Therapy on Anxiety and Depression: A Meta- Analytic Review," *Journal of Consulting and Clinical Psychology* 78, no. 2 (2010): 169– 83; J. D. Teasdale, ve ark., "Prevention of Relapse/ Recurrence in Major Depression by Mindfulness-Based Cognitive Therapy," *Journal of Consulting and Clinical Psychology* 68 (2000): 615– 23. Ayrıca bk. Britta K. Hölzel, ve ark., "How Does Mindfulness Meditation Work? Proposing Mechanisms of Action from a Conceptual and Neural Perspective," *Perspectives on Psychological Science* 6, no. 6 (2011): 537– 59; ve P. Grossman, ve ark., "Mindfulness- Based Stress Reduction and Health Benefits: A Meta- Analysis," *Journal of Psychosomatic Research* 57, no. 1 (2004): 35– 43.
17. Farkındalık meditasyonuyla beyin devreleri iyi bir şekilde oturur ve dikkat düzenlemesi gelişir, dikkat performansına ait işlerde duygusal tepkiler üzerinde olumlu etkileri olur. Bk. L. E. Carlson, ve ark.,"One Year Pre- Post Intervention Follow-up of Psychological, Immune, Endocrine and Blood Pressure Outcomes of Mindfulness- Based Stress Reduction (MBSR) in Breast and Prostate Cancer Outpatients," *Brain, Behavior, and Immunity* 21, no. 8 (2007): 1038– 49; ve R. J. Davidson, ve ark., "Alterations in Brain and Immune Function Produced by Mindfulness Meditation," Psychosomatic Medicine 65, no. 4 (2003): 564– 70.
18. Britta Hölzel ve meslektaşları, beyin fonksiyonu üzerine ayrıntılı bir çalışma gerçekleştirmiştir ve dorsomedial PFC, ventolateral PFC ve rostral anterior singulat (ACC) katılımını göstermişlerdir. Bk. B. K. Hölzel, ve ark., "Stress Reduction Correlates with Structural Changes in the Amygdala," *Social Cognitive and Affective Neuroscience* 5 (2010): 11– 17; B. K. Hölzel, ve ark., "Mindfulness Practice Leads to Increases in Regional Brain Gray Matter Density," *Psychiatry Research* 191, no. 1 (2011): 36– 43; B. K. Hölzel, ve ark., "Investigation of Mindfulness Meditation Practitioners with Voxel- Based Morphometry," *Social Cognitive and Affective Neuroscience* 3, no. 1 (2008): 55– 61; and B. K. Hölzel, ve ark., "Differential Engagement of Anterior Cingulate and Adjacent Medial Frontal Cortex in Adept Meditators and Non-meditators," *Neuroscience Letters* 421, no. 1 (2007): 16– 21.
19. Bedensel farkındalıkta etkin olan beyin yapısı anterior insuladır. Bk. A. D. Craig, "Interoception: The Sense of the Physiological Condition of the Body," *Current Opinion on Neurobiology* 13 (2003): 500– 5; Critchley, Wiens, Rotshtein, Ohman, ve Dolan, 2004; N. A. S. Farb, Z. V. Segal, H. Mayberg, J. Bean, D. McKeon, Z. Fatima, ve ark., "Attending to the Present: Mindfulness Meditation Reveals Distinct Neural Modes of Self- Reference," *Social Cognitive and Affective Neuroscience* 2 (2007): 313– 22.; J. A. Grant, J. Courtemanche, E. G. Duerden, G. H. Duncan, ve P. Rainville, "Cortical Thickness and Pain Sensitivity in Zen Meditators," *Emotion* 10, no. 1 (2010): 43– 53.
20. S. J. Banks, ve ark., "Amygdala- Frontal Connectivity During Emotion-Regulation," *Social Cognitive and Affective Neuroscience* 2, no. 4 (2007): 303– 12. Ayrıca bk. M. R. Milad, ve ark., "Thickness of Ventromedial

Prefrontal Cortex in Humans Is Correlated with Extinction Memory," *Proceedings of the National Academy of Sciences of the United States of America* 102, no. 30 (2005): 10706– 11; ve S. L. Rauch, L. M. Shin, ve E. A. Phelps, "Neurocircuitry Models of Posttraumatic Stress Disorder and Extinction: Human Neuroimaging Research— Past, Present, and Future," *Biological Psychiatry* 60, no. 4 (2006): 376– 82.

21. A. Freud ve D. T. Burlingham, *War and Children* (New York: New York University Press, 1943).
22. İnsanların ezici deneyimlerle başa çıkabildiği üç yol vardır: dissosiyasyon (kendinden geçme, kapanma), depersonalizasyon (olanları siz yaşıyormuşsunuz gibi hissettmeme) ve derealizasyon (olanları gerçek gibi hissetmeme).
23. Justice Resource Enstitüsünde meslektaşlarım ergenler için yatılı bir program başlattı. Glenhaven Akademisi'nde bulunan, The van der Kolk Center'de yoga, duyusal bütünleşme, neurofeedback ve tiyatro da dâhil olmak üzere bu kitapta ele aldığım travma-bilgilendirilmiş tedavilerin büyük kısmı uygulanmaktadır. http://www.jri.org/vanderkolk/about. Margaret Blaustein and Kristine Kinneburgh. Margaret E. Blaustein, ve Kristine M. Kinniburgh, tarafından kapsayıcı tedavi modeli, bağlanma, öz düzenleme ve yeterlilik (ARC) geliştirildi. *Treating Traumatic Stress in Children and Adolescents: How to Foster Resilience Through Attachment, Self- Regulation, and Competency* (New York: Guilford Press, 2012).
24. C. K. Chandler, *Animal Assisted Therapy in Counseling* (New York: Routledge, 2011). Ayrıca bk. A. J. Cleveland, "Therapy Dogs and the Dissociative Patient: Preliminary Observations," *Dissociation* 8, no. 4 (1995): 247– 52; ve A. Fine, *Handbook on Animal Assisted Therapy: Theoretical Foundations and Guidelines for Practice* (San Diego: Academic Press, 2010).
25. E. Warner, ve ark., "Can the Body Change the Score? Application of Sensory Modulation Principles in the Treatment of Traumatized Adolescents in Residential Settings," *Journal of Family Violence* 28, no. 7 (2013): 729– 38. Ayrıca bk. A. J. Ayres, *Sensory Integration and Learning Disorders* (Los Angeles: Western Psychological Services, 1972); H. Hodgdon, ve ark., "Development and Implementation of Trauma- Informed Programming in Residential Schools Using the ARC Framework," *Journal of Family Violence* 27, no. 8 (2013); J. LeBel, ve ark., "Integrating Sensory and Trauma- Informed Interventions: A Massachusetts State Initiative, Part 1," *Mental Health Special Interest Section Quarterly* 33, no. 1 (2010): 1– 4.
26. Öz düzenlemeyi kapsadığı görülen vestibül serebellar sistemi aktive ettiği görülmektedir ve erken dönem ihmalden etkilenebilir.
27. Aaron R. Lyon and Karen S. Budd, "A Community Mental Health Implementation of Parent– Child Interaction Therapy (PCIT)." *Journal of Child and Family Studies* 19, no. 5 (2010): 654– 68. Ayrıca bk. Anthony J. Urquiza and Cheryl Bodiford McNeil, "Parent- Child Interaction Therapy: An Intensive Dyadic Intervention for Physically Abusive Families,"

Child Maltreatment 1, no 2 (1996): 134– 44; J. Borrego Jr., ve ark. "Research Publications," *Child and Family Behavior Therapy* 20: 27–54.

28. B. A. van der Kolk, ve ark., "Fluoxetine in Post Traumatic Stress," *Journal of Clinical Psychiatry* (1994): 517– 22.
29. P. Ogden, K. Minton, ve C. Pain, *Trauma and the Body* (New York: Norton, 2010); P. Ogden and J. Fisher, *Sensorimotor Psychotherapy: Interventions for Trauma and Attachment* (New York: Norton, 2014).
30. P. Levine, *In an Unspoken Voice* (Berkeley, CA: North Atlantic Books); P. Levine, *Waking the Tiger* (Berkeley, CA: North Atlantic Books).
31. Saldırıya etki modeli için daha fazlası hakkında bakınız. http://modelmugging.org/.
32. S. Freud, *Remembering, Repeating, and Working Through (Further Recommendations on the Technique of Psychoanalysis II)*, standard ed. (London: Hogarth Press, 1914), p. 371.
33. E. Santini, R. U. Muller, ve G. J. Quirk, "Consolidation of Extinction Learning Involves Transfer from NMDA- Independent to NMDA- Dependent Memory," *Journal of Neuroscience* 21 (2001): 9009– 17.
34. E. B. Foa ve M. J. Kozak, "Emotional Processing of Fear: Exposure to Corrective Information," *Psychological Bulletin* 99, no. 1 (1986): 20– 35.
35. C. R. Brewin, "Implications for Psychological Intervention," in *Neuropsychology of PTSD: Biological, Cognitive, and Clinical Perspectives*, ed. J. J. Vasterling and C. R. Brewin (New York: Guilford, 2005), 272.
36. T. M. Keane, "The Role of Exposure Therapy in the Psychological Treatment of PTSD," *National Center for PTSD Clinical Quarterly* 5, no. 4 (1995): 1– 6.
37. E. B. Foa and R. J. McNally, "Mechanisms of Change in Exposure Therapy," in *Current Controversies in the Anxiety Disorders*, ed. R. M. Rapee (New York: Guilford, 1996), 329– 43.
38. J. D. Ford ve P. Kidd, "Early Childhood Trauma and Disorders of Extreme Stress as Predictors of Treatment Outcome with Chronic PTSD," *Journal of Traumatic Stress* 18 (1998): 743– 61. Ayrıca bk. A. McDonagh- Coyle, ve ark., "Randomized Trial of Cognitive- Behavioral Therapy for Chronic Posttraumatic Stress Disorder in Adult Female Survivors of Childhood Sexual Abuse," *Journal of Consulting and Clinical Psychology* 73, no. 3 (2005): 515– 24; Institute of Medicine of the National Academies, *Treatment of Posttraumatic Stress Disorder: An Assessment of the Evidence* (Washington, DC: National Academies Press, 2008); ve R. Bradley, ve ark., "A Multidimensional Meta- Analysis of Psychotherapy for PTSD," *American Journal of Psychiatry* 162, no. 2 (2005): 214– 27.
39. J. Bisson, ve ark., "Psychological Treatments for Chronic Posttraumatic Stress Disorder: Systematic Review and Meta- Analysis," *British Journal of Psychiatry* 190 (2007): 97– 104. Ayrıca bk. L. H. Jaycox, E. B. Foa, and A. R. Morrall, "Influence of Emotional Engagement and Habituation on Exposure Therapy for PTSD," *Journal of Consulting and Clinical Psychology* 66 (1998): 185– 92.

40. "Tedaviyi yarım bırakanlar: uzamış maruz bırakma (n = 53 [38%]); şu ana odaklı terapi (n = 30 [21%]) (P = .002). Kontrol grubunda ayrıca yüksek oranda kayıp vardı: 2 İntihara dayalı olmayan ölüm, 9 psikiyatri kliniğine yatış, ve 3 intihar girişimi." P. P Schnurr, ve ark., "Cognitive Behavioral Therapy for Posttraumatic Stress Disorder in Women," *JAMA* 297, no. 8 (2007): 820– 30.
41. R. Bradley, ve ark., "A Multidimensional Meta- Analysis of Psychotherapy for PTSD," *American Journal of Psychiatry* 162, no. 2 (2005): 214– 27.
42. J. H. Jaycox ve E. B. Foa, "Obstacles in Implementing Exposure Therapy for PTSD: Case Discussions and Practical Solutions," *Clinical Psychology and Psychotherapy* 3, no. 3 (1996): 176– 84. Ayrıca bk. E. B. Foa, D. Hearst-Ikeda, and K. J. Perry, "Evaluation of a Brief Cognitive- Behavioral Program for the Prevention of Chronic PTSD in Recent Assault Victims," *Journal of Consulting and Clinical Psychology* 63 (1995): 948– 55.
43. Alexander McFarlane kişisel iletişim.
44. R. K. Pitman, ve ark., "Psychiatric Complications During Flooding Therapy for Posttraumatic Stress Disorder," *Journal of Clinical Psychiatry* 52, no. 1 (January 1991): 17– 20.
45. Jean Decety, Kalina J. Michalska, ve Katherine D. Kinzler, "The Contribution of Emotion and Cognition to Moral Sensitivity: A Neurodevelopmental Study," *Cerebral Cortex* 22, no. 1 (2012): 209– 20; Jean Decety ve C. Daniel Batson, "Neuroscience Approaches to Interpersonal Sensitivity," *Social Neuroscience*, 2, nos. 3–4 (2007).
46. K. H. Seal, ve ark., "VA Mental Health Services Utilization in Iraq and Afghanistan Veterans in the First Year of Receiving New Mental Health Diagnoses," *Journal of Traumatic Stress* 23 (2010): 5– 16.
47. L. Jerome, "(+/-)-3,4-Methylenedioxymethamphetamine (MDMA, "Ecstasy") Investigator's Brochure," December 2007, available at www.maps.org/research/ mdma/protocol/ib_ mdma_new08.pdf (erişim Ağustos 16, 2012).
48. John H. Krystal, ve ark. "Chronic 3, 4-methylenedioxymethamphetamine (MDMA) use: effects on mood and neuropsychological function," *The American Journal of Drug and Alcohol Abuse* 18.3 (1992): 331–341.
49. Michael C. Mithoefer, ve ark., "The Safety and Efficacy of±3, 4- methylenedioxy methamphetamine- assisted Psychotherapy in Subjects with Chronic, Treatmentresistant Posttraumatic Stress Disorder: The First Randomized Controlled Pilot Study," *Journal of Psychopharmacology* 25.4 (2011): 439– 452; M. C. Mithoefer, ve ark., "Durability of Improvement in Post- traumatic Stress Disorder Symptoms and Absence of Harmful Effects or Drug Dependency after 3, 4- Methylenedioxy methamphetamine-Assisted Psychotherapy: A Prospective Long- Term Follow-up Study," *Journal of Psychopharmacology* 27, no. 1 (2013): 28– 39.
50. J. D. Bremner, "Neurobiology of Post- traumatic Stress Disorder," in *Post-traumatic Stress Disorder: A Critical Review*, ed. R. S. Rynoos (Lutherville, MD: Sidran Press, 1994), 43– 64.

51. http:// cdn.nextgov.com/ nextgov/ interstitial.html? v= 2.1.1& rf= http% 3A% 2F% 2Fwww.nextgov.com% 2Fhealth% 2F2011% 2F01% 2Fmilitarys- drug- policy - threatens- troops- health- doctors- say% 2F48321% 2F.
52. J. R. T. Davidson, "Drug Therapy of Post- traumatic Stress Disorder," *British Journal of Psychiatry* 160 (1992): 309–14. Ayrıca bk. R. Famularo, R. Kinscherff, and T. Fenton, "Propranolol Treatment for Childhood Posttraumatic Stress Disorder Acute Type," *American Journal of Disorders of Childhood* 142 (1988): 1244– 47; F. A. Fesler, "Valproate in Combat- Related Posttraumatic Stress Disorder," *Journal of Clinical Psychiatry* 52 (1991): 361– 64; B. H. Herman, ve ark., "Naltrexone Decreases Self- Injurious Behavior," *Annals of Neurology* 22 (1987): 530– 34; and B. A. van der Kolk, ve ark., "Fluoxetine in Posttraumatic Stress Disorder."
53. B. Van der Kolk, ve ark., "A Randomized Clinical Trial of EMDR, Fluoxetine and Pill Placebo in the Treatment of PTSD: Treatment Effects and Long-Term Maintenance," *Journal of Clinical Psychiatry* 68 (2007): 37– 46.
54. R. A. Bryant, ve ark., "Treating Acute Stress Disorder: An Evaluation of Cognitive Behavior Therapy and Supportive Counseling Techniques," *American Journal of Psychiatry* 156, no. 11 (Kasım 1999): 1780– 86; N. P. Roberts, ve ark., "Early Psychological Interventions to Treat Acute Traumatic Stress Symptoms," *Cochran Database of Systematic Reviews* 3 (Mart 2010).
55. Bu alfa reseptörü antagonisti prazosin, alfa 2 reseptörü antagonisti klonidin, ve beta reseptörü engelleyicisi propranololü içerir. Bk. M. J. Friedman and J. R. Davidson, "Pharmacotherapy for PTSD," in *Handbook of PTSD: Science and Practice*, ed. M. J. Friedman, T. M. Keane, and P. A. Resick (New York: Guilford Press, 2007), 376.
56. M. A. Raskind, ve ark., "A Parallel Group Placebo Controlled Study of Prazosin for Trauma Nightmares and Sleep Disturbance in Combat Veterans with Posttraumatic Stress Disorder," *Biological Psychiatry* 61, no. 8 (2007): 928– 34; F. B. Taylor, ve ark., "Prazosin Effects on Objective Sleep Measures and Clinical Symptoms in Civilian Trauma Posttraumatic Stress Disorder: A Placebo- Controlled Study," *Biological Psychiatry* 63, no. 6 (2008): 629– 32.
57. Lityum, lamotrigin, karbamazepin, divalproex, gabapentin ve topiramat, travma ile ilişkili saldırganlık ve irritabilitenin kontrolünde etkili olabilir. Valproate, kronik TSSB yaşayan savaş gazileri de dâhil çeşitli TSSB olgularında etkili olduğu gösterilmiştir. Friedman and Davidson, "Pharmacotherapy for PTSD"; F. A. Fesler, "Valproate in Combat- Related Posttraumatic Stress Disorder," *Journal of Clinical Psychiatry* 52, no. 9 (1991): 361– 64. Sonraki çalışma, TSSB'de yüzde 37.4 azalma olduğunu göstermiştir: S. Akuchekian and S. Amanat, "The Comparison of Topiramate and Placebo in the Treatment of Posttraumatic Stress Disorder: A Randomized, Double- Blind Study," *Journal of Research in Medical Sciences* 9, no. 5 (2004): 240– 44.

58. G. Bartzokis, ve ark., "Adjunctive Risperidone in the Treatment of Chronic Combat- Related Posttraumatic Stress Disorder," *Biological Psychiatry* 57, no. 5 (2005): 474– 79. Ayrıca bk. D. B. Reich, ve ark., "A Preliminary Study of Risperidone in the Treatment of Posttraumatic Stress Disorder Related to Childhood Abuse in Women," *Journal of Clinical Psychiatry* 65, no. 12 (2004): 1601– 6.
59. Travma yaşayan bireylere yardım ettiği görülen antidepresan trazodone, binoral (iki kulağa uygulanan) vuruş uygulamaları gibi müdahaleleri içeren yöntemler, light/ sound machines like Proteus (www.brainmachines.com), HRV monitors like hearthmath (http://www.heartmath.com), ve iRest, etkili yoga temelli müdahaleler (http://www.irest.us).
60. D. Wilson, "Child's Ordeal Shows Risks of Psychosis Drugs for Young," *New York Times*, September 1, 2010, available at http://www.nytimes.com/ 2010/09/02/business/02kids.html?pagewanted=all&_r=0.
61. M. Olfson, ve ark., "National Trends in the Office- Based Treatment of Children, Adolescents, and Adults with Antipsychotics," *Archives of General Psychiatry* 69, no. 12 (2012): 1247– 56.
62. E. Harris, ve ark., "Perspectives on Systems of Care: Concurrent Mental Health Therapy Among Medicaid- Enrolled Youths Starting Antipsychotic Medications," *FOCUS* 10, no. 3 (2012): 401– 7.
63. B. A. van der Kolk, "The Body Keeps the Score: Memory and the Evolving Psychobiology of Posttraumatic Stress," *Harvard Review of Psychiatry* 1, no. 5 (1994): 253– 65.
64. B. Brewin, "Mental Illness Is the Leading Cause of Hospitalization for Active- Duty Troops," Nextgov.com, Mayıs 17, 2012, http://www.nextgov.com/ health/ 2012/ 05/ mental- illness- leading- cause- hospitalization- active- duty- troops/ 55797/.
65. Ruh sağlığı ilaç masrafları, Savaş Gazileri İlişkileri. http://www.vet erans.senate.gov/imo/media/doc/For%20the%20Record%20-%20CCHR%204.30.14.pdf.

BÖLÜM 14: DİL: MUCİZE VE ZORBALIK

1. Dr. Spencer Eth to Bessel A. van der Kolk, March 2002.
2. J. Breuer ve S. Freud, "The Physical Mechanisms of Hysterical Phenomena," in *The Standard Edition of the Complete Psychological Works of Sigmund Freud* (London: Hogarth Press, 1893). J. Breuer and S. Freud, *Studies on Hysteria* (New York: Basic Books, 2009).
3. T. E. Lawrence, *Seven Pillars of Wisdom* (New York: Doubleday, 1935).
4. E. B. Foa, ve ark., "The Posttraumatic Cognitions Inventory (PTCI): Development and Validation," *Psychological Assessment* 11, no. 3 (1999): 303– 14.
5. K. Marlantes, *What It Is Like to Go to War* (New York: Grove Press, 2011).
6. a.g.e., 114.
7. a.g.e., 129.

8. H. Keller, *The World I Live In* (1908), ed. R. Shattuck (New York: NYRB Classics, 2004). Ayrıca bk. R. Shattuck, "A World of Words," *New York Review of Books*, February 26, 2004.
9. H. Keller, *The Story of My Life*, ed. R. Shattuck ve D. Herrmann (New York: Norton, 2003).
10. W. M. Kelley, ve ark., "Finding the Self? An Event- Related fMRI Study," *Journal of Cognitive Neuroscience* 14, no. 5 (2002): 785– 94. Ayrıca bk. N. A. Farb, ve ark., "Attending to the Present: Mindfulness Meditation Reveals Distinct Neural Modes of Self- Reference," *Social Cognitive and Affective Neuroscience* 2, no. 4 (2007): 313– 22. P. M. Niedenthal, "Embodying Emotion," *Science* 316, no. 5827 (2007): 1002– 5; and J. M. Allman, "The Anterior Cingulate Cortex," *Annals of the New York Academy of Sciences* 935, no. 1 (2001): 107– 17.
11. J. Kagan, Dalai Lama ile sohbet, Massachusetts Teknoloji Enstitüsü, 2006. http:// www.mindandlife.org/ about/ history/.
12. A. Goldman ve F. de Vignemont, "Is Social Cognition Embodied?" *Trends in Cognitive Sciences* 13, no. 4 (2009): 154– 59. Ayrıca bk. A. D. Craig, "How Do You Feel— Now? The Anterior Insula and Human Awareness," *Nature Reviews Neuroscience* 10 (2009): 59– 70; H. D. Critchley, "Neural Mechanisms of Autonomic, Affective, and Cognitive Integration," *Journal of Comparative Neurology* 493, no. 1 (2005): 154– 66; T. D. Wager, ve ark., "Prefrontal- Subcortical Pathways Mediating Successful Emotion Regulation," *Neuron* 59, no. 6 (2008): 1037– 50; K. N. Ochsner, ve ark., "Rethinking Feelings: An fMRI Study of the Cognitive Regulation of Emotion," *Journal of Cognitive Neuroscience* 14, no. 8 (2002): 1215– 29; A. D'Argembeau, ve ark., "Self- Reflection Across Time: Cortical Midline Structures Differentiate Between Present and Past Selves," *Social Cognitive and Affective Neuroscience* 3, no. 3 (2008): 244– 52; Y. Ma, ve ark., "Sociocultural Patterning of Neural Activity During Self- Reflection," *Social Cognitive and Affective Neuroscience* 9, no. 1 (2014): 73– 80; R. N. Spreng, R. A. Mar, ve A. S. Kim, "The Common Neural Basis of Autobiographical Memory, Prospection, Navigation, Theory of Mind, and the Default Mode: A Quantitative Meta- Analysis," *Journal of Cognitive Neuroscience* 21, no. 3 (2009): 489– 510; H. D. Critchley, "The Human Cortex Responds to an Interoceptive Challenge," *Proceedings of the National Academy of Sciences of the United States of America* 101, no. 17 (2004): 6333– 34; ve C. Lamm, C. D. Batson, ve J. Decety, "The Neural Substrate of Human Empathy: Effects of Perspective- Taking and Cognitive Appraisal," *Journal of Cognitive Neuroscience* 19, no. 1 (2007): 42– 58.
13. J. W. Pennebaker, *Opening Up: The Healing Power of Expressing Emotions* (New York: Guilford Press, 2012), 12.
14. a.g.e, p. 19.
15. a.g.e., p.35.
16. a.g.e., p. 50.

17. J. W. Pennebaker, J. K. Kiecolt- Glaser, ve R. Glaser, "Disclosure of Traumas and Immune Function: Health Implications for Psychotherapy," *Journal of Consulting and Clinical Psychology* 56, no. 2 (1988): 239– 45.
18. D. A. Harris, "Dance/ Movement Therapy Approaches to Fostering Resilience and Recovery Among African Adolescent Torture Survivors," *Torture* 17, no. 2 (2007): 134– 55; M. Bensimon, D. Amir, ve Y. Wolf, "Drumming Through Trauma: Music Therapy with Post- traumatic Soldiers," *Arts in Psychotherapy* 35, no. 1 (2008): 34– 48; M. Weltman, "Movement Therapy with Children Who Have Been Sexually Abused," *American Journal of Dance Therapy* 9, no. 1 (1986): 47– 66; H. Englund "Death, Trauma and Ritual: Mozambican Refugees in Malawi," *Social Science & Medicine* 46, no. 9 (1998): 1165– 74; H. Tefferi, Geleneksel güçlere dayanma: Güney Sudan'dan gelen yalnız Göçmen Çocuklar (1996); D. Tolfree, *Restoring Playfulness: Different Approaches to Assisting Children Who Are Psychologically Affected by War or Displacement* (Stockholm: Rädda Barnen, 1996), 158– 73; N. Boothby, "Mobilizing Communities to Meet the Psychosocial Needs of Children in War and Refugee Crises," in *Minefields in Their Hearts: The Mental Health of Children in War and Communal Violence*, ed. R. Apfel and B. Simon (New Haven, CT: Yale University Press, 1996), 149– 64; S. Sandel, S. Chaiklin, ve A. Lohn, *Foundations of Dance/ Movement Therapy: The Life and Work of Marian Chace* (Columbia, MD: American Dance Therapy Association, 1993); K. Callaghan, "Movement Psychotherapy with Adult Survivors of Political Torture and Organized Violence," *Arts in Psychotherapy* 20, no. 5 (1993): 411– 21; A. E. L. Gray, "The Body Remembers: Dance Movement Therapy with an Adult Survivor of Torture," *American Journal of Dance Therapy* 23, no. 1 (2001): 29– 43.
19. A. M. Krantz, ve J. W. Pennebaker, "Expressive Dance, Writing, Trauma, and Health: When Words Have a Body," *Whole Person Healthcare* 3 (2007): 201– 29.
20. P. Fussell, *The Great War and Modern Memory* (London: Oxford University Press, 1975).
21. Bu bulgular, şu çalışmalarda tekrarlanmıştır: J. D. Bremner, "Does Stress Damage the Brain?" *Biological Psychiatry* 45, no. 7 (1999): 797– 805; I. Liberzon, ve ark., "Brain Activation in PTSD in Response to Trauma-Related Stimuli," *Biological Psychiatry* 45, no. 7 (1999): 817– 26; L. M. Shin, ve ark., "Visual Imagery and Perception in Posttraumatic Stress Disorder: A Positron Emission Tomographic Investigation," *Archives of General Psychiatry* 54, no. 3 (1997): 233– 41; L. M. Shin, ve ark., "Regional Cerebral Blood Flow During Script- Driven Imagery in Childhood Sexual Abuse– Related PTSD: A PET Investigation," *American Journal of Psychiatry* 156, no. 4 (1999): 575– 84.
22. Bu terimin benim mi yoksa Peter Levine'in mi olduğundan emin değilim. Benden bahsettiği bir video var ancak sallanma ile ilgili her şeyi kendisinden öğrendim.

23. Az sayıda çalışmayı içeren kanıtlar, maruz bırakma /acupoint uyarımının kuvvetli sonuçlar verdiğini desteklemektedir ve maruz bırakma stratejilerini geleneksel gevşeme teknikleri ile birleştirmektedir. (www.vetcases.com). D. Church, ve ark., "Single- Session Reduction of the Intensity of Traumatic Memories in Abused Adolescents After EFT: A Randomized Controlled Pilot Study," *Traumatology* 18, no. 3 (2012): 73– 79; and D. Feinstein and D. Church, "Modulating Gene Expression Through Psychotherapy: The Contribution of Noninvasive Somatic Interventions," Review of General Psychology 14, no. 4 (2010): 283– 95.
24. T. Gil, ve ark., "Cognitive Functioning in Post-traumatic Stress Disorder," Journal of Traumatic Stress 3, no. 1 (1990): 29– 45; J. J. Vasterling, ve ark., "Attention, Learning, and Memory Performances and Intellectual Resources in Vietnam Veterans: PTSD and No Disorder Comparisons," Neuropsychology 16, no. 1 (2002): 5.
25. TSSB denekleri ile nörogörüntüleme çalışmalarında, doğal kelimelere tepki olarak beynin konuşma alanı olan Broca alanının işlevsizleştirdiği görülmüştür. Başka bir deyişle: TSSB hastalarında bulduğumuz (bk. 3. Bölüm) Broca alanı işlevi azalması yalnızca travmatik anılara tepki olarak oluşmamaktadır; aynı zamanda doğal kelimelere dikkat edilmesi istendiğinde de oluşur. Bu da travma yaşayan kişilerin hislerini ve sıradan olaylar hakkında düşündüklerini söylerken zorluk yaşadığı anlamına gelmektedir. TSSB hastalarında medial prefrontal kortekste (mPFC), kişinin benlik farkındalığını ileten, duman dedektörü amigdalanın aktivasyonunu sınırlandıran frontal lob aktivasyonunda da azalma vardır. Bu da basit bir dil görevine karşı tepki verirken beynin korku tepkisini bastırmakta zorluk yaşamaları anlamına gelmektedir. Bk. K. A. Moores, C. R. Clark, A. C. McFarlane, G. C. Brown, A. Puce, and D. J. Taylor, "Abnormal Recruitment of Working Memory Updating Networks During Maintenance of Trauma- neutral Information in Posttraumatic Stress Disorder," *Psychiatry Research: Neuroimaging,* 163(2), 156– 170.
26. J. Breuer and S. Freud, "The Physical Mechanisms of Hysterical Phenomena," in *The Standard Edition of the Complete Psychological Works of Sigmund Freud* (London: Hogarth Press, 1893).
27. D. L. Schacter, *Searching for Memory* (New York: Basic Books, 1996).

BÖLÜM 15: GEÇMİŞİ BIRAKMAK: EMDR

1. F. Shapiro, *EMDR: The Breakthrough Eye Movement Therapy for Overcoming Anxiety, Stress, and Trauma* (New York: Basic Books, 2004).
2. B. A. van der Kolk, ve ark., "A Randomized Clinical Trial of Eye Movement Desensitization and Reprocessing (EMDR), Fluoxetine, and Pill Placebo in the Treatment of Posttraumatic Stress Disorder: Treatment Effects and Long- Term Maintenance," *Journal of Clinical Psychiatry* 68, no. 1 (2007): 37– 46.

3. J. G. Carlson, ve ark.,"Eye Movement Desensitization and Reprocessing (EDMR) Treatment for Combat- Related Posttraumatic Stress Disorder," *Journal of Traumatic Stress* 11, no. 1 (1998): 3– 24.
4. J. D. Payne, ve ark., "Sleep Increases False Recall of Semantically Related Words in the Deese- Roediger- McDermott Memory Task," *Sleep* 29 (2006): A373.
5. B. A. van der Kolk and C. P. Ducey, "The Psychological Processing of Traumatic Experience: Rorschach Patterns in PTSD," *Journal of Traumatic Stress* 2, no. 3 (1989): 259– 74.
6. M. Jouvet, *The Paradox of Sleep: The Story of Dreaming*, trans. Laurence Garey (Cambridge, MA: MIT Press, 1999).
7. R. Greenwald, "Eye Movement Desensitization and Reprocessing (EMDR): A New Kind of Dreamwork?" *Dreaming* 5, no. 1 (1995): 51– 55.
8. R. Cartwright, ve ark., "REM Sleep Reduction, Mood Regulation and Remission in Untreated Depression," *Psychiatry Research* 121, no. 2 (2003): 159– 67. See also R. Cartwright, ve ark., "Role of REM Sleep and Dream Affect in Overnight Mood Regulation: A Study of Normal Volunteers," *Psychiatry Research* 81, no. 1 (1998): 1– 8
9. R. Greenberg, C. A. Pearlman, ve D. Gampel, "War Neuroses and the Adaptive Function of REM Sleep," *British Journal of Medical Psychology* 45, no. 1 (1972): 27– 33. Ramon Greenberg ve Chester Pearlman, bizim laboratuvarımızda olduğu gibi, savaş gazilerinin REM döneminde hemen uyandıklarını bulmuştur. Pek çok travma yaşayan kişi uyuyabilmek için alkol kullanırken, kendilerini rüya görmenin faydalarından (anıların bütünleşmesi ve dönüşümü) uzak tutarak, TSSB'nin çözülmesinin engellenmesine neden olmaktadırlar.
10. B. van der Kolk, ve ark.,"Nightmares and Trauma: A Comparison of Nightmares After Combat with Lifelong Nightmares in Veterans," *American Journal of Psychiatry* 141, no. 2 (1984): 187– 90.
11. N. Breslau, ve ark., "Sleep Disturbance and Psychiatric Disorders: A Longitudinal Epidemiological Study of Young Adults," *Biological Psychiatry* 39, no. 6 (1996): 411– 18.
12. R. Stickgold, ve ark., "Sleep- Induced Changes in Associative Memory," *Journal of Cognitive Neuroscience* 11, no. 2 (1999): 182– 93. Ayrıca bk. R. Stickgold, "Of Sleep, Memories and Trauma," *Nature Neuroscience* 10, no. 5 (2007): 540– 42; ve B. Rasch, ve ark., "Odor Cues During Slow- Wave Sleep Prompt Declarative Memory Consolidation," *Science* 315, no. 5817 (2007): 1426– 29.
13. E. J. Wamsley, ve ark., "Dreaming of a Learning Task Is Associated with Enhanced Sleep- Dependent Memory Consolidation," *Current Biology* 20, no. 9 (Mayıs 11, 2010): 850– 55.
14. R. Stickgold, "Sleep- Dependent Memory Consolidation," *Nature* 437 (2005): 1272– 78.
15. R. Stickgold, ve ark., "Sleep- Induced Changes in Associative Memory," *Journal of Cognitive Neuroscience* 11, no. 2 (1999): 182– 93.

16. J. Williams, ve ark., "Bizarreness in Dreams and Fantasies: Implications for the Activation- Synthesis Hypothesis," *Consciousness and Cognition* 1, no. 2 (1992): 172– 85. Ayrıca bk. Stickgold, ve ark., "Sleep- Induced Changes in Associative Memory."
17. M. P. Walker, ve ark., "Cognitive Flexibility Across the Sleep- Wake Cycle: REMSleep Enhancement of Anagram Problem Solving," *Cognitive Brain Research* 14 (2002): 317– 24.
18. R. Stickgold, "EMDR: A Putative Neurobiological Mechanism of Action," *Journal of Clinical Psychology* 58 (2002): 61– 75.
19. Göz hareketlerinin travmatik anıların işlenmesinde ve dönüşümünde yardımcı olduğuna dair pek çok çalışma vardır. M. Sack, ve ark., "Alterations in Autonomic Tone During Trauma Exposure Using Eye Movement Desensitization and Reprocessing (EMDR)— Results of a Preliminary Investigation," *Journal of Anxiety Disorders* 22, no. 7 (2008): 1264– 71; B. Letizia, F. Andrea, ve C. Paolo, "Neuroanatomical Changes After Eye Movement Desensitization and Reprocessing (EMDR) Treatment in Posttraumatic Stress Disorder," *The Journal of Neuropsychiatry and Clinical Neurosciences* 19, no. 4 (2007): 475– 76; P. Levin, S. Lazrove, ve B. van der Kolk, "What Psychological Testing and Neuroimaging Tell Us About the Treatment of Posttraumatic Stress Disorder by Eye Movement Desensitization and Reprocessing," *Journal of Anxiety Disorders* 13, nos. 1– 2, 159– 72; M. L. Harper, T. Rasolkhani Kalhorn, J. F. Drozd, "On the Neural Basis of EMDR Therapy: Insights from Qeeg Studies," *Traumatology* 15, no. 2 (2009): 81– 95; K. Lansing, D. G. Amen, C. Hanks, and L. Rudy, "High- Resolution Brain SPECT Imaging and Eye Movement Desensitization and Reprocessing in Police Officers with PTSD," *The Journal of Neuropsychiatry and Clinical Neurosciences* 17, no. 4 (2005): 526– 32; T. Ohtani, K. Matsuo, K. Kasai, T. Kato, ve N. Kato, "Hemodynamic Responses of Eye Movement Desensitization and Reprocessing in Posttraumatic Stress Disorder." *Neuroscience Research* 65, no. 4 (2009): 375– 83; M. Pagani, G. Högberg, D. Salmaso, D. Nardo, Ö. Sundin, C. Jonsson, ve T. Hällström, "Effects of EMDR Psychotherapy on 99mtc- HMPAO Distribution in Occupation- Related Post- Traumatic Stress Disorder," *Nuclear Medicine Communications* 28 (2007): 757– 65; H. P. Söndergaard ve U. Elofsson, "Psychophysiological Studies of EMDR," *Journal of EMDR Practice and Research* 2, no. 4 (2008): 282– 88.

BÖLÜM 16: BEDENİNİZİN İÇİNDE YAŞAMAYI ÖĞRENMEK: YOGA

1. Akupunktur ve aküpresür travma çalışan klinik uzmanlar arasında oldukça yaygındır ve klinik TSSB tedavisi için sistematik olarak çalışılmaktadır. M. Hollifield, ve ark., "Acupuncture for Posttraumatic Stress Disorder: A Randomized Controlled Pilot Trial," *Journal of Nervous and Mental Disease* 195, no. 6 (2007): 504– 13. Beynin korku bölgesiyle ilgili alanlarında

akupunktur etkisini araştıran çalışmalar, beynin bu bölgelerindeki düzenlemeyi ölçmektedir. K. K. Hui, ve ark., "The Integrated Response of the Human Cerebro- Cerebellar and Limbic Systems to Acupuncture Stimulation at ST 36 as Evidenced by fMRI," *NeuroImage* 27 (2005): 479– 96; J. Fang, ve ark., "The Salient Characteristics of the Central Effects of Acupuncture Needling: Limbic-Paralimbic- Neocortical Network Modulation," *Human Brain Mapping* 30 (2009): 1196– 206; D. Feinstein, "Rapid Treatment of PTSD: Why Psychological Exposure with Acupoint Tapping May Be Effective," *Psychotherapy: Theory, Research, Practice, Training* 47, no. 3 (2010): 385–402; D. Church, ve ark., "Psychological Trauma Symptom Improvement in Veterans Using EFT (Emotional Freedom Technique): A Randomized Controlled Trial," *Journal of Nervous and Mental Disease* 201(2013): 153– 60; D. Church, G. Yount, ve A. J. Brooks, "The Effect of Emotional Freedom Techniques (EFT) on Stress Biochemistry: A Randomized Controlled Trial," *Journal of Nervous and Mental Disease* 200 (2012): 891– 96; R. P. Dhond, N. Kettner, ve V. Napadow, "Neuroimaging Acupuncture Effects in the HumanBrain," *Journal of Alternative and Complementary Medicine* 13 (2007): 603– 16; K. K. Hui, ve ark., "Acupuncture Modulates the Limbic System and Subcortical Gray Structures of the Human Brain: Evidence from fMRI Studies in Normal Subjects," *Human Brain Mapping* 9 (2000): 13– 25.

2. M. Sack, J. W. Hopper, ve F. Lamprecht, "Low Respiratory Sinus Arrhythmia and Prolonged Psychophysiological Arousal in Posttraumatic Stress Disorder: Heart Rate Dynamics and Individual Differences in Arousal Regulation," *Biological Psychiatry* 55, no. 3 (2004): 284– 90. Ayrıca bk. H. Cohen, ve ark., "Analysis of Heart Rate Variability in Posttraumatic Stress Disorder Patients in Response to a Trauma-Related Reminder," *Biological Psychiatry* 44, no. 10 (1998): 1054– 59; H. Cohen, ve ark., "Long- Lasting Behavioral Effects of Juvenile Trauma in an Animal Model of PTSD Associated with a Failure of the Autonomic Nervous System to Recover," *European Neuropsychopharmacology* 17, no. 6 (2007): 464– 77; ve H. Wahbeh ve B. S. Oken, "Peak High- Frequency HRV and Peak Alpha Frequency Higher in PTSD," *Applied Psychophysiology and Biofeedback* 38, no. 1 (2013): 57– 69.
3. J. W. Hopper, ve ark., "Preliminary Evidence of Parasympathetic Influence on Basal Heart Rate in Posttraumatic Stress Disorder," *Journal of Psychosomatic Research* 60, no. 1 (2006): 83– 90.
4. Kudüs'teki Hadassah Tıp Okulundan Arieh Shalev ve Harvard'dan Roger Pitman'ın deneyleri bu yöne işaret etmektedir: A. Y. Shalev, ve ark., "Auditory Startle Response in Trauma Survivors with Posttraumatic Stress Disorder: A Prospective Study," *American Journal of Psychiatry* 157, no. 2 (2000): 255– 61; R. K. Pitman, ve ark., "Psychophysiologic Assessment of Posttraumatic Stress Disorder Imagery in Vietnam Combat Veterans," *Archives of General Psychiatry* 44, no. 11 (1987): 970– 75; A. Y. Shalev, ve ark., "A Prospective Study of Heart Rate Response Following Trauma and

the Subsequent Development of Posttraumatic Stress Disorder,"*Archives of General Psychiatry* 55, no. 6 (1998): 553– 59.

5. P. Lehrer, Y. Sasaki, ve Y. Saito, "Zazen and Cardiac Variability," *Psychosomatic Medicine* 61, no. 6 (1999): 812– 21. Ayrıca bk. R. Sovik, "The Science of Breathing: The Yogic View," *Progress in Brain Research* 122 (1999): 491–505; P. Philippot, G. Chapelle, and S. Blairy, "Respiratory Feedback in the Generation of Emotion," *Cognition & Emotion* 16, no. 5 (2002): 605– 27; A. Michalsen, ve ark., "Rapid Stress Reduction and Anxiolysis Among Distressed Women as a Consequence of a Three- Month Intensive Yoga Program," *Medcal Science Monitor* 11, no. 12 (2005): 555– 61; G. Kirkwood, ve ark., "Yoga for Anxiety: A Systematic Review of the Research Evidence," *British Journal of Sports Medicine* 39 (2005): 884– 91; K. Pilkington, et al., "Yoga for Depression: The Research Evidence," *Journal of Affective Disorders* 89 (2005): 13– 24; and P. Gerbarg and R. Brown, "Yoga: A Breath of Relief for Hurricane Katrina Refugees," *Current Psychiatry* 4 (2005): 55–67.
6. B. Cuthbert, ve ark., "Strategies of Arousal Control: Biofeedback, Meditation, and Motivation," *Journal of Experimental Psychology* 110 (1981): 518– 46. Ayrıca bk. S. B. S. Khalsa, "Yoga as a Therapeutic Intervention: A Bibliometric Analysis of Published Research Studies," *Indian Journal of Physiology and Pharmacology* 48 (2004): 269– 85; M. M. Delmonte, "Meditation as a Clinical Intervention Strategy: A Brief Review," *International Journal of Psychosomatics* 33 (1986): 9– 12; I. Becker, "Uses of Yoga in Psychiatry and Medicine," in *Complementary and Alternative Medicine and Psychiatry*, vol. 19, ed. P. R. Muskin (Washington, DC: American Psychiatric Press, 2008); L. Bernardi, ve ark., "Slow Breathing Reduces Chemoreflex Response to Hypoxia and Hypercapnia, and Increases Baroreflex Sensitivity," *Journal of Hypertension* 19, no. 12 (2001): 2221– 29; R. P. Brown and P. L. Gerbarg, "Sudarshan Kriya Yogic Breathing in the Treatment of Stress, Anxiety, and Depression: Part I: Neurophysiologic Model," *Journal of Alternative and Complementary Medicine* 11 (2005): 189– 201; R. P. Brown ve P. L. Gerbarg, "Sudarshan Kriya Yogic Breathing in the Treatment of Stress, Anxiety, and Depression: Part II: Clinical Applications and Guidelines," *Journal of Alternative and Complementary Medicine* 11 (2005): 711– 17; C. C. Streeter, ve ark., "Yoga Asana Sessions Increase Brain GABA Levels: A Pilot Study," *Journal of Alternative and Complementary Medicine* 13 (2007): 419– 26; and C. C. Streeter, ve ark., "Effects of Yoga Versus Walking on Mood, Anxiety, and Brain GABA Levels: A Randomized Controlled MRS Study," *Journal of Alternative and Complementary Medicine* 16 (2010): 1145– 52.
7. Pek çok tıbbi durum üzerinde yoganın olumlu etkileri olduğunu gösteren çok sayıda çalışma vardır. Burada küçük bir örnek yer almaktadır: S. B. Khalsa, "Yoga as a Therapeutic Intervention"; P. Grossman, ve ark., "Mindfulness- Based Stress Reduction and Health Benefits: A Meta-Analysis," *Journal of Psychosomatic Research* 57 (2004): 35– 43; K.

Sherman, ve ark., "Comparing Yoga, Exercise, and a Self- Care Book for Chronic Low Back Pain: A Randomized, Controlled Trial," *Annals of Internal Medicine* 143 (2005): 849– 56; K. A. Williams, ve ark., "Effect of Iyengar Yoga Therapy for Chronic Low Back Pain," *Pain* 115 (2005): 107– 17; R. B. Saper, et al., "Yoga for Chronic Low Back Pain in a Predominantly Minority Population: A Pilot Randomized Controlled Trial," *Alternative Therapies in Health and Medicine* 15 (2009): 18– 27; J. W. Carson, ve ark., "Yoga for Women with Metastatic Breast Cancer: Results from a Pilot Study," *Journal of Pain and Symptom Management* 33 (2007): 331– 41.

8. B. A. van der Kolk, ve ark., "Yoga as an Adjunctive Therapy for PTSD," *Journal of Clinical Psychiatry* 75, no. 6 (Haziran 2014): 559–65.
9. Kaliforniyalı bir şirket olan HearthMath daha iyi KHD sonuçları elde etmek için eğlenceli ve etkili gereçler ve bilgisayar oyunları geliştirmiştir. Günümüze dek kimse, HeartMath tarafından geliştiren bu araçların ya da benzerlerinin TSSB üzerindeki etkilerini araştırmadı ancak kısa sürede bu tür çalışmalar olacaktır (Bk. www.heartmath.org.)
10. Bu kitabın yazımı sırasında iTunes'da emWave, HeartMath ve GPS4Soul gibi KHD oranını arttığını iddia eden 24 uygulama vardı.
11. B. A. van der Kolk, "Clinical Implications of Neuroscience Research in PTSD," *Annals of the New York Academy of Sciences* 1071, no. 1 (2006): 277– 93.
12. S. Telles, ve ark., "Alterations of Auditory Middle Latency Evoked Potentials During Yogic Consciously Regulated Breathing and Attentive State of Mind," *International Journal of Psychophysiology* 14, no. 3 (1993): 189– 98. Ayrıca bk. P. L. Gerbarg, "Yoga and Neuro- Psychoanalysis," in *Bodies in Treatment: The Unspoken Dimension*, ed. Frances Sommer Anderson (New York: Analytic Press, 2008), 127– 50.
13. D. Emerson ve E. Hopper, *Overcoming Trauma Through Yoga: Reclaiming Your Body* (Berkeley, CA: North Atlantic Books, 2011).
14. A. Damasio, *The Feeling of What Happens: Body and Emotion in the Making of Consciousness* (New York: Harcourt, 1999).
15. "Interoception" Temel benlik algısı için kullanılan bilimsel terimdir. Travma yaşayan kişilerin beyin görüntüleme çalışmaları, insula olarak adlandırılan bölgede fiziksel öz farkındalıkla ilgili alanda tekrar eden problemler olduğunu göstermiştir. J. W. Hopper, ve ark., "Neural Correlates of Reexperiencing, Avoidance, and Dissociation in PTSD: Symptom Dimensions and Emotion Dysregulation in Responses to Script-Driven Trauma Imagery," *Journal of Traumatic Stress* 20, no. 5 (2007): 713– 25. Ayrıca bk. I. A. Strigo, ve ark., "Neural Correlates of Altered Pain Response in Women with Posttraumatic Stress Disorder from Intimate Partner Violence," *Biological Psychiatry* 68, no. 5 (2010): 442– 50; G. A. Fonzo, ve ark., "Exaggerated and Disconnected Insular- Amygdalar Blood Oxygenation Level-Dependent Response to Threat- Related Emotional Faces in Women with Intimate-Partner Violence Posttraumatic Stress Disorder," *Biological Psychiatry* 68,

no. 5 (2010): 433– 41; P. A. Frewen, ve ark., "Social Emotions and Emotional Valence During Imagery in Women with PTSD: Affective and Neural Correlates," *Psychological Trauma: Theory, Research, Practice, and Policy* 2, no. 2 (2010): 145– 57; K. Felmingham, ve ark., "Dissociative Responses to Conscious and Non- conscious Fear Impact Underlying Brain Function in Post- traumatic Stress Disorder," *Psychological Medicine* 38, no. 12 (2008): 1771– 80; A. N. Simmons, ve ark., "Functional Activation and Neural Networks in Women with Posttraumatic Stress Disorder Related to Intimate Partner Violence," *Biological Psychiatry* 64, no. 8 (2008): 681– 90; R. J. L. Lindauer, ve ark., "Effects of Psychotherapy on Regional Cerebral Blood Flow During Trauma Imagery in Patients with Post- traumatic Stress Disorder: A Randomized Clinical Trial," *Psychological Medicine* 38, no. 4 (2008): 543– 54 ve A. Etkin ve T. D. Wager, "Functional Neuroimaging of Anxiety: A Meta- Analysis of Emotional Processing in PTSD, Social Anxiety Disorder, and Specific Phobia," *American Journal of Psychiatry* 164, no. 10 (2007): 1476– 88.

16. J. C. Nemiah ve P. E. Sifneos, "Psychosomatic Illness: A Problem in Communication," *Psychotherapy and Psychosomatics* 18, no. 1– 6 (1970): 154–60. Ayrıca bk. G. J. Taylor, R. M. Bagby, ve J. D. A. Parker, *Disorders of Affect Regulation: Alexithymia in Medical and Psychiatric Illness* (Cambridge, UK: Cambridge University Press, 1997).
17. A. R. Damasio, *The Feeling of What Happens: Body and Emotion and the Making of Consciousness* (New York: Random House, 2000), 28.
18. B. A. van der Kolk, "Clinical Implications of Neuroscience Research in PTSD," *Annals of the New York Academy of Sciences* 1071, no. 1 (2006): 277– 93. See also B. K. Hölzel, ve ark., "How Does Mindfulness Meditation Work? Proposing Mechanisms of Action from a Conceptual and Neural Perspective," *Perspectives on Psychological Science* 6, no. 6 (2011): 537– 59.
19. B. K. Hölzel, ve ark., "Mindfulness Practice Leads to Increases in Regional Brain Gray Matter Density," *Psychiatry Research: Neuroimaging* 191, no. 1 (2011): 36– 43. Ayrıca bk. B. K. Hölzel, ve ark., "Stress Reduction Correlates with Structural Changes in the Amygdala," *Social Cognitive and Affective Neuroscience* 5, no. 1 (2010): 11–17; and S. W. Lazar, ve ark., "Meditation Experience Is Associated with Increased Cortical Thickness," *NeuroReport* 16 (2005): 1893– 97.

BÖLÜM 17: PARÇALARI BİR ARAYA GETİRME: ÖZ LİDERLİK

1. R. A. Goulding and R. C. Schwartz, *The Mosaic Mind: Empowering the Tormented Selves of Child Abuse Survivors* (New York: Norton, 1995), 4.
2. J. G. Watkins ve H. H. Watkins, *Ego States* (New York: Norton, 1997). Jung, kişiliğin parçalarını arketip ve kompleksler olarak adlandırmaktadır; bilişsel psikoloji ise şemalar oluşturmakta ve DKB literatürü bunları alter olarak ifade etmektedir. Ayrıca bk. J. G. Watkins and H. H. Watkins, "Theory and

Practice of Ego State Therapy: A Short- Term Therapeutic Approach," *Short- Term Approaches to Psychotherapy* 3 (1979): 176– 220; J. G. Watkins ve H. H. Watkins, "Ego States and Hidden Observers," *Journal of Altered States of Consciousness* 5, no. 1 (1979): 3– 18; and C. G. Jung, *Lectures: Psychology and Religion* (New Haven, CT: Yale University Press, 1960).

3. W. James, *The Principles of Psychology* (New York: Holt, 1890), 206.
4. C. Jung, *Collected Works*, vol. 9, *The Archetypes and the Collective Unconscious* (Princeton, NJ: Princeton University Press, 1955/ 1968), 330.
5. C. Jung, *Collected Works*, vol. 10, *Civilization in Transition* (Princeton, NJ: Princeton University Press, 1957/ 1964), 540.
6. a.g.e., 133.
7. M. S. Gazzaniga, *The Social Brain: Discovering the Networks of the Mind* (New York: Basic Books, 1985), 90.
8. a.g.e., 356.
9. M. Minsky, *The Society of Mind* (New York: Simon & Schuster, 1988), 51.
10. Goulding and Schwartz, *Mosaic Mind*, 290.
11. O. van der Hart, E. R. Nijenhuis, and K. Steele, *The Haunted Self: Structural Dissociation and the Treatment of Chronic Traumatization* (New York: W. W. Norton, 2006); R. P. Kluft, *Shelter from the Storm* (self- published, 2013).
12. R. Schwartz, *Internal Family Systems Therapy* (New York: Guilford Press, 1995).
13. a.g.e., p. 34.
14. a.g.e., p. 19.
15. Goulding ve Schwartz, *Mosaic Mind*, 63.
16. J. G. Watkins, 1997, depresyonun kişileştirilmesinin bir örneği olarak gösterir: "Depresyonun imajinal algısının ne olduğunu, kimin ve hangi karakterin acı çektiğini bilmeliyiz"
17. Richard Schwartz, kişisel iletişim.
18. Goulding ve Schwartz, *Mosaic Mind*, 33.
19. A. W. Evers, ve ark., "Tailored Cognitive- Behavioral Therapy in Early Rheumatoid Arthritis for Patients at Risk: A Randomized Controlled Trial," *Pain* 100, no. 1– 2 (2002): 141– 53; E. K. Pradhan, ve ark., "Effect of Mindfulness- Based Stress Reduction in Rheumatoid Arthritis Patients," *Arthritis & Rheumatology* 57, no. 7 (2007): p. 1134– 42; J. M. Smyth, ve ark., "Effects of Writing About Stressful Experiences on Symptom Reduction in Patients with Asthma or Rheumatoid Arthritis: A Randomized Trial," *JAMA* 281, no. 14 (1999): 1304– 9; L. Sharpe, ve ark., "Long-Term Efficacy of a Cognitive Behavioural Treatment from a Randomized Controlled Trial for Patients Recently Diagnosed with Rheumatoid Arthritis," *Rheumatology (Oxford)* 42, no. 3 (2003): 435– 41; H. A. Zangi, et al., "A Mindfulness- Based Group Intervention to Reduce Psychological Distress and Fatigue in Patients with Inflammatory Rheumatic Joint Diseases: A Randomised Controlled Trial," *Annals of the Rheumatic Diseases* 71, no. 6 (2012): 911– 17.

BÖLÜM 18: BOŞLUKLARI DOLDURMA: YAPILAR OLUŞTURMAK

1. Pesso Boyden Sistem Psikomotor. bk. http://pbsp.com/.
2. D. Goleman, *Social Intelligence: The New Science of Human Relationships* (New York: Random House Digital, 2006).
3. A. Pesso, "PBSP: Pesso Boyden System Psychomotor," in *Getting in Touch: A Guide to Body- Centered Therapies, ed.* S. Caldwell (Wheaton, IL: Theosophical Publishing House, 1997); A. Pesso, *Movement in Psychotherapy: Psychomotor Techniques and Training* (New York: New York University Press, 1969); A. Pesso, *Experience in Action: A Psychomotor Psychology* (New York: New York University Press, 1973); A. Pesso and J. Crandell, eds., *Moving Psychotherapy: Theory and Application of Pesso System/ Psychomotor* (Cambridge, MA: Brookline Books, 1991); M. Scarf, *Secrets, Lies, and Betrayals* (New York: Ballantine Books, 2005); M. van Attekum, *Aan Den Lijve* (Netherlands: Pearson Assessment, 2009); ve A. Pesso, "The Externalized Realization of the Unconscious and the Corrective Exp erience," in *Handbook of Body- Psychotherapy / Handbuch der Körperpsychotherapie,* ed. H. Weiss and G. Marlock (Stuttgart, Germany: Schattauer, 2006).
4. Luiz Pessoa ve Ralph Adolphs, "Emotion Processing and the Amygdala: from a 'Low Road' to 'Many Roads' of Evaluating Biological Significance." *Nature Reviews Neuroscience* 11, no. 11 (2010): 773– 83.

BÖLÜM 19: BEYNİ YENİDEN YAPILANDIRMAK: NEUROFEEDBACK

1. H. H. Jasper, P. Solomon, ve C. Bradley, "Electroencephalographic Analyses of Behavior Problem Children," *American Journal of Psychiatry* 95 (1938): 641– 58; P. Solomon, H. H. Jasper, and C. Braley, "Studies in Behavior Problem Children," *American Neurology and Psychiatry* 38 (1937): 1350–51.
2. Harvard Tıp Fakültesinden Martin Teicher, çocukken istismara uğrayan yetişkinlerin temporal lob anomalileri üzerine ayrıntılı bir araştırma gerçekleştirmiştir: M. H. Teicher, ve ark., "The Neurobiological Consequences of Early Stress and Childhood Maltreatment," *Neuroscience & Biobehavioral Reviews* 27, no. 1– 2 (2003): 33– 44; M. H. Teicher, ve ark., "Early Childhood Abuse and Limbic System Ratings in Adult Psychiatric Outpatients," *Journal of Neuropsychiatry & Clinical Neurosciences* 5, no. 3 (1993): 301– 6; M. H. Teicher, ve ark., "Sticks, Stones and Hurtful Words: Combined Effects of Childhood Maltreatment Matter Most," *American Journal of Psychiatry* (2012).
3. Sebern F. Fisher, *Neurofeedback in the Treatment of Developmental Trauma: Calming the Fear- Driven Brain* (New York: Norton, 2014).
4. J. N. Demos, *Getting Started with Neurofeedback* (New York: W. W. Norton, 2005). Ayrıca bk. R. J. Davidson, "Affective Style and Affective Disorders: Prospectives from Affective Neuroscience," *Cognition and Emotion* 12, no. 3 (1998): 307– 30; and R. J. Davidson, ve ark., "Regional Brain Function, Emotion and Disorders of Emotion," *Current Opinion in Neurobiology* 9 (1999): 228– 34.

5. J. Kamiya, "Conscious Control of Brain Waves," *Psychology Today*, April 1968, 56– 60. Ayrıca bk. D. P. Nowlis, and J. Kamiya, "The Control of Electroencephalographic Alpha Rhythms Through Auditory Feedback and the Associated Mental Activity," *Psychophysiology* 6, no. 4 (1970): 476– 84; and D. Lantz and M. B. Sterman, "Neuropsychological Assessment of Subjects with Uncontrolled Epilepsy: Effects of EEG Feedback Training," *Epilepsia* 29, no. 2 (1988): 163–71.
6. M. B. Sterman, L. R. Macdonald, ve R. K. Stone, "Biofeedback Training of the Sensorimotor Electroencephalogram Rhythm in Man: Effects on Epilepsy," *Epilepsia* 15, no. 3 (1974): 395– 416. Son dönemde yapılan 87 meta-analiz çalışması, neurofeedback'in, eğitim alan epilepsi hastalarının yüzde 80'inin nöbet sıklıklarında azalma sağladığını göstermiştir. Gabriel Tan, ve ark., "Meta- Analysis of EEG Biofeedback in Treating Epilepsy," *Clinical EEG and Neuroscience* 40, no. 3 (2009): 173– 79.
7. Bu, Bölüm 5'te tanımladığım öz farkındalık devresinin bir parçasıdır. Alvaro Pascual- Leone, medial prefrontal korteksin üzerinde bir alanı transkraniyal manyetik uyarılma (TMS) ile nasıl ve ne zaman yendiğini göstermiştir, insanlar geçici olarak aynaya baktıklarında kim olduklarını bilememektedir. J. Pascual- Leone, "Mental Attention, Consciousness, and the Progressive Emergence of Wisdom," *Journal of Adult Development* 7, no. 4 (2000): 241– 54.
8. http:// www.eegspectrum.com/ intro-to-neurofeedback/.
9. S. Rauch, ve ark., "Symptom Provocation Study Using Positron Emission Tomography and Script Driven Imagery," *Archives of General Psychiatry* 53 (1996): 380– 87. Yeni beyin görüntüleme biçimlerinden biri olak manyetoensefalografi (MEG) kullanılarak yapılan üç çalışma TSSB yaşayan hastaların sağ temporal korteksindeki aktivasyonlarında artış olduğunu göstermiştir: C. Catani, ve ark., "Pattern of Cortical Activation During Processing of Aversive Stimuli in Traumatized Survivors of War and Torture," *European Archives of Psychiatry and Clinical Neuroscience* 259, no. 6 (2009): 340– 51; B. E. Engdahl, ve ark., "Post-traumatic Stress Disorder: A Right Temporal Lobe Syndrome?" *Journal of Neural Engineering* 7, no. 6 (2010): 066005; A. P. Georgopoulos, ve ark., "The Synchronous Neural Interactions Test as a Functional Neuromarker for Post- traumatic Stress Disorder (PTSD): A Robust Classification Method Based on the Bootstrap," *Journal of Neural Engineering* 7, no. 1 (2010): 016011.
10. Klinik olarak ölçülen TSSB ölçeğinde gösterildiği gibi (CAPS).
11. John Briere'in Inventory of Altered Self-Capacities (IASC) ile ölçüldüğü gibi (IASC).
12. Arka ve merkez alfa ritmleri, genelde talamokortikal ağlarla yönetilmektedir ve frontal orta hat teta ritminin (insan beynindeki tek sağlıklı teta ritmi) septohipokampal nöronal ağ tarafından yönetildiği varsayılmaktadır. Güncel bir değerlendirme için bk. J. Kropotov, *Quantitative EEG, ERP's and Neurotherapy* (Amsterdam: Elsevier, 2009).

13. H. Benson, "The Relaxation Response: Its Subjective and Objective Historical Precedents and Physiology," *Trends in Neurosciences* 6 (1983): 281– 84.
14. Tobias Egner ve John H. Gruzelier, "Ecological Validity of Neurofeedback: Modulation of Slow Wave EEG Enhances Musical Performance," *Neuroreport* 14, no. 9 (2003): 1221– 24; David J. Vernon, "Can Neurofeedback Training Enhance Performance? An Evaluation of the Evidence with Implications for Future Research," *Applied Psychophysiology and Biofeedback* 30, no. 4 (2005): 347– 64.
15. "Vancouver Canucks Race to the Stanley Cup— Is It All in Their Minds?" Bio- Medical.com, June 2, 2011, http:// bio- medical.com/ news/ 2011/ 06/ vancouvercanucks- race-to- the- stanley- cup-is-it-all-in- their- minds/.
16. M. Beauregard, *Brain Wars* (New York: HarperCollins, 2013), p. 33.
17. J. Gruzelier, T. Egner, ve D. Vernon, "Validating the Efficacy of Neurofeedback for Optimising Performance," *Progress in Brain Research* 159 (2006): 421– 31. Ayrıca bk. D. Vernon and J. Gruzelier, "Electroencephalographic Biofeedback as a Mechanism to Alter Mood, Creativity and Artistic Performance," in *Mind- Body and Relaxation Research Focus*, ed. B. N. De Luca (New York: Nova Science, 2008), 149– 64.
18. Örneğin bk. M. Arns, ve ark., "Efficacy of Neurofeedback Treatment in ADHD: The Effects on Inattention, Impulsivity and Hyperactivity: A Meta- Analysis," *Clinical EEG and Neuroscience* 40, no. 3 (2009): 180– 89; T. Rossiter, "The Effectiveness of Neurofeedback and Stimulant Drugs in Treating AD/ HD: Part I: Review of Methodological Issues," *Applied Psychophysiology and Biofeedback* 29, no. 2 (June 2004): 95– 112; T. Rossiter, "The Effectiveness of Neurofeedback and Stimulant Drugs in Treating AD/ HD: Part II: Replication," *Applied Psychophysiology and Biofeedback* 29, no. 4 (2004): 233– 43; and L. M. Hirshberg, S. Chiu, ve J. A. Frazier, "Emerging Brain- Based Interventions for Children and Adolescents: Overview and Clinical Perspective," *Child and Adolescent Psychiatric Clinics of North America* 14, no. 1 (2005): 1– 19.
19. qEEG ile ilgili daha fazla bilgi için bk. http://thebrainlabs.com/qeeg.shtml.
20. N. N. Boutros, M. Torello, ve T. H. McGlashan, "Electrophysiological Aberrations in Borderline Personality Disorder: State of the Evidence," *Journal of Neuropsychiatry and Clinical Neurosciences* 15 (2003): 145– 54.
21. Bölüm 17'de gördüğümüz gibi kişinin sakin bir şekilde kendini gözlemleyebilmesi İAS'de "benlik içinde olmak" olarak adlandırılmaktadır. Dick Schwartz kararlı olan herkesin bunu başarabileceğini iddia etmektedir ve bu konuda travma yaşayan pek çok kişiye yardımcı olduğunu gördüm. Ben o kadar yetenekli değilim ve ciddi şekilde travma yaşayan hastalarımın çoğu, üzücü konularda geldiğimizde aşırı tepkisel oluyor ya da uzaklaşıyor. Bazıları da kronik bir şekilde kontrolden çıkıyor ve "benlik" algısına ulaşmak zor bir hâl alıyor. Pek çok psikiyatrik durumda bu kişileri sakinleştirmek için ilaç tedavisi uygulanmaktadır. Bu bazen işe yaramaktadır ancak pek çok hasta motivasyonlarını ve güdülerini kaybetmektedir. Rastgele seçilen bir grupla yapılan neurofeedback çalışmasında kronik bir

şekilde travma yaşamış olan hastaların yüzde 30'unda TSSB belirtilerinde azalma ve yönetsel işlevler ve duygusal kontrollerinde bir artış görülmüştür (van der Kolk ve ark., submitted 2014).

22. Duyusal bütünleşme eksikliği olan travma yaşayan çocukların ihtiyaçları ile ilgili bir program geliştirilmiştir. Günümüzde bu çalışmanın liderleri Travma Merkezinden meslektaşım Elizabeth Warner ve British Columbia Üniversitesinden Adele Diamond'dır.

23. R. J. Castillo, "Culture, Trance, and the Mind- Brain," *Anthropology of Consciousness* 6, no. 1 (March 1995): 17– 34. Ayrıca bk. B. Inglis, *Trance: A Natural History of Altered States of Mind* (London: Paladin, 1990); N. F. Graffin, W. J. Ray, and R. Lundy, "EEG Concomitants of Hypnosis and Hypnotic Susceptibility," *Journal of Abnormal Psychology* 104, no. 1 (1995): 123– 31; D. L. Schacter, "EEG Theta Waves and Psychological Phenomena: A Review and Analysis," *Biological Psychology* 5, no. 1 (1977): 47– 82; and M. E. Sabourin, ve ark., "EEG Correlates of Hypnotic Susceptibility and Hypnotic Trance: Spectral Analysis and Coherence," *International Journal of Psychophysiology* 10, no. 2 (1990): 125– 42.

24 E. G. Peniston ve P. J. Kulkosky, "Alpha- Theta Brainwave Neuro- Feedback Therapy for Vietnam Veterans with Combat- Related Post- traumatic Stress Disorder," *Medical Psychotherapy* 4 (1991): 47– 60.

25. T. M. Sokhadze, R. L. Cannon, ve D. L. Trudeau, "EEG Biofeedback as a Treatment for Substance Use Disorders: Review, Rating of Efficacy and Recommendations for Further Research," *Journal of Neurotherapy* 12, no. 1 (2008): 5– 43.

26 R. C. Kessler, "Posttraumatic Stress Disorder: The Burden to the Individual and to Society," *Journal of Clinical Psychiatry* 61, suppl. 5 (2000): 4– 14. Ayrıca bk. R. Acierno, ve ark., "Risk Factors for Rape, Physical Assault, and Posttraumatic Stress Disorder in Women: Examination of Differential Multivariate Relationships," *Journal of Anxiety Disorders* 13, no. 6 (1999): 541– 63; and H. D. Chilcoat and N. Breslau, "Investigations of Causal Pathways Between PTSD and Drug Use Disorders," *Addictive Behaviors* 23, no. 6 (1998): 827– 40.

27. S. L. Fahrion, ve ark., "Alterations in EEG Amplitude, Personality Factors, and Brain Electrical Mapping After Alpha- Theta Brainwave Training: A Controlled Case Study of an Alcoholic in Recovery," *Alcoholism: Clinical and Experimental Research* 16, no. 3 (June 1992): 547– 52; R. J. Goldberg, J. C. Greenwood, and Z. Taintor, "Alpha Conditioning as an Adjunct Treatment for Drug Dependence: Part 1," *International Journal of Addiction* 11, no. 6 (1976): 1085– 89; R. F. Kaplan, ve ark., "Power and Coherence Analysis of the EEG in Hospitalized Alcoholics and Nonalcoholic Controls," *Journal of Studies on Alcohol* 46 (1985): 122– 27; Y. Lamontagne ve ark., "Alpha and EMG Feedback Training in the Prevention of Drug Abuse: A Controlled Study," *Canadian Psychiatric Association Journal* 22, no. 6 (October 1977): 301– 10; Saxby and E. G. Peniston, "Alpha- Theta Brainwave Neurofeedback Training: An Effective Treatment

for Male and Female Alcoholics with Depressive Symptoms," *Journal of Clinical Psychology* 51, no. 5 (1995): 685– 93; W. C. Scott, ve ark., "Effects of an EEG Biofeedback Protocol on a Mixed Substance Abusing Population," *American Journal of Drug and Alcohol Abuse* 31, no. 3 (2005): 455– 69; ve D. L. Trudeau, "Applicability of Brain Wave Biofeedback to Substance Use Disorder in Adolescents," *Child & Adolescent Psychiatric Clinics of North America* 14, no. 1 (Ocak 2005): 125– 36.

28. E. G. Peniston, "EMG Biofeedback- Assisted Desensitization Treatment for Vietnam Combat Veterans Post- traumatic Stress Disorder," *Clinical Biofeedback and Health* 9 (1986): 35– 41.
29. Eugene G. Peniston ve Paul J. Kulkosky, "Alpha- Theta Brainwave Neurofeedback for Vietnam Veterans with Combat- Related Post- Traumatic Stress Disorder," *Medical Psychotherapy* 4, no. 1 (1991): 47–60.
30. Benzer sonuçlar yedi yıl sonra başka bir grup tarafından elde edilmiştir: W. C. Scott, ve ark., "Effects of an EEG Biofeedback Protocol on a Mixed Substance Abusing Population," *American Journal of Drug and Alcohol Abuse* 31, no. 3 (2005): 455– 69.
31. D. L. Trudeau, T. M. Sokhadze, and R. L. Cannon, "Neurofeedback in Alcohol and Drug Dependency," in Introduction to *Quantitative EEG and Neurofeedback: Advanced Theory and Applications*, ed. T. Budzynski, ve ark. (Amsterdam: Elsevier, 1999), 241– 68; F. D. Arani, R. Rostami, and M. Nostratabadi, "Effectiveness of Neurofeedback Training as a Treatment for Opioid- Dependent Patients," *Clinical EEG and Neuroscience* 41, no. 3 (2010): 170– 77; F. Dehghani- Arani, R. Rostami, ve H. Nadali, "Neurofeedback Training for Opiate Addiction: Improvement of Mental Health and Craving," *Applied Psychophysiology and Biofeedback* 38, no. 2 (2013): 133– 41; J. Luigjes, ve ark., "Neuromodulation as an Intervention for Addiction: Overview and Future Prospects," *Tijdschrift voor psychiatrie* 55, no. 11 (2012): 841– 52.
32. S. Othmer, "Remediating PTSD with Neurofeedback," October 11, 2011, http:// hannokirk.com/ files/ Remediating- PTSD_ 10-01-11.pdf.
33. F. H. Duffy, "The State of EEG Biofeedback Therapy (EEG Operant Conditioning) in 2000: An Editor's Opinion," an editorial in *Clinical Electroencephalography* 31, no. 1 (2000): v– viii.
34. Thomas R. Insel, "Faulty Circuits," *Scientific American* 302, no. 4 (2010): 44–51.
35. T. Insel, "Transforming Diagnosis," National Insitute of Mental Health, Director's Blog, April 29, 2013, http:// www.nimh.nih.gov/ about/ director/ 2013/ transforming - diagnosis.shtml.
36. Joshua W. Buckholtz ve Andreas Meyer- Lindenberg, "Psychopathology and the Human Connectome: Toward a Transdiagnostic Model of Risk for Mental Illness," *Neuron* 74, no. 4 (2012): 990– 1004.
37. F. Collins, "The Symphony Inside Your Brain," NIH Director's Blog, November 5, 2012, http:// directorsblog.nih.gov/ 2012/ 11/ 05/ the- symphony- inside- your- brain/.

BÖLÜM 20: SESİNİ BULMA: TOPLU RİTİMLER VE TİYATRO

1. F. Butterfield, "David Mamet Lends a Hand to Homeless Vietnam Veterans," *New York Times*, October 10, 1998. For more on the new shelter, bk. http:// www.nechv .org/ historyatnechv.html.
2. P. Healy, "The Anguish of War for Today's Soldiers, Explored by Sophocles," *New York Times*, Kasım 11, 2009. For more on Doerries's project, bk. http://www.outsidethewirellc.com/projects/theater-of-war/overview.
3. Sara Krulwich, "The Theater of War," *New York Times*, November 11, 2009.
4. W. H. McNeill, *Keeping Together in Time: Dance and Drill in Human History* (Cambridge, MA: Harvard University Press, 1997).
5. Plutarch, *Lives*, vol. 1 (Digireads.com, 2009), 58.
6. M. Z. Seitz, "The Singing Revolution," *New York Times*, December 14, 2007.
7. For more on Urban Improv, bk. http:// www.urbanimprov.org/.
8. The Trauma Center Web sayfası, ulus çapında öğretmenler tarafından uygulanabilecek olan dördüncü sınıf müfredatı indirilebilir. http://www. traumacenter.org/ initiatives/psychosocial.php.
9. Olasılık Projesi ile ilgili daha fazla bilgi için bk. http://the-possibility-project.org/.
10. Shakespeare in the Courts için daha fazla bilgi bk. http://www.shakespeare. org/education/for-youth/shakespeare-courts/.
11. C. Kisiel, ve ark., "Evaluation of a Theater- Based Youth Violence Prevention Program for Elementary School Children," *Journal of School Violence* 5, no. 2 (2006): 19– 36.
12. Kentsel Doğaçlama ve Travma Center liderleri Amie Alley, PhD, Margaret Blaustein, PhD, Toby Dewey, MA, Ron Jones, Merle Perkins, Kevin Smith, Faith Soloway, Joseph Spinazzola, PhD.
13. H. Epstein and T. Packer, *The Shakespeare & Company Actor Training Experience* (Lenox MA, Plunkett Lake Press, 2007); H. Epstein, *Tina Packer Builds a Theater* (Lenox, MA: Plunkett Lake Press, 2010).

DİZİN

DİZİN